SUPPLEMENT

AU

MANUEL

LEXIQUE.

SUPPLÉMENT

A LA PREMIERE ÉDITION

DU

MANUEL LEXIQUE,

OU

DICTIONNAIRE

PORTATIF

DES MOTS FRANÇOIS

DONT LA SIGNIFICATION N'EST PAS FAMILIERE
A TOUT LE MONDE.

Ouvrage fort utile à ceux qui ne font pas verfés dans les
Langues anciennes & modernes , & dans toutes les
connoiffances qui s'acquerent par l'étude & le travail,

Pour donner aux Mots leur fens jufte & exact , dans la lecture ;
dans le langage & dans le ftyle.

On y a joint les Noms & les Propriétés de la plûpart
des Animaux & des Plantes.

A PARIS,

Chez **DIDOT**, Libraire & Imprimeur , Quai des Auguftins,
à la Bible d'or.

M. DCC. LV.

Avec Approbation & Privilege du Roi.

SUPPLEMENT

AU
MANUEL LEXIQUE
OU
DICTIONNAIRE,
PORTATIF

DES MOTS FRANÇOIS DONT LA SIGNIFICATION
n'est pas familiere à tout le monde.

A

A Seul, dans le Commerce, après avoir parlé d'une lettre de change, signifie *accepté*. A. S. P., *accepté sous protest*. A. S. P. C., *accepté sous protest pour mettre à compte*. A. P., *à protester*. Le double AA est la marque & le caractere de la Monnoye de la Ville de Metz.

AAM, *ou* HAAM, s. m. Nom d'une mesure des liquides, en usage à Amsterdam, & qui contient 128 mingles.

AAVORA, s. m. Fruit des Indes Occidentales & d'Afrique, qui est de la grosseur d'un œuf de poule, & qui croît avec plusieurs autres, en forme de bouquets, dans une grande gousse, sur une espece de Palmier fort haut & fort épineux. La chair renferme un noyau fort dur, osseux, de la grosseur d'un noyau de pêche, avec trois trous, aux côtés, & deux plus petits l'un proche de l'autre. Il contient une belle amande, blanche, astringente, & qu'on mange utilement pour arrêter le cours-de-ventre.

ABAB, s. m. Nom que les Relations du Levant donnent à une sorte de Milice Turque, qui se leve dans les villages de quelques Provinces de l'Empire Ottoman, pour suppléer aux Esclaves qui manquent sur mer. On prend un Abab sur vingt Maisons, & les autres dix-neuf fournissent sa paye pour le voyage.

ABACA, s. f. Espece de lin, ou de chanvre, qui croît & que l'on recueille dans quelques-unes des Isles Philippines. Cette Plante est une sorte de platane des Indes. On distingue la blanche & la grise.

ABAISSEMENT, s. m. En termes d'Astronomie, on nomme l'*Abaissement* d'une étoile sous l'horizon, l'arc du cercle vertical, qui se trouve compris contre cette étoile & l'horizon.

ABAS, s. m. Nom d'un poids, qui sert, en Perse, pour peser les perles, & qui est moins fort d'un huitiéme que le carat d'Europe. Les Espagnols le nomment *Quilate*. Ce poids est divisé en quatre grains, dont chacun se divise en demi grain,

tale, en huitiéme de quitale, en
seiziéme; & c'est avec ces divisions
qu'on donne leur juste valeur aux
perles & aux pierres précieuses.

ABASOURDIR, verbe actif, d'o-
rigine obscure, qui signifie étourdir,
jusqu'à causer une sorte d'abbatte-
ment & de consternation. Il se soutient, malgré sa vieillesse.

ABAT-CHAUVE'E, s. f. Nom
qu'on donne en Poitou, & dans
quelques autres Provinces de France, à une laine grossiere ou de moindre qualité.

ABATELLEMENT, s. m. Les
François, dans les Echelles du Levant, donnent ce nom à une Sentence du Consul, par laquelle le
Commerce est interdit aux Négocians
de la Nation qui desavouent leurs
marchés, ou qui refusent de payer
ce qu'ils doivent.

ABAVE, s. m. Nom d'un grand
arbre d'Ethiopie, qui porte un fruit
semblable à la citrouille.

ABDAL, ou ABDALLAS, s. m.
Nom général que les Persans donnent
aux Religieux, comme les Turcs leur
donnent celui de *Dervis*, ou *Dervi-
ches*, & les Chrétiens celui de *Moines*. Il signifie *consacré à Dieu*. Les
Cadrisses, les *Calenders*, & les *Breta-
chisses*, sont différentes sortes d'AB-
DALS.

ABDELAVI, s. m. Plante d'Egypte, qui porte un fruit oblong, assez
semblable au melon, mais plus aigu
aux deux extrémités.

ABDEST, s. m. Nom que les Ma-
hometans, Turcs & Persans, donnent à leurs Ablutions légales. Les
Turcs se purifient en versant de l'eau
sur leur tête, & se lavant les mains,
les bras, le front, le visage & les
pieds; les Persans se bornent à passer
deux fois leur main mouillée sur leur
tête & leurs pieds. AB, en Persan,
signifie *Eau*, & EST, *la Main*. ABDAR
est le nom de l'Officier qui sert de
l'eau au *Sophi* de Perse, & qui en
garde, pour cet usage, dans une cru-
che cachetée.

ABE'E, s. f. Ouverture, par où
coule l'eau qui fait moudre un moulin, & qui peut se fermer avec une

palle. L'origine de ce mot est incertaine; quelques-uns le font venir de
Beant.

ABELICE'O, s. m. Nom d'un
grand arbre de l'Isle de Crète. C'est
une espéce de *Sandal*, qui se nomme aussi *Faux-sandal*, ou *Sandal-
bâtard*.

ABELMELUCH, s. m. Arbre qui
croît dans le païs de la Mecque, &
qui est une espéce de *Ricin*, ou de
Palme-Christ. Sa semence est un purgatif violent.

ABEL-MOSC, s. m. Espéce de
musc, qui est la semence d'une plante
d'Egypte & des Isles Antilles; dont la
feuille, assez semblable à celle de la
guimauve, lui a fait donner le nom
de *Guimauve veloutée des Indes*. Cette graine que les François nomment
AMBRETTE, & qui a la forme d'un
petit oignon, sans être plus grosse
qu'une tête d'épingle, entre dans la
composition de quelques parfums,
sur-tout en Italie; en France, on en
fait des Chapelets. Les Arabes en mêlent dans leur caffé.

ABENEVIS, s. m., dont on a fait
le verbe *Abeneviser*. Dans le Lyon-
nois, & les Provinces voisines, on
nomme *Abenevis* la Concession d'un
Seigneur Haut-Justicier, qui permet
de prendre les eaux des ruisseaux ou
des chemins, pour arroser les fonds
voisins, ou pour faire tourner des
moulins. Il paroît que c'est une corruption de *Bénéfice*.

ABETIR, v. a. & n. Il signifie également rendre quelqu'un bête, c'est-à-dire, stupide, & le devenir; mais il n'est
en usage que dans le style familier.

ABHAL, s. m. Fruit d'une espéce
de Cyprès oriental, & de la grosseur
de celui de notre Cyprès, qui passe
pour un excellent Emmenagogue, &
qu'on employe aussi pour faire sortir du sein des femmes, les foetus
morts.

AB HOC, & AB HAC. Expression
latine, adoptée pour signifier, *à tort
& à travers, sans ordre, sans raison*.

ABHORRER, v. a. latin, qui signifie, haïr beaucoup, avoir beaucoup d'aversion.

ABIGEAT, s. m. lat. Ancien ternes de Jurisprudence, qui signifioit le larcin d'un troupeau de bétail.

ABLAQUE. Nom adjectif, que les François donnent à la soie Ardassine, qu'on tire de Perse par la voie de Smyrne. Soies Ablaques. On ne trouve, nulle part l'origine de ce nom. *Voyez* ARDASSINE.

ABLATIF ABSOLU, se dit, à l'exemple des Latins, d'une locution détachée & indépendante qui n'est régie de rien, telle que *tout bien considéré, vu l'état des choses,* &c.

ABLUER, v. a. lat. Terme d'Ecriture. On dit abluer un parchemin, abluer des caracteres écrits, lorsqu'en passant legérement, sur le parchemin ou sur le papier, de la noix-de-galle broïée dans du vin blanc & distillée au feu, on fait revivre l'écriture à demi effacée.

ABNOUS, f. m. Nom d'un poisson vorace, dont l'écaille est d'un beau jaune doré, & qui fait la guerre à l'Aquador.

ABONDER, v. n. latin. Abonder en son sens, est une expression tirée de St Paul, qui s'en est servi en bonne part; au lieu que dans notre langue, elle signifie, être trop rempli de soi-même, ou faire trop de fond sur ses propres lumieres.

ABONDER, v. n. lat. Avoir en quantité, en abondance. *Abonder,* en son sens, c'est être trop attaché à son propre sentiment.

ABORTIF, adj., tiré du latin, qui se dit, non-seulement de ce qui naît avec quelque violence, soit avant le temps, soit contre l'ordre de la nature, ou qui manque par conséquent, ou de vie, ou de force, en naissant; mais encore de ce qui a la vertu de causer l'avortement. Un enfant est abortif lorsqu'il naît avant le septiéme mois.

ABOUCHER, v. a., formé de bouche. *Aboucher* deux personnes, c'est les mettre en état de se parler en particulier. On dit aussi s'aboucher avec quelqu'un. *Abouchement* est le substantif. En langage d'art, on dit de deux tuyaux qui se rencontrent, pour l'écoulement ou la communication de quelque liqueur, qu'ils sont abouchés l'un à l'autre.

ABOUCHOUCHOU, f. m. Nom d'une sorte de drap de laine, qui se fabrique particuliérement dans les trois Provinces de Languedoc, de Provence & de Dauphiné, & de l'espéce de ceux qui se transportent au Levant par la voie de Marseille.

ABOUNA, f. m. Titre, ou nom, que les Relations donnent à l'Evêque Jacobite d'Ethiopie.

ABRA, f. m. Monnoie d'argent Polonoise, de la valeur d'environ treize sols & demi de France. Elle a cours dans tous les Etats du Grand-Seigneur, sur le pied d'un quart d'Asselani, ou Aslani, qui n'est que le Daller ou Piastre de Hollande.

ABRICOT, f. m. Outre le fruit commun de ce nom, il s'en trouve un autre, en Amerique, que les Espagnols nomment Mammet, & les François *Abricot,* quoique ce nom ne lui convienne que par la couleur de sa chair. L'arbre qui le porte, & qui se nomme Abricotier, est d'une grandeur & d'une beauté singuliere. On en distingue deux sortes; l'un mâle, & qui fleurit sans rapporter, & l'autre femelle, qui rapporte deux fois l'année, comme la plûpart des arbres de l'Amerique. Le fruit est presque rond, de différentes grosseurs, depuis trois pouces jusqu'à sept de diametre. Il a deux ou trois noïaux fort durs. On le mange par tranches avec du vin & du sucre, & l'on en fait aussi des pâtes & des marmelades. Celui qui n'a qu'un noïau, produit sûrement un arbre femelle.

ABRITE', adj., dont l'usage est borné aux jardins. Des fruits bien abrités, c'est-à-dire, à l'abri du vent & du froid.

ABRIVENT, f. m. Terme de guerre, formé de vent & d'abri. On donne ce nom à des paillasses qu'on employe quelquefois pour mettre les soldats à l'abri du mauvais temps dans le chemin couvert.

ABROHANI, f. m. Nom d'une espece de mousseline blanche des Indes Orientales, qu'on appelle aussi Mallemolle, & dont la piece a seize aunes de long fur fept ou huit de large.

ABROTANOIDE, f. f. gr. Plante maritime & pierreufe, qui croît fur les rochers, & qui tire fon nom de fa reffemblance avec l'Aurone femelle.

ABROTONNE, *en* AURONE, f. f. Plante fibreufe & odoriferante, qui craint le froid, & qui aime une terre maigre & feche. On diftingue l'Abrotonne mâle & l'Abrotonne femelle.

ABROUTI, adj., formé de *brouter*, qui fe prend en termes d'eaux & forêts, à peu près dans le même fens qu'abougri ou rabougri, pour des arbres mal-faits, dont on fuppofe que les bourgeons ont été broutés par les beftiaux.

ABRUTIR, v. a. lat. Rendre ftupide, comme l'eft une bête brute. *Abrutiffement* eft le fubftantif, & fignifie ftupidité caufée par quelque accident, tel que certains excès, qui appefantiffent le corps ou qui épuifent les forces.

ABSCEDER, ABSCEDE', latin. Termes de Chirurgie, formés d'abfcès, pour fignifier ce qui tourne ou ce qui eft déja tourné en abfcès & en pourriture.

ABSIDE, Terme de Géometrie, qui eft le nom d'une ligne tirée dans une ellipfe.

ABSIDES, f. m. Terme d'Aftronomie qui fignifie enfemble l'apogée & le perigée d'une planete, c'eft-à-dire fon lieu le plus éloigné & le plus proche de la terre.

ABSORBE', fe dit d'un homme profondément appliqué à quelque chofe. *Abforption* eft l'action d'abforber, d'engloutir.

ABSOUTE, f. f. Terme Eccléfiaftique, qui fe dit d'une cérémonie du Jeudi-Saint, où l'Evêque dònne l'Abfolution au peuple.

ABSTEME, f. m. purement latin, qui fignifie celui qui s'abftient, mais qu'on applique particulierement à ceux qui s'abftiennent de vin & d'autres liqueurs fortes.

ABSTEME, f. m. lat. Terme d'Hiftoire Eccléfiaftique, qui fe difoit de ceux qui en communiant ne pouvoient boire de Vin, & que l'Eglife

difpenfoit de la participation au Calice en leur diftribuant l'Euchariftie fous la feule efpece du Pain.

ABSTENIR. En termes d'Acte & de Greffe, on dit, d'un héritier naturel, qu'il *s'abftient*, pour dire qu'il ne prend point la qualité d'héritier.

ABUCEO, f. m. Poids du Royaume de Pegu, & qui contient douze Teccalis & demi. Deux Abuceos font le Gire. Deux Gires font une demi Brize, & la Brize pefe cent Teccalis, c'eft-à-dire, deux livres cinq onces, poids fort, ou trois livres neuf onces, poids leger de Venife.

ABUTILLON, f. m. Nom d'une plante, dont on croit la graine fort bonne contre la gravelle.

ACADEMISTE, f. m. Eleve d'une Académie où l'on apprend à monter à cheval, à danfer, & d'autres exercices du corps. On appelle *Académiciens* ceux qui compofent les Académies inftituées pour le progrès des Sciences & des Arts.

ACANTHABOLE, f. m., grec. Nom d'un inftrument de Chirurgie, qui reffemble à des pincettes, & dont on fe fert pour enlever les efquilles d'os caffés, les épines, & tout ce qui fe trouve d'étranger dans une plaie. On nomme auffi Acanthabole les petites pincettes qu'on employe pour arracher le poil.

ACARE, f. m., grec. Nom d'un très-petit animal, qui a huit pieds, & qui eft engendré de l'œuf d'une mouche commune, en laquelle il fe change, confervant toujours tant de petiteffe qu'on peut à peine l'appercevoir.

ACARER, v. a. Ancien terme de Palais, tiré de l'Efpagnol, qui fignifie confronter. On *Acare* les témoins à un criminel. *Acariation* étoit le fubftantif.

ACARIATRE, adj. Ce mot, qui fignifie fantafque, revêche, bizarre, s'eft formé, fuivant quelques-uns, du nom de St Acaire, auquel on fait des Neuvaines pour être guéri de cette fâcheufe humeur. D'autres le font venir d'un mot grec, qui fignifie défagréable.

ACARNAN, *ou* ACARNE, f. m.

Poiſſon de mer, à peu près de la figure & de la grandeur du Rouget, mais
blanc & couvert d'écailles. On lui
attribue la vertu de purifier le ſang,
& d'exciter l'urine.

ACATALEPTIQUE, ſ., grec.
Nom d'une ancienne Secte de Philo-
ſophes qui doutoient abſolument de
tout, juſqu'à prétendre qu'il eſt im-
poſſible d'acquerir aucune connoiſ-
ſance certaine; plus outrés par conſéquent que les Sceptiques & les Pyrrhoniens, qui admettoient la certitude ſur certaines choſes.

ACATISTE, ſ. f., grec. Nom
d'une fameuſe Fête de Conſtantinople, qui ſe célébroit les Samedis à
l'honneur de la Vierge, & pendant
l'Office de laquelle on ſe tenoit debout, ſuivant la ſignification du mot.
L'Hymne qu'on chantoit ſe nommoit
auſſi Acatiſte.

ACCAPARER, v. a. Mot d'origine obſcure, qui ſignifie amaſſer,
mettre en réſerve, & qui ne s'employe qu'en mauvaiſe part, pour
ceux qui enlevent tout ce qu'ils trouvent d'une eſpece particuliere de marchandiſes, dans le deſſein de la vendre plus cher après l'avoir rendue
plus rare. *Acaparement* eſt le ſubſtantif, & ſe prend dans le même ſens.

ACCEDER, v. n. lat. Terme de
négociation. Accéder à un traité,
c'eſt y entrer, s'y joindre par quelque engagement.

ACCELERATEUR, ſ. m. latin.
Terme d'Anatomie, qui ſe dit de quelques muſcles, dont l'office eſt d'ac-
célerer la ſortie de l'urine. On dit,
en Phyſique, force, vertu, *Accelera-
trice*.

ACCISE, ſ. f. Taxe qu'on leve
dans les Provinces-Unies, ſur le vin,
la biere, & d'autres proviſions.

ACCISME, ſ. m. Terme prover-
bial, auquel on fait ſignifier un refus
diſſimulé des choſes qu'on deſire le
plus. On le fait venir d'une ancienne
femme, nommée *Aco*, qui n'ex-
primoit ſes deſirs que par des refus.

ACCOISEMENT, ſ. m. Vieux
mot, qui ſignifioit calme, & qui ne
s'eſt conſervé qu'en Médecine. *L'Ac-
coiſement des humeurs*. On a dit auſſi

Accoiſer & *Accoiſé*, dans le même
ſens.

ACCON, ſ. m. Nom d'une eſpece
de bâteau plat, dont on ſe ſert pour
aller ſur les vaſes, lorſque la mer
s'eſt retirée.

ACCOQUINER, v. a., formé de
coquin, pour ſignifier, accoûtumer
à quelque choſe de libre, qui bleſſe
la ſévérité des loix ou de la vertu.

ACCOUCHEURS, ſ. m. On appelle *vers Accoucheurs* de petits vers
rougeâtres, dont les huitres ſont
remplies dans la ſaiſon où elles ſont
laiteuſes & mal ſaines, & où elles
font leurs œufs. On croit que ces
vers facilitent la naiſſance des petites
huitres. Chaque œuf n'eſt, au mi-
croſcope, qu'une petite huitre dans
ſa coquille.

ACCOUER, v. a. Terme de chaſſe, qui ſe dit de l'action du Veneur,
lorſqu'il joint le cerf pour lui donner le coup au défaut de l'épaule, ou
lui couper le jarret. Le Veneur vient
d'Accouer le cerf. Le cerf eſt Ac-
coué.

ACCOUTREMENT, ſ. m. Vieux
mot, qui ſignifie parure, ajuſtement,
& qui ſe dit encore dans le ſtyle baſ-
din ou familier.

ACCOUVER, v. n. Mot formé
de couver. Il eſt paſſé en uſage de
dire d'une poule qu'elle s'accouve,
lorſqu'elle commence à couver ſes
œufs.

ACCRAVANTER, v. a., formé
du latin, qui ſignifie peſer trop ſur
quelque choſe, accabler quelqu'un
par quelque poids. On diſoit autrefois *Aggravanter*, qui touche plus à
l'origine du mot.

ACCROCHER, v. act. Terme de
mer. On accroche un vaiſſeau lorſqu'on y jette le grapin pour aller à
l'abordage.

ACCRUES, ſ. f. Terme de Coûtu-
mes, qui ſe dit des terrains ſur leſquels les branches des arbres d'une
forêt s'étendent, & qui, devenant
infertiles, ſont inſenſiblement partie
de la forêt.

ACCURBITAIRE, adj. lat. Nom
de certains vers du corps humain.
Quelques-uns nomment ver Accurbi-

taire , celui qu'on appelle ordinairement *Tænia* , ou le Solitaire.

ACHE'E , f. f. , *ou* AICHE. Nom qu'on donne aux vers qu'on employe pour nourrir des oiseaux , ou pour servir d'amorce aux hameçons de pêche.

ACHIA , f. f. Canne des Indes Orientales , qui se confit verte , au vinaigre , avec du poivre & diverses épiceries.

ACHILLE'E , f. f. Plante qui est une espece de mille-feuilles , & qu'on prétend souveraine contre les pertes de sang.

ACHORES , f. f. grec. C'est le nom que les Médecins donnent aux croutes de lait , maladie des femmes & des enfans.

ACHOUROU , f. m. Nom d'une espece de laurier d'Amérique , qui s'appelle aussi bois d'Inde. Son bois est rouge & d'une extrême solidité ; ses feuilles & son fruit sont aromatiques. On employe les feuilles en décoction , pour fortifier les nerfs & contre l'hydropisie.

ACHTELING , f. m. Mesure allemande de liqueurs. Trente - deux Achtelings font un Heemer , & quatre Sciltems font un Achteling. Les Hollandois ont une mesure des grains, du même nom.

ACICOCA , f. f. Nom d'une herbe du Perou, qu'on fait quelquefois passer pour la fameuse herbe du Paraguay , dont elle a la plûpart des propriétés.

ACOLITE , f. m. grec. Terme d'Eglise. L'Ordre d'Acolite est le plus haut des Ordres Mineurs , & donne droit de servir l'Evêque à l'Autel. La fonction ordinaire des Acolites est de porter les cierges , l'encensoir , &c.

ACOUSMATE , f. m. Terme nouvellement formé du grec , pour exprimer un phénomène qui fait entendre un grand bruit dans l'air , comparable , dit-on , à celui de plusieurs voix humaines & de divers instrumens. Les Mercure de 1730 & 1731, donnent la description d'un événement de cette nature , arrivé près de Clermont en Beauvoisis.

ACOUSTIQUE , f. f. & adj. gr. Nom de la Science qui traite de l'Ouie & des Sons. On donne le nom d'*Acoustique* à tout ce qui appartient à la faculté d'entendre par les oreilles. Le nerf Acoustique. Le conduit Acoustique.

ACRATOPHORE , adj. gr. Surnom du Dieu Bacchus , qui signifie celui qui donne le vin pur & sans mêlange.

ACREMENT , f. m. Nom qu'on donne , au Levant , à des peaux de Bœufs & de Vaches , qui viennent de la Mer noire. Les Acremens approchent beaucoup des peaux qu'on appelle premiers Couteaux , & ne se vendent qu'environ un quart de piastre moins.

ACROATIQUE , adj. gr. , qui signifie *secret , réservé*. On donnoit ce nom aux Leçons qu'Aristote faisoit dans le Lycée , à ses véritables Ecoliers , comme celui d'*Exoteriques* à celles qu'il faisoit indifféremment à tout le Monde.

ACROBATES , f. m. gr. Anciens Danseurs de corde , dont on distinguoit quatre sortes ; les uns , qui voltigeoient autour d'une corde , suspendus par le col ou le pied ; les seconds , qui voloient de haut en bas sur une corde , appuyés seulement sur l'estomac ; les troisiémes , qui couroient sur une corde obliquement tendue ; & les derniers , qui faisoient toutes sortes d'exercices sur une corde tendue horizontalement.

ACUTI , f. m. lat. On donne ce nom à des bouts de Forêts & de grands Bois , terminés en pointe , suivant la signification du mot.

ADAPTER , v. a. lat. Appliquer , ajuster une chose à une autre , de sorte qu'elle paroisse lui convenir. *Adaptation* est le substantif.

ADARME , f. m. Petit poids d'Espagne , d'environ la seiziéme partie de l'once Parisienne. C'est la même chose que le demi gros. On s'en sert à Buenosaïres & dans toute l'Amérique Espagnole. La proportion de l'once de Madrid à celle de Paris , est celle de cent à quatre-vingt-seize , c'est - à - dire , un septiéme de moins pour cent.

ADATIS, f. m. Nom d'une Mousseline des Indes Orientales. La plus belle est celle de Bengale, qui est très fine & très claire ; chaque piece à dix aunes de longueur, sur trois quarts de large.

ADENOLOGIE, f. f. Mot grec composé, qui signifie discours sur les glandes ; c'est le nom d'une partie de l'Anatomie, qui en traite.

ADENOS, f. m. Nom d'une espece de coton, qui vient d'Alep.

ADEPHAGE, f. f. Déesse de la Gourmandise, qui avoit des Temples en Sicile. Son nom, composé du grec, exprime le plaisir qu'on prend à manger.

ADEXTRE', adj. lat. Terme de Blazon, qui se dit des Pieces qu'on met au côté droit de l'écu, par opposition à *Senestré*, qui se dit de celles qu'on met au côté gauche.

ADHATRADA, f. m. Noyer de la Côte de Malabar, dont les feuilles croissent opposées les unes aux autres. Sa fleur forme un calice oblong, d'une seule piece.

AD HONORES. Expression latine, qui s'est introduite, dans notre Langue, pour signifier, ce qui ne se fait que par bienséance, ou ce qui n'a point d'autre avantage qu'un vain titre.

ADJECTIF, f. m. lat. Terme de Grammaire, par lequel on entend un mot qui se joint à un substantif, & qui marque sa qualité. Il y a des adjectifs qui ont un régime & d'autres qui n'en ont point. Il y en a qui doivent être mis devant le substantif, d'autres qui doivent être mis après, & d'autres qui se mettent indifféremment. L'adjectif doit toujours s'accorder avec le substantif, en genre & en nombre. Un adjectif joint à deux substantifs de différens genres doit suivre le genre masculin. En général, Adjectif signifie tout ce qui ajoute, ou qui est capable d'ajouter ; mais il est réduit à désigner les mots qui expriment les qualités des personnes ou des choses, & qui n'ont qu'une signification vague, lorsqu'elle n'est pas détermi-

née par le nom substantif auquel on les applique. Quelquefois un adjectif devient lui-même substantif, comme le Grand, le Noble, le Pathétique, &c.

ADJOUTAGE, f. m. Terme de Fontainier, qui ne signifie qu'adjonction. On fait des adjoutages à une conduite de plomb.

ADIPEUX, adj. lat. Terme de Médecine, qui signifie gras. La membrane adipeuse.

ADIPSOS, f. m. gr. Espece de grand Palmier d'Egypte, qui a l'odeur du Coignassier, le fruit du Caprier, & la feuille du Myrthe. Son fruit a l'odeur agréable ; & quoiqu'il ne soit pas bon à manger, on lui attribue, avant sa maturité, la vertu d'appaiser la soif.

ADJUDICATAIRE, f. lat. Terme de Palais, qui se dit de celui ou de celle à qui l'on adjuge quelque bien dans les formes de Justice. On appelle Adjudicataire général des Fermes, un Particulier qui prête son nom pour le bail des Fermiers généraux avec le Roi.

ADJURATION, f. f. lat. Terme Ecclésiastique, qui se dit du commandement qu'on fait au Démon, dans les Exorcismes, de sortir du corps des Possédés. *Adjurer* se dit dans le même sens.

ADMINICULE, f. m. lat. Terme de Pratique, qui signifie soutien, & qui se dit de ce qui aide à faire preuve en Justice, sans mériter le nom de preuve formelle.

ADMINISTRERESSE, f. f. Dans le Parlement de Bordeaux, on donne ce nom, au lieu de celui d'Administratrice, à une Mere qui a l'administration du bien de ses Enfans, Mineurs, ou Pupiles.

ADMITTATUR, f. m. Terme purement latin, qui se dit d'un Billet donné à ceux qui aspirent aux Ordres, pour marquer qu'ils sont capables d'être reçus.

ADMONITEUR, f. m. lat. Celui qui avertit, qui donne un avis. Au Noviciat des Jésuites, *Admoniteur* est un titre d'office. C'est un des plus fervens Novices, qui est chargé d'avertir les autres de ce qu'ils ont à faire. Le Général, du même Ordre, a son Admoniteur, qui est une espece de Surveillant, nommé par la Congrégation générale, pour l'avertir, en secret, de ses fautes. Quelques Congrégations de Filles, ont aussi des Officieres, qui portent le nom d'*Admonitrices*.

ADMONITION, s. f. lat. Terme Ecclésiastique, qui signifie aver-tissement.

ADNOTATIONS, s. f. lat. Terme de Chancellerie Romaine, qui signifie des Requêtes, ou des Suppli-ques, répondues par la seule signa-ture du Pape.

ADONEA, s. f. Nom d'une Di-vinité Payenne, qui présidoit aux Voyages, comme Alcone. Les Ara-bes nommoient le Soleil, Adonée, & lui offroient, sous ce nom, de l'encens & d'autres parfums. On a donné le même nom à Bacchus.

ADONIEN, s. & adj. Nom grec & latin, d'un vers composé de deux seuls pieds, un Dactile & un Spon-dée. Dans les Odes en Vers saphi-ques, c'est le quatriéme de chaque Strophe.

ADONIQUE, s. & adj. Nom d'un petit vers latin, composé d'un Dactile & d'un Spondée, & qui se met à la fin de chaque Strophe des vers Saphiques.

ADONISER, v. act. Mot, for-mé, comme les précédens, du nom d'Adonis: s'adoniser, c'est se parer, s'embellir, pour être aussi capable de plaire qu'Adonis, Favori de Ve-nus.

ADOUAR. Nom qu'on donne, en Afrique, à des Villages ambu-lans, comme les hordes des Tarta-res.

ADOUX, s. m. Terme de Tein-turier, qui se dit du Pastel, lors-qu'ayant été mis dans la cuve, il commence à jetter une fleur bleue.

AD PATRES. Expression latine, qui s'est introduite dans notre lan-gue. Aller *ad Patres*, envoyer quel-qu'un *ad Patres*, c'est aller ou en-voyer quelqu'un dans l'autre Mon-de; vers *ses Peres*, qui est le sens propre du latin.

ADRAGANTH, ou TRAGA-GANTH. Nom d'une Gomme.

AD REM. Expression empruntée du latin, pour rappeller quelqu'un au fait, à l'état de la question, lors-qu'il s'en écarte par des raisonne-mens, qui n'y ont pas de rapport.

ADRESSE, s. f. Outre ses signi-fications communes, ce mot, en termes de Chancellerie, se dit des Edits & des Déclarations du Roi, qui sont adressées aux Cours Souve-raines, & par elles aux Jurisdictions inférieures. En Angleterre, il se dit des Placets, qui se présentent au Roi, & de tout ce que les deux Chambres du Parlement lui commu-niquent ou lui demandent par écrit. Il est aussi devenu françois dans ce sens.

ADVERSATIVE, s. f. lat. Terme de Grammaire. On donne ce nom aux conjonctions, qui marquent qu'on va dire quelque chose d'op-posé à ce qu'on a dit, ou qui an-noncent du moins quelque restric-tion; telles que *mais*, *cependant*, *au lieu que*, &c.

ADY, s. m. Nom d'une espece de Palmier de l'Isle Saint Thomas, qui excede le Pin en hauteur, & dont les Insulaires tirent, par incision, une liqueur qui leur sert de vin.

ÆGIDE, s. f. lat. Fameux Bouclier de Pallas, sur lequel la tête de Gorgo-ne étoit dépeinte, & dont la seule vûe changeoit les personnes en pierre.

ÆGILOPS, s. m. gr. En termes d'Oculiste, c'est le nom de la Mala-die des yeux, qui se nomme autre-ment Fistule lacrimale.

ÆM, ou AM. Mesure des liqui-des, dont le nom est commun à toute l'Allemagne & la Hollande, mais qui n'est pas partout la même en grandeur. Communément, elle est de vingt fertels, ou quatre-vingt masses. Mais, à Heydelberg, elle n'est que de douze fertels; & le fer-tel de quatre masses; ce qui la ré-duit à quarante-huit masses. Dans le Wirtemberg, elle est de seize yunes, & l'yune de dix masses; ce ce qui fait monter l'Am, à cent soixante masses. Elle est de quatre ankers; l'anker est de deux stekans, ou de trente-deux mingles; & le mingle, de deux pintes, mesure de Paris. Ainsi, l'Am ou l'Æm, revient à deux cens cinquante ou deux cens soixante pintes de Paris.

ÆMERE, adj. gr., qui signifie *sans jour certain*. On se sert de ce mot, dans la vie des Saints, pour exprimer ceux dont on ne sçait pas certainement le jour de la mort & le nom. Les Saints Æmeres.

ÆRER, v. act. lat. Mettre quelque chose à l'air. Aërien, qui vient de la même source, signifie ce qui tient de l'air, ce qui en a la nature & les propriétés. On nomme *Aërole* une petite vessie pleine d'eau, qui se forme sur les corps. L'*Aëromancie* est l'art de deviner par le moyen de l'air.

ÆRIENNE, s. f. & adj. lat. Nom d'une petite espece de Guepes, qui font leurs nids, comme en l'air, suivant la signification du mot, c'est-à-dire, à quelque branche d'arbre, ou à une paille de chaume, qui est encore sur pied, ou dans un buisson, &c.

ÆROGRAPHIE, s. f. gr. Mot composé, qui signifie Traité, ou description de l'air.

ÆRUGINEUX, adj. lat., qui se dit de ce qui commence à se rouiller, & de ce qui sent la rouille, ou qui en a la couleur. Il y a une bile verte, que les Médecins nomment Ærugineuse & Poracée.

ÆTHER. *Voyez* ÉTHER.

ÆTIOLOGIE, s. f. gr. Mot composé, qui signifie Discours sur les causes d'une chose physique ou morale.

ÆTHIOPS MINERAL. Terme de Chimie, qui est le nom d'un mêlange de quatre parties de vif argent, & de trois de fleur de souffre, broyées dans un Mortier de verre, jusqu'à réduction en poudre très fine.

AFFEAGER, v. act. ou donner à Feage. Terme de Fiefs, qui signifie, aliener une portion de terres nobles d'un Fief, pour être tenus en rôture, à la charge d'une certaine redevance.

AFFECTIF, adj. Ce mot, qui étoit en usage autrefois pour affectueux, ne l'est plus que dans la vie spirituelle, pour signifier, accompagné de tendresse sensible. Il est opposé, dans ce sens, à effectif, qui signifie, accompagné d'effets & d'actions. L'amour affectif ou effectif.

AFFETERIE, s. f. Mollesse recherchée, dans l'air, dans les manieres, dans les regards, ou même dans les termes & dans le son de la voix, dont le but est de plaire, & qui est ordinairement un art des Coquettes. On croit ce mot venu de l'Italien, où il signifie de l'art & des soins affectés, mais il ne se dit guères, en françois, que des femmes coquettes.

AFFIDE', adj. Emprunté de l'Italien, qui se dit pour *fidelle*, à qui l'on croit avoir raison de prendre confiance.

AFFLEURER, v. n., qui se dit, en termes d'art, pour toucher ou joindre de fort près. Il vient, comme *effleurer*, de *fleur*, pris dans le sens qu'il a dans l'expression *à fleur d'eau*.

AFFLICTIF, adj. lat. Terme de Justice, qui n'est guéres en usage, que pour *peine afflictive*, c'est-à-dire, où *le mal* est joint à l'infâmie.

AFFRITER, v. act., formé de frire. On dit, en terme de Cuisine, *affriter* une poële neuve, c'est-à-dire, la rendre propre à faire une bonne friture, en l'essayant par divers moyens.

AFFRONTER, v. act. Emprunté de l'Espagnol, pour signifier aller au-devant de quelque chose de redoutable, en braver le péril. Le zéle de Religion fait affronter la mort & les supplices. *Affronteur* & *Affronteuse*, ont un autre sens. C'est celui & celle qui trompent sans honte, avec beaucoup d'adresse & de malignité.

AFIOUME, s. m. Nom d'une sorte de Lin, qui nous vient du Levant par Marseille.

AFRICAINE, f. f. Espece d'œillet d'Inde, qui vient apparemment d'Afrique, & dont on distingue plusieurs especes.

AGA, f. m. Nom Turc de Dignité, qui signifie, en général, Commandant. L'Aga des Janissaires est leur Colonel. Le *Capi-Aga* est le Gouverneur des Portes du Serrail. Il y a quatre principaux Eunuques, qui portent la qualité d'Agas, & qui sont toujours près de la personne du Grand-Seigneur.

AGAPETES, f. f. gr. Nom qu'on donnoit, dans l'Eglise primitive, à des Vierges, qui vivoient en Communauté, sans aucun vœu.

AGATHY, f. m. Nom d'un grand arbre du Malabar, dont on tire, par incision, une liqueur claire, qui s'épaissit bien-tôt en gomme. Le bois en est fort tendre, surtout vers le cœur.

AGENCEMENT, f. m. Maniere dont certaines choses sont arrangées. C'est particuliérement un terme de Peinture.

AGENDA, f. m. Mot purement latin, qui signifie, choses à faire. On en a fait le nom des Tablettes, ou de tout autre papier, où l'on écrit les choses qu'on veut faire, pour s'en rappeller le souvenir. En général, c'est un recueil des choses qu'on a dessein de faire, mis par écrit, pour ne rien oublier.

AGIAHALID, f. m. Nom d'un arbre d'Egypte & d'Ethiopie, qui porte un petit fruit, tirant sur le goût de l'anis, & dont les feuilles sont bonnes pour faire mourir les vers du corps.

AGIAMOGLANS, f. m. Nom célébre dans les Relations, qu'on donne, en Turquie, aux jeunes Esclaves qu'on enleve à la guerre ou autrement, & dont les mieux faits sont employés dans le Serrail du Grand-Seigneur.

AGIOSIMANDRE, f. m. Mot grec composé, qui signifie ce qui indique les Saints. C'est le nom d'un Instrument de bois dont les Chrétiens grecs se servent au lieu de cloches. Elles leur sont défendues par les

Turcs, qui n'en ont point eux-mêmes, de peur qu'elles ne servent de signal pour la revolte.

AGITE ou GITE. Petit poids du Pegu. Deux agites font une demie bise, & la bise fait cent reccalis, qui pesent deux livres cinq onces, poids fort.

AGLAIS, f. f. ou **AGLAE'**. Nom de la premiere des trois Graces, & Sœur d'Euphrosine & de Thalie. Elle préside aux yeux, qu'elle rend vifs & brillans. On la représentoit autrefois avec un bouton de rose à la main.

AGLUTINATION, f. f. Formé du mot latin, qui signifie *Colle*, pour exprimer l'action de se coller. Il y a des sucs qui ne sont pas capables d'Aglutination. Agluter & Aglutinement s'employent aussi, surtout dans les arts.

AGNACAT, f. m. Nom d'une espece de poire, molle & grasse, qui croît sur un bel arbre du pays voisin de l'Isthme de Darien, & qui passe pour avoir la vertu d'exciter à l'amour.

AGNANTE, f. m. Plante, dont les fleurs ressemblent beaucoup à celles de l'Agnus Castus, & sont placées à l'extrêmité des tiges en forme de grapes.

AGNELINS, f. m. On donne ce nom aux peaux d'Agneaux, passées par les Megissiers. Leur laine se nomme aussi Laine Agneline, lorsqu'elle n'a point encore été tondue.

AGNUS-CASTUS, f. m. Arbrisseau dont les feuilles ressemblent à celles de l'ozier. Ses feuilles, sa semence & ses fleurs, servent aux usages de la Médecine. On prétend qu'elles servent aussi à la conservation de la chasteté, & telle est l'origine du nom.

AGNUS DEI ou AGNEAU DE DIEU. Nom d'un Ordre de Chevalerie Suedoise, institué par le Roi Jean III, en 1569. En termes de Blazon, on appelle *Agneau Pascal*, un Agneau qui tient une banderolle.

AGNUS SCYTHICUS ou BORAMETS, f. m. Plante célébre de Tartarie, qui a passé pour un Zoophyte, c'est-à-dire, une Plante-animal, à laquelle on faisoit brouter l'herbe, qui est autour d'elle, jusqu'à ce que n'en trouvant plus, elle desséchoit manque d'alimens. Mais on a vérifié que c'est une simple plante, autour de laquelle l'herbe se desséche, parce qu'elle en tire le suc.

AGRESSION, s. f. lat. Action de l'agresseur, c'est-à-dire, de celui qui attaque quelqu'un, pour lui nuire ou l'offenser.

AGRIE, s. f. gr. Espece de pustule maligne, ou plutôt de dartre, qui corrode la peau & fait tomber le poil. On en distingue une petite, qui est moins maligne.

AGRIMENSATION, s. f. Composé du latin, qui s'employe pour arpentement & mesurage des terres.

AGROPILE ou AGAGROPILE, s. m. Nom d'une espece de Bezoard, qui se trouve, en Allemagne, dans le corps des Chamois & des Chevres. Velschius en a fait un Traité.

AGUARA-PONDA, s. f. Belle plante du Brésil, dont les fleurs sont d'un bleu violet & tirent sur l'odeur de la violette. Sa hauteur est d'environ un pied & demi, & ses feuilles sont étroites, cannelées & pointues.

AGUERRIR, v. act., formé de guerre, & qui signifie, accoutumer, rendre propre à la guerre.

AGUILLES, s. f. Nom de certaines toiles de cotton, qui nous viennent d'Alep.

AGUTIGUEPA, s. f. Belle plante du Brésil, qui produit une fleur semblable au lys, mais couleur de feu. Ses feuilles sont longues d'un pied jusqu'à deux, & larges de quatre doigts. Sa racine est d'un rouge foncé, & bonne à manger.

AHATE DE PAUNCHO REQUI. Nom d'un arbre, dont on trouve une longue description dans le Dictionnaire de James.

AHIAC-DIVAN, s. m. Terme commun dans les Relations du Divan, qui se dit des entretiens que les Visirs ont avec le Grand-Seigneur, dans ses promenades, lorsqu'il n'a point ses femmes avec lui.

AHUSAL. Nom du souffre d'Arsenic, que les Chimistes appellent aussi *Aquila alba*.

AIEUL, s. m. Pere du Pere ou de la Mere, comme *Aieule* signifie Mere du Pere ou de la Mere. Mais Aieux, au pluriel, se dit de tous les Parens qui nous ont précédés & qui sont morts.

AIGLANTIER. *Voy.* EGLANTIER.

AIGLE CELESTE, Aigle de Vénus, Aigle noir, sont des noms de différentes compositions Chimiques; la premiere, de Mercure, réduit en essence, qui passe pour un remède universel; la seconde, de verd de gris & de sel armoniac, qui forment un saffran; la troisième, de cette Cadmie Veneneuse, qui se nomme Cobalt, & que quelques-uns donnent pour la matiere du Mercure philosophique.

AIGOCEROS, s. m. gr. Nom d'une plante, qui se nomme aussi Corne de Bœuf, & Fœnugrec. On la cultive, en quelques endroits, aux environs de Paris.

AIGREMORE, s. m. d'origine obscure. On donne ce nom au charbon de bois tendre, tel que celui de Saule, de Tilleul, &c., lorsqu'il est écrasé & tamisé, pour servir à la composition des feux d'artifice.

AIGUAIER, v. act. Aiguaier un cheval, c'est le promener dans l'eau pour le rafraîchir. On aiguaie du linge, en le remuant dans l'eau, avant que de le tordre.

AIGUILLONS, s. m. Terme de Venerie. On donne ce nom aux fientes & aux fumées des bêtes fauves, qui ont une pointe au bout, & qui font reconnoître leur passage.

AJOURNEMENT, s. m. Terme de Palais, qui signifie une sommation juridique de comparoître un certain jour.

AIRAIN, s. m. lat. Cuivre mélangé, mais solide & malléable. On appelle siécle d'*Airain*, le troisiéme âge du Monde, où la corruption devint dominante parmi les hommes. Il suivit le siécle d'argent, qui avoit succedé au siécle d'or.

AIRE'E, s. f. Nom qu'on donne à une certaine quantité de gerbes, qu'on met à la fois dans l'aire. C'est de-là qu'on fait venir, dans le Poitou & l'Anjou, la terminaison en *Ire*, de la plûpart des noms.

AIS-SCY, s. m. Mot corrompu, pour *Ais scié*. C'est ce qu'on nomme aussi bardeau. Petites planches minces, à peu près de la grandeur d'une tuile, qui servent, dans quelques lieux, à couvrir les maisons. Il y a différentes sortes d'ais, ou de planches, dont l'usage est designé par quelque autre mot qu'on y joint, surtout dans l'Imprimerie. Ais à tremper, ou à ramettes, ais à desserrer, ais à presser, &c.

AIT ACTE. Terme de Palais. C'est une Ordonnance qui se met au bas des Requêtes, lorsqu'on demande Acte de l'emploi qu'on en fait pour quelques Ecritures. *Ait acte & fait signifié.*

AIZOON, s. m. gr., qui signifie *toujours vif*, & nom d'une Plante aquatique, qui ressemble à l'aloes commun. Elle croît dans les Marais, & se nomme aussi *Sempervive*.

AKALAKAS, s. m. Nom d'une espece de Fourmi d'Amérique, qui se glisse dans les caisses & qui ronge tout. Elle croît jusqu'à la grosseur d'un Escarbot. Les Hollandois l'ont nommé *Kakailakie*.

ALANA, s. f. Nom propre de l'espece de craie, qu'on nomme vulgairement *Tripoli*.

ALBAZARIN ou ALBERZARIN, s. m. Nom d'une laine d'Espagne.

ALBERNUS, s. m. Nom d'une espece de Camelot, ou Bouracan, qui nous vient du Levant par Marseille.

ALBORNEZ, s. m. Nom Espagnol d'une sorte de manteau à capuce, & tout d'une piece, qui est en usage parmi les Maures, dans le mauvais temps.

ALBUGINE', adj. lat., qui signifie blanchâtre. La tunique albuginée est ce qu'on nomme vulgairement le blanc de l'œil. *Albugo*, qui signifie *blancheur*, est le nom d'une maladie des yeux, qui consiste dans une tache blanchâtre de la cornée transparente. *Albugineux* signifie ce qui tire sur le blanc, ce qui est blanchâtre : tous termes de Physique & d'Anatomie.

ALBUGUES, s. f. Instrument Morisque de cuivre, en forme de chandeliers, dont on frappe deux l'un contre l'autre par l'endroit vuide, pour en tirer un son assez agréable, qui s'accorde avec le tambourin.

ALBUM, s. m. Mot latin, adopté dans notre langue, pour signifier un petit livre en blanc, où l'on peut écrire ce qu'on juge à propos, comme sur des tablettes. Les Etrangers, qui voyagent, ont ordinairement un *Album amicorum*, sur lequel ils prient les personnes distinguées qu'ils visitent, d'écrire leur nom, avec une Sentence.

ALCANA, s. f. Drogue du Levant, qui sert à la teinture jaune, ou rouge, suivant sa préparation, & qu'on tire d'une Plante nommée Troësne d'Egypte.

ALCANCALI, s. m. Fameux antidote d'Italie, dont on vante la vertu contre toutes sortes de fiévres.

ALCE'E, s. f. Espece de Mauve sauvage, dont les feuilles ne différent de la Mauve commune, que parce qu'elles sont plus grandes & plus découpées.

ALCHIMELCH, s. m. Melilot d'Egypte, qui serpente toujours, & dont les feuilles ressemblent à celles du trefle, & sont de la couleur du saffran. L'odeur en est fort douce. Sa semence est astringente.

ALCHOLLE'E, s. f. Espece d'aliment, composée de bœuf & de mouton, ou de chameau, qu'on sale & qu'on fait mariner pendant vingt-quatre heures. C'est la nourriture ordinaire des Maures.

ALCOLISER, v. act. Terme de Chymie, qui signifie *pulvériser*, réduire en poudre impalpable.

ALCONA. Nom de l'ancienne Divinité des Voyageurs.

ALCORE, s. f. Nom d'une espece de pierre naturelle, parsemée de petites taches qui ressemblent à de l'argent.

ALCOVE, s. f. Mot arabe d'origine, qui signifie dormir, & qui est, au Levant, le nom des lieux ou l'on dort. Nous le donnons aussi à un réduit, fermé de Planches, où l'on place un lit à l'écart, dans quelque partie d'une grande chambre.

ALDIN, adj. Terme d'Imprimerie, formé du nom d'Alde Manuce. On appelle lettres aldines, ou caractere Aldin, les lettres Italiques, inventées par ce célebre Imprimeur, mais qu'on a pris le parti d'abandonner parce qu'elles fatiguent la vûe. On estime néanmoins les Editions de Sébastien Griffe en lettres Aldines.

ALEMBIQUER. On croit ce mot Arabe. *Alambiquer* ne se dit que dans le figuré. S'alambiquer l'esprit, c'est s'embarrasser dans ses propres réflexions, s'épuiser à force d'en faire. Une pensée *alambiquée* est une pensée contrainte, peu naturelle, où la recherche & l'étude se font trop sentir.

ALENOIS, *Voyez* CRESSON.

ALEPIN, s. m. Nom d'une sorte de Religieux Maronites, établis à Alep, vers la fin du dernier siécle, par un Prêtre nommé Abdalla, qui en fut le premier Supérieur, & qui prit conseil d'un Missionnaire Jésuite, nommé le Pere Bazire, pour leur donner une forme de vie. C'est une espece de Chartreux. Mais ceux qui se dégoutent de leur vocation reçoivent dispense de leurs vœux, & peuvent se retirer.

ALETHE, s. m. Oiseau propre à voler la perdrix, qui vient des Indes & qui est très cher.

ALEU. *Voyez* FRANC.

ALEUROMANCIE, s. f. Espece de Divination, que les Anciens faisoient avec de la farine, suivant la signification du mot grec. Elle se nommoit aussi *Alphitomancie*.

ALEXANDRE, s. m. Saint Alexandre de Neofki est le nom d'un Ordre militaire, institué, en 1725, par la Czarine, en faveur des Officiers d'un rang distingué. La marque d'honneur est un cordon rouge & une croix, sur laquelle ce saint est représenté à cheval, avec cette devise, pour le travail & la Patrie.

ALEXIEN, s. m. Nom d'un Ordre de Religieux, nommés autrement Cellites, dont l'origine & le Fonda-

teur sont incertains. Ils embrasserent, au quinziéme siécle, la régle de saint Augustin. On les nomme *Nollards*, à Liege, & *Cellebroeders*, en Flandres. Ils ont soin des malades, & leur Patron est saint Alexis. Le nom de Cellites, leur vient des Cellules où ils pensent les Malades.

ALFAQUI, s. m. Nom des Docteurs de la Religion Mahométane, qui ont le droit d'expliquer l'Alcoran par des commentaires & diverses sortes d'interprétations.

ALIBANIE. Espece de mousseline, ou de toile de coton, que la Compagnie de Hollande apporte des Indes Orientales.

ALIBI, s. m. Mot purement latin, qui signifie ailleurs, & qui est devenu françois, en langue de Palais. Prouver l'*Alibi*, c'est faire voir qu'on n'étoit pas dans le lieu où l'on est accusé d'avoir commis un crime. *Alibiforain* est un autre mot à demi latin, qui signifie, en langage familier, *tergiversation*, mauvaise raison, conte en l'air.

ALIMUS, s. m. Nom d'un arbrisseau dont la fleur ressemble à celle du muguet, & dont les feuilles sont d'un beau verd.

ALIPTIQUE, s. f. gr. Ancien art d'oindre le corps, après l'avoir frotté, pour le rendre plus souple & plus vigoureux.

ALIZON, s. f. Petit nom de femme, qui est un diminutif d'Alix, comme Alix en paroît un d'Adelais. Alise, Lise, Lisette & Lison viennent apparemment de la même source.

ALLEGEAS, s. f. Nom d'une étoffe des Indes Orientales. On en distingue deux sortes; l'une de coton, & l'autre de diverses herbes qui se filent comme le lin.

ALLEVURE. Petite monnoie Suedoise de cuivre, qui ne vaut pas tout-à-fait le denier de France. Deux allevures font une roustique. Huit roustiques font le marc de cuivre, & vingt-quatre marcs font la risdale commune, qui est, au prix de l'écu de France, de soixante sous.

ALLEZER, v. act. Terme d'artillerie. Allezer un canon, c'eft en nettoier l'ame, l'aggrandir, & lui donner le calibre qui lui convient. L'*Allezoir* eft un chaffis de charpente, fufpendu en l'air avec des cordages, où l'on place la piece pour l'allezer. On appelle *Allezure* le métal qui tombe en l'allezant.

ALLOBROGES, f. m. Anciens Habitans des Montagnes de Savoye & de Dauphiné, qui devoient avoir quelque chofe de dur & de groffier, puifqu'on a toujours donné leur nom à ceux qui ont ces défauts. C'eft un franc Allobroge.

ALLOCUTION, f. f. Terme purement latin, qui ne fe dit qu'en ftyle d'antiquaire, des harangues militaires, que les anciens Généraux Romains faifoient à la tête de leurs troupes. On a des fuites chronologiques de Médailles, qui repréfentent les Généraux dans l'action de haranguer; & ces Médailles fe nomment auffi *Allocutions*.

ALMUDE ou ALMONDE, f. f. Nom d'une mefure Portugaife, qui fert à mefurer les chofes liquides, & qui paroît venir du mot latin *modius*. L'*Almude* contient deux Alquiers, & douze Canadors, dont chacun vaut la mingle ou la bouteille d'Amfterdam.

ALOUCHI, f. m. Nom que les Droguiftes François donnent à une gomme odoriférante, qui coule du tronc des caneliers blancs, & dont le nom propre eft Litemanghitz.

ALPAGNE, f. m. Nom d'un animal laineux du Pérou, qui reffemble beaucoup aux Vigognes, mais qui a les jambes plus courtes, & le mufle plus ramaffé. On fait des étoffes de fa laine, des inftrumens de fes os, & du feu de fa fiente.

ALPAM. Plante, dont les branches font partagées par nœuds, & contiennent une moële verte, à laquelle on attribue plufieurs vertus. Ses feuilles font oblongues, étroites & pointues, d'une odeur affez agréable, mais ameres au goût.

ALPHŒNIX, f. m. Nom que les Pharmaciens donnent au fucre d'orge blanc, ou fucre tors, fuivant la méthode qu'ils ont de déguifer les chofes les plus fimples, pour les faire valoir.

ALPHITOMANCIE, f. f. gr. *Voyez* ALEUROMANCIE.

ALPHOS, f. m. gr. Nom de certaines taches de la peau, dont on diftingue plufieurs efpeces; les noires, les blanches, les rouffatres. Elles n'occupent que la fuperficie de la peau.

ALQUIFOUX, f. m. Nom que les Ouvriers donnent au plomb minéral, ou à la mine de plomb. L'Alquifoux vient d'Angleterre, en paquets de différentes groffeur. Les Potiers de terre l'employent pour vernir leurs ouvrages en verd.

ALRUNES, f. m. Poupées, ou petites figures de bois, que les anciens Germains regardoient comme leurs Dieux Penates, qu'ils habilloient proprement, qu'ils couchoient dans de petits coffres, & auxquelles ils fervoient à boire & à manger.

ALSINASTRE, f. m. Plante aquatique, dont la tige eft divifée en cellules, formées par de petites feuilles membraneufes, qui vont du centre à la circonférence. Elle eft canelée dans toute fa longueur, & divifée par des nœuds dont partent les feuilles, qui font blanches, étroites & difpofées en rond. L'Alfinaftre fleurit aux mois de Juillet & d'Août.

ALSINE, f. f. Plante, qui eft une efpece de Morgeline, & qui croît abondamment le long du chemin, entre Orléans & Bourges.

ALTE, f. f. Mot Allemand d'origine, qui fignifie un repos que les troupes prennent pendant leur marche. C'eft auffi un commandement militaire, par lequel on ordonne aux Soldats d'arrêter. Il paroît qu'il doit s'écrire avec une *b* afpirée, car on ne diroit pas l'alte fut longue.

ALTIER, adj., qui fignifie hautain, fier, eft un mot emprunté de l'Italien.

ALTIN, f. m. Monnoie de compte de Mofcovie. Elle vaut trois copecks, dont chacun revient à quinze deniers de France.

ALTINCAR. Nom d'une efpece

de fel , qu'on employe pour purifier les métaux & les féparer de leur mine.

ALUDE , f. f. Bazane colorée, dont on couvre les Livres.

ALVIN . f. m. Fray nouveau , ou petit poiſſon , qu'on jette dans les Etangs , pour peupler. *Alviner* un Etang , c'eſt le remplir de ce petit poiſſon. On dit auſſi *Alvinage.*

AMADOU , f. m. Eſpece de méche noire , qui vient d'Allemagne , & qui ſe fait avec les excreſcences fongueuſes des vieux arbres. On fait auſſi de l'Amadou avec le vieux linge à demi brûlé.

AMADOURI , f. m. Nom d'une eſpece de coton , qui nous vient d'Alexandrie par Marſeille.

AMANBLUCE'E , f. f. Toile de coton , qui vient d'Alep , ou du Levant , par cette voie.

AMARA-DULCIS , f. f. lat. Nom d'une Plante , dont les ſarmens , qui ſont de deux ou trois pieds de long , rampent par terre ou embraſſent les arbriſſeaux voiſins. Ses feuilles ſont rangées alternativement le long des branches ; & ſes fleurs , qui ſont d'un bleu purpurin , ont la forme d'une roſette découpée en cinq parties , du milieu deſquelles s'élevent des étamines jaunes. Les baies , qui ſuccédent aux fleurs , ſont molles , rouges , & leur ſuc eſt d'une fadeur amere , ſuivant la ſignification du nom.

AMATEUR , f. m. lat. Ce mot s'eſt mis en uſage pour ſignifier celui qui a le goût des beaux arts , qui les aime , qui les protege , ſans les exercer.

AMATZQUIL , f. m. Plante des pays chauds , dont les feuilles reſſemblent beaucoup à celles du citronier , & dont le fruit eſt une eſpece de figue. Elle vient du Breſil. L'écorce de ſa racine , en décoction , paſſe pour un excellent febrifuge.

AMBELA. Nom d'un arbre du Levant , dont on diſtingue deux eſpeces ; l'un , dont le fruit approche de la noiſette & a le goût du verjus. Il ſe confit & ſe mange avec du ſel. L'autre a les feuilles plus grandes , & porte un fruit plus gros. La décoction de ſon bois , avec du ſandal , paſſe pour un febrifuge.

AMBI , f. m. Inſtrument de Chirurgie , compoſé de deux pieces de bois jointes enſemble par une charniere. Il ſert à réduire la luxation du bras , dans laquelle la tête de l'humerus eſt tombée ſous l'aiſſelle.

AMBULANT , f. m. lat. Nom qu'on donne aux Commis ſubalternes des Aides & des Domaines , qui vont viſiter les Bureaux , ou faire d'autres obſervations. On appelle *Ambulance* l'emploi d'un Ambulant.

AMEBE'E , adj. m. gr. On donne le nom de Poëme Amebée aux Piéces de Poëſie , où l'on introduit deux Interlocuteurs , qui ſe diſputent quelque préférence , comme dans la troiſiéme Eglogue de Virgile. Ce mot ſignifie ce qui eſt mutuel.

AMICALEMENT , adv. formé d'Ami , pour ſignifier , en ami , avec un air d'amitié. *Amical* ſe dit auſſi pour ce qui marque de l'amitié , ce qui en a l'apparence.

AMIERTES , f. f. Nom de certaines toiles de coton , qui viennent des Indes.

AMINEUR , f. m. On donne ce nom aux Meſureurs , dans les greniers à ſel. Ils ſont choiſis auſſi pour Experts , lorſqu'il faut juger de la qualité des ſels de capture.

AMINTAS. Foſſé d'Amintas. C'eſt ainſi qu'on nomme , après Galien , un Bandage , qui ſe fait pour le nez , du nom de ſon ancien Auteur. Il reſſemble à celui qu'on nomme *Œil double* , excepté qu'il ne couvre pas les yeux.

AMISSIBLE , adj. lat. Ce mot , qui ſignifie , ce qui peut être perdu , ne ſe dit guéres qu'en ſtyle Théologique , de la Grace & de la Juſtice. *Innamiſſible* ſignifie le contraire. *Amiſſibilité* eſt le ſubſtantif.

AMIT , f. m. lat. Nom d'un linge dont le Prêtre ſe couvre les épaules pour dire la Meſſe.

AMMAN , f. m. Titre de Dignité en Suiſſe. On donne ce nom , dans les cantons Catholiques , au Chef de chaque canton. Il occupe ce rang , pendant deux ans , avec une Régence ou un Conſeil , pour les affaires communes.

AMMEISTRE, f. m. Nom qu'on donne aux Echevins de Strasbourg, comme on nomme Capitouls ceux de Touloufe, & Jurats ceux de Bordeaux.

AMMOCHOSIE, f. f. gr. Pratique, ou reméde, qui fert à deffécher le corps, & qui confifte à l'enterrer dans du fable de Mer extrêmement chaud. *Voyez* INSOLATION.

AMMOCHRYSE, f. f. gr. ou Poudre d'or. C'eft le nom d'une Pierre friable, rouge ou jaune, qui eft mêlée de paillettes d'or, & qu'on pulvérife pour la mettre fur l'écriture. Elle fe trouve en Bohême & dans quelques autres lieux.

AMMONITE, f. m. Nom d'une pierre, ou d'une efpece de grais, dont les parties font compofées de fable, ou de grains qui lui reffemblent.

AMOVIBLE, adj. lat. Ce qui peut être ôté. Un office amovible. Amovibilité eft le Subftantif. En terme de droit canon, *amovible* fe dit pour *révocable*, de certaines prérogatives, qui peuvent être révoquées.

AMPHICTIONS, f. m. gr. Nom qu'on donnoit, dans l'ancienne Grece, aux Députés qui formoient l'affemblée générale des villes confédérées.

AMPHIGOURIE, f. f. gr. Ce mot, compofé d'un adverbe grec, qui fignifie *autour*, & d'un fubftantif, qui fignifie *cercle*, eft devenu depuis peu fort à la mode, pour fervir de nom à de petites parodies lyriques, qui tiennent du burlefque, & qui roulant fur des mots & des idées fans ordre & fans aucun fens déterminé, n'ont pour objet que de faire rire par ce bizarre affemblage.

AMPHION, f. m. Nom qu'on donne, dans les Indes orientales, au fuc que nous nommons Opium.

AMPHORE, f. f. Mot latin, qui s'eft confervé, à Venife, pour le nom d'une grande mefure des liquides. Elle contient quatre bigots, & le bigot quatre cartes.

AMPLEUR, f. f. lat. Mot formé d'ample, que les Couturieres ont mis en ufage, pour fignifier la large étendue des robbes, & des paniers de femme.

AMPLIATION, f. f. lat. Terme de Pratique. On appelle Ampliations de contrats, des copies de contrats, dont les groffes font dépofées entre les mains des Notaires. En Termes de matieres bénéficiales, *Ampliation* fignifie extenfion, augmentation. *Ampliatif* fe dit auffi de ce qui a le pouvoir d'étendre, d'augmenter. En termes de Chambre des Comptes, une *Ampliation* eft la copie d'une quittance, qu'un Comptable rapporte fur la recette de fon compte. En termes de Palais, *amplier* fe dit pour différer.

AMPOULLETTE, f. f. Terme de Marine, qui fignifie un horloge à fable, qu'on tient dans le même lieu que la bouffole.

AN. Terminaifon de plufieurs noms traduits du latin. C'eft une régle affez générale qu'*anus*, dans les noms propres latins, où il eft précédé d'une voielle, comme dans *Julianus*, *Cyprianus*, &c. fe rend en françois par *en*; Julien, Cyprien. Au contraire, fi c'eft une confonne qui précéde *anus*, il fe rend par *an*, *Trajanus*, Trajan.

ANABROKISME, f. m. gr. Opération qui fe fait, avec un nœud coulant, fuivant la fignification du mot, fur le poil des paupieres qui nuit aux yeux, par fa longueur ou fon abondance.

ANACOLLEMATES, f. m. gr. Nom d'un remede qu'on applique fur le front, pour arrêter les fluxions qui tombent fur les yeux.

ANACOLUPA, f. f. Nom d'une Plante du Malabar, dont le fuc, avec un peu de poivre, paffe pour un fpécifique admirable contre l'Epilepfie, & pour le feul Antidote connu contre la morfure du ferpent à chapeau.

ANACOSTE, f. f. Nom d'une étoffe de laine croifée, très rafe, qui fe fabrique particuliérement en Hollande & en Flandres. On en fait auffi à Beauvais.

ANACTE, f. m. gr., formé du mot qui fignifie Roi. On donnoit anciennement ce nom aux Rois qui avoient mérité, par leurs belles actions,

tions ; d'être comptés au nombre des Dieux. La Grece avoit des Fêtes qui se nommoient Anactées, à l'honneur de Castor & Pollux.

ANÆMASE, f. f. gr. Nom d'une maladie dangereuse, qui vient, suivant la signification du mot, d'un manque de sang.

ANAGNOSTE, f. m. gr., qui signifie Lecteur. Les Romains donnoient ce nom à un Esclave, qui faisoit la lecture pendant leurs repas.

ANAPESTE, f. m. gr. Terme de prosodie grecque & latine. C'est un pied de vers, composé de deux breves & une longue. On appelle *Anapestiques* les vers composés d'Anapestes.

ANASARQUE, f. f. gr. Nom d'une espece d'hydropisie, dans laquelle l'eau est répandue dans toutes les chairs. On la nomme aussi *Leucophlegmatie.*

ANATE, ou ATTOLE, f. f. Teinture rouge des Indes orientales, tirée d'une fleur de même couleur, qui croît sur des arbrisseaux de sept ou huit pieds de haut.

ANATIFERE, f. m. Composé du latin, pour exprimer, suivant la signification, une coquille curieuse, qui porte un canard. Quelques-uns la nomment *Conque anatifere.*

ANAVINGA, f. m. Arbre du Malabar, qui est toujours verd, & dont la graine rend un suc qui excite la sueur. On le prend dans les maladies qui ont de la malignité ; & de la décoction des feuilles on fait un bain, pour les douleurs des articulations.

ANBATUM, f. m. Plante d'Angleterre, qui fleurit dans les haies, aux mois d'Avril & de Mai.

ANCHUE, f. f. Terme de Manufacture, qui signifie ce qu'on nomme autrement la trame d'une étoffe.

ANCHYLOPIE, f. f. gr. Tumeur, ou abscès, situés, suivant la signification du mot, près de l'œil. Quelques-uns disent Anchylops ; qui dénote plutôt celui qui est attaqué de la maladie. Lorsque cet abscès, qui est au grand angle de l'œil, vient à s'ouvrir, il prend le nom d'Ægilopie,

Supplem.

ou d'Ægilops ; & souvent il se change en fistule lacrimale.

ANCHYLOSE, *Voyez* ANKYLOGLOSSE.

ANCROISINAL, adj. On appelle, en Chirurgie, *Bandage ancroisinal*, un bandage pour les plaies, qui est une espece de Brayer.

ANCRURE, f. f. Nom d'un petit pli qui se fait aux étoffes que l'on tond, lorsqu'elles n'ont pas été bien tendues avec les crochets, par les lisieres, sur la table qui sert à tondre.

ANCYCOMELE, f. m. gr. Nom d'un instrument Chirurgique, qui est une sonde courbe, ou avec un crochet.

ANCYLOBLOPHARON, f. m. Nom purement grec d'une maladie des yeux, dans laquelle les paupieres sont jointes ensemble, ou adhérentes à la cornée, sans qu'elles ayent la liberté de se mouvoir ni de découvrir le globe de l'œil.

ANCYLOTOME, f. m. gr. Nom de tout instrument courbe, qui sert à couper, suivant la signification du mot. On le donne particuliérement à une espece de bistouri courbe, qui sert à couper le ligament de la langue.

ANDABATES, f. m. Gladiateurs de l'ancienne Rome, qui combattoient les yeux couverts.

ANDALOUS, adj., formé d'Andalousie, nom d'une Province d'Espagne. Les chevaux *andalous* sont fort estimés.

ANDRIENNE, f. f. Robbe de femme, abbatue, avec des paremens, qui a pris son nom de celui d'une Comédie françoise, représentée pour la premiere fois en 1703, où Mademoiselle Dancour parut vêtue d'une robbe de cette forme. Toutes les Dames en prirent à son exemple.

ANDROGINE, f. m. gr., qui signifie homme-femme : C'est le nom qu'on donne, comme celui d'Hermaphrodite, à ceux qui ont les deux natures de mâle & de femelle.

ANDROIDE, f. m. gr. Nom qu'on donne à certaines figures d'Hommes, qu'on fait parler & marcher par divers reſſorts. Naudé en rapporte pluſieurs exemples.

ANEPIGRAPHE, adj. gr. Ce qui eſt ſans inſcription, ſans titre. Il y a des médailles, des bas-reliefs antiques, des Pſeaumes anepigraphes.

ANERIE, ſ. f., formé d'Ane, pour ſignifier bêtiſe, ignorance, ſtupidité.

ANGEIOGRAPHIE, ſ. f. gr. Mot compoſé, qui ſignifie deſcription des poids, des vaſes, des meſures, & des inſtrumens pour l'agriculture. Nous avons pluſieurs Traités ſous ce nom.

ANGELINE, ſ. f. Arbre du Malabar, dont le tronc a juſqu'à ſeize pieds d'épaiſſeur, quoiqu'il croiſſe entre les rochers & dans des lieux ſablonneux. On attribue diverſes vertus à ſes feuilles, ſurtout contre les douleurs de jointures & contre l'hydrocele.

ANGIOLOGIE, ſ. f. gr. Nom d'une partie de l'Anatomie, qui traite des vaiſſeaux du corps humain. Il ſignifie proprement diſcours ſur les vaiſſeaux. On appelle *Angiotomie* la diſſection des vaiſſeaux.

ANGIOSPERME, ſ. m. gr. On donne ce nom aux Plantes dont la graine eſt enveloppée de deux membranes, pour les diſtinguer de celles qui ſe nomment Gymnoſpermes, & dont la graine eſt entourée de trois tegumens.

ANGLICAN, adj., qui ſe dit au lieu d'Anglois, de ce qui appartient à la Religion, en Angleterre. Il ne ſe dit ordinairement qu'au feminin, avec les mots d'Egliſe, ou de Libertés, comme on dit l'Egliſe Gallicane, les libertés Gallicanes. *Angliciſme*, ſ. m., ſignifie une locution Angloiſe, qui devient un défaut dans pluſieurs autres langues.

ANGOLAM, ſ. m. Nom d'un arbre du Malabar. Sa hauteur, qui eſt d'environ cent pieds, ſa groſſeur proportionnée, & ſurtout la diſpoſition de ſes fleurs, qui ſont attachées aux branches en forme de diadème, le font regarder, dans le pays, comme le ſymbole de la Royauté. On tire, de ſa racine, un ſuc qui tue les

vers, & qui eſt bon pour l'hydropiſie.

ANGOURA DE LIN, vulgairement CUSCUTE, ſ. f. Nom d'une eſpece d'Epithym, qui croît ſur la plante dont on fait le lin.

ANGSANA, ſ. m. Arbre des Indes orientales, d'où l'on tire, par inciſion, une liqueur rouge, qui ſe condenſe en gomme, & que ſa vertu aſtringente fait employer dans la médecine.

ANGUILLE DE SABLE, ſ. f. Nom d'un petit poiſſon de mer, de couleur bleue ſur le dos & blanche au ventre, qui ſe trouve dans le ſable ſur les rivages d'Angleterre, & qui ſe mange. Il reſſemble beaucoup à l'anguille. Les Anglois le nomment *Sadhil*, qui ſignifie la même choſe. On appelle *Anguilles*, dans les Manufactures d'étoffes de laine, des bourlets ou de faux plis qui ſe forment aux draps, par la negligence des foulons.

ANGUSTIER, v. act., formé du latin, qui ſignifie reſſerrer, mettre trop à l'étroit. Il n'eſt guères d'uſage qu'en termes de conduite d'eau. Des jets d'eau trop anguſtiés.

ANICERON, ſ. m. gr. Nom d'une emplatre qu'on regarde comme infaillible pour les Achores, d'où lui vient ſon nom, qui ſignifie *invincible*.

ANIL, ſ. m. Plante d'où l'on tire l'Indigo; & qui eſt bonne en poudre pour mondifier les plaies. Les Eſpagnols, & d'autres Nations donnent auſſi ce nom à l'Indigo même.

ANIMADVERSION, ſ. f. lat. Terme dogmatique, qui ſignifie correction, ou notes, & obſervations critiques.

ANKYLOGLOSSE, ſ. m. gr. Nom d'un vice de la langue qu'on apporte quelquefois en naiſſant, & qu'on appelle vulgairement le filet, c'eſt le ligament, qui, étant trop court, ôte la liberté de parler.

ANNABASSE, ſ. f. Nom d'une eſpece de Couvertures, qui ſe font en Hollande & à Rouen.

ANNONAIRE, adj. lat. Nom qu'on donne aux Provinces & aux

villes qui étoient obligés anciennement de fournir, chaque année, une certaine quantité de vivres à la ville de Rome.

ANNONCE, f. f. lat. Terme usité parmi les Protestans, qui signifie Ban de mariage ou publication. *Annonceur* se dit aux Theâtres François, de l'Acteur qui annonce, ou qui fait les annonces.

ANQUILLEUSE, f. f. Terme d'origine obscure, employé dans les arrêts de la Tournelle, pour signifier une femme qui vole adroitement ce qu'elle trouve, à l'aide des poches qu'elle a sous son tablier.

ANTEPHIALTIQUES, f. m. gr. Nom qu'on donne aux remedes, qui guérissent du Cauchemar, suivant la signification du mot.

ANTRHOPOLOGIE, f. f. gr. Nom qu'on donne aux expressions figurées, que l'Ecriture Sainte emploie pour s'accommoder à l'esprit des hommes, & qui font quelquefois tenir, à Dieu, un langage fort humain.

ANTIDATE, f. f. lat. Date antérieure à la vraye datte d'un acte, & par conséquent falsifiée. On dit aussi *antidater*.

ANTIDOSAIRE, f. m. lat. Recueil de remedes contre les Maladies.

ANTIDOTE, f. m. gr. Tout remede contre le poison. Il y a des Antidotes extérieurs & intérieurs. Les premiers se nomment *Alexiteres*, & les autres *Alexipharmaques*. Ajoutons, pour l'intelligence des mots grecs, qui commencent par *Anti*, que c'est un adverbe qui signifie *contre*.

ANTIPASTE, f. m. gr. Pied des vers grecs & latins, composé d'un iambe & d'un chorée; ce qui produit, dans un même mot, deux longues entre deux breves.

ANTIPHONAIRE, f. m. gr. Terme d'Eglise, qui est le nom d'un Livre où font contenues les antiennes qui se chantent à l'office.

ANTISCORBUTIQUES, f. m. Remedes contraires au scorbut, tels que le cresson, le cochlearia, la cardamine, &c. En général, le mot grec *anti*, qui signifie contre, ma-

que une action, ou une vertu, opposée à quelque chose.

ANTISPASE, f. f. gr. Révulsion, retour d'humeur, par un cours vers les parties opposées à celles qu'elles menaçoient. *Antispatiques* se dit de tous les remedes qui opèrent par révulsion ou par Antispase.

ANTOLFLE DE GIROFLE, f. m. Nom que nos Droguistes donnent à des girofles beaucoup plus gros que les autres, qui acquierent cette grosseur en restant par hazard sur l'arbre, après la récolte. On y trouve une gomme dure & noire, fort aromatique.

ANTONINS, f. m. Nom d'un Ordre Religieux, fondé dans l'onzième siécle sous la régle de Saint Augustin, par un Prieur Viennois, nommé *Antoine*, pour prendre soin des malades, surtout des impotens. De-là vient la figure du T. qu'ils portent sur leurs habits. Elle représente une potence pour marcher.

ANXIETE', f. f. lat. Terme de vie dévote, qui signifie, *inquiétude*, trouble d'esprit & de conscience, causé par ce qu'on nomme des scrupules.

AORISTE, f. m. gr. Nom d'un prétérit indéterminé dans la conjugaison des verbes. Les Grecs ont deux Aoristes. Nous en avons un en François; *j'aimai*, pour *j'ai aimé*.

AOUARA, f. m. Nom d'un fruit d'Afrique & d'Amérique, qui est de la grosseur d'un œuf de Poule, & qui croît sur une espece de Palmier, avec plusieurs autres, en forme de bouquet, enfermé dans une grosse goûsse. Il contient un noyau, dans lequel est une amande; d'où l'on tire une huile épaisse, qui s'appelle huile de Palme, & qui est de très bon goût.

APANAGE, f. m. Terres ou certaines portions du domaine Royal qu'on donne aux Princes pour leur subsistance, mais qui reviennent à la couronne après l'extinction de leurs descendants mâles. Ce mot, d'origine obscure, signifie la portion qu'on donne à un Enfant, pour patrimoine. Il se prend, en langage figuré, pour tout avantage particulier auquel on se borne, ou qu'on préfère aux autres.

APANTHROPIÉ, s. f. gr. Aversion pour la société. C'est une espece de Misanthropie, mais qui est l'effet de la mélancolie ; au lieu que l'autre paroît plus morale que physique, & vient moins de maladie, que de haine contre les hommes, ou plutôt contre leurs vices.

APEDEUTISME, s. m. gr., composé, qui signifie *ignorance*, par défaut d'instruction. *Apedeute* se dit aussi, pour ignorant, mal instruit.

APERCHER, v. act. Terme d'Oiseleur. Apercher un oiseau, c'est remarquer l'endroit où il se retire, où il se perche pour y passer la nuit.

APHONIE, s. f. gr., qui signifie extinction de voix.

APHRODISIES, s. f. gr. Anciennes fêtes, établies à l'honneur de Vénus, dans la plûpart des Villes grecques, par Cinyras, dans la famille duquel on choisissoit les Prêtres de la Déesse, qui en portoient le nom de Cinyrades.

APINEL, s. m. Herbe de l'Amérique, que les sauvages nomment Yabacani, & dont la vertu est surprenante pour faire mourir les Serpens. On lui en attribue beaucoup aussi pour aider à la génération. On la nomme *Apinel*, du nom de celui qui l'apporta le premier en Europe.

APNE'E, s. f. gr., qui signifie perte, ou extrême difficulté de respiration.

APOBOMIES, s. f. gr. Anciennes fêtes grecques, où suivant la signification du mot, on ne sacrifioit point sur l'autel, mais à terre sur le pavé du temple.

APOCO. Mot emprunté de l'Italien, qui signifie de peu de valeur. On dit traiter quelqu'un d'Apoco, pour dire le traiter avec mépris.

APOCOPE, s. f. gr., qui signifie *coupure*, ou l'action de couper. Il se dit des fractures, ou des coupures, dans lesquelles la piece d'un os est tout-à-fait emportée. C'est aussi une figure de Grammaire, qui signifie retranche-

ment. Elle consiste à couper quelque chose à la fin d'un mot.

APOCYN, s. m. gr. Nom d'un arbrisseau dont les feuilles ressemblent au Lierre, & sont remplies d'un suc qui approche du miel. Elles sont mortelles pour les chiens & d'autres animaux. La semence, prise dans du vin, guérit la pleurésie. L'Apocyn se nomme aussi Apocrambe.

APODES, s. m. gr. Nom de certains oiseaux, qui ont les pieds fort courts, ou qui n'en ayant pas du tout, suivant la signification du mot, ne se posent jamais à terre ni sur les arbres, volent presque sans cesse, & font leurs nids dans des rochers. C'est ce qu'on rapporte de l'oiseau de Paradis.

APOGRAPHES, s. m. gr. Nom qu'on donne aux Ecrits qui ne sont pas originaux, aux simples copies ; par opposition à celui d'Autographe, qui signifie un Ecrit original, c'est-à-dire, de la main de l'Auteur.

APOLYSE, s. f. gr. Nom que les Grecs donnent à la partie de leur Messe qui répond à notre *Ite, missa est*.

APOMELI, s. m. Nom d'une liqueur qui se fait avec des rayons de miel bouilli dans l'eau. C'est une espece d'Hydromel.

APOSTILLE, s. f. lat. Petite note qu'on ajoûte à quelque Ecrit. On a nommé *Apostillateurs* ceux qui ont fait des Notes sur les anciens Jurisconsultes.

APOSTOLIQUE, ad. gr. Les Hongrois donnent le nom d'Apostolique à leur Royaume ; & celui d'Angélique à leur couronne. On appelloit Apostolins les Religieux d'un ancien Ordre, qui se prétendoit institué par Saint Barnabé. Sixte-Quint les unit aux Ambrosiens.

APPARENTE', adj., formé de Parent. On dit qu'un homme est bien ou mal apparenté, c'est-à-dire, qu'il tient par le sang à des gens qui lui font honneur ou qui ne lui en font point.

APPARTEMENT, s. m. Partie d'une Maison, composée de plusieurs pièces. Tenir appartement, c'est reavoir compagnie chez foi, avec les formalités établies par l'ufage.

APPAUVRIR, v. act. Rendre pauvre. On dit, dans un fens figuré, qu'une langue s'appauvrit, pour dire qu'elle devient moins abondante en expreffions ; que le fang s'appauvrit, pour dire qu'il perd beaucoup de fes qualités effentielles.

APPEL, APPELLATION. Termes de Jurifprudence, qui fignifient l'action par laquelle on demande qu'une affaire foit portée d'un Tribunal à un autre, & dont le fens varie fuivant l'objet & la forme. On nomme *Appel de deni de renvoi*, un appel qui s'interjette d'une fentence ret lue par un Juge incompétent, au pr judice du renvoi qui lui avoit été demandé. *Appellé rapporté* fe dit d ne caufe où l'Avocat de la Partie ao erfe ne paroiffant pas, l'Avocat préfent demande défaut, s'il eft appellant, ou congé, s'il eft intimé. Le Préfident dit alors : *Faites appeller & rapporter. Appel* fe dit militairement d'une vifite que le Sergent fait les chambrées, & où il appelle chaque Soldat par fon nom, pour s'affurer qu'il n'y a perfonne d'abfent. *Faire un appel*, c'eft propofer un rendezvous pour un combat particulier.

APPORT, f. m., qui fe dit pour concours de Marchands & de Peuple, tel qu'on le voit dans les Foires. C'eft dans ce fens qu'on appelle le marché du grand Châtelet l'*apport de Paris*, & non *la Porte*, qui eft '. terme vulgaire.

APPOSER, v. act. lat. Appofer une claufe à un contrat, c'eft y mettre, y inférer une condition.

APPRECIER, v. act. lat. Mettre le prix à une chofe, l'eftimer ce qu'elle vaut. Appréciation eft le fubftantif. En termes Théologiques, l'amour *appréciatif* de Dieu eft un amour de préférence, qui fait mettre Dieu au-deffus de tout ce qui n'eft pas lui.

APPROVISIONNEMENT, f. m., formé de Provifion, pour fignifier une fourniture de chofes néceffaires. L'Approvifionnement d'une Flotte, d'une Place de guerre, d'un Hôpital.

Approvifionner eft le verbe.

APRE, f. m. Petite monnoie Turque. Quinze Apres valent environ dix fous de France. *Apre*, ou *Aprere*, eft auffi le nom d'un petit poiffon rougeâtre du Rhône. Il lui vient de l'apreté de fes écailles ; ce qui n'empêche point que la chair n'en foit bonne.

APYREXIE, f. f. gr., qui fignifie l'état de celui qui ceffe d'avoir la fievre, foit qu'il en foit tout-à-fait délivré, ou qu'il ne foit que dans un intervalle tranquille entre les accès.

AQUADOR, f. m. Nom que les Portugais donnent au Poiffon volans.

AQUETTE, f. f. Diminutif du mot latin, qui fignifie Eau. C'eft le nom d'une liqueur d'Italie, compofée de vin, d'un tiers d'eau, & de diverfes fortes d'Aromates.

AQUILA-ALBA, f. f. Nom emprunté du latin, qui convient à tous les fublimés blancs, mais qui ne fe donne qu'au fublimé doux. Il fignifie Aigle blanc, comme pour exprimer la fublimation par le vol de l'aigle.

AQUILON, f. m. Terme poëtique, qui fignifie le vent du Nord.

ARABESQUE, adj., qui eft à la maniere des Arabes. Des caracteres *Arabefques. Arabefque*, f. f., fe dit d'une peinture & des ornemens où il n'y a point de figures humaines.

ARACAMIRI, f. m. Nom d'un arbriffeau du Bréfil, qui porte un fruit agréable, dont on fait de bonnes conferves.

ARACHNIDE, f. f. gr. Nom d'une Plante, du genre de celles qui ont des fruits des deux côtés, & qu'on appelle Amphicortes.

ARÆOSTILE, f. m. gr. Nom d'un Edifice dont les colonnes font fort éloignées, par oppofition au Picnoftile, dont les colonnes font trop preffées.

ARAIN, f. m. Efpece d'Armoifin, ou de taffetas raié & à carreaux, qui vient des Indes orientales.

ARALIE, f. f. Plante, qui eft une efpece d'Angélique, dont les fleurs font compofées de plufieurs petales,

Ses feuilles font difposées en forme de Rofes. Elle porte un petit fruit, doux & plein de fuc. L'*Aaliaftre* eft une autre Plante, dont la fleur eft de celles qu'on nomme Hermaphrodites.

ARANE'E, f. f. Nom d'un minéral d'argent, qui ne fe trouve que dans les mines du Potofi, & dans une feule de ces mines, nommée *Catamito*. Ce nom lui vient de fa reffemblance avec la toile de l'araignée, par les fils dont il eft compofé, & qui lui donnent l'apparence d'un galon d'argent. Il paffe pour le plus riche des Minéraux.

ARBALETRILLE, f. f. Nom d'un inftrument qu'on emploie, fur mer, pour les obfervations de la latitude.

ARCHAISME, f. m. Mót formé du mot grec qui fignifie ancien, pour fignifier une expreffion ancienne, furannée.

ARCHANGE'LIQUE, f. f. Plante dont on compte jufqu'à dix-fept efpéces. On diftingue, en général, la blanche & la rouge. La femence en eft triangulaire; le calice divifé en cinq fegmens, & oblong comme un tube.

ARCTITUDE, f. f. lat. Qualité étroite d'une chofe, & terme d'Anatomie, pour fignifier une difpofition naturelle qui empêche une femme de confommer le mariage, avec un homme trop puiffant.

ARDASSES, f. f. Soies de Perfe, les plus groffieres, & comme le rebut de chaque efpece. Celles, au contraire, qu'on nomme Ardaffines, font les plus belles de la même Contrée, & ne le cédent guéres en fineffe qu'aux Sourbaftis.

ARENE, f. f. lat. Nom que les anciens Romains donnoient au lieu où ils faifoient combattre les Gladiateurs. Il fignifie fable, parce que ce lieu étoit foigneufement couvert d'un beau fable. On appelle encore *Areue*, en termes Poëtiques, le champ d'une difpute ou d'un combat.

ARGOUDAN, f. m. Nom d'une forte de cotton, qui vient de la Chine.

ARGOULET, f. m. Nom d'une cavalerie françoife, armée de toutes pieces, qui a fubfifté depuis le regne de Louis XI, jufqu'à celui de Henri II. Elle fit place aux Arquebufiers à cheval, auxquels les Dragons ont fuccédé.

ARGUS, f. m. Coquillage de Mer, qui eft parfemé de figures d'yeux, & qu'on nomme ainfi par allufion à l'Argus de la Fable.

ARGYRITE, f. m. gr., formé du mot qui fignifie argent. C'eft le nom général de toutes les Marcaffites d'argent, c'eft-à-dire, des Pierres minérales où il fe trouve des parties d'argent. On appelloit anciennement *Combats argyrites*, ceux dont les Acteurs étoient payés, pour les diftinguer des combats, ou des jeux facrés, où l'on combattoit pour la gloire.

ARIDAS, f. f. Nom d'une célébre efpece de Taffetas des Indes orientales, compofé d'une efpece de foie qu'on tire de diverfes fortes d'herbes.

ARIDE, ARIDITE'. Mots tirés du latin, dont le premier fignifie fec, & l'autre féchereffe. Les Médecins nomment Aridure ce qu'on nomme auffi *atrophie*. C'eft une féchereffe, une maigreur particuliere de tout le corps, ou de quelque membre.

ARIETTE. Diminutif d'ARIA, mot Italien, qui fignifie *Air*. On appelle Ariette, dans les Operas Italiens, de petits traits de Chants, vifs, ou tendres, qui font placés entre le récitatif.

ARISTARQUE, f. m. gr. Ce mot, qui fignifie proprement bon Prince, eft employé pour *Critique*, depuis un fameux Grammairien, nommé Ariftarque, qui fit une bonne critique des Poëmes d'Homere.

ARISTOPHANEION, f. m. gr. Nom d'une bonne emplâtre émolliente, compofée, fuivant James, de quatre livres de pois, de deux livres d'apochyme, d'une livre de cire, d'une once d'oppoponax, & d'une pinte de vinaigre.

ARMOISIN DES INDES, f. m. Efpece de Taffetas fabriqué aux Indes orientales, plus toible & de moindre luftre que l'armoifin d'Europe.

ARMORIAL, f. & adj. Mot formé d'*Armes*, & nom qu'on donne à un Recueil d'armoiries. Nous avons des Armoriaux de plusieurs Nations.

ARNIQUE, f. f. Plante des montagnes & des prés, qu'on nomme aussi Plantain de montagne, parce que ses feuilles ressemblent à celles du Plantain, & dont la fleur est jaune, à peu près de la forme de celle du souci. On lui attribue des effets merveilleux, surtout contre la fluxion de poitrine. Elle se prend en infusion comme le Thé.

ARRASES, f. f. lat. Terme d'Entrepreneur, & nom des pierres plus hautes ou plus basses que les autres cours d'assise, pour parvenir à une certaine hauteur; telles que celle d'un cours de plinthe, ou celle des cimaises d'un entablement.

ARRATEL. Poids Portugais de seize onces.

ARRHES, f. f. lat. Ce qu'on donne pour engagement & pour assurance de quelque chose. Ce mot se prononce comme il s'écrit, surtout dans le style noble. Mais dans quelques occasions, l'usage l'emporte pour *aire*. Par exemple, on dit, *les aires* qu'en donne au Coche.

ARROI, f. m. Vieux mot, qui signifie, train, équipage, & qui se dit encore dans le style familier. En bon, en mauvais *arroi*.

ARROSOIR, f. m. Nom d'un coquillage fort rare, qui s'appelle autrement Brandon d'Amour. On n'en connoît qu'un, qui vient de l'Isle d'Amboine, & qui est dans le Cabinet du Grand Duc. L'*Arrosoir*, ou le Pinceau de Mer, est un autre coquillage de l'espece la plus distinguée parmi les Tuiaux. Sa forme l'a fait nommer aussi *Priape*.

ARRUGIE, f. f. lat. Canal, ou conduit souterrain, qu'on pratique dans les Minieres, pour l'écoulement des eaux.

ARSE'E, f. f. formé du verbe latin, qui signifie brûler, être en feu, pour signifier un violent accès de passion, & l'effet le plus naturel de celle de l'amour.

ARTEUNE, f. f. Nom d'un Oi-

seau aquatique, dont les pieds ressemblent à ceux du canard.

ARZEGAGE, f. m. Nom d'un bâton ferré par les deux bouts, que portoient les Stradiots, Cavaliers Albanois, qui servoient en France sous les règnes de Charles VIII & de Louis XII.

ASAPHAT, f. m. Espece de gratelle, entre cuir & chair, venant de certains vers qui s'engendrent dans les pores, & qu'on fait sortir en pressant la peau.

ASEITE', f. f. lat. Terme composé, qui signifie proprement l'indépendance d'une chose qui existe par soi-même, & qui ne peut être dit par conséquent que de Dieu seul.

ASPERULE, f. f. Plante dont les feuilles ressemblent assez à celles du Grateron, & qui est un bon diuretique. Elle croit dans les bois & les lieux montagneux.

ASSAHUALE, f. f. Nom d'une Plante du Royaume d'Issini, dont le fruit, qui est une espece de Brunes, est un Alcali si fort, qu'après en avoir mangé, les citrons les plus aigres, & le vinaigre le plus âpre, paroissent d'un goût délicieux.

ASSAKI, f. f. Nom que les Relations donnent à la Maîtresse, ou la Sultane favorite, du Grand Seigneur.

ASSECHER, v. neutre, qui signifie sécher, mais qui ne se dit qu'en termes de Mer. Une Raye qui asseche en basse Mer.

ASSEIAL, ASSIS, f. m. Noms que les Voyageurs donnent à une composition d'opium & d'autres ingrédiens, que les Turcs prennent pour se procurer une sorte d'ivresse, qui les rend plus gais, plus hardis, & qui leur donne des idées, ou des songes agréables.

ASSIENTE, f. m. ou plutôt, ASSIEUTE, mot Espagnol, qui signifie une Ferme, & dont on a fait le nom d'un Traité, par lequel autrefois les François, & depuis la Paix d'Utrecht, les Anglois, étoient engagés à fournir, aux Colonies Espagnoles de l'Amérique, une certaine quantité de Négres d'Afrique, sous certaines conditions avantageuses.

On appelle *Affientiftes* ceux qui ont des actions dans la Compagnie de l'Affiente.

ASSO, f. m., ou Pierre Affienne. Nom d'une Pierre qui fe trouve aux environs d'Affos, ville de la Troade, & qui a la vertu de confumer, fans mordacité, les chairs molles & fpongieufes. Elle eft legere, friable, & couverte d'une poudre farineufe, femblable à celle qui s'attache aux parois des meules de moulins, à laquelle on donne, par cette raifon, le nom de fleur de pierre d'Affo.

ASSOGUE, f. f. Nom qu'on donne, depuis peu, aux Galions Efpagnols, c'eft-à-dire, aux Vaiffeaux qui portent les marchandifes de l'Europe dans l'Amérique méridionale, & qui rapportent l'or & l'argent de l'Amérique en Efpagne.

ASSOITE DE MARIE. Efpece de Baume verd, fec ou liquide, qui eft fort renommé en Efpagne, pour la guérifon des plaies.

ASSORATH, f. m. Nom d'un Livre Mahométan, qui renferme les Traditions de cette Loi, & qui tient rang immédiatement après l'alcoran.

ASSORTIMENT, f. m. Rapprochement de plufieurs chofes qui fe conviennent entr'elles, par quelque rapport mutuel. Des couleurs, des humeurs afforties. Une couleur affortiffante à une autre. En termes de Librairie, on appelle *Livres d'affortiment* ceux qu'un Libraire tire, par achat ou par échange, des autres Libraires, François ou Etrangers. Ceux qu'il imprime lui-même fe nomment *Livres de fortes*.

ASSURANCE, fubft. fém. Coup d'*Affurance*, Pavillon d'*Affurance*, fe dit, en Mer, d'un coup de canon qu'on tire, & d'un Pavillon qu'on arbore, pour *affurer* une Nation qu'on n'eft point en guerre, ou qu'on n'en veut point avec elle.

L'*affure*, dans une Tapifferie de haute-lice, eft le fil d'or, d'argent, de foie ou de laine, dont on couvre la chaîne de la Tapifferie; ce qu'on appelle trame dans les étoffes & les toiles.

ASSUTINAT, f. m. Graine d'une

qualité fort chaude, qui vient de Surate, & qu'on emploie dans les ragoûts & dans la Médecine.

ASTERIC, f. f. gr., formé du mot latin, qui fignifie Etoile. C'eft le nom d'une Pierre, qui porte naturellement cette figure, & qui a des vertus fort alcalines. Elle eft ronde, de couleur cendrée, & fe trouve particuliérement dans le Tirol. *Afteroïde* eft le nom d'une Plante, qui pouffe une fleur radiée en maniere d'Etoile. L'*Aftrance* eft une autre Plante, dont les fommités font difpofées en Etoile, & dont la racine eft purgative. Elle croît dans les lieux montagneux. Le mot d'Aftre, en termes de Chimie, fignifie quinteffence, ou la plus haute vertu qu'une chofe puiffe acquérir par des préparations. L'*aftre* du Mercure, c'eft la fublimation.

ATANAIRE, f. m. On dit d'un oifeau de proie qu'il eft *atanaire*, pour fignifier qu'il n'a point mué; & qu'il a fon pennage de l'année d'auparavant, du vieux mot *antan*, qui fignifioit *année précédente*.

ATAXIE, f. f. gr., qui fignifie défordre, irrégularité, & qui fe dit d'un dérangement, d'une irrégularité dans les crifes & les paroxifmes des fiévres.

ATHANASIE, f. f. gr. Nom d'un fameux antidote des Anciens. Ce mot fignifie immortalité.

ATHEROME, f. m. gr. Maladie des yeux. C'eft une tumeur enkiftée, qui vient aux paupieres, & dont on diftingue plufieurs fortes, mais peu dangereufes.

ATHLETES, f. m. gr. Nom que les Anciens donnoient à ceux qui combattoient, par divers exercices de force, dans les Jeux Publics. Leur profeffion avoit des regles, qui en faifoient un art, nommé Gymnaftique ou Agoniftique. On donne encore le nom d'Athletes aux hommes robuftes, qui font adroits aux exercices du corps.

ATMEIDAN, f. m. Fameufe place de Conftantinople, qui fert encore à exercer les chevaux, comme du temps des Grecs, qui la nommoient

moient *Hippodrome*, par cette raifon. On y voit encore cinq colomnes des anciens Empereurs.

ATONIE, f. f. gr. Defordre, affoibliffement qui arrive aux nerfs & aux vaiffeaux du corps, par quelque violence faite au mouvement tonique & régulier.

ATOUR, f. m. Vieux mot, qui fe dit encore pour fignifier parure, habillement recherché.

ATRABILAIRE, adj. lat. Celui qui eft dominé par la bile noire, qui eft dans une mélancolie habituelle.

ATRICES, f. f. Petits tubercules, qui fe forment autour de l'anus, & qui fe diffipent d'eux-mêmes.

ATTELABE, f. m. Infecte aquatique, de couleur cendrée, qui tient de l'araignée & de la fauterelle. Il nage dans l'eau & rampe fur terre.

ATTENTES, ou FLECHES, f. f. Noms des filamens rougeâtres, accompagnés de petites languettes couleur d'or, qui fortent du milieu du calice de la fleur du faffran, & dont on fait la drogue, qui s'appelle faffran.

ATTRACTYLIS, f. m. Plante que les Botaniftes appellent de ce nom, & qui n'eft autre chofe que le *Chardon benit*, efpece de *Carthame*, qui différe des autres.

ATTRAPE-MOUCHE, f. f. Nom vulgaire d'une Plante, dont le fruit eft en forme de petite poire renverfée, & dont on tire une huile qui rend la peau douce & unie. Elle fe nomme autrement *Myagre* ou *Almerie*. Il y a un petit oifeau, qui s'appelle *Attrape-mouche*, ou *Moucherolle*.

AVANCE'E, f. f. Terme de Guerre. Pofte qui eft à la derniere barriere d'une ville. *Avancée* fe dit auffi pour travail avancé.

AVANIE, f. f. Mot venu du Levant, où il fignifie querelle injufte, & fe dit des Turcs qui exigent de l'argent des Chrétiens, fous de mauvais prétextes. On l'employe pour affront, traitement injurieux.

AVANT-DUC, f. m. Nom d'une efpece de Pont, qui fe fait avec des

Supplém.

pilotis enfoncés & couverts de groffes planches ou de doffes, pour rétrecir l'entrée d'une Riviere, ou pour terminer, des deux côtés, un Pont de Batteaux.

AVAU L'EAU. Expreffion vulgaire, qui fignifie, fuivant le cours de l'eau.

AUBERGE, f. f. A Malte, l'Hôtel de chaque Langue porte le nom d'Auberge, párce que les Chevaliers s'y affemblent & y mangent ordinairement. Il y a des réglemens pour les Auberges de Malte.

AUBOURS, f. m. Nom d'un arbre de médiocre grandeur, dont les feuilles, qui font difpofées trois à trois, grandes & pointues, paffent pour digeftives, & pour un fpécifique contre l'afthme. Ses fleurs font place à des gouffes, qui contiennent une efpece de lentilles.

AUDITIF, adj. lat. On appelle conduit auditif, le canal par lequel paffent les fons, pour aller au fond de l'oreille.

AVENANT, f. m. Vieux mot, qui fignifioit prix, mérite, valeur, & dont il n'eft refté qu'à *l'avenant*, terme vulgaire, pour fignifier *à proportion*, ou en mefure, en quantité, en maniere qui répond à quelque chofe.

AVENTIERS, adj. lat. Biens aventiers. C'eft un terme de Jurifprudence, qui fignifie des biens procédant de fucceffion différente de celle des afcendans, & qui arrivent comme d'avanture.

AVENTURIERS, f. m. *Voyez* FLIBUSTIERS. C'étoit auffi le nom d'une forte d'Infanterie Françoife, brave, mais mal difciplinée, fous les régnes de Louis XII & de François I. En général, on donne ce nom à ceux qui entreprennent quelque chofe comme au hazard, ou avec plus de réfolution que de prudence. Aventureux fe dit auffi de ce qui eft téméraire, ou de ceux qui ont trop de confiance à la fortune.

AVENUE, f. f. Route pratiquée, ou embellie, pour arriver & pour entrer dans quelque lieu. Il fe dit auffi pour *arrivée*.

AVERTIN, f. m. Mal dont on

D

prétend que faint Avertin délivre ceux qui en font attaqués, & qui fe nomment vulgairement *Avertinux*. C'eft une efpece de vertige, ou de mal de tête.

AVEUGLES, fubft. ou TAPIS AVEUGLES. Nom qu'on donne aux tapis de Smyrne, qui fe vendent au Pic, lorfqu'ils font manqués, & que le travail ne rend pas bien le deffein. On appelloit autrefois *Aveugles de Châlons* (Sur marne) ou *Aveuglas*, une efpece de Moines mariés, qui quêtoient par la ville avec une fonnette à la main, & qui étoient obligés de fe remarier fix femaines après la mort de leurs femmes, fous peines d'être chaffés de la Maifon. Les derniers, qui furent fupprimés en 1641, n'étoient pas réellement aveugles; mais il eft à préfumer qu'ils dévoient l'être, fuivant l'inftitution, dont le temps & l'auteur ne font pas connus.

AUGET DE MINE, f. m. Diminutif d'Auge, & nom d'un petit canal de planche, d'environ trois pouces de diamètre, où l'on enferme le fauciffon rempli de poudre, pour faire jouer la mine.

AVICTUAILLEMENT ou AVITAILLEMENT, f. m. lat. Provifion de vivres qu'on fait fur Mer, ou fur Terre.

AVILA, f. f. Nom d'une efpece de pomme de l'Amérique Efpagnole, plus groffe qu'une orange, qui contient, dans huit ou dix noyaux, des amandes blanches & ametes, dont on vante la vertu contre les humeurs malignes. La dofe eft d'une, ou deux au plus.

AVILIR, v. act. lat. Rendre meprifable. *Vil* fignifie bas, digne de mépris. On dit auffi *vil prix*, pour *bas prix*; mais on ne dit pas qu'une marchandifes s'avilit, pour dire que fon prix tombe, diminue.

AVITIN, adj. lat. Terme de Jurifprudence, qui fignifie ce qui vient des Ayeux. Biens, héritages *avitins*.

AUMONERIE, f. f. Office Eccléfiaftique, dont le Poffeffeur fe nomme Aumônier. La grande Aumônerie de France eft la charge de grand Aumônier.

AUMUCE, f. f., formé d'un verbe latin, qui fignifie vêtir. Ce n'étoit anciennement qu'un bonnet de peau d'agneau avec le poil, & la chappe fe portoit par-deffus. Enfuite on fit defcendre ce bonnet fur les épaules, & par degrés jufques fur les reins. La commodité devint enfin l'unique régle, & de-là vient la variéte qu'on voit dans cet habillement des Chanoines, qui n'eft plus même qu'un ornement pour ceux qui le portent fur le bras gauche, fuivant l'ufage le plus commun.

AVOCAT, fubft. mafc. Nom d'un grand arbre de l'Amérique, & de fon fruit, qui eft affez femblable à une poire de Bon chrêtien, mais dont la chair n'a point de confiftence & reffemble à de la marmelade. Sa couleur eft verte, & fon goût approche de celui d'une tourte de moëlle de bœuf.

AVOCATOIRES, adj. lat. On nomme *Lettres avocatoires*, celles par lefquelles un Prince revendique quelqu'un de fes fujets, qui eft allé s'établir dans un autre Etat. Tout le monde ne convient pas que la confcience oblige le fujet d'obéir.

AVOIR. Terme de Commerce. L'ufage des Marchands eft de mettre le mot *avoir*, en gros caractères, au commencement de chaque page, à main droite, de leur grand livre de compte. Ce côté eft celui du crédit, ou des dettes actives, par oppofition aux pages à gauche, qui font le côté du debet, ou des dettes paffives, qu'on diftingue par le mot *doit*, écrit auffi en groffes lettres.

AVOISINEMENT, f. m., formé de voifin, pour fignifier l'action de s'approcher de quelque chofe. On a donné ce nom aux projets par lefquels on fe flattoit de réunir les diverfes croyances des Catholiques & des Proteftans.

AVORTER, v. n. Outre la fignification propre de ce mot, on dit fort bien, dans le figuré, qu'un deffein, qu'une entreprife avortera, pour dire qu'elle n'aura pas de fuccès.

Avorton se dit aussi dans le figuré comme dans le propre.

AURATE, s. f. Nom d'une poire d'été, aussi hative & aussi délicate que le petit muscat, mais sept ou huit fois plus grosse. Son nom lui vient du mot latin , qui signifie *Dorée.*

AURELIE, s. f. En termes d'Histoire naturelle, on appelle *aurelie* , ou Chrysalide, une espece de fève en laquelle se change un ver , qui doit ensuite prendre des aîles & voler.

AURIFIQUE, adj. lat. Ce qui a la puissance de produire de l'or , ou de changer quelque chose en or ; vertu que les Alchimistes attribuent à leur poudre de projection.

AUSERON , s. m. Nom d'une drogue qui vient de Perse, mais que les Européens tirent des Indes Orientales , par Surate.

AUSPICES , s. m. lat. Espece d'anciens Prêtres Romains, qui jugeoient de l'avenir , par le vol des oiseaux , par leur chant, & par d'autres signes. Le Prêtre se nommoit *Auspex* , & son jugement *Auspicium.* Nous avons donné le nom d'Auspices à toutes sortes de présages. De-là l'expression , *entreprendre une chose sous d'heureux auspices , sous les auspices de quelqu'un* , c'est-à-dire , sous sa protection, dont on se promet du succès.

AUSTRAL , adj. lat. , formé du mot qui signifie , vent du Midi. On nomme australes toutes les parties du Globe qui sont au Midi de la Ligne ; & *Terres australes* de vastes Pays , qui sont encore peu connus , vers le Pole antarctique.

AUTAN , s. m. lat. Terme poëtique , pour exprimer le vent de Sud-Est.

AUTHEMERON , adj. gr. , qui signifie ce qui est du même jour. On donne ce nom à un remede qui produit son effet le jour qu'on l'a pris.

AUTOPSIE , s. f. gr. Mot composé , qui signifie *Evidence oculaire.* C'étoit aussi le nom d'un état , dans lequel les anciens Payens croyoient qu'on avoit un commerce intime

avec les dieux , & une sorte de participation à leur toute-puissance.

AXONES , s. f. gr. Nom qu'on donne aux anciennes Loix de *Solon* pour les Athéniens , parce qu'elles étoient écrites sur des tables de bois faites en triangle. L'original se gardoit dans l'Acropolis , qui étoit la Forteresse d'Athenes.

AZAMOGLANS , s. m. Nom qu'on donne , en Turquie , aux Enfans de Tribut , ou enlevés , qui , n'ayant pas les qualités propres au service du Serrail , sont employés à des offices plus vils. Les Chrétiens leur donnent le nom de Janisserots. Leur condition est une servitude fort laborieuse,& leur paye fort modique.

AZEBOUCQ , s. m. Drogue médecinale , qui vient de Batavia.

AZI , s. m. Espece de presure , composée de petit lait & de vinaigre, dont on se sert , à Gruyere & dans d'autres lieux , pour faire un second Fromage, qui se tire du lait du premier.

AZIME , s. m. gr. Pain sans levain , tel qu'on le fait pour servir à l'autel. Les Grecs nous nomment *Azimites* , parce qu'à l'exemple du Sauveur , qui institua le Sacrement de l'Eucharistie , dans le tems de la Pâque , avec le pain azime ordonné aux Juifs, nous n'en employons point d'autre pour ce saint Mystere.

B

BABAU, s. m. Nom d'un prétendu fantôme , dont on effraye les enfans dans nos Provinces méridionales. *Babet* est un petit nom de fille , pour Elisabeth , & le nom d'une danse figurée.

BABOUCHE , s. f. Sorte de mule, ou pantoufle orientale , qui a un quartier de derriere , & dont l'usage nous est venu du Levant.

BACCALAUREAT , s. m. Terme d'Université , qui signifie la qualité de Bachelier.

BACCHAS , s. m. Nom de la lie qui se trouve au fond des tonneaux où l'on a mis reposer le suc , ou jus , de citron.

BACCIFÈRE, adj. lat. Epithete qu'on donne aux arbres & aux plantes qui portent des Baies, comme au Chevre-feuille, au Lys des vallées, à la Brioine, à l'Asperge, &c.

BACHE, ou BANNE, f. f. Nom d'une grande couverture de grosse toile, que les Voituriers mettent par-dessus leurs Charettes, pour la conservation de ce qu'ils transportent. *Bacher* ou *Débacher* une Charette, c'est mettre, ou ôter, la *Bache*.

BACHOTEUR, f. m. Batelier qui conduit un petit bateau, qu'on nomme Bachot. Le Bachotage signifie cette profession.

BACHOUE, f. f. Nom d'un vaisseau de bois, qui est large par le haut, & qui s'étrecit vers le fond.

BACINET, f. m. Ancienne armure Françoise, qu'on croit avoir été un chapeau de fer assez leger. On nommoit *Bacinets*, les Soldats qui la portoient.

BACLER, v. act. Terme de Bateliers. Bacler un Bateau, c'est le placer dans un lieu commode, pour la charge & la décharge des marchandises, & l'y fixer avec des cables & des anneaux de fer. Baclage se dit de cet arrangement, & du droit qui se paie pour cela. De-là vient Bacler pour lier, dans l'usage vulgaire.

BACUL, f. m. Large croupiere des bêtes de voiture, qui leur *bat* sur les cuisses ; & de-là vient apparemment ce nom.

BADUCKE, f. m. Nom d'une plante, dont le suc, mêlé avec de la graisse de sanglier, est vanté pour la goutte. On prétend que le fruit, pris dans du lait, cause l'impuissance.

BAFFETAS, f. m. Grosses toiles de coton blanc, qui viennent des Indes, & dont les meilleures sont celles de Surate.

BAGACE, f. f. Nom qu'on donne, dans les Antilles, au marc des cannes de sucre, qui ont été brisées dans le moulin, & dont on a tiré le sucre. On en fait des flambeaux, pour éclairer la nuit.

BAGNOLETTE, f. f. Sorte de coëffe à l'usage des femmes. Celles d'hyver sont de velours, de peluches, de chenilles, & de satin sans envers, avec une dentelle de soie noire autour. Celles d'été sont ordinairement de gaze blanche, unie ou mouchetée, avec une dentelle de fil, ou blonde de soie.

BAGUETTE, f. f. Nom des grandes tulipes de Flandres, qui leur vient de leur force & de leur hauteur. La plûpart sont d'abord d'une seule couleur ; mais elles changent quelquefois, & les Curieux y gagnent les plus belles fleurs du monde.

BAHAR, f. m. Nom d'un poids oriental, que les Portugais appellent Barre, par corruption, comme nous le faisons après eux, surtout dans nos Comptoirs d'Afrique.

BAHEL SCHULLI, f. m. Arbrisseau épineux des Indes, dont la racine, en décoction, est un excellent diuretique. On en distingue deux sortes ; l'une qui croît dans les lieux aqueux, & l'autre dans les sables. C'est la premiere dont on vante la vertu.

BAIANISME, f. m. Doctrine de Michel Baius, Théologien Flamand du seiziéme siécle, & nom d'une Secte qu'elle a formée. Elle regarde particuliérement la grace & la liberté. Pie V. & Grégoire XIII. l'ont condamnée par leurs Bulles.

BAILLEMENT, f. m. Nom qu'on donne, en Poësie françoise, à la rencontre vicieuse de deux voyelles, qui est bannie par les régles. On la nomme aussi *Hiatus*, mot emprunté du latin, qui signifie à peu près la même chose.

BAISE-MAIN, f. m. Nom qu'on donne encore à l'audience que le grand Seigneur accorde aux Ambassadeurs, parce qu'autrefois ils baisoient effectivement sa main. Mais, depuis que sous ce prétexte, un Croate eut tué Amurat, cet usage fut réduit à baiser le bout d'une longue manche de la veste, que ces Monarques portoient exprès ; & par degrés, à ne leur faire la révérence que de loin ; & de-là vient même que les Tchaoux tiennent l'Ambassadeur par le bras.

BALAIER, v. act., se dit, dans le figuré, pour vuider un lieu, en chassant ceux qui l'occupent. *Balaier la tranchée*, c'est chasser ceux qui la défendent.

BALANCE', s. m. Pas de danse, composé de deux demi coupés, l'un en avant & l'autre en arriere.

BALANCONS, s. m. Pieces d'une sorte de bois de sapin, débité en petit, dont on fait un grand commerce en Languedoc.

BALASSOR, s. m. Nom d'une étoffe d'écorce d'arbre, qui vient des Indes orientales.

BALASTRI, s. m. Nom qu'on donne, dans les Echelles du Levant, à de beaux draps d'or qu'on y porte de Venise, où ils se fabriquent.

BALATAS, s. m. Grand arbre d'Amérique, propre à la charpente, mais qui étant sec & de gros grain, s'équarrit plus facilement qu'il ne se scie. Il s'en trouve qui ont jusqu'à cinq pieds d'équarrissage & plus de quarante pieds de tige.

BALAZE'ES, s. f. Toiles blanches de coton, qui se fabriquent à Surate, & qui se nomment aussi *Sauvageguzées de Surate*.

BALDAQUIN, s. m. Ornement, de bois, de métal, ou de carton, en forme de dais. Il sert ordinairement à couronner un lit, ou quelque lieu de parade. Ce nom vient de l'Italien & signifie *Dais*. Nos Architectes le donnent aussi à une espece de Dais soutenu sur des colomnes au-dessus d'un autel.

BALI, s. m. Nom d'une Langue sçavante de l'Orient, dans laquelle sont écrits les principaux Livres de la Religion des Bramines, & qui n'est entendue que d'un petit nombre de Prêtres. On fait venir ce nom d'un mot Chaldéen, qui signifie vieux, ou ce qui a vieilli.

BALIN, s. m. Nom d'une grande piece de toile, au-dessus de laquelle on vanne & l'on crible le grain, pour le recevoir dans sa chute. On nomme *Balline* une grosse espece d'étoffe de laine, qui sert à faire des emballages.

BALLET, s. m. On appelle *Bal-let*, d'après les Italiens, une suite d'airs de plusieurs mouvemens, dont les danses représentent quelque sujet ; & par extension, de petits Poëmes lyriques, accompagnés de danses, dont le sujet est pris ordinairement dans la Fable.

BALLE, s. f. Enveloppe de l'avoine, qui se nomme, dans quelques Provinces, *Burde* & *Barroule*. C'est la capsule où l'avoine est renfermée. Il se dit aussi de la premiere écorce des autres grains. L'orge mondé n'a plus de *balle*.

BALLES A FEU, s. m. Invention de guerre, composée de grosse toile remplie de poudre, & d'autres matieres capables de mettre le feu aux travaux de l'Ennemi. On en fait aussi, pour éclairer pendant la nuit, qui se nomment *Balles luisantes*. Les Ballons, en termes d'artillerie, sont des especes de Bombes, dont on distingue différentes sortes : Ballons à cailloux, Ballons à grenades, Ballons à bombes, &c.

BALNEABLE, adj. lat. Epithete qu'on donne aux eaux qui sont propres pour les bains.

BALOCHES, s. m. Nom qu'on donne, dans plusieurs Ordres Religieux, à ceux qui ne rendant aucun service, tel que de prêcher, de confesser, &c. sont regardés comme des bouches inutiles.

BALON, subst. masculin. Mesure pour le fer, qui contient seize tables de fer. Chaque table est d'un pied & demi, large de trois quarts de pied, & épaisse d'un grain d'orge. Le *Baloné* est un pas de danse.

BALOTE, s. f. Petite bale, qui sert à tirer au sort, dans les Elections qu'on remet comme au hazard. On appelle aussi *Balotes* des vaisseaux de bois dans lesquels on porte la vendange.

BALOURD, s. & adj. Mot emprunté de l'Italien, qui signifie ignorant, stupide. C'est le caractere d'Arlequin, au Théâtre Italien. De-là Balourdise, pour signifier faute grossiere & stupidité.

BALSE, s. f. Espece de Radeau composé de troncs d'arbres, ou de mats liés ensemble, dont les Indiens ſe ſervent ſur la Côte du Pérou.

BALUX, ſ. m. Nom qu'on donne au ſable des rivieres dans lequel il ſe trouve de l'or mêlé.

BAMBIN, ſ. m. Mot emprunté de l'Italien, qui ſe dit pour enfant, dans l'âge de l'innocence.

† BAMBOCHADE, ſ. f. Nom qu'on donne à certains tableaux, qui repréſentent des ſujets groteſques & champêtres. On les appelle ainſi de leur Auteur, Peintre Flamand, que la ſingularité de ſa taille fit nommer Bambocio, ou Bamboche, par les Italiens. Son véritable nom étoit Pierre de Laer.

BANAL, adj., formé de Ban, qui ſe dit pour commun, vulgaire, public. En termes de Coutume, *Banal* ſignifie ce qui eſt dans l'étendue d'un lieu où les Vaſſaux doivent payer au Seigneur quelque droit ; & ce qui leur eſt commun à cette condition, tel qu'un Moulin, un Preſſoir, &c. Ce droit du Seigneur s'appelle droit de Banalité. Le diſtrict de la Banalité eſt nommée *Banlieue*.

BANC, ſ. m. Outre ſa ſignification commune, ce mot en a pluſieurs autres dans les arts. Le Banc à dégroſſir des Tireurs d'or eſt une eſpece de petite argue, qu'on fait tourner, pour réduire les lingots à la groſſeur d'un petit fer de lacet. Leur Banc à tirer eſt la machine dont ils ſe ſervent pour tirer le fil d'or à travers une petite filiere, nommée *Bregaton*, &c. Un banc de ſable eſt un amas de ſable qui s'éleve dans la mer, vers la ſurface de l'eau. On appelle le *Grand Banc*, un Banc, ou une Montagne de ſable, d'environ cent cinquante lieues de long, & cinquante de large, qui n'a, au-deſſus d'elle, dans ſa plus grande hauteur, qu'environ vingt braſſes d'eau, & où l'on fait la pêche de la Morüe, à vingt-cinq lieues de l'Iſle de Terre neuve, que les Anglois, qui la poſſédent aujourd'hui, nomment *Nevv-found-land*.

BANDE DU NORD, BANDE DU SUD, ſ. f. Termes de Marine, qui ſignifient côté du Nord & côté du Sud, c'eſt-à-dire, les deux hemiſphe-

res qui ſont entre la ligne équinoxiale & les deux pôles.

BANDURE, ſ. f. Plante, qui reſſemble à la Gentiane, par ſa ſemence & ſon fruit, mais plus remarquable par une eſpece de graine qu'elle produit ſur ſa feuille, & qui eſt à moitié remplie d'une liqueur aſſez agréable.

BANGE, ſ. f. On appelle Bange de Bourgogne une étoffe qui ſe fabrique dans cette Province, & dont il ſe fait un aſſez grand commerce à Lyon.

BANGNIER, ſ. m. Nom d'un camelot façonné, qui ſe fabriquoit autrefois à Amiens.

BANISTERE, ſ. f. Plante, qui tire ſon nom d'un célèbre Botaniſte, & dont la fleur, qui eſt en papillon, eſt remplacée par une ſemence unie, dont la membrane extérieure une feuille aîlée, à peu près comme la ſemence de l'Erable.

BANNE, ſ. f. Nom d'une grande Manne. On appelle Charbon *en banne* celui qu'on apporte par charroi. La *Bannette* eſt une eſpece de Panier, qui ſert au tranſport des marchandiſes. La *Banſe* eſt un autre grand Panier.

BARAQUER, v. act. Terme militaire. Les Soldats ſe baraquent, lorſqu'au défaut des tentes, ou pour paſſer une partie de l'hyver en campagne, ils ſe font des baraques.

BARBARESQUES, ſ. m. Habitans de la Barbarie, ſur la Côte Septentrionale d'Afrique. On dit auſſi *Barbareſque*, pour ſignifier ce qui tient des uſages & du génie des Peuples Barbares, c'eſt-à-dire groſſiers, ſans lumieres, ſans aucune regle de bienſéance & de goût.

BARBARICAIRE, ſ. m. Nom qu'on donne aux Peintres en Tapiſſeries, qui employent des ſoies de différentes couleurs dans les repréſentations d'hommes & d'animaux.

BARBETTE, ſ. f. Terme de Fortification. Il ſignifie une eſpece de Platte-forme, ou de petite élévation de terre, qui ſe fait ordinairement dans les angles d'un baſtion, pour y placer du canon, qui tire par-deſſus le Parapet. Ainsi, il a quelque rapport au Cavalier. Tirer le canon à barbette, c'est le tirer à découvert, sans épaulement de terre pour se cacher.

BARBONNE, f. f. Nom d'un Poisson de mer, qui ressemble à la Perche, & qui en a le goût.

BARCE, f. m. Espece de petits canons, autrefois plus en usage, sur mer, qu'ils ne sont aujourd'hui. Ils sont plus courts, plus renfoncés de métal, & de plus grand calibre que les Fauconneaux.

BARDEUR, f. m. Ouvrier qu'on emploie dans les atteliers de Maçonnerie, surtout pour les Bâtimens de pierre de taille. Ce nom vient de *Bard*, espece de civiere à bras, dont ils se servent pour transporter les pierres.

BARETTE, f. f. Nom qu'on donne, par excellence, à la calotte rouge des Cardinaux. Il vient d'un mot latin, qui signifie toutes sortes de coëffures d'hommes, & dont les Jésuites conservent mieux l'origine, en donnant, à la toque de leurs Novices, le nom de *Birette*. Le bonnet du grand Maître de Malte se nomme *Baretone*. Il est de velours noir.

BARETTE, f. f. Nom d'une piece d'Horlogerie, qu'on place dans un Barillet, près du crochet du ressort, pour le maintenir contre la virole; ou qu'on attache aux platines, pour nettoyer les roues.

BARFOUL, f. m. Etoffe dont on fait des pagnes aux Négres, sur la Côte occidentale d'Afrique.

BARGE, f. f. Grande Barque armée, dont on se sert pour les descentes & pour d'autres usages. On appelle aussi *Barge*, dans quelques Provinces, une pile de foin entassé, qui se nomme *Meule* ou *Meulon* dans d'autres.

BARIGA DE MORE, f. m. Espece de soies des Indes orientales, qui viennent sur les vaisseaux de la Compagnie de Hollande.

BARIGEL, f. m. Titre du Chef ou du Capitaine des Sbirres, qui sont des Archers de Rome, établis pour la sûreté publique.

BARLERIA, f. f. Plante, que les Anglois nomment *Snap - Dragon*, dont la fleur est composée d'une seule feuille. Le pistile se change en un fruit oblong & quadrangulaire, qui contient des semences rondes & plattes. Son nom lui vient de Barlerier, Botaniste de Paris.

BAROQUE, adj., formé de Barocco, terme de Logique, qui est le nom d'un Sillogisme de la seconde figure. Il se dit vulgairement, pour inégal, bizarre, irrégulier.

BAROSANEME, f. m. gr., qui signifie *Pese-vent*. C'est le nom d'une machine inventée pour connoître la pesanteur du vent.

BARRE'S, f. m. Nom qu'on donnoit autrefois aux Carmes, parce qu'ils portoient des manteaux divisés par quartiers blancs & noirs.

BARRICADES, f. f. Chaîne qu'on tend à Paris, dans les troubles publics, à l'entrée des principales rues. On donne le même nom à des arbres taillés à six faces, traversés de batons, ferrés au bout, qu'on met dans les passages, ou les bréches, pour retarder la cavalerie & l'infanterie.

BARRIERE, f. f. Terme de Traités. On nomme ainsi, depuis la paix d'Utrecht, quelques villes des Pays-bas Autrichiens, telles que Tournai, Ypres, &c., où les Hollandois tiennent garnison, pour servir de boulevard contre les François.

BARROIR, f. m. Espece de tarriere, dont la méche est fort étroite.

BARROLEMENT, f. m., qui signifie, en termes de Pratique, un delai de Procédures.

BARSE, f. f. Grandes boëtes d'étaim, dans lesquelles on apporte le thé de la Chine.

BARTAVELLE, f. f. Nom d'une espece de grosse Perdrix rouge, dont on vante la délicatesse, & qui est commune dans le Dauphiné.

BASAAL, f. m. Arbre des Indes, qui ne porte des fleurs & des fruits que pendant quinze ans, & dont les feuilles, en décoction, sont vantées pour les maux de gorge.

BASARUQUE, f. m. Nom d'une

petite monnoie d'étaim des Indes.

BAS-FOND, f. m. ou Pays Somme. Terme de Mer. C'eft un fond où il y a peu d'eau, & où la crainte d'échouer oblige à prendre des Pilotes du Pays pour fervir de guides.

BASIN, f. m. Nom d'une bordure, ordinairement de bois uni, qui fert pour enquadrer les Eftampes. Elle le tire de fon Inventeur.

BASSE-LISSE, f. f. Tapifferie de foie & de laine, relevée quelquefois d'or & d'argent. Ce n'eft que la pofition du métier, qui fait la différence de la Baffe-liffe & de la Haute-liffe. L'ouvrier fe nomme *Baffe-liffier.*

BATI, f. m. On appelle le *bati* d'un habit, le gros fil qui a fervi à joindre les parties enfemble, furtout l'étoffe & la doublure. Les Horlogers donnent le même nom au chaflis d'une machine à fendre les roues.

BATTANT-L'ŒIL, f. m. Coëffure négligée de femmes, dont les côtés avancent beaucoup fur le vifage, fur-tout vers les temples & les yeux, que la moindre agitation de l'air lui fait battre.

BATTEMENT, f. m. Terme de Danfe & de Mufique. Dans le premier fens, les battemens font des mouvemens en l'air, qui fe font d'une jambe, tandis que le corps eft pofé fur l'autre. En Mufique, c'eft une forte de confonnance, formée de la réunion de deux vibrations, qui fe rejoignent après avoir été féparées.

BATTITURE, f. f. Ecaille des métaux, qui fe fépare de la Maffe, lorfqu'elle eft fortement battue à coups de marteau.

BATTURE, f. f. Efpece de dorure, dont l'affiéte fe fait avec du miel détrempé dans de l'eau de colle & du vinaigre. Elle tient lieu de ce qu'on appelle *Or-couleur*, dans les Peintures à l'huile. On l'appelle autrement dorure à miel, & quelquefois colle à miel.

BAVAROISE, f. f. Nom qu'on donne à une liqueur chaude, compofée de thé & de fyrop de capillaire. On en fait à l'eau & au lait.

BAUGE, f. f. Nom d'une forte de Droguet de gros fil & de faine groffiere, qui fe fabrique en Bourgogne.

BAVOCHURE, f. f. Terme de Graveur, qui fe dit des traits qui ne font pas nets. Les Graveurs à l'eau forte font obligés d'ébarber les Bavochures avec le burin. *Bavochure* fe dit auffi de l'impreffion d'un Livre, qui eft tachée.

BAUQUIN, f. m. On donne ce nom au bout de la canne que les Verriers fe mettent fur les levres, pour fouffler le verre.

BAXANE, f. f. Plante des Indes, dont le fruit eft fuffoquant, jufqu'à caufer la mort. On attribue auffi des vertus fort dangereufes à l'ombre de l'arbre. Il y a une autre Baxane, qui paffe, au contraire, pour un excellent contre-poifon.

BAYETTE, f. f. Etoffe de laine, d'un tiffu fort lâche, rafe d'un côté & cotonnée de l'autre. Les Anglois la nomment *Baie. Baie d'Angleterre.*

BAZAC, f. m. Nom d'un coton très fin & filé, qu'on appellé auffi coton de Jérufalem, parce qu'il vient de cette ville & des environs.

BAZGENDGE, f. f. Noix de Galle rouge, qui fert, en Turquie, à teindre en écarlate.

BEAUGE, f. f. Nom qu'on donne à de la paille, mêlée avec de la terre délaiée, pour l'emploier à conftruire des Bâtimens.

BECCABUNGA, f. f. Plante aquatique, qui eft une efpece de Veronique, & qui a de grandes vertus, en décoction. Elle eft déterfive, vulnéraire, apéritive. Ses feuilles font affez larges, crenelées & d'un verd noirâtre. Ses fleurs font en forme d'épis, & difpofées en rofettes à quatre quartiers. Elle fleurit aux mois de Mai & de Juin.

BECHARU, f. m. Oifeau aquatique de paffage, que les Latins nommoient *Phœnicoptere*, & dont ils regardoient la langue comme un mets délicieux. Il a le plumage rouge & la voix très forte.

BECHE, f. f. Nom d'un Infecte, qui eft une efpece de petit Scarabée, revêtu d'une écaille verte & dorée. Il fait la guerre au raifin & aux feuilles

les tendres. On le nomme aussi Liset, Vercoquin, Urebec, &c.

BECHEN ou BEHEN, s. m. Racine médecinale, qui vient du Mont Liban, & qui entre dans les compositions alexiteres. On distingue le blanc & le rouge.

BEDOUINS ou BADOUINS, s. m. Nom d'un Peuple d'Abissinie, qui mene une vie errante comme les Tartares.

BEGUM, s. f. Titre d'honneur des Princesses & des Femmes de qualité de l'Indoustan.

BEIGE, adj. Serge *beige*. Nom d'une Serge noire, grise ou tannée, dont la laine n'a reçu aucune teinture, & qui se fabrique en Poitou.

BELEMNITE, s. f. Pierre, qui se nomme autrement *Pierre de Lynx*, blanche, grise, ou brune, de la grosseur & de la longueur du doigt, à laquelle on attribue des vertus contre la pierre, & pour dessécher les plaies. Elle est commune en Allemagne, & l'on en trouve aussi aux environs de Paris & de Caën.

BELILLI, s. m. Médicamment, qu'on apporte des Indes dans des cannes de Bambou, & qui a l'apparence d'un suc épaissi. Il est excellent pour la pleurésie & les hémorrhogies.

BELLE-DAME, s. f. Plante, dont les feuilles ont la figure de celles du Solanum, mais qui sont plus grandes, & dont les fleurs ont celle d'une cloche. Elle est rafraîchissante & narcotique. Son suc embellit la peau.

BELLIGERANT, adj. Mot composé du latin, qui signifie celui qui combat, qui fait actuellement la guerre. Les Gazettiers ont mis ce terme en usage. Puissances, Parties *belligerantes*.

BELLON, s. m. Nom d'une maladie commune en Angleterre, surtout dans les lieux voisins des mines de Plomb. Elle attaque les animaux comme les hommes. On nomme aussi *Bellon* un grand cuvier, qui sert aux pressoirs de vin & de cidre.

BELOER, s. f. Plante des Indes, toujours verte, dont les feuilles, en poudre, font un très violent purga-

Supplém.

tif, mais dont la graine purge modérement.

BENEFICIATURES, subst. fem. Bénéfices des Chantres, des Chapelains, &c, qui sont plutôt des offices à gager, que de véritables bénéfices. *Bénéficier*, verbe actif est un termes de Mines, qui signifie travailler facilement une Mine. Un métal difficile *à bénéficier*. Une Mine qui se *bénéficie* aisément.

BENEVOLE, adj. lat., qui se dit, dans le style badin, pour favorable ou favorablement disposé. On appelle *Benevole*, en langage Monastique, une Place qu'on obtient dans une Abbaye, avec un Bref de translation d'un ordre à un autre.

BERAM, s. m. Grosse toile de fil de coton, qui vient particuliérement de Surate. Il y a des Berams blancs, d'unis, & de raiés.

BERGERETTE, s. f. Nom d'une liqueur composée de vin & de miel, qui se nomme aussi *Œnomeli*.

BERNARD L'HERMITE, ou L'HERMITE, ou le Pauvre homme. Nom d'un petit poisson, fait à peu près comme l'Ecrevete ou la Salicoque, qui se loge dans une écaille vuide, & qui en change, suivant sa grosseur, jusqu'à ce qu'il cesse de croître.

BERNAVI, s. m. Plante d'Amérique, dont les Amériquains prennent, lorsqu'ils veulent se rendre gais; comme les Orientaux se servent de l'*Opium*, & les Egyptiens de l'Electuaire qu'ils nomment *Bers*.

BERNER, v. a. faire sauter quelqu'un en l'air & le recevoir sur une couverture dont on tient les quatre coins. De-là *Berner*, dans le figuré, pour dire railler quelqu'un, s'en faire un jouet. La *Berne* de Maroc est un supplice cruel, qui consiste à faire prendre le Patient par trois ou quatre Négres, qui, le tenant aux jarrets, le lancent en l'air de toute leur force. L'action simple de *Berner* se nomme *Bernement*.

BERNIESQUE, s. & adj. Espece de style burlesque, noble, fin, & moins négligé que le burlesque ordinaire. Il tire son nom de *Berni*, ou

Bernia, Poëte Italien du feiziéme Siécle, qui mit l'Orlando de l'Ariofte dans ce ftyle.

BESAIGRE, adj. Mot en ufage pour fignifier ce qui s'aigrit, ce qui commence à tourner à l'aigre.

BESNARDES ou BENARDES. Efpece particuliere de Serrures. Les portes, qui en ont, fe nomment auffi *Benardes*.

BESSON, f. m. Terme de Marine, qui fignifie *rondeur*, & qui fe dit de tout ce qui eft relevé hors d'œuvre.

BIASSE, f. f. Nom d'une Soie crüe qui vient du Levant.

BIBLIOGRAPHE, f. m. gr. Nom qu'on donne à ceux qui font verfés dans la connoiffance des Livres, c'eft-à-dire, des Titres, des Editions, des Prix, &c. C'eft proprement la fcience d'un bon Bibliothéquaire & d'un bon Libraire. *Bibliomane*, f. gr., fe dit de celui dont le goût, pour les Livres, va jufqu'à la paffion ; *Bibliophile*, grec, de celui qui les aime avec un goût raifonnable ; *Bibliotaphe*, grec, de celui qui, ayant quelque Livre rare & curieux, en eft fi jaloux qu'il ne le fait voir à perfonne, & que, fuivant la fignification du mot, il en eft comme le tombeau.

BICHO, f. m. Nom qu'on donne, au Bréfil, & dans d'autres lieux de l'Amérique, aux Vers, qui s'infinuent dans les membres du corps, & qui caufent des maux cruels. Les Maladies, qui en font l'effet, portent le même nom.

BIDANET, f. m. Nom de la fuie de cheminée, lorfqu'elle eft employée, dans la teinture, pour les couleurs brunes.

BIFURCATION, f. f. lat. Terme d'Anatomie, qui fignifie la difpofition d'une partie qui fourche, ou qui fe divife en deux. On donne le même nom, dans les arbres, à l'endroit où une branche fe fépare en deux & devient fourchue. Les Dentiftes difent que les racines de certaines dents fe bifurquent, c'eft-à-dire, fe divifent en deux fourchons.

BIGAILLE, f. f. Terme générique, qui comprend tous les Infectes volatils, tels que les Mouches, Moucherons, Vercus, Moufliques, Coufins, Ravers, Maringouins, &c.

BILLER, v. act. Biller la pâte, c'eft l'applatir avec un rouleau, qui fe nomme *Bille*.

BILLION, fubft. mafc. Ce mot, en termes d'Arithmétique, a la même fignification que Milliard, c'eft-à-dire, dix fois cent millions. On difoit autrefois *Bimillion*.

BIPEDAL, adj. lat., qui a la mefure de deux pieds. *Bipede* ne fe dit que des animaux qui marchent à deux pieds, tels que l'homme & le finge. On demande fi c'eft naturellement, ou par éducation, que l'homme eft *Bipede* ?

BIREME, f. f. lat. Vaiffeau ancien, qui avoit deux rangs de rames de chaque côté. On en voit des figures fur la colomne Trajane.

BIRIBY, f. m. Nom d'un jeu fort à la mode, dont les inftrumens font un grand tableau, qui contient foixante-dix cafes, avec leurs numeros, & un fac dans lequel font foixante-quatre petites boules qui contiennent autant de billets numerotés. Chaque joueur tire, à fon tour, une boule du fac ; & fi le numero du billet répond à celui de la cafe du tableau, fur laquelle il a mis fon argent, un Banquier lui paye foixante-quatre fois fa mife. On conçoit que l'avantage du Banquier eft toujours de fix fur foixante-dix ; fans compter qu'il a fix cafes nulles à chaque coup. Le *Cavagnol* ne differe du Biribi, qu'en ce que chacun a fon tableau particulier.

BIRLOIR, f. m. Nom d'une petite machine de bois tournante, qui fert à retenir un chaffis de fenêtre, lorfqu'il eft levé.

BIROTINE, f. f. Efpece de foie levantine, dont il fe fait un commerce affez confidérable à Amfterdam.

BISAGE, f. m. Seconde teinture d'une étoffe, ou nouvelle couleur que les Teinturiers donnent à une étoffe qui a déja été teinte. On nomme *Etoffe lifée* celle qui a été reteinte & repaffée.

BISET, f. m. Pigeon fauvage, qui

tire ce nom de son plumage, ou de sa chair plus bise que celle des Pigeons de voliere.

BISON, s. m. Nom qu'on donne aux bœufs sauvages des Indes. Ils ont la tête courte, le front large, les cornes crochues, pointues, noires & luisantes, les yeux grands, le regard affreux, & la langue si rude, qu'en léchant ils enlevent la peau. Les crins de leur cou ont une odeur de musc, & l'on prétend que la poudre de leurs cornes résiste au venin. *Bison* est employé dans le même sens que *Buffle*, en termes de Blason.

BISQUAINS, s. m. Peaux de mouton, en laine, dont les Bourreliers se servent pour couvrir les colliers des chevaux de harnois.

BISULQUE, adj. lat., qui signifie *fendu* ou *fourchu*. Entre les diverses classes d'animaux, on distingue les Bisulques, c'est-à-dire, ceux qui ont le pied fourchu, tels que les Chameaux, les Bœufs, &c. Les Hebreux n'osoient manger des animaux Bisulques.

BITCHEMAR, s. m. Poisson de la Mer des Indes Orientales, qu'on sale & qu'on fait sécher, comme la Morue.

BITTERU, s. m. C'est le nom qu'on donne, dans les salines, à la liqueur, qui coule du sel, après sa cristallisation, & qu'on reçoit dans des vaisseaux. On la nomme aussi *Eau mere*.

BIVAC, que d'autres écrivent & prononcent *Bivrac*, *Bivorac*, *Biouac*, & *Bihouac* Mot tiré de l'Allemand, qui se dit d'une garde de nuit, & même d'une faction de l'armée entiére, lorsque dans un siege, ou se trouvant en présence de l'Ennemi, elle sort de ses Tentes pour passer la nuit au bord des lignes, ou à la tête du Camp.

BIVALVE, s. f. lat. Coquillage qui a deux parties, jointes par une sorte de charniere, qui leur sert à s'ouvrir & à se fermer. Telles sont les huitres, les moules, &c. La division des poissons testacés, c'est-à-dire, à coquilles, est en Univalves & en Bivalves.

BLANC, adjectif, qui signifie la couleur opposée à *noir*. Quantité de femmes mettent du blanc & du rouge, pour s'embellir le visage par des couleurs que la nature leur a refusées. On demande si le blanc est une couleur? C'en est une du moins pour les Peintres. Faire une coupe de bois à *blanc-être*, c'est n'y réserver, ni taillis, ni balivaux. Cornette *blanche* est, en France, le nom du premier Régiment de Cavalerie. *Blanchir* de la viande, c'est la mettre dans de l'eau tiede, pour la faire revenir.

BLANQUE. Terme vulgaire, qui se dit dans les jeux où l'on tire au sort, lorsqu'on n'amene rien. C'est apparemment une corruption de *Blanche*, qui peut venir de l'usage ancien de tirer dans un livre, donc une partie des pages est chiffrée, & l'autre blanche, c'est à-dire, sans chiffres. Ainsi *Blanque* signifie feuille blanche, & par conséquent celle qui n'amene point de lot.

BLASER. Terme commun, dans plusieurs Provinces de France, pour signifier *brûler*, *dessécher*, lorsque cet effet est produit par l'usage excessif des liqueurs fortes. L'eau-de-vie *blase*. Un homme *blasé*.

BLASONNER, v. act. & n. C'est expliquer des armoiries. On commence toujours par le champ; puis on spécifie les figures ou pieces honorables, s'il y en a, & l'on descend ensuite aux autres figures. Les armes de France sont trois Fleurs-de-lys en champ d'azur, deux en chef & une en pointe.

BLEU, adj. & s. m. On en distingue différentes nuances. *Bleu* blanc, *bleu* mourant, *bleu* céleste, *bleu* turquin, ou foncé, *bleu* pers, qui est entre verd & bleu, *bleu* d'enfer, ou noirâtre, &c. On fait, avec la graine de Tournesol, un *bleu* qui porte le nom de cette Plante. Les différentes Troupes de la Maison du Roi sont distinguées par le nom général de *Bleus* & *Rouges*, qui est pris de la couleur de leurs habits.

BLONDE, s. f. Espece de Dentelle de soie, qui s'est mise fort à la mode. Une coëffure de *Blonde*.

BLOUSSE, f. f. Laine courte, qui ne peut être employée dans les Manufactures, & qu'on renvoye à la Carde. *Blouette du Rhin* est le nom d'une forte de laine d'Allemagne.

BOBELIN, f. m. Ancienne chauffure Françoife, à l'ufage du Peuple. Les Savetiers de Paris en ont confervé, parmi leurs titres, la qualité de *Bobelineurs*, auxquels on prétend qu'ils ont fuccédé. Elle les diftinguoit alors des Cordonniers.

BOCAGE, f. m. Nom général de toutes les efpeces de Linge ouvré, qui fe font en Baffe-Normandie. On ne nous en apprend pas l'origine.

BOCHET, f. m. Seconde décoction des Bois & des Plantes fudorifiques, qu'on fait boire dans certaines maladies, où la tranfpiration doit être augmentée.

BOESSE, f. f. Inftrument de plufieurs fils de laiton joints enfemble, qui fert aux Monnoyeurs, aux Sculpteurs, aux Cizeleurs, pour ébarber les lames, ou pour nettoyer les ouvrages de métal.

BŒUF, f. m. On appelle *Bœuf violé* le Bœuf qu'on promene au Carnaval, parce qu'il eft ordinairement accompagné de violons & d'autres inftrumens. Quelques-uns difent *villé* & d'autres *vielé*.

BOLETITE, f. f. Nom d'une pierre argilleufe, de couleur cendrée, femée de lignes argentées, qui repréfente une Morille avec fon enveloppe.

BOLZAS, f. m. Coutil de coton, qui vient des Indes, blanc ou rayé de jaune. Ses raies font de coton cru.

BOMBARDE, f. f. Nom d'un des jeux de l'Orgue, mais qui s'employe rarement. Les jeux en pedale ont auffi des Bombardes.

BOMPOURNICKLE, f. m. Efpece de pain fort noir, & fort pefant, dont l'ufage eft particulier à la Weftphalie.

BONDUC, f. m. Plante des Indes, dont les Baies, ameres, rondes, & de couleur cendrée, font employées, dans la Médecine, contre la pierre, les maux d'eftomac, &c.

BON-HENRI, f. m. Plante fort femblable à l'Epinar. Elle eft laxative, émolliente & vulnéraire. En cataplafme, elle calme, dit-on, les douleurs de la goutte.

BONNET DE NEPTUNE, f. m. Efpece de Champignon de mer, haut d'environ cinq pouces & demi, fur fept de large à fa bafe, & qui s'arrondit, par la tête, en forme de calotte, dont les lames font coupées en crête de coq; ce qui lui donne l'apparence d'une tête naiffante. *Le Bonnet d'Hippocrate* eft un bandage de tête, pour les écartemens des futures.

BORBORISME, f. m. gr., qui fignifie proprement ce qui a l'odeur de la boue. Les Médecins en ont fait le nom d'un vent humide ou *bourbeux*, qui fort des inteftins, ou qui s'y fait entendre, & qui eft un fymptôme ordinaire de colique ou d'indigeftion.

BORDELIERE, f. f. Petit poiffon de riviere ou de lac, qui a la tête courte, fans dents, & fans langue, le corps couvert de petites écailles minces & noirâtres, & qui eft de fort bon goût. Il fe tient toujours au bord de l'eau, & de-là lui vient fon nom.

BORDEMENT, f. m. Terme de Peinture, qui fe dit de la maniere d'employer les émaux clairs, en les couchant à plat, bordés du même métal fur lequel on les applique. Ceux dont le champ eft tout d'émail font fans bordement.

BOROZAIL ou ZAIL, f. m. Maladie contagieufe des Afriquains méridionaux, qui vient d'un ufage immoderé des femmes, mais qui eft différente de la vérole. D'autres la nomment *Adab*.

BOSTANGI-BACHI, f. m. Intendant des Jardins du Grand-Seigneur. Il a, fous fes Ordres, quatre cens Jardiniers, qui fe nomment auffi Boftangis.

BOTHRION, f. m. gr. Nom d'un petit ulcere creux, qui fe forme dans la cornée des yeux.

BOTRIS ou BOTRIDE, f. f. Plante dont les feuilles font velues & découpées, & les fleurs en petites grappes. On lui attribue des vertus ſurprenantes , ſurtout pour faire ſortir les enfans morts du ſein de leurs Meres. Elle croît particuliérement dans les lieux humides.

BOTRYTE, ſ. m. gr. Pierre qui doit ſa naiſſance au feu & qui tire ſon nom de ſa figure. C'eſt une eſpece de Cadmie brûlée, qui ſe forme dans la partie ſupérieure du fourneau, & qui reſſemble , ſuivant la ſignification du mot grec , à une grappe de raiſin. On appelle *Placitis* la partie qui ſe ramaſſe au fond.

BOTTAGE , ſ. m. Droit que l'Abbaye de ſaint Denis leve ſur tous les Bateaux & les Marchandiſes qui paſſent ſur la Seine , depuis la ſaint Denis juſqu'à la ſaint André.

BOUBAK , ſ. m. Animal des frontieres de Moſcovie & de Pologne. On en diſtingue deux ſortes , qui ſont toujours en guerre. Les uns reſſemblent au Blereau , les autres au Renard. On raconte des choſes fort étranges de leur animoſité mutuelle.

BOUDER , v. d'origine obſcure. Il eſt neutre & actif. Bouder ſimplement, c'eſt être d'une humeur ſombre & chagrine à l'occaſion de quelque choſe dont on eſt fâché. *Bouder* quelqu'un , c'eſt lui marquer , par un air froid & des manieres réſervées , qu'on eſt mécontent de lui.

BOUDINE , ſ. f. Nom qu'on donne aux nœuds du verre , ou à la boſſe qui demeure dans le plat du verre , à l'endroit où il a été coulé. Les Vitriers ont des Moulins , ou Mouloirs , pour diminuer du moins les Boudines , quand ils ne peuvent les ôter tout-à-fait.

BOUGEOIR , ſ. m. Petit Chandelier portatif , dans lequel on met une bouzie. Il y a un Bougeoir d'or au coucher du Roi ; & c'eſt une diſtinction pour les Seigneurs , de le tenir.

BOUGIE , ſ. f. En termes de Chirurgie , c'eſt une petite verge cirée , qu'on introduit dans l'urethre pour le dilater & le tenir ouvert , ou pour conſumer les excreſcences qui ſe nomment Carnoſités. Les *Bougies* de M. d'Aran ſont auſſi célebres , que ſon habileté à guérir toutes ces maladies.

BOUILLE , ſ. fem. Marque que les Commis mettent à chaque piece d'étoffe , déclarée au Bureau des Fermes. *Bouiller* un étoffe , c'eſt y mettre cette marque.

BOULANGER DE CAMP , ſ. m. Nom de certaines Serges drapées , qui ſe fabriquent en Poitou. L'Inventeur ſe nommoit Boulanger , & la matiere eſt une laine Eſpagnole de Campo.

BÓULE-PONCHE , ſ. f. Mot corrompu de l'Anglois , qui ſignifie une certaine quantité de la liqueur qui ſe nomme *Pounch* , ſervie dans un vaiſſeau qu'on nomme *Bovvl*.

BOULICHE , ſ. f. Nom de certains grands vaſes de terre , dont on ſe ſert , dans les Mers du Sud , pour y mettre du vin.

BOUQUE , ſ. f. Terme de Navigation , qui ſignifie proprement un paſſage étroit. De-là *embouquer* , pour dire *entrer , s'engager dans une Bouque ou un Détroit*.

BOUQUINISTE , ſubſt. maſc. qui ſe dit d'un Vendeur de vieux Livres qui ſe nomment auſſi *Bouquins* , & de celui qui aime à lire des *Bouquins* , ou qui cherche parmi de vieux Livres , pour en trouver quelqu'un qui ſoit bon.

BOURBONNISTE , ſ. m. On trouve ce mot quelquefois employé , pour ſignifier Partiſan de la Maiſon de Bourbon.

BOURCETTE , ſ. f. Petite Plante fort alcaline , qui ſe mange en ſalade , & qu'on croit bonne pour les pertes de ſang , les hemorrhagies , la dyſſenterie , &c. On l'appelle vulgairement *Mache*.

BOURDALOUE , ſ. f. Nom d'une ſorte de treſſe , ou de cordon de chapeau , avec une boucle , dont l'invention eſt attribuée au fameux Pere Bourdaloue.

BOURDE , ſ. f. Mot fort ancien , qui a ſignifié *Menſonge* , & qu'on trouve employé , dans ce ſens , dès le tems de Saint Louis. On diſoit auſſi *Bourder* , pour mentir & tromper ; mais il eſt hors d'uſage. L'origine eſt fort incertaine. *Bourde* est aussi une espece de mauvaise soude. *Bourde*, se dit encore, en langage familier, pour *mensonge*, ou *fable* inventée à plaisir.

BOURGEON, s. m. On appelle *Bourgeon* ou *Escourville*, des laines plus fines que le reste, qui s'allongent ou s'échappent par brins en differens endroits de la toison, & qu'on arrache de dessus la bête avant que de la tondre.

BOURRE'E. Pas de *Bourrée*. C'est un Pas composé de deux mouvemens; un demi-coupé avec un pas marché sur la pointe du pied, & un demi jetté, qui fait le second mouvement.

BOURRELANISSE, s. f. Nom de la grosse laine qui reste aux Moulins où l'on foule des draps fins. Celle qui sort des gros draps se nomme *Larelan*.

BOURRICHE, s. f. Espece de Panier, d'un tissu clair, qui est depuis longtems en usage, pour transporter le gibier & la volaille. *Voiture* en parle dans sa Lettre 108.

BOUTADE, s. f. Mot d'origine obscure, mais fort en usage pour signifier *caprice*, ou leger emportement sans cause apparente.

BOUTON, s. m. Nom d'une arme des Sauvages de l'Amérique, qui est une espece de massue de bois fort dur, entre trois & quatre pieds de long, platte, épaisse de deux pouces, excepté à la poignée où son épaisseur est un peu moindre. Ils en font un usage terrible.

BOUTON DE FEU, s. m. Cautere actuel, qui s'emploie pour brûler les os, pour consumer les exostoses & les caries, &c.

BOUTRAME, s. f. Nom qu'on donne, en Flandres, à une tranche de pain sur laquelle on étend du beurre & quelquefois des friandises, pour la manger avec plus de goût.

BOUVART, s. m. Jeune bœuf. *Voyez* BOVARD.

BOUVIER, s. m. Petit poisson de riviere, plat, long de trois ou quatre pouces, dont les écailles sont argentines, & qui se tient toujours dans la boue. Il se nomme aussi *Peteuse. Voyez* BOOTES.

BOUVREUIL, s. m. Belle espece d'oiseau, fort commun dans la Forêt d'Anet. Sa grosseur est celle d'une Alouette. Il a le bec, la tête, les ailes & la queue, noirs, le dos gris d'ardoise, & le ventre d'un beau rouge. Il apprend à parler & à siffler, avec peu de soin pour l'instruire.

BOUZIN, s. m. Partie trop tendre d'une pierre. On *ébouzine les pierres*; c'est-à-dire, qu'on en retranche cette partie, avant que de les employer.

BRABANTES, s. f. Toiles d'étoupe de lin, qui se fabriquent aux environs de Gand, Bruges, Courtrai, Ypres, &c.

BRACELET, s. m. En termes d'Anatomie, c'est un ligament circulaire du poignet, qui, formant un cercle dans la Région du Carpe, embrasse tous les tendons qui servent à la main.

BRANCADES, s. f. Nom qu'on donne aux chaînes de Forçats.

BRANLE-BAS, s. m. Terme de Marine. Faire *branle-bas*, c'est ôter non-seulement les Branles, mais tout ce qui est sur le Gaillard & dans l'Entrepont, & le jetter à fond de cale, pour se disposer au combat.

BRAQUEMART, s. m. Ancien nom d'un sabre, ou d'une épée tranchante.

BRAS, s. m. Avoir des bras, en termes de Danse, c'est les porter, les remuer avec grace. On dit d'une femme qu'*elle fait les beaux bras*, pour signifier qu'elle se donne des graces affectées. Un *bras* de Mer est une petite partie de Mer, qui s'avance dans les terres.

BRATHITE, s. f. Nom d'une pierre figurée, qui est une espece de *Dendrite*, où l'on croit voir les feuilles de la Sabine. Aussi se nomme-t-elle autrement *Sabinite*.

BRAULS, s. m. Toiles des Indes, raiées de bleu & de blanc, qu'on nomme aussi *Turbans*, parce qu'elles servent beaucoup à couvrir cet ornement de tête.

BREAUNE, s. f. Toile de lin, de

différentes qualités, qui se fabrique en plusieurs endroits de Normandie, & qui sert particuliérement à faire des Rideaux de fenêtre.

BREDOUILLE. Terme badin, emprunté du jeu de Trictrac, qu'on employe pour signifier qu'on n'a rien fait de ce qu'on s'étoit proposé. On revient bredouille, c'est-à-dire, sans rien apporter, sans avoir rien fait, sans avoir rien obtenu, sans avoir vû personne, &c. en un mot, sans être plus avancé qu'on ne l'étoit.

BRELANDINIER, s. m. Nom que l'usage fait donner aux Marchands & aux Ouvriers, qui étallent au coin des rues, dans des Boutiques mobiles & portatives.

BRELLE, s. f. Nom d'une certaine quantité de pieces de bois liées ensemble, pour les faire flotter, en forme de radeau. Quatre *Brelles* font le train complet.

BRENECHE, s. f. Nom qu'on donne à la liqueur qu'on tire des Poires, & qui se nomme *Poiré*, lorsqu'étant encore nouvelle elle en est plus douce & plus agréable.

BRESILLER, v. n., qui signifie, se rompre par petits morceaux, ou se réduire en poudre à force de sécheresse. Les uns font venir ce mot de *braize*; les autres du bois de Brésil, qui nous vient fort sec.

BREVET, s. m. Préparation de teinture, qui consiste dans une décoction de Garance & de son, passée au tamis dans le bain d'Indigo. On appelle *brevet* la croix de l'Ordre du Saint Esprit, qui est brodée sur les habits des Chevaliers; & ce nom se donne quelquefois aux Chevaliers mêmes.

BRICOLE, s. f. Tour & détour des choses, causé par les résistances qu'elles rencontrent dans leur mouvement. En termes de Marine, *bricole* se dit de la puissance qu'ont les poids, placés au-dessus du centre de gravité, pour mettre un vaisseau sur le côté. Le lest contre-balance la *bricole*, qui est occasionnée par le poids des mâts, des manœuvres hautes, &c.

BRIGITTINS, s. m. Religieux

fondé en 1344, par sainte Brigite, sous la régle de saint Augustin. Chaque Monastere doit être double, l'un de Religieux, & l'autre de Religieuse. Il y en a néanmoins d'hommes seuls & de filles seules. Ils ont été introduits de Flandres en Espagne, par la B. Marine d'Escobar, & leur premier Monastere est à Valladolid. L'Irlande a eu son Ordre de Brigitines instituées au cinquiéme siécle, par une Brigitte Irlandoise.

BRILLANT, s. m. On donne ce nom à un diamant taillé à facette, par-dessus & par-dessous. *Brillanter* un diamant signifie le tailler dans cette forme.

BRINS, s. m. Toiles de chanvre, qui se fabriquent en Champagne. On appelle *brins d'estoc*, de grands bâtons, ferrés par les deux bouts, qui servent, en Flandres, à sauter les Fossés, dont tous les Champs sont entrecoupés.

BRIS DE MARCHE', BRIS DE PRISON. Deux termes de Jurisprudence; le premier, qui signifie le vol des Marchandises qui se portent au marché, ou le Monopole qui en empêche la bonne vente; l'autre, qui se dit des efforts qu'un Prisonnier fait pour s'évader, & qui sont regardés comme un crime, quand il seroit même emprisonné sans cause légitime. La peine en est arbitraire, ou réglée ordinairement sur les circonstances.

BRISE-VENT, s. m. Nom qu'on donne à des clôtures, ou de petits murs, qui se mettent autour des planches, ou des couches, d'un Jardin potager, pour garantir, des vents froids, les melons, les salades, & d'autres plantes délicates.

BRISTOL. Les Pierres de Bristol, (c'est-à-dire, l'espece de cristal qui se trouve dans des pierres, près de cette Ville), sont aussi transparentes que le cristal de roche. L'eau de Bristol, qui sort d'une source minérale, dans le voisinage de la même ville, est la plus pure & la plus legere qu'on connoisse en Europe.

BRITINNIENS, s. m. Religieux Hermites d'Italie, ainsi nommés de leur premiere demeure , qui s'appelle *Britinni* , dans la Marche d'Ancône. Leur inftitution eft fort ancienne ; mais ils ont été réunis, par Alexandre IV , à l'Ordre des Hermites de faint Auguftin.

BRIZOMANCIE ou ONIROCRITIQUE, f. f. gr. Art de deviner les chofes futures par les fonges. Mais , à l'exception de ceux que Dieu peut envoyer exprès, la divination, par les fonges , n'eft qu'une fuperftition , lorfqu'elle s'étend au delà de la difpofition actuelle du corps , dont il paroît qu'on peut quelqu fois juger, par la nature des images qui fe repréfentent dans le fommeil.

BROCANTEUR , f. m. Celui qui fait métier d'acheter & de revendre diverfes fortes de curiofités ou de marchandifes , pour trouver du profit dans cette efpece de commerce. *Brocanter* eft le verbe.

BROCARD DE SOIE , f. m. Nom d'un coquillage , dont la bigarrure brune , fur un fond blanc , imite le Brocard de foie. C'eft une des efpeces du Rouleau.

BROCHURE , f. f. Nom qu'on donne aux Livres , lorfqu'au lieu d'être reliés , ils font feulement brochés , c'eft-à-dire , coufus & couverts en papier. *Brochure* fe dit auffi des figures & des ornemens qu'on ajoûte au fond d'une étoffe , qu'on nomme alors Etoffe *brochée*.

BRODE, f. f. , qui fe dit pour *Broderie* , en termes de Point royal , ou Point de France.

BRODEQIN , f. m. Nom d'une efpece de torture , où l'on ferre les jambes du criminel entre des pieces de bois , avec des coins , fur lefquels on frappe pour augmenter le ferrement.

BROMOT, f. m. Plante, qui reffemble à l'Avoine fauvage , mais qui porte , au lieu d'épi , des barbes longues & rudes. Elle croît au bord des chemins. On lui attribue une vertu vulnéraire & déterfive.

BRONCHOTOMIE , f. f. gr. Terme de Chirurgie , pour fignifier une incifion qui fe fait à la trachée artere , lorfque l'inflammation du larynx empêche la tranfpiration.

BROQUE , f. f. Rejetton d'un Chou frifé. *Voyez* BROCCOLI.

BROUI , f. m. Terme d'Art. C'eft un tuyau par lequel on fouffle , pour travailler en émail. On l'appelle auffi Chalumeau , &c.

BROUT , f. m. Premieres productions du Bois, au Printems, que les bêtes fauves mangent avec avidité , & dont on prétend même qu'elles s'enivrent. De-là vient *Brouter*, pour , manger la pointe des herbes & les extrêmités des arbres où la féve fe porte. *Broutilles* fe dit des menues branches, qui reftent dans les forêts, après qu'on en a tiré le bois de corde. On appelle *Brou de Noix* , les coques de Noix vertes , qu'on laiffe pourrir, & qu'on fait enfuite bouillir dans l'eau, pour donner , au bois , la couleur du Noyer.

BRUCOLAQUES , f. m. Nom que les Grecs donnent aux Cadavres des perfonnes excommuniées. Ils les croyent animés par le Démon , & de-là vient leur nom , qui fignifie *faux reffufcité*. C'eft une efpece de Vanpires.

BRUNETTE , f. f. Petite chanfon tendre , d'un goût naturel & délicat. Les *Brunettes* font ordinairement à couplets , avec un refrain. C'eft auffi le nom d'un fort beau coquillage , de l'efpece des Rouleaux , marqué de taches brunes.

BRUSQUE , adj. Ce mot, qui n'étoit autrefois que l'adjectif de Brufquerie , a pris une fignification plus etendue , pour exprimer ce qui eft fort précipité, ce qui ne paroît point avoir été médité , ni prévu , & qui fe fait avec précipitation. Un départ *brufque* , une réfolution *brufque*. *Brufquer* fe dit auffi dans le même fens. On *brufque* une entreprife , une bataille , un ouvrage d'efprit, &c.

BRUT , adj. lat. , qui fignifie ce qui eft encore dans fon état naturel, qui n'a point reçu d'autre forme , ni aucune forte de préparation ou d'embelliffement. Une *Brute* eft un animal privé de raifon. *Brut* ou *Ort* fe dit du poids d'une marchandife ,

qui

qui est passée avec son emballage. Cette Balle pese quatre cens livres *Brut* ou *Ort*, c'est-à-dire, que l'emballage & la marchandise pesent ensemble quatre cens livres.

BRYON, s. m. gr. Petite mousse grise, qui croît sur l'écorce des arbres, particulièrement sur celle des Chênes.

BUBALE, s. m. Animal vanté par les Anciens, que plusieurs Naturalistes prennent, sur sa description, pour la Vache de Barbarie.

BUCIOCHE, s. f. Draps de Provence & de Languedoc, que les François portent à Alexandrie & au Caire.

BULBE, s. m. Le *Bulbe caverneux* est un terme d'Anatomie, qui se dit des muscles accélérateurs, qui vont passer sur le bulbe de l'uretre.

BULTEAU, s. m. Mettre des arbres en *Bulteau*, ou *Tetars*, c'est leur couper la tête.

BUNETTE, s. f. Nom d'une espece de Moineau qui fait son nid dans les haies. Son plumage est gris, & sa grosseur un peu moindre, que celle de la Fauvette. On remarque que son nid n'est jamais qu'à la hauteur d'un homme de taille médiocre.

BUPHTHALME, s. m. gr. Plante, dont le nom signifie Œil de Bœuf, & lui vient de sa fleur, qui est faite en maniere d'œil. Ses feuilles ressemblent au Fenouil. Quelques uns l'appellent *Cacle*. On la vante pour la jaunisse, sur-tout prise en breuvage, au sortir du bain.

BUSE, s. f. ou ROUBI, s. m. Gros oiseau de proie, fort lent & fort stupide, qu'il est impossible de dresser pour la chasse. Sa couleur est noirâtre. Il fait la guerre aux garennes, aux basse-cours & aux étangs. On appelle aussi *buse* les tuyaux des soufflets, soit de métal ou de bois.

BUSTROPHE, s. m. gr. Maniere d'écrire de la gauche à la droite, & ensuite de la droite à la gauche, sans discontinuer la ligne, en courbant seulement la premiere en demi cercle, & revenant par une seconde, qui n'est que la même continuée.

Supplém.

Les Vers s'écrivoient autrefois dans cette forme; & de-là vient le mot latin *Versus*, parce qu'on tournoit à peu près comme font les bœufs, pour former les sillons du labourage; ce que le mot de *Bustrophe* exprime aussi.

BY, s. m. Grand fossé, qui regne au travers d'un Etang, jusqu'à la bonde, pour y retenir une certaine quantité d'eau, lorsqu'on vuide l'Etang. On l'appelle *Biez* dans quelques Provinces.

BYAKIS, s. m. Espece de Baleine, que d'autres nomment Cachelot, & qu'on croit le mâle des Baleines. Ce qu'on appelle Blanc de Baleine est fait de la cervelle du Byaris.

BYZANTINE, adj. Histoire *Byzantine*. On donne ce nom à l'Histoire de l'Empire d'Orient, sous les Successeurs de Constantin le Grand, qui donna son nom à l'ancienne Bizance. Nous avons un Recueil d'Ecrivains de l'Histoire Bizantine.

C

C, dans la Chymie, signifie le salpêtre. Entre les Marchands, C. O. signifie compte ouvert, & C. C. compte courant. C. est le caractere de la monnoie de Caen; & le double CC. de celle de Besançon.

C.A, adv. C'est une abbréviation, tantôt d'*ici*, & tantôt de *cela*. Dans *vien-çà*, & *çà & là*, il est formé d'*ici*. Dans *ça est bien*, *ça ne durera pas toujours*, &c, il est formé de *cela*.

CAA est la premiere syllabe de quantité de Plantes du Brésil; ce qui fait juger que dans la langue des Habitans il signifie Plante. Ils y joignent un autre mot qui en distingue l'espece; comme dans *Caa-Ataya*, qui est une Plante purgative, assez semblable à l'Eufraise; *Caa-Chira*, qui est la Plante de l'Indigo, & quantité d'autres, dont les noms & les propriétés se trouvent dans le Dictionnaire de *James*.

CABAIE, s. f. Nom d'une espece de robbe, en usage dans quelques parties des Indes orientales.

CABALE, f. f. Expreſſion figurée, qui ne ſe dit qu'en mauvaiſe part, pour ſignifier complot, aſſociation dans de mauvaiſes vûes. On appelle *Cabaliſte*, en Languedoc, un Marchand qui fait le commerce ſous le nom d'autrui.

CABAS, f. m. Nom d'une eſpece de Panier long, fait de jonc treſſé, qui eſt en uſage en Flandres. On y nomme auſſi *Cabas* certains chariots couverts, qui ſervent de Coches, ou de Voitures publiques.

CABESTERRE, f. f. On donne ce nom, dans nos Iſles de l'Amérique, à la partie de l'Iſle qui regarde le Levant, & qui eſt toujours rafraîchie par les vents aliſés. La *Cabeſterre* eſt oppoſée à la baſſe-Terre ; ce qui fait juger que ce mot eſt une corruption de *Cap*, & qu'il ſignifie une *Terre* qui forme un *Cap* à l'*Eſt*.

CABOSSE, f. f. Nom de la gouſſe qui renferme les amandes du Cacao.

CABOTER, v. n. Terme de Marine. C'eſt naviger le long des Côtes, de Cap en Cap. *Cabotage* eſt le ſubſtantif. On nomme *Caboteurs* de petits bâtimens dont on ſe ſert pour caboter.

CABOTTIERE, f. f. Batteau plat, long & étroit, dont on ſe ſert particuliérement ſur la riviere d'Eure, depuis Dreux juſqu'à ſa jonction avec la Seine.

CABRER, v. act. Dans le figuré, *cabrer* quelqu'un, c'eſt le choquer par quelque propoſition ou quelque terme révoltant. On ſe *cabre* quelquefois mal-à-propos.

CABROUET, f. m. Charrette en uſage dans nos Iſles, qui eſt ordinairement tirée par des Bœufs.

CACAGOGUES, f. m. Mot compoſé du latin & du grec, qui ſignifie des onguens appliqués au fondement, pour provoquer les ſelles.

CACAOTETI, f. m. Nom d'une pierre Indienne, qui s'appelle, en latin, *Lapis Cruminus*, & qui, lorſqu'elle eſt échauffée, produit un bruit aſſez fort.

CACHATIN, f. m. La gomme Laque, qui ſe nomme *Cachatin*, eſt

une des ſortes de Laques qu'on porte à Smyrne.

CACHELOT, f. m. *Voy.* BYARIS.

CACREL, f. m. Nom d'un poiſſon de la Méditerranée, dont on vante la tête pour guérir les ulceres, & la chair contre la morſure des Scorpions & des chiens enragés, par ſimple application.

CADENE, f. f. Nom d'une ſorte de Tapis, qui vient du Levant, en Europe, par la voye de Smyrne.

CADUCITE', f. f. lat. Diſpoſition à tomber. Foibleſſe d'une choſe, qui annonce ſa chute ou ſa ruine. *Caduque*, adjectif, ſe dit des choſes qui approchent de leur fin. L'âge caduque, ou de la caducité, eſt la vieilleſſe. On appelle *Mal caduc*, l'épilepſie, parce qu'elle cauſe des chutes dangereuſes. En termes de Palais, une ſucceſſion *caduque* eſt celle où perſonne ne ſe porte pour héritier.

CÆCUM, f. m. Mot purement latin, qui ſignifie aveugle. On a donné ce nom au premier des gros boyaux, parce qu'il n'a qu'une ouverture, qui lui ſert d'entrée & de ſortie. Il eſt ſitué dans l'hypocondre droit, & plus bas que le rein.

CÆTERA. Mot emprunté du latin, & grec d'origine, qui ſignifie *le reſte* ou d'*autres choſes*. Il eſt devenu françois, dans ce ſens, & s'exprime ordinairement par ces deux lettres, *&c*.

CAFARD, f. m. Ancien mot, qui ſe dit encore, pour ſignifier *Hypocrite*, faux dévot, & par extenſion, *Ruſé* ſous un air ſimple. On le fait venir de l'Arabe, où *Caphar* ſignifie proprement celui qui a quitté une Religion pour en prendre une autre, *Infidele*. Les Turcs donnent ce nom aux Chrétiens. *Cafarderie* eſt le ſubſtantif. On appelle auſſi *Cafard* une eſpece de damas, ou de ſatin, dont la trame eſt de fil & les chaînes de ſoie.

CAFFETAN, f. m. ou CAFTAN. Robbe longue, agrafée, & bordée par-devant, avec des manches courtes, en uſage parmi les principaux Officiers militaires Turcs. Le Grand Seigneur fait préſent d'une ou de plusieurs de ces robbes, à ceux qu'il veut honorer par une marque particuliere de faveur. La *Caffe*, ou *Caffa*, est une toile de coton fort bigarrée de figures, qui vient du Bengale.

CAFFILA, s. m. Nom qu'on donne, en Perse & dans l'Indoustan, à ce qui s'appelle Caravane en Turquie.

CAFRES, s. m. Habitans d'une grande partie de l'Afrique, au Couchant & au Midi, qui se nomme *Cafrerie*. Ils sont célebres par leur difformité & leur barbarie.

CAGNEUX, s. & adj. Tortu, difforme. Il se dit des pieds comme des jambes.

CAGOT. Faux dévot. Dévot avec affectation. *Cagoterie* est le substantif.

CAHIER DE FRAIS, ou *Mémoire de frais*. Terme de Comptable, qui se dit d'un état de dépense, pendant un temps limité.

CAHIMITIER, s. m. Arbre de l'Amérique, qui porte un fruit d'environ trois pouces de diametre, verd & mêlé de taches rouges & jaunes, si sain & si rafraîchissant qu'on le donne aux Malades.

CAHOTER, v. act. & n. Outre sa signification vulgaire, il se dit fort bien, dans le figuré, d'une voix qui *sautille*, & qui est comme interrompue, soit par la crainte ou par quelque empêchement naturel, dans le discours ou dans le chant.

CAHUTTE, s. f. Mot d'origine Allemande, qui se dit pour Cabane, Chaumiere.

CAILLEBOTE, adj. Réduit en caillebot, coagulé. Du sang épais & cailleboté.

CAILLETTE, s. f. Nom qu'on donne, à Paris, aux femmes qui ont peu d'esprit & beaucoup de babil. Il étoit en usage dès le tems de *Marot*.

CAILLOU. Eau de Caillou. On donne ce nom à une préparation d'Eau-forte, sur laquelle on voit végeter les métaux, comme un arbre qui croît à vûe d'œil, & qui s'étend en plusieurs branches. On en attribue l'invention à *Rhodes Canasse*.

CAJOLER, v. act., qu'on devroit écrire *Cageoler*, parce qu'il est formé de Cage. Il signifie carresser, flatter, par quelque vûe artificieuse, comme on caresse un oiseau, pour l'accoutumer à la clôture de sa cage.

CALABA, s. m. Arbre gommeux des Indes, qui rend une sorte de bon mastic. Ses fleurs sont en forme de rose.

CALCUL DIFFERENTIEL, & CALCUL INTEGRAL. Noms de deux nouvelles méthodes Géométriques. Le premier est la méthode de différencier les qualités ou grandeurs, c'est-à-dire, de trouver une quantité infiniment petite, qui, prise une infinité de fois, égale une quantité ou grandeur donnée. Ce que nous appellons différences, les Anglois l'appellent *Fluxions*. Le *Calcul integral* est la maniere de sommer les différences, c'est-à-dire, la somme ou la grandeur égale à une infiniment petite donnée, prise une infinité de fois : ce que les Anglois appellent la méthode inverse des fluxions. Le *Calcul différentiel* descend du fini à l'infiniment petit, & le *Calcul intégral* remonte de l'infiniment petit au fini. Mais le second est imparfait & borné. S'il cessoit de l'être, la Géométrie seroit arrivée à sa perfection.

CALCULEUX, s. & adj. Qui a le Calcul, qui est tourmenté de la Pierre, de la Gravelle, ou ce qui est pierreux, graveleux.

CALEMARE, s. m. Poisson qui ressemble à la Seche, & qui jette, comme elle, une encre fort noire. Mais il a la chair plus molle.

CALENCAR, s. m. Belle toile des Indes, dont les figures & les couleurs s'appliquent avec le pinceau ; ce qui la rend la plus précieuse & la plus estimée de toutes les Indiennes.

CALESIAM, s. m. Grand arbre du Malabar, dont le bois est de couleur purpurine. On en fait des poignées de sabre, & des manches pour toutes sortes d'instrumens. Son écorce est employée dans la Médecine.

CALFEUTRER, v. act., qui a la même signification que Calfater, mais qui se dit particuliérement des fenêtres d'une chambre, & de toutes les fentes, qu'on bouche avec de la colle & du papier.

CALICE, f. m. lat. Les Botanistes donnent ce nom à la partie extérieure, qui enveloppe une fleur lorsqu'elle est en bouton, & qui est différente du *Pédicule*. Ils le donnent aussi à la partie qui soutient & qui enveloppe, tout à la fois, quelques autres fleurs, comme dans la Rose.

CALIETTE, f. f. Espece de Champignon jaune, qui vient au pied du Genievre.

CALIN, f. m., se dit pour *paresseux*, lent, avec affectation de langueur; & par extension, dans le figuré, pour rusé avec douceur, avec un air de flaterie, de désintéressement, & de nonchalance, qui semble ne prétendre à rien. Tu es un bon *Calin*. L'origine est incertaine.

CALINER, v. n. Terme de société familiere, qui signifie passer le tems dans l'indolence, ou se mettre dans une situation aisée, pour demeurer dans l'inaction.

CALLE'E, f. f. Nom d'une espece de cuirs de Barbarie, qui s'achetent à Bonne, & dont le commerce est considérable.

CALLEMANDRE ou CALMANDRE, f. f. Nom d'une étoffe de laine fort lustrée, & de différentes couleurs, dont on fait des robbes & des jupons.

CALLIPEDIE, f. f. gr. Titre d'un fameux Poëme latin, sur les moyens d'avoir de beaux enfans, composé par *Quillet*, de Chinon en Touraine. Ce nom est passé en usage, pour signifier une sorte d'Art, qui a le même objet.

CALLOT, f. m. Nom d'un célèbre Graveur, qui a excellé pour les petites Figures grotesques; d'où est venu l'expression proverbiale de *Figure à Callot*, pour figure bizarre & risible. Les masses de pierre, qu'on tire des Ardoisieres, pour les tailler en Ardoises, se nomment des *Callots*.

CALMANT, f. & adj. Terme que les Médecins ont mis en usage, pour signifier un remede narcotique, ou soporatif, qui diminue le sentiment de quelque douleur. Le Laudanum,

le Cynoglosse, &c. sont des *Calmans*.

CALMI, f. m. Espece de toile peinte, qui vient des Etats du Grand Mogol, & dont le commerce est défendu en France.

CALOT, f. m. Nom d'une Poire, que d'autres appellent Donville, & qui se conserve jusqu'au mois de Mai. Elle se mange cuite.

CALOTTE, f. f. Nom d'une société badine, instituée de nos jours pour faire la guerre aux Vices & aux ridicules. Les Associés se nomment Calottins. Ils ont pris le titre de Régiment, où ceux qui se couvrent de quelque ridicule éclatant, sont entôllés par un Brevet en Vers ou en Prose. Le corps a ses Chefs, ses armoiries, &c. Cette imagination a produit quantité d'Ouvrages ingénieux: mais l'esprit de Satire en a souvent abusé, pour se livrer aux plus noires calomnies. *Calottin* se dit de tout ce qui sent une gayeté folle & maligne. *Calotte*, en termes d'Architecture, est une portion de voute, spherique on spheroïde, qu'on éleve au milieu des plafonds & des voutes mêmes. Les Horlogers donnent aussi ce nom à l'espece de boëte qui renferme le mouvement d'une montre.

CALQUIERS, f. m. Nom de divers satins des Indes, & d'une espece d'Atlas, qui s'appelle *Atlas Calquier*.

CALVAIRE, f. m. Ordre de Religieuses, fondé par Antoinette d'Orleans, fille de Leonore d'Orleans, Duc de Longueville, & de Marie de Bourbon, Comtesse de saint Paul, sous la direction du fameux Pere Joseph, Capucin, qui dressa les Constitutions suivant la régle de saint Benoît. Le premier Monastere fut bâti à Poitiers, en 1614.

CAMARAMIRA, f. f. Célebre Plante du Brésil, dont la fleur, qui est jaune, s'ouvre pendant toute l'année à onze heures du matin, demeure ouverte jusqu'à deux heures après midi, & se ferme pour le reste du temps.

CAMARE, f. f. Ancienne espece de Caveçon, dont on ne se sert plus dans les Académies, parce que les petites dents, dont il est armé, déchirent la bouche du cheval.

CAMBRASINE, f. f. Toile du Levant & d'Egypte, qui tire ce nom de sa ressemblance avec les toiles de Cambray.

CAMBRIQUE, f. & adj. Nom qu'on donne à la Langue qui se parle dans le Pays de Galles, en Angleterre, & qui approche beaucoup de celle que nous nommons *bas-Breton*. On prétend que c'est une des Langues meres de l'Europe. Cambrique est formé du nom latin du Pays de Galles.

CAMELINE, f. f. Plante annuelle, qui se cultive en Flandres, & dans plusieurs endroits de France, où l'on tire de sa semence une huile qui sert à brûler, & même à la préparation des alimens.

CAMELOTIER, f. m. Nom d'une espece de Papier des plus communs.

CAMERIER, f. m. Titre d'office, en Italie, qui signifie *Maitre de Chambre*. On nomme ainsi divers Officiers du Pape, qui sont souvent d'une naissance distinguée. Il y a des Cameriers d'honneur, des Cameriers de Cappe & d'Epée, des Cameriers *extra muros*. En Espagne, on appelle *Camereras* ou *Camerieres* les Dames de la chambre de la Reine, dont la premiere se nomme *Camerera mayor*; & *Camerarias* ou *Camerif-tas*, les Dames de la chambre d'une Princesse. *Camerlingue* est le titre d'un Cardinal, qui est Chef de la Chambre Apostolique. L'Intendant des Finances du Royaume de Bohême s'appelle aussi *Camerlingue*.

CAMOUFLET, f. m. Terme badin. Donner un Camouflet à quelqu'un, c'est lui souffler de la fumée au nez, avec un cornet de papier brûlé par le bout. C'est un tour de page, qu'on fait quelquefois à ceux qui s'endorment. En termes de Guerre, il se dit du feu qu'on envoye d'une Place attaquée aux Ennemis qui l'attaquent.

CAMPOTE, f. m. Nom d'un gros drap de coton des Indes Orien-

tales, qui se fait, dit-on, aux Isles Philippines, & qui est fort estimé dans le commerce.

CANADE, f. m. Oiseau de l'Amérique, qui passe pour le plus bel oiseau du Monde. Il a le ventre & les ailes de couleur d'or, le dos & la moitié des ailes bleu céleste, la queue & les grosses ailes des plumes mêlé d'incarnat étincellant, diversifié de bleu, avec un noir luisant sur le dos. Sa tête est couverte d'un duvet brun, marqueté de verd, de jaune & de bleu pâle. Ses yeux sont revêtus de blanc; & la prunelle, qui est jaune & rouge, ressemble à un rubis enchassé dans de l'or. Il est couronné d'une houpe d'un vermillon éclatant, environnée d'autres petites plumes couleur de perle.

CANAMELE, f. f. Nom que les François ont donné aux Cannes à sucre, & qui signifie apparemment *Canne miellée*.

CANATIS, f. m. Nom général qu'on donne, dans les Isles, à toutes sortes de Pots de terre, & qui répond à celui de Pot, en France.

CANATOPOLES, f. m. Nom que, suivant les Relations des Missionaires, on donne à ceux qui travaillent au salut des Indiens, en qualité de simples Catechistes.

CANCEL, f. m. lat. Nom du lieu dans lequel on tient le sceau de France, & qui est entouré d'une balustrade. Il est pris de l'endroit du chœur d'une Eglise, qui est le plus proche du grand Autel, & qui étant environné aussi d'une balustrade, se nomme *Cancel*, ou *Sanctuaire*.

CANDIDAT, f. m. lat. Nom qu'on donne à ceux qui aspirent à quelque charge, à quelque degré de rang ou d'honneur. Il vient des usages de l'ancienne Rome, où ceux qui avoient certaines prétentions, paroissoient vêtus de blanc, suivant la signification du mot.

CANDIDE, adj. lat., qui se dit pour *franc*, *ouvert*, *ingenu*. *Candeur* est le substantif.

CANDIOTTE, f. f. Nom d'une belle Anemone à Peluche, dont les grandes feuilles sont d'un gris

blanchâtre, fur un fond incarnat.
La Peluche eft incarnat, bordée de
feuille morte verdâtre.

CANGUE, f. f. Inftrument de
fupplice, célebre dans les Relations
de la Chine & d'autres lieux. Il eft
compofé de deux planches larges &
épaiffes, échancrées par le milieu,
entre lefquelles on infere le cou du
coupable, comme dans un carcan,
qu'il eft forcé de porter nuit & jour.

CANICA, f. f. Efpece de canelle fauvage d'Amérique, qu'on employe dans la Médecine, mais dont
le goût approche plus de celui du
Clou de girofle, que de la vraye canelle.

CANICULE, f. f. Tems auquel
on fuppofe que domine la conftella-
tion de ce nom. *Chaleur caniculaire,
jours caniculaires.*

CANIRAM, f. m. Grand arbre du
Malabar, que deux hommes peuvent
à peine embraffer. Sa racine & fon
écorce font employées, dans la Médecine, contre les fiévres, les diar-
rhées, les dyffenteries, &c.

CANNEBERGE, f. f. Plante ma-
récageufe, dont les fleurs font purpurines. Sa femence, ou fon fruit,
qui eft ronde & renfermée dans quatre petites loges, eft d'un goût qui
tire fur l'aigre, & qui devient fort
agréable lorfqu'elle eft revêtue de
fucre.

CANNEQUIN, f. m. Toile de
cotton blanche, qui nous vient des
Indes.

CANNEVETTE, f. f. Mefure
Hollandoife des liqueurs, ou vaiffeau qui contient ordinairement douze ou quinze pintes.

CANNIBALE, f. m. Nom des Habitans naturels des Ifles Antilles,
qu'on donne auffi à d'autres Peuples,
accufés de manger de la chair humaine, parce que ces Infulaires dé-
voroient autrefois leurs Ennemis pendant la guerre. On les appelle auffi
Caraïbes.

CANTARELS, f. m. Efpece de
Vers, qu'on appelle auffi Vers de
Mai, & qui étant macerés dans l'huile, paffent pour avoir la même vertu que l'huile de Scorpion.

CANTONADE, f. f. Terme commun dans les Pieces du Théâtre Italien, pour fignifier l'un ou l'autre
côté du Théâtre, où une partie des
Spectateurs eft affife, fur des bancs
en forme de petit Amphithéâtre.

CAOUANE ou KAOUANE, f. f.
Nom de la plus grande des différentes efpeces de Tortues. Son écaille &
fa chair font peu eftimées.

CAPITEUX, adj. lat. Un vin
capiteux, une odeur capiteufe, eft
celui, ou celle, qui porte à la tête, qui
caufe des étourdiffemens, ou d'autres
maux de tête.

CAPITOUL, f. m. Nom qu'on
donne aux Echevins de la Ville de
Touloufe, comme on nomme Jurats ceux de Bordeaux, & Ammeif-
tres ceux de Strasbourg.

CAPIVERD, f. m. Nom d'un
animal amphibie, à quatre pieds,
qui a le corps d'un Cochon & la tête
d'un Liévre, fans aucune efpece de
queue, & qui fe tient prefque toujours fur fon derriere. Il eft commun
au Bréfil, où il quitte la Mer, pendant la nuit, pour fe nourrir de
fruits & de légumes. On mange fa
chair.

CAPLAN, f. m. Petit poiffon,
dont on fait des amorces pour prendre les Morues à la ligne. De-là le
nom de *Caplaniers* qu'on donne à
ceux qui vont à la pêche de la Morue.

CAPON, f. m. On nomme *Capons*,
dans les Académies de jeu, ceux qui
ne s'y trouvent que pour prêter de
l'argent aux Joueurs. C'eft ce qu'on
appelle auffi les Nuques & les Piqueurs.

CAPRIPEDE, f. & adj. Mot Poétique, qui fe dit des Satyres de la
Fable, auxquels on fuppofe des pieds
de chevre.

CAPRISANT, adj. lat. Terme de
Médecine, qui fe dit du poulx. Un
poulx caprifant eft celui qui fautille,
comme une chevre, c'eft-à-dire,
dont les pulfations font dures &
inégales.

CAPTER, v. act. lat., qui fignifie; obtenir, ou tenter d'obtenir quelque chofe, par des foins, par une at-

tention constante, ou par adresse. Il
ne se dit gueres que dans ces deux
phrases, *Capter* la bienveillance de
quelqu'un, & *Capter* l'occasion.
Captieux, qui en est formé, se dit de
ce qui est équivoque, mais qui se
fait, ou qui se dit particuliérement,
pour conduire à un sens plus qu'à un
autre. Une proposition captieuse.

CARACOLI, s. m. Métal qui
vient de la *Terra firma*, & qu'on
prend pour un composé d'or, d'argent & de cuivre, dont la couleur ne
se ternit jamais. D'autres le croyent
un métal simple, d'autant plus que
les Orfévres ne peuvent en imiter la
beauté. C'est une sorte de Tomback.

CARACTERE, s. m. lat., qui signifie proprement, marque à laquelle on distingue une chose d'une autre. Toutes ses autres significations
viennent de cette idée, dans le physique comme dans le moral & le figuré. Les Botanistes appellent *Caractérisme* certaines ressemblances que
les Plantes ont avec quelque partie
du corps humain.

CARAPACE, s. f. Nom qu'on
donne à l'écaille qui couvre le dos
de la Tortue, principalement de
celle qu'on nomme *Carret*. Elle est
ovale, convexe, & composée de
treize feuilles, qu'on nomme communément Ecaille de Tortue.

CARAQUE, s. f. Porcelaine Caraque. Nom que les Hollandois donnent
à leur plus fine Porcelaine, parce que
les premieres, qui sont venues des Indes en Europe, y furent apportées par
des Caraques Portugaises. On appelle
aussi *Caraque*, du Cacao qui vient de
la Côte de Caraque.

CARBOUCLE, s. m. lat. Diminutif de *Charbon*. Nom que les Lapidaires donnent quelquefois au rubis,
& qui vient de son brillant.

CARCAILLER. Terme de Chasse,
qui exprime le cri des Cailles, comme *Caracouler* exprime celui des Pigeons.

CARCAISE, s. f. Nom d'un Four
de Verrerie, qui est le premier où se
fait la fritte des matieres, pour le
Verre & le Crystal.

CARCINOMATEUX, adj. grec.

Terme de Médecine, qui signifie ce qui
tient du Cancer, ce qui en est attaqué.

CARDIAQUE, s. & adj. gr. Nom
des remedes qui ont la vertu de fortifier le cœur. Il se dit aussi de deux
arteres, qu'on appelle autrement
Coronaires. Les Médecins nomment
Cardiaires les vers qui naissent dans
le cœur. Le *Cardiogme* est un picotement vif à l'orifice de l'estomac, causée par quelque humeur acrimonieuse.

CARENE, s. f. En style de Coquillage, *Carene* est le nom du fond
d'une coquille.

CARGAMON, s. m. Nom corrompu du *Cardamome*. On le donne
à celui de Visapour, qu'on croit seul
de son espece.

CARIBOU, s. m. Animal sauvage du Canada, qui est une espece
d'Orignal, mais qui n'a pas le bois
si puissant, & dont le poil est presque
tout blanc. Sa chair est excellente.

CARIQUE ou CARICUM, s. m.
gr. Nom d'un remede catheretique,
inventé par Hippocrate, dont la vertu est célebre pour déterger les ulceres & consumer les chairs superflues.

CARLIEN, adj. Terme d'Histoire, qui se dit, comme *Carlovingien*,
de ce qui est de la seconde Race de
nos Rois, ou de ce qui appartient à
cette Race.

CARNIFICATION, s. f. lat., qui
signifie changement des os en chair,
& qui n'est en usage que pour cette
étrange maladie. On dit aussi, des os
carnifiés, ou qui se carnifient.

CAROCHE, s. f. Nom d'un bonnet, en forme de mitre, où l'on voit
des Diables peints dans les flammes,
que l'Inquisition d'Espagne & de Portugal fait porter à ceux qu'elle a condamnés à mort.

CAROPHYLOIDE, s. f. gr. Nom
d'une pierre figurée qui représente le
clou de girofle. Elle a plus proprement la forme d'une cloche, avec une
étoile à plusieurs rayons au-dessus.

CARRARE. Marbre de Carrare,
qui se tire près de Genes, d'un lieu
de ce nom, & qui est fort estimé.

CARREGER, v. n. Terme de Marine, qui signifie, sur la Méditerranée, ce que Louvoyer signifie sur

l'Océan, c'est-à-dire, courir pluſieurs bordées, en voguant à droite
& à gauche, pour ménager le vent.

CARTE GÉOGRAPHIQUE, ſ. f.
Voyez GÉOGRAPHIE. On appelle *Cartes réduites* celles où les degrés de latitude vont en augmentant de l'E-
quateur vers les Pôles, en raiſon des
ſécantes. On dit qu'elles ſont *réduites
en grand ou en petit point*, ſuivant
que la diviſion des degrés eſt en un
plus grand, ou en un plus petit nombre de parties. Tout le monde convient que les Cartes réduites & les
Echelles de latitude, ſont d'autant
meilleures, que l'on prend de ſuite
de plus petits arcs.

CARTONNIERES, ſ. f. Nom
d'une eſpece de Guêpes d'Amérique,
de l'eſpece de celles qu'on nomme
Aériennes, parce qu'elles établiſſent
leur demeure en plein air. Leur Guê-
pier, qu'elles ſuſpendent à des branches d'arbre, reſſemble à une boëte
de *Carton*, en forme de cloche allongée, qui n'auroit, pour entrée,
qu'un trou d'environ cinq lignes de
diametre. On en a tranſporté, de la
Cayenne, en France.

CARVELLE, ſ. f. Terme de Marine. On dit qu'un Navire eſt mâté
en *Carvelle*, lorſqu'il a quatre mâts
ſans mât de Hune.

CASSUMMUNIAR, ſ. m. Nom
d'une racine des Indes orientales, de
la groſſeur du petit doigt, de couleur brune & d'un goût aromatique,
qu'on nous apporte comme un remede excellent pour la paralyſie, &
pour toutes les maladies des nerfs.
On ignore quelle eſt la Plante.

CASTANITE, ſ. f. Nom d'une
Pierre argilleuſe, de la couleur & de
la forme d'une Châtaigne.

CASTE, ſ. f. Nom que toutes les
Relations donnent aux Races, ou
aux Tribus, dans leſquelles ſont di-
viſés les Idolâtres des Indes orientales. La *Caſte* des Bramines.

CASTILLAN, ſ. m. Petit poids
d'Eſpagne, qui ſe diviſe en huit To-
mines. Six Caſtillans & deux Tomi-
nes font l'once Eſpagnole. Le *Caſtil-
lan* eſt la centiéme partie d'une livre
d'Eſpagne, qui eſt, d'environ un ſi-

xiéme & trois quarts pour cent,
moins peſante que notre poids de
marc; de ſorte que cent dix-ſept
marcs Eſpagnols n'en font que cent
dix de France.

CASTONADE, ſ. f. Sucre groſſier & mal blanchi, qui s'employe
ordinairement pour la compoſition
des confitures.

CATADOUPE, ſ. f. Chute d'eau.
C'eſt la même choſe que *Cataracte*.

CATALECTE, adj. gr. Les Anciens nommoient Vers *Catalectes*,
ceux auxquels il manquoit une ſyllabe; comme ils les appelloient *Bra-
chycatalectes* lorſqu'il leur manquoit
un pied entier. On ſe ſert à préſent
du mot de Catalectes, pour exprimer des fragmens d'ouvrages anciens, ou certains ouvrages qui n'ont
point été achevés.

CATAPHORE, ſ. m. gr. Mala-
die qui conſiſte dans un profond aſ-
ſoupiſſement.

CATAPHRACTE, ſ. m. gr. Eſpece de Bandage qui ſert pour les
grandes luxations, ou les fractures
des côtes, &c. Son nom, qui ſignifie
une Cuiraſſe, lui vient de ſa forme.
On donnoit anciennement l'Epithete
de *Cataphracte* à un homme bien
couvert de ſon armure, & même à
un cheval équipé pour le combat.
C'eſt auſſi le nom d'un poiſſon de
mer, qui eſt partout couvert d'é-
cailles oſſeuſes, & qui ſe trouve dans
les mers du Nord.

CATHEDRALE, ſ. & adj. lat.
Mot borné à ſignifier l'Egliſe principale d'un Dioceſe, & qui eſt le ſiége
de l'Evêque. *Ex Cathedra*, terme purement latin, qui ſignifie de deſſus
ſon ſiége, ou ſa chaire, eſt paſſé dans
notre langue, pour exprimer que le
Pape a porté quelque décret en qualité de Chef de l'Egliſe Univerſelle.
Cathedrer ſe dit quelquefois pour *Pré-
ſider*, tenir la chaire.

CATI, ſ. m. Aprêt qu'on donne,
par la Preſſe, aux Etoffes de laine,
pour les rendre plus fermes & plus
luſtrées. Le *Catiſſeur* eſt l'Ouvrier
qui donne le Cati aux Etoffes. *Cati* eſt
auſſi le nom d'un poids des Indes
orientales.

CATOCHITE,

CATOCHITE, ſ. f. gr. Nom d'une Pierre, qui ſe trouve dans l'Iſle de Corſe, & qui, par une viſcoſité naturelle, retient la main lorſqu'on l'applique deſſus.

CATTEQUI, ſ. m. Toile de cotton bleue, qui nous vient des Indes orientales, par la voye de Surate.

CAVALAGE, ſ. m. Nom qu'on donne à l'accouplement des Tortues pour la génération.

CAVALOT, ſ. m. *Piece à Cavalot.* C'eſt une eſpece de canon du troiſiéme genre, fait de fer battu, qui tire juſqu'à une livre de balles de plomb, avec égale peſanteur de poudre de mouſquet, ou demie peſanteur de poudre fine. Il porte de mille à quinze cens pas. Sa longueur eſt de ſept à dix pieds. Il eſt bon pour la Fortereſſe & la Campagne.

CAUDATAIRE, ſ. f. Titre d'office. On donne ce nom, en Italie, à des Officiers qui portent la queue au Pape, aux Cardinaux, &c.

CAVER AU PLUS FORT. Terme de Joueur. C'eſt faire bon, à chaque coup du jeu, d'autant d'argent qu'en joue celui des Joueurs qui en joue le plus. De-là vient, dans le Figuré, *caver au plus fort*, pour ſignifier, porter tout à l'extrême.

CAUSAL, adj. Nom qu'on donne, en Grammaire, à quelques Particules, telles que *Parce que*, *car*, *&c*, de ce qu'elles indiquent une cauſe, ou une raiſon, de ce qu'on a dit, ou de ce qu'on a fait. D'autres les nomment *Cauſatives*. *Cauſalité*, ſ. f., ſe dit, dans l'Ecole, de la maniere dont une cauſe agit, ou de la vertu qu'elle a pour produire un certain effet. *Cauſer*, en termes vulgaire, ſignifie s'entretenir, diſcourir familierement. *Cauſerie* eſt le ſubſtantif.

CAUSES MAJEURES, ſ. f. Nom qu'on donne aux affaires importantes, qui ne doivent être jugées que par le Pape, dans le Conſiſtoire. Ce ſont celles qui regardent la dépoſition des Evêques, la Diſcipline, ou la Foi, les Elections, & les Tranſlations d'Evêques, la Canoniſation des Saints, &c.

Supplém.

CAUSUS, ſ. m. gr. Nom d'une eſpece de fiévre aiguë, ſi brûlante, ſuivant la ſignification du mot, que la ſoif qu'elle cauſe ne peut s'éteindre.

CAUTIONS JUDICIAIRES, ſ. f. lat. On donne ce nom aux *Fidei-juſſeurs*, qui s'obligent, en Juſtice, en conſéquence d'un jugement qui l'ordonne.

CEBIPIRA, ſ. m. Arbre du Bréſil, dont l'écorce aſtringente eſt bonne pour la Galle, les Dartres, & d'autres maladies de la peau. Elle s'employe dans les Bains & les fomentations.

CEDILLE, ſ. f. lat. Petite virgule qu'on met ſous le ç, pour montrer qu'il ſe prononce comme une ſ.

CEINTURE FUNEBRE ou LITRE. C'eſt une bande noire, que les Patrons des Egliſes, ou les Seigneurs Hauts-Juſticiers, ont droit de faire peindre dans les Egliſes & dehors, chargée de leurs armes, pour honorer les Morts de leur Famille.

CELERITE', ſ. f. Mot purement latin, qui ſe dit pour viteſſe, promptitude, diligence.

CENDRE DE BRONZE, ſ. f. C'eſt ce qui ſe nomme autrement *Calamine blanche* & *Pompholix*. On appelle *Cendre d'Auvergne* une cendre tirée de pluſieurs Plantes, cueillies dans des Montagnes fort expoſées au Soleil, & remplies de ſels Alkalis. Entr'autres uſages, on l'employe pour ſéparer les acides volatils du ſel Armoniac, d'avec ſa partie fixe.

CENSITAIRE, ſ. m. & f. Celui ou celle qui poſſéde un fond à charge de cens, ou de rente annuelle. *Cenſive* ſe dit de la redevance, en argent, ou en denrées, que certains biens doivent au Seigneur dont ils relevent.

CENTIPEDE ou CENT PIEDS, ſ. m. Nom d'un Serpent très venimeux, qui eſt commun dans le Royaume de Siam.

CENTROSCOPIE, ſ. f. gr. Partie de la Géometrie qui traite du centre des grandeurs. Elle diſtingue deux ſortes de centres; celui de la figure & celui de la peſanteur.

CENTUSSE, f. f. Ital. Cent fous de monnoie Romaine. Ce mot eft fouvent employé dans les Relations d'Italie.

CERCLE D'EQUATION, f. m. C'eft un cercle nouvellement imaginé, & ajoûté aux cadrans des Pendules, pour marquer l'heure vraie du Soleil.

CERNE, f. m. Terme de Fauconnerie. On appelle vol à *grand Cerne* celui des Moineaux & des autres Oiseaux qui vont haut & bas.

CERVOISE, f. f. lat. Nom que quelques-uns donnent à la liqueur qui fe nomme *Biere* en Flandres & dans la plûpart des Pays du Nord. Un Braffeur de Biere eft auffi nommé *Cervoifier.*

CESSIBLE, adj. lat. Ce qui peut être cédé. Ce mot n'eft en ufage que dans les matieres de Droit. C'eft le participe de céder. Le Retrait féodal eft *ceffible*, c'eft-à-dire, peut être cédé. *Inacceffible*, en même langage, fignifie *qui ne peut pas l'être.*

CESTIPHORE, f. m. gr. Nom compofé, qui fignifie *Porteur de Cefte.* Les Anciens nommoient ainfi les Athletes qui combattoient avec le gantelet, qui s'appelloit *Cefte.*

CHABNAM, f. m. Efpece de Moulfeline orientale, très fine & très claire, qui fe nomme auffi *Rofée.*

CHACOS, f. m. Arbre du Pérou, dont le fruit, qui eft plat d'un côté & rond de l'autre, contient une femence fort vantée pour la gravelle & la pierre.

CHACRIL, f. m. Arbre de l'Amérique, dont l'écorce a plufieurs des vertus du Quinquina, & qu'on en croit une efpece.

CHALASIE, f. f. gr. Maladie de l'œil, qui confifte dans un relâchement des fibres de la cornée.

CHALCOGRAPHE, f. m. gr., qui fignifie proprement *Graveur en airain*, & qu'on employe fouvent, dans la Littérature, pour fignifier un fameux Graveur.

CHALYBE', adj., compofé du mot latin, qui fignifie *acier*, & qui fe dit des préparations médecinales, où il entre de l'acier. L'eau *Chalybée* eft aftringente. On prononce *Calybé.*

CHAMŒCERASE, f. m. gr. Nom d'une efpece de petit Cerifier, qui, fuivant la fignification du mot, croît fort bas, & dont les petites Cerifes purgent par les vomiffemens & par les felles. Le fuc en eft amer. Elles croiffent deux à deux, fur la même queue.

CHAMPAN, f. m. Terme de Coutume, qui fignifie le Droit par lequel un Seigneur prend un certain nombre de Gerbes, fur les terres qui dépendent de lui.

CHANOINESSES, f. f. lat. Titre fort ancien de plufieurs Communautés de Filles, qui vivent enfemble fous une efpece de Régle, mais fans aucun engagement qu'elles ne puiffent rompre, & dont la principale fonction eft de chanter l'Office Divin, comme les Chanoines. Il y a beaucoup d'apparence que ces inftitutions étoient autrefois régulieres, & que c'eft par degrés que le relâchement s'y eft introduit. La plûpart font aujourd'hui féculieres ou fécularifées, & l'on n'y eft reçu qu'en faifant preuve de Nobleffe. On compte vingt-cinq de ces Chapitres : ceux de Remiremont, Epinal, Pouffay, Bouxieres en Lorraine, Saint Pierre & Sainte Marie à Metz, Cologne, Lindaw, Buchaw en Allemagne, Odermufter, Nidermunfter à Ratisbonne, Effen, Andlaw, Hombourg, Saint Etienne à Strasbourg, Nivelle, Mons, Maubeuge, Dennain, Andennes, Munfter-Bellife aux Pays-bas, Gendersheim, Quedlimbourg, Herford, & Gerenrode en Allemagne. Les quatre derniers font Proteftans.

CHANSONNIER, adj. CHANSONNER, v. act. Mots formés de *Chanfon*; le premier pour fignifier un génie tourné à faire des Chanfons, tel qu'on l'attribue particuliérement aux François; l'autre, pour *faire des Chanfons fatyriques* contre quelqu'un.

CHANTIER, f. m. Groffe piéce de bois, qui fert à foutenir quelque chofe. On donne auffi ce nom à différens lieux où l'on fait quelque travail. Mettre un Vaiſſeau ſur le Chantier, c'eſt le mettre ſur de groſſes pieces de bois, qui ſoutiennent la quille, pour le radouber. Une pierre en *chantier* eſt une pierre qu'on taille.

CHAPEAU, ſ. m., ſe dit, par excellence, du Chapeau de Cardinal, par lequel on exprime cette dignité. Un tel a reçu *le Chapeau*. Il y a quatre *chapeaux* vacans. Dans le Blaſon, les Evêques ne portoient autrefois que ſix houpes, au cordon de leur *chapeau*, & les Archevêques dix ; aujourd'hui les Evêques en portent dix, & les Archevêques quinze, comme les Cardinaux. Le *Chapeau* d'Horlogerie eſt une piece en forme de Cône. On appelle *Chapeau de Mérite* un préſent que les Maîtres de vaiſſeaux Marchands exigent, outre le fret, pour les marchandiſes qu'ils chargent à bord.

CHARAMCIS, ſ. m. Arbre du Canada, dont le fruit croît en grappes, & reſſemble à une Aveline. On le confit au ſel, pour ſervir d'aſſaiſonnement. Ses feuilles & ſa racine ſont employées, dans la Médecine, contre les fiévres & contre l'aſthme. On en diſtingue une ſeconde eſpece, dont le fruit eſt plus gros.

CHARBOUILLER, v. act. Terme d'Agriculture, qui exprime les effets de la Nielle. Des bleds charbouillés par la Nielle, c'eſt-à-dire, couverts d'une ſorte de rouille, & dont la farine eſt changée en pouſſiere noire.

CHARE'E, ſ. f. Cendre qui reſte ſur le Cuvier, après que la leſcive eſt coulée.

CHARGE. Femme de *Charge*, ſ. f. Titre d'Office, dans les grandes Maiſons. C'eſt une Femme, au-deſſus du commun des Domeſtiques, qui eſt ordinairement chargée du ſoin de la vaiſſelle d'argent, du linge, & de tout ce qui appartient à la propreté. *Charge*, en Peinture, ſe dit de toute expreſſion, qui ajoûte quelque choſe à ſa nature. Il exprime ce que les Italiens nomment *Caricatura*. Les Groteſques ſont des *Charges*.

CHARPENTIER. HERBE AUX CHARPENTIERS. Plante déterſive & vulnéraire, dont les feuil-

les ont quelque reſſemblance avec celles du creſſon. Ses fleurs ſont jaunes & compoſées de quatre feuilles en croix.

CHASSE', ſ. m. Nom d'un pas coulant de danſe, qui ſe fait en avant ou en arriere.

CHASSIS, ſ. m. En termes de chiffre, c'eſt un papier découpé, qu'on applique ſur celui où l'on veut écrire, & par les ouvertures duquel on écrit des mots diſperſés, qui contiennent le ſecret. Enſuite les lignes étant achevées par d'autres mots, qui forment un ſens tout différent, il n'y a que le correſpondant qui puiſſe démêler ce qui eſt caché dans cette obſcurité, en appliquant ſur la lettre un chaſſis de la forme du premier, qui ne lui laiſſe voir que les mots qui contiennent le ſecret. Le *chaſſis* des Monnoyeurs eſt un moule où les Fondeurs coulent les lames d'or, d'argent, ou de cuivre, qui doivent ſervir à faire les flans. Les Fondeurs en ſable ont auſſi leur *chaſſis*. En Botanique, c'eſt la partie de certains fruits dont le vuide eſt rempli par des membranes, ou des peaux délicates.

CHAT BRULE', ſ. m. Nom d'une poire fort pierreuſe, qui a la forme du Martin ſec, & qui ne meurit qu'à la fin de l'Automne. Elle a le goût du Beſi-d'hery. On la nomme auſſi *Pucelle*.

CHAT-PARD, ſ. m. Animal féroce, plus petit que le Leopard, aſſez ſemblable au Chat, & de poil roux, marqueté de taches noires. On ne le connoît que pour en avoir diſſequé un, qui fut préſenté à l'Académie des Sciences. Elle l'a crû engendré de deux eſpeces. Les *Chats putois*, ſont une eſpece de Chats ſauvages, qu'on nomme auſſi *Fouines*, & qui ſe tiennent dans les Granges & les Greniers.

CHAUCHE BRANCHE, ſ. f. Nom d'un Levier, qu'on n'employe que pour élever de fort grands fardeaux.

CHAUCHIQUE, ſ. f. & adj. Nom d'une Langue particuliere, que les Peuples du Comté d'Embden & de la

Frife orientale parlent entr'eux, quoiqu'ils employent l'Allemand avec les Etrangers. Elle s'eft confervée d'une ancienne Nation, qui fe nommoit *les Chauces.*

CHAULER, v. act., formé de *Chaux. Chauler* le bled, c'eft le mêler avec une certaine quantité de Chaux vive & d'eau, comme une préparation pour le femer.

CHAUSSE, f. f. En termes de Blafon, c'eft une efpece de chevron plein & maffif, qui étant renverfé, touche de fa pointe celle de l'Ecu. La *chauffe* des Pharmaciens, pour filtrer les liqueurs, eft à peu près de la même forme. La *chauffe* de l'Univerfité eft un ornement de ceux qui ont quelque degré dans l'une des quatre Facultés. La matiere, la couleur & la forme en font différentes, fuivant le degré. Ce n'eft qu'une piece de drap, large par le bout, qui pend derriere l'épaule, & dont l'autre bout va en diminuant. Elle fe porte fur l'épaule gauche, à découvert & par deffus les autres habillemens.

CHEMOSE, f. f. gr. Nom d'une maladie des yeux, caufée par une inflammation, qui fait élever le blanc de l'œil au-deffus du noir ; ce qui forme une efpece de bourlet, ou d'*Hialus*, fuivant la fignification du mot.

CHERAF. *Voyez* SERAPH.

CHERCHEURS, f. m. Efpece de demi-Chrétiens, auxquels on a donné ce nom en Angleterre & en Hollande, parce qu'admettant les faintes Ecritures, ils prétendent qu'elles ne font bien expliquées par aucune des Sectes Chrétiennes qui les reçoivent, & qu'ils en cherchent le véritable fens avec beaucoup de zéle.

CHERSYDRE, f. m. gr. Nom d'un Serpent amphibie, femblable à un petit Afpic terreftre. Il habite fucceffivement l'eau & la terre, & fon venin eft fort dangereux dans les lieux fecs.

CHETEL, f. m. *Voy.* CHEPTEIL.

CHEVAGE, f. m. Droit de douze deniers Parifis, qui fe paye tous les ans au Roi, dans quelques Provin-

ces, par les Bâtards & les Aubains mariés qui s'y font établis. Ce mot vient de *chef*, parce que c'eft effectivement le Chef de ces Familles, marié ou veuf, qui paye ce droit.

CHEVALET, Tableaux de *Chevalet.* En Peinture, les ouvrages de moyenne grandeur, s'appellent *Tableaux de chevalet*, parce qu'il ne s'en fait point d'autres fur le chevalet.

CHEVAUX DU SOLEIL. Ovide en nomme quatre, *Eoüs*, *Pyroïs*, *Aëton* & *Phlegon*. D'autres les nomment, *Erythreüs*, qui fignifie le rouge ; *Acteon*, le lumineux ; *Lampos*, le refplendiffant ; & *Philogæus*, l'ami de la Terre. Ces quatre noms défignent le lever, le cours, le midi, & le coucher du Soleil. La Fable a donné auffi deux Chevaux à Mars, qu'elle nomme *Demos* & *Phobos*, c'eft-à-dire, la *crainte* & la *terreur.*

CHEVECIER, f. m. Titre d'office dans quelques Eglifes, qui confifte ordinairement à prendre foin de la cire. On le fait venir d'un mot de la baffe latinité, qui fignifioit un Officier dont le nom étoit écrit le *premier* fur des tablettes de cire, telles qu'on en avoit alors l'ufage.

CHEVRETTE, f. f. Nom d'un Bandage, dont on fe fert pour la fracture, ou la luxation, de la mâchoire inférieure.

CHEVROTTER, v. n. Il n'eft en ufage que pour exprimer le fon d'une voix tremblante, qui imite celle de la Chevre.

CHEZANANCE, f. f. gr. Nom général de tout ce qui caufe une *néceffité* preffante d'*aller à la felle.* On le donne en particulier à quelques remedes fort purgatifs.

CHILONES, f. & adj. Nom qu'on donne à ceux qui ont les levres groffes, de celui de Chilon, un des fept Sages de la Grece, qui les avoit ainfi. Tous les Princes de la Maifon d'Autriche font *Chilones.*

CHIPPER, v. act. Terme de Tannerie. Chipper des peaux, c'eft les coudre enfemble, après les avoir jettées dans l'eau chaude, lorfque la laine en eft tombée, & les remplir de tan , pour les remuer enfuite avec beaucoup de force. La Bazane *chippée* eft une Bazane qui a reçu un apprêt particulier.

CHIRITE , f. f. gr. Pierre figurée , qui repréfente la paume de la main , avec des formes de doigts & des ongles , de couleur blanche.

CHIRURGIEN , f. m. Poiffon des Mers de l'Amérique , ainfi nommé de deux arrêtes fort tranchantes , & plattes comme des lancettes , qu'il porte à côté des ouies. Il reffemble d'ailleurs à la Tanche , par la couleur , la forme & le goût. Sa longueur eft d'environ un pied & demi.

ÇHISE , f. f. Efpece de Poivre , qui eft commun dans le Mexique , & dont on fait entrer deux grains fur chaque cent de Cacao , dans la compofition du Chocolat. Au défaut de Chife , on y met la même quantité de Poivre des Indes.

CHISTE , f. f. *Voyez* KYSTE.

CHOMMER , v. act. & n. Ne rien faire , faute d'ouvrage. C'eft le fens le plus fimple de ce mot. On le fait venir de *chaume* , parce qu'on dit des terres qu'on laiffe repofer , qu'elles chomment ; c'eft - à - dire , fuivant cette origine , qu'elles confervent leur chaume , auquel on ne change rien par le travail. Il faudroit donc écrire & prononcer *chaumer.* Quoiqu'il en foit , chommer une Fête , c'eft la célébrer en s'abftenant du travail. Une Fête *chommée* eft celle où tous les travaux mercenaires & les ventes publiques font interrompus.

CHONCAS , f. m. Nom de certains Oifeaux de proie, dont les Mofcovites & les Tartares de Crimée font obligés d'envoyer un tous les ans , au Grand-Seigneur, avec un préfent de diverfes fortes de Pierreries.

CHOREGRAPHIE , f. f. gr. Art, inventé dans notre fiécle, de noter , fur le papier , les pas & les figures d'une danfe , comme la Mufique en note l'air.

CHOREVEQUE , f. m. gr. Nom qu'on donnoit anciennement à des Évêques fubalternes , qui alloient faire les fonctions de l'Evêque principal , dans les Bourgs & les Villages. Quoiqu'ils fuffent ordonnés comme les autres , leur pouvoir étoit reftraint à certaines fonctions.

CHOUETTE , f. f. Efpece de Hibou , qui ne paroît qu'à la pointe du jour , ou à l'approche de la nuit. Sa groffeur eft celle d'un Pigeon de volière , & fa couleur eft cendrée. Elle étoit confacrée à Minerve , comme le fymbole de la vigilance. Cet Oifeau nocturne étant perfécuté par les autres oifeaux , lorfqu'ils entendent fon cri , de-là vient apparemment qu'on dit d'une perfonne qui eft en butte à la raillerie de plufieurs autres , qu'elle eft leur *chouette* ; & de-là auffi que jouer feul contre plufieurs s'appelle leur faire la *chouette.*

CHOU-PALMISTE , f. m. On donne ce nom à la moële , qui vient au fommet d'une forte de Palmier , & qui eft fort vantée dans les Relations des Indes. Le *Chou-marin* d'Angleterre eft une Plante , dont les feuilles reffemblent à celles du Chou noir , & qui croît dans les lieux maritimes de cette Ifle. Elle eft vulnéraire , & bonne contre les vers. Le *chou-poivre* eft une autre efpece de Chou , qui croît dans les Ifles de l'Amérique , & qui reffemble à un autre Chou , nommé *Karaïbe* , dont les racines font groffes comme la tête , rondes & maffives , &c. On appelle *Choupille* une petite efpece de chien de chaffe , qui n'eft bonne que pour quêter fous le fufil. *Chou* eft auffi le nom d'un coquillage de mer , tacheté de pourpre & fort colorié. L'Ordre du *Val-des-choux* eft un Ordre Religieux inftitué au douziéme fiécle , fous les mêmes Conftitutions que les Chartreux , dans un lieu du même nom , où le Duc de Bourgogne bâtit un Monaftere, en mémoire d'une Victoire qu'il avoit remportée.

CHRETIEN. Le titre de Très chrétien , que portent les Rois de France , eft plus ancien que Louis XI , auquel l'opinion commune le fait commencer. Il avoit été donné à Philippe Augufte , & même à Chil-

debert, petit fils du Roi Clotaire.
Mais nos Rois ne se le sont attribué
qu'après que Pie II. l'eut donné à
Charles VII.

CHRIE, s. f. gr. Terme de Rhétorique, qui signifie une narration
courte & concise, mais vive & remplie de figures d'éloquence.

CHRISTE-MARINE, s. f. Herbe
qui croît sur les bords de la Mer, &
qui est fort commune aux environs
du Mont saint Michel. On la confit au vinaigre, pour la manger en
salade.

CHRISTMATION, s. f. gr. Ter-
me Ecclésiastique, qui signifie l'onction, ou l'action d'oindre, avec le
saint Chrême.

CHRYSALIDE, s. f. gr. Nom
qu'on donne à la Chenille, lorsqu'ayant changé de forme elle est
devenue une espece de fève. De *chrysalide*, elle devient Papillon. Ce nom
vient de sa couleur, qui est alors
dorée; comme celui de plusieurs sortes de pierres & de plantes, qui commencent par *chryso*, c'est-à-dire,
d'or ou doré.

CHUCHOTER, v. n. Mot qui
exprime le cri, ou le chant du Moineau. *Chuchoterie* est le substantif.
Quelques-uns disent & écrivent *chu-
cheter*, & *chucheterie*; mais l'usage
est contraire, dans le propre comme
dans le figuré.

CHYLIFERE, adj. lat. Les vaisseaux *chylifères* sont ceux qui servent à porter le Chyle dans les diverses parties du corps. *Chyleux* se
dit de ce qui appartient au Chyle,
ou qui en a les qualités.

CID, s. m. Nom Arabe, qui signifie Chef, Commandant, ou Général, & qui est devenu françois,
par l'usage qu'en a fait le grand
Corneille.

CIMOLIE, s. f. Terre médecinale, qui est bonne pour la brûlure,
& pour dissiper tous les amas d'humeurs. On prétend que la *cimolie*
d'aujourd'hui n'est qu'une terre liquide, qui tombe sous la meule des
Couteliers, lorsqu'ils aiguisent des
instrumens de fer, & qui est un mêlange des parties de la meule même

& du fer, liquefiées par l'eau.

CINERAIRE, adj. lat., qui se
dit de ce qui est réduit en cendre,
ou qui appartient à la cendre. On
appelle *Urnes cineraires*, celles qui
ont servi à renfermer les cendres des
anciens Morts.

CIRQUE, s. m. Nom d'un
Oiseau maritime de proie, de la
grosseur du Milan, qui a le dessus
de la tête & la gorge rougeâtres, le
bec noir, les jambes jaunes & menues. Il vole en rond, d'où lui vient
le nom de *cirque*.

CIRSION, s. m. gr. Plante qui
a beaucoup de ressemblance avec le
Chardon, & dont les fleurs sont
purpurines. Elle croît dans les lieux
humides. On lui attribue la vertu
de guérir les douleurs des Varices,
d'où lui vient son nom.

CISEAU, s. m. Ouvrages du ciseau. On donne ce nom à tous les
Ouvrages de Sculpture. On appelle
Ciseaux de la Parque, en style Poëtique, ou figuré, l'Arrêt du Ciel qui
finit la vie des hommes. *Voyez*
PARQUE.

CISJURANE, adj. Terme de Géographie, pour exprimer cette partie
de la Bourgogne, qui est en-deçà
du Mont-Jura, comme on appelle
Transjurane l'autre partie de la même Province, qui est au-delà de
cette Montagne. La Bourgogne *Cisjurane*, qui se nommoit autrefois
le Royaume d'Arles, comprenoit
le Pays d'entre la Saone, les Alpes
& la Mer.

CISTERCIEN, s. & adj. Religieux de l'Ordre de Citeaux; & tout
ce qui appartient à cet Ordre. Des
Abbés *cisterciens*; des Abbesses *cister-
ciennes*.

CISTOPHORE, s. m. gr. En langage d'Antiquaire, on nomme ainsi
les Médailles où l'on voit des Cor-
beilles, suivant la signification du
mot. On croit que ces Médailles
étoient frappées pour les Orgies,
qui se célébroient à l'honneur de
Bacchus.

CITERIEUR, adj. lat., opposé à
Ultérieur. Ces deux mots ne sont
guéres en usage qu'en Géographie,

pour signifier ce qui est en-deçà, c'est-à-dire, ce qui est plus proche de nous, & ce qui est au-delà. L'Inde Citerieure est celle qui est en-deçà du Gange.

CITRONELLE, s. f. Liqueur, qui se nomme aussi *Eau des Barbades*. Elle se fait avec des écorces extérieures de Citron, bien mures & sechées au Soleil, sur lesquelles on verse une quantité proportionnée de la meilleure Eau-de-vie. Après avoir laissé les matieres en infusion froide pendant un mois, on distille l'Eau-de-vie à petit feu & au Bain-Marie. On met à part la moitié de cette distillation, qui sera la liqueur forte ; & faisant infuser la chair des Citrons dans l'autre moitié, on la distille de même, cinq ou six jours après. L'usage de cette seconde Eau est pour adoucir la premiere. On dissout ensuite, dans ce mêlange, une quantité de sucre proportionnée ; & pour rendre la liqueur plus agréable, on y ajoûte un peu d'eau de fleur d'orange, ou des fleurs de Chudec.

CLAIRE-SOUDURE ou CLAIRE-ETOFFE, s. f. Nom d'une sorte d'Etaim, qui est composée de Plomb & d'Etaim neuf.

CLAQUE, s. f. Nom d'une espece de Sandales, que les femmes mettent par-dessus leurs souliers, pour se garantir de la crotte, & dont l'usage vient d'Angleterre. *Claqueter*, verbe neutre, exprime le cri ou la maniere de crier des Cigales.

CLARINE, s. f. Sonnette qu'on pend au cou des animaux, lorsqu'on les fait paître dans les Forêts. *Clariné* se dit, en termes de Blason, des animaux qui portent une sonnette.

CLATIR, v. n. Terme de Venerie, qui se dit d'une maniere extraordinaire dont les Chiens crient, lorsqu'ils apperçoivent leur gibier.

CLAUDICATION, s. f. lat. Action de boiter, ou marche d'un Boiteux.

CLAUSTRAL, adj. lat. Ce qui appartient au Cloître.

CLIGNOTEMENT, s. m. Petit mouvement convulsif des yeux, qui fait qu'on les remue continuelle-ment. *Clignoter* est le verbe.

CLINIQUE, adj. gr. Terme d'Histoire Ecclésiastique, qui se dit de ceux qui recevoient le Baptême au lit de la mort.

CLOCHE, s. f. Nom d'une machine, qui a la figure d'une cloche, & dans laquelle un homme peut demeurer sous l'eau l'espace d'environ une demi-heure. On l'employe pour retirer du fond de l'eau, dans la mer même, les choses qui y sont tombées. Sa hauteur est à peu près celle d'un homme, & le bas est garni d'un gros cercle de fer, qui sert tout à la fois à la faire plonger par sa pesanteur, & à maintenir les côtés de la machine contre la force de l'eau.

CLUTIE, s. f. Plante dont la fleur est en rose, & dont le fruit est divisé en trois parties & en trois cellules, dans lesquelles la semence est renfermée.

CLYMERE, s. f. Plante, dont la tige, les fleurs & le fruit ressemblent à ceux de l'Epurge. Ses feuilles sont conjuguées, & attachées à une côte qui se termine par un tendron.

COACCUSE', s. m. Terme de Barreau, qui signifie celui qui est accusé avec d'autres, pour avoir commis le même crime.

COACTIF, adj. lat., qui signifie ce qui a la force de contraindre. Le pouvoir de l'Eglise n'est point *coactif*, c'est-à-dire, qu'elle ne se fait point obéir par la force.

COAGIS, s. m. Terme de Commerce, en usage parmi les Européens, qui sont au Levant. Il signifie *Commissionaire*, c'est-à-dire, celui qui fait quelque chose par commission, pour le compte des Marchands de sa Nation.

COAGULUM, s. m. Terme de Physique & de Chymie, qui signifie *caillé*, matiere liquide, qui est Coagulée, ou mise en consistance. L'eau de Bourbonne, mêlée avec le sel de Tartre, fait un *coagulum*.

COBALT, s. m. Pierre, ou Marcassite, dont on tire l'Arsenic, en la faisant calciner. C'est un mineral, qui est une sorte de Cadmie naturelle, d'où l'on tire aussi le Bismuth,

& cette espece d'azur que les Peintres employent avec du blanc de Plomb, pour peindre en bleu, & qui sert à donner la couleur bleue à l'Empois. Il contient ordinairement quelques petites parties d'argent.

COBITE, s. m. Petit poisson d'eau douce, de la nature du Goujon.

COCOTHRAUSTE, s. m. gr. Nom d'un Oiseau, commun dans les Bois d'Italie & d'Allemagne, qui se nourrit de noyaux de fruits & d'autres choses dures, qu'il casse avec son bec, suivant la signification du mot.

COCHE', adj. Terme de Peinture, qui se dit de ce qui est fait en *coche*, c'est-à-dire, avec une espece d'enfoncement. On dit, des ombres *trop cochées, trop profondes*, pour la superficie du corps qu'elles couvrent. Des Draperies fort *cochées*.

CODAGA-PALA, s. m. Arbre du Malabar, dont l'écorce & la racine pulvérisées, ont quantité de vertus. Elles s'employent sur-tout pour les Hémorrhoïdes & l'Esquinancie.

CODE-NOIR. On donne ce nom à un Edit, de 1685, concernant le Gouvernement, la Police, & le Commerce des Negres, dans les Isles Françoises de l'Amérique.

CODI-AVENAM, s. m. Arbrisseau des Indes orientales, dont le f.. est excellent pour réparer l'épuisement des forces naturelles. On en tire aussi une huile de grande vertu, qui s'employe dans la Médecine.

COERCITIF, adj. lat., qui signifie ce qui a le pouvoir de contenir les autres dans le devoir. Une Loi, une puissance Coërcitive.

CO-EXISTENCE, s. f. lat. Existence de deux ou de plusieurs choses dans le même-tems. Les Ariens nioient la *co-existence* éternelle du verbe Divin avec son Pere. *Co-exister* est le verbe.

COGMORIE, s. f. Espece de Mousseline très fine, que les Anglois apportent des Indes orientales.

COHYNE, s. m. Arbre célebre de l'Amérique, dont les feuilles ressemblent à celles du Laurier, & dont le fruit est de la grosseur du Melon. Sa chair pilée appaise les douleurs de tête. Les Indiens font des vases de son écorce. C'est une espece de Calebassier.

COILLE, s. f. Espece de Tabac en poudre tamisée, qui paroit d'abord puant, mais que l'usage rend agréable. On l'appelle aussi *coille de Bois*.

COINDICATION, s. f. lat. Connoissance de certains signes, qui étant rassemblés, autorisent & fortifient l'indication simple.

COINTRE, s. f. Nom d'une drogue Médecinale, qui nous vient des grandes Indes, où elle entre dans le Commerce.

COLEGATAIRE, s. m., celui qui a part, avec d'autres, aux legs d'un Testament. *Legataire* avec un autre.

COLERITE, s. m. Liqueur préparée de la partie corrosive & la plus nuisible des metaux, qui sert à éprouver l'or, & à laquelle il n'y a que l'or qui puisse résister. S'il est allié, cette épreuve le fait changer de couleur.

COLLEGIALE, s. f. & adj. Chapitre de Chanoines, établi dans une Eglise qui n'est pas *cathédrale*, ou Siége d'un Evêque.

COLOMBIN, s. m. Pierre minérale, d'où l'on tire le plomb pur, & sans mélange d'aucun autre métal.

COLON, s. m. lat., celui qui cultive une Terre, un Héritage. On appelle aussi *Colons*, depuis la découverte des deux Indes, les Peuples qui composent une *colonie*.

COLONIE, s. f. lat. Nombre de personnes des deux Sexes, qu'on envoye dans un Pays pour s'y établir & le peupler. L'établissement, déja formé, porte aussi le nom de Colonie.

COLUMBAIRE, s. m. ou COLUMBARIUM, dont on a fait aussi un mot françois, en termes d'Antiquités, pour signifier un Bâtiment sépulcral, qui contenoit plusieurs niches propres à recevoir des urnes mortuaires. Ce nom lui vient de sa forme, qui étoit à-peu-près celle d'un colombier, & les niches y étoient pratiquées,

pratiquées comme des boulins. En 1726, on trouva, sous terre, près de Rome, le *Columbaire* de la Maison Livienne.

COLUMELLE, s. f. Nom qu'on donne au fût, à la rampe, ou à l'axe intérieur d'une coquille, depuis le haut jusqu'en bas.

COMMINGE, s. f. Nom de certaines Bombes, qui pesent environ cinq cens livres, pour les mortiers de dix-huit pouces quatre lignes. Elles ont dix-sept pouces dix lignes de diamétre. Ce nom leur vient du Comte de Cominges, Aide de Camp de Louis XIV, au siége de Mons, à la taille duquel ce Monarque les avoit comparées en badinant.

COMMITTANT, s. m. Terme de Négociation, qui se dit des Puissances qui envoyent des Ministres chargés de leurs *commissions* & de leurs *ordres*.

COMMITTIMUS, s. m. Mot purement latin, qui signifie *nous commettons*. On appelle *committimus*, des *Lettres royaux* que le Roi donne à ceux qui ont leurs causes commises aux Requêtes du Palais, ou au grand Conseil, ou à quelqu'autre Tribunal particulier. Il y a deux sortes de *committimus*, l'un qui se prend au grand Sceau, & l'autre au petit Sceau. L'un & l'autre n'a lieu, que lorsque l'affaire n'a pas été devant un Juge dont on veut éviter la Jurisdiction.

COMMODE, s. f. Meuble d'invention nouvelle, que sa *commodité* a rendu tout d'un coup fort commun. C'est une espece d'Armoire, en forme de Bureau, dont le dessus est ordinairement de marbre, avec des tiroirs ornés de Bronze, pour y renfermer du linge & des habits.

COMMOTION, s. f. lat. Ebranlement des parties d'une chose, & trouble qui en résulte. Il se dit particuliérement des atteintes que souffre le cerveau.

COMMUER, v. act. lat. Terme de Palais, qui a la même signification que changer. *Commuer* une peine, c'est la changer dans une autre. *Commutation* est le substantif. Com-

Supplém.

mutable, adjectif, se dit de ce qui peut être changé.

COMMUTATIVE, adj. lat. *Justice commutative.* Ce mot n'a gueres d'autre usage, & signifie l'obligation de rendre, dans un échange, autant qu'on reçoit; comme on appelle *Justice distributive*, celle qui ordonne des peines & des récompenses.

COMPATISSANT, adj. lat., qui signifie celui qui s'intéresse, qui prend part aux peines d'autrui. De-là, *compassion.*

COMPENDIUM, s. m. Mot emprunté du latin, qui se prononce *compendion*, pour signifier, *abregé, précis.*

COMPLETER, v. act. lat. Terme de Librairie. Completer un ouvrage, c'est ajoûter ce qui manque à sa totalité, le rendre complet. On en a formé *Completement*, qui est substantif & adverbe. Dans la premiere de ces deux qualités, il signifie l'action de *completer*, de rendre une chose complete. Le *completement des Compagnies Militaires.* Dans la seconde, il paroît signifier plus que *tout-à-fait*, ou *parfaitement*, parce qu'il comprend toutes les parties de la chose.

COMPLIMENTAIRE, s. m. Terme de Société marchande. On donne ce nom à l'un des Associés, sous le nom duquel se fait tout le Commerce, ou ses principales fonctions.

COMPROVINCIAL, adj. Qui est de la même Province. Il ne se dit qu'en style ecclésiastique, des Evêques d'une même Province, d'une même Métropole.

CONCERNER, v. act. lat., qui signifie avoir un rapport particulier à quelqu'un, ou à quelque chose. Cette affaire me concerne, c'est-à-dire, elle me regarde, sa connoissance m'appartient; & dans un sens plus étendu, elle me touche, elle m'intéresse. De-là *concernant*, qui a la même signification que *touchant, au sujet de.* Mais il doit être précédé d'un substantif, ce qui lui donne l'air d'adjectif, plutôt que d'adverbe.

CONCESSION, s. f. lat. Action de céder. Il se dit particuliérement, dans les Colonies Françoises, d'une portion de terrain que le Roi accorde à un Particulier, pour le cultiver & le posséder. Celui qui l'obtient, s'appelle *Concessionaire*.

CONCETTI, s. m. Mot emprunté de l'Italien, qui se dit des pensées où il y a plus d'esprit & de finesse, que de justesse & de solidité. Il ne se prend gueres en bonne part. C'est le pluriel de *concetto*, qui signifie, en Italien, pensée ingénieuse, brillante. Il ne s'employe aussi qu'au pluriel. Des *concetti*, c'est-à-dire, de faux brillans.

CONCHE, s. m. Nom des seconds réservoirs des Marais où se fabrique le Sel. On fait passer l'eau de la Mer, par des tuyaux de bois, des *Jas*, qui sont les premiers réservoirs, dans les *conches*, & de-là dans un troisiéme réservoir, qu'on nomme le *Mort*.

CONCHYTE, s. m. gr. On prononce *Conkite*. Les Naturalistes donnent ce nom à une pétrification qui ressemble à la *conque*, ou *coquille*. C'est une espece de Marne, qui s'est insinuée dans des coquilles vuides, & qui en durcissant en a pris la forme.

CONCIERGE, s. m. Mot d'origine obscure, qui signifie Gardien de quelque lieu. Quelques-uns le font venir du verbe latin, qui signifie *conserver*. On appelle *Conciergerie*, la prison royale du Parlement de Paris.

CONCORDANS, adj. lat. On appelle *Vers concordans* ceux qui ont plusieurs mots communs, mais auxquels d'autres mots donnent un sens différent. Les Operas en sont remplis.
Exemple. *Je m'abandonne*
à ma fureur
à mon ardeur.

CONDIGNE, adj. lat. Terme de Théologie, qui se prend dans le sens d'égal. *Satisfaction condigne*, c'est-à-dire, parfaitement égale à la faute. *Mérite condigne*, c'est-à-dire, égal à la récompense. *Condignement* est l'adverbe, & *condignité* le substantif.

CONDOR ou CONDUR, s. m. Nom du plus grand de tous les Volatiles, qui se trouve particuliére-ment au Chili & au Pérou. Les Voyageurs s'accordent à lui donner jusqu'à trente pieds du bout d'une aîle à l'autre. Sa force répond à sa grandeur. On assure qu'il combat les Taureaux & qu'il les emporte.

CONDUCTEUR, s.m.lat., qui signifie celui qui conduit. C'est le nom particulier d'un instrument de Chirurgie, qui sert à l'opération de la taille.

CONFABULER, v. n. lat. Terme du langage familier, qui signifie, s'entretenir de choses legeres, agréables, sans préparation & sans étude. *Confabulateur* se dit aussi de ceux qui font leur rolle dans cet entretien.

CONFE'RENCE, s. f. lat. Assemblée dans laquelle on traite de quelque point qui demande de la discussion. La discussion même, ou l'entretien, se nomme aussi *Conférence*. Nous avons plusieurs Livres imprimés sous ce titre. On donne, dans quelques Dioceses, le nom de *Conférencier* à celui qui préside aux Conférences ecclésiastiques.

CONFESSER, v. act., qui se dit pour entendre les Confessions, & pour faire sa Confession. Le Prêtre *confesse* le Pénitent, & le Pénitent *confesse* ses péchés.

CONFORTATIF, s. & adj. lat., ce qui a la vertu de donner ou de rendre des forces. Des *Confortatifs*. Un remede, un discours *confortatif*.

CONGLOBATION, s. f. lat., qui signifie l'action d'entasser, d'accumuler diverses choses les unes sur les autres. C'est aussi le nom d'une figure de Rhétorique, qui consiste à réunir plusieurs argumens, plusieurs raisons, pour prouver une même chose.

CONGRU, adj. Mot tiré du latin, qui signifie *convenable*. On dit quelquefois un raisonnement *congru*, pour dire *juste*, auquel il ne manque rien. La grace *congrue* est une grace proportionnée à l'effet qu'elle doit produire, ou à la disposition de celui qui la reçoit. On appelle *congruaires* les Curés à portion *congrue*, & *congruistes*, ceux qui enseignent la grace *congrue*.

CONNIFLE, s. f. Nom d'une espece de grand Coquillage, fort comman fur la Côte de l'Acadie, & dont la chair eft d'un excellent goût.

CONNOISSEUR, f. m. Terme qui s'eft introduit dans les beaux Arts, pour fignifier celui qui juge de leurs productions avec une connoiffance parfaite. On peut être *connoiffeur* fans être Artifte. On peut être *Amateur* fans être *connoiffeur*.

CONQUE, f. f. lat. Grande coquille, dont on diftingue différentes familles, c'eft-à-dire, différentes efpeces.

CONSCRIPT, adj. lat. *Peres confcripts*. On donnoit ce nom aux Sénateurs Romains. Il fignifie fimplement, ceux dont les noms font écrits dans le même Tableau, ou le même Rolle. A l'Univerfité de Paris, on appelle *Confcripteurs*, les Docteurs qui font chargés, à la fin des délibérations, d'aller au Bureau pour examiner les avis, & les vérifier.

CONSE'CUTION, f. f. lat. En termes d'Aftronomie, mois de *Confécution* fignifie l'efpace de tems entre deux conjonctions de la Lune avec le Soleil. Il fe nomme auffi *Synodique* & *de Progreffion*. Cet efpace eft de vingt neuf jours & demi.

CONSERVATOIRE, f. m. Nom qu'on donne, en Italie, aux Maifons où l'on enferme des femmes, pour les préferver de la débauche.

CONSIDE'RATION, f. f. lat., qui fignifie proprement réflexion particuliere qu'on fait fur une chofe, obfervation continuée. Il fe prend auffi pour égard, eftime, & fentiment particulier, par lequel on diftingue quelqu'un. Mais, dans ce fens, il marque une forte de fupériorité. On écrit à un Inférieur, pour lequel on a de l'eftime, qu'on eft avec confidération, avec une parfaite confidération, fon très humble, &c. *Confidérer*, pris dans le même fens, ne fe dit auffi qu'en parlant d'un Inférieur.

CONSOMPTIF, adj. lat. Terme de Médecine, qui fe dit des remedes qui ont la force de confumer les humeurs, ou les chairs, tels que les Pierres à cautere, l'Eau phlagedenique, &c. *Confomptif* eft auffi fubftantif, dans le même fens.

CONSPUER, v. act. lat. Ce mot, qui fignifie proprement *couvrir de crachats*, s'employe, dans le langage familier, pour méprifer, fiffler, mocquer. *Confpué*, c'eft-à-dire, couvert d'opprobre.

CONSTANT, adj. lat. En termes de Géométrie & d'Algebre, on appelle quantités *conftantes* celles qui demeurent toujours les mêmes, tandis que d'autres croiffent ou décroiffent toujours.

CONSTATER, v. act. lat., qui ne fe dit que des faits. *Conftater* un fait, c'eft le rendre conftant, certain, le vérifier par des expériences, ou des raifonnemens.

CONSTIPATION, f. f. lat. Terme de Médecine, qui fignifie refferrement de ventre, difficulté d'aller à la felle. *Conftipé* eft l'adjectif. Dans le figuré burlefque, un *air conftipé* fe dit pour un air contraint, embarraffé. On dit quelquefois auffi, vous me *conftipez*, pour dire, vous m'embarraffez, vous me mettez mal à mon aife.

CONSULTAT, f. m. Confeil qui fe tient tous les Vendredis, en Efpagne, où l'on rend compte, au Roi, de ce qui s'eft paffé dans les différens Confeils, pendant la femaine.

CONSULTEUR DU S. OFFICE. Nom qu'on donne aux Théologiens que le Pape commet pour examiner les Livres, ou les Propofitions, qui lui font déferés, ou pour donner leur avis fur des matieres qui regardent la Foi ou la Difcipline.

CONTE, f. f., qui ne fignifie que recit de chofes badines, ou fabuleufes; quoique *conter* & *raconter* fe difent des chofes vraies & férieufes.

CONTEMPTEUR, f. m. lat., qui fignifie celui qui méprife, qui a l'efprit méprifant. On ne l'employe gueres que dans le ftyle noble, & toujours avec un régime. *Contempteur* de l'Antiquité.

CONTIGNATION, f. f. lat. Affemblage de pieces, qui fervent à rendre quelque chofe ftable, furtout en matiere d'Edifices. Ce mot, quoiqu'un peu dur, eft employé dans les Mémoires de l'Académie des Sciences.

CONTINUITE', f. f. lat. Suite de parties liées l'une à l'autre, ou qui se pressent entr'elles. En termes de Chirurgie, on appelle *Solution de continuité*, une ouverture dans les chairs, qui interrompt leur suite & leur liaison. En termes de Théâtre, la *continuité d'action*, qui en est une de principales regles, consiste dans un progrès non interrompu de l'action principale, vers le dénouement, pour soûtenir constamment l'intérêt

CONTOURNIATE, f. m. Terme d'Antiquaire, pour signifier un Médaillon frappé avec un certain enfoncement qui regne autour.

CONTRACTER, v. act. lat., qui a différentes significations. *Contracter* un engagement, se dit pour *s'engager*, former un engagement. *Contracter* une habitude, c'est la prendre par degrés. Ce froid *contracte* les liqueurs, c'est-à-dire, les resserre, les condense. *Contractuel*, adjectif, se dit de ce qui se fait par Contract.

CONTRAT-MOHATRA, f. m. Nom que les Casuistes donnent au gain illicite des Marchands, qui vendent leurs marchandises à plus haut prix qu'elles ne valent, pour les faire racheter ensuite par des personnes interposées à plus bas prix qu'ils ne les ont vendues. C'est proprement l'accord tacite, ou exprimé, du Marchand & de l'Acheteur, auquel on donne ce nom.

CONTREBARRE, f. f. Terme de Blason, qui se dit d'une Barre divisée en deux demi-barres, dont l'une est de métal & l'autre de couleur. Un Ecu *contrebarré*, c'est-à-dire, qui a une ou plusieurs *Contrebarres*

CONTREBIAIS, f. m. Quelques bons Ecrivains ont employé ce mot pour signifier une maniere de placer les choses, opposée à la maniere naturelle. A *contrebiais* offre à peu près le même sens qu'*à rebours*.

CONTRE-COUP, f. m. On donne ce nom à une fente, ou fêlure du crâne, qui se fait dans la partie opposée à celle qui a reçu immédiatement un coup. Les Chirurgiens la nomment *Contrefente*, & donnent le nom de *Fissure* à la fistule de la par-

tie frappée. Quelques *Médecins* modernes soutiennent que cet accident est impossible.

CONTRE-DANSE, f. f. Mot corrompu de l'Anglois, qui signifie une sorte de Danse gaie & vive, où plusieurs personnes figurent ensemble, en faisant les mêmes mouvemens, chacun de leur côté. Le mot Anglois est *Country-Danse*, & signifie *Danse de Campagne*, ou *de Village*

CONTR'EPREUVE, f. f. Les Graveurs donnent ce nom à une Estampe tirée sur une Epreuve fraîchement sortie de la presse, & qui sert à donner l'Estampe du même sens que le dessein. Elle sert aussi à faire connoître si la Planche demande d'être retouchée.

CONTREFACTION, f. f., formé de *Contrefaire*, pour signifier particulierement la réimpression furtive d'un Livre, par un autre Libraire que celui qui est en possession du Privilége. L'action de *Contrefaire* se nomme ordinairement *Contrefaçon*.

CONTRE-GAGE, f. m. Ce qu'on donne à un Creancier, pour sûreté de ce qu'on lui doit.

CONTRE-LETTRES, f. f. Terme de Palais, qui signifie des Actes par lesquels on déroge, ou l'on ajoute, aux clauses d'un Contract de mariage. Elles sont nulles, lorsqu'elles sont faites hors de la présence des Parens qui ont assisté au Contract en qualité de Témoins.

CONTREMONT, adv. Vieux mot, mais dont l'usage se conserve, pour signifier *à rebours*, à contresens. Des graines plantées *Contremont*, c'est-à-dire, la racine en haut & la tige en bas. *Contraval* est le contraire.

CONTRE-PARTIE, f. f. La *Contrepartie* d'un compte est le Registre du Controlleur, sur lequel toutes les parties du compte sont enregistrées.

CONTREPASSATION, f. f. En style de Commerce, la *contrepassation d'ordre* se fait lorsqu'un ordre, passé au dos d'une Lettre de change en faveur de quelqu'un, est changé par celui qui reçoit la Lettre; en un autre ordre, en faveur de celui de qui il la reçoit.

CONTREPETTER, v. act. Vieux mot, qui a signifié *contrefaire*, être le Singe de quelqu'un. Il ne s'en est conservé que *Contrepetterie*, qui est le nom d'une figure badine, ou d'un jeu de mots, par lequel, en transposant quelques lettres, on leur fait signifier une chose toute différente de leur véritable sens. On en trouve divers exemples dans les *bigarrures de des Accords*, la plûpart indécens. *Une femme folle à la Messe*. Transposez l'*f* de folle à la place de l'*m* de Messe, & réciproquement l'*m* à la place de l'*f*. C'est une *Contrepetterie*.

CONTUMAX, adj. Mot purement latin, qui signifie, *Obstiné*, refractaire avec obstination. Il se dit, en termes ecclésiastiques, de celui qui refuse d'obéir aux Ordonnances de l'Eglise, malgré les *Monitions* & la menace de Censure. *Contumace*, qui en est le substantif, signifie opiniâtreté. *Jugé par Contumace*, c'est-à-dire, après avoir manqué à ce qui étoit ordonné.

CONVENANCE, s. f. lat. Ce mot signifioit autrefois *accord*, *convention*, & se disoit aussi pour *promesse*, *part*. *Convenancer* une fille, signifioit la fiancer. Aujourd'hui *Convenance* signifie le rapport des choses qui se conviennent entr'elles. *Convenance* d'humeurs, d'inclinations. Quelques-uns disent aussi, *ce qui est de convenance*, pour dire *ce qui est convenable, à propos*.

CONVENIR, v. n. lat., qui a différentes significations. Il s'employe, pour *tomber d'accord*, *j'en conviens*; pour *prendre une résolution* de concert avec quelqu'un, *Nous convînmes*, &c.; pour *être convenable*, cela me convient, &c. *Convenu*, adjectif, se dit quelquefois passivement pour *arrêté, fixé, déterminé*. Une chose certaine, *convenue* entre toutes les Parties.

CONVERS, s. m. lat. Terme Monastique; qui est le nom d'une sorte de Religieux qui ne sont reçus que pour avoir soin des choses temporelles de l'Ordre, ou pour rendre des services méchaniques. Ils sont sans

études, & par conséquent exclus des Ordres sacrés.

CONVERSION, s. f. lat., qui signifie changement. En matiere de Religion, il se dit du changement qui rappelle un Chrétien à la vérité de la Morale, dans sa conduite, ou à celle du Dogme, dans ses opinions. En Logique, il signifie le changement qu'on fait des Propositions, en faisant du sujet l'attribut, & de l'attribut le sujet. En langage Militaire, on appelle *Quart de conversion* un des principaux mouvemens de l'exercice.

CONVOI DE BOURDEAUX. Célebre Bureau du Roi, établi à Bourdeaux, pour la perception des droits qui se levent, par Mer seulement, sur six ou sept sortes de marchandises, telles que les Vins, les Eaux-de-vie, les Prunes, &c. Le seul produit des Prunes du Païs monte à des sommes incroyables.

CONVOITISE, s. f. Vieux mot, qui signifie desirs sensuels, ou desir de tout ce qui est contraire aux Loix de l'Evangile. Il n'est en usage que dans le langage de la Religion.

CONVOLER, v. lat. Mot borné à l'état du Mariage, qui signifie, l'embrasser avec ardeur, avec goût. On dit qu'une femme a *convolé*, qu'elle ne sera pas long-tems sans *convoler*, pour dire qu'elle s'est mariée, ou qu'elle se mariera bien-tôt. On sous-entend, *à la noce*, ou à la *célébration*.

CONVULSIONAIRE, s. m. Malade agité de convulsions. *Convulsioniste* est un mot inventé à l'occasion des fameux *Convulsionaires* de ces derniers tems, pour signifier celui qui est persuadé de la vérité des *Convulsions*, ou qui prend parti pour la soutenir.

COOPTATION, s. f. lat. Action d'associer, d'aggreger. On donne ce nom, dans les Universités, au passage de celle, où l'on a pris les degrés, dans une autre où l'on n'a fait aucune Etude. Les Places vacantes dans le College des Augures Romains, se remplissoient par voie de *Cooptation*.

COPAHU, f. m. Nom d'un Baume, ou d'une huile excellente pour la guérifon des plaies. On prétend qu'elle coule d'elle-même, d'un arbre qui croît en divers endroits de l'Amérique.

COPHTIQUE ou COPTIQUE, adj. Ce qui appartient à la Nation qui fe nomme les Cophtes. On prétend que la langue Cophtique eft l'ancienne langue des Egyptiens, & qu'elle peut fervir pour expliquer les Infcriptions & les Hieroglyphes. Les Liturgies Cophtiques font celles dont fe fervent les Chrétiens d'Egypte, qui ne reconnoiffent qu'une feule Nature en Jefus-Chrift.

COPISTE, f. m. Celui qui écrit d'après un autre, qui met au net quelque Ecrit. Dans le figuré, *Copifte* fe dit pour Imitateur des actions, ou des penfées d'autrui, & même pour *Plagiaire*. *Copier* eft le verbe, qui s'employe dans les mêmes fens, & *Copie* le fubftantif.

COPOL-OCASSOU. Nom d'une efpece de Poirier des Indes Occidentales, dont le fruit eft fort eftimé.

COPPATE ou COPPATIAS, adj. gr. Un cheval *coppate*. Les Anciens donnerent ce nom à un cheval marqué d'un caractere en forme de Q, qui a reçu enfuite la figure d'un G. C'étoit un ancien caractere grec, nommé *Coppa*. Tous les chevaux étoient marqués du *Coppa*, ou du *Sigma*.

COPULE, f. f. Mot purement latin, qui fignifie jonction, & dont on fe fert, dans le droit Civil & Eccléfiaftique, pour exprimer le dernier acte de l'amour entr'un homme & une femme.

COQUARDE, f. f. Vieux mot, qui ne fignifie plus qu'un petit nœud de ruban qu'on attache fur le bouton du chapeau. *Coquardie* fignifioit autrefois *Avanture*, & *Coquardeau* fe difoit pour *Galant*, Avanturier en amour.

COQUELUCHON, f. m. Efpece de Capuchon, qui couvre le vifage, avec deux trous pour le paffage de la vûe.

COQUES, f. f. On appelle *Co-*

ques de perles, de petites élevations qui fe trouvent attachées à la nacre, & qui font de véritables Perles, que les Lapidaires fçavent mettre en œuvre. La *coque* du Ver à foie eft la membrane, où il fe renferme pour filer.

COQUILLE, f. f. L'Ordre de la *Coquille*, étoit un ancien Ordre de Chevalerie, inftitué, en 1292, par un Comte de Hollande, à l'honneur de faint Jacques. On appelle *Coquillier* une Collection de belles *coquilles*, & pierres *coquillieres* celles qui contiennent des *coquilles*.

COQUIN, f. m. Terme de mépris, qui fignifie, homme vil, miférable. On le fait venir du vieux mot *Coquine*, qui fignifioit Pot, parce que les Pauvres portent quelquefois des Pots, ou des Ecuelles, en mandiant. On a donné le nom de *Coquins* à une Communauté Religieufe, de Liége, établie en 1150.

COQUINBERT, f. m. Ancien jeu de Dames, dans lequel le Vainqueur eft celui qui perd le plutôt toutes fes pieces; d'où vient le Proverbe, *Jeu de Coquinbert, qui gagne perd.*

CORACITE, f. f. gr. Nom d'une pierre figurée, qui a la couleur du Corbeau.

CORALLOIDE, f. f. Semence du corail, lorfqu'il commence à végeter, & qu'il n'a pas encore reçu toute fa perfection. Il fe dit auffi des Plantes qui ont de la reffemblance avec le corail, ou qui en font une efpece.

CORBEGEO, f. m. Nom d'un Oifeau aquatique, qui eft fort commun dans le Nord de l'Amérique.

CORCHORE, f. m. Plante d'Egypte, qui eft un des alimens les plus communs des Habitans du Païs.

CORDACE, f. f Nom d'une Danfe fort lafcive des Anciens, qui ne fe danfoit gueres que dans l'yvreffe.

CORDON DE BLASON. Les Prélats ont chacun leur *cordon* différent, qui accompagne l'Ecuffon de leurs Armes, & pend au Chapeau qu'ils portent, pour cimier. De ce *cordon*, qui fe divife & fe fubdivife, pendent, de chaque côté de l'Ecuſſon, un certain nombre de houpes, ſuivant la dignité. Les Cardinaux ont un cordon rouge, d'où pendent, de chaque côté, quinze houpes de même couleur, en cinq rangs. Les Archevêques ont le cordon & dix houpes de ſinople, en quatre rangs. Les Evêques l'ont auſſi de ſinople, mais n'ont que ſix houpes en trois rangs. Les Protonotaires n'ont que trois houpes, auſſi de ſinople, &c. Le *cordon* d'un Ordre de Chevalerie eſt le ruban auquel on en porte les marques attachées, paſſé ordinairement en écharpe, de droite à gauche, ou de gauche à droite. On dit d'un Chevalier de l'Ordre du Roi, c'eſt un *Cordon bleu*.

CORDONNIER, On appelle *Freres cordonniers*, des Communautés de ces Artiſans, établies en pluſieurs Villes de France, dont la premiere fut inſtituée, à Paris, par un Maître Cordonnier, nommé Michel *Buch*, ſous la protection du pieux Marquis *de Renty*, en 1641.

CORIAMBE, ſ. m. gr. Terme de Proſodie, & nom d'un pied de Vers, grec & latin, compoſé d'une longue, deux breves & une longue, c'eſt-à-dire, d'un corée & d'un Iambe.

CORIS ou KORIS, ſ. m. Nom que les Européens donnent ordinairement à de petites coquilles qui ſervent de monnoie dans pluſieurs Païs des Indes Orientales, & de l'Afrique. On en pêche beaucoup aux Iſles Maldives, & les Hollandois en font un Commerce.

CORNAC, ſ. m. Nom qu'on donne, dans les Indes, au Conducteur d'un Eléphant. Il eſt aſſis ſur le cou de l'Animal, & tient en ſa main, au lieu de bride, deux crochets de différente grandeur, dont il ſe ſert pour le gouverner, en le frappant au front.

CORNICHONS, ſ. m. Petits Concombres, ainſi nommés de leur forme, qui ſe terminent en deux pointes aſſez ſemblables à de petites cornes. On ne donne ce nom qu'à ceux qui ſont confits au vinaigre, parce qu'on les choiſit fort petits, pour cette préparation. On nomme *Cornichon va devant* une ſorte de Jeu, à qui va plus vite en ramaſſant quelque choſe. *Montagne* prétend que c'étoit le jeu de Scipion & de Lælius, ſur le rivage.

CORONILLE, ſ. f. Nom d'un Arbriſſeau, fort commun en Eſpagne, dont les fleurs ſont jaunes & diſpoſées en forme de petite Couronne. Elles ſervent pour les lavemens & les cataplaſmes émolliens.

CORONOIDE, adj., formé du grec & du latin, qui s'emploïe dans les Arts au lieu de *Coronaire*, c'eſt-à-dire, pour ſignifier ce qui a la *forme* d'une Couronne.

CORPORAL, ſ. m. lat. Nom d'un linge conſacré aux uſages éccléſiaſtiques, qui ſe met ſur l'Autel, pour y poſer l'Hoſtie, pendant la Meſſe. On prétend qu'il repréſente le linceul, ou le ſuaire, dans lequel Notre-Seigneur fut enſéveli.

CORPORATION, ſ. f. lat. Ce mot, qui n'eſt en uſage qu'en Angleterre, ou lorſqu'on parle des uſages de ce Païs, ſignifie une Communauté, ou tous les Habitans dont le *corps* d'une Communauté eſt compoſé. La *Corporation* de Briſtol, c'eſt le *corps* des Habitans.

CORRECTIF, ſ. m. lat. Ce qui corrige, ce qui adoucit une choſe, en la réduiſant à un juſte tempérament.

CORREGENT, ſ. m. lat. Terme d'Adminiſtration civile, qui ſe dit de celui qui exerce la Régence d'un Etat avec un autre, c'eſt-à-dire, avec égalité de Puiſſance.

CORRELATION, ſ. f. lat. Relation réciproque entre deux choſes, telle qu'elle eſt entre les qualités de Pere & de Fils.

CORSOIDE, ſ. f. Nom d'une Pierre figurée, qui eſt une ſorte d'Agathe, du moins par la couleur. Elle repréſente une tête, dont la chevelure imite celle de l'homme.

CORVETTE, ſ. f. Nom d'un petit Bâtiment de Mer, à voiles & à rames. C'eſt une eſpece de Barque longue, qui n'a qu'un grand mât, & un petit mât d'avance. Elle ſert pour aller à la découverte, & pour porter des ordres, parce qu'elle va très vîte. C'est le *Sloop* des Anglois. Tout Bâtiment au-desíous de vingt canons paíse pour Corvette, en France.

CORYBANTES ou CURETES. Prêtres de la Déesse Cybele, très fameux dans l'ancien Paganisme, parce qu'ils avoient le pouvoir d'inspirer l'épouvante & la terreur; d'où venoit le nom d'une maladie, appellée *Corybantiasme*, qui étoit une espece de Phrenesie.

CORYMBES, í. m. gr. Têtes, ou Sommités, en forme de petits Bouquets de grains de Lierre, qui viennent au haut de plusieurs Plantes.

CORYZE, f. f. gr. Fluxion, ou distillation d'humeurs âcres, de la tête, sur les narines.

COSMOGONIE, f. f. gr. Mot composé, qui signifie, Description de la maniere dont l'Univers a été créé, ou formé.

COSSAS, f. m. Toile de Mousseline, unie & fine, que les Anglois font fabriquer aux Indes orientales, & qu'ils en apportent. On appelle *Cossarts-Broun*, des toiles de coton écrues, qui viennent des mêmes Régions.

COSTUME', f. m. Mot Italien, qui signifie proprement usage, coutume, mais qui se dit de tout ce qui regarde les bienséances, le caractere, les habillemens, les armes, la physionomie, les mœurs mêmes, de chaque tems, de chaque âge, de chaque Peuple, &c. En un mot, le *Costumé* est la vérité de l'idée & du goût qui conviennent à chaque chose. Il s'emploïe particuliérement en matiere de Peinture.

COTEAUX. *Ordre des Coteaux.* Nom badin qu'on a donné, dans le siécle précédent, aux gens d'un goût fin & délicat, qui non-feulement sçavoient distinguer les meilleurs Vins, & de quel *côteau*, ou de quel vignoble, ils venoient, mais qui avoient la même délicatesse de goût pour tout ce qui sert à la bonne chere. Un *Profès de l'Ordre des Coteaux*, ou simplement un *Coteau*, étoit un

Gourmand du premier ordre; en faisant entrer, dans cette idée, tout ce qui fait les délices de la table.

COTIGNAC, f. m. Nom d'une Confiture, qui se fait de jus de Coing, de fucre & de vin blanc, & qu'on rougit avec de la Cochenille. Le Cotignac d'Orleans est le plus estimé.

COTILLONS, f. m. Nom de diverses Contre-danses, qui se dansent à quatre, ou à huit.

COTTIMO, f. m. Nom d'une imposition, que les Consuls des Echelles du Levant mettent sur les vaisseaux, par ordre de la Cour, à tant pour cent; soit pour le remboursement de quelques avances, ou par d'autres raisons.

COTULE, f. f. Plante, dont les semences font en forme de cœur, & dont les feuilles ressemblent à celles de la Camomille. Sa fleur est couronnée, ou nue.

COTUTEUR, f. m. lat. Celui qui est chargé d'une tutele, conjointement avec un autre. Les *Cotuteurs* répondent solidairement. Une Mere mineure de vingt-cinq ans ne peut être tutrice de ses Enfans, quoique nommée par le Testament du Mari, sans donner un *Cotuteur*.

COUDRER, v. act. *Coudrer* les cuirs, ou les braser, c'est les remuer en tournant, dans la cuve, avec le tan & l'eau chaude, pour les rougir.

COUENNEUX, adj. Les Médecins disent du sang, qu'il est *couenneux*, lorsque sur sa surface, il se forme une espece de peau, qui a quelque ressemblance avec la couenne, ou la peau du lard.

COUFLES, f. f. Nom qu'on donne aux balles, dans lesquelles le Senné nous vient du Levant.

COUHAGE, f. f. Nom d'une espece de Féves qu'on apporte des Indes orientales, & qu'on employe contre l'hydropisie.

COULANT, f. m. Nom d'un ornement de pierreries, que les Femmes ont porté au cou, composé d'un gros diamant, & d'une croix au-dessous. Il a fait place aux nœuds de diamans.

COULEUR,

COULEUR, f. f. lat. Appatence de la superficie des choses materielles. *Newton* a trouvé que la lumiere est un composé de différentes couleurs, & que chaque rayon homogene, une fois séparé, conserve sa couleur originaire, sans qu'aucune réfraction, ou réflexion, ou mélange d'ombre, soit capable de l'alterer ; mais que les rayons sont en différens degrés plus refrangibles les uns que les autres, & que c'est de cette différence de refrangibilité que dépend la différence de leurs couleurs. Si la lumiere ne consistoit qu'en rayons également refrangibles, il n'y auroit, suivant Newton, qu'une seule couleur dans le monde, & il seroit impossible d'en produire aucune nouvelle, ni par réflexion, ni par réfraction. Les couleurs primitives sont le rouge, l'orangé, le jaune, le verd, le bleu, l'indigo, & le violet.

En Peinture, il y a beaucoup de différence entre *couleur* & *coloris*. Les *couleurs* sont des matieres molles, ou liquides, qu'on employe pour peindre. Le *coloris* est l'effet qui résulte des couleurs, lorsqu'elles sont employées.

COULEURS DE BLASON, f. f. On en distingue cinq ; *Gueules*, ou le rouge ; *Azur*, ou le bleu ; *Sinople*, ou le verd ; *Sable*, ou le noir ; & *Pourpre*, qui est mêlangé de Gueules & d'Azur. L'origine de la plûpart de ces mots est incertaine.

COULISSE, f. f. Nom qu'on donne à l'espace qui est entre les ais, ou les pilastres, qui sont aux deux côtés d'un Théâtre, & qui forment une grande partie de la décoration. C'est par les *coulisses* que les Acteurs s'introduisent sur la Scene, & qu'ils en sortent.

COULPE, f. f. lat. Ce mot signifie *faute*, & n'est en usage que dans les Monasteres. Dire *sa coulpe*, c'est faire un aveu public de ses fautes, suivant la forme prescrite.

COULT, f. m. Nom d'une espece de bois de la nouvelle Espagne, qui s'employe dans la Médecine, & pour les Ouvrages de Marqueterie.

Supplém.

COUP DE SOLEIL, f. m. Impression subite que fait un Soleil ardent, sur la tête, ou sur quelque autre partie du corps, lorsqu'ayant été obscurci par quelque nuage, il vient à se découvrir tout d'un coup. On prétend qu'une maniere infaillible de guérir le mal est de remplir d'eau fraiche, une grosse bouteille, de la boucher de linge, & de la tenir, du côté qu'elle est bouchée, sur la partie offensée, qui doit être exposée en même-tems au Soleil. C'est une méthode commune dans l'Amérique Méridionale. *Coup de Théatre* se dit, en Poésie dramatique, d'un événement, ou d'une situation, qui frappe tout d'un coup l'esprit, parce qu'on ne s'y attendoit point. *Coup de Sang* se dit d'un épanchement de sang, qui se fait dans le cerveau, par la rupture subite de quelque vaisseaux sanguins.

COUPE-GORGE, f. m. On appelle *Coupe gorge*, au Lansquenet, le malheur de celui qui a la main, lorsqu'il tire sa carte avant que d'en avoir tiré aucune de celles des Joueurs ; ce qui lui fait perdre tout ce qui est sur le tapis.

COUPON, f. m., formé de Couper, qui se dit d'une partie coupée de quelque chose. En termes de Marchands de Bois, un Coupon est une certaine quantité de buches liées ensemble. Dix-huit *coupons* forment un train de bois flotté. *Coupon d'action* est un terme nouvellement introduit, pour signifier *une portion de la division d'une action*. Chaque *Coupon d'action* de la Compagnie des Indes, porte l'empreinte du sceau de la Compagnie.

COUPURE, f. f. En termes de Guerre, on donne ce nom aux retranchemens d'un Camp, aux lignes, & à toute ouverture de la terre, en forme de fossé.

COURGAILLET, f. m. gr. Nom qu'on donne au cri des Cailles, & au sifflet qui imite ce cri, & qui sert d'appeau pour les attirer.

COURONDI, f. m. Grand Arbre des Indes orientales, toujours verd, dont les feuilles & le fruit rendent

I

un ſuc excellent pour la Diarrhée &
la Dyſſenterie.

COURONNE ANTIQUE, ſ. f.
Nom qu'on donne à une Couronne
formée par une feuille tournée en
cercle, & découpée à grandes pointes juſques vers la baſe, ou le cercle
qui entoure le front. Telles ſont encore les Couronnes des Princes d'Italie.

COURTAUDER, v. act. Terme
de Cavalerie. *Courtauder* un cheval,
c'eſt lui couper la queue.

COURTOIS, adj. Ce mot n'eſt
plus gueres en uſage. Mais, en langage de Chevalerie, on appelle *Armes courtoiſes*, c'eſt-à-dire, douces &
innocentes, des armes qui ne peuvent bleſſer, par oppoſition *aux Armes à outrance*. Dans les Tournois,
on ne s'eſt d'abord ſervi que d'armes Courtoiſes, c'eſt-à-dire, ſans
fer & ſans pointe. Enſuite, la valeur ne ſe diſtinguant point aſſez
avec ſi peu de péril, elles ont fait
place aux armes à toute outrance, qui
ont ſouvent enſanglanté la Carriere.

COURTON, ſ. m. Troiſiéme des
quatre ſortes de Filaſſes qu'on tire
du Chanvre. Les autres ſont le Chanvre, la Filaſſe, & l'Etoupe.

COURTS - JOURS. Terme de
Change. On appelle une Lettre de
change *à courts-jours* celle qui n'a
plus que peu de jours à courir. On
dit de même, tirer, ou remettre *à
courts-jours*, c'eſt-à-dire, pour un
terme qui doit bien-tôt échoir.

COUSSINET, ſ. m. Petite Plante
des lieux humides, dont les fleurs
reſſemblent à celles du Serpolet, &
ſont place à de petites baies rondes,
ou ovales, rougeâtres, ou d'un jaune tirant ſur le verd. On prétend
que ſes feuilles, ſes fleurs & ſes
baies arrêtent le vomiſſement, &
réſiſtent au venin.

COUTELIER, ſ. m. Nom d'un
Coquillage, qui eſt dans ſa coquille,
comme un Couteau dans ſa gaîne.
Il s'y tient toujours debout, &
perpendiculairement, ſans autre
mouvement que celui de s'enfoncer un
peu dans le ſable, ou de s'en retirer; ce
qu'il fait, par le ſecours d'une eſpece
de jambe, qu'il fait ſortir par le

bas de ſa gaîne, ou de ſa coquille.

COUTON, ſ. m. Nom d'un Arbre du Canada, qui a quelque reſſemblance avec le Noïer, & qui
donne, par inciſion, un ſuc fort
agréable, qu'on trouve comparable
au Vin d'Orleans.

COUTUMIER, ſ. m. Recueil de
Coutumes, c'eſt-à-dire, des articles
qui forment le droit particulier de
quelque Païs, ou de quelque Juriſ-
diction.

COUVERTE, ſ. f. Dans les Manufactures de Terres fines, on appelle *Couverte*, l'émail dont eſt revêtue
la terre miſe en œuvre.

CRABE, ſ. m. Eſpece de bois
d'Amérique, dont il ſe fait un bon
commerce à la Rochelle.

CRAIONNER, v. act. Ecrire,
peindre, &c., avec le craïon. *Craïon-
neux* ſe dit plutôt de ce qui eſt de la
nature de la craie, que de celle du
craïon.

CRAPULE, ſ. f. lat. Habit de
d'une débauche groſſiere, ſurtout de
celle du vin & de la table. Un homme *crapuleux* eſt un homme appé-
ſanti par cette habitude.

CRAQUELIN, ſ. m. Nom qu'on
donne, dans quelques Provinces, à
l'eſpece de Patiſſerie qui ſe nomme,
à Paris, des *Echaudés*.

CRAQUER & CRAQUETER,
qui en eſt le diminutif, v. n. C'eſt
faire le bruit d'une choſe qui ſe
rompt. En termes de Fauconnerie,
Craqueter exprime le cri de la Cigo-
gne. On entend *craqueter* les Cigo-
gnes. *Craquer* ſe dit vulgairement
pour mentir; & dans ce ſens, on le
fait venir d'un mot Allemand qui a
la même ſignification.

CRAVAN, ſ. m. Nom d'un Oiſeau
aquatique, qui eſt fort commun dans
le Nord de l'Amérique.

CREMENT, ſ. m. lat., qui ſignifie augmentation, accroiſſement.
En termes de Grammaire, c'eſt l'al-
longement d'un mot par une ſyllabe; ce qui arrive dans le genitif d'un
grand nombre de noms ſubſtantifs.

CREMER, ſ. m. Nom d'une maladie fort commune en Hongrie,
qui paroît venir d'un excès de cra-

pule, ou d'une continuité d'ivresse.

CREMLIN, f. m. Nom du Palais des Czars, ou Empereurs de Russie, dans leur ville de Moscou. Il ne consiste qu'en plusieurs grosses Masses d'Edifices, sans ordre, & sans goût d'Architecture.

CRENELAGE, f. m. On donne ce nom au Grenetis, ou au Cordon, qui se met sur l'épaisseur d'une piece de Monnoie, ou à l'empreinte d'une Legende ordonnée par les Edits du Prince.

CRE'OLE, *Voyez* CRIOLE.

CREPINE, f. f. Sorte de Frange, qu'on emploïe pour l'ornement des Dais, des Lits, & d'autres Meubles. On donne le même nom à une petite toile de graisse, qui couvre la panse d'un Agneau, & qu'on étend sur les rognons, lorsqu'il est habillé.

CRESEAU ou CREZEAU, f. m. Espece de Serge à deux envers, couverte des deux côtés.

CRESSELLE, f. f. Instrument de bois, qui sert à faire du bruit, & qui tient lieu de cloches, pendant quelques jours de la Semaine Sainte.

CRESSERETTE, f. f. Nom d'un Oiseau, dont les œufs sont rouges, comme ceux des Faisans.

CRETELER, v. n., qui exprime, dit-on, le cri des Poules lorsqu'elles ont pondu. Lorsqu'elles veulent pondre, elles *claquettent* ; & lorsqu'elles couvent, elles *gloussent*.

CRETON, f. m. Partie grossiere des graisses de Bœuf & de Mouton, qu'on met en *pains*, pour la nourriture des chiens de basse-cour, ou de chasse.

CRETONNE, f. f. Toile blanche qui se fabrique du côté de Lisieux, en Normandie, & qui a reçu le nom de celui qui en a fabriqué le premier.

CRIARDES, adj. f. Toiles *criardes*. Nom de certaines toiles, extrêmement gommées, qui leur vient d'un certain bruit qu'elles font, lorsqu'on les emploïe.

CRIBRATION, f. f. lat. Terme de Pharmacie. C'est l'action de séparer, avec un crible, ou un tamis, les parties les plus déliées des médicamens, tant secs, qu'humides, ou oleagineux, d'avec les plus grossieres.

CRIMINALISER, v. act. *Rendre criminel*. Ce mot n'est gueres en usage qu'en style de Barreau. *Criminaliser* un Procès, c'est le changer de Civil en Criminel.

CRINAL, f. m. Nom d'un Instrument de Chirurgie, qui sert à comprimer la fistule lacrymale.

CRISPATION, f. f. Terme emprunté du latin, pour exprimer l'effet que l'approche du feu produit sur les parties extérieures des choses, en les resserrant, & les repliant sur elles-mêmes. Il se dit de toute action par laquelle de petites parties se resserrent & deviennent comme *crepues*. Il se fait une sorte de Crispation jusques dans les humeurs.

CROACER, v. n., qui exprime le cri du Corbeau. Il paroit qu'il faut l'écrire ainsi, plutôt qu'avec deux S, puisqu'il vient du latin *Crocire*, ou *Crocitare*.

CROCOTE, f. f. Nom d'un Animal des Indes, dont la couleur est mêlée de celle du Lion & de celle du Tigre, & qui a, dans sa figure, quelque chose du Chien & du Renard. *Crocote* est aussi le nom d'un ancien habit à franges, dont on voit la representation dans quelques anciens Monumens.

CROISE', f. m. Terme de Danse. C'est un Pas qui se fait de côté, soit à droite, soit à gauche. On appelle *Rimes Croisées*, dans la Poësie Françoise, celles qui sont alternées, c'est-à-dire, entre-mêlées.

CROISETTE, f. f. Espece de Papier, qui se nomme *Croisette*, & qui se fabrique particuliérement à Marseille, pour le commerce du Levant. Un autre se nomme *Croissant*, ou Papier aux trois Croissans.

CROLER, v. n. Terme de Fauconnerie, qui se dit, des Oiseaux de proie, pour *fienter*, se vuider par le bas.

CROSSE, f. f. Terme d'Anatomie, qui se dit des parties des vaisseaux du corps animal, qui se recourbent en demi-cercle, ou en crosse. La *crosse* de l'Aorte.

CROPIOT, f. m. Nom d'un petit fruit de l'Amérique, qui contient une petite femence noire & fort âcre, dont les Indiens mêlent dans leur tabac à fumer. Elle eft fort cephalique.

CROQUIS, f. m. En termes d'Art, furtout de Peinture, il fe dit d'un ouvrage fait à la hâte, qui n'a que les premiers traits, au-deffous encore de l'*Efquiffe*.

CROTALE, f. m. lat. Terme de Médailliste, qui fignifie une efpece de Tambour de Bafque, qu'on voit, fur les Médailles, dans les mains des Prêtres de Cybele.

CROUSTILLEUX, adj. Mot d'origine obfcure, en ufage dans le langage familier, pour fignifier, plaifant, mais d'une plaifanterie baffe & ridicule; dans le fens qu'on dit, un *plaifant corps*.

CROUTE, f. f. En termes de Peinture, on nomme *croute*, un Tableau douteux, une copie qu'on voudroit faire paffer pour un original. *Croutier* fe dit, dans le même fens, d'un Brocanteur, qui fe charge de mauvais Tableaux, & qui chorche à tromper. Cette acception de *croute* vient apparemment de *cuir en croute*, ou *parchemin en croute*; nom qu'on donne au Cuir tanné & féché, & au Parchemin en coffe, qui n'a point encore été préparé.

CRU, adj. On appelle fil *cru*, ou *écru*, celui qui n'a point été mis à la leffive, foit pour le blanchir, foit pour le teindre. *Crûe*, f. f., fe dit pour *accroiffement*, furtout pour celui des Eaux.

CRUCHES FECONDES, f. f. On a donné ce nom à certains vafes de terre, qui viennent du Levant, & dont les meilleurs fe fabriquent dans la haute Egypte. L'eau s'y rafraîchit en fort peu de tems, & prend une qualité qu'on vante pour la dyffenterie & pour toutes les pertes de fang. On prétend auffi que de petites herbes de falade, femées fur l'extérieur de ces Cruches, y croiffent en peu de jours, & de-là vient leur nom.

CRUCIFIX. Faire le *Demi-Crucifix*. En langage vulgaire, c'eft demander l'aumône; parce qu'on n'étend qu'un bras pour la recevoir.

CRUZADE, f. f. Nom d'une monnoie d'or de Portugal, ainfi appellée, de ce qu'elle a été fabriquée à l'occafion de la croifade accordée, par le Pape Nicolas V, au Roi de Portugal.

CRYPTONYME, f. & adj. gr. Nom qu'on donne, en général, aux Auteurs qui ont caché, ou déguifé leurs noms. On les diftingue en *Anonymes*, qui ne mettent aucun nom; en *Pfeudonymes*, qui en mettent un forgé, & en *Allonymes*, qui prennent celui d'autrui.

CUBISTETER, f. m. gr. Nom que les Anciens donnoient à une forte d'Hyftrions, qui danfoient les pieds en haut & la tête en bas.

CUBITAL, adj. lat. Ce qui appartient au coude; comme l'artere *Cubitale*, le nerf *Cubital*; ou ce qui a la mefure d'une coudée.

CU-BLANC, f. m. Petit Oifeau de paffage, qui aime le bord des Rivieres, & dont la chair eft d'un excellent goût. Il a la forme & le bec d'une Becaffine, le deffus du corps tacheté de gris & de brun, le deffous fort blanc, la queue blanche & un peu mêlée. On en prend beaucoup aux gluaux, à l'aide d'un appeau qui les attire.

CUCUBALE, f. m. Plante des Païs chauds, & commune dans nos Provinces méridionales, dont les feuilles reffemblent à celles de la Marjolaine, mais font plus grandes, & dont les fleurs font d'un blanc verdâtre, & difpofées en Œillet. Elle croît dans les Buiffons. On la vante pour rafraîchir le fang.

CUCULLE, f. f. Les Chartreux nomment *Cuculle* ce que les autres Religieux appellent *Scapulaire*. De-là vient apparemment le nom de *Cucullaire* pour un grand mufcle fitué entre l'occiput & le bas du dos, en forme de *trapeze*, ou de grand quarré inégal.

CUCURBITACE'E, f. & adj. lat. On donne ce nom, en général, à toutes les Plantes, dont le fruit a quelque rapport à la Courge, ou Calebaffe, qui fe nomme, en latin, *Cucurbita*. Tels font les Melons, les

Citrouilles, les Concombres, les Pommes d'Amour, &c.

CUCURBITE, f. f. Nom d'une Pierre argilleuse, dont la figure approche de celle du Concombre.

CU-DE-JATE, f. m. Nom qu'on donne à ceux qui n'aïant point de jambes, ou ne pouvant s'en servir, font réduits à se traîner sur le cu, dans une sorte de jate.

CUDU-PARITI, f. m. Fruit d'un Arbrisseau Indien du même nom, qui s'emploïe dans la Médecine. Ce fruit, broïé dans l'eau, arrête la dyssenterie. Les feuilles, broïées dans du lait, procurent le sommeil.

CUISSOT, f. m. Terme de Chasseur, qui se dit d'une cuisse de Cerf, ou d'autres Fauves, rôtie ou mise en pâte.

CUISTRE, f. m. Terme de mépris, qui est proprement le nom qu'on donne aux Valets de Collége.

CULMINANT, adj. lat. *Point culminant.* Terme d'Astronomie, qui se dit du Point du Méridien par lequel passe une Etoile ; parce que, suivant la signification du mot, c'est le Point du Ciel où elle est le plus haut sur l'Horison. *Culmination* se dit aussi, pour sa plus grande élevation.

CULTE, f. m. lat. Terme de Religion, qui signifie les marques extérieures de vénération qu'on rend à Dieu. Les Théologiens distinguent trois sortes de Culte ; celui de *Latrie*, qui n'appartient qu'au Souverain Etre ; celui de *Dulie*, qui se rend aux Saints ; & celui d'*Hiperdulie*, qu'on doit à la Sainte Vierge. *Culture*, f. f., qui vient de la même source, signifie l'art & le soin qu'on emploïe pour faire croître, ou pour perfectionner une chose. C'est le substantif de *cultiver*.

CUMANA, f. m. Nom d'un arbre Indien, assez semblable au Meurier, dont le bois est si dur qu'on en tire aussi facilement du feu, que du caillou. On fait un fort bon Syrop de son fruit.

CUMANDA-QUACU, f. m. Nom d'une sorte de Féves Indiennes, emploïées dans la Médecine. Rôties,

elles font bonnes pour le cours de ventre. Bouillies, elles servent, en cataplasme, à résoudre les abscès.

CURATELLE, f. f. Office d'un Curateur, ou d'une Curatrice.

CURATIF, adj. lat., qui signifie ce qui est propre à la *cure* de quelque maladie. On distingue les Remedes *préservatifs* & les Remedes *curatifs*.

CUREDENT D'ESPAGNE. Plante dont les feuilles ressemblent à celles du Fenouil, mais sont plus larges, plus courtes & plus émoussées. Elle est commune dans nos Provinces méridionales. Les Espagnols font des Curedents, des pédicules roides & odoriférans de ses Ombelles.

CURE' PRIMITIF. Les Communautés régulieres ayant autrefois possedé des Cures, où elles envoïoient des Vicaires, qu'on nommoit *Curés amovibles*, il s'en trouve qui ont conservé la qualité de Curés *Primitifs*, quoique par une Ordonnance de Louis XIV, il n'y ait plus que des Curés en titre. Cette qualité donne encore certains droits, tels que de participer aux offrandes des jours solemnels, de percevoir la dixme, ou une partie, de célébrer la Messe Paroissiale à certains jours, &c. Les Curés actuels ne sont alors que des Vicaires perpétuels. On appelle fonctions *curiales*, les fonctions d'un Curé.

CURIE, f. f. Terme d'Histoire Romaine, qui signifie une des portions dans lesquelles les Tribus de l'ancienne Rome étoient divisées.

CURIOSITE', f. f. Ce mot s'est mis en usage, à Paris, pour signifier la recherche des Curiosités. Les Amateurs des Arts disent de ce goût, donner dans la *curiosité* ; & les Brocanteurs, qui s'assemblent pour leur trafic, appellent cela, se trouver *à la curiosité*. *Curieux* se dit aussi pour *recherché*. Le *Titien* étoit *curieux* dans son coloris.

CURSEUR, f. m. lat. Partie d'un Instrument de Mathématique, qui coule, ou court, sur une autre, c'est-à-dire, qui s'avance & se recule. Une Equerre porte ordinairement, sur l'un de ses côtés, un *Curseur.*

CURVITE', f. f. lat. Terme de Géométrie, qui se dit pour exprimer la qualité de ce qui est courbe.

CUSTODI-NOS, f. m. Expression purement latine, qui signifie *Gardez nous*, & qui se dit vulgairement de ceux qui sont l'office de garder quelque chose, ou de gérer un Emploi, pendant que le Possesseur est absent, ou en bas âge.

CUTAMBULE, f. m. lat. Nom de petits vers qui rampent quelquefois sur la peau, ou dessous ; & de certaines douleurs scorbutiques, qui sont comme errantes.

CYCLIQUE, adj. Nom qu'on donne, après les Anciens, aux Poëtes qui font des petites Pieces détachées, telles que des Chansons, des Vaudevilles, & d'autres Poësies qui courent de bouche en bouche. On dit également Poète Cyclique, & Poësies Cycliques. On le dit aussi de ce qui appartient aux Cycles.

CYDONITE, f. f. gr. Nom d'une Pierre blanche & friable, qui a l'odeur du Coignassier.

CYME, f. f. gr. Ce mot, qui signifie *tige, germe* & *pousse* des Plantes & des Herbes, est fort différent de *Cime*, qui signifie *sommet*, & qui vient du latin. Il doit être écrit par un y grec, qui fixe sa signification, en marquant son origine.

CYNANCHE, f. m. Nom grec composé. Espece violente d'Esquinancie. On appelle *Cynanchiques*, les remedes qui servent à la guérir.

CYPHOME, f. m. gr. ou **CYPHOSE**, f. f. Nom d'une courbure, qui se fait quelquefois à l'épine du dos, & dans laquelle les vertebres s'inclinent & s'avancent en dehors.

CYR. *Saint Cyr*. Nom d'un fameux Etablissement, institué par Madame *de Maintenon*, dans le Parc de Versailles, en 1686, où sur des fonds accordés par Louis XIV, on entretient deux cens cinquante pauvres Demoiselles, qui doivent avoir fait preuve de quatre degrés de Noblesse du côté Paternel, & qui n'y peuvent être reçûes avant sept ans, ni au-dessus de douze. Elles ne peuvent demeurer, dans la Maison,

après l'âge de vingt ans accomplis, & elles sont dottées alors sur les fonds assignés ; à moins qu'elles ne s'engagent parmi les Dames Religieuses, qui dirigent la Maison, & qui sont au nombre de Quatre-vingt, Dames ou Converses, sous la Regle de saint Augustin.

CYRBES. *Voyez* AXONES, Loix de *Solon*, dont les Cyrbes étoient une partie, qui regardoit le Culte des Dieux.

CYROPEDIE, f. f. gr. Fameux ouvrage de Xenophon, composé pour l'Education des Princes, & qui passe, suivant son Titre, pour l'Histoire de la Jeunesse de Cyrus ; quoique la vie de ce Prince ait été écrite fort différemment par d'autres Historiens.

CYSTHEOBITHRE, f. m. Nom d'une espece de Pierre marine, qui se trouve dans les grosses Eponges.

CYSTHEPATIQUE, adj. grec. Terme d'Anatomie. On appelle *conduit Cysthepatique* un canal presqu'imperceptible, qui porte la bile du foie, dans la vesicule du fiel. C'est M. *Perrault*, qui le découvrit, en 1680.

CYSTIQUE, adj. gr., qui signifie ce qui appartient à la vessie. On distingue la bile *Hepatique*, & la bile *Cystique*, c'est-à-dire, la bile qui est dans le foie, & qui est fort douce ; & la bile proprement dite, qui est dans la vesicule du foie. Le canal *cystique* est celui de la vessie du foie, par lequel la bile se décharge dans l'intestin.

CZAR, f. m. Titre de dignité, qui est propre au Souverain de Moscovie, & qui paroît une corruption de *César*. L'usage n'en est pas plus ancien que le seiziéme siécle, & commença au Czar *Basile*, fils de *Basilides*. Les Moscovites prononcent *Tzar*. *Czarouvitz*, ou *Czarasis*, signifie fils de *Czar*, ou *Prince héréditaire*. On dit, *leurs Majestés Czariennes*, en parlant du Czar & de la Czarine.

D

D, Dans l'alphabet Chimique, il dénote le Vitriol. C'est le caractere de la monnoie qui se fabrique à Lyon.

DACES, f. f. Mot tiré de l'Italien,

qui signifie *Impôt* pour le transport des Marchandises.

DAIL, f. m. Nom d'un Coquillage, qui est toujours enfoncé dans la Glaise, & dont la forme est à peu près celle d'un cône tronqué, dont la petite base est toujours en haut.

DALLER ou TALLER, f. m. Monnoie d'argent d'Allemagne, qui revient à notre écu de soixante sous. La *Dalle* est aussi une Monnoie de compte Allemande, de trente-deux sous *lubs*, qui reviennent à quarante sous de France.

DAM, f. m. lat. Vieux mot, qui signifie dommage, & qui se dit encore en langage familier ; *à son Dam*. En langue Flamande, il signifie levée de terre, *Digue*. De-là les noms d'Amsterdam, Rotterdam, & de plusieurs autres lieux situés près des digues.

DAMASONE, f. m. Nom d'une Plante, dont les feuilles ressemblent à celles du Plantain aquatique ; mais dont les queues sont plus longues. On prétend qu'appliquées sur le sein des Femmes, elle leur fait perdre le lait.

DAME, f. f. En Astrologie judiciaire, on dit d'une Planète, qui domine dans un Thême céleste, qu'elle est *Dame* de l'Ascendant, &c.

DAMELOPRE, f. m. Espece de Bâtiment, qui est en usage en Hollande, pour naviger sur les Canaux.

DAMIER, f. m. Outre son acception vulgaire, ce mot se dit du Livre des Inspecteurs des Troupes, qui contient le nom des Soldats. On nomme aussi *Damier* une espece de Coquillage, marqueté de différentes couleurs comme un Damier.

DANEBROCK, f. m. Ordre de Chevalerie, en Dannemarck, qu'on fait remonter aux tems fabuleux, mais que d'autres croient institué vers 1219, par Valdemar II ; & qui étant tombé dans l'oubli, fut restitué en 1671, par Christiern V.

DAPHNITE, f. f. Pierre figurée dont les figures imitent les feuilles du Laurier ; ainsi nommée, de *Daphné*, fille du Fleuve Penée, que la Fable métamorphose en Laurier.

DARIDAS, f. m. Nom d'une sorte de Taffetas des Indes, qui est fait de soie tirée des herbes.

DAUCUS, f. m. Panais sauvage, dont la graine est fort chaude & d'une vertu résolutive. Le Daucus est commun au Levant, & l'on en distingue trois especes. On en fait un vin Médecinal, qui se nomme *Vin de Daucus*, bon pour les maux de poitrine, les regles, les convulsions, &c.

DAUMUR, f. m. Espece de Serpent, dont la chair entre dans la composition de la Thériaque.

DAUPHINE, f. f. Nom d'un petit Droguet de laine, jaspé de diverses couleurs ; & celui d'une Poire, qui se nomme aussi *Lansac*.

DE, ajoûté au commencement d'un mot, emporte ordinairement le contraire de la signification du simple.

DE'BANQUER, v. act. Terme de Jeu. *Débanquer*, au Pharaon & dans d'autres jeux, c'est gagner tout l'argent de celui qui tient le jeu, & qui se nomme *Banquier*.

DE'BARRER, v. act. En termes de Palais, *Débarrer* se dit par opposition à *barrer*. Lorsque les Juges d'une Chambre sont *barrés*, c'est-à-dire, que les avis sont également partagés, le Procès est porté dans une autre Chambre, qui fut l'exposé des raisons donne l'Arrêt ; ce qui s'appelle *débarrer*.

DE'BOUCHE', f. m., qui signifie ordinairement un lieu par lequel on sort de quelque *défilé*, tel que la gorge d'une Montagne ; mais qui se prend, dans le figuré ; pour un moïen, un expédient, qu'on emploie pour sortir de quelque embarras.

DE'CANAT, f. m. lat., qui a la même signification que *Doïenné*, mais qui se dit particuliérement du Doïenné des Compagnies Civiles. Le *Décanat* du Parlement, du Conseil, &c. *Doïenné* est plus en usage pour les Compagnies Ecclésiastiques, à l'exception néanmoins du College des Cardinaux.

DE'CAPER, v. act. En termes de Chimie, *Décaper* le cuivre, c'est en ôter le verd de gris, ou la rouille.

DECASSYLLABIQUE , adj. lat. On nomme Vers *Decaffyllabiques*, ou *Décafyllabes* , ceux qui font compofés de deux fyllabes.

DECENCE , f. f. lat. Honnêteté , bienféance qu'on doit garder dans les actions, les difcours, les habits, la coutenance, &c., & dont la régle eft prife non-feulement des préceptes de la Morale, mais encore de l'âge, de la condition , du caractere dont on eft, du tems & du lieu où l'on fe trouve , des perfonnes avec lefquelles on vit. En un mot, la décence confifte à ne faire que ce qui convient.

DECENNAIRE , adj. qui fe dit de ce qui procede du nombre dix. L'arithmétique eft *Decennaire*.

DECEVANT , adj. C'eft le Participe de decevoir , qui eft encore en ufage pour fignifier ce qui eft *trompeur* , quoiqu'on ait banni *decevance* , fon fubftantif.

DE'CHANT , f. m. Nom qu'on donnoit à l'ancien Chant , ou à la Mufique d'Eglife, dans le douziéme fiécle , & quelques fiécles fuivans.

DECHAUX , adj. Vieux mot, qui fignifie *dechauffé* , & qui ne fe dit que des Carmes. On dit Carmes *déchaux* , & Auguftins *déchauffés*.

DECHOUER , v. act. Terme de Marine, qui fe dit pour remettre à *flot* un Navire *échoué*.

DECIMES , f. f. lat. On entend par ce mot, qui fignifie la dixiéme partie des chofes, ce que le Roi leve ordinairement , ou extraordinairement, fur le Clergé de fon Roïaume. Ce nom ne fut connu que fous le regne de Philippe Augufte , & les Decimes ne fe levoient alors que pour des befoins paffagers. Ce fut François I , qui les réduifit en taxes ordinaires ; & la maniere dont elles fe levent aujourd'hui fut réglée enfuite , à Poiffy , par un Contract entre le Roi & le Clergé , en 1561.

DE'CLIVITE' , f. f. lat. Situation d'une chofe qui eft en pente. La moindre Déclivité du terrain fait couler les eaux.

DE'CORTICATION , f. f. lat. Terme d'Art , qui fignifie l'action

d'ôter l'écorce, ou la peau, d'une racine , d'un fruit, &c.

DE'CRUMENT , f. m. Action de *Décruer* le fil , c'eft-à-dire , de lui ôter , par la lefcive, avant que de le teindre, une certaine odeur de Chanvre , qui fe nomme *Cru*.

DECURION , f. m. lat. Chef d'une Décurie dans l'ancienne Rome. On appelloit Décurie une divifion de Citoïens , ou de Soldats , en dix hommes.

DE'CUSSOIRE , f. m. l. Inftrument de Chirurgie, qui fert à preffer la partie , pour l'évacuation du pus.

DEDALE , f. m. Nom du fameux Inventeur du Labirinthe de Crete, On l'emploie quelquefois au lieu de Labirinthe , pour fignifier quelque chofe de fort embarraffé , par la multitude de fes détours. Le *Dedale* des Loix.

DEFENSIF , f. m. lat. Ce qui fert à défendre de quelque chofe de nuifible. C'eft particuliérement le nom d'un Bandage qu'on met fur les yeux , après quelque opération de Chirurgie. *Defenfive* eft un autre fubftantif, qui fignifie l'état d'un homme préparé à fe défendre. Se tenir fur la *defenfive*.

DEFET, f. m. lat. *ou* DEFAIT. Terme de Librairie , qui ne s'emploie qu'au pluriel. Il fe dit des feuilles imprimées, qui manquent à un exemplaire pour être entier , & de celles qui reftent fans qu'on puiffe en former de complets, & qui ne peuvent fervir par conféquent que de fupplément pour d'autres exemplaires.

DE'FIER. *Faire un défi*. Ce mot s'emploïoit anciennement pour *déclarer Ennemi public*. Pendant la fureur des Duels , *défier* quelqu'un, c'étoit le provoquer à fe battre.

DEFINITIF , adj. Le Jugement *définitif* eft un Jugement en dernier reffort, ou dont il n'y a plus d'appel. *Définitivement* eft l'adverbe.

DE'FRICHEMENT , f. m. Action de défricher une Terre inculte, c'eft-à-dire , de la mettre en valeur. Dans nos Colonies , une Terre défrichée fe nomme *Défrichement*.

DEFRVCTV , f. m. Terme latin , qui

qui signifie ce qui est tiré du fruit. On lui fait signifier tout ce qui reste de quelque chose, & qui peut être emploïé avec profit. Un bon *De-fructu*. On le fait venir d'un ancien usage, qui obligeoit celui qui avoit annoncé l'Antienne *de fructu ventris tui*, dans l'Octave de Noël, à païer à souper.

DE'GAUCHISSEMENT, s. m. Ce mot, peu usité jusqu'à ces derniers tems, est emploïé aujourd'hui pour signifier l'action de détourner, de donner une autre direction. *Dégauchir* se prend aussi dans le même sens. L'Académie des Sciences en fait un fréquent usage.

DE'GINGANDE', adj. Mot formé vraisemblablement d'*Engin*, pour signifier, rompu, brisé, disloqué. Il se prend, au figuré, pour mal ordonné, foible dans quelque partie, sans justesse & sans grace.

DEGRE'S DE PARENTE' ou D'AFFINITE'. Ils sont les mêmes. On les distingue en ligne directe, & en ligne collatérale. L'une & l'autre ligne a des degrés ascendans, & des degrés descendans. En ligne directe, les degrés ascendans sont, le premier, Pere & Mere; le second, Aieul & Aieule; le troisième, Bisaieul & Bisaieule; le quatrième, Trisaieul & Trisaieule. Les degrés descendans sont, le premier, Fils & Fille; le second, Petit-fils & Petite-fille; le troisième, Arriere-Petit-fils & Arriere-Petite-fille; le quatrième, Fils & Fille de l'Arriere-Petit-fils. En ligne Collatérale, les degrés ascendans sont, 1°, Pere & Mere; 2°, Oncle Paternel, Tante Paternelle, & Oncle Maternel, Tante Maternelle; 3°, Grand Oncle Paternel, Grande Tante Paternelle, & Grand Oncle Maternel, Grande Tante Maternelle; 4°, Pere du Grand Oncle, ou de la Grande Tante Paternels, & Pere du Grand Oncle & de la Grande Tante Maternels. Dans la même ligne, les degrés descendans, sont, 1°, Le Frere & la Sœur; 2°, Les Fils, ou les Filles, du Frere & de la Sœur, qui s'appellent Cousins Germains & Cousines Germaines; 3°, les Cousins

& Cousines issus de Germains, c'est-à-dire, les Petits-fils, ou Petites-filles du Frere ou de la Sœur; 4°, Les Fils ou Filles de ceux-ci. Les Nôces étoient autrefois défendues jusqu'au septiéme degré; elles ne le sont plus que jusqu'au quatriéme.

DELAIANT, s. m. lat. On appelle *Delaïans*, les Tisannes rafraichissantes, les Emulsions, les Eaux panées, de Poulet, de Riz, d'Orge, & toutes les Potions émollientes, ou rafraîchissantes.

DELETAIRE, adj. lat. Terme de Physique & de Médecine, qui signifie qualité propre à détruire, à tuer. Il se dit de tous les poisons, qui causent quelque desordre dans les parties du corps.

DELUGE, s. m. lat., qui signifie inondation. On regarde *Bleasler*, Dominiquain Portugais du seizième siécle, comme le premier Chrétien qui ait révoqué en doute l'universalité du Déluge.

DEMARCATION, s. f. On appelle *ligne de Demarcation*, une ligne fictive que le Pape Alexandre VI fit tracer d'un Pôle à l'autre, pour donner en partage les Indes Orientales aux Portugais, & les Occidentales aux Castillans.

DEMISSION, s. f. lat. Action de se démettre, c'est-à-dire, de se défaire, de quelque bien, ou de quelque emploi qu'on possède, aux conditions qu'on juge à propos d'imposer. Le *Demissionaire* est celui en faveur duquel se fait la *Démission*.

DEMONOGRAPHES, s. m. gr. Nom qu'on donne aux Auteurs qui ont écrit sur le Démon, tels qu'*Agrippa*, *Beker*, *Glanvil*, &c.

DEMONSTRATEUR, s. m. l., qui se dit, en Botanique & en Anatomie, de celui qui on donne des Leçons pratiques.

DENAIRE, adj. lat.; ce qui appartient au nombre dix.

D. NATURER, v. act. C'est changer la nature d'une chose. On *dénature* un bien, en le vendant pour en acquerir d'autres, dont on puisse disposer librement.

DENI DE JUSTICE. On donne ce

nom au refus que fait un Juge fubalterne de rendre la Juftice qu'on lui demande. Après deux Sommations, fuivant l'Ordonnance de 1667, on a le droit d'appel au Tribunal fupérieur.

DENIGRER, v. act. lat., *rabbaiffer, noircir, rendre méprifable. Denigrement* eft le fubftantif.

DENOMBREMENT, f. m. En termes de Fief, c'eft une déclaration donnée par écrit, par le Vaffal, des héritages, cens & autres droits qu'il tient de fon Seigneur. On joint d'ordinaire, au dénombrement, l'aveu, qui eft une reconnoiffance de la fupériorité du Seigneur Suzerain.

DENOUMENT, f. m. Terme de Poéfie Epique & Dramatique, qui fignifie l'éclairciffement de l'avanture qui a fait le fujet du Poëme. Le nœud & le dénoument font les deux principales parties de l'Epopée & du Drame, & celles par conféquent qui demandent le plus d'art. *Dénoument* fe dit auffi de l'explication d'une affaire obfcure.

DENTELAIRE, f. m. Nom d'une Plante à plufieurs tiges, dont les feuilles font dentelées, & reffemblent à celles de l'Herbe aux Puces, mais font plus petites. Ses fleurs font purpurines. Elle croit dans les Païs chauds, & fa vertu eft vantée pour les écorchures.

DENTISTE, f. m. Chirurgien qui arrache, ou qui nettoie, les dents. *Denture* fe dit d'un affemblage de dents, naturel ou artificiel.

DENUDATION, f. f. lat. On appelle ainfi le dépouillement des os qui paroiffent à découvert, dans une opération, ou dans quelque accident; tel qu'une fracture, la bleffure d'une arme, &c.

DENUE', adj. lat., qui devroit fignifier proprement nû, mais qui ne s'emploie que dans le fens moral, pour *privé*. Ainfi, *dénué* de bien & d'efprit, fignifie privé, manquant de l'un & de l'autre. En termes de vie fpirituelle, on appelle *dénument* des biens fenfibles, une difpofition contraire au goût & à l'attachement naturel qu'on a pour les objets des fens.

DEPAREILLER, v. act. Oter quelques parties de certaines chofes pareilles, dont la perfection confifte à les avoir toutes. Il fe dit particuliérement des Ouvrages reliés en plufieurs Tomes. Si l'on en perd un, l'ouvrage eft *dépareillé, defafforti*.

DEPECER, v. act. Mettre en pieces. *Dépecer* une volaille, &c., c'eft en couper les différentes parties, pour les fervir. *Dépecer* un habit, un bateau, c'eft en defaffembler les parties. *Dépeceur* fe dit de celui qui dépece.

DEPETRER, v. act. lat. Ce mot, qui devroit fignifier proprement tirer de la pierre, ne fe dit que dans le figuré, pour tirer, délivrer quelqu'un d'un engagement fâcheux; ou d'une fituation défagréable.

DEPLANTOIR, f. m. Inftrument de Jardinage, qui fert à déplanter & à replanter les fleurs.

DEPLORE'. l. Participe de *déplorer*, qui fe prend quelquefois dans un fens fort différent du propre. On dit qu'une maladie eft *déplorée*, pour dire, qu'elle eft fans remede. Une fanté, une fortune, *déplorée*, c'eft-à-dire, irréparable, defefperée.

DEPOPULATION, f. f. lat. Action de *dépeupler* un Païs, ou par laquelle un Païs fe *dépeuple*. On l'emploie pour *dépeuplement*, dont la fignification n'eft pas différente.

DEPONENT, adject. Terme de Grammaire latine, qui fe dit des verbes qui ont la terminaifon paffive & la fignification active.

DEPORTATION, f. f. lat. Efpece de banniffement de l'ancienne Rome, qui différoit de l'exil, & qui commençoit par l'interdiction de l'eau & du feu; ce qui mettoit le coupable dans la néceffité de s'éloigner du lieu dans les bornes duquel cette Sentence avoit toute fa force. On marquoit ordinairement l'Ifle, ou le Païs, de la déportation, qui devoit être à cinquante milles au moins de la ville de Rome. Elle étoit pour toute la vie; autre différence d'avec l'exil, ou la rélégation, qui pouvoit ne durer qu'un tems.

DEPOSER, v. act. lat. Ce mot

 a plusieurs significations fort différentes. *Déposer*, signifie mettre en dépôt. Il signifie déclarer ce qu'on sçait contre quelqu'un, ou en sa faveur. Il signifie, ôter à quelqu'un, la place, l'emploi qu'il occupoit. Dans les deux derniers sens, *Déposition* est le substantif. *Dépositaire* se dit de celui à qui l'on donne quelque chose en dépôt.

DE'POUILLER, v. act. l. Outre la signification commune de ce mot, *dépouiller* un Livre, un Regiftre, c'est en faire des Extraits, en tirer tout ce qui s'y trouve d'utile, ou de remarquable. *Dépouillement*, subst. masc., s'emploie aussi dans le même sens. En termes de Sculpteur & de Mouleur, *dépouiller* une figure moulée, c'est ôter toutes les pierres du moule, & tout ce qui a servi au travail. On dit, en termes d'Art, qu'une chose est *taillée en dépouille*, pour signifier qu'elle va en augmentant vers le talon, ou le manche.

DE'PURE', adj. lat. Terme de Médecine & de Chimie, qui signifie *Clarifié*. On dit que des sucs sont *dépurés*, lorsqu'ils se font clarifiés d'eux mêmes par résidence, c'est-à-dire, lorsque les sucs se font séparés & précipités au fond du vaisseau, en les laissant reposer après les avoir exprimés. On les verse ensuite par inclination. *Dépuration*, substantif, est l'action de *dépurer*. *Dépuratoire*, adjectif, se dit de ce qui est propre, de ce qui sert à *dépurer*.

DE'RADER, v. act., formé de Rade. C'est un terme de Mer, qui exprime l'action d'un gros vent, par lequel un Vaisseau est emporté hors de la Rade, avec ses ancres.

DE'RAISON, f. m. Ce mot s'est mis en usage, de nos jours, pour signifier, défaut de raison, ou maniere de penser qui blesse la raison. *Déraisonner* se dit de même. Mais l'un & l'autre font bornés au style familier.

DE'ROUTER, v. act. Tirer quelqu'un de sa route. Il ne se dit gueres que dans le figuré, pour *rompre* les mesures de quelqu'un, déranger ses projets. Je suis tout *dérouté*; c'est-à-

dire, je ne sçais plus quel parti j'ai à prendre.

DEKOI, f. m. Nom de la somme qu'on paie chaque jour à la Maison où sont logés les Officiers de la bouche du Roi, lorsque la Cour est en marche. On en trouve le réglement dans l'*Etat de la France*.

DES, particule pluriel, qui tient lieu de Proposition. Quand elle marque l'indefini, & que l'adjectif précéde le substantif, on emploie *de* au lieu de *des*; comme dans ces exemples; *de riches Marchands*, *d'amples récompenses*.

DESAPPAREILLER, v. n. Terme de Marine, qui signifie le contraire d'*appareiller*.

DESHONETE, adj., ce qui est contraire à la pureté. Ainsi, *Deshonête* est fort différent de *Malhonête*, qui ne se dit que de ce qui blesse la civilité.

DESORIENTER, v. act. Dans le propre, c'est faire perdre sa situation à quelque chose qui devoit regarder l'Orient. On *Désoriente* un Quadran. Au figuré, *Désorienter* quelqu'un, c'est le troubler, le déconcerter, lui faire perdre l'attention qu'il avoit à quelque chose.

DESQUAMATION, s. f. lat. Ce mot, qui signifie proprement l'action d'ôter les écailles d'un Poisson, s'emploie, dans la Médecine, pour signifier un dépouillement de quelques parties hétérogenes, qui couvrent la surface de la peau; telles que la croute des pustules, qui est une espece d'écaille.

DESSOUS DE CARTES. Expression figurée, & prise du jeu de Cartes, qui se dit pour quelque chose de mystérieux, qui ne se révele point qui ne se voit point, qu'on a quelque intérêt à tenir caché.

DE'TERIORATION, s. f. lat. Action d'altérer quelque chose, d'en diminuer la bonté, & par conséquent le prix. *Détériorer* est le verbe.

DEVOIE', adj., formé de VOIE. En termes de Religion, *Dévoié* se dit, pour *errant*, de ceux qui sont hors de la voie du Salut. Il se dit aussi de celui qui a le dévoiement, c'est-à-dire, le cours de ventre. *Devoïer*, en termes de Charpenterie, signifie mettre quelque chose hors de l'équerre de son plan. On le dit aussi d'une chausse d'aisance, & d'un tuïau de cheminée, lorsqu'on les détourne de leur à-plomb.

DEUX, subst. En termes de Chasse, le *deux* est une sorte de plomb à tirer, moins gros que celui qui s'appelle de l'*un*, & plus gros que celui qu'on nomme du *trois*. On emploie ordinairement le *deux* pour la chasse du Lievre.

DIANOPTIQUE, adj. & subst. gr. Nom qu'on donne aux Médicamens qui font transpirer. Ils ne different gueres des *Diaphoretiques*.

DIASOSTIQUE, s. f. gr., qui signifie ce qui a le pouvoir, la vertu de conserver. C'est le nom d'une partie de la Médecine, qui a pour objet la conservation de la santé, par des préservatifs capables d'éloigner la Maladie.

DIATRIBE, s. f. gr., qui signifie, dans notre langue, *dissertation*, mais qu'on n'emploie gueres dans l'usage ordinaire, que pour les ouvrages auxquels on reproche quelque air de pédanterie. C'est une vraie *Diatribe*.

DICROTE, adj. gr. Nom que les Médecins ont donné à un poulx inégal, qui *bat deux fois* dans une même pulsation, par un retirement qui se fait de l'artere, avant qu'elle soit entierement dilatée. *Rebondissant* exprime à peu près la même idée, que *Dicrote*.

DIETETES, s. m. gr. Nom célebre d'une sorte de Juges d'Athenes, que les Citoïens avoient la liberté de choisir pour Arbitres, dans les differends qui regardoient les Contracts. Ils devoient être au moins sexagenaires. Ils donnoient audience vers le coucher du Soleil. Leur administration ne duroit qu'une année, & leurs Sentences devoient être signées par les Archontes.

DIETETIQUE, s. f. gr. Science qui comprend ce qui appartient au régime des Malades.

DIFFAME', adj. lat., qui signifie

perdu de réputation. En termes de Blason, *Armes diffamées* se dit de celles dont on a retranché quelque piece, ou auxquelles on a joint quelque chose de deshonorant, en punition de quelque crime commis par celui qui les porte.

DIFFRACTION, s. f. lat. Terme d'Optique, qui signifie une des quatre manieres dont la lumiere se répand. C'est le Pere Grimaldi qui a trouvé, qu'outre la *direction*, la *réflexion*, & la *réfraction*, la lumiere se fait encore appercevoir par *diffraction*; c'est-à-dire, qu'étant un corps fluide comme l'eau, elle se partage à la rencontre des corps, comme un ruisseau se divise lorsqu'il rencontre un corps solide, & coulant par les deux extrêmités, elle jette de chaque côté plusieurs raïons colorés, dont les uns se répandent vers les bords du cône lumineux, & les autres tournant derriere le corps opaque, elle se fait voir dans l'ombre que produit ce corps; ce qui ne peut être rapporté, ni au mouvement direct, ni à la réflexion, ni à la réfraction.

DIFFUS, adj. lat., ce qui se répand en longueur, & qui perd ainsi de sa force. Il ne se dif gueres que du style & du raisonnement. *Diffusion* est le substantif.

DIGAMME, s. m. gr. Terme de Grammaire, qui signifie double *Gamma*. On donne ce nom à la lettre *F*, qui est en effet comme le double de la lettre grecque, qu'on nomme *Gamma*. Le *Digamme* renversé se mettoit anciennement pour l'*U* conforme, & l'on en trouve des exemples dans plusieurs anciennes Inscriptions.

DIGESTEUR, s. m. l. Sorte de Marmite, inventée pour amollir les os, & cuire en peu de tems toutes sortes de viandes.

DIGNITAIRE, s. m., formé de *dignité*, pour signifier ceux qui jouissent, dans les Eglises Cathédrales, de quelque *dignité*, avec Jurisdiction; comme ceux qui n'ont qu'une simple prééminence, en vertu de quelque titre, se nomment *Perso-*

DIGRESSION, f. f. lat. En termes d'Aſtronomie, la *digreſſion* d'un aſtre eſt ſon éloignement d'un autre aſtre, auquel on le compare. La plus grande *digreſſion* de Venus au Soleil eſt d'environ quarante-huit degrés.

DILECTION, f. f. l. Titre, ou qualité, qui ſe donne en Allemagne aux Electeurs. On dit ſa *Dilection*, comme on dit ſa *Grandeur*, pour un Evêque.

DIRE, f. m. C'eſt le verbe *dire*, dont on a fait un ſubſtantif, en langage de Procédure, pour ſignifier des allégations, des dépoſitions, ou le contenu d'un rapport, d'une information. Tous les *dires* s'accordent, c'eſt-à-dire, tous les témoignages. En langage Poétique, on donne quelquefois aux Furies le nom de *Dires*, qui ſignifie alors *Vangereſſes*.

DISCREDIT, f. m. Mot introduit aſſez nouvellement, pour ſignifier, perte ou diminution de crédit. On dit d'un Billet de Banque, ou de Commerce, qu'il eſt tombé en *diſcrédit*. *Diſcrédité* eſt l'adjectif.

DISCRETOIRE, f. m. Terme de Couvent, qui ſignifie le lieu où ſe tiennent les aſſemblées des Supérieurs, & qui ſe dit auſſi de l'aſſemblée même, formé ſans doute de *diſcret*, parce que la diſcrétion doit être une des principales qualités de ceux, ou celles, qui forment ces conſeils. Auſſi les nomme-t-on *Peres diſcrets* & *Meres diſcretes*.

DISCRIMEN, f. m. Mot purement latin, qui ſignifie diviſion, ſéparation, différence, &c. Les Chirurgiens en ont fait le nom d'un Bandage, dont ils ſe ſervent pour la ſaignée du front, apparemment parce qu'il diviſe la tête en deux parties égales.

DISCURSIF, adj. l!, qui ſe dit des Sciences & des Arts, qui emploient le raiſonnement, ou les regles de la Logique.

DISERTEMENT, adv. lat. Terme de Barreau, qui s'emploie pour expreſſément, en termes formels. *Diſert*, adjectif, n'eſt gueres en uſage que dans le ſtyle familier, pour ſignifier éloquent, abondant en paroles. Une langue *diſerte*.

DISGRACE, f. f. Accident fâcheux. On en a fait, dans ce ſens, l'adjectif *diſgracieux*, pour ſignifier deſagréable, choquant, mortifiant. *Diſgrace* ſignifie auſſi, perte de la conſidération, de la faveur où l'on étoit auprès d'un Supérieur. *Diſgracié* ſe dit de celui qui eſt tombé en *diſgrace*.

DISPARATE, adject. Deux choſes *diſparates*, ſont deux choſes qui n'ont rien de commun, nulle connexion par laquelle on y puiſſe trouver quelque rapport.

DISPARITION, f. f. l., formé de *diſparoître*. Retraite imprévûe, ou précipitée, ou ſecrete. L'idée de ce mot emporte quelque choſe de plus que celle de ſimple retraite & d'abſence.

DISPENDIEUX, adj. lat. Ce qui coute beaucoup, ce qui ne ſe fait qu'avec de grandes dépenſes.

DISPENSER, v. act. Ce verbe a deux ſignifications. Dans la premiere, où il ſe prend pour *exempter*, *tenir quitte* d'un devoir, ſon ſubſtantif eſt *diſpenſe*. Dans la ſeconde, où il ſe prend pour *diſtribuer*, *diſpoſer*, *arranger*, il a *diſpenſation* pour ſubſtantif. On dit fort bien, le *Diſpenſateur* des graces, des récompenſes. En termes de Pharmacie, *diſpenſer la Theriaque*, c'eſt la préparer.

DISPONIBLE, adj. lat. Terme de Palais, qui ſe dit des Biens dont on peut diſpoſer librement, ſoit par Teſtament, ou par d'autres voies. Les meubles & les acquets ſont des biens *diſponibles*.

DISPOSITIF, f. & adj. lat. On donne ce nom, dans certaines Pieces, telles que le Mandement d'un Evêque, à la Concluſion, c'eſt-à-dire, à la partie qui contient des ordres, ou des réſolutions convenables au ſujet qu'on a traité. *Diſpoſitif*, adj., ſe dit pour préparatoire, pour ce qui diſpoſe à quelque choſe.

DISSEMBLANCE, f. f. Défaut de reſſemblance, entre des choſes auxquelles on s'attend d'en trouver quelqu'une.

DISTINCTIF, adj. lat. On appelle *diſtinctif* ce qui diſtingue une chose d'une autre, ce qui en est 'e caractere particulier. On fait quelquefois un substantif de ce mot, dans le même sens ; un vrai *distinctif*, un *distinctif* certain, reconnu.

DISTIQUE, f. m. gr. Terme de Poésie, qui se dit de deux vers contenant un sens complet, surtout lorsque l'un est *hexametre*, & l'autre *pentametre*. Les fameux *distiques de Caton* sont des *distiques* moraux.

DISTRACTION, f. f. lat. Dans l'usage commun, c'est *absence* d'esprit, défaut d'attention. *Distrait* & *distraire* se prennent dans le même sens. Mais toutes ces acceptions étant figurées, chacun de ces mots s'emploie quelquefois aussi dans le propre, qui est l'action de détourner, de divertir une chose de sa véritable destination. Ainsi, *distraire* une somme d'argent, c'est l'emploïer autrement qu'on ne le doit, ou qu'on ne se l'est proposé. On dit, dans ce sens, des sommes *distraites*, la *distraction* de plusieurs sommes, &c.

DISTRIBUTIF, adj. lat. En termes de Logique, *distributif* est opposé à *Collectif*. On appelle sens *distributif*, celui dans lequel on considere une multitude, suivant tous les individus qui la composent ; & sens *collectif*, celui où l'on considere tous les individus ensemble. Ce qui est vrai dans le sens *distributif* ne l'est pas toujours dans le sens *Collectif*, *Justice distributive*. Voïez JUSTICE.

DIVINATOIRE, f. f. *Baguette divinatoire*. Nom qu'on donne à une Baguette qui sert à découvrir les sources, les mines, &c.

DOGE. *L'ordre du Doge*, f. m. C'est, à Venise, un Ordre militaire, dont le Doge est le Chef, & qui a pour marque une Croix à douze pointes, comme celle de Malte, émaillée de bleu, orlée d'or, avec un ovale au milieu où est representé le Lion de saint Marc.

DOMAINE *forain*, f. m. Espece de Domaine du Roi, qui est une imposition, pour les nécessités de la Guerre, sur les Marchandises qui entrent dans le Roïaume, ou qui en sortent.

DOMERIE, f. f. Espece de Béné-fice ecclesiastique, dont le Possesseur porte le titre de *Dom*. Telle est la *Domerie d'Aubrac*, en Rouergue, qui vaut quarante mille livres de rente, & qui fut fondée, au treizième siècle, à titre d'Hôpital.

DONNE', f. & adj. Nom que portoient anciennement ceux que le zèle de la Religion engageoit à se *donner*, comme en servitude, aux Monasteres, avec leurs Biens & leurs Enfans. On les nommoit aussi *Oblats*. C'est la principale source des grandes richesses de l'état Monastique, & le Pere *Mabillon* fait remonter l'origine de cet usage à l'an 940.

DORELOTERIE, f. f. Nom qu'on donnoit autrefois à la profession des Rubaniers-Frangiers. Les Ouvriers portoient celui de *Doreloteurs* & *Dorelotieres*.

DORIA ou DORIE, f. f. Plante qui croît au bord des Rivieres, & dont les feuilles, qui sont presque toutes oblongues, passent pour un excellent vulnéraire. Ses fleurs croissent aux sommités des branches, & sont disposées en Ombelle.

DORMITION, f. f. lat. Terme écclésiastique, qu'on emploie pour signifier la maniere dont la sainte Vierge quitta la Terre, pour aller au Ciel ; parce qu'une pieuse tradition apprend que sa mort ne fut qu'une espece de sommeil, & qu'elle fut enlevée au Ciel par une *assomption* miraculeuse, dont l'Eglise célebre la fête le 15 d'Août.

DORSAL, adj. lat. On nomme *Dorsaux*, les nerfs & les muscles qui appartiennent au dos. Les Médecins appellent *Phtisie dorsal*, une sorte de Phtisie, ou de corruption, qui vient des maladies Vénériennes.

DORURES FINES & DORURES FAUSSES. Dans le Commerce de la Chine, on donne le premier de ces deux noms, à toutes les riches étoffes d'or & d'argent ; & le second, à des étoffes d'une fabrique fort ingénieuse, à fleurs d'or, & d'argent, qui ne sont que de petits morceaux de papier doré, ou argenté.

DORSEL, f. m. Nom d'une sorte d'étoffe qui se fabrique en Angleterre, dans le Comté de Devonshire.

DOTAL, adjectif de DOTE. Des biens, des fonds dotaux. On appelle *dotation*, l'action de doter une Eglise, une Communauté, c'est-à-dire, de lui assigner des fonds & des revenus.

DOUBLE, adj. Fêtes doubles. Terme d'Eglise, qui semble emporter *augmentation* d'office, de solemnité & de dévotion. *Double* se dit de toute Monnoie qui vaut deux fois plus qu'une autre de la même fabrique. *Jouer le double* est une expression en usage, pour *feindre*, *biaiser*, *parler*, ou *agir* autrement qu'on ne pense. On appelle fleurs *doubles*, celles à qui l'art, ou la culture, font acquérir plus de feuilles, qu'elles n'en ont naturellement.

DOUCE-AMERE, s. f. Nom d'une Plante pulmonique & fébrifuge, qui entre dans le Négoce des Herboristes. On lui attribue quantité d'autres vertus, surtout pour les obstructions du foie, les hernies, le sang caillé par des meurtrissures, &c. Son suc efface les taches du visage. Elle pousse des sarmens, longs de deux ou trois pieds.

DOUILLAGE, s. m. Terme de Négoce & de Manufacture. C'est une mauvaise fabrication des Etoffes de laine, qui vient de ce que l'on n'y a pas employé des trames de la même qualité dans toute la longueur d'une Piece. On appelle *Douilleuse*, une Piece ridée & mal unie, qui n'est pas quarrée, & d'une égale largeur.

DOYENNAT, s. m. *Voïez* DECANAT.

DRAC, s. m. Nom qu'on donne, dans quelques Provinces de France, à ce qui se nomme ailleurs Esprit follet, Esprit familier.

DRAIURES, s. f. Petits morceaux de cuir tanné, qui s'enlevent de la peau, du côté de la chair. La *Draiure* est l'instrument qui sert à les enlever, ce qui s'appelle *draïer*.

DRAK, ou *Racine de Drak*. Racine qui ressemble beaucoup à la Contrayerve, dont elle a presque les mêmes qualités. Elle tire son nom de

François *Drak*, qui l'apporta le premier en Angleterre. Sa poudre chasse les mauvaises humeurs, par transpiration.

DRAP-D'OR, s. m. Nom d'un Coquillage de mer, dont on distingue plusieurs especes. Le *Drap-d'or fascié* est la plus belle.

DRASTIQUE, adj. gr. Nom des médicamens, dont l'action est prompte & vive, tels que les forts purgatifs.

DRECHE, s. f. Marc de l'orge moulu, qui s'emploie à brasser la Biere. Elle sert de nourriture aux vaches.

DRILLE, s. f. Nom qu'on donne aux vieux chiffons de toile de Chanvre, ou de Lin, principale matiere qui entre dans la Fabrique du Papier. On appelle *Drilliers*, ceux qui les ramassent.

DROIT, s. m. Nom de la Science des Loix, & des Coutumes, qui servent aux Peuples, pour regler leurs intérêts & leurs différends. On distingue le *droit* divin, le *droit* humain, le *droit* écrit, & le *droit* coutumier. Le *droit* canon est celui qui a été établi par les Souverains Pontifes. Il a quatre principales sources; l'Ecriture Sainte, les Conciles généraux & particuliers, les Décretales des Papes, & les Ouvrages des Saints Peres.

DROIT ECRIT, s. m. On donne ce nom au Droit romain, qui s'observe encore dans plusieurs Provinces de France. Le Dauphiné, la Provence, le Languedoc, la Guienne, le Lyonois, sont des Païs de *Droit écrit*.

DROSSART, s. m. Titre des Chefs de la Justice, dans les Provinces-Unies. Il est en usage aussi dans l'Evêché de Liége.

DUEGNE, s. f. On prononce *Douegne*. Nom qu'on donne ordinairement à une vieille Femme, qui est chargée de la conduite d'une jeune; & le nom & l'usage nous viennent de l'Espagne. C'est proprement une Gouvernante. Mais on abuse de ce mot, pour l'appliquer aux vieilles Femmes de l'ordre le plus odieux.

DUIRE, v. n. Vieux mot, qui signifie convenir, être propre à quelque usage, & qui s'emploie encore, aussi-bien que *duisible*, dans le langage familier. *Voïez si cela vous duit, si cela vous est duisible;* c'est-à-dire, *si cela vous convient, ou peut vous être utile.* Il vient du latin, comme *induire, conduire, déduire,* &c. En Fauconnerie, il signifie *dresser,* former à quelque chose. On *duit* les Oiseaux à leurs exercices.

DULCAMERE BATARDE, s. f. Plante de l'Amérique méridionale, d'où elle est venue, par ses semences, en Europe. Sa fleur est une sorte de rose.

DULCINE'E, s. f. Nom badin qu'on donne à une Maîtresse; d'après Dom *Quichote,* qui avoit choisi, pour son Heroïne, l'incomparable *Dulcinée* du Toboso.

DULCORE', adj. Terme de Médecine, qui signifie, *adouci, tempéré.*

DUTROA, s. m. Herbe de l'Amérique, dont la graine ressemble à celle du Melon. Mêlée dans une liqueur, elle cause une joie insensée, qui fait perdre la raison, & la mémoire. On prétend que les Femmes Portugaises en font souvent prendre à leurs Maris.

DUVET, s. m. En termes de Botanique, c'est une espece de coton, qui se trouve sur les Plantes. On appelle *duvet d'Autruche,* ce qui se nomme autrement *Laine-ploc,* ou *Poil-d'Autruche;* & l'on en distingue deux sortes; celui, qui est nommé *Fin-d'Autruche,* & qui s'emploie, par les Chapeliers, dans la fabrique des Chapeaux communs; & celui qu'on appelle *gros-d'Autruche,* qui sert à faire les lisieres des draps fins, destinés à la teinture en noir.

DYSCOLE, adj. gr. qui signifie proprement d'humeur fâcheuse & difficile à contenter. Il ne s'emploie gueres qu'en langage de Doctrine, pour signifier, qui s'écarte de l'opinion des autres.

DYSSENTERIQUE, adj. gr., qui se dit de celui qui a la dyssenterie,

& de tout ce qui appartient à cette maladie.

DYSTIMIE, s. f. gr. Mal d'esprit, qui consiste dans une *anxiété,* un *mal être,* dont on ne connoît pas la cause.

DYSTOCHIE, s. f. gr. Terme de Médecine, qui signifie *accouchement difficile,* pénible.

E

EAUX COMPOSE'ES. On en distingue différentes sortes, telles que l'*Eau-forte,* qui est un composé d'esprits de nitre & de vitriol, tirés par un feu de reverbere, & qui a la force de dissoudre tous les métaux, à l'exception de l'or; l'*Eau-regale,* qui est une Eau-forte à laquelle on ajoûte une dissolution de Sel armoniac dans l'esprit de nitre, & qui se nomme *Regale,* parce qu'elle a la force de dissoudre l'or, regardé comme le *Roi* des métaux, &c. On donne le nom d'*Eaux,* avec quelque nom qui les distingue, à quantité de liqueurs fortes, qui sont des extraits, ou des compositions, de fleurs, d'herbes, de fruits, &c. On appelle *Eaux minérales,* des Eaux vives, qui en passant par quelque mine de souffre, de fer, de cuivre, &c., ont contracté des qualités salutaires. On en use, pour la santé, suivant leurs différentes vertus, soit en potion, soit par des bains, soit par la douge, qui est une maniere de les épancher sur les parties malades.

EAUX ET FORÊTS. Jurisdiction, qui connoît, tant au Civil qu'au Criminel, de tous les différends qui regardent les Eaux & Forêts. Elle a divers Officiers, dont les principaux sont les Grands-Maîtres, qui ont leurs Lieutenans, & les Maîtres particuliers, qui sont dans les Provinces. C'est à la Table de marbre, que relevent les Appellations des Eaux & Forêts. Elle a trois siéges généraux, un à Paris, un à Rouen, & le troisième en Bretagne.

EBARBER, v. act., formé de *Barbe.* Terme de différens Arts, qui signifie généralement ôter de petites parties excédentes, ou superflues, avec des inftrumens propres à cette opération.

EBERFAUDER. Terme de Manufacture, qui fignifie, *tondre en première coupe* un drap, ou quelque autre étoffe de laine.

EBOURIFFE', adj. Mot d'origine obfcure, qui s'eft mis en ufage, pour fignifier *epars*, *dérangé*. Il fe dit particuliérement de la chevelure, ou des perruques.

EBRASE', adj. Terme d'Architecture, qui fe dit pour *élargi*. On appelle *Ebrafement*, l'élargiffement des Côtés, ou Jambages, d'une porte, d'une voute, d'une fenêtre, &c, qui s'élargit en dedans.

EBROUER, v. act. Terme d'ufage, qui fignifie laver, paffer dans l'eau, une piece de toile & d'étoffe.

EBRUITER, v. act., formé de bruit, pour fignifier répandre, publier, une chofe qui n'étoit pas connue.

ECBOLIQUES, f. m. & adj. gr. Remedes qui précipitent l'accouchement, & qui tendent à faire avorter.

ECCORTHATIQUES, f. m. & adj. gr. Remedes contre les obftructions, ou qui appliqués fur la peau, en ouvrent les pores. On donne auffi ce nom aux Expectorans.

ECCRINOLOGIE, f. f. gr. Nom d'une partie de la Médecine, qui traite des excrétions, c'eft-à-dire, de l'expulfion des excrémens hors du corps.

ÉCHAUDE', f. m. Efpece de petit Gateau de fine fleur de froment, d'œufs, de beurre, & de fel, qui eft particuliérement en ufage à Paris. Il s'en fait au beurre feul, à l'eau & au fel.

ECHAUFOUREE', f. f. Terme vulgaire, qui fe dit pour accident imprévu, entreprife brufque, téméraire, ou mal concertée.

ECHAUGUETTE, f. f. Lieu élevé & couvert, où l'on place une Sentinelle. C'eft une efpece de Guérite de bois. Celles qui font de pierre fe nomment fimplement *Guérites*.

ECHECS, f. m. Nom d'un Jeu fort ancien, qui eft une image de la

guerre, par l'adreffe qu'il demande pour l'attaque & pour la défenfe. Le terme d'*Echec* s'emploie au figuré, ou par analogie, pour fignifier *difgrace*, *perte*, *accident* fâcheux. On dit *tenir quelqu'un en échec*, pour *le tenir en refpect*, par le pouvoir qu'on a de lui nuire, ou fimplement, pour le tenir en *fujfjens*. *Voiez* MAT.

ECHELLES DU LEVANT, f. f. On appelle ainfi certaines Viiles de Commerce, qui font fur la Méditerranée, vers le Levant; telles que Smyrne, Alep, le Caire, &c., où plufieurs Nations de l'Europe tiennent des Confuls, & ont des Bureaux qui fe nomment *Comptoirs*.

ECHIGNOLE, f. f. Nom d'une efpece de Fufeau, dont on fe fert, en faifant de la Ganfe, pour mêler enfemble les différens brins de foie, ou de fil.

ECHNITE, f. m. gr. Coquillage de Mer, qui tire fon nom de fa reffemblance avec le *Hériffon*. On appelle auffi *Echinite*, ou *Boutons de Mer*, une forte de Coquilles pétrifiées, qui fe trouvent dans la terre, & qui ont à-peu-près la même forme.

ECHIQUIER, f. m. Table divifée en foixante-quatre petits quarrés, de deux couleurs différentes, fur laquelle on joue aux Echecs. Planter des arbres en *Echiquier*, c'eft les placer de maniere qu'ils repréfentent plufieurs quarrés; ce qui forme des allées droites, d'autant de côtés qu'on les regarde. L'*Echiquier* étoit anciennement le nom de l'Affemblée des Haut-Jufticiers de Normandie, qui fut érigée en Parlement, par Louis XII, en 1499; & les Anglois ont encore une Cour de Juftice, qui fe nomme l'*Echiquier*. On croit que ce nom vient fimplement de la Tapifferie de ces deux Tribunaux, qui étoit autrefois de deux couleurs, difpofées en *Echiquier*. Le même nom eft employé dans le Blafon, pour un Ecu divifé en plufieurs quarrés, les uns de métal & les autres de couleur.

ECHOUER, v. act. & n. Terme de Marine, qui fe dit d'un Vaiffeau, lorfqu'il choque contre un banc de fable, ou un bas-fond, fur lequel il

ne trouve point affez d'eau, pour
fon paffage. Le Vaiffeau *échoua.*
Nous *échonâmes.* On dit auffi *échouer*
un Vaiffeau, pour le faire *échouer.*
Echoûment eft le fubftantif. Dans le
Figuré, *échouer* fe dit fort bien, pour
manquer de fuccès. Ses entreprifes
ont *échoué.* Il *échouera* dans cette entreprife.

ÉCLABOUSSER, v. act. Mot
d'origine obfcure, que quelques-uns
font venir fimplement d'*éclat* & de
boue. Il fignifie, faire rejaillir de la
boue fur quelqu'un, ou fur quelque
chofe. Vous m'*éclaboufjez.*

ECLAIR DE HARENGS. Terme
de Mer. On donne ce nom à un
éclat de lumiere, qui paroît fur Mer,
lorfque les Harengs paffent en troupes, & qui reffemble affez à la lumiere des Eclairs.

ECLEME, f. m. gr. Terme de Pharmacie. C'eft un médicament pectoral, de confiftance épaiffe, qu'on
fait fucer aux Malades, au bout d'un
bâton de Regliffe.

ECLORRE, v. n. En termes de
Moulin, c'eft ceffer de moudre. On
fait *éclorre* les Moulins, dans une
grande féchereffe, pour attendre le
retour de l'eau.

ECOLATRE, f. m. Titre d'office.
C'eft un Eccléfiaftique, dans les Cathédrales, dont la principale fonction eft d'enfeigner aux jeunes gens,
qui fe deftinent au fervice de l'Eglife, les Humanités & les devoirs de
la Profeffion qu'ils veulent embraffer; comme celle du Théologal eft
de leur enfeigner la Théologie. Mais
ceux qui font revêtus de ces emplois
jouiffent ordinairement du titre &
du revenu, fans en remplir les charges. Dans l'Eglife de Lyon, on appelle *Scholaftique* ce qu'on nomme
ailleurs *Ecolâtre.*

ECONOMIE ou ŒCONOMIE. f. f.
gr., qui fignifie bon ordre, arrangement exact. Il fe prend auffi pour adminiftration fage, furtout des affaires
domeftiques, ou pour emploi reglé
de fon argent & de fon bien, & pour
épargne. On en a fait le verbe *Econo-
mifer*, qui fignifie gouverner avec fa-
geffe. Un bon *Econome* eft un hom-

me fage & entendu, qui fçait entretenir l'ordre, & qui ne dépenfe rien
mal-à-propos.

ECOPERCHE, f. f. Terme de
méchanique, & nom d'une machine, qui fert à élever des fardeaux.
Elle fait partie d'un Gruau, ou d'un
Engin.

ECOT, f. m. Ce mot qui fignifie ce
qu'on paie par tête, pour avoir bû
& mangé, paroît une corruption de
Quote-part, qui fignifie la même chofe, ou du mot latin *Quota.*

ECRENER, v. act. En terme de
caracteres d'Imprimerie, *Ecrener* une
lettre, c'eft évuider le deffous avec
l'inftrument qui fe nomme *Ecrenoir.*
Il n'y a que les lettres longues qui
s'*écrennent*, pour placer deffous les
quadratins, c'eft-à-dire, les efpaces
qui féparent les mots.

ECRETER, v. act., formé de
Crête. En termes de Guerre, c'eft
battre un mur, un épaulement, par
le haut, pour chaffer ceux qui font
derriere. On *écrete* les pointes des Pa-
liffades du chemin couvert, avant
que de l'attaquer, pour s'en rendre
l'accès moins difficile.

ECREVISSE, YEUX D'ECREVISSE.
On appelle *yeux d'écreviffe*, de petits
corps blancs, durs & ronds, qui fe
trouvent dans l'eftomac des Ecrevif-
fes mâles, aux mois de Mai, de Juin
& de Juillet, & qui s'emploient dans
la Médecine.

ECRIVAILLERIE, f. f. Vieux
mot, qui fignifie la paffion d'écrire,
ou l'abus qu'on fait de la preffe,
pour publier toutes fortes de mauvais Livres. Il s'emploie encore dans
le ftyle familier. *Ecrivailler* & *Ecri-
vailleur* fe difent dans le même fens.

ECRUES DE BOIS, f. f. Nom
qu'on donne à des Bois nouvellement crûs fur des terres labourables.

ECSARCOME, f. m. gr. Excref-
cence de chair, ou charnue.

ECU, pris pour monnoie, fignifie, en général, une piece d'or, ou
d'argent, frappée aux armes de quelque Prince, & valant une certaine
fomme. Il fe prend auffi pour la valeur de cette piece, en petite monnoie, c'eft-à-dire, qu'il eft terme de

compte. On nommoit *Ecu-Soleil*, sous François I, une espece d'or, qui pesoit deux deniers seize grains, & qui valoit quatre livres cinq sous. L'*Ecu-sol* en étoit une autre, sous Henri II, & Charles IX, du poids de deux deniers quinze grains, & de la valeur de soixante sous. Sous Henri IV, elle valoit trois livres cinq sous. L'*Ecu d'or* est du regne de Louis XIII. Il a valu jusqu'à cent quatorze sous, dans les derniers tems de son cours. Ce qu'on appelle *Ecu blanc* est proprement l'*Ecu d'argent* de trois livres. L'*Ecu d'or d'estampe*, ou *di stampa*, est une monnoie de compte, dont on se sert à Rome, pour tenir les Livres.

EDDA, s. f. Célebre Recueil de la Mythologie des Peuples du Nord, dont chaque chapitre est un petit poëme, qui roule sur les Prédictions, la Magie, & les Geants. On fait remonter cette compilation jusqu'à l'onziéme siécle. Mais elle est remplie d'Anachronismes.

EDREDON, s. m. Quelques-uns écrivent *Ederdon*, & même *Egledon*. C'est le nom d'un duvet de certains Oiseaux du Nord, qui sert à faire des couvertures de lit, ou des couvre-pieds.

EFAUFILER, v. act. Terme de Marchand, qui signifie tirer, avec la main, les fils de soie du bout d'un ruban.

EFFECTIF, adj. lat. On distingue, en Théologie, l'amour *effectif*, c'est-à-dire, qui fait pratiquer la Loi ; & l'amour *affectif*, qui ne produit que des sentimens.

EFFEMINE', adj. Ce qui se sent de la mollesse, & de toutes les foiblesses, qu'on attribue aux Femmes. Il ne se prend qu'en mauvaise part.

EFFILE', adj. On appelle *Effilé*, un linge bordé de frange de fil, qui se porte dans le deuil. *Etre en effilé*, c'est porter de ce linge.

EFFLANQUE', adj. Abbattu, atténué, par des exercices violens, ou par le jeûne. Un cheval *efflanqué*, c'est-à-dire, maigre & fatigué. On appelle *rage efflanquée*, un mal qui attaque les vieux Chiens de chasse,

& dans lequel leurs *flancs* se resserrent & leur battent, de foiblesse & d'épuisement.

EFFRACTION, s. f. lat. Terme de Palais, qui se dit pour fracture, brisement, violence. Vol avec *effraction*.

EFFRINE', adj. lat., qui signifie sans frein, c'est-à-dire, déreglé à l'excès, incapable d'être arrêté par aucune Loi. Une jeunesse *effrenée*. En termes de Blason, *effrené* se dit d'un cheval qui n'a ni bride, ni selle, & qui se nomme autrement *Gai*.

EFOURCEAU, s. m. Nom d'une machine qui sert à conduire de pesans fardeaux, tels que des troncs d'arbres, de grosses poutres, &c. Ses principales parties sont un limon, deux roues, & un aissieu commun, mais d'une force extraordinaire.

EGAGROPILE ou AGROPILE, s. f. Pierre ronde, qui se forme dans l'estomac des Vaches, des Bœufs, & même des Veaux, & qui est une espece de Bezoar. On la trouve aussi dans les Chamois.

EGARD, s. m. Nom qu'on donne, dans l'Ordre de Malte, à un Tribunal, formé par Commission, pour terminer les Procès entre les Chevaliers.

EGLISE, s. f. Nom d'une espece de Girouette de fer blanc, qui se met sur les cheminées, pour empêcher la fumée.

EGO. Mot latin, qui signifie *moi*, & dont on a formé d'autres mots. On nomme *Egomets* certains Métaphysiciens outrés, qui croient que nous ne pouvons prouver, par la raison, l'existence de rien hors de nous. *Egoïser* signifie, ne parler que de soi, citer sans cesse ses idées, ou ses actions, rapporter tout à soi-même.

EGUILLE A LERGER, s. f. Plante, qui se nomme autrement *Peigne de Venus*, & dont le fruit ressemble à une grosse éguille.

ELABORATION, s. f. lat. Travail, action de travailler. Les Médecins appellent *Elaboration* du Chyle, sa formation, par le travail des sels de l'estomac.

ELATINE, s. f. gr. Plante, qui

eft une efpece de Linaire, dont les feuilles font rondes, velues, rudes, & quelquefois découpées. Elle croît parmi les bleds, & dans les terres labourées. On prétend que fon fuc, avallé en décoction, arrête la dyffenterie.

ELAVE', adj., formé de laver, qui fignifie, blanchâtre, blafart, mollafle. Il fe dit de la couleur du poil des animaux. Dans les Chiens de chaffe, le poil *élavé* eft une marque de foibleffe.

ELEF-D'EAU. Terme de Marine, qui fignifie, fur Mer, ce qui s'appelle *flux*, fur terre. On nomme le flux, en Mer, *Elef-d'Eau*, & le reflux *Eau-morte*. *Marée*, comprend l'un & l'autre, c'eft-à-dire, flux & reflux.

ELEGIR, v. act. Terme d'Art. C'eft pouffer, à la main, un panneau, ou une moulure, dans une piece de bois.

ELENCHTIQUE, adj. gr. Terme de Théologie, qui fignifie ce qui tombe en difpute, en controverfe. On diftingue la Théologie en naturelle & revelée; en fpéculative & pratique; en pofitive & *Elenchtique*, ou de controverfe, qui s'appelle plus ordinairement *Théologie Scolaftique*.

ELÆOMELI, f. m. gr. Nom que les Droguiftes donnent à une forte de Manne, qu'on recueille fur les Oliviers, & qui n'eft que le fuc effentiel de cette Plante, épaiffi fur les feuilles & les branches. Il y a une *Elæomeli* du Levant. C'eft une huile douce, épaiffe, & purgative, qui coule du tronc d'un arbre.

ELEUTHERIE, f. f. gr. Ancienne Déeffe de la liberté. *Eleutheropole*, *Eleutherophile*, font des noms factices, qui fe mettent quelquefois à la tête des Livres, où l'Auteur fait profeffion d'écrire librement. Le premier fignifie, *Ville de la liberté*; le fecond, *Amateur de la liberté*.

ELIGIBLE, adj. lat., qui fignifie qui peut être élu, qui a les qualités requifes pour une Dignité, lorfqu'elle fe confere par Election. Il ne s'emploie gueres que dans ce fens.

ELLEBORINE, f. f. Plante dont les feuilles reffemblent à celles de l'Ellebore. On appelle *Elleborinés*, les remedes où l'on fait entrer de l'Ellebore.

ELU, f. m. Nom qu'on donnoit, dans les premiers fiécles de l'Eglife, aux Cathécumenes bien inftruits, qui étoient *Elus*, c'eft-à-dire, choifis, pour le Baptême. Le titre d'*Elu* eft célebre dans le Manichéifme, & fe donnoit à ceux qui étoient comme dépofitaires de tous les fecrets de la Secte. Aujourd'hui, c'eft un titre d'office, dans les Tribunaux qui fe nomment *Election*. On nomme *Elus* du Confeil, dans la Bourfe de Bordeaux, ceux qu'on appelle, dans celle de Touloufe, Confeillers de la Retenue, & à Paris, Confeillers des Juges Confuls.

ELUCIDATION, f. f. lat. qui fignifie éclairciffement, & qui ne s'emploie qu'en matiere de Science.

EMANATION, f. f. Ce mot, tiré du latin, fignifie l'action de ce qui émane, de ce qui coule. On enfeigne, en Théologie, qu'il y a deux *Emanations* en Dieu; celle du Fils, qui fe fait par génération; & celle du faint Efprit, par fpiration.

EMBASE, f. m. Terme d'Art. Les Horlogers nomment *Embafe*, une affiette qui fe referve fur l'arbre d'une roue, en le forgeant.

EMBATTES, f. m. Vents réglés, qui fouffient durant quarante jours, fur la Méditerranée, à la fin de la Canicule. C'eft ce que les Anciens nommoient *Etefies*.

EMBOUCHOIR, f. m. On appelle *Embouchoir*, ou *Bocal*, le bout d'une Trompette, ou d'un Cor, qui fe met dans la bouche, pour fonner.

EMBRYOTHLASTE, f. m. gr. Nom d'un Inftrument inventé, pour rompre les os du Fœtus, dans les accouchemens laborieux, & pour faciliter ainfi fon extraction. L'*Embryulque* eft le nom d'un crochet, qui fert à la même opération.

EMENDER, v. act. lat. Terme de Palais, qui fignifie, corriger, réformer. La Cour, *émendant*, ordonne, &c.

EMERGENT, adj. lat. Terme de

Chronologie. On appelle l'*an Emergent*, l'époque, ou la racine, par
laquelle on commence à compter le
temps.

EMETICITE', f. f., qui signifie
vertu émetique Les *émeto-cathartiques*
font des remédes qui purgent par
haut & par bas.

EMEUTIR, v. n. Dans l'Ordre
de Malte, *Emeutir*, signifie *requérir*,
solliciter, une Dignité. *Emeutition* en
est le substantif.

EMINCER, v. act., formé de
mince. C'est le contraire d'*épaissir*.
La peau s'émince, c'est-à-dire, devient moins épaisse.

EMMENAGOGUES, f. m. gr.
Médicamens qui provoquent les
menstrues supprimées, en donnant
de la fluidité au sang. On appelle
Emmenologie un Traité des Menstrues.

EMMUSELER, v. act. Mettre quelque chose au museau, couvrir le nez
& la bouche, d'une *muselière*, ou
simplement d'un voile.

EMPAN, f. m. Mot qu'on croit
d'origine Allemande, & qui signifie
à-peu-près le palme des Latins. C'est
une mesure, qui se fait par l'extension du pouce & des doigts opposés,
de la longueur d'environ trois quarts
de pied.

EMPANNER, v. act. Terme de
Marine, qui signifie mettre en *panne*. Or *empanne*, ou l'on met en
panne, un Vaisseau, lorsqu'on dispo-
se tellement ses voiles, qu'il n'a-
vance pas. *Voïez* PANNE.

EMPASTER, v. act. *Empaster une
volaille*, c'est l'engraisser avec une
pâte composée. Prononcez *Empâter*,

EMPECHEMENT, f. m. En ma-
tiere de Mariage, c'est tout ce qui
peut le rendre nul, ou illicite. On
compte douze *empêchement*, qui se
nomment *dirimans*, c'est-à-dire, *abso-
lus*. 1. L'erreur, ou la surprise, quant à
la personne. 2. La surprise, quant à
l'Etat. 3. Les vœux solemnels de
chasteté. 4. La Parenté en certains
degrés. 5. Le crime, tel que l'homi-
cide & l'adultere en certains cas.
6. La différence de Religion. 7. La
violence. 8. L'engagement dans les
Ordres Sacrés. 9. Un autre Mariage

subsistant. 10. L'honnêteté publique.
11. L'affinité en certains degrés. 12.
L'impuissance. Le Concile de Trente
en a ajoûté deux autres, qui sont le
Rapt & la Clandestinité. Quelques-
uns y joignent la Démence.

EMPEREUR, f. m. Nom d'un
grand Poisson des Mers Occidentales, qu'on nomme autrement *Espadon*, ou *Epée*, d'une sorte de longue
épée osseuse, qu'il a au bout du
museau.

EMPOUILLE, f. f. Terme de Pa-
lais, qui signifie les fruits, la récolte,
la moisson, la dépouille d'une Terre.

EMPOULLETTE. *Voïez* AMPOUL-
LETTE.

EMPREIGNER, v. act. ou IM-
PREGNER. Nos meilleurs Ecrivains
semblent emploïer indifféremment
ces deux mots. *Voïez* IMPREGNER.

EMPRUNTE', adj. En termes de
Musique, Accords *empruntés*, ou Accords par *emprunt*, signifie certains
accords, qui ne peuvent se pratiquer
que dans les tons mineurs, & qui
empruntent leur perfection, d'un son
qui n'y paroît point. Dans le langage figuré, un *air emprunté* se dit fort
bien pour un *air contraint*, ou qui
n'est pas naturel.

EMSALMISTES, ou EMPSALMIS-
TES, ou ANSALMISTES, f. & adj.
Nom qu'on donne à ceux qui guérissent les plaies, ou d'autres maladies, avec des paroles. Cette différence d'ortographe vient apparemment
de l'incertitude de son origine.

EMULE, adj. lat. qui signifie celui
qui agit par *émulation*; mais ce mot
n'est gueres en usage que dans les
Colléges, excepté pour quelques expressions consacrées par l'usage, telle
que, *Carthage étoit l'Emule de Rome*.

ENÆOREME, f. m. gr. Espece de
nuage, ou substance legere, qui nâge au milieu de l'urine.

ENALLAGE, f. f. gr. Terme de
Grammaire, & nom d'une Figure
qui change & renverse le discours,
contre toutes les regles de la langue.

ENCEPHALITE, f. f. gr. Nom
d'une pierre figurée, blanchâtre, &
tirant sur le cerveau humain.

ENCHANTELER, v. act. Met-

cre, ou ranger, des tonneaux, ou
du bois, dans un Chantier.

ENCHISTE' ou ENKYSTE', adj.
gr. Terme de Médecine, qui se dit
de ce qui est accompagné d'un Kyste,
ou enfermé dans un Kyste. *Kyste* signifie pellicule, ou membrane. Des
pierres *enkystées*, c'est-à-dire, renfer-
mées dans quelque partie de la veffie.

ENCHYMOSE, f. f. gr. Nom que
les Médecins donnent à l'effusion
soudaine du sang, dans les vaiffeaux
cutanés : effet ordinaire de la joie,
de la colere, de la pudeur, &c. C'eft,
par exemple, la rougeur qui monte
au visage.

ENCLOUER, v. act. En termes
d'Artillerie, c'est enfoncer, avec
force, un clou dans la lumiere d'un
canon, pour empêcher qu'on ne
puiffe s'en servir.

ENCOLURE, f. f., formé de
Col, qui signifie proprement une
certaine proportion du col à la tête ;
ce qu'on appelle même quelquefois
une tête bien *encolée*. Mais il se prend,
en général, pour apparence, forme
extérieure de tout le corps. Une bonne, ou mauvaise, *encolure*. On le dit
particuliérement, en termes de Manége, pour signifier la partie du col
d'un cheval, qui est terminée, ou
bordée, par le haut du crin & par le
deffous du gofier.

ENCOURIR, v. act. Mot dont la
signification revient à celle d'obtenir, d'acquérir, mais en mauvaise
part. *Encourir* la disgrace ou la haine,
de quelqu'un, *encourir* la honte de
quelque chofe, c'est s'y être expofé,
avoir fait ce qui peut la mériter, &
l'avoir obtenue. En termes de Palais,
Encourue, f. f., se dit pour le courant d'une dette.

**ENCROUTER. ENCROUTE-
MENT.** *Voïez* INCRUSTATION.

ENDEMIQUE, adj. gr. Ce qui
est particulier au Peuple d'un certain
Païs. Le *Plica* est une maladie *Endemique* de la Pologne ; le *Scorbut* en
est une des Peuples du Nord ; la *Lepre*
en étoit une du Peuple Juif, ou du
moins de l'Egypte & de la Syrie. On
dit auffi une erreur *endemique*, pour
dire, *particuliere à une Nation*.

ENDOSSEMENT, f. m. Tout ce
qu'on écrit sur le dos de quelque
Acte. *Endoffer* eft le verbe. En terme
de Banque, on appelle *Endoffeur*, celui qui endoffe une Lettre de Change, c'est-à-dire, qui écrit fon nom
fur le dos, pour la rendre païable.

ENEIDE, f. f. Poëme héroïque
de Virgile, qui roule fur les Avantures d'Enée, Prince Troïen, & qui
en tire fon nom.

ENERVATION, f. f. lat. Sorte
de Supplice, en ufage fous la premiere & la seconde Race de nos
Rois. Il confiftoit à appliquer le feu
fur les jarrets & les genoux du Coupable.

ENFANS DE FRANCE, f. m.
Princes & Princeffes, Enfans du Roi
qui occupe le Trône ; pour les diftinguer de ceux & de celles des différentes branches de la Maifon Roïale, qui ne portent que le titre de
Princes & Princeffes du fang.

ENFANS DE LANGUE. Nom
qu'on donne, dans les Echelles du
Levant, à de jeunes François que le
Roi entretient, au Levant, pour y
apprendre les Langues Turque, Arabe, Grecque, & pour fervir enfuite
de Droguemans, ou d'Interprétes, à
la Nation. Ce font les Capucins
François qui font chargés de leur
Education, à Conftantinople, & à
Smyrne.

ENFANS PERDUS, f. m. Soldats
qui marchent, pour quelque entreprife extraordinaire, à la tête d'un
corps de Troupes, commandé pour
les foutenir. Ils étoient ordinairement tirés de plufieurs Compagnies.
Mais ce font aujourd'hui les Dragons, qui fervent d'*Enfans perdus*.

ENFLE'. *Points enflés.* Ceux qui
rejettent également la diviffibilité de
la matiere à l'infini, & les points in-
divifibles, ont inventé des points
enflés, dont ils compofent le continu. Ils ne leur donnent pas d'extenfion réelle, mais feulement une extenfion virtuelle, qui les rend équi-
valens à des points d'un extenfion
réelle.

ENFOURCHURE, f. f. En termes
de Manége, on dit que pour fe bien

tenir à cheval , il faut s'y tenir affis droit fur l'*enfourchure* , & non fur les feffes , & avancer le corps le plus qu'il eft poffible vers le pommeau de la felle , fans cependant plier le dos , &c.

ENGASTRILOQUE ou ENGAS-TRONIME , f. m. gr. Nom qu'on donne à ceux qui parlent du ventre , c'eft-à-dire , qui ont l'art de former , dans l'eftomac , des paroles qui femblent venir de loin. On les appelle auffi *Ventriloques* , nom formé du latin.

ENGENCE, ou ENGEANCE , f. f. Vieux mot, qui fignifie proprement Race, ou femence, origine ; mais qui n'eft plus gueres en ufage que pour marquer du mépris. On dit, une mauvaife, une vile *engence*. *Boileau* a dit, fans épithete, l'*Engence* des Médifans.

ENGRAINER UNE BARQUE. Terme de Commerce, ou de Voiture d'eau, qui fe dit lorfque n'étant pas preffé de faire partir des Marchandifes, on fait marché de bonne heure, pour les mettre dans une Barque, qui ne doit pas partir fi-tôt, & l'on obtient ainfi meilleure compofition que fi l'on attendoit jufqu'au tems de fon départ.

ENGRAVE', adj., qui fe dit d'un Bateau engagé dans le fable d'une Riviere. Les uns le font venir de *gravier*, les autres de *grave*, *pefant*.

ENGRUMELE', adj. Mis en grumeaux. Du fang *engrumelé*. Le fait, le fang, *s'engrumele*.

ENGUENILLE', adj. Revêtu de *guenilles* ; idée différente de celle de *Déguenillé*, qui fignifie, tombant en *guenilles*, & qui fe dit ordinairement de l'habit même.

ENHAUT , adv. Terme en ufage, pour fignifier la Cour, le Confeil, & d'autres autorités fupérieures. Le fens en eft déterminé par le fujet qu'on traite. Un ordre d'*enhaut*. Avoir du crédit *enhaut*, &c.

ENHYDRE , f. f. gr. Nom d'une Pierre ferrugineufe, du genre des Pierres d'Aigle, de forme ronde, & de couleur blanchâtre, mais creufé & *remplie d'eau*. Elle paroît quelquefois fuer.

ENJAMBE'E , f. f. Pas le plus grand qu'on puiffe faire en étendant les jambes. On l'emploie quelquefois comme *nom de mefure*. En termes de Poëfie, on dit d'un vers qu'il *enjambe*, pour dire, qu'il n'a pas un fens fini, & que fon fens ne fe termine que dans le vers fuivant.

ENKISTE'. *Voïez* ENETISTE'.

ENLARME , f. f. Terme de Pêche & d'Oifelerie. On appelle *Enlarme*, une préparation des filets, qui rend les mailles plus propres à l'ufage qu'on fe propofe. Les Pêcheurs y entrelaffent de petites verges auxquelles ils donnent ce nom.

ENLUMINURE , f. f. Art d'Enluminer. *Enluminure* fe dit auffi d'une Eftampe *enluminée*. *Enluminer*, v. act., c'eft ajoûter, avec le pinçeau, des couleurs vives fur une Eftampe, qui lui donnent l'éclat de la Peinture. On ne donnoit autrefois le nom d'*Enluminure*, qu'aux Peintures dont on ornoit les Manufcrits.

ENONCIATION, f. f. lat. Action d'énoncer, c'eft-à-dire, d'exprimer quelque chofe dans le langage, ou dans un acte. *Enonciatif*, adj., fe dit de ce qui énonce, de ce qui exprime une chofe, ou qui en fait mention.

ENOPTROMANCIE , f. f. gr. Nom d'une forte de Divination, qui fe faifoit par le moïen d'un Miroir. Les Magiciennes de Theffalie écrivoient, avec du fang, leurs réponfe fur un Miroir, & les faifoient lire fur un autre corps par réflexion. D'autres difent qu'elles les faifoient lire dans la Lune ; c'eft-à-dire, que le Miroir, adroitement placé, reprefentoit la Lune.

ENORCHITE , f. f. gr. Pierre figurée, qui eft une efpece de *Geode*, ou d'*Ætite*, de forme ronde & polie, qui renferme une autre *pierre* ronde, à laquelle on trouve de la reffemblance avec les *Tefticules* ; ce que fon nom fignifie. Elle en change, fuivant le nombre de ces Pierres intérieures ; c'eft-à-dire, qu'elle fe nomme *Orchite*, lorfqu'elle n'en a qu'une ; *Diorchite*, lorfqu'elle en a deux, & *Triorchite*, lorfqu'elle en a trois.

ENREGIMENTER, v. act. Terme militaire. *Enregimenter* des Compagnies féparées, des Milices, des Compagnies franches, c'eft en former des Régimens.

ENSAISINER, v. act. Terme de Palais, qui fignifie mettre quelqu'un en poffeffion de quelque chofe. *Enfaifinement* eft le fubftantif, & fe dit pour prife de poffeffion.

ENSEIGNE, f. m. En termes de Manufacture, c'eft une certaine mefure de drap, qui revient à trois aunes de France. Une pièce de quinze *Enfeignes*, c'eft-à-dire, de quarante-cinq aunes.

ENSIMER, v. act. Terme de Manufacture, d'origine incertaine, qui fignifie humecter avec les mains, d'huile, ou de graiffe, une pièce d'Etoffe, pour la pouvoir tondre plus facilement. Cette manœuvre eft défendue, parce qu'elle fait perdre de leur qualité aux Etoffes.

ENTALIUM, f. m. Nom d'un coquillage des Indes Orientales, qui reffemble au Dentalium, excepté qu'il eft plus gros, plus long, & que fes canelures font plus profondes, & la plûpart vertes.

ENTELECHIE, f. f. gr. Terme dont les anciens Philofophes fe fervoient, pour exprimer toutes les perfections naturelles de l'Ame.

ENTERINER, v. act. Terme de Palais, qui fignifie *vérifier*, rendre entier & parfait, par les formalités établies. *Entérinement* eft le fubftantif.

ENTES, f. f. Nom de certaines peaux, remplies de paille, ou de foin, qu'on met, en forme d'Oifeaux, fur un piquet, pour attirer les vrais Oifeaux, par cette fauffe imitation.

ENTICHE', adj. Mot corrompu de l'Italien, pour fignifier un peu imbu, prévenu, d'une opinion, d'une Doctrine, à demi corrompu, ou féduit. Il ne fe prend guéres qu'en mauvaife part. *Entiché* d'héréfie.

ENTOILER, v. act. Garnir de toile quelque chofe de plus leger, ou de plus fin, pour le foutenir, le garantir d'accident. *Entoiler* une Carte, une Eftampe, c'eft la coller fur de la toile.

ENTONNOIR, f. m. En termes de Botanique, c'eft le nom qu'on donne à la figure & au calice de certaines fleurs. L'*Entonnoir* d'une mine eft le trou qu'elle laiffe après avoir joué.

ENTORSE, f. f. Dans le fens figuré, donner une *entorfe* à quelque paffage d'un Livre, aux Opinions, aux actions, de quelqu'un, c'eft les expliquer à contre-fens, ou dans un fens détourné, qui ne les repréfente pas fidélement.

ENTRACTE, f. m. Terme de Poétie, qui fe dit de ce qui fe paffe entre les Actes d'une Piece de Théâtre. C'eft ce qui fe nomme auffi *Intermede*.

ENTRAILLES, f. f. *Avoir des entrailles*. Expreffion figurée, qui fignifie, avoir le cœur fenfible, fentir vivement ce qui eft capable de toucher le cœur; & par extenfion de figure, prendre le vrai ton, l'air naturel d'une paffion. On dit d'un Acteur de Théâtre, qu'il n'a point d'*entrailles*, lorfqu'il récite, ou qu'il déclame, fans goût, fans intelligence, &c., lorfqu'il n'a point l'art de toucher. Un homme dur, impitoïable, eft un homme fans *entrailles*.

ENTREBAS, f. m. Eloignement trop grand, ou diftance inégale des fils de la chaîne d'une Etoffe. C'eft un défaut de la fabrique, qui fe nomme auffi *Clairvoie*.

ENTRECHAT, f. m. Mot corrompu de l'Italien, qui fignifie une forte de faut figuré, qu'on nomme autrement *Capriole croifée*. On diftingue l'*Entrechat* en avant, l'*Entrechat* en tournant, & l'*Entrechat* de côté.

ENTRE'ES, f. f. Les grandes, les petites *Entrées*. Terme de la Cour, qui fe dit du Privilége, attaché à certains rangs, & à certaines charges, d'entrer à certaines heures dans la Chambre du Roi. Cette charge donne toutes les *entrées*.

ENTREFAITES, f. f. Vieux mot, qui fignifie circonftances préfentes, & qui s'eft confervé en forme d'adverbe.

verbe. *Sur ces entrefaites*, c'est-à-dire, pendant que cela se passoit. La *Fontaine* a dit, au singulier, *sur l'entrefaite*.

ENTREGENT, s. m. Vieux mot, qui ne s'est conservé que dans le discours familier, pour signifier une maniere civile de s'introduire, ou de l'adresse à se lier, à se faire gouter, &c.

ENTREMETTRE. S'entremettre de quelque chose est en usage pour, *s'en mêler*, y prendre part, de paroles, ou d'actions. *S'entremettre* d'une réconciliation.

ENTREPARLER. *S'entreparler.* Action de deux, ou de plusieurs Personnes, qui se parlent mutuellement. Ce verbe ne s'emploie jamais qu'avec le pronom personnel, comme s'entrequereller, s'entremettre, s'entresecourir, & d'autres verbes qui se nomment *réciproques*.

ENTREPRENEUR, s. m. Celui qui se charge de faire quelque Ouvrage, surtout en matiere d'Edifice, & qui convient d'un prix sur lequel on suppose qu'il gagne quelque chose. Les Architectes font souvent le métier d'*Entrepreneur*.

ENTURES, s. f. Petites pieces de bois, qui en traversent une grosse, pour former des échellons des deux côtés, comme dans les Echelles des Cartiers.

ENVAHIR, v. act. lat. Vieux mot, qui est encore en usage, pour signifier, *saisir*, *prendre*, *ravir*. *Invasion* est le substantif.

ENVELOPPE, subst. fem. L'*Enveloppe d'une Lettre*, d'un *Pacquet*. On dit fort bien, écrire sous l'*enveloppe* de quelqu'un, pour, mettre, sous l'*adresse* de quelqu'un, des Lettres qui sont pour un autre.

ENVIE, s. f. Terme vulgaire, pour exprimer certains desirs ardens que les Femmes conçoivent quelquefois pendant leur grossesse. On donne le même nom à certaines marques, ou taches, que les Enfans apportent en naissant, & qui ressemblant, dit-on, aux Objets que la Mere a desirés, sont ordinairement imprimées, sur l'Enfant, dans l'endroit où elle s'est touchée pendant son *envie*. Il faudroit supposer que les idées & les desirs de la Mere pussent agir sur les fibres cutanés du Fœtus. Quantité d'habiles Physiciens regardent ces marques comme un simple effet du hazard.

EPAGNEUL, s. m. Nom d'une race de Chiens de chasse, de médiocre grandeur, qui sont bons pour la Perdrix, la Caille, &c. Comme les meilleurs viennent d'Espagne, il paroît que leur nom est une corruption du lieu de leur origine.

EPAULARD, s. m. Nom d'un grand Poisson de Mer, beaucoup plus gros que le Dauphin, mais de la même forme. Il s'en trouve qui pesent jusqu'à mille livres. On le prétend Ennemi de la Baleine.

EPE'E, s. m. Nom d'un grand Poisson, qui s'appelle aussi *Empereur* & *Espadon*.

EPERVIER, s. m. Nom d'un Bandage, dont on se sert pour les plaies & les fractures du nez.

EPHEDRE, s. f. Arbrisseau semblable à la Presle, mais plus grand. Ses fleurs sont petites & pâles. Il leur succede une espece de petites Mures, rouges & aigres. On distingue plusieurs sortes d'*Ephedre*, dont l'une croît en Languedoc, une autre en Espagne, & l'on met le raisin de Mer, au nombre. Parmi les anciens Athletes, on nommoit *Ephedre*, celui qui demeuroit *impair*, c'est-à-dire, sans antagoniste, après qu'on avoit reglé, par le sort, ceux qui devoient combattre ensemble. Il étoit obligé de se battre contre le dernier Vainqueur.

EPHESIENNES. *Lettres Ephesiennes.* Anciennes Lettres magiques, qui étoient écrites sur la couronne, la ceinture, & les pieds de la Statue de Diane d'Ephese, & qui passoient pour avoir la vertu de faire obtenir, à celui qui pouvoit les lire & les prononcer, tout ce qu'il desiroit.

EPHESTRIE, s. m. Terme grec, qui signifie une sorte d'habit & de, sur-tout; & nom d'une ancienne Fête à l'honneur du Devin Tiresias, dans laquelle on promenoit sa Statue , par la Ville de Thebes , en habit de Femme , & on l'habilloit , au retour , en habit d'Homme. On a nommé *Ephestries* , quelques Mascarades modernes , où l'on a vû les mêmes changemens.

EPHIPPIUM , f. m. Mot grec & latin , qui fignifie *Selle de Cheval* , & nom d'un Coquillage de Mer , qui s'appelle autrement *Selle Polonoise* , ou Pelure d'Oignon.

EPI , f. m. En termes de Manége , c'eft une boucle de poil , qui fe forme quelquefois naturellement entre les deux yeux d'un cheval , & qui fe nomme auffi *Molette*. Si l'épi eft haut', au-deffus des deux yeux , le cheval a la vûe bonne. S'il eft au-deffous des yeux , fa vûe n'eft gueres affurée.

. EPIALE , adj. gr. On appelle Fievre *epiale* , une efpece de fievre continue , dans laquelle on fent , avec beaucoup de chaleur , des friffons vagues & irréguliers.

EPIAN. Vulgairement PIAN , f. m. Maladie commune , dans l'Amérique , qu'on ne croit pas différente du grand mal Vénérien , mais qui fe guérit plus facilement. La Ptifanne de Gaïac & de Squine eft quelquefois fuffifante. Les Sauvages s'en guériffent en fe purgeant deux ou trois fois, & fe couchant enfuite nuds au Soleil , pendant toute la journée.

EPICERASTIQUE , f. m. gr. Terme de Médecine. On donne ce nom aux remedes , qui , par une humidité bien tempérée , émouffent l'acrimonie des humeurs , & foulagent une partie affligée : tels que les racines de Reglifte , de Mauve , d'Althea , &c.

EPICYEME , f. m. gr. ou EPICYESE , f. f. Nom que les Médecins donnent à la *fuperfetation* , c'eft-à-dire , à la conception d'un nouveau fœtus, après celle d'un autre.

. EPIDOTES, f. m. gr. Dieux de l'Antiquité , qui préfidoient à la croiffance des Enfans ; fuivant la fignification de leur nom.

EPINGARE , f. m. Nom d'une petite Piece de canon , qui ne paffe pas une livre de balle.

EPINOCHE , f. m. Nom que les Droguiftes donnent au Caffé de la meilleure qualité. On prétend qu'*epinocher* a fignifié *trier* , *choifir*.

EPIPLEROSE , f. f. gr. Nom d'un mal dangereux , qui confifte dans une replétion exceffive des arteres , furtout dans le tems de leur dilatation.

EPISEIRE , f. m. Efpece de jeu de balle , ou de longue paume , en ufage dans l'ancienne Grece.

EPISODIER , v. act. , qui fignifie , étendre une action par des *épifodes*. *Epifodique* , adj. , fe dit de ce qui appartient à l'*Epifode*.

EPITRE , f. f. lat. Mot qui fignifie *Lettre*, & dont l'ufage eft borné aux Lettres des Auteurs anciens , des Apôtres , & des Peres de l'Eglife , aux Dédicaces des Livres , & aux Lettres en Vers.

EPOUMONER , v. act. Fatiguer , ufer, les Poulmons , par quelque exercice qui les altere.

EPREUVE , f. f. En termes d'Imprimerie , on appelle *épreuve* , la premiere feuille , qui fort de la preffe,& dont on corrige les fautes avant que de tirer au net. Au contraire , *épreuve* fe dit , en termes de Graveurs , de chaque Eftampe qui fe tire. On appelle *bonnes épreuves* , les premieres tirées.

ERMIN , f. m. Nom qu'on donne , dans les Echelles du Levant , au droit de Douanne , qui fe paie , pour l'entrée & la fortie des Marchandifes.

ERRER , v. n. lat. Ce mot a différentes fignifications. *Errer* , c'eft commettre une erreur. C'eft être errant , marcher fans connoître la route , ou fans tenir conftamment la même. C'eft donner des *erres* , &c. dans ce fens , il eft , comme fon fubftantif , une corruption d'*arrhe* , qui eft le mot propre. *Voïez* ARRHE.

ERSE , f. f. L'*Erfe* d'une Poulie eft la corde qui entoure le mouffle , & qui fert à l'amarrer.

ERUCAGUE , f. f. Plante , qui eft une efpece de Roquette , & qui croît entre les bleds , dans nos Provinces Méridionales. Elle pouffe

plusieurs tiges. Ses feuilles d'en-bas
sont éparses à terre. Les autres croif-
sent deux à deux, ou trois à trois.
Ses fleurs sont jaunes, à quatre feuilles, & son fruit a la forme d'une
petite masse d'armes, qui contient
une semence ronde. Elle tire la pi-
tuite, & fait éternuer, comme la
Bétoine.

ERUCTATION, f. f. lat. Action
de rotter. Ce mot n'est gueres en usage que dans la Médecine.

ESCADRON VOLANT, f. m.
Nom qu'on donne, dans les Conclaves, à une Faction de Cardinaux,
qui font profession de n'être attachés
à aucune Couronne, & de n'embraf-
ser les intérêts d'aucune.

ESCARBEILLE, f. f. Nom qu'on
donne, dans le Commerce, aux
dents d'Eléphans, du poids de vingt
livres & au-dessous.

ESCARPOLETE, f. f. Jeu d'exercice, qui consiste à s'asseoir sur le
milieu d'une corde, dont les deux
bouts sont suspendus à quelque diftance, & à se donner une espece de
mouvement d'oscillation, assez utile à la santé.

ESCHIQUIER. *Voyez* ECHIQUIER.

ESLAM ou ESLAMIAT, f. m.
Un des noms qu'on donne au Mahométisme, & qu'on croit une corruption d'Ismael. En Géographie, il
se prend dans le même sens que la
Chrétienté, pour les Païs Chrétiens.
Il paroît tiré des Arabes, qui appellent les Païs Mahométans *Beled* &
Eslam.

ESPAGNOLETTE, f. f. Nom
d'une fine espece de ratine, & d'une
serrure pour les fenêtres; l'une &
l'autre à l'imitation de l'Espagne.

ESPALIER, v. act. Ital. Etendre
des Arbres fruitiers contre un mur,
en dressant les branches, soit avec
des clous, soit avec un treillage.
Des arbres ainsi dressés se nomment
un *Espalier*. Il y a peu d'arbres fruitiers, qui ne s'espalient facilement.

ESPALMER, v. act. Terme de
Marine, qui a la même signification
que carener, donner le suif, le ra-
doub, à un Navire, depuis la quille
jusqu'à la première ligne de l'eau.

ESPATULE, f. f. Plante purgative & résolutive, qui s'appelle vulgairement *Glaïeul puant*, & qui croît
dans les lieux humides. Ses feuilles
sont fort longues, & sa fleur, qui
ressemble à celle de l'*Iris*, est purpurine, ou rouge.

ESPECE, f. f. En Philosophie,
l'*espece* est la division du genre. Ainsi, Animal est un genre, qui se divise
en deux *especes*, celle des animaux
raisonnables, & celle des animaux
sans raison. Toute définition doit
contenir le genre & l'*espece*. L'ancienne Philosophie distinguoit, dans
un autre sens, deux sortes d'*especes*;
les *impresses* & les *expresses*. Elle entend, par les premieres, des Images
qui représentent les Images des objets d'où elles viennent, & qui sont
portées par les sens extérieurs, au
sens commun. Elle les appelle *impresses*, parce qu'elles sont imprimées
dans les sens extérieurs par les objets. Elle les suppose sensibles & ma-
térielles, mais rendues intelligibles
par l'intellect Agent : c'est alors
qu'elles deviennent des *especes expref-
ses*, ou des Images spiritualisées.
Jargon d'Ecole, auquel on admire
aujourd'hui que la raison ait pû
s'arrêter. *Especes*, se dit des Images
de toutes les choses visibles, des différentes sortes de Monnoie, des Poudres composées par la Pharmacie,
telles que celles de la Thériaque, de
la confection d'Hyacinte & d'Alker-
mes, &c., des apparences du pain
& du vin, qui restent dans l'Eucharistie, après la Consécration, &c.

ESPHLASE, f. f. gr. Nom d'une
fracture du crâne, dans laquelle l'os
est brisé en plusieurs pieces, & enfoncé. On le nomme aussi *emblase*.

ESPRIT - ARDENT, f. m. On
donne ce nom à l'huile des Plantes,
quand elle est en assez grande quantité, assez déliée, & mêlée d'assez
peu de flegme, pour être inflamma-
ble. Telle est particuliérement l'Eau-
de-vie, lorsqu'elle vient du vin.

ESQUIAVINE, f. f. Ital. Nom
d'un ancien vêtement d'Esclave &
de gens de travail. Il se dit aussi d'un
long & severe châtiment qu'on fait

fouffrir à un Cheval, pour le rendre plus docile.

ESQUINE, f. f. *Voiez* SQUINE.

ESQUISSE, f. m. Terme de Peinture & de Sculpture, tiré de l'Italien. C'est l'ébauche, ou le premier craïon, d'un ouvrage, pour les Peintres; & le modele de terre, ou de cire, pour les Sculpteurs. Cependant *Ebauche* & *Esquisse* ne sont pas tout-à-fait synonimes. L'*esquisse* est séparée du tableau, dont elle est comme le Plan; & l'*ébauche* se fait sur le tableau même: elle en est le commencement. *Esquisser*, v. act., signifie prendre les premiers traits d'une figure, sans la finir.

ESSAIE, f. f. Nom d'une petite Racine, qu'on emploie, dans les Indes, à teindre en écarlate. La meilleure croît sur la Côte de Coromandel.

ESSENCES, f. f. Parties spiritueuses des choses, qui se tirent par l'alambic, ou par d'autres méthodes.

ESSORILLER, v. act. Couper les oreilles. L'*essorillement* est une punition fort ancienne.

ESTAFE, f. f. Terme vulgaire, qui se dit d'une rétribution que des Soldats, ou d'autres gens d'épée, tirent des lieux de débauche, & de Jeu public, pour les soutenir, c'est-à-dire, pour empêcher que ceux qui les fréquentent n'y commettent aucune violence. Aussi, ces Protecteurs mercenaires se nomment les Souteneurs. *Estafier*, f. m., *Estafilade*, f. f., paroissent formés d'*Estafe*.

ESTAME, f. f. Laine tricotée avec des aiguilles, dont on fait des bas & d'autres pieces d'habillement. On nomme *Estamet*, une petite Etoffe de laine, qui se fabrique à Châlons sur Marne.

ESTAMINET, f. m. Assemblée de Buveurs, où chacun paie sa part pour boire de la Biere & fumer en liberté. Les lieux où elle se tient, sont ordinairement des Cabarets, & portent aussi le même nom. Cet usage, qui vient des Païs-bas, s'est établi, à Paris, sous le nom de *Tabagie*.

ESTAMPE, f. f. Ital. Nom qu'on donne aux Empreintes, ou Exemplaires, qui se tirent d'une Planche gravée. L'origine des *Estampes* est de l'année 1460, & vient de *Maso Finiguerra*, Orfevre de Florence. Dans les Colonies, *estamper* un Negre, c'est le marquer avec un fer chaud, pour reconnoître à qui il appartient.

ESTAMPILLER, v. act. Terme de Papetier, qui signifie marquer le Papier, d'une certaine marque. Chaque Manufacture *estampille* différemment. Le premier Livre, sorti de l'Imprimerie de Constantinople, fut imprimé, en 1728, sur du papier gommé, *estampillé* de trois Croissans en palu, & d'une Couronne impériale, particuliere aux Turcs.

ESTELAIRE, adj. Terme de Chasse, qui signifie apprivoisé. Un Cerf *estelaire*.

ESTER, v. n. lat. Terme de Palais: *ester* en Jugement, c'est agir, dans une Cause, plaider, &c. Une Femme ne peut *ester* en Jugement, sans le consentement de son Mari.

ESTERE, f. f. Nom des nattes de Jonc, qui viennent de Provence, d'Italie, & du Levant.

ESTERLET, f. m. Espece d'Oiseau aquatique, commun sur la Côte d'Acadie.

ESTERRE, f. m. Nom qu'on donne, en Amérique, à des embouchures de Rivieres, d'Anses & de petits Ports, où l'on embarque les marchandises des Villes qui sont plus avant dans les Terres.

ESTOC, f. m. Vieux mot, qui signifie proprement le tronc d'un arbre, & qui se dit, au Figuré, pour *origine, souche*. C'est aussi le nom d'une ancienne sorte de grosse Epée, qui s'appelloit aussi Epée d'armes, & qui ne servoit ordinairement qu'à pousser & pointer. Cependant, lorsqu'elle étoit tranchante, on l'employoit aussi comme un sabre; & de-là vient l'expression d'*estoc* & *de taille*, qui signifie, de la pointe & du tranchant d'une épée. On donne encore le nom d'*Estoc* à une Epée d'argent doré, longue d'environ cinq pieds, que le Pape benit solemnellement à la Fête de Noël, avec un Casque, & qu'il envoie quelquefois aux Princes Catholiques. En termes d'Exploitation de bois, une coupe à *Blanc-estoc* est celle où l'on abbat tous les arbres, sans en réserver aucun.

ESTUC, s. m. Vieux mot, qui se trouve dans quelques Arrêts, & qui est encore en usage pour signifier une sorte de droit que les Vagabonds & les Voleurs paient à ceux qui favorisent leurs friponneries. Il revient au sens d'*Estafe*. Tirer l'*Estuc*.

ETAGE, s. m. Ce mot signifioit autrefois toutes sortes de logemens bas & hauts ; & ce n'est pas depuis longtems qu'on a réduit ce nom aux appartemens qui sont au-dessus du rez-de-chaussée.

ETAIN, s. m. Partie fine de la laine, qui prend ce nom, lorsqu'elle en est tirée par des Cardeurs qu'on nomme *Tireurs d'Etain*. Des bas d'*étain* sont des bas faits du fin de la laine.

ETALON, s. m. Dans les Haras du Roi, on appelle *Etalon*, qui se prononce *Etlon*, un Cheval destiné à couvrir les Cavales. Dans plusieurs Provinces, *Etalon* & *Balivaux* sont synónimes. En termes d'Eaux & Forêts, les *Etalons* sont de jeunes arbres qu'on laisse pousser jusqu'à leur perfection.

ETAT MAJOR, s. m. Terme de Guerre, qui signifie le rôle des premiers Officiers d'une Ville de Guerre, d'un Régiment, &c. *Etat de distribution* se dit d'un rôle expédié au Conseil roïal, qui contient les parties qui doivent être païées, telles que les Pensions, les Appointemens, les Gratifications, &c. L'*Etat de produit*, en termes de Fermes générales, ce sont des Cartes qui renferment, en plusieurs colomnes, le produit actuel des Fermes, par mois, par quartier & par année. L'*Etat d'innocence* signifie l'état où le premier homme fut créé, sans concupiscence, dans une parfaite connoissance, & un amour actuel de Dieu. L'*Etat de pure nature* se dit d'un état où quelques-uns prétendent que

l'homme pouvoit être créé, sujet, comme nous sommes, à la concupiscence & aux miseres humaines.

ETHNIQUE, adj. gr. Ce mot qui signifie *Nation*, dans son origine, a été emploïé par les Ecrivains ecclésiastiques, pour Gentil, Païen, Peuple Idolâtre. Les Grammairiens appellent *mot Ethnique*, celui qui signifie l'Habitant d'un certain Païs, ou d'une certaine Ville, comme *François, Parisien*.

ETIENNE. *Ordre de Saint Etienne*. C'est un Ordre militaire établi, en 1562, par Cosme I, grand Duc de Toscane. Il y a des Couvens de Filles agrégées à cet Ordre, dans lesquels on doit faire preuve de Noblesse. La Hongrie a aussi un ancien Ordre de Saint Etienne, rétabli en 1740, par le Pape Benoît XIV.

ETIOLER. Terme de Jardinage, qui se dit des Plantes & des branches d'arbres, lorsqu'étant serrées elles montent trop haut, sans prendre la grosseur & la force qui leur conviennent. On dit alors qu'elles s'*étiolent*, ou qu'elles sont *étiolées*.

ETIOLOGIE, s. f. gr. Partie de la Médecine, qui traite des différentes causes des Maladies.

ETIQUE, adj. gr. Maigre, affoibli de sécheresse, &c., faute de suc nourrissier.

ETOPE'E, s. f. gr. Figure de Rhétorique, qui consiste dans une description des mœurs & des passions de quelqu'un ; différente de la Prosopopée, en ce que celle ci regarde des personnes feintes, & l'autre des personnes réelles.

ETOUPILLE, s. f. Sorte de mèche, non d'étoupe, comme ce mot semble l'indiquer, mais de coton filé, & trempé d'eau simple, ou d'eau-de-vie, ou d'huile d'aspic, & roulé dans de la poudre, pour la communication plus ou moins prompte du feu, dans les ouvrages des Artificiers.

ETOUTEAU, s. m. Nom d'une Cheville, qui est attachée perpendiculairement sur le plat d'une roue d'Horlogerie, nommée, par cette raison, *Roue d'étouteau*, & qui sert à regler la sonnerie des heures & des quarts.

ETRANGLEMENT, s. m. Outre sa signification naturelle, il se prend, dans le Figuré, pour le *resserrement* de quelque chose, ou pour la partie étroite d'un corps, entre deux autres plus larges. *Etrangler*, v. act., s'emploie dans les mêmes sens.

EVAGATION, s. f. lat. Action de marcher, comme au hasard, sans route certaine, & sans terme connu. Il ne se dit gueres, que dans le sens Moral, pour *distraction*, *absence d'esprit*.

ÉVALTONNE', adj. Mot d'origine obscure, qui se dit pour leger, dissipé, ou trop libre, dans l'air & les manieres. Un jeune homme *évaltonné*, ou qui s'*évaltonne*, car on dit aussi s'*évaltonner*.

EVALUER, v. act. lat. Terme de Compte, qui signifie apprécier, faire l'estimation d'une chose. En Arithmétique, l'*évaluation* d'une fraction, c'est sa réduction à sa valeur.

EVASER, v. act. Terme d'Art, qui se dit pour donner de l'extension, de l'ouverture, aux choses qui sont trop serrées. On dit, des arbres, qui se serrent trop, qu'il faut les *évaser*. Il y en a d'autres, tels que les Poiriers de Beurré, qui naturellement s'évasent trop.

EUCOLOGE, s. m. gr. Nom d'un Livre, où se trouve tout l'Office des Dimanches & des principales Fêtes de l'année, suivant le Missel & le Breviaire Parisien. On le doit à M. le Cardinal de Noailles, ou à ses ordres.

EUCRASIE, s. f. gr. Terme de Médecine, qui signifie un bon tempéramment ; tel qu'il convient à la nature, à l'âge, & au sexe de la Personne.

EUDISTE, s. Nom d'un Ordre de Religieux & de Religieuses, établi d'abord à Caën, sous la regle de Saint Augustin, par le Pere *Eudes*, Frere du célebre Historiographe *Mezeray*.

EVEQUE, s. m. gr. Nom de la principale dignité ecclésiastique,

qui signifie, dans son origine, *Inspecteur*, ou celui qui est chargé de l'Inspection. On a donné, dans la primitive Eglise, le nom d'*Evichesses*, ou *Episcopisses*, comme celui de Prêtresses, de Diaconesses & de Sou-diaconesses, à des Femmes d'une vertu éprouvée, qui avoient des fonctions proportionnées à leur titre. Quelques Monasteres, tels que Saint Denis, en France, & Saint Martin de Tours, ont eu le Privilége de pouvoir élire un *Evêque*, pour faire les fonctions Episcopales dans les lieux de leur dépendance.

EVERSION, s. f. lat. Ruine, renversement, d'une Ville, d'un Etat. Il ne se dit gueres que dans le style noble.

EUFISTIS, s. m. Nom que les Apotiquaires donnent au suc des feuilles du Cystus.

EUGENIE, s. f. gr. Nom qui se donnoit à la Noblesse parmi les anciens Grecs. Il signifie *bien né*. Il ne paroît pas que les Grecs aient jamais déifié la Noblesse ; mais ils lui donnoient une forme humaine, comme on le voit par plusieurs Médailles. C'est une Femme debout, qui tient de la main gauche une Picque, & qui a sur la droite une petite Statue de Minerve ; Symbole de la Noblesse du Sang., parce qu'elle est née du cerveau de Jupiter.

EVICTION, s. f. lat. Terme de Palais, qui signifie le recouvrement qu'on fait en Justice, d'une chose que la Partie adverse avoit acquise de bonne foi. *Evincer* est le verbe.

EVILASSE, s. m. Nom d'une espece de Bois d'Ebene, qui vient de l'Isle Madagascar, & qui est estimée, parce qu'elle a fort peu de nœuds.

EUNUQUE, s. f. Nom d'une espece de Flute, qui n'a que trois trous, dans laquelle on chante, & qui donne une sorte d'agrément à la voix. Elle se nomme autrement *Jombarde*.

EVOQUER, v. act. lat. Appeller quelqu'un d'un lieu où il est, & où l'on n'est pas. Il n'a d'usage qu'en termes de Jurisdiction, pour ordonner qu'une cause, ou une affaire, soit portée d'un Tribunal subalterne, à une Cour supérieure ; & en termes de Magie, pour, faire sortir, de leurs retraites, les Démons, les Ombres, &c., par l'effet prétendu de certaines conjurations. L'*Evocation du principal* se dit pour un appel interjetté d'une Sentence, qui n'a été rendue que sur un incident. *Evocatoire*, adj., se dit des Actes qui servent à l'*évocation*.

EUTRAPELIE, s. f. gr. Ce mot, qui signifie proprement maniere agréable de tourner les choses, ne s'emploie que dans le style noble, ou en parlant des Anciens, pour signifier l'art de plaisanter avec finesse, ou cette humeur gaie & badine, qui s'exerce par des pensées ingénieuses, appellées vulgairement *Bons mots*. Les Grecs l'emploïoient aussi en mauvaise part, pour Bouffonnerie, ou badinage immoderé.

EVULSION, s. f. lat., qui signifie l'action de tirer, d'arracher. Il ne se dit gueres qu'en termes Chirurgiques, des dents, des cheveux, des fragmens d'os, &c.

EX. Monossyllabe grecque & latine. En grec, elle signifie six, & nous avons plusieurs termes composés, dans lesquels elle conserve cette signification, tels qu'*Exadre*, *Exagone*, *Exarchat*, &c. En latin, c'est une proposition ablative, qui, dans notre langue, se met quelquefois devant un nom de Charge, ou de Profession, pour signifier que celui à qui on le donne a quitté cette Profession, ou cette Charge ; comme dans *Ex-provinçial*, *Ex-jesuite*, &c. *Ex* entre dans la composition de quantité d'autres mots françois.

EXAGGERER, v. n. lat. Ajoûter à la vérité des choses, dans le récit qu'on en fait, les representer plus grandes, ou en plus grand nombre, qu'elles ne sont réellement.

EXANTHEME, s. m. gr. Nom général de toutes sortes d'éruptions à la peau, telles que les pustules, les bubons, les ulceres, &c.

EXANTLATION, s. f. lat. Action de faire sortir un fluide de quelque endroit, par le moïen de la Pompe.

EXAUTHORATION, s. f. lat. Ce mot, qui signifie *dégradation*, ne se trouve emploïé que dans quelques Ordonnances du Roi, & dans quelques Sentences de Justice.

EXCAVER, v. act. lat., qui signifie creuser. *Excavation*, qui en est le substantif, est plus en usage. On dit fort bien, l'*excavation* d'un puits.

EXCEDER, v. act., formé d'*excès*, pour signifier, aller au-delà de quelques bornes, les passer. Il se dit aussi, dans le style familier, de certaines choses portées à l'excès. Vous m'*excedez*, c'est-à-dire, en langage moderne, vous me fatiguez, vous poussez trop loin ma patience. On dit *excedé* de travail, pour, *fatigué* d'un travail *excessif*.

EXCELLER, v. n. lat. Se distinguer avec éclat, s'attacher à la perfection de quelque chose. Il se dit particuliérement de ce qui est l'objet de l'art, ou des facultés de l'esprit. *Excellent*, adj., se dit de tout ce qui a un degré supérieur de perfection, & de bonté. *Votre Excellence* est un titre d'honneur, qui se donne aux Ambassadeurs, aux Ministres d'Etat, &c. Par *excellence* se dit pour signifier, supérieurement au dessus des choses de la même nature, sans comparaison. *Ciceron* est l'Orateur, par *excellence*. C'est ce qu'on appelle, en Rhétorique, *par Antonomase*.

EXCIPIENT, s. m. lat. Terme de Pharmacie, qui se dit de certains médicamens auxquels on peut joindre, ou qui peuvent recevoir, d'autres ingrédiens ; tels que les Conserves, les Confections, les Robs, & d'autres électuaires.

EXCISION, s. f. lat. Ce mot, qui signifie l'action d'échancrer une chose, c'est-à-dire, d'en couper quelque partie, ne s'emploie gueres qu'en parlant de la Circoncision.

EXCLAMATION, s. f. lat. Cri subit, ou l'action de s'écrier.

EXECRATION, s. f. lat. Terme ecclésiastique, opposé à *Consécration*. Lorsqu'un lieu saint est pollué par quelque accident, on dit qu'il y a *exécration*, c'est-à-dire, qu'il faut de nouveau le consacrer. *Exécratoire* est l'adjectif, dans le même sens. La chute du toît d'une Eglise, n'est point *exécratoire*, ou n'emporte point *exécration*. *Exécratoire* se dit aussi d'un serment très fort, par lequel on affirme, ou l'on nie, quelque chose. Le verbe *execrer* n'est plus en usage.

EXE'CUTION PARE'E. Terme de Justice. Un Acte portant *exécution parée* est celui qu'on peut mettre à exécution, commandement préalablement fait. Tels sont les Jugemens & obligations en forme.

EXEMPTS, s. m. Congrégation des *Exempts*. Nom qu'on donna, dans le siécle précédent, à une Association de plusieurs Abbaïes Bénédictines, qui choisirent Saint Ouen, de Rouen, pour leur Chef, après s'être séparées de celle de Saint Denis, qui fut donnée, en 1633, à la Congrégation de Saint Maur.

EXEQUATEUR, s. m. Mot purement latin, qui a passé dans notre langue, pour signifier un Acte, ou une Souscription, par laquelle un Magistrat authorisé permet, ou ordonne, qu'une Sentence de quelque autre Tribunal soit exécutée.

EXERCITANT, s. m. Nom que l'usage donne à ceux qui font ce qu'on nomme l'Exercice de la Retraite, au Noviciat des Jesuites, à Saint Lazare, & dans d'autres Communautés.

EXERGUE, s. f. gr. Terme de Médaillifte. Petit espace, hors d'œuvre, qui se pratique dans une Médaille, pour y mettre quelque inscription, ou la datte.

EXFOLIER, v. n. lat. Terme de Chymie, qui se dit des os qui se levent, ou qui tombent, par feuilles. Quelquefois ils s'*exfolient* d'eux-mêmes; & quelquefois, lorsqu'ils sont carriés, on emploie des remedes *exfoliatifs*, pour les faire *exfolier*.

EXFUMER, v. act. Terme de Peintre, qui signifie éteindre une partie de quelque Peinture, qui paroît trop ardente.

EXHEREDATION, s. f. lat. Acte par lequel on deshérite, pour de justes causes, une personne qui devoit être l'Héritier naturel. *Exhereder* est le verbe.

EXHUMER, v. act. lat. Tirer un Mort, de terre, ou de sa sépulture. Il ne se dit gueres que des Corps exhumés par l'ordre de la Justice, ecclésiastique, ou civile. *Exhumation* est le substantif.

EXOINE, s. f. Terme de Palais, qui est le nom d'un Certificat par lequel on prouve l'impossibilité où l'on est de se trouver, en personne, dans quelque lieu où l'on devroit aller. Il est en usage, surtout, dans les matieres féodales. *Exoiner* quelqu'un, c'est l'excuser de ce qu'il ne comparoît pas en personne.

EXOMIDE, s. f. gr. Nom d'une ancienne robbe, qui laissoit l'épaule droite découverte, suivant sa signification, & qui n'avoit proprement qu'une manche. Le manteau des Hongrois est une espece d'*Exomide*, & l'on prétend que c'étoit celui des anciens Philosophes Cyniques.

EXOMOLOGESE, s. f. gr. Terme d'ancienne Histoire ecclésiastique, qui signifie Confession. Il paroît qu'elle n'étoit ordonnée que pour les péchés publics.

EXOPHTHALMIE, s. f. gr. Maladie, ou accident, par lequel l'œil sort de son orbite.

EXOSTOSE, s. f. gr. Nom d'une humeur osseuse, qui est un effet ordinaire du scorbut, & qui s'éleve sur la surface des os. Lorsqu'elle arrive aux joues, elle se nomme *Satyrisme*.

EXOTERIQUE, adj. gr. Ce qui est apparent, public, ou commun à tout le monde. C'est l'opposé d'*Acroatique*. Les anciens Philosophes faisoient des Ouvrages *exoteriques*, & des Ouvrages *acroatiques*; les premiers, à la portée de tout le monde; les autres, pour leurs disciples, & qui n'étoient entendus que par des explications qu'ils se réservoient.

EXPANSION, s. f. lat. Action par laquelle un corps, solide, ou fluide, s'étend, se dilate, ou se gonfle.

EXPATRIER, v. act. Obliger quelqu'un de quitter sa Patrie. S'*expatrier*, c'est sortir de son Païs natal, y renoncer, pour aller vivre dans un autre Païs.

EXPECTATIVE;

EXPECTATIVE, f. f. lat. Attente de quelque chofe. Ce mot fe prend quelquefois pour une efpece de droit de furvivance. Avoir l'*expectative* d'un Emploi, d'une Succeffion, c'eft y avoir de juftes prétenfions, pour le tems où l'on pourra les faire valoir. *Expectative*, en termes d'Univerfités, eft le nom d'une Thefe qu'on foutient la veille du jour où l'on doit recevoir le bonnet de Docteur.

EXPE'DITEURS, f. m. Nom qu'on donne, à Amfterdam, aux Commiffionaires emploiés pour le Commerce étranger.

EXPLÉTIF, adj. lat. Terme de Grammaire, qui fe dit de certains mots, ou de certaines particules, qui achevent, qui confirment, qui rendent parfait le fens d'une phrafe, ou d'autres mots.

EXPLOIT, f. m. Action noble, éclatante, louable, furtout dans le genre Militaire. En termes de Pratique, c'eft une *affignation*, ou toute autre piece judiciaire, fignifiée par un Sergent, ou un Huiffier. Le verbe *exploiter* n'eft point en ufage dans le premier fens. Dans le ftyle d'Eaux & Forêts, on dit *exploiter* des Bois, pour, les couper, les abbatre; mais c'eft *exploitation* qui eft le fubftantif.

EXPLORATEUR, f. m. lat. Terme plus noble, que celui d'*Efpion*; mais qui fignifie la même chofe; avec cette différence qu'il ne fe dit que des Perfonnes, qui, étant chargées de quelque Commiffion plus honnête, en prennent occafion d'obferver ce qui fe paffe, & de pénétrer les fecrets d'autrui.

EXPONCE, f. f. lat. Terme de Jurifprudence, qui fignifie un Acte d'abandonnement, par lequel le Poffeffeur d'un héritage, chargé de rentes foncieres, en fait remife à celui auquel la rente fonciere eft due. En un mot, c'eft un renoncement à quelque chofe, qu'on poffede de droit, mais qui devient plus onéreux qu'utile.

EX PROFESSO. Expreffion purement latine, adoptée en françois,

Supplém.

pour dire *exprès*, avec toute l'attention qu'on doit à ce qu'on fe propofe particuliérement de faire, ou de traiter.

EXPURGATOIRE, adj. lat. *Indice expurgatoire* C'eft le nom qu'on donne à un Catalogue de Livres qui font défendus, à Rome, jufqu'à ce qu'ils aient été *purgés* & *corrigés*; différens de ceux qui font abfolument défendus.

EXSUDER. *Voïez* EXUDER.

EXTENSION, f. f. lat. Action d'étendre. En langage Philofophique, c'eft la polition des parties les unes hors des autres. *Extenfibilité*, f. f., fignifie capacité d'être étendu. Celle de l'or eft la plus grande qui foit connüe. Un cylindre d'argent, de quarante-cinq marcs, qui n'a que vingt-deux pouces de hauteur, s'allonge par la filiere 634692 fois plus qu'il ne l'étoit, & parvient jufqu'à cent onze lieues de longueur; & une feule once d'or, emploïée à dorer ce cylindre, s'étendra tout autant. *Extenfible*, adj., fe dit de ce qui a la capacité de s'étendre.

EXTISPICES, f. m. lat. Nom d'une forte d'anciens Augures, qui devinoient l'avenir par l'infpection des entrailles des Animaux. Leur art fe nomme *Extifpicine*.

EXTRAJUDICIAIREMENT. Adv. lat., qui fe dit pour *hors* du Jugement, ou plutôt, *hors* de la forme ordinaire des Jugemens, c'eft-à-dire, fans être affujetti à cette forme.

EXTRAORDINAIRE. Treforier extraordinaire des Guerres. C'eft un Officier qui prend immédiatement fes fonds au Trefor roïal, pour la dépenfe de la Guerre, & qui en rend, feul, compte à la Cour. Les autres Treforiers, tant Provinçiaux que Particuliers, prennent leurs fonds de lui. Sa fonction eft de païer les Armées, par lui, où par fes Commis; & les Treforiers Provinciaux paient les Garnifons.

EXTREME, pour EXCESSIF, adj. lat. On dit fort bien de quelqu'un qu'il eft *extrême* en tout; c'eft-à-dire, qu'il ne s'arrête jamais à de justes bornes. *Extrémité* se dit pour *fin*, dans le sens Moral ; & pour *bout*, ou *terme* d'une chose, dans le sens Physique. En termes de Géométrie, *extrême* est quelquefois substantif. On appelle les *Extrêmes* des expériences, leur commencement & leur fin. Le milieu se nomme *le moïen*.

EXUBERANCE, s. f. lat. Terme de Palais, qui signifie *surabondance*. C'est dans ce sens qu'on dit, *par exubérance* de droit.

EXUDER ou EXSUDER, v. n. lat. C'est un terme de Médecine & de Physique, qui signifie, sortir en manière de sueur. *Exsudation* est le substantif. Le sang *exsude* quelquefois par les pores. Certaines Pierres & certains Bois ont leurs *exsudations*.

EXULCERATION, s. f. lat. Disposition, ou qualité, qui cause des ulceres. *Exulcerer* est le verbe. *Exulceratif*, adj., se dit de ce qui est capable d'*exulcerer*, ou de causer des *exulcerations*. '

EX VOTO, s. m. Terme emprunté du latin, qui se dit des Offrandes promises par un vœu. C'est un *ex voto*. Les Anciens avoient aussi leurs Offrandes votives, ou leurs *ex voto*.

EZOTERIQUE, adj. gr., formé du verbe, qui signifie s'asseoir. *Voïez* ACROATIQUE, qui a la même signification.

F

F, chez les Romains, & Φ, chez les Grecs, étoient le caractere dont les Maîtres faisoient marquer leurs Esclaves, lorsqu'ils avoient pris la fuite. F°. se met pour *Folio* ; & *Fl.*, ou *Fs.*, pour *Florins*.

FABAGO, s. m. Nom d'une Plante amere, d'Italie, qui est une espece de *Peplus*. On vante sa vertu pour les vers du corps. Ses feuilles ressemblent beaucoup à celles du Pourpier ; ses fleurs sont rouges, & disposées en Rose.

FABER ou FORGERON, s. m. Poisson de Mer, dans lequel on trouve les figures des instrumens d'un Forgeron. Sa chair est fort bonne. Il est armé, des deux côtés, d'os fort aigus & fort tranchans. On le trouve près des Rochers.

FABLE, s. f. lat. En termes de Poésie, on appelle *fable*, l'action qu'on a choisie pour sujet d'un Poëme, embarrassée de quelque obstacle, avec ses plus belles circonstances, dans un ordre qui interesse & qui plaise. Dans ce sens, *fable* signifie le sujet d'une Tragédie, ou d'un Poëme Epique. On appelle *Tems fabuleux*, celui dont on n'a pas d'Histoire certaine, & dont les événemens sont altérés par des *fables*.

FABREQUE, s. f. Plante, dont les feuilles ressemblent au Serpolet. Elle croît dans les lieux pierreux. On vante ses vertus, pour la fievre, pour la morsure des Serpens, pour la suppression de l'urine & des mois, pour faire tomber les verrues longues, &c.

FABRICATEUR, FABRIQUANT, ss. mm. lat. Le premier de ces deux mots signifie l'Ouvrier qui *fabrique*, c'est-à-dire, qui fait quelque Ouvrage méchanique, dont la composition demande des instrumens. *Fabricateur* de Nouvelles, de Calomnies, se dit, dans le sens Figuré, pour Auteur, Inventeur. Le *Fabriquant* est celui qui entreprend de faire fabriquer un Ouvrage, qui préside, & qui fournit aux frais de l'entreprise, pour en tirer le profit.

FABRIQUE, s. f. lat. Composition de quelque chose avec des instrumens.

FACE', adj., qui se dit, avec bien, ou mal, pour exprimer la bonne, ou mauvaise, physionomie.

FACETIE, s. f. lat. Plaisanterie de paroles, ou d'actions, qui excite à rire. On dit d'un Ouvrage, qu'il est plein d'agréables *facéties*. *Facétieux* est l'adjectif.

FACETTE, s. f. Diminutif de *face*, & terme d'Art lapidaire, qui se dit des petites faces, ou des superficies, d'un corps taillé à plusieurs angles. Les Lunettes, taillées à *facettes*, multiplient les objets. *Fa-*

eetter un Diamant, c'eft le tailler à *facettes*. *Voïez* Diamant.

FACTICE, adj. lat. Mot affez moderne, qui fignifie imaginé, feint, d'origine ou de forme, qui doit fon exiftence à l'imagination ou à l'art. En termes de Logique, on appelle *Idée faclice*, celle qui eft compofée de deux idées qui ne s'accordent pas naturellement ; telles que Montagne d'eau, Pluie d'or, &c.

FACTURE, f. f. Terme de Commerce, qui fe dit d'un mémoire, ou d'une déclaration, de ce qu'on envoie par des Voitures.

FAIDE, f. f. Ancien droit de vanger un meurtre, accordé, par les Loix, aux Parens du Mort. Ceux, à qui la crainte de cette vangeance faifoit quitter leur Païs, ne pouvoient fe remarier, & leurs Femmes non plus.

FAISANDER, v. act., formé de Faifan, pour fignifier, *garder la viande*, jufqu'à ce qu'elle ait un certain goût qui tire fur la venaifon. C'eft que les Faifans demandent d'être gardés long-tems avant que d'être mangés.

FAIT, f. m. Chofe qui fe fait, ou qui s'eft faite; action, fujet dont il s'agit. Dans toutes les affaires, on diftingue le Fait & le Droit; le Fait confifte dans ce qui eft arrivé, & le Droit dépend de l'application de la Loi, au Fait dont il eft queftion, lorfque ce Fait eft certain.

FAIX, f. m. *Fardeau*. En termes de Chirurgie, on appelle *Faix*, l'Enfant qui eft dans le fein de la Mere, apparemment parce que c'eft un fardeau pour elle. Le *faix* & l'*arriere-faix*.

FALBALA, f. m. Bande d'étoffe pliffée, dont les Femmes garniffent les devants de leurs robbes, leurs manches, leurs jupons, &c. On en a fait le verbe *Falbalaffer*. Une robbe bien *falbalaffée*. On prétend avoir trouvé le modèle des *falbalas*, dans un Hiftorien du bas Empire, & même dans Virgile. *Æneid. l. 8. v. 250.*

FALLOT, adj. Terme vulgaire, qui fignifie ridicule, grotefque, & qui s'annoblit quelquefois par la maniere dont il eft emploïé.

FALTRANCK, f. m. Nom général des vulneraires de Suiffe, qui nous viennent en petits pacquets foigneufement cachetés & munis de Certificats, pour faire foi du foin avec lequel ils ont été cueillis.

FAMÉLIQUE, adj. lat. Affamé, qui reffent les plus preffantes pointes de la faim. On le fait auffi fubftantif. C'eft un *famelique*.

FANE, f. f. Terme de Fleuriftes, qui fignifie la feuille d'une Plante. C'eft ce qui fe nomme *Petale*, en termes de Botaniftes.

FAQUIN, f. m. Ital., qui fe difoit autrefois pour *Crocheteur*. C'eft aujourd'hui un fimple terme de mépris, auquel on attache ordinairement l'idée d'un Homme de rien, qui veut faire l'important ; ou d'un Homme fans mérite, qui fait le préfomptueux. En un mot, c'eft un mélange de ridicule & de baffeffe. *Faquinerie*, f. f., fe dit des actions & du caractere d'un *Faquin*.

FARDIN, f. f. Mot corrompu de l'Anglois, & nom de la plus belle monnoie d'Angleterre, qui répond à nos liards. Il s'écrit *Farthing*. Il porte le nom & l'effigie du Roi, avec une Femme au revers, & *Britannia* pour infcription.

FASCIE, f. f. lat. On donne ce nom, qui fignifie Bande, ou Bandelette, aux cercles, ou aux bandes, qui fe trouvent fur la robbe, c'eft-à-dire, fur les dehors d'un coquillage. Elles font quelquefois de niveau, quelquefois faillantes, ou gravées en creux. *Fafcié* eft l'adjectif.

FASTIDIEUX, adj. Mot tiré du latin, pour fignifier un homme qui affecte, ou qui prend facilement, du dégoût, un homme d'un goût difficile, ou délicat. Ce n'eft que dans ces derniers tems qu'on l'a fait changer ainfi de fignification, car il avoit toujours été pris, au contraire, pour *ennuïeux*, *importun*, capable de caufer du dégoût.

FATALISTE, adj., qui fe dit de celui qui attribue tout à la fatalité, qui tient la doctrine du *Fatum*. *Fatidique*, adj., fignifie, qui annonce le deftin.

FATUITE', f. f. lat. Sottise, accompagnée d'une bonne opinion de foi-même, qui fait prendre ridiculement l'air, les manieres & les prétentions du mérite. De-là vient que le *fat* eft plus infupportable que le *fot* proprement dit, qui n'eft qu'à plaindre de fa fottife.

FAUCHEUR, f. m. Nom d'une Araignée des Champs, dont les jambes font fort longues, menues, couvertes de poil, & qui a huit yeux placés d'une maniere extraordinaire ; deux au milieu du front, & trois de chaque côté, aux extrêmités du front, en forme de trefle, fur le fommet d'une petite boffe. On ne lui a reconnu aucun venin.

FAUDER, v. act. Terme de Manufacture. *Fauder* une Etoffe de laine, c'eft la plier en double dans fa longueur, en forte que les deux lifieres fe touchent. C'eft auffi marquer une Etoffe avec de la foie, après qu'elle a été corroiée.

FAUNE, f. m. l. Nom de certaines Divinités Champêtres, qu'on croit différentes des Satyres, quoique les Anciens ne nous aient pas laiffé la defcription de leur figure. *Ovide* en parle comme d'Animaux, dont les pieds étoient de corne, & *Virgile* les invoque comme les Protecteurs des Païfans.

FAUSSET, f. m. Ton de voix forcé, & plus haut que le ton naturel. Un *fauffet*, ou une voix de *fauffet*, c'eft-à-dire, une voix que la contrainte rend prefque fauffe.

FAUTEUIL DE POSTE, ou TREMOUSSOIR, f. m. Machine d'invention moderne, par le moïen de laquelle on peut faire un exercice utile à la fanté, fans fortir de fa chambre. Elle tire fon nom, de ce qu'on y reffent les mêmes fecouffes que dans une Chaife de pofte, avec le pouvoir de les rendre, à fon gré, plus violentes, ou plus foibles.

FAUX-SAUNIER, f. m. Celui qui vend, ou qui tranfporte, du Sel en cachette, & contre les ordonnances. Ce commerce, qui fe nomme *Faux-faunage*, expofe le Coupable à la peine des Galeres, fuivant la Déclaration de 1722, & même à la mort, lorfqu'il fe fait à main armée.

FAUX-TEINT, f. m. Mot compofé, qui fe dit pour fauffes teintures, c'eft-à-dire, faites avec des Drogues défendues, qui falfifient les couleurs & dégradent les étoffes.

FECAL, adj. lat. Matiere fécale. C'eft un terme de Médecine, qui fignifie *excrémens d'Homme*; comme *Feces*, qui eft le fubftantif latin, au pluriel, fe dit, en termes de Chymie, du marc qui refte après les diftilations, & de toutes les matieres groffieres & impures qui fe trouvent au fond des compofitions.

FECONDER, v. act. lat. Rendre fécond. Terme de Phyfique, dont le fubftantif eft *fécondation*.

FELUNIERE, f. f. Nom vulgaire des coquillages de terre, qui s'appellent autrement *foffiles*, & qu'on emploie, dans quelques Provinces, au lieu de marne, pour l'engrais des terres. On dit auffi *Felun*.

FELURES, f. f. Petites marques en long, qui ont l'apparence de fentes, & qui fe trouvent quelquefois dans les pierres les plus fines.

FEMME COMMUNE. Terme de Jurifprudence, qui fe dit d'une Femme qui a droit à la *Communauté*, foit en vertu du Contrat de Mariage, foit en vertu de la Coutume du lieu, où le Mariage a été célébré fans Contrat. *Femme non commune* fe dit, au contraire, de celle dont le Contrat porte qu'il n'y a point de Communauté entre elle & fon Mari.

FEODAL, adj. Terme de Palais, qui fignifie ce qui regarde les Fiefs, ce qui appartient à cette matiere. La Jurifprudence Féodale eft très ample & très embaraffée.

FER-CHAUD, f. m. Nom d'une maladie, qui confifte dans une chaleur infupportable, qu'on fe fent monter à l'eftomac, le long de l'œfophage, jufqu'à la gorge. Les yeux d'Ecreviffe, pris en poudre, la guériffent fur le champ.

FER-D'OR. Nom d'un Ordre de Chevalerie, inftitué, en 1414, à Paris, par Jean Duc de Bourbon,

& composé de seize Gentilshommes, partie Chevaliers, partie Ecuiers. Les Chevaliers portoient, tous les Dimanches, à la jambe, un fer d'or de Prisonnier, & les Ecuiers un fer d'argent.

FERET D'ESPAGNE ou PIERRE HEMETITE. Nom d'un minéral, en forme de Pierre rougeâtre, dure, & par aiguilles pointues, dont la picquûre est dangereuse. Il s'en trouve dans toutes les Mines de fer.

FERIN, adj. lat. Mot qui s'emploie quelquefois, suivant sa signification naturelle, pour sauvage, féroce, ou ce qui tient des Bêtes féroces. On appelle *Toux ferine*, une toux séche & fort opiniâtre.

FERME DE THE'ATRE, s. f. Nom assez bizarre de cette partie de la décoration, qui ferme le fond du Théâtre. Il lui vient apparemment de ce qu'étant ordinairement divisée en deux parties, elle peut s'ouvrir & se *fermer* suivant le besoin. *Ferme* est aussi le nom de deux Jeux, l'un de Cartes & l'autre de Dez.

FERRER, v. act. Terme de Géolier, qui signifie mettre les fers aux pieds. On appelle *Etoffe ferrée*, celle qui est plombée & marquée d'un coin d'acier. Grosse *Ferrerie* se dit de tous les gros ouvrages de fer; *Ferrure*, de ceux qui s'appliquent sur autre chose, pour orner, garnir, fermer, joindre, fortifier, &c. *Ferré*, adj., signifie ce qui contient des parties de *fer*, ou qui tient du fer, par ses qualités. *Ferreux* & *Ferrugineux* ont la même signification. Les Marchands de Fer neuf, en barre, se nomment *Ferrons*, & leur profession *Ferronnerie*. Ceux qui vendent les gros ouvrages de Ferrerie s'appellent *Ferrands*, ou *Ferrandiniers*. *Ferrification*, s. f., signifie changement en fer, ou production du fer.

FERRAND, FERRANDINIER, FERRON, FERRONNERIE. *Voïez* FERRER.

FETSA, s. m. Terme célebre dans les Relations, qui est le nom d'un Mandement fort respecté, dont les Ordres du Grand Seigneur sont ordinairement accompagnés.

FEUDATAIRE, s. m. Vassal, qui tient un Fief relevant d'un autre Seigneur.

FEVE DE SAINT IGNACE, s. f. Petit fruit des Indes Orientales, qui est un puissant purgatif.

FIACRE, s. m. Nom qu'on donne, dans Paris, aux Carosses de louage, qu'on trouve continuellement sur des Places marquées par la Police. On le fait venir d'une image de S. Fiacre, qui étoit l'Enseigne d'une Maison, où l'on a loué, pour la première fois, ces sortes de voitures.

FIATOLE, s. f. Nom d'un fort bon Poisson, fort commun en Italie. Il est large, plat, presque rond; ses écailles sont couleur d'or & d'argent.

FICTICE, adj. lat., qui se dit de ce qui est feint, & qui n'a d'existence que dans l'imagination.

FIDUCIAIRE, adj. lat. On nomme ordinairement Héritier *fiduciaire*, celui qui l'est par *Fidei-commis*. Cependant, les Jurisconsultes mettent quelque différence entre le *Fidei-commis* & la *Fiducie*.

FIEFE', adj., formé de Fief, & qui se dit proprement de ceux qui dépendent d'un Fief: mais, au figuré, il se prend dans le même sens qu'*achevé*, complet, & ne s'emploie qu'en mauvaise part. Ainsi, un Ingrat *fiéfé* est un Ingrat achevé, qui pousse l'ingratitude aussi loin qu'il se peut. Une sottise *fiéfée* est une sottise complete, à laquelle on ne peut rien ajoûter.

FIGURATIVE, s. f. lat. Lettre, qui caractérise certains tems des verbes grecs, qui les distingue, qui les spécifie, & qui aide à les former.

FIGURE, s. f. lat. Terme de Rhétorique & de Poésie, par lequel on entend quelque mot, ou quelque tour d'expression, qui représente plus vivement une pensée, que la maniere ordinaire de l'exprimer. Les *Figures* sont le principal ornement du discours. Il y en a différentes sortes, qu'on trouvera sous les noms par lesquels on les distingue, & qui les caractérisent. La Grammaire a aussi ses *figures*, qui sont simplement des manieres de parler, éloignées du langage ordinaire. *Figuré* est devenu substantif, pour signifier le langage *figuré*, ou le sens *figuré* d'une expression. Il est opposé à *propre*, qu'on a fait substantif aussi, pour exprimer le langage simple & naturel, & l'acception ordinaire des termes. Une Danse *figurée* est une Danse composée de *figures*, c'est à-dire, de différens pas inventés par l'art. *Figurément*, adverbe, ne se dit guére que du discours, & signifie *d'une façon figurée*. *Figuratif*, adj., est un terme de Religion, qui se dit de l'ancienne Loi, regardée comme Image, ou Figure, de la nouvelle; & *Figurativement* est l'adverbe, qui ne s'emploie que dans le même sens.

FIL DE TURQUIE, s. m. C'est ce qu'on nomme autrement Laine de Chevron, qui n'est autre que du poil de Chevre, filé.

FILS ET FILLES DE FRANCE, s. m. Enfans du Roi & de la Reine. *Filles de mémoire* est une expression Poétique, pour signifier les Muses, que la Fable fait Filles de *Mnemosyne*, qui signifie Mémoire.

FLAGRANT, adj. lat., qui signifie, actuellement en feu. Il est en usage dans quelques expressions vulgaires, telles qu'en *flagrant délit*, en *flagrant mensonge*, pour signifier *actuel*, dans la chaleur de l'action.

FLAMBOIANT, adj., qui signifie qui jette des flammes. On appelle *Flamboïante*, s. f., une espece de fusée, dont le cartouche est couvert de matiere enflammée, qui s'étend jusqu'au feu de la queue.

FLANELLE, s. f. Etoffe de laine, qui est une espece de Moëlton. On appelle *Flanelles*, dans les Manufactures de Glace, les Etoffes peu serrées, de quelque espece qu'elles soient, au travers desquelles se filtre le vif argent qui coule de dessous les Glaces étamées, & qui servent à le purifier.

FLATUOSITE', s. f. lat. On donne ce nom, d'après les Médecins, à des vents qui se forment, ou qui se trouvent resserrés, dans le corps, qui se rendent par haut, ou par bas, ou qui produisent dans les intestins une sorte de mouvement & de bruit qu'on appelle *Borborygme*. *Flatueux* est l'adjectif.

FLETRIR, v. act. Altérer, corrompre, diminuer la force, ou la vivacité naturelle d'une chose. Il se dit particuliérement des couleurs. Dans le sens Moral, *fletrir* l'honneur, ou la réputation, de quelqu'un, c'est lui donner atteinte, la noircir. *Fletri*, adj., se prend pour deshonoré, & *Fletrissure*, s. f. pour tache qui deshonore. *Fletri* se dit aussi, pour abbatu par l'affliction, ou par la maladie.

FLEURE'E, s. f. Nom d'une Drogue qui sert à teindre en blanc, & qui est une espece de Pastel, qu'on nomme *Guesde*, dans quelques Provinces. Il y a aussi une espece moïenne d'Indigo; qui s'appelle *Fleurée*, ou *Florée*.

FLEURETIS, s. m. Terme de Musique d'Eglise, qui se dit de certains accords, inventés sur le champ, que les Musiciens font particuliérement sur la basse.

FLEURETTES, s. f. *Conter Fleurettes*. Vieux terme de galanterie, qui signifie parler d'amour à une Fille, lui tenir des discours galans. On le fait venir d'une ancienne Monnoie de France, sur laquelle il y avoit de petites fleurs, & que cette raison faisoit nommer *Fleurette*; & comme rien n'est si persuasif que l'argent, le moïen le plus sûr pour se faire écouter étoit d'offrir des pieces de cette monnoie. Mais, dans cette supposition, il faudroit écrire *compter fleurettes*. L'origine la plus simple est celle qui fait regarder *fleurettes* comme un diminutif de *fleurs*, dans le même sens qu'on dit des fleurs de rhetorique.

FLEURIR, v. n. Pousser, jetter des fleurs. Il s'emploie, dans le Figuré, pour, être dans un état brillant de fortune, d'opulence, de réputation, &c. Mais, dans ce sens, *Fleu* se change en *Flo*, à l'imparfait & au participe actif. Il *florissoit* dans tel siécle. Une fortune, une santé, *florissante*. On dit aussi *Floraison*, pour signifier la formation des fleurs, & le tems où elles se forment.

FLEXION, s. f. lat. Action de fléchir, c'est-à-dire, de plier, ou de tourner. *Flexible* se dit de ce qui est disposé à fléchir, & *flexibilité*, s. f., signifie cette disposition.

FLIN, s. m. Espece de pierre dont les Armuriers se servent pour fourbir les épées. Viendroit il du mot Anglois *Flint*, qui signifie *caillou*?

FLORCAL D'ETE', s. m. Nom d'une espece de Poire, qui s'appelle vulgairement *Mouille-bouche*.

FLORETONNES, s. f. Nom qu'on donne à certaines laines d'Espagne, entre lesquelles celles de Segovie sont les plus estimées.

FLOTTILLES, s. f. On appelle *Flotilles*, les Escadres que l'Espagne envoie dans les Ports de l'Amérique; & *Flotilles*, ceux qui font le commerce par les *Flotilles*, pour les distinguer des *Galionistes*, qui le font par les *Galions*.

FLUEUR, s. f. lat. Terme de Naturaliste, par lequel on exprime certaines matieres, qui tiennent le milieu entre les terres & les sels; telles que les terres, les tufs, le talc, &c. On les nomme *Flueurs crystallines*, du verbe latin, qui signifie couler, parce qu'elles se forment par la crystallisation de certaines liqueurs qui coulent au travers des terres & des pierres.

FLUIDE, s. & adj. l., qui signifie, qui coule, qui est de nature à couler. *Fluidité*, s. f., signifie la qualité qui rend une chose propre à couler.

FLUXION, s. f. Terme d'Analyse. Les Anglois, après *Newton*, appellent *fluxions*, les infinitesimes, ou les différences infiniment petites de deux quantités, parce qu'ils les considerent comme des accroissemens momentanés des quantités, & que la ligne, par exemple, est la *fluxion* du Point; la surface, la *fluxion* de la Ligne; & le solide, la *fluxion* de la surface. Ce qu'ils appellent *fluxion*, nous l'appellons infiniment petit, ou calcul differentiel. après *Leibnitz*, qui est parvenu à cette méthode par les différences des nombres, comme *Newton*, par des *fluxions* de Lignes. *Voïez* CALCUL DIFFERENTIEL.

FOI, s. f. Divinité Païenne. Les Anciens representoient ordinairement la *Foi*, sous la forme d'une Femme qui tendoit la main. Cependant, sur les Médailles de plusieurs Empereurs, elle est designée par une Femme debout, qui tient de la main droite des Epis, & de la gauche, un petit plat de fruits. On appelle *Ligne de foi*, en termes d'Optique, la Ligne qui, partant du centre de l'Objet, tombe perpendiculairement sur le centre du verre de la lunette. Il se dit aussi des Pinnules, dans un instrument qui en a au lieu de lunette. Les Horlogers ont aussi leur *ligne de foi*, ou *fiducielle*.

FOIBLIR, v. n. Vieux mot, qui s'est remis en usage, pour mollir, se relâcher.

FOIT DE MAT, s. m. Terme de Marine, qui signifie une grande longueur de mât.

FOLIE', adj. lat. Terme de Chymie, qui signifie réduit, ou préparé, en petites feuilles. Le *Tartre folié* est du Tartre, auquel le vinaigre distillé fait prendre cette forme.

FOLIO, s. m. lat. Terme de Librairie, qui se dit des Livres imprimés dans toute la grandeur des feuilles. On y joint ordinairement *in*. C'est un *In-folio*. *Folio recto*, *Folio verso*, sont deux autres expressions en usage pour signifier la premiere & la seconde page d'un feuillet, c'est-à-dire, le devant & le derriere. On se contente même de dire, *recto*, ou *verso*, en sous-entendant *folio*.

FOLLE-FEMME, s. f. Nom qu'on donnoit autrefois, dans notre langue, aux Femmes de mauvaise vie, aux Courtisanes.

FONCE', adj., formé de fond. Il se dit des couleurs, pour *sombre*. En termes de Fabrique, *foncer* la soie, c'est la faire baisser, après qu'elle a été levée, pour y lancer la navette.

FONDANT, s. m., qui se dit de toute matiere qui peut en fondre une autre. Quelques-uns l'emploient même dans le sens figuré; comme dans cet exemple ; nous avons un *Fondant* pour les Femmes, c'est-à-dire, une disposition à nous attendrir pour elles.

FONDRE, v. act., qui se prend, dans le Figuré, pour *mêler*. On dit des couleurs bien fondues. Il se prend aussi pour, se défaire de quelque chose „ ou lui faire changer de nature ; c'est ainsi qu'on dit fondre des Billets, des Actions, pour, en faire de l'argent comptant. Il se prend pour distribuer les parties d'une chose dans une autre, comme fondre un Ouvrage d'esprit, ou des Notes, dans un autre Ouvrage, ce qui signifie les y faire entrer, les y joindre.

FONGER, v. n. lat., qui se dit du Papier que l'encre transperce ; c'est ce qui s'appelle vulgairement *boire*. Ce mot est formé, par Analogie d'effet, du mot latin, qui signifie *Champignon*.

FONGUS, s. m. Terme latin, adopté en françois pour signifier une excrescence de chair, qui est de la nature du *Champignon*. Il est indéclinable. On en a fait l'adjectif *fongueux*. Les Botanistes nomment aussi *Fungus*, les Champignons de Mer. *Fongite*, s. f., est le nom d'une Pierre figurée, de substance dure, & de couleur jaune, dont les raies imitent celles du Champignon.

FONTANETTE, s. f. Diminutif de Fontaine. Nom d'un petit ulcere, qu'on se fait faire en divers endroits du corps, pour l'écoulement des humeurs, & qu'on nomme autrement *Cautere*.

FONTE DE COULEURS. *Voïez* FONDRE. La *Fonte* de Bourre est une opération de Teinture, par laquelle on fait bouillir la Bourre dans une dissolution de cendres gravelées, faite par l'urine. Elle s'y fond si parfaitement qu'il n'en reste pas la moindre fibre. Les *fontes* de selle sont de faux fourreaux de cuir fort, attachés à l'arçon, où l'on met les Pistolets. En termes d'Imprimeurs, on appelle *fontes hautes*, celles qui excédent la hauteur, en papier, commune aux caractères d'Imprimerie,

qui est de dix lignes & demie.

FONTEVRAULT, s. m. Ordre Religieux, fondé vers la fin de l'onzième siécle, par Robert d'*Arbrissel*, sous la régle de Saint Augustin. La singularité de cet institut consiste non-seulement en ce qu'il y avoit des Hommes & des Femmes dans le même Monastere, mais encore plus, dans la supériorité qu'il donne aux Femmes, sur les Hommes ; pour honorer, dit-on, l'état de Notre-Seigneur, qui passa trente ans sous l'empire de la Sainte Vierge.

FOQUE, s. f. Nom d'une Voile de Mer à trois points, qui se met quelquefois en avant d'une autre voile, lorsque le vent est foible. *Foque de Misene*, *Foque de Beaupré*.

FORCLUSION, s. f. Terme de Droit, qui se dit pour exclusion. *Forclure* est un vieux mot, qui a signifié, chasser, exclure.

FORFAITURE, s. f. Terme de Droit, qui signifie faute, malversation, & qui est l'ancien substantif du verbe *forfaire*.

FORMALITE', s. f. lat. En termes d'Ecole, d'où ce mot est passé dans l'usage commun, c'est une vertu, une qualité, d'un Etre naturel, prise abstractivement. Vivant, sensible, raisonnable, sont des formalités de l'Homme. En général, *formalité* se dit de tout ce qui appartient à la forme des choses & des manieres.

FORMAT, s. m. Terme de Librairie, qui signifie la forme dans laquelle un Livre est imprimé ; ce qui comprend la grandeur du Volume, celle de la marge, & l'espece du caractere.

FORTUIT, adj. l., qui signifie ce qui arrive au hazard, c'est-à-dire, sans avoir été prévû, ou sans qu'on en connoisse la cause. On appelle *Fortuites*, s. f., certaines Loix, non indiquées, sur lesquelles ceux qui se présentent pour quelque Emploi de Judicature sont interrogés. Ce sont des questions faites comme au hazard, auxquelles le Récipiendaire ne peut être particuliérement préparé.

FORTUNE, s. f. Mot tiré du latin, qui signifie *hazard*. Les Anciens représentoient repréfentoient la *forme*, fous la forme d'une Femme, tantôt affife, & tantôt debout, tenant un Gouvernail, avec une Roue à côté d'elle, pour marquer fon inconftance ; & dans fa main une Corne d'abondance.

FOTTE, f. f. Efpece de toile dé Coton à Carreaux, qui vient des Indes, particuliérement du Bengale.

FOU, *Ordre des Foux*. Un Comté de Cleves inftitua, en 1380, l'*Ordre des Foux*, compofé de trente - cinq Seigneurs, qui dévoient porter des habits fort bifarres, des fonnettes d'or, &c. Cette inftitution avoit beaucoup de rapport au Régiment de la Calotte.

POULART, f. m. Nom d'un Taffetas des Indes Orientales, peint ordinairement en Mofaïque, pour faire des mouchoirs & des robbes.

FOURMILLER, v. n., formé de Fourmi, pour exprimer le mouvement & la multitude de diverfes fortes de petits Animaux. Ainfi, l'on dit fort bien que les vers fourmillent dans un Fromage : ce qui eft néammoins auffi bifarre, que de dire, comme on le dit auffi, être à Cheval fur un Ane. Les Médecins nomment *fourmillant*, un poulx inégal, foible, bas, dont le mouvement a quelque reffemblance avec celui d'une Fourmi, qui marche. *Fourmillement*, f. m., fe prend auffi pour un petit mouvement irrégulier des parties, entre elles.

FOURNISSEMENT, f. f. Terme de Commerce, qui fe dit du fond que chaque Affocié doit mettre dans une Société. Un compte de *fourniffemens*, c'eft-à-dire, de ce que chacun s'eft engagé à fournit pour fa part.

FRACTION DU PAIN, f. f. Terme eccléfiaftique, pour fignifier l'ancienne Communion des Fidéles.

FRAGMENT, f. m. lat. Partie rompue de quelque chofe. En termes de Littérature, on nomme *fragment*, non-feulement un morceau détaché d'un Ouvrage, mais une partie de quelque Ouvrage qui n'eft point achevé.

FRANCATU, f. f. Efpece de Pomme, rouge d'un côté, & jaunâtre de l'air

---

tie, qui fe conferve fort long-tems.

FRANCISER, v. act. Terme qui s'eft mis en ufage, pour fignifier *rendre françois*, comme on dit depuis long-tems *latinifer*. Francifé fe dit auffi pour, formé aux manieres, & aux modes, *françoifes*. On peut obferver, à cette occafion, que le nom propre *François* ne fignifie, en latin, comme dans notre Langue, que né, ou habitué, en France. C'eft par corruption qu'on a dit *Francifcus* au lieu de *Francicus*. S. François d'Affife s'appelloit *Jean*, & ne fut nommé *Francifcus*, pour *Francicus*, en mauvais latin du tems, qu'après un voïage qu'il avoit fait en France, & qui lui fit donner ce nom.

FRANGUIS, f. m. Nom que la plûpart des Orientaux donnent aux Peuples de l'Europe. La Langue qu'on nomme *Franca*, ou *Franque*, eft un Jargon compofé de diverfes Langues, telles que le François l'Italien, l'Efpagnol, &c., qui eft en ufage entre les Gens de Marine de la Méditerranée & les Marchands qui vont négocier au Levant, & qui fe fait entendre de toutes les Nations.

FRASER, v. act. *Frafer* de la pâte, c'eft la paîtrir avec les poings, de droite à gauche. *Contrefrafer*, c'eft la paîtrir du fens oppofé.

FRASQUE, f. f. Terme vulgaire, qui fe dit pour *action peu mefurée chocquante*, à laquelle on ne s'attend point de la part de celui qui la fait.

FRATERNISER, v. n., formé du mot latin, qui fignifie *Frere*. C'eft agir, ou fe lier, avec quelqu'un, comme on le fait entre des Freres. *Fraternité*, f. f., fe dit d'une liaifon étroite, qui reprefente celle de la nature.

FREGATE, f. f. Infecte de Mer, de la groffeur d'un œuf de Poule, & de la forme d'une Barque. Elle eft toujours fur l'eau, & s'y foutient par une efpece de petite voile, couleur de pourpre. On prétend qu'elle envenime la main, quand on y touche.

FREQUENCE, f. f. Mot latin, nouvellement introduit dans l'ufage commun, & que fon utilité doit faire conferver, pour fignifier la réitération, ou la succession nombreuse, de certaines choses. La *fréquence* des visites, des occasions, &c. Les Médecins disent, depuis long-tems, la *fréquence* du pouls, ou la *fréquence* de ses battemens, pour dire la *vitesse*.

PRESQUE. *Voïez* FRAISQUE.

FREY-MAÇON. Terme Anglois, qui signifie *Franc-Maçon*, ou *Maçon libre*, & qui est le nom d'une Confrairie fort ancienne, entre des Gens de toutes sortes de rangs & de Professions, dont le principal caractère est un secret inviolable sur le fond de leurs engagemens. Ils font profession d'ailleurs d'aimer toutes les vertus Chrétiennes & Morales. Cette Société, qui jouissoit d'une sorte de considération en Angleterre, n'a pas peu perdu à s'étendre hors des bornes de cette Isle.

FRIGIDITÉ, s. f. lat. Terme de Jurisprudence, pour signifier l'état d'un Homme impuissant, c'est-à-dire, incapable de génération, par froideur, ou par foiblesse, de tempéramment.

FRIPON, s. m. & adj. On ne s'arrête à ce mot, que pour observer qu'en qualité d'adjectif, il ne s'emploie gueres que dans les exemples suivans, un air *fripon*, un œil *fripon*, pour dire, un air, un œil, enjoué, coquet. On appelle *fripons*, de petites Boëtes de Sapin, plates & rondes, remplies de gelée de Coing, qu'on nomme Cotignac, & dont la plûpart viennent d'Orléans.

FRITELAIRE, s. f. Plante qui n'a que deux feuilles, pendantes du haut de sa tige, en forme de petites cloches. Elle fleurit au mois de Mars.

FRIVOLE, adj. Leger, vain, de nulle importance. On en a fait le substantif *Frivolité*, qui n'a pas été mal reçu.

FRÔLER, v. act. Mot d'origine obscure, mais nécessaire, du moins dans l'usage familier, pour signifier, frotter, toucher légèrement un corps, en passant auprès. *Frôlement* est le substantif.

FRONDE, s. f. Nom qu'on donnoit au Parti des Parisiens, qui s'étoit formé, sous la minorité de Louis XIV, contre le Cardinal Mazarin. De-là *Frondeur*, qui signifioit un Homme de ce Parti, & qui s'est conservé pour signifier celui qui contredit, qui critique, qui trouve toujours quelque chose à reprendre.

FRONTAL, adj. Terme d'Anatomie, qui se dit de ce qui appartient au Front. Les muscles *frontaux*. *Frontal*, s. m., est le nom d'une espece de Bandage, qu'on applique sur le front, pour calmer les maux de tête, ou pour d'autres besoins.

FRONT-DE-BANDIERE, s. m. Vieux terme, qui se soutient encore. On dit qu'une Armée est campée en *front-de-bandiere*, lorsqu'elle campe en ligne, avec les Étendards & les Drapeaux à la tête des corps.

FROUER, v. n. Terme d'Oiseleur, qui signifie faire un certain sifflement, par lequel on imite le cri de la Chouette, pour attirer des Oiseaux. A la pipée, *on froue*, avant que de piper; parce que le Pipeau, qui donne un son plus aigu, n'est que pour appeller les Oiseaux éloignés.

FRUSTE, adj. Nom qu'on donne aux Coquillages, dont les stries, les canelures & les pointes sont usées.

FUGITIVES, adj. lat. Pieces fugitives. On donne ce nom à de petits Ouvrages d'esprit, qui, n'aïant point assez d'étendue pour former un Volume, sont exposés à périr, lorsqu'on ne prend pas la peine d'en former des Recueils.

FULIGINEUX, adj. lat. Ce qui est rempli, ce qui porte des marques, de fumée, ou d'autres vapeurs noires & épaisses.

FUMAGE, s. m. Nom d'une fausse couleur d'or, qu'on peut donner à l'argent filé & aux lames d'argent, en les exposant à la fumée & au parfum de certaines compositions. Cette méthode est défendue par les Ordonnances. *Fumer* l'argent, c'est lui donner le *fumage*.

FUNIN, s. m. lat. Nom de divers cordages d'un Vaisseau. Celui qui les fournit, ou qui les y met, se nomme *Funean*. On appelle *Franc-funin*, les gros cordages, composés de cinq torons, qui servent pour les plus rudes manœuvres.

FUREUR UTERINE, f. f. lat. *Voïez* UTERIN.

FURIE, f. f. Satins & Taffetas des Indes & de la Chine, peints dans ces Régions, ou imités en Europe, qui ont reçu ce nom des Européens, parce que les desseins en étoient extraordinaires, & contenoient quelquefois des figures fort bisarres.

FURLONG, f. m. Nom d'une mesure Angloise d'arpentage, souvent emploié dans les Voïageurs de cette Nation, qui contient quarante perches, chacune de seize piés & demi.

FUROLLES, f. f. pl. Nom vulgaire de certaines exhalaisons enflammées, qui paroissent quelquefois sur Terre & sur Mer. *Voïez* divers autres noms qu'on leur donne, tels que Castor & Pollux, Feu S. Elme, Feux follets, Flambords, &c.

FUSAIN, f. m. Nom d'une Plante qui s'appelle aussi *Bonnet de Prêtre*, parce qu'elle porte un petit fruit membraneux, qui en a la figure.

FUTAILLE EN BOTTE, FUTAILLE MONTE'E. On donne le premier de ces deux noms, aux douves préparées, auxquelles il ne reste plus que des cerceaux à mettre, & le second aux *Futailles* reliées, qui ont leurs cerceaux & leurs barres.

FUTAINE. *Courir la futaine*. Expression proverbiale, qui se dit, pour, mener une vie oisive, vagabonde, passer le tems en promenades inutiles. On la fait venir d'un ancien usage de quelques Provinces, qui consistoit dans une course de plusieurs concurrens, pour un prix, qui étoit ordinairement une piece de *futaine*.

FUTILE, f. m. Terme d'Antiquaire, & nom d'un vase en forme de cône renversé, très large par le haut, pointu par le bas, dans lequel on mettoi: l'eau, qui devoit servir à certains sacrifices. Il étoit de cette forme, afin qu'il ne put être posé à terre.

FUTURITION, f. f. lat. Terme dogmatique, qui s'emploie pour, ce qui doit arriver, en conséquence de la prescience de Dieu.

G

G est le caractere distinctif de la Monnoie de Poitiers. Seule, elle signifie un gros, soit de Poids, ou de Monnoie.

GABELLUM, f. m. Mot purement latin, adopté, en France, pour signifier l'espace qui est entre les deux sourcils, & qui doit être sans poil. C'est ce qu'on nomme vulgairement *Faroupe*. Dans les idées populaires, le *gabellum* chargé de poil est la marque d'un méchant Homme, & fait une physionomie malheureuse. On a remarqué que *Voiture* & le Maréchal *de Turenne* avoient ce défaut; si ç'en est un.

GABRIEN, f. m. Terme Spagyrique, qui signifie le *Mari Philosophique*, c'est-à-dire, le souffre des Philosophes, dont la Femme est nommée *Brya*, c'est-à-dire, *Eau mercurielle*.

GACHER, v. act. En termes vulgaires, *Gâcher* se dit pour donner à vil prix, prodiguer sa marchandise, la mettre comme à l'abandon.

GAGES, f. m. *Casser aux Gages* est une expression vulgaire, pour, ôter à quelqu'un son emploi & les appointemens qui y sont attachés. *Gagiste* se dit de tous ceux qui reçoivent des Gages, c'est-à-dire, un paiement régulier, pour rendre quelque service; mais il s'applique particuliérement aux Valets des Salles de Comédie.

GAGNE DENIER, f. m. Nom d'une sorte de Profession, qui consiste à faire des commissions pour le service d'autrui, avec une certaine rétribution, qui, lorsqu'il est question d'affaires pécuniaires, est ordinairement d'un denier par livre. Les *Gagne-deniers* sont une espace de Facteurs. On appelle *Gagne-petit*, non-seulement un pauvre garçon Coutelier, qui se promene avec sa meule, mais la meule même & tout son attirail.

GAILLARDE, f. f. Nom d'une ancienne danse Françoise, & celui d'un air particulier de Musique. Le Pas de danse, qu'on nomme Pas de *gaillarde*, est composé d'un assemblé, d'un Pas marché, & d'un Pas tombé.

GALACTOPHORE, adj. gr., qui signifie, ce qui *porte du lait*. Il se dit non-seulement des vaisseaux qui portent le lait aux mammelles, mais encore des médicamens qui sont propres à l'augmenter.

GALAXIE, f. f. gr. Nom qu'on donne à la trace blanche & lumineuse, qu'on remarque au Ciel, dans les nuits claires & sereines, & qui se nomme autrement *Voie lactée*. C'est un composé de quantité d'Etoiles.

GALEANTHROPIE, f. f. gr. Maladie, ou délire mélancolique, qui consiste à croire qu'on est métamorphosé en *Chat*.

GALEGUE, f. f. Plante dont les feuilles ressemblent à celles de la Vesce, & que les Italiens mangent en salade. On lui attribue des vertus contre le mauvais air, l'Epilepsie, les Vers, surtout lorsqu'elle est prise en décoction.

GALERICULE, f. m. Nom d'un tour de cheveux, ou d'une espece de petite Perruque, dont les Dames Romaines se servoient, & qu'on remarque encore sur plusieurs Médailles.

GALIA, f. m. Composition médecinale, dont on distingue deux sortes ; le pur & l'aromatique. Il est composé de Noix de galle, de Dattes vertes, & de Myrobolans.

GALIOTTE, f. f. Nom qu'on donne à de simples Bateaux, qui servent à voïager sur les Rivieres. Ils sont longs, & couverts de planches qui forment un toit plat.

GALLICAN, adj., qui signifie proprement ce qui appartient à la *Gaule*. Il n'est gueres d'usage qu'en termes ecclésiastiques. L'Eglise *Gallicane*, c'est-à-dire, l'Eglise de France, qui renferme la plus grande partie de l'ancienne Gaule. *Voïez* LIBERTE'.

GALLINAPANE, f. f. Nom d'un Oiseau de l'Amerique Méridionale, qui ressemble beaucoup au Coq d'Inde.

GALLIUM, f. m. Plante commune dans les Prés & dans les Haies, dont la poudre est excellente pour les hémorrhagies. On en distingue deux, dont l'une porte des fleurs blanches, & l'autre de jaunes. Celle-ci, qu'on nomme vulgairement *Petit muguet*, fait cailler le lait. L'autre s'appelle *Petite garance*.

GAMAHE' ou GAMAHEU, f. m. Espece de Talisman, qui consiste dans des Images, ou des caracteres, naturellement gravés sur certaines pierres, auxquels la supperstition a fait attribuer de grandes vertus, parce qu'elle les croit produits par l'influence du Ciel.

GAMBADE, f. f. *Païer en gambade*, ou *en monnoie de Singe*. Il nous reste un tarif de Saint Louis, dont un article porte ,, que si un ,, Songleur apporte un Singe, à Pa- ,, ris, il en jouera devant le Péager, ,, ce qui l'acquittera du Péage. De-là le Proverbe.

GAMBIT, f. m. Ital. Terme du Jeu d'Echecs, qui se dit d'une maniere de jouer, suivant laquelle on avance successivement deux Pions, de deux Cases, dans les deux premiers coups. Il y a plusieurs manieres de jouer le *Gambit*.

GAMELLE, f. f. Nom que les Soldats & les Matelots donnent à un grand vaisseau de bois dans lequel ils mangent leur soupe, & qu'on fait venir de *Camella*, nom latin d'un ancien vase, ou d'un panier d'osier fort serré.

GAMMAROLITHE, f. f. gr. Nom d'une pierre figurée, couleur de cendre, & de la nature du Talc.

GAMME, f. f. Nom qu'on donne, en Musique, aux sept degrés successifs de la voix naturelle, par lesquels on monte au son aigu & l'on descend au grave. Ce nom est celui de la troisième lettre de l'Alphabet grec, qui sert aussi à désigner les differens sons de la *Gamme*, & pour marquer le ton dans lequel un air est composé. *A, mi la, B, fa si, D, la re, E, si mi, F, ut fa, G, re sol*, sont, dans ce sens, ce qu'on nomme la *Gamme*. C'est la derniere syllabe qui désigne le ton, ou la note finale de l'air ; & la syllabe pénultiéme désigne la quinte de la finale. Les Instrumens, pour s'accorder, prennent le ton d'*A mi la*, par la seule raison qu'il se trouve le premier. La *Gamme* fut inventée par *Gui d'Areze*, Moine Toscan.

GANDASTROS ou GARAMANTITE, s. f. Pierre précieuse, de couleur obscure au dehors, mais raïonnante & transparente en dedans, & marquetée en plusieurs endroits de taches dorées. Elle se trouve au Païs des Garamantes, en Ethiopie, & dans l'Isle de Ceylan.

GARBE, s. m. *Voïez* GABARIT, qui a la même signification. Il paroît que *Garbe* se dit particuliérement sur la Méditerranée, & qu'il est emprunté de l'Italien.

GARDE-NOBLE, s. f. Tutele d'un Enfant noble. La *Garde-noble* & la Roturiere ont été formées sur la puissance Paternelle. On appelle *Garde roïale*, pour les Pupilles, une dépendance de la Souveraineté du Roi ; & *Garde seigneuriale*, une autre dépendance du Seigneur, dont releve un Fief.

GARNISON, s. f., qui ne se dit, dans l'usage propre, que des troupes qui gardent une Ville de Guerre. On l'emploie néanmoins, pour signifier les Sergens & les Archers, qui gardent une Maison saisie, en vertu de quelque Arrêt de Justice.

GARUNILLE, s. f. Drogue qui sert à la teinture en fauve, & qui vient de Provence, de Languedoc & de Roussillon. Elle s'emploie aussi pour le gris de rat.

GASPAROT, s. m. Espece de Hareng, qu'on sale pour l'Hiver, mais qui est moins bon que le Hareng ordinaire.

GASPILLER, v. act. Terme vulgaire, qui signifie bouleverser, mettre en desordre, gâter, ou prodiguer, emploïer mal-à-propos.

GAUCHIR, v. n., formé de gauche. Il se dit pour biaiser, changer de direction, soit à droite ou à gauche. *Gauchissement* est le substantif.

GAVETTES, s. f. Ouvrages d'argent, ou d'argent doré, que font les Tireurs & Ecacheurs d'or & d'argent. Les *Gavettes* sont du nombre des marchandises qu'il est défendu d'apporter, en France, des Païs étrangers.

GAULE, s. f. Ancien nom d'une grande partie de l'Europe, qui porte aujourd'hui le nom de France. Ses divisions n'appartiennent point à cet ouvrage : mais on peut observer que la *Gaule* a pour symbole, sur les Médailles, une espece de Javelot, & qu'elle est vêtue d'une saie, ou habit militaire, assez semblable au Juste-au-corps qu'on porte aujourd'hui.

GAZOILLE, s. f. Contrat de Gazoille. Nom d'un accord qui se fait pour le louage du Betail de labourage, & qui s'appelle, dans quelques Provinces, Contrat d'*Arreges*. On y met quelquefois des conditions, qui le rendent usuraire.

GAZOUILLER, v. n. Terme vulgaire, lorsqu'il s'emploie pour mal parler, articuler mal ses paroles ; mais qui prend une signification plus noble, pour exprimer un agréable bruit de l'eau, & le chant même des Oiseaux. *Gazouillement* est le substantif.

GEINBRIAL, s. m. Nom d'une sorte de Lacque.

GELASIE, s. f. Nom qu'on a donné à l'une des trois graces de la Fable. C'est, suivant la signification du mot grec, celle qui présidoit particuliérement aux charmes du sourire.

GELBE, s. m. Marcassite de Hongrie, dans laquelle il se trouve souvent des parties d'argent ; ce qui a fait quelquefois donner ce nom à la Pierre Philosophale.

GEMINE', adj. tiré du latin. On appelle *Lettres geminées*, les reduplications des Lettres qui se trouvent dans les anciens Monumens ; comme *Coss*, qui signifie les deux Consuls, *Augg.* & *Impp.*, pour deux Empereurs & deux Augustes.

S'il y en avoit trois, on triploit les Lettres.

GEMME. *Sel Gemme.* On donne ce nom au Sel en Pierre, qui se tire des Salines & des Mines de sel, du mot latin, qui signifie Pierre précieuse, parce qu'il est transparent. Les Marchands Epiciers Droguistes en font le trafic, à Paris, pour l'usage des Teinturiers.

GENDARME, s. m. Ancien mot, qui signifie, en général, un Cavalier pesamment armé. On a nommé particuliérement *Gendarmes*, sous *Henri IV* & *Louis* XIII, une Cavalerie qui portoit des greves, ou des genouilleres dans la botte, une cuirasse à l'épreuve, une escopete, des pistolets à l'arçon, & l'estic, ou l'épée longue sans tranchant. Les Chevaux étoient armés de chanfrain & d'écusson devant le poitrail. Aujourd'hui, c'est un corps de Cavalerie distinguée, dont les Compagnies ont pour Capitaine, le Roi, la Reine, & les Princes de qui elles portent le nom, & qu'on nomme autrement *la Gendarmerie.* On appelle *Gendarmes de la garde*, une Compagnie de Cavalerie de la Maison du Roi, qui fait son service à la Cour par quartier. En termes de Jouaillier, on nomme *Gendarmes*, certains points qui se trouvent quelquefois dans les Diamans, & qui en diminuent l'éclat & le prix. Les Bluettes qui sortent du feu, & les petites parties de lie qui se trouvent quelquefois dans le vin, se nomment aussi *Gendarmes.*

GENEQUIN, s. m. Nom d'une sorte de coton filé, dont on fait peu de cas.

GENERALITE', s. f. Nom d'une certaine division du Roïaume de France, établie pour faciliter la levée des Impôts & de tout ce qui a rapport aux Finances. Chaque *Généralité* est subdivisée en Elections. Elle a un Tribunal, qui se nomme *Bureau des Finances*, ordinairement composé d'un Président & de vingt-trois Conseillers, qu'on appelle Tresoriers de France, d'un Avocat & d'un Procureur du Roi. C'est le Bureau des Finances qui fait la répar-tition de l'état des Tailles, sur les Elections de son District, & les Elections la font sur les Paroisses. Il y a vingt-quatre *Généralités* dans le Roïaume. Elles se nommoient autrefois *Msses.*

GENERATEUR, s. m., qui se dit, en Géométrie, des lignes, ou des figures, dont le mouvement forme des plans, ou des solides. Un Point qui se meut est le *generateur* d'une Ligne. Une Ligne droite, qui se meut parallellement à elle-même, est la *generatrice* d'une surface. Un cercle, qui fait une révolution sur son axe, est le *generateur* d'un Globe. Un triangle, tournant autour d'une Perpendiculaire, est le *generateur* du cône, &c.

GENESTRALE, s. m. Arbrisseau, dont la tige se divise en plusieurs rameaux, qui jettent de petites verges semblables au Jonc. Ses fleurs sont jaunes & sans odeur. On en distingue une autre espece, beaucoup plus grande, dont les fleurs sont blanches. Le *genestrale* croît dans les Païs chauds, surtout en Espagne. Ses fleurs, & son fruit, qui sont de petites Capsules, dont chacune contient une petite semence dure & noire, passent pour un violent purgatif.

GENETTE, s. f. Nom d'une espece de Chats sauvages d'Espagne, qui habite les lieux aquatiques; & dont la fourrure est estimée. On vante sa graisse pour les maladies des nerfs. Charles *Martel* créa seize Chevaliers de la *Genette*, après avoir vaincu *Abderame*, parce qu'on trouva, dans le butin, un grand nombre de fourrures de *Genettes.*

GENEVRETTE, s. f. Espece de vin, agréable & salutaire, qui se fait en mettant infuser, pendant un mois, six boisseaux de graines de Genievre, & trois ou quatre poignées d'Absinthe, pour cent Pintes d'eau. On le tire ensuite au clair. Il se perfectionne en vieillissant.

GENIOGLOSSE, s. & adj. gr. Nom de deux muscles externes de la langue, qui servent à ses mouvemens.

GENRE, s. m. En langage Philofophique, le *genre* eft ce qui eft commun à plufieurs efpeces, & qui en renferme, par conféquent, plufieurs. Le *genre* fuprême eft l'Etre. Une définition doit être compofée du *genre* prochain & de la difference fpéciale.

GENS DU ROI, f. m. On donne ce nom aux Procureurs Généraux, aux Avocats Généraux, aux Avocats & Procureurs du Roi, parce que leur fonction principale eft de prendre connoiffance des affaires où le Roi eft intereffé.

GENTILE', f. m. Mot purement latin, qui eft paffé en françois, pour exprimer les noms par lefquels on fait connoître le Roïaume, la Province, & la Ville, où quelqu'un a pris naiffance; comme on peut dire, Je fuis François, Normand, & Rouennois. C'eft ce qu'on appelle auffi les noms *Ethniques*.

GENTILHOMME DE LA CHAMBRE, f. m. On donne le titre de *Premiers Gentilshommes de la Chambre*, à quatre Seigneurs, qui fervent, auprès du Roi, par quartier. Leur office eft de fervir Sa Majefté, lorfqu'elle mange dans la Chambre; de lui donner la chemife, en l'abfence des Princes du Sang & du premier Chambellan; de donner, à l'Huiffier, l'ordre des perfonnes qui doivent entrer, &c. On nomme *Gentilfhommes ordinaires*, quarante-huit Gentilshommes, qui fervent auffi par quartier, auprès de la Perfonne du Roi, pour recevoir & porter fes Ordres. Ceux, qu'on appelle *Gentilfhommes au Bec de Corbin*, font au nombre de deux cens, qui marchent, aux jours de cérémonie, deux à deux devant le Roi. Les *Gentilshommes d'artillerie* font des Officiers qui n'ont pas d'autre emploi que de garder les pieces, d'empêcher qu'elles ne s'alterent, & de hâter l'ouvrage des Canoniers. On les nomme *Gentilfhommes* du premier, du fecond, du troifiéme rang, fuivant la Claffe du canon qu'ils gouvernent.

GEOGRAPHIQUE, f. f. Nom d'une efpece de Coquillage marin, dont les traits reffemblent à ceux d'une Carte de Géographie.

GEORGES. *Ordre de Saint Georges*. Il y a plufieurs Ordres militaires de ce nom. Celui qui fe nomme autrement, Ordre de Rougemont au de Franche Comté, fut inftitué, vers 1400, par un Gentilhomme Bourguignon, de la Maifon de Miolans. Un autre doit fa création à l'Empereur *Fréderic* III, vers 1468; un autre à Charles-Albert *de Baviere*, en 1728, &c. L'Ordre Anglois de la Jarretiere, qui fe nomme auffi de *Saint Georges*, porte une Image de ce Saint, enchaffée dans un cercle d'or garni de Diamans, & attachée à un cordon bleu, qu'on paffe, en forme d'écharpe, de l'épaule gauche à la hanche droite.

GERBER, v. n. Terme d'Art formé de *gerbe*, pour fignifier l'effet des Bombes, des Feux d'artifice, & des Jets d'eau, qui reprefentent, dans leur mouvement, la forme d'une *gerbe*.

GERBO, f. m. Liévre de Barbarie, qui a les jambes de derriere extrêmement longues, & celles de devant fort courtes. Les premieres lui fervent à marcher, & les autres à prendre, comme d'une efpece de main, ce qu'on lui prefente. Sa queue eft fort longue, & tachetée de blanc & de noir par le bout.

GERCE', adj., qui fignifie ce qui fe fend, qui s'entr'ouvre, comme il arrive au bois. Des levres *gercées* par le froid, ou par un excès de chaleur; car le mal peut venir de ces deux caufes. On dit auffi, du fer *gercé*, lorfqu'il s'y trouve de petites fentes en travers. *Gerfure* eft le fubftantif. On ne s'accorde pas fur fon origine.

GERMAINS, f. m. lat. Dans le Droit Romain, on appelle *Germains*, ou *Freres germains*, des Freres de Pere & de Mere, des Enfans du même lit; à la différence des *Freres Confanguins*, qui font des Enfans de différent lit, c'eft à-dire, qui ont le même Pere, mais non pas la même Mere. Aujourd'hui, l'ufage de *Germain* eft réduit aux premiers Coufins, c'eft-à-dire, au degré de Parenté, qui eft entre les Neveux des Freres & des Sœurs. On donne quelquefois, aux Allemands, le nom de *Germains*, de l'ancien nom du Païs, qui étoit *la Germanie. Germanisé*, adj., se dit d'un Etranger qui a pris les goûts & les manieres d'Allemagne; comme latinisé, francisé, &c.

GEROCOMIE, s. f. gr. Partie de la Médecine, qui prescrit, aux Vieillards, un régime convenable à leur âge.

GESTATION, s. f. lat. L'action de se faire porter. C'étoit un exercice fort en usage dans l'ancienne Rome, & pour lequel on avoit, dans les grandes Maisons, de longs espaces couverts, où le mauvais tems ne pouvoit interrompre cette salutaire partie de la Gymnastique.

GEUM, s. m. Plante détersive & vulnéraire, des Montagnes & des Bois, qui pousse, à la hauteur d'un pié, des tiges vertes & velues. Ses feuilles sont larges, rondes, grosses, velues, dentelées & d'un goût âcre. Ses fleurs sont disposées en Rose, blanches, & marquetées de plusieurs petits points rouges.

GHAN, s. m. Nom qu'on donne, en Moscovie, à cette sorte d'Hôtelleries, qui se nomment Caravanseras dans les Païs Orientaux.

GIBECIER, s. m. Nom des Artisans qui font des Gibecieres. Paris en a une Communauté, qui se qualifient de Maîtres *Boursiers* & *Gibeciers*. On fait venir la *Gibeciere* des Chasseurs de Gibier, & celle des Charlatans, de deux mots Allemands du même son, qui signifient cacher des Gobelets.

GIBERNE, s. f. Nom d'une espece de sac, dans lequel les Grenadiers mettent & portent des Grenades.

GIGANTESQUE, adject. *Voïez* GEANT.

GIGUE, s. f. Air de Musique, qui vient, dans ce sens, d'un mot Italien, qui est le nom d'un Instrument musical. D'autres le font venir d'une danse Angloise, composée de toutes sortes de pas, qui se danse sur la corde. L'air de *Gigue* est gai, vif, & de pleine mesure.

GILOTIN, s. m. Nom qu'on donne aux Ecoliers du College de Sainte Barbe, à Paris; d'un Ecclé-

siastique nommé *Gilot*, qui en a fait les réglemens. On y faisoit autrefois de très bonnes études, qui ont rendu ce nom célebre.

GINGIRAS, s. m. Nom d'une Etoffe de soie des Indes Orientales, large de deux tiers. La longueur des pieces est de neuf aunes & demie.

GINGRINE, s. f. Nom d'une Flute des Anciens, qui étoit fort courte, mais dont le son avoit beaucoup d'agrément.

GING-SENG, s. m. Racine célebre par ses vertus & par le cas qu'on en fait à la Chine, où elle se vend son poids d'or. On a cru qu'elle ne se trouvoit qu'en Tartarie, mais on en a découvert au Canada, & les Hollandois en ont planté au Cap de Bonne-Espérance. On prétend que le bon *Ging-Seng* rétablit les forces les plus épuisées. Les Canadiens le nomment *Garent-Ogen*, ou *Auriliana*.

GINGUET, adj., qui signifie, en langage vulgaire, foible, mince, menu, de peu de force & de valeur.

GIONULLES, s. m. Fameux Volontaires des Armées Turques, dont le courage & la témérité vont jusqu'à la fureur. Aussi, fait-on venir leur nom d'un mot Turc, qui signifie impétuosité furieuse.

GIRAFLE, s. f. Animal des Indes Orientales, de la hauteur du Cheval, mais d'une taille plus déchargée, & plus basse sur le derriere. Son poil est blanc, un peu gris dans quelques endroits, & marqueté, par-tout, de grandes taches orangées.

GIREL, s. m. gr. Nom qu'on donne, sur la Méditerranée, à ce qu'on appelle, sur l'Ocean, *Cabestan*, & *Virevau*, sur les Vaisseaux Marchands. Le haut de l'arbre de la roue des Potiers, sur lequel on place le morceau de Terre-glaise, pour en faire un Vase, se nomme *Girelle*.

GIVRE, s. f. Espece de Gelée blanche fort épaisse, qui s'attache aux branches des Arbres, & qui leur est pernicieuse.

GLABRE, adj. lat., qui signifie lisse, sans poil, & qui s'emploie, dans ce sens, en Botanique.

GLAGE, s. f., qui se dit, au pluriel,

riel, pour des liqueurs *glacées*. *Glacial*, adj., se dit de ce qui est aussi froid que la *glace*.

GLANDE, s. f., qui se dit de certaines tumeurs accidentelles, qui se forment en quelques parties du corps. *Glanduleux*, adj., signifie ce qui tient de la *glande*, par sa nature, ou sa forme.

GLANIS, s. m. Grand Poisson de Rivieres, qui ne se trouve que dans les grands Fleuves, tels que le Danube. Il s'en trouve qui pesent jusqu'à deux cens livres. Sa chair est dure; mais elle se sale & se mange.

GLISSADE, s. f. Terme de Danse, qui est le nom d'une espece de coupé, qui ne se fait que pour aller de côté & sur la même ligne, soit à droite, ou à gauche. Le *glissé* est un autre pas fort lent, qui consiste à passer le pied doucement devant soi, en touchant le parquet très légerement.

GLOIRE, s. f. Nom qu'on donne au cercle de lumiere, qui se met autour de la tête des Saints, ou des Personnes illustres par leurs vertus. On donne aussi ce nom, en termes de Feux d'artifice, à un Soleil fixe d'une grandeur extraordinaire : nous en avons vû, dans ces derniers tems, de soixante piés de diamétre.

GLOSE, s. f. gr. Nom qu'on donne à un Commentaire, qui explique le sens d'un Auteur. On en a fait aussi le nom d'une sorte de Poème, que les François ont imité des Espagnols. *Gloser*, v. act., se dit pour, critiquer, reprendre.

GLOSSAIRE, s. m. gr. Nom d'une espece de Dictionnaires, qui contiennent un Recueil de termes difficiles, obscurs, ou barbares, accompagnés de leur *glose*, c'est-à-dire, de leur explication. Tels sont le *Glossaire* de *du Cange*, pour les mots qui viennent principalement de la basse latinité; le *Glossaire* alphabétique de la *Monnoie*, pour les mots Bourguignons, &c. Ceux qui rendent ce service au Public se nomment *Glossographes*.

GLOSSOPETRE, s. f. gr. ou *Langue de Pierre*. Nom de certaines Pier-

Supplém.

res figurées, qui représentent une Langue. La plûpart sont des Petrifications.

GLOUTERON, s. m. Nom d'une Plante, dont on distingue plusieurs especes. *Voïez* BARDANE, qui est le grand *glouteron*. Le petit en est différent par ses fleurs & ses fruits. La fleur est un bouquet à fleurons, semblables à de petites veilies. Les feuilles, beaucoup plus petites que celles de la Bardane, sont dentelées & d'un goût aromatique. Elle croît dans les terres grasses. Sa vertu est résolutive & digestive.

GLOUSSEMENT, s. m. Bruit sourd & plaintif que font les Poules prêtes à couver, & lorsqu'elles appellent leurs Poulets. *Glousser* est le verbe.

GLUTEN, s. m. Mot purement latin, qui se dit, en termes d'Histoire naturelle, pour *glue*. On appelle *Glutinatifs*, en termes de Médecine, des médicamens capables de rétablir les parties d'une plaie, dans leur union naturelle. *Glutinant* se dit pour visqueux, collant.

GLYPHE, s. m. gr. Terme d'Architecture, qui signifie généralement tout Canal creusé en rond, ou en anglet, qui sert d'ornement.

GLYPTOGRAPHIE, s. f. gr. Science, qui a pour objet la connoissance des Gravures, en creux & en relief, sur des Cornalines, des Jaspes, des Agathes, & d'autres Pierres précieuses, qu'on emploie pour des Bagues, des Cachets & d'autres ornemens.

GNOME, s. m. gr. Habitans imaginaires de l'intérieur du Globe terrestre, qui, dans le systême des Sylphes, président à tout ce que la terre renferme de précieux dans son sein.

GNOMIQUE, adj. gr., formé du mot qui signifie *Sentence*. On appelle *Poésie gnomique*, celle qui s'exerce à composer des Maximes, ou des Sentences, c'est à-dire, à réduire en forme Poétique les principes & les devoirs les plus sérieux de la vie. Tels sont les fameux Quatrains de Pybrac.

GNOSTIQUES, s. m. gr. Anciens Hérétiques, qui s'attribuoient des

P

lumieres extraordinaires, & qui n'é-
toient qu'une espece d'Illuminés, ou
d'Enthousiastes, auxquels on a re-
proché les plus honteuses dissolu-
tions. Ce mot, qui signifie *Savant*,
est quelquefois pris en bonne part.

GO. TOUT DE GO. Expression
proverbiale, à laquelle on fait signifier, tout d'un coup, sans façon,
sans préparation; comme dans *aller
tout de go*. Elle est prise des Anglois,
auxquels on entend dire souvent *go*;
parce que ce mot, dans leur langue,
est un verbe qui signifie *aller*.

GOACONEZ, s. m. Grand Arbre
de l'Amerique, d'où l'on tire une
espece de Baume, qui porte le même nom.

GOBIN, s. m. Mot tiré de l'Italien, qui signifie bossu, & qui s'emploie dans le même sens, ou quelquefois seulement comme un terme
de mépris. Un plaisant *Gobin*.

GODE, s. f. Oiseau de Mer,
blanc & noir, dont le vol est d'une
extrême rapidité.

GODENOT, s. m. Petit mor-
ceau de bois, qui se démonte à vis,
en figure de Marmouset, dont les
Joueurs de Gobelets se servent pour
divertir le Peuple.

GOETIE, s. f. gr. Nom d'une espece de *Magie*, qui n'a pour objet
que de faire le mal. L'ancienne
Goétie s'exerçoit par l'invocation
nocturne des Génies mal faisans. On
dit aussi *Magie goétique*.

GOLILLE, s. f. Espece de Collet,
qu'on porte en Espagne, & qui est
fort gênant pour ceux qui n'en ont
pas l'habitude.

GOMENE, s. f. Ital. Nom qu'on
donne, sur les Galeres, au cable
d'une ancre.

GOMME-GUTTE, s. f. Sorte de
Gomme purgative, dont l'excès est
fort dangereux, & qui fait une couleur jaune dont on se sert dans la
Peinture. Elle vient des Indes Orientales, sans qu'on ait bien sçû, jusqu'à present, quelle est son origine,
& tire son nom d'une vertu spécifique, qu'on lui attribue pour la
Goute. Sa couleur la fait nommer
aussi *Chrysopa*.

GORGONELLE, s. f. Nom d'une
espece de Toile, qui se fabrique en
Hollande & à Hambourg.

GOSSAMPIN, s. m. Grand Arbre
des Indes, dont les fleurs sont suivies
de petits fruits en tuyaux, qui produisent une sorte de laine. Elle est
trop courte pour être cardée; mais
on en fait des lits fort mollets. L'arbre est une espece de Pin, dont le
nom est composé du mot latin qui
signifie *coton*.

GOUACHE, s. f. Ital. *Peinture à
Gouache*. C'est une sorte de peinture
pour laquelle on emploie des couleurs délaïées avec de l'eau & de la
gomme. Elles sont couchées à plat,
en traînant le pinceau comme pour
peindre, ou laver; en quoi *la Gouache* differe de la miniature, qui se fait
en pointillant.

GOUDRON, s. m. Nom que les
Européens ont donné à une sorte
d'huile qui découle d'un arbre des
Indes Orientales. Le *Goudron des
Barbades* est une espece de Bitume
rouge-noirâtre, en consistence de
poix liquide, qui flotte sur la surface
de l'eau, & qui passe pour un excellent sudorifique.

GOUGERE, s. f. Espece de Gâ-
teau, qui se fait avec de la mie de
pain, des œufs, & du fromage affi-
né. Il est très dangereux d'en manger
avec excès.

GOURDE, s. f. On donne ce
nom à une sorte d'*Hydrocele*, composée de deux tumeurs, l'une plus
grosse, dans le *scrotum*, & l'autre
moindre, plus haut, entre lesquelles il y ait un étranglement. On
se trompe quelquefois en prenant
la *Gourde*, pour une descente.

GOURE, s. f. Terme de Droguistes, qui se dit de toutes les Drogues
falsifiées. On donne le nom de *Gou-
reurs* à ceux qui les falsifient.

GOURGANDINE, s. f. Ancien
ajustement de Femme. C'étoit un
Corset ouvert par devant, qui laissoit voir la chemise. Ce nom s'est
conservé pour les Femmes qui ont
quelque chose de trop libre dans
l'air, ou dans l'ajustement; de sorte
qu'au lieu de dire, elle est en *Gour-*

gandine, on dit c'eſt une vraie *Gourgandine*.

GOURMANDE, adjeſt. *Branche gourmande*. Les Jardiniers nomment ainſi certaines branches, qui attirent trop de ſeve, ou de ſuc, qui prennent trop de nourriture.

GOURME, ſ. f. Maladie des Chevaux, cauſée par des humeurs ſuperflues, qui ſe déchargent au-deſ-ſous de la gorge, entre les deux os de la ganache, ou par les naſaux.

GOURMER, v. aſt. Terme fi-guré, qu'on emploie pour s'enfler, ſe rengorger, faire l'Homme d'im-portance. On dit d'un Homme, qui affeſte un maintien trop compoſé, qu'il eſt toujours *gourmé*.

GOUT, ſ. m. lat. Dans le ſens qui ſignifie intelligence fine des Ouvra-ges de l'Art, on diſtingue le *goût* na-turel, qui ſe forme dans l'eſprit, à la vûe de la ſimple nature; le *goût* artificiel, qui s'acquiert par la vûe des Ouvrages d'autrui, par la réfle-xion & par l'étude; & le *goût* na-tional, qui eſt un *goût* particulier, propre, de chaque Nation.

GOUTIERES, ſ. f. Pieces de cire blanche, creuſées en forme de Biere, que les quatre Barons de l'Evêché d'Orléans preſentent chaque année dans l'Egliſe de Sainte Croix de cette Ville, la veille de l'Invention de la Sainte Croix, pour réparation du meurtre de *Ferri* de Lorraine, Evê-que d'Orléans, commis par les Ba-rons, en 1229.

GOUTTES D'ANGLETERRE, ſ. f. Célebre Elixir Anglois, qu'on croit compoſé de l'eſprit volatile de la ſoie, reſtifié avec de l'huile de ca-nelle, ou avec quelque autre huile eſſentielle.

GOUVERNANCE, ſ. f. Eſpece de Juriſdiſtion, qui eſt établie dans pluſieurs Villes, telles que Douai, Lille, &c, & dont le Gouverneur eſt le Chef. A Lille, il a, ſous lui, un Lieutenant général, Civil & Crimi-nel, un Lieutenant particulier, ſix Conſeillers, un Avocat & un Pro-cureur du Roi. Dans les Places de Guerre, on donne le nom de *Gou-*vernement à la Maiſon du Gouver-neur.

GRACE, ſ. f. Terme de Religion, qui ſignifie un ſecours intérieur ac-cordé par le Ciel, pour l'exercice du bien, & pour la ſanſtification. C'eſt le ſujet d'une infinité de diſputes, qu'on éviteroit en croïant ſimpl-ment, avec l'Egliſe, que la *grace* eſt néceſſaire, & qu'elle n'ôte pas la li-berté.

GRACE DE SAINT PAUL, ſ. f. Nom qu'on donne, dans l'Iſle de Malte, à une terre blanche qui s'y trouve, & qui paſſe pour un reméde contre la morſure des Viperes, de-puis que Saint Paul y fut mordu par un Serpent. On y attribue la même vertu aux Gloſſopetres de l'Iſle.

GRACIOLE, ou GRACIOLI, ſ. m. Véritable nom de la Poire que l'on nomme vulgairement *Bon chre-tien d'Eté*.

GRAILLON, ſ. m. Outre ſa fi-gnification vulgaire, *graillon* s'em-ploie pour reſte, ou rognures, des marbres. Les *graillons* de marbre ne ſe vendent pas au pied, mais en bloc.

GRAIN, CIRE EN GRAIN, ſ. f. On appelle *Cire en grain*, ou *gro-loucé*, celle qui, à force d'être remuée ſur les toiles, ſe réduit en grains, de la groſſeur d'une fève médiocre. Dans le commerce avec les Negres, on appelle *grains*, une eſpece de verroterie bleue, ou jaune, ou blanche, ou raïée. Le *Grain de ʒéline* eſt une eſpece de Poi-vre long.

GRAINETERIE, ſ. f. Commerce des grains, des graines, & des lé-gumes ſecs, qui forme une Profeſ-ſion nombreuſe à Paris. Ceux qui l'exercent ſe nomment *Grainetiers*.

GRANADILLE, ſ. f. Nom d'une fleur de l'Amérique *Méridionale*, qui produit enſuite un *fruit* de la groſſeur d'un œuf, dont on vante extrêmement la douceur & le goût.

GRANAL, ſ. m. Plante de l'A-mérique, qui, ſans le ſecours de la terre, de l'air & de l'eau, croît au planches des Maiſons, & quelque-

fois fort proche du feu , fans jamais
ceffer d'être verte. Elle ne porte, ni
fleur, ni fruit, ni femence , & fon
fuc eft venimeux.

GRAND-AIGLE , GRAND-RAI-
SIN, ff. mm. Noms de deux fortes de
Papier, qui fervent pour l'impreffion
des Livres.

GRAND - COMMUN. PETIT-
COMMUN. Nom qu'on donne ,
dans les Maifons roïales, à des corps
de logis, pour les bas-Officiers.

GRANDE ROSE. GRANDE VENI-
SE, ff. mm. Noms de deux efpeces de
Linge ouvré, qui fe manufacturent
en Flandres & en Baffe-Normandie.
Le *Grand Barrage* en eft une autre ,
qui fe fabrique à Caën ; & le *Grand
Lion* une autre encore, qui vient du
Beaujolois. On nomme auffi *Grands
brins*, ou *Hauts brins*, des Toiles de
Bretagne, dont la meilleure partie
fe fabrique à Dinan.

GRANDEUR , f. m. Terme de
Geométrie & d'Arithmétique. On
donne ce nom à tout ce qui eft capable du plus, ou du moins, c'eft-
à-dire, d'augmentation, ou de diminution, à tout ce qui, pouvant
être comparé à d'autres chofes de
même nature, peut être plus grand,
ou plus petit , égal, ou inégal , &c.
Tout ce qui a des parties eft une
grandeur. Il y a des *grandeurs entieres*, & des *grandeurs rompues* qui
fe nomment autrement *des Fractions*.
Il y a des *grandeurs completes*, &
des *grandeurs incompletes*. On nomme *grandeur lineaire*, celle qui n'a
qu'une feule dimenfion ; *grandeur
incomplexe*, ou fimple, celle qui n'eft
pas compofée de différentes parties ;
grandeur complexe, une grandeur
compofée qui a plufieurs parties différentes, &c.

GRAND-ŒUVRE. Nom que les
Alchymiftes donnent à la transmu-
tation des métaux, à la maniere
de faire de l'or, par quelque voie
qu'elle foit poffible. C'eft ce qu'on
nomme autrement la Pierre Philo-
fophale.

GRAS , GRASSE , adject. Il fe
prend , dans un fens Figuré, pour
trop libre , obfcene , fale. On appel-

loit , dans ce fens, la *Caufe graffe* ,
une Caufe que les Clercs de la Baſo-
che plaidoient le jour du Mardi
gras , & qui étoit remplie de faletés.
Ils choififfoient la Caufe, de toute
l'année, qui offroit plus de matiere
à cette groffiere efpece de plaifanterie. L'ufage en eft aboli ; mais on
affure qu'il fubfifte encore dans plufieurs Jurifdictions de Province.

GRASSARI , f. m. Oifeau de
paffage , qui craint beaucoup le
froid. Il fe retire, dès le mois d'Août,
aux Païs Méridionaux.

GRASSINS , f. m. Milice de nouvelle création, qui s'eft diftinguée
dans la derniere guerre, & qui fut
formée en 1745 , par M. *de Graffin* ,
Capitaine de Dragons , Neveu du
Directeur général des Monnoies de
France. Elle fut d'abord de douze
cens Hommes , dont trois cens
étoient à cheval , & neuf cens à
pied.

GRATIENNE , f. f. Toile de
Lin, qui fe manufacture dans plufieurs endroits de la Bretagne.

GRATIFIER, v. act. lat., qui fignifie, récompenfer par un préfent, ou
par quelque autre faveur. *Gratifica-
tion* eft le fubftantif.

GRAVIR, v. act. Vieux mot qui
fignifie grimper, monter avec difficulté. *Gravir* un rocher, une montagne. Il eft encore en ufage.

GRE' , f. m. Vieux mot, qui fignifie volonté, inclination, goût,
& qui s'emploie différemment. *A
mon gré*, c'eft-à-dire, à ma fatisfac-
tion, fuivant mon inclination & ma
volonté. De-là *bon gré*, *malgré*,
agréer, *agréable*, &c. Savoir *gré*
d'une chofe à quelqu'un, c'eft lui
avoir obligation, en être content, lui
en tenir compte. *Gré à gré* fe dit, pour,
à l'amiable, d'un accord mutuel.

GRECO, f. m Nom en ufage fur
la Méditerranée pour fignifier le vent
qui s'appelle Nord-Eft fur l'Océan,
apparemment parce qu'il vient de la
Grece, dans la plûpart de ces Parages.
Grecolifer, v. n., c'eft fe tourner du
côté de ce vent; comme on dit *Nord-
efter* fur l'Océan.

GRECS, f. m. Nom qu'on donne à certaines bordures d'une grandeur déterminée, qui servent à encadrer des Estampes.

GREGE, f. f. Nom d'un petit Peigne de fer, qui sert à séparer la graine du lin, de sa tige.

GREGORIENNE, adj. On appelle *Eau gregorienne*, un mélange d'eau, de vin & de cendre, qui sert à purifier les Eglises polluées : invention du Pape *Innocent III*.

GRELE, adject. lat., qui signifie mince, sans force & sans consistence. *Voïez* GRESLE.

GRELOT. FIL AU GRELOT, f. m. Espece de Fil, qui se tire de Doort, en Hollande, & qui sert à broder les toiles fines.

GRELOUER, v. act. Terme d'Art, qui signifie *grainer*, réduire en petits grains. On *greloue* la Cire, pour la purifier & la blanchir.

GRELUCHON, f. m. Nom d'usage moderne, qu'on donne à l'Amant secret & favorisé d'une Femme qui passe pour en avoir un autre. Entre les Femmes d'une conduite libre, qu'on appelle, dans ce siécle, Maîtresses entretenues, il entre, dans l'idée de *Greluchon*, d'être favorisé gratis, tandis qu'elles se font païer par un autre. C'est un diminutif du vieux mot *Grelu*, qui a signifié *Gueux*. Ainsi, *Greluchon* est un petit *Gueux*.

GRENADE. SOIE DE GRENADE, f. f. C'est une soie de cette Province d'Espagne, qui est la plus estimée pour la Couture, les Franges & d'autres ouvrages. On appelle aussi *grenade*, f. m., une espece d'étoffe de fil & de coton, qui tient le milieu entre le Basin & la Toile.

GRENAGE, f. m. GRENAISON, f. f. Dans la Fabrique de la poudre à canon, le *grenage* est la maniere de mettre la poudre en grains. *Grenaison* se dit de la formation de la graine des Plantes. Le tems de la *grenaison*. *Greneler* une chose, c'est faire paroître du grain sur sa surfa comme on fait sur le cuir de ...agrin. *Grener*, c'est réduire une chose en grains.

* GRENETTES D'AVIGNON, f. f. Petites graines, qui croissent aux environs de cette Ville, & dont on fait un très beau jaune, qui sert dans la Miniature, pour les lavis, &c.

GRENOUILLETTE, f. f. Nom d'une Plante commune, nommée aussi *Ranoncule*; de son nom latin, qui signifie *petite grenouille*.

GREVER, v. act. lat. Vieux mot, qui s'écrivoit autrefois *griever*, & qui est demeuré au Palais, comme *grief*, pour signifier *charger*. Un héritage, un leg, *grevé* de quelque condition onéreuse.

GRIFFE D'OURS, f. f. Sorte de Vedasse, ou de Cendre gravelée, qui se tire de Konisberg, & dont il se fait un commerce, à Amsterdam.

GRILLE. *Laine d'Espagne*. C'est une espece de Prime, ou de Merelaine, si estimée, qu'on la compare à la Pille des Chartreux & même à la Pille des Jésuites; les deux plus fines laines qu'on tire de Castille & d'Arragon.

GRIPELLER, v. n. Terme du Commerce des Toiles & des Etoffes fines, qui signifie se froncer, se crêper.

GRIVELURE, f. f. Vieux mot qui a signifié les friponneries des Financiers, & l'adresse qu'ils emploient pour les déguiser. On ne s'en sert plus qu'en parlant de l'usage qu'on en a fait.

GROISON, f. m. Pierre, ou Craie, blanche, réduite en poudre très fine, dont les Megissiers se servent pour la préparation du Parchemin.

GROS MUSC D'HIVER, f. m. Poivre d'Hiver, longue & verte, qui a beaucoup de parfum, mais qui est fort pierreuse. Elle jaunit en vieillissant. *Gros de Verdun* est le nom d'une sorte de dragée. Le *gros d'Autruche*, ou Ploc d'Autruche, est le plus gros du duvet de cet animal, qu'on sépare du fin, pour l'employer aux lisieres des draps fins de laine, destinés à la teinture en noir. Un *gros tems*, en termes de Mer, se dit d'un tems orageux. Un *gros vin* est un vin couvert & épais. Le *gros* verre cassé se nomme *grofil*.

GRUGER, v. act. Ecraser,

broïer quelque chose avec un instrument, pour l'usage qu'on en veut faire. On gruge du Sel, pour le service de Table. Au Chapitre de Notre-Dame de Paris, *gruger* une Maison est un ancien terme qui se dit pour, l'acquérir par la mort du Chanoine qui la possédoit, & qui ne l'a point resignée. Elle se vend alors, & le prix se partage entre les autres. *Grugerie* est le substantif.

GRUMELER, v. n., qui exprime le cri du Sanglier. Les Sangliers grumelent.

GUABAM, s. m. Nom d'un fruit des Indes Occidentales, dont la longueur est d'environ deux Palmes, & qui renferme, sous une écorce de couleur cendrée, une poulpe blanche, entremêlée de quelques amandes dures. Elle est douce & rafraîchissante.

GUACATENE, s. f. Espece de Pouliot de la nouvelle Espagne, mais sans odeur, dont on vante les vertus vulneraires, & surtout l'excellence pour les Hémorrhoïdes.

GUAJACANA, s. m. Grand arbre d'Afrique, orné de très belles feuilles, aussi larges que celles du Noïer, & de fleurs qui forment comme autant de petits vases, auxquelles il succéde un fruit de la grosseur d'une Prune, & d'un goût fort agréable. On en distingue une espece qui ne porte point de fruit. On prétend qu'il se transplante avec succès dans sa jeunesse.

GUAINUMBI, ou GUINAMBI, s. m. Petit Oiseau des Indes, que les Portugais nomment *Pegasrul.* On vante également sa beauté & sa petitesse. Il tire sa nourriture des fleurs; & lorsqu'elles sont passées, on assure qu'il fiche son bec dans le tronc d'un arbre, & qu'il y demeure comme immobile pendant six mois, c'est-à-dire, jusqu'au retour des fleurs. Cette raison lui a fait donner, aux Antilles, le nom de *Renate,* ou *René.*

GUAPARAIBA, s. f. Plante commune en Amérique, dont la racine, coupée par tranches, & appliquée sur les parties picquées ou mordues.

d'un animal venimeux, passe pour un souverain antidote.

GUATIQUES, s. f. Terme de nos Provinces Méridionales, qui signifie *coteaux.* C'est dans ces lieux bue la nature produit en abondance le thym, le serpolet, la lavande, la sariette, le romarin, la marjolaine, &c.

GUAZZA. Ital. *Peinture à Guazza.* C'est une espece de détrempe, qui se fait de couleurs broïées avec de la rosée & une certaine colle. Elle conserve long-tems sa fraîcheur, sans avoir jamais besoin de vernis & de frottemens. On croit que les fameux Peintres de l'Antiquité peignoient à *guazza.*

GUE'ABLE, adj., qui signifie ce qui peut se passer à *gué.* Ceux qui écrivent.& qui prononcent *guaïer!* & *gaïable* semblent ignorer l'origine de ce mot.

GUEBRE, s. m. Mot Persan, qui signifie *Infidele.* On donne ce nom en Perse, à d'anciens Habitans du Païs, qui adorent le Soleil & le Feu, & qui sont demeurés attachés à cet ancien Culte, sans avoir jamais voulu recevoir le Mahométisme.

GUEMBE, s. f. Fruit singulier du Paraguay, oblong, pointu des deux côtés, de la grandeur d'une Palme, qui renferme des grains jaunâtre. Il se mange, mais avec la précaution de ne pas rompre, sous les dents, de très petites semences, que ces grains contiennent, & qui causent autrement une douleur très aigüe. Ces semences, mises sur des écorces pourries, au haut des arbres, jettent des fibres tortueuses, semblables à des cordes, qui descendent jusqu'à terre, y prennent racine, & produisent d'autres arbres qui se chargent de fruits.

GUENON, s. f. Singe femelle.

GUEPIN, s. m. Espece de Sobriquet par lequel on désigne les Habitans d'Orléans, natifs de cette Ville. On ne nous apprend pas son origine; mais il paroît, par d'anciens Actes, qu'il étoit pris autrefois pour suppôt de l'Université, ou pour Ecolier.

GUERE, ou GUERES, adverbe,

d'origine incertaine , qui signifie peu , presque point , presque. Dans ce dernier sens , il demande *que* après lui , comme dans cet exemple , il n'y a *guere* que lui. Il ne s'emploie jamais sans une négation. *Je n'y pense guere. Il n'a guere d'esprit.*

GUEUSE , s. f. Nom d'une Dentelle de fil blanc , dont le fond est de rezeau , & les fleurs de cordonnet fort délié.

GUI , *Voïez* GUY.

GUIABARE , s. m. Nom d'un Arbre de l'Isle de Saint Dominque , que les Espagnols nomment *Ferro* , dont les feuilles , qui sont très larges , tiennent lieu de Poivre aux Habitans du Païs.

GUIBERT , s. m. Toiles blanches de Lin , qui se fabriquent à Louviers , en Normandie , & qui sont de différentes grosseurs.

GUIBRAY. *Fil de Guibray.* Nom d'un fil d'étoupe , blanchi , qui sert à faire la mèche des Cierges & des Flambeaux de poing.

GUIDE , s. f. Espece de rêne , qu'on attache à la bride d'un Cheval. De-là *païer les Guides* , c'est-à-dire , païer au Postillon un prix reglé pour chaque Poste. Il y a un Capitaine général des Guides , pour les Voïages du Roi. Il prête serment au Tribunal des Maréchaux de France , où ses provisions sont adressées.

GUILDIVE , ou TAFFIA. Nom qu'on donne , dans les Isles de l'Amérique , à l'Eau-de-vie qu'on tire des gros syrops de sucre , & de l'écume des premieres chaudieres.

GUILLELMINE , adj. Branche *Guillelmine* , & branche *Rodolphine.* Division de la Maison de Baviere , dont la premiere branche , qui est la Rodolphine , possède le Palatinat du Rhin , & l'autre la Baviere.

GUILLERY , s. m. Nom du chant des Moineaux , qui est quelquefois assez agréable. Mais il varie beaucoup , suivant les saisons.

GUINGAMBO , s. m. Fruit d'une Plante du même nom , de la grosseur d'un œuf , & composé de plusieurs côtes. Il est commun en Afrique & en Amérique , où il entre dans

les Potages , comme divers légumes.

GUINGANS , s. m. Toile de fil de coton , mêlée de fil d'écorce d'arbres , qui nous vient des Indes Orientales. Il y a des *Guingans* bleus & de blancs.

GUINGOIS. De *Guingois* , adverbe d'origine incertaine , qui signifie , dans le style familier , de travers , ou d'un air gauche , louche.

GUINGUETTE , s. f. Nom qu'on donne aux Cabarets des environs de Paris , où le Peuple va boire & se réjouir les jours de Fête. On le fait venir du mauvais vin qu'on y boit , qui est ordinairement verd & *Guinguet* , ou *Ginguet* , c'est-à-dire , de petite qualité , tel qu'il se recueille dans le Païs.

GUIPER , v. act. Terme d'Art. *Guiper* la frange , c'est faire des franges torses , comme font les Passementiers & les Rubaniers , en les attachant d'un côté , & les tordant de l'autre , avec l'instrument qui se nomme *Guipoir.*

GUISE , s. f. Vieux mot , qui a signifié , façons , manieres , usage , & qui ne s'est conservé que dans cette expression Proverbiale , *à sa guise* , c'est-à-dire , suivant son goût , son opinion , son usage.

GUSBABUL , GUSGUNECHE , s. ff. Deux noms empruntés des Turcs , pour deux Pierres tendres , qui sont des especes d'agathe , toutes deux Orientales. La seconde est une sorte d'œil de Chat chatoiant , de couleur verdâtre foncée. Son nom signifie *Pierre du Soleil* ; & celui de la premiere , *Pierre de l'Homme.*

GYNGLIME , s. m. gr. *Voïez* GINGLIME.

GYMNASE , s. m. gr. Les Grecs appelloient *Gymnase* , ou *Palestre* , les lieux destinés à leurs exercices du corps. Le Supérieur se nommoit *Gymnasiarque* , & ses prérogatives étoient fort distinguées.

GYNIDE , s. m. , formé du mot grec qui signifie *Femme.* Il a la même signification qu'*Androgyne* , ou *Hermaphrodite* , parce qu'étant masculin il exprime un Homme qui est Femme. Il se prend aussi pour efféminé.

H

H est la huitiéme lettre de l'alphabet, & ne mérite gueres le nom de confonne que dans les mots où elle eſt aſpirée. Quelques Grammairiens lui conteſtent même la qualité de lettre, & lui donnent ſimplement le nom d'aſpiration. Tous les mots François d'étymologie latine, qui commencent par une *h*, ne ſont point aſpirés, à l'exception ſeulement de *hauteur*, *haleter* & *Heros*. Ceux, au contraire, dont l'origine eſt barbare, ont une aſpiration. *H* eſt le caractere de la Monnoie fabriquée à la Rochelle.

HABILITATION, ſ. f. lat. Terme de Juriſprudence, qui ſe dit d'une ſorte d'émancipation, par laquelle un Enfant devient habile à faire des Contrats, & peut acquérir pour lui-même, mais ſans avoir le pouvoir de Teſter : en quoi l'*habilitation* differe de l'émancipation. *Habilité*, ſ. f., ſe dit, dans le même langage, pour *aptitude*. Habilité à ſuccéder.

HACQUENE'E, ſ. f. Vieux mot, qui ſignifie Cheval de Parade, ſurtout pour les Dames. Elles ſe ſervoient de *Hacquenées* avant l'uſage des Caroſſes. Ce nom s'eſt conſervé pour un beau Cheval blanc, que les Rois de Naples font preſenter tous les ans au Pape, comme Tributaires du Saint Siege.

HACUB, ſ. m. Nom d'une ſorte d'Artichaut, ou de Chardon des Indes, dont on mange les rejettons tendres. Il en vient du Levant. Sa racine, qui eſt vomitive & purgative, s'emploie dans la Médecine.

HÆMANTHE, ou **HÆMAGOGUE**, ou **HERBE GALENIQUE**. Plante des Pyrénées, aſſez ſemblable à la Sauge, dont la vertu eſt ſi extraordinaire, qu'appliquée ſur la peau, elle en fait ſortir le ſang par les pores. C'eſt ce que ſignifie le nom grec *Hæmagogue*; comme le premier ſignifie *Fleur de ſang*.

HÆRMIE, ſ. f. Petit fruit des Indes, qui reſſemble au Poivre, par la forme & la groſſeur, mais qui eſt de couleur rougeâtre, & dont le goût aromatique approche de celui du Girofle. On vante ſes propriétés, pour fortifier l'eſtomac, & pour les relâchemens de l'Epiglotte, ou la Luette.

HAGLEURES, ſ. f. Terme de Fauconnerie, qui ſe dit des taches que les Oiſeaux ont ſur les pennes.

HAIETITE, ſ. m. Nom d'une Secte du Mahométiſme, qui, ſe formant de Jeſus Chriſt à-peu-près la même idée que les Chrétiens, croit qu'il a fait place à Mahomet, mais qu'il doit revenir avant la fin du Monde, & que Mahomet même le reconnoîtra pour ſon Seigneur.

HAILER, v. n. Terme de Mer, qui ſignifie crier, pour appeller quelqu'un dans l'éloignement. On *haile*, pour ſe faire entendre d'un Navire qu'on apperçoit.

HAINE D'ABOMINATION, ſ. f. Terme de Théologie, qui ſignifie l'horreur qu'on doit avoir pour le péché, ſans haïr la perſonne du Pecheur.

HAIRETITE, ſ. m. Secte de Mahométans, qui font profeſſion de douter de tout, comme les Pyrrhoniens.

HALBI, ſ. m. Nom d'une Liqueur, qui ſe fait, en Normandie, d'un mélange de Poires & de Pommes, & qui n'eſt, par conſéquent, ni du Poiré, ni du Cidre.

HALBRENE', adject. Terme de Fauconnerie, qui ſe dit d'un Oiſeau dont les pennes ſont tout-à-fait rompues.

HALECRET, ſ. m. Eſpece de Corſelet, de fer battu, compoſé de deux pieces, pour le devant & le derriere. C'eſt une ancienne arme défenſive, plus legere que la Cuiraſſe.

HALLES-CRUES, ſ. f. Sorte de Toiles, qui ſe fabriquent en Bretagne, pour le commerce étranger.

HALMOTE ou HALIMOTE, ſ. f. Ancien mot Saxon, qui ſignifioit en Angleterre, ce qu'on appelle aujourd'hui *Parlement*, ou Aſſemblée des repreſentatifs de la Nation.

HALOURGIDES, ſ. f. Nom que les

les Anciens donnoient à des Habits teints en pourpre. On en distinguoit plusieurs sortes.

HALTER, v. n. formé du mot substantif *halte*, qui signifie, en termes Militaires, s'arrêter, pour prendre du repos, ou de la nourriture.

HAMADE, s. f. Terme de Blason. C'est une fase de trois Pieces alaisées, qui ne touchent point les bords de l'Ecu. Les trois fases parallelles font l'*Hamaïde*.

HAMANS, s. m. Toiles de coton très blanches, très fines, & très ferrées, qui viennent des Indes Orientales, & dont la fabrique approche assez de celle des toiles de Hollande.

HAMBOURG, s. m. Nom qu'on donne à de petites Futailles où se met le Saumon salé, & qui en contiennent ordinairement, depuis trois cens jusqu'à trois cens cinquante livres.

HAMIR, s. m. Mot par lequel les Gardes de la Compagnie Ecossoise répondent à l'appel du Guet. C'est une corruption de *Hhay hamir*, qui signifie, en Ecossois, *me voilà*.

HANAP, s. m. Ancien mot, que les uns font venir de l'Italien, d'autres de l'Allemand, & qui se trouve néanmoins dans quelques Auteurs François de vieille datte. Il signifie un vaisseau à mettre du vin.

HANICHEUR, s. m. Nom qu'on donne au Bourrelier de l'Artillerie. Ses appointemens sont de dix écus par mois.

HANSCRIT, s. m. Langue savante des Indiens, qui n'est entendue que de leurs Savans, qu'ils nomment *Pendets*. Elle s'apprend, dans l'Indoustan, comme le Latin, en Europe. Elle passe pour Sainte & Divine, parce que les Indiens s'imaginent que c'est dans cette Langue que Dieu a donné leurs Livres de Religion & de Philosophie.

HAPE, s. f. Demi cercle de fer, qu'on met au bout des Essieux de Carosses, pour empêcher qu'ils ne s'usent à force de tourner.

HAPE-FOIE, s. m. Oiseau de Mer, qui a le dessous du bec crochu, & le dessus un peu recourbé. Son nom lui vient de l'avidité qu'il a pour les Foies de Morue, qu'on jette en la pêchant, & qui l'attirent autour des Bâtimens Pêcheurs, d'où on le prend à la ligne. On a remarqué qu'il ne peut s'élever, s'il n'est dans l'eau.

HAPPE, s. f. Espece de Crampon, qui lie deux pieces de bois, ou de pierre. C'est un vieux mot, d'où s'est formé apparemment le mot vulgaire de *happer*, pour, prendre, saisir avidemment.

HAQUEBUTE, s. f. Vieille arme à feu, assez pesante, qui est une espece d'arquebuse. On a nommé *Haquebutiers*, des Soldats qui portoient cette arme.

HARDILLIER, s. m. Nom d'une Fiche de fer à crochet, qui sert à soutenir divers instrumens, dans la fabrique des Tapisseries.

HARGNEUX, adj. Mot d'origine incertaine, qui se dit pour *Grondeur*, *Querelleur*. On dit aussi vulgairement, *se hargner*, pour *se quereller*.

HARNOIS, s. m. Tout ce qui entre dans l'équipement d'un Cheval. On en a formé *harnacher*, pour *équiper*. *Harnois* se dit aussi de tous les instrumens & les outils qui servent à quelque Ouvrage, ou à quelque Métier. S'échauffer dans son *harnois* se dit figurément pour s'agiter beaucoup, s'embarrasser, se donner des peines qui passent quelquefois le fruit qu'elles doivent produire.

HARPESTE, s. m. Jeu des Anciens, qui consistoit à s'arracher les uns aux autres une Balle, ou un Ballon, avec des mouvemens & des circonstances qui en faisoient un exercice pénible.

HARPE, s. f. Ancien Instrument de Musique, qui a été fort perfectionné par les Modernes. La *harpe* est le Symbole d'Apollon, considéré comme Chef du Parnasse; entre les mains d'un Centaure, elle désigne *Chiron*, Précepteur d'Achile; sur les anciennes Médailles, une ou deux *harpes* marquent les Villes, où Apollon étoit adoré comme Président des

Mufes. On dit d'un Cheval , qu'il est bien *harpé* , lorfque fon eftomac defcend fort bas & que fon ventre remonte fort haut , parce que cette difpofition reprefente le côté courbe d'une *harpe*. En termes d'ancienne Fortification , *harpe* fignifioit une efpece de Pont-levis , ainfi appellé de fa reffemblance avec l'inftrument de ce nom.

HARUSPICINE , f. f. lat. Divination par les *Harufpices* , Prêtres de l'ancienne Rome , qui examinoient les entrailles des animaux , pour y découvrir des fignes , par lefquels ils expliquoient l'avenir.

HAVAGE. *Voï* AVAGE & HAVE'E.

HAUBELONNES , f. f. Nom d'une forte de Fromages , qui fe font en Hollande , & dont les Hollandois font un grand commerce.

HAUBITZ , f. m. Pieces d'artillerie Allemande , dont on fait ufage en campagne , dans les combats & dans les marches.

HAVE'E , f. f. Droit que l'Exécuteur de la Haute-Juftice levoit autrefois fur les grains & les denrées , dans les Marchés de Paris. L'Abbaïe de Sainte Genevieve l'avoit racheté , pour cinq fous , qu'elle lui païoit annuellement. Il fubfifte encore dans plufieurs Villes de France , fous d'autres noms. A Paris & à Rouen , on ne laiffe recueillir le droit d'*Avage* , aux Bourreaux , qu'avec une cuilliere de fer blanc , ou de cuivre. Ce mot vient d'*Avir* , ou *Havir* , ancien verbe actif , qui a fignifié *prendre*.

HAUSSE-PIE' , f. m. ou HOCHE-PIE'. Nom qu'on donne , en Fauconnerie , à l'Oifeau qui attaque le premier un Héron , dans fon vol.

HAUT-BER ou HAUBER , f. m. Terme de Jurifprudence , qui fignifie *un plein Fief avec juftice* , mouvant immédiatement d'un Prince Souverain. Ainfi , le Fief de *Hautber* eft le plus noble Fief , après les Fiefs de dignité , & releve immédiatement du Roi. Quelques-uns croient ce mot compofé de *Haut* , pris pour *Grand* , & d'une abbréviation corrompue de *Baron*. D'autres le font venir d'une cotte de maille à man-

ches , qui fe nommoit auffi *Hauber* , & que le Vaffal portoit à l'armée. On appelle *Haut-bergier* , celui qui tient un Fief de *Haut-ber*.

HAUTE-LUTTE. Expreffion adverbiale , qui fignifie , d'un air d'empire , d'autorité abfolue , fans aucune réfiftance.

HAUTE-PAIE , f. f. Terme militaire , qui fe dit d'une folde plus grande que l'ordinaire. Il fe difoit auffi des fimples Soldats , à qui cette faveur étoit accordée : mais depuis que les Ordonnances en ont aboli l'ufage , on n'entend , par le terme de *Haute-paies* , que les Caporaux & les Anfpeffades , dans l'Infanterie , les Brigadiers & les fous-Brigadiers , dans la Cavalerie , & même les Grenadiers & les Tambours , dont la paie eft plus forte que celle des fimples Soldats.

HAUT-LE-PIE'. Expreffion vulgaire , pour fignifier *départ imprévu, précipité*. On en a fait un nom d'Office , pour fignifier , à l'Armée , certains Officiers ambulans , des vivres & des Equipages , qui n'ont que la commiffion d'obferver , fans être attachés à un Emploi fixe. Capitaine , ou Commis , *Haut-le-pié*.

HAUTURIER , adject. *Voïez* HAUTEUR & PILOTAGE.

HEAUMERIE , f. f. , formé de *Heaume* , pour fignifier l'art de fabriquer des *Heaumes* & toutes les parties de l'armure.

HEBICHET , f. m. Sorte de Crible , fait de rofeaux entrelaffés , dont on fe fert aux Ifles pour paffer le fucre pilé , qui doit fe mettre en Bariques.

HE' BIEN. Interjection fort commune , qui entre dans le langage de la raifon , comme dans celui de toutes les paffions , & dont le feul ton défigne le fens.

HEBREU , f. m. Ancien nom du Peuple Juif , & nom de fa langue. Il paroît venir d'*Heber* , parce que l'Ecriture ne le donne qu'à fes defcendans , qui ont retenu fa langue & fa Religion. *Hebraïfer* , v. act. , c'eft parler à la maniere , ou dans le goût , des Hebreux.

HEDERA, f. f. Efpece de Gomme, ou de Refine. C'eft la gomme du *Lierre*, qui a confervé, en François, le nom latin de cet Arbriffeau. On lui attribue des qualités vulneraires, furtout à celle qui vient des Indes & des Païs chauds. Elle a auffi la vertu de faire tomber le poil.

HEDYPNOIS, f. f Plante déterfive & vulneraire, qui croît dans les Païs chauds, & qui eft commune aux environs de Montpellier. Ses feuilles reffemblent à celles de la Chicorée fauvage, mais font rudes & finueufes. La tête de fa tige devient un fruit, de la forme d'un petit Melon, qui s'ouvre en meûriffant, & laiffe voir deux fortes de femences.

HELER ou HAILER, v. n. Terme de Marine, qui fignifie *demander le qui vive*, lorfqu'on rencontre un Vaiffeau inconnu.

HELIANTHEME, f. m. gr. ou HERBE D'OR, & vulgairement HYSSOPE DES GARIGUES. Plante vulneraire, dont la fleur eft couleur d'or, fuivant la fignification du nom grec, les feuilles oblongues, étroites, quoiqu'un peu plus larges que celles de l'*Hyffope*. Elle croit dans les Bois des Païs chauds, furtout dans leurs parties montagneufes.

HELICON, f. m. Montagne de Béotie, voifine du Parnaffe, & fameufe parmi les Poëtes, qui la regardoient comme un des féjours ordinaires d'Apollon & des Mufes.

HELINGUE, f. f. Bout de groffe corde, qui eft retenue, d'un côté, aux manivelles, dans une Corderie; & de l'autre, à l'extrêmité des Torons, pour les tordre.

HELIOCENTRIQUE, adj. gr. Terme d'Aftronomie. On appelle le lieu *heliocentrique*, ou *excentrique*, d'une Planete, le point de l'Ecliptique auquel cette Planete, vûe du Soleil, fe rapporte. C'eft la même chofe que la longitude de la Planete vûe du Soleil.

HELLEBORINE, f. f. Arbufte, dont les feuilles font fort petites, & bonnes, en décoction, pour les maladies du foie.

HELLENISME, f. m. gr., qui fignifie ce qui eft imité des Grecs, ce qui reffemble à leurs ufages, ou à leur langue. Il fe dit particuliérement, de certaines expreffions latines, qui étoient empruntées de la Grece. Le mot d'*hellene*, qui fignifie *Grec*, a quelquefois été emploié, par les Peres de l'Eglife, pour fignifier *Païen*; parce que toute la Grece étoit Païenne.

HELMITHIQUES, f. & adj. gr. Remedes contre les Vers, ou *Vermifuges*.

HELODE, adj. Nom que les Médecins donnent à une efpece de fievre continue, accompagnée de fueurs, avec une langue dure & féche. Ce mot fignifie *humide*.

HELOSE, f. f. gr. Maladie des yeux, qui confifte dans un rebrouffement des paupieres.

HEMAGOGUES, f. m. Remedes qui fervent à provoquer les mois des Femmes; fuivant la fignification du mot grec, qui fignifie, ce qui fait fortir le fang.

HEMATOCELE, f. f. gr. Nom des Hernies, qui font caufées par un fang extravafé.

HEMERALOPS, f. m. gr. Défaut des yeux, ou de la vûe, qui confifte à ne plus difcerner les objets, vers le foir, quoiqu'on les apperçoive bien en plein jour. C'eft le contraire du Nyctalops.

HEMIPLEGIE ou HEMIPLEXIE, f. f. gr. Paralyfie de la moitié du corps.

HEMORRHOSCOPIË, f. f. gr. Infpection du fang, ou jugement qu'on porte du fang tiré par la faignée.

HEMOSTATIQUES, f. m. gr. Nom général des Remedes qui arrêtent les Hemorrhagies.

HENRI. *Ordre de Saint Henri*. C'eft un Ordre Militaire, inftitué en 1736, par l'Electeur de Saxe. Sa marque eft une Etoile à huit pointes, au milieu de laquelle eft le bufte de Saint Henri, Empereur. Elle eft attachée par un cordon d'argent à un ruban cramoifi.

HEPATE, f. m. gr. Gros Poiffon

fon de Mer , dont la couleur approche de celle du *Foie* humain. Il en tire fon nom. Sa chair eft affez bonne. On prétend que deux petites pierres , qu'il a dans la tête , font tout à la fois aftringentes pour le ventre , & apéritives pour les urines.

HEPHÆSTIAS, f. f. Nom d'une Emplâtre vantée , pour faire cicatrifer les plaies. Elle fe fait avec de la tuile cuite dans les fourneaux , qui eft détergente & defficative.

HEPTAMÉRIDE, f. f. gr. Divifion en fept , ou plutôt, partie d'une chofe divifée en fept.

HERBE A PAUVRE HOMME , ou GRATIOLE , de fon nom latin. Plante purgative , & fort commune , que les Pauvres de la Campagne emploient dans leurs Médecines & leurs Lavemens. Ses feuilles reffemblent affez à celles de l'Hyffope , & la couleur de fes fleurs eft blanche , ou purpurine.

HERBE DE BENGALE , f. f. Plante , ou Herbe , dont la tige, qui eft épaiffe d'un doigt , eft couronnée d'un Bouton , en forme de houppe , qui fe file , & dont les Tifferans du Païs font diverfes Etoffes , fur tout cette forte de taffetas, qu'on nomme , en Europe , *Taffetas d'herbe.*

HERBE DE SAINT CHRISTOPHE , f. f. ou CHRISTOPHORIANE. Plante des Bois montagneux , qui paffe pour un poifon fort fubtil , mais dont on fe fert extérieurement pour la Galle. Elle pouffe plufieurs tiges. Ses feuilles font grandes , divifées en plufieurs parties , pointues & dentelées , d'un verd blanchâtre. Ses fleurs font blanches, en maniere de rofe , & chacune de quatre feuilles.

HERBE DE SAINTE BARBE , f. f. Plante affez commune , dont on compofe un Baume fpécifique pour les bleffures , en la pilant , & la mettant dans de bonne huile d'olive, pendant un des mois d'Eté.

HERBE MOLUCANE , f. f. Plante de la Nouvelle Efpagne, qui tire fon nom d'un lieu nommé *Moluco* , où elle croît abondamment & de-

meure verte toute l'année. On vante fa feconde écorce & fes feuilles , comme de puiffans vulnéraires.

HERBE'S , adject. Les Perruquiers nomment Cheveux *herbés* , des cheveux châtains qu'on a fait devenir blonds en les mettant fur l'herbe , expofés au Soleil , après plufieurs leffives d'eau limoneufe.

HERGNE ou HERNIE. *Voïez* ce dernier mot.

HERISSON FOUDROIANT , f. m. Nom d'une compofition d'artifice , qui eft hériffée de pointes , par le dehors. On l'emploie aux breches & dans les retranchemens. *Hériffon* eft auffi le nom d'un fruit des Indes Orientales , de la figure & de la groffeur d'une Poire , mais couvert d'une écorce hériffée d'épines. Il croît par grappes à de grands Arbres ; & fa poulpe , qui eft de fort bon goût , fe conferve fi bien , qu'on en fait provifion pour les voïages de Mer.

HERMANNIE , f. f. Plante dont le calice eft d'une feule piece, à cinq fegmens , & la fleur pentapetale. On en diftingue jufqu'à fept efpeces.

HERMANUBIS, f. m. Divinité célebre des Egyptiens , compofée de Mercure & d'Anubis. Elle eft repréfentée , tantôt avec une tête d'Epervier , tantôt avec une tête de Chien, qui fignifioient *Anubis* , grand Chaffeur. Un Caducée, qu'elle portoit à la main , étoit le fymbole de Mercure.

HERNIAIRE, adj. , ce qui appartient à l'*Hernie*. Mais *Herniaire* , f. f. , eft le nom d'une Plante , qui a pris fon nom de fa vertu pour guérir les ruptures. Elle eft bonne auffi pour la pierre & pour les plaies. D'autres la nomment *Empetre* , ou *Herbe turque* , ou *Mille-grains* , ou *Herba cancri minor.*

HESITER , v. n. lat. Balancer , s'arrêter, par l'effet du doute , ou de la crainte. Il fe dit auffi , pour , parler difficilement , ou d'une maniere entre-coupée , foit par un embarras de langue , ou par un défaut de mémoire. *Hefitation* eft le fubftantif.

HEURES , f. f. Dans le langa-

ge de l'ancienne Fable, les *Heures*
étoient des Divinités, Filles de Jupiter & de Thémis. On en comptoit
trois, *Eunomie*, *Dicé*, & *Irene*,
qu'on repréfentoit ordinairement accompagnées de la Juftice, foutenant
des Clepfydres, ou des Horloges d'eau.

HEURTE', adj. Les Peintres appellent *Deſſein heurté*, un deſſein
fait avec beaucoup de promptitude &
de liberté, qui n'eft touchée que de
coups hardis & peu prononcés. On le
dit auſſi de la couleur : Un tableau
heurté, qui n'eft fait que par toucher.

HEYDUC, f. m. Fantaſſin Hongrois, armé d'un fabre & d'une
petite hache.

HIBRIDE, adj. Terme de Grammaire, qui fe dit, après Horace,
pour Barbare & contre les Regles.
On l'applique furtout à certains
mots, moitié d'une langue, moitié
d'une autre, tels que *Ronfard* &
d'autres Poètes affectoient d'en compofer. *Hibride* fignifie proprement
un animal né de deux efpeces différentes, tel que le Mulet.

HIDALGUE, f. m. Efp. Titre
ou qualité que prennent, en Efpagne, ceux qui fe font une forte de
Nobleffe d'être defcendus d'ancienne
race Chrétienne, fans mêlange de
fang More ou Juif, & qui, étant tels,
peuvent poſſéder divers Offices dont
les autres font exclus.

HIERACITE, f. f. gr. Pierre précieufe, couleur d'*Epervier*, qui eft bonne pour les Hémorrhoïdes.

HIERONIQUE, adj., formé du
mot grec, qui fignifie *facré*. Il fe difoit anciennement des Jeux publics,
qui fe faifoient à l'occafion des Fêtes, ou à l'honneur de la Religion.
Les Vainqueurs prenoient auſſi la
qualité de *Hieroniques*.

HIMANTOPE, f. m. gr. Nom
d'un Oifeau aquatique, qui, fuivant
la fignification du mot, a les piés
rouges comme le fang. Il a le bec &
le cou longs. Sa couleur eft noirâtre, tirant fur le verd ; & fes jambes,
auſſi rouges que fes piés, font fort
hautes, & fa queue eft cendrée.
L'*Himantope* eft rare.

HIPPOLITHE, f. m. gr., qui fi-

gnifie *Pierre de Cheval*. C'eft une Pierre de la groffeur d'un œuf, qui fe
trouve fouvent dans la veficule du
fiel, dans les inteftins, ou dans la
veffie, du Cheval. On prétend qu'elle
eft fudorifique, qu'elle réfifte au venin, qu'elle tue les vers, & qu'elle
arrête le cours de ventre.

HIPPORITE, f. f. Nom d'une
pierre argilleufe, qui a trois canelures dans le milieu, en forme de felle
de Cheval.

HIRPIES, f. f. Nom de quelques
Familles célebres, qui demeuroient
près de l'ancienne Rome, & qui
étoient exemptes des charges & des
impôts publics, parce qu'au facrifice annuel, qui fe faifoit au Mont-
Soracte, elles marchoient fur un
Bucher enflammé, fans fe brûler.

HISPIDE, adj. lat., qui s'emploie, dans le fens figuré, pour, revêche, d'air révoltant, ou d'humeur difficile. On en a fait le fubftantif *hifpidité*.

HISTORIER, v. act., formé
d'Hiftoire. C'eft particuliérement un
terme de Peinture, qui fignifie, obferver tout ce qui regarde l'Hiftoire.
Un Tableau bien *hiftorié*. On appelle, en termes d'Imprimerie, *lettres
hiftoriées*, *vignettes hiftoriées*, celles
qui font gravées fur du cuivre, ou
du bois, avec quelques ornemens
qui ont rapport au fujet qu'on traite. Les lettres, qui ne font qu'en bois,
fe nomment *Lettres grifes*. *Hiftorié*
fe dit, dans le même fens, de divers autres Ouvrages.

HOC, fubft. m. Ce mot, emprunté ou non du latin, fignifie,
au Jeu de la Cométe, une interruption de la fuite des Cartes. Si l'on
n'a pas de fix, après avoir joué le
cinq, c'eft un *Hoc*.

HOIRIE, f. f. Vieux mot, qui
fignifie proprement fucceſſion, &
qui n'eft en ufage qu'en ftyle de Jurifprudence. *Hoir*, f. m., fignifie
Succeſſeur, *Héritier*.

HOLA LIGONDE'. Expreſſion
proverbiale, qui s'emploie pour arrêter quelqu'un qui parle au hafard,
ou qui fe vante trop, qui préfume
trop de lui-même. Elle eft en ufage,

depuis qu'un Colonel de ce nom s'étant vanté à la Cour que la Maison du Roi n'étoit pas plus belle que son Régiment, le Roi même, dit-on, ou quelque Seigneur, l'avertit ainsi, qu'il s'oublioit.

HOLANS, f. m. Nom d'une espece de Batiste, qui se fabrique en Flandre, & dont on fait passer une grosse quantité, en Espagne, pour le commerce des Indes.

HOLOSTEON, f. m. gr. Nom d'un Poisson du Nil, d'une figure singuliere. Sa longueur est environ d'un pié. Sa forme est pentagone, sa couleur blanchâtre, son cuir si osseux qu'il se garde sans se corrompre, d'où lui vient son nom; ses dents semblables à celles des Rats, & sa gueule fort petite. On donne le même nom, & par la même raison, à un espece de Plantain, qui croit dans les Païs chauds, & qui passe pour un bon vulnéraire. Ses feuilles sont si nerveuses & si rudes, qu'elles approchent de la dureté de l'os.

HOLOTHURION, f. m. Espece de Zoophyte. C'est une Plante des Indes, à laquelle on ne peut toucher sans se sentir la main violemment enflammée. Le remede est d'y appliquer promptement de l'ail pilé, sans quoi cette ardeur va jusqu'à donner la fiévre. Quelques Indiens ne laissent pas de mêler le suc de cette Plante, dans leurs liqueurs, pour les rendre plus picquantes; & de-là vient une partie de leurs maladies.

HOMBRE, f. m. L'Hombre est un Jeu de cartes, pris des Espagnols, qui se joue ordinairement à trois, & d'où s'est formé le Quadrille. Son nom, qui signifie *Homme*, vient, dit-on, de son excellence, qui le rend seul digne d'amuser des Hommes raisonnables.

HOMERIQUE, adj. *Sort homérique*. On a donné ce nom à certaines Divinations qui se faisoient par la rencontre du premier vers d'*Homere*, qu'on lisoit à l'ouverture du Livre. Les *Sorts homériques* & *Virgiliens* succéderent aux Sorts de Preneste. Les Chrétiens ont fait succéder aux uns & aux autres les Sorts tirés de l'Ecriture-Sainte. *Homérique*, adj., se dit de ce qui appartient à *Homere*; & *Homeriste*, subst., pour, Partisan d'*Homere*.

HOMIOSE, f. f. gr. Nom que les Médecins donnent à la coction du suc nourrissier, qui le met en état de s'assimiler aux parties qu'il doit nourrir.

HOMMAGE, f. m. Soumission que le Vassal fait à son Seigneur, pour se reconnoître son *Homme*, c'est-à-dire, pour lui jurer une parfaite fidélité. On en distinguoit autrefois différentes sortes, telles que l'*hommage lige*, qui engageoit au service personnel; l'*hommage de fief*, qui n'obligeoit qu'à la fidélité; l'*hommage de plejure*, qui obligeoit de se rendre *plege*, c'est-à-dire, ôtage, pour délivrer son Seigneur; l'*hommage de paix*, qui faisoit une Loi aux Vassaux de bien vivre ensemble; l'*hommage de dévotion*, qui étoit un engagement volontaire à l'Eglise, &c. *Tenir à foi & hommage*, c'est posséder un Fief sous l'obligation de l'hommage. *Prêter foi & hommage*, c'est former ou renouveller l'engagement de l'hommage. *Remettre*, ou amortir, l'*hommage*, c'est affranchir le Vassal de son engagement, &c.

HOMOIOTELEUTE, f. m. & adj. gr., qui signifie *même fin*, ou ressemblance de fin. C'est un terme de Grammaire, & le nom d'une figure qui consiste à joindre quelquefois, à la fin des phrases, des mots de la même consonance. De-là vient peut-être notre rime, qui est un véritable *Homoioteleute*.

HOMOLOGATION, f. f. gr. Acte ou déclaration, qui autorise, qui approuve, qui ratifie, quelque chose. *Homologuer* est le verbe.

HOMOPHONIE, f. f. Mot grec composé, qui signifie ce qu'on appelle, en Musique, l'*unisson*. L'*Antiphonie* est le contraire.

HONNIR, v. act. Vieux mot, qui a signifié avilir, deshonorer, &c. Il ne s'est conservé que dans la devise de l'Ordre de la Jarretiere, *honni soit qui mal y pense*.

HONORES. *Ad honores*, Terme

purement latin , adopté pour fignifier ce qui a peu de réalité , & qui ne fe fait que pour la repréfentation. On dit de certains titres , qu'ils ne font qu'*ad honores* , c'eft-à-dire , que n'apportant aucun revenu , & ne demandant aucun travail , ils n'ont que l'apparence , dont on fe fait honneur. *Honoraire* en eft comme l'adjectif , & fignifie la même chofe. Il eft auffi fubftantif , pour fignifier , dans certaines Compagnies , des membres qui n'ont point de part aux appointemens , ou aux penfions. Les *honoraires* de l'Académie des Sciences. On appelle *honoraire*, f. m., le falaire qu'on donne , pour leurs fervices , à ceux qui exercent une profeffion honorable , tels que les Prêtres , les Avocats , les Médecins , &c.

HOPLITE , f. f. Nom d'une Pierre , qui eft revêtue d'une croute métallique , & luifante comme l'acier.

HOPLOCHRISME , f. m. gr. Action de préparer un inftrument de Chirurgie , & d'y appliquer des médicamens , pour les employer à la guérifon d'une plaie.

HOROGRAPHIE , f. f. gr. Art de faire des Quadrans , nommé autrement Gnomonique.

HOROLOGIOGRAPHIE , f. f. Mot compofé du grec , qui fignifie defcription d'Horloges , ou Traité d'Horlogerie. C'eft ce qu'on nomme auffi la Gnomonique.

HORS-D'ŒUVRE , f. f. On donne ce nom à diverfes fortes d'accompagnemens , qui n'appartiennent point à l'effence d'une chofe. Dans le fervice de Table , on appelle *horsd'œuvres* , quelques mets legers , qu'on fert avec les Potages , & qui précedent les Entrées. Les Epifodes , dans les Ouvrages d'efprit , font des *hors-d'œuvres*.

HOSPICE , f. m. lat. Lieu où l'on loge les Etrangers. *Hôte* & *Hofpitalité* viennent de la même fource. *Hôte* fe prend pour celui qui donne le logement , & pour celui qui l'occupe. L'*Hofpitalité* eft l'action de loger quelqu'un chez foi. Rien n'étoit autrefois fi refpecté que cet ufage. Ce qu'on nommoit *le droit d'Hof-*

pitalité étoit une Société contractée entre deux ou plufieurs perfonnes de différens lieux , entre des Familles & même des Villes entieres , en vertu de laquelle on fe logeoit mutuellement dans les voïages , & l'on fe rendoit toutes fortes de fervices. *Hofpitalier* fe dit de celui qui exerce volontiers l'*hofpitalité*. On a donné ce nom à différentes efpeces de Religieux , fondés pour cet office. Les Chevaliers de Malte ont porté , dans leur origine , le nom de *Freres hofpitaliers de Saint Jean de Jérufalem* ; parce qu'ils avoient foin des Chrétiens d'Europe , qui alloient vifiter les faints lieux. Il y avoit auffi des Sœurs *Hofpitalieres* du même Ordre , qui faifoient leurs preuves de Nobleffe , comme les Chevaliers. Aujourd'hui l'ordre conferve encore un *grand Hofpitalier* , qui eft le troifiéme en dignité après le grand Maître , & dont l'office eft de préfider à l'Hôpital de l'Ifle.

HOSTIE , f. f. Mot emprunté du latin , qui fignifie Victime.

HOSTILITE' , f. f. lat. Action d'Ennemi. Il ne fe dit gueres que des attaques ou des entreprifes militaires , par lefquelles un Etat déclare la Guerre à un autre.

HOTTE BATTUE , f. f. Terme de Vigneron , qui fignifie les hottes des Vandangeurs ; parce qu'elles font battues , ou ferrées , ou poiffées , de maniere que le Vin ne coule pas au travers.

HOUPPE , f. f. Efpece de Bouquet , de foie , de fil , de plume & de toute autre matiere dont les parties peuvent prendre la même forme. *Houppé* étoit autrefois l'adjectif , mais l'ufage a prévalu pour *huppé*. *Houpper* de la laine , c'eft la peigner. L'Ouvrier fe nomme *Houppier*.

HOURI , f. f. Nom célebre , que les Turcs donnent aux Femmes qu'ils efperent trouver dans leur Paradis , comme la principale partie du bonheur que l'alcoran leur promet.

HOUSPILLER , v. act. d'origine incertaine , qui fignifie , fatiguer , irriter , chagriner quelqu'un , par des paroles ou des actions. Ce mot porte l'idée d'une attaque legere, mais repétée & fort incommode. Les Femmes se *houspillent*, lorsqu'elles se disent des injures, dans leurs disputes, ou qu'elles se font d'autres petits outrages propres à leur sexe.

HOUSSAGE. *Salpêtre de houssage.* Nom qu'on donne à celui qui vient des Indes Orientales; parce que dans les lieux où il se forme naturellement, on n'a, pour le recueillir, qu'à le housser & le balaïer.

HOUSSART. *Voyez* HUSSART.

HOUSSET, s. m. Soie de Perse, qui nous vient par Alep.

HUART, s. m. Oiseau aquatique, de la grandeur d'un Coq-d'Inde, & d'un fort beau plumage. Ce nom lui vient de son cri, qui fait entendre distinctement le mot d'*Huart.* Il est commun sur la Riviere de Missisipi, & la chair en est fort bonne.

HUER, v. n. Terme de Fauconnerie, qui se dit pour exprimer le cri du Hibou. De-là *Chat-huant.* Il prend une signification active pour signifier, se moquer de quelqu'un, l'insulter par des cris, qui se nomment *huées. Hue* étoit autrefois un terme de dérision. Quelques-uns en font venir le nom de *Huguenot.*

HUILE GRENUE, s. f. On donne ce nom à l'huile qui est figée en petits grains. L'invention de peindre *à l'huile* est du quinzième siécle, & vient de *Jean Bruges*, Peintre Flamand. On y emploie *l'huile* de lin & *l'huile* de noix. *L'huile de Scorpion* n'est que de *l'huile* d'olive, dans laquelle on a fait mourir plusieurs Scorpions. Celle qu'on tire des Olives fraîches, & qui n'est ni pressurée, ni chauffée, se nomme *Huile vierge.*

HUITRE EPINEUSE. HUITRE FEUILLE'E. Noms de deux Coquillages marins; le premier à fond blanc, avec des épines brunes; l'autre, tacheté de pourpre. Ce sont les plus beaux de cette espece.

HUMAIN, adj. lat., qui signifie ce qui appartient à l'Homme Cependant on distingue, en Morale, les actes *humains* & les actes d'*homme.* Les premiers sont les actions qui se font avec connoissance & liberté, telles que de rendre un service par générosité, &c. Les actes *de l'homme*, sont les actions indéliberées, telles que de se soutenir dans une chute dangereuse, de crier dans la douleur, &c.

HUMIDE RADICAL, s. m. Terme de Médecine, qui se dit d'une lymphe, ou d'une humeur lymphatique, douce, onctueuse & subtile, qui abreuve toutes les fibres du corps, & qui les entretient dans l'état convenable pour leurs fonctions. *Humidités*, au pluriel, ne se dit que d'une abondance excessive d'humeurs dans le tempéramment. Les *humidités* du cerveau.

HUMILIE'. *L'Ordre des Humiliés.* Nom d'un Ordre de Religieux d'Italie, qui s'étoient d'abord nommés *les Berretins*, & qui prirent celui d'*Humiliés*, au treizième siécle, sous la conduite de Saint Jean de Meda.

HUMORISTE, s. f. Ital. Nom d'une Société de gens d'esprit & de savoir, qui composerent une Académie, à Rome, au commencement du seizième siécle. On prétend qu'ils furent ainsi nommés de leur agréable humeur; cependant, ils prirent pour devise, la chute d'une douce *rosée*, qui semble emporter l'idée d'humeur physique, c'est-à-dire, d'une matiere humide & liquide.

HURA, s. m. Nom d'une belle espece de Noïer de l'Amérique, dont la fleur, composée d'une seule feuille en forme d'entonnoir, est legerement découpée en douze parties. Son fruit est globuleux, & divisé aussi en douze cellules, dont chacune contient une semence.

HURE, s. f. Nom qu'on donne à la tête d'un gros Brochet, d'un Saumon, & d'un Sanglier.

HURIO, s. m. Grand Poisson de l'espece cétacée, qui se trouve particuliérement dans le Danube, où la fraîcheur des eaux l'attire. Il est sans écailles, & presqu'entiérement cartilagineux. Il s'en trouve qui pesent jusqu'à quatre cens livres. On en tire l'*Ichthyocolla.*

HUTER, v. act. Se *huter*, en termes de Guerre, c'est bâtir des Baraques, ou des *hutes*, pour le logement

gement d'une armée qui tient la Campagne en Hiver.

HUY. Vieux mot, dont on a fait *aujourd'hui*, & qui a signifié la même chose. Il est encore en usage au Palais, *d'hui en quinzaine*, c'est-à-dire, d'aujourd'hui à quinze jours.

HUZZA, s. m. Cri d'acclamation des Anglois, qui répond à notre *Vive le Roi*.

HYBONCOULM, s. m. Nom d'un fruit d'Amérique, de la grosseur d'une Datte, dont on tire une huile excellente pour les plaies & les ulceres, & pour fortifier les membres, par la simple onction.

HYDROCOTILE, s. m. Plante vulnéraire, qui croît dans les Marais, & dont les feuilles sont rondes & creuses. Elle pousse plusieurs petites tiges, qui serpentent & s'attachent à la terre.

HYDROGALE, s. f. gr. Nom d'une espece de Boisson, composée *d'eau & de lait*. C'est un lait coupé.

HYDROMETRIE, s. f. gr. Nom général qu'on donne à la Science des Eaux. L'Université de Boulogne a une Chaire de Professeur en *Hydrometrie*.

HYDROPHYSOCELE, ou HYDROPNEUMATOCELE, s. f. gr. Nom qu'on donne à une Hydrocele d'air. C'est une fausse Hernie du scrotum, causée par des eaux & de l'air.

HYDROPOIDES, adj. gr., qui se dit des excrétions aqueuses, telles qu'on les a dans l'Hydropisie.

HYDRORRHODIN, s. m. gr. Potion, composée d'eau & d'huile de roses, qui provoque le vomissement, & qui est excellente pour ceux qui ont avallé du poison.

HYDROSARQUE, s. f. gr. Tumeur aqueuse & charnue.

HYDROSCOPIE, s. f. gr. Connoissance, ou jugement, par l'eau. Celle qu'on emploie pour connoître les événemens futurs, est une superstition puérile. Mais l'*hydroscopie*, qui apprend aux Matelots à connoître, par la disposition de la Mer, s'ils doivent attendre de l'orage, ou du beau tems, est une science utile,

Supplém.

fondée sur la nature & l'expérience.

HYOGLOSSE, s. & adj. gr. Nom de deux muscles externes de la langue, qui sont attachés à l'os Hyoïde.

HYPERCRISE, s. f. gr. Crise violente & excessive, qui arrive dans une maladie. C'est le dernier effort de la nature pour sa conservation.

HYPERICON, s. m. gr. Plante rougeâtre, chargée de branches, dont les feuilles ressemblent à celles de la Rue, & sont toutes percées de petits trous. Ses fleurs sont jaunes. Elle croît également dans les lieux cultivés & sauvages. Les vertus de sa graine, qui est noire, sont vantées contre la pierre & les venins, & pour le crachement de sang. Elle se prend dans du vin. L'eau distillée de toute la Plante est employée contre l'Epilepsie & la Paralysie.

HYPERSARCOSE, s. f. gr. Nom général des excrescences de chair, qui se forment en quelques endroits du corps, par une abondance de suc nourrissier, & par le relâchement des parties qui le reçoivent.

HYPNOLOGIE, s. f. gr. Partie de la Médecine, qui regle le sommeil & les veilles, & qui traite de leurs effets.

HYPOCOLE, s. f. gr. Terme de Grammaire, qui signifie *le point & la virgule*. Le repos de l'*Hypocole* est un peu plus long que celui de la simple virgule, & plus court que celui des deux points.

HYPOCRANE, s. m. gr. Espece d'abscès, ou de suppuration, ainsi nommée, parce qu'elle est située dans l'intérieur du crane, entre le crane & la dure-mere.

HYPOGLOTTIDE, s. f. gr. Couronne qui se voit sur quelques anciennes Médailles grecques, & qui étoit faite d'une espece de Laurier, particuliere & très odorante, nommée *Laurier d'Alexandrie*. Plusieurs Antiquaires en ont donné l'explication.

HYPOLAPATHE, s. m. gr. Nom d'une espece de Rhubarbe, ou de Rapontic, dont on distingue deux sortes ; l'une, sauvage ; & l'autre,

R

qu'on cultive dans les Jardins.

HYPOPHASIE, f. f. gr. Les Médecins donnent ce nom à un clignotement, dans lequel les paupieres se joignent de si près, qu'on n'apperçoit qu'une petite portion de l'œil, & qu'il n'y peut entrer qu'un petit nombre de raïons.

HYPOSCENE ou HYPOSCENION, f. m. gr. Espece de Peristyle, ou enceinte de Colomnes, derriere lesquelles les Acteurs de l'ancien Théâtre & les Instrumens se tenoient. C'est à-peu-près ce qu'on nomme aujourd'hui les Coulisses, la Ferme, & tous les derrieres du Théâtre.

HYPOTHALATTIQUE, f. f. gr. Nom composé pour signifier l'Art de nâger & de naviger sur la Mer. Le célebre *Flud* & le Pere *Mersenne* en ont donné les principes. Mais les essais ont toujours mal réussi, & *Caramuel* en a démontré l'impossibilité.

HYPTIEN, adj. gr. Terme de Grammaire, qui se dit d'une espece d'accent horisontal, dont on se sert pour joindre deux mots ; comme dans *mal-propre*.

HYSTERA - PETRA, f. f. Nom d'une Pierre figurée, sur laquelle se trouve la forme de la partie naturelle de la Femme, & qui est commune sur une Montagne voisine de Coblentz. On prétend qu'elle abbat les vapeurs, & qu'elle excite les Regles.

HYSTEROCELE, f. f. gr. Hernie, ou descente des Femmes, causée par le passage de la matrice à travers le Peritoine.

HYVOURAHE', f. m. Nom d'un grand Arbre du Brésil, dont l'écorce s'emploie pour les maux Vénériens ; comme le bois de Gaïac. Elle est de couleur argentée, en dehors, & rouge en dedans. Il en sort un suc laiteux, dont le goût approche de celui de la Reglisse. On assure que l'Arbre ne porte du fruit que de quinze en quinze ans. C'est une sorte de Prune, couleur d'or, tendre, & de très bon goût.

I

I est le caractere de la Monnoie qui se fabrique à Limoges.

JAAROBA, f. m. Phaseole du Brésil, dont les racines se mangent.

JABATOPITA, f. m. Arbre du Brésil, dont les fleurs, disposées en grappes jaunes, jettent une excellente odeur. Ses feuilles sont belles, & pour fruits, il porte de petites Baies presque triangulaires, dont on tire une huile fort saine.

JABOT, f. m. Espece de bourse, que les Oiseaux ont sous la gorge, & qui reçoit leurs alimens, d'où ils passent dans le gosier, où leur digestion s'acheve. M. *de Réaumur* a fait, en 1753, de curieuses remarques sur le *jabot*, le gosier, & la digestion des Oiseaux.

JACAPE, f. m. Jonc de l'Amérique méridionale, qui ne porte ni fleurs, ni semence, mais dont la décoction est fort vantée contre toutes sortes de venins.

JACARANDA, f. m. Grand arbre des Indes, dont le fruit, qui est d'une figure fort irréguliere & de la grandeur de la main, se nomme *Manipoy*. Il se mange cuit, & passe pour fort Stomachal. Le bois est blanc : mais on en distingue un autre, dont le bois est noir. Tous deux sont beaux & fort durs.

JACHERE, f. f. Nom qu'on donne, dans quelques Provinces, aux Terres qu'on laisse reposer. On nommoit autrefois *Jacheries*, les Terres en friche. Quelques- uns prennent ce mot pour une corruption de *Vacherie*, parce qu'on y fait paître les Vaches.

JACINTE. *Voïez* HYACINTHE.

JACQUES. *Ordre de Saint Jacques.* Nom d'un Ordre de Chevalerie, institué au treiziéme siécle, par *Florent V*, Comte de Hollande. La marque étoit une chaîne d'or, avec six coquilles, & une médaille pendante, où étoit l'Image de cet Apôtre.

JACUA - ACANGA. Plante du Brésil, fort emploïée, dans la Médecine, pour les onguens & les cataplasmes déterfifs & vulnéraires. Ses feuilles font de la grandeur de la main & plus piquantes que l'Ortie. Elle porte une efpece d'épis, comme le Plantain, au bout defquels croît une petite fleur bleue & jaune, en forme de petit calice. Les Portugais nomment cette Plante *Fedagofo*.

JAGRE ou JAGARA, f. m. Sucre qui fe fait aux Indes, avec le *Tari*, ou le vin de Palmier, longtems bouilli; & dont le Peuple fait toutes fortes de Confitures.

JALOUSIE ou FENETRE JALOUSE'E. Nom qu'on donne à une Fenêtre compofée de petites tringles de bois, croifées diagonalement, par les vuides defquelles on peut voir, fans être vû.

JAMACARU, f. m. Nom de plufieurs efpeces de Figuiers de l'Amérique, dont tous les Voïageurs parlent avec éloge. Les fruits en font fort rafraîchiffans; mais les femences font deficcatives & aftringentes.

JAMAIS. Adverbe de tems, qui a différentes fignifications. Avec une négation, il emporte exclufion pour toujours, comme dans il *ne l'obtiendra jamais*. Sans négation, fon fens eft plus borné; comme dans ces exemples, s'il l'obtient *jamais*, c'eftà-dire, s'il l'obtient *enfin*, s'il l'obtient *quelque jour*, *s'il arrive* qu'il l'obtienne. *A jamais*, *pour jamais*, fignifient éternellement, fans fin. On dit, dans le même fens, c'eft ce qui peut *jamais* arriver de plus fâcheux.

JAMBE, f. f. Nom d'un petit membre qui fort de la coquille d'un Poiffon, lorfqu'il veut avancer.

JAMBETTE, f. f. Nom de la feconde efpece de Pelleterie, qui fe tire de la peau des Martres Zibelines, fort inférieure à la vraie *Martre*, qui eft celle de l'Echine, mais bien meilleure que celle du Cou, que les Turcs nomment *Samoul Bacha*.

JAMBLIQUE, f. m. On appelle *Sel de Jamblique* une efpece de Sel dont l'invention eft attribuée à un Ancien de ce nom, & qu'on emploie dans les purgations. Il cuit auffi les humeurs crûes.

JAMBOLOM, f. m. Nom d'une efpece de Mirte Indien, dont le fruit reffemble à de groffes Olives, & fe confit au vinaigre, pour exciter l'appétit. Le goût en eft fort âpre.

JAMBOS, f. m. Fruit d'un arbre des Indes, que les Portugais ont nommé *Jambeyro*. On en diftingue plufieurs fortes, dont les meilleurs ont une odeur de Rofe; les uns avec un noïau, d'autres fans noïau. Ils fe mangent à l'entrée de la Table, comme le Melon. L'arbre qui les porte n'eft jamais fans fleurs & fans fruits. Les uns & les autres fe confent au fucre.

JAMIS. Toile *à jamis*. Nom d'une forte de Toile de coton, qui nous vient du Levant, par la voie d'Alep.

JAN, f. m. Terme du Jeu de Trictrac, qui fe dit de l'une & l'autre des deux Tables, mais dont la fignification varie beaucoup, par l'addition de divers autres termes.

JANGOMAS, f. m. Arbre des Indes, heriffé d'épines, dont le fruit, femblable à celui du Sorbier, & de couleur jaune dans fa maturité, a le goût de nos Prunaux. Il a des qualités aftringentes, qui le font emploïer pour arrêter le cours de ventre & les inflammations de gorge.

JAPARANDIBA, f. m. Efpece de Pommier du Brefil, du moins pour la forme extérieure de fon fruit, qui contient, d'ailleurs, un noïau, de la groffeur d'une Aveline, & de la forme d'un cœur. On met fes feuilles au rang des meilleurs apéritifs.

JAPONNER, v. act. Terme inventé dans le Commerce, pour exprimer une nouvelle cuiffon que les Anglois & les Hollandois donnent quelquefois à la Porcelaine de la Chine, pour lui faire prendre un air de Porcelaine du Japon.

JARGON, f. m. Nom que les Jouailliers donnent à un diamant très jaune, & moins dur que le vrai diamant. On appelle auffi *Jargons*, de petites pierres de la groffeur d'une tête d'épingle, d'un rouge brillant, fort communes en Auvergne, & que les Droguiftes connent pour de véritables Hyacinthes.

JARRETIERE. *Ordre de la jarretiere. Voïe; GEORGE.* On re narque que les Chevaliers de cet Ordre n'ont point porté de collier avant le regne d'*Henri VIII*, d'Angleterre. *Jarretiere* eft auffi le titre d'un Héraut, Roi d'armes d'Angleterre, qui eft le quatriéme des cinq Officiers du même Ordre.

J A S, f. m. Nom qu'on donne, dans les Marais falans, au premier réfervoir, où l'on reçoit l'eau de la Mer, qu'on fait paffer par la *Varaigne*, ou la *Bonde*.

JASMELE'E, f. f. Nom d'une huile médecinale, dont l'odeur eft très forte, & qu'on prépare en faifant infufer deux onces de fleurs blanches de violette, dans une livre d'huile de Sefame. Les Perfans s'en frottent le corps, après le bain.

JASMIN, f. m. Nom d'une petite Poire du mois d'Août, qui fe nomme auffi *Vilaine de la Réale*.

JASPAGATHE, f. f. Pierre précieufe, compofée de Jafpe & d'Agathe, qu'on vante pour la Pleurefie.

IATRALEPTIQUE, f. f. gr. Partie de la *Médecine*, qui emploie les frictions, les fomentations & les applications d'onguens, pour guérir les Maladies ; comme on appelle *Iatrochymie*, l'art de les guérir avec des remedes Chymiques. On nomme quelquefois la Médecine même *Iatrique*, d'un mot grec, qui fignifie Médecin.

JATTE-D'EAU, f. f. Nom d'un Artifice aquatique, qui produit l'effet d'une Girandole, en tournant fur fon centre, à fleur d'eau. On en fait auffi un Soleil fixe & tournant.

JAUNISSE, f. f. Maladie des arbres, qui leur vient de vieilleffe, ou de quelque vice dans les racines, ou de ce que le terrain eft ufé.

IBEIXUMAR, f. m. Arbre de l'Amérique méridionale, dont le fruit, en forme de Pomme, con-

tient une matiere femblable à de la Glu. Son écorce, qui eft auffi fort gluante, fert aux mêmes ufages que le Savon d'Efpagne, fans nuire au linge ni aux étoffes.

ICHERA-MOULI, f. m. Racine extrêmement chaude, des Indes Orientales, qui a diverfes propriétés, furtout contre la morfure des Serpens. Une cuillerée d'eau chaude, où elle a trempé, guérit, prefque fur le champ, les plus douloureufes indigeftions.

ICHOREUX, adj. gr. On appelle *Pus ichoreux*, une efpece de Sanie, qui découle des ulceres. Cette Epithete fe donne auffi au fang, lorfqu'il abonde en férofité âcre & falée.

IDIS, f. m. Perles de verre, applaties par les bouts, que les Européens emploient dans le Commerce avec les Negres, fur les Côtes d'Afrique. Elles font jaunes, avec quatre raies noires.

IDOLE DES MAURES, f. f. Nom d'un Poiffon de la Mer des Indes, qui reffemble au Tafelvifch, fans être fi grand. Il a le grouin d'un Cochon ; & fon nom lui vient de la fuperftition des Maures, qui le rejettent dans la Mer, par cette raifon, lorfqu'ils le trouvent dans leurs filets. Il n'eft bon à manger que rôti.

JEAN-BAPTISTE. Congrégation de Saint Jean-Baptifte. C'eft le nom d'une efpece d'Ordre de Religieux, dont Michel de Sainte Sabine jetta les fondemens, en France, vers 1630, pour réformer les abus qui s'étoient gliffés parmi les Hermites. Il fit des ftatuts ; dont il refte peu de traces

JEAN LE BLANC, ou L'OISEAU SAINT MARTIN, f. m. Nom d'une efpece d'Aigle, qu'on nomme auffi *Pyrargue*, de fon nom grec & latin, plus petite que les autres Aigles, mais qui a le bec plus long, fort jaune & fort crochu. On trouve auffi quelques différences dans la couleur de fes yeux & de fon pennage, furtout à fa queue, qui eft entiérement blanche, depuis le croupion ; ce qui le fait nommer auffi *Queue blanche*, quoiqu'elle ait , des deux côtés , deux petites pennes noires , qui s'appellent *Plumes du coin.* Il a la jambe sans plumes , & jaune , comme les piés , & les serres fort aigües.

JÉCUIBA , f. m. Arbre de l'Amérique Méridionale, dont le bois est d'un rouge brun , avec des ondes noires , & se transporte pour les ouvrages de Sculpture.

JÉSUS. *Ordre de Jesus.* Nom d'un Ordre de Chevalerie , institué à Rome , en 1459, par le Pape *Pie II* , pour s'opposer aux Turcs. *Paul* en institua un autre , en 1615 , sous le nom de Chevaliers *de Jesus & de Marie* , qui portoient une Croix émaillée de bleu , orlée d'or , au milieu de laquelle il y avoit un nom de Jesus d'or. Les *Filles de l'Enfant Jesus* sont une Société de Filles , établies à Rome , en 1661 , au nombre de trente-trois , pour honorer les trente-trois années que Jesus-Christ a passées sur la terre. Une autre Congrégation de Filles , dont on a publié l'Histoire , fut instituée , à Toulouse , sous le même nom , & la même année , par Madame *de Mondonville.* Mais elle a peu subsisté.

JET DE FEU , f. m. Nom de certaines fusées fixes , dont les étincelles sont d'un feu clair , comme les gouttes d'eau jaillissantes, éclairées de jour par le Soleil , ou par une grande lumiere pendant la nuit.

JETTE' , f. m. Terme de Danse. Pas qui se fait en sautant ; comme le demi-*jetté* se fait en sautant à demi. Ce pas n'est que la partie d'un autre pas , & ne peut remplir seul une mesure.

JETTE'E , f. f. Amas de pierres , de sable & de cailloux , *jetté* dans un certain espace de mauvais chemin , pour en rendre le passage plus facile. On appelle *Jettie* , chaque nouvel essain des Abeilles. En termes de Fauconnerie , on dit , *jetter* le Faucon , & *lâcher* l'Autour.

IGNICOLE , f. & adj. lat. Nom qu'on donne à ceux qui adorent le Feu ; tels que les Guebres , qui ont conservé l'ancienne Religion de Perse.

IGNOBLE , adj. lat. , qui signifie , bas , vil , sentant une basse extraction. L'idée de ce mot est directement opposé à celle de *noble.*

IGNORANTIN , f. m. l. Nom des Associés d'une Congrégation Religieuse , instituée , en France , par M. *de la Salle* , pour commencer l'éducation des Enfans du commun ; c'est-à-dire , pour leur apprendre à lire , à écrire , & pour leur donner les premiers principes de Religion. Leur nom vient de la Profession qu'ils font , de ne savoir que ce qu'ils doivent enseigner.

ILLATION , f. f. lat. Terme d'Eglise , qui se dit , comme *translation* , pour , transport , ou retour, des Reliques d'un Saint. Cependant , il n'est gueres en usage que pour le retour de celles de Saint Benoît , d'Orleans à l'Abbaïe de Fleury.

ILLEGAL , adj. , formé du latin , pour signifier *illégitime* , ou plus généralement, ce qui est contre les loix. *Illégalité* n'est gueres en usage , quoiqu'*illégitimité* se dise fort bien , pour exprimer la qualité d'un Enfant , qui n'est pas né d'un mariage légitime : sur quoi l'on doit remarquer que devant les mots simples , qui commencent par *l*, *il* prend souvent la force de la négative. Mais on ne connoît pas , là-dessus , d'autre regle que l'usage. *Illetré* , *illibéral* , *illimité* , &c. , sont des exemples de l'un ; *illustre* , *illuminé* , *illusion* , &c. , en sont de l'autre.

ILLUTATION , f. f. lat. Terme d'art , pour signifier l'action d'enduire quelque chose de *boue* , ou de limon.

ILOTE , f. m. gr. Nom que les anciens Habitans de Lacédemone donnoient aux Esclaves , d'après les Loix de Lycurgue.

IMBECILLITE' , f. f. lat , qui signifie également foiblesse de corps ou d'esprit. C'est l'effet ordinaire d'un fort grand âge.

IMBRICE' , adj. lat. Tuiles *imbricées.* On donne ce nom aux Tuiles concaves , ou, suivant la signification du mot , faites en goutiere. En Dauphiné & dans d'autres Provinces , on emploie des tuiles *imbricles* , pour couvrir les Maisons.

IMEROS ou HIMEROS, f. m. Dieu du desir, chez les anciens Grecs; comme *Eros* & *Pothos* étoient ceux de l'Amour & du Souhait. On les representoit tous trois sous la figure de trois Cupidons , ou trois Amours.

IMMA , f. m. Terre rouge , dont les Teinturiers & les Peintres se servent, en Perse , & que les Femmes emploient aussi pour se colorer le visage. *L'Imma* se tire particuliérement de la Montagne de Chiampa , près de Bander-Abassi.

IMMATERIALISTES , f. & adj. Nom d'une Secte de Philosophie assez moderne , & née en Angleterre , qui prétend que tout est esprit , & que le Monde n'est composé que d'Etre pensans ; c'est-à-dire , que tout ce que nous croïons voir & sentir de corporel n'a pas de réalité , & que ce sont des fantômes que notre esprit fabrique , ou qui naissent en nous par la même nécessité qui nous a fait naître.

IMMATRICULER , v. act. *Voïez* MATRICULE.

IMMENSURABLE , adj. lat. La *Bruïere* a risqué ce mot , qui n'étoit pas en usage avant lui , pour signifier, plus proprement , ce qui ne peut être assujetti à une mesure physique.

IMMEUBLES , f. m. Terme de Coutume & de Pratique , qui signifie des biens en fond , ou en nature de fond ; par opposition aux biens qui se nomment Meubles , ou Effets mobiliers. On appelle , dans le même langage , une action *immobiliaire* , celle qui est intentée pour entrer en possession d'un *immeuble*.

IMPAIABLE , adj. Ce qui ne se peut païer , ce qui est hors de prix. Il ne se dit gueres que dans le figuré , pour, incomparable , sans égal , sans comparaison.

IMPALPABLE , adj. lat. Ce qui ne peut être touché , ou ce qui ne fait aucune impression sur les sens , lorsqu'on y touche ; comme l'air , la fumée , &c.

IMPARTABLE , adj. lat. Terme de Droit , qui signifie ce qui ne peut être partagé , divisé , dans une succession ; tel que les Duchés , les Marquisats , & tous les Fiefs de Dignité. *Impartibilié* est le substantif.

IMPARTIAL , adj. lat. Exempt de partialité , neutre entre deux Partis. *Impartialité* est le substantif , & *Impartialement* , l'adverbe.

IMPECCANCE , f. f. lat. Terme dogmatique , qui signifie l'état d'un Homme qui ne commet aucun péché ; comme *impeccabilité* signifie l'impossibilité d'en commettre. *L'Impeccabilité* emporte *l'Impeccance*.

IMPERTURBABLE , adj. lat. Qui ne peut être troublé. Il se dit particuliérement d'une mémoire ferme , qu'aucune interruption ne peut faire manquer.

IMPLANTER , v. act. lat. Terme de Médecine & de Chymie , qui signifie insérer , planter , une chose dans une autre. *Implantation* , f. f. , se dit dans le même sens.

IMPLEXE , adj. lat. Terme de Poésie dramatique , qui signifie, composé de plusieurs parties , ou d'un grand nombre d'événemens variés , quoique liés naturellement au sujet. Une action peut être *implexe* , sans être double.

IMPLIQUER , v. act. lat. Terme de Logique , qui ne se dit gueres que du raisonnement. Il signifie proprement , *renfermer avec quelque obscurité*. Lorsque deux idées sont incompatibles , ou se contredisent , on dit qu'elles *impliquent contradiction* , ou simplement, qu'elles *impliquent*; c'est-à-dire , qu'elles se choquent & qu'elles se détruisent mutuellement. *Implication* s'emploie dans le même sens. On dit fort bien , il y a de l'*implication* dans ces deux idées.

IMPOSTEUR, f. m. l., qui signifie celui qui trompe adroitement, de paroles ou d'actions , celui qui en impose. Ce mot est aussi adjectif. Un air , un langage , *imposteur*. On dit , absolument, c'est une *imposture* ; & avec un régime , l'*imposture des yeux* , de la physionomie , &c.

IMPOT, f. m. lat. Nom qui ne se donnoit autrefois qu'aux nouvelles levées passageres de deniers , que le

Gouvernement imposoit, pour les besoins de l'Etat, mais qui s'applique, en général, à toutes les contributions des Sujets, depuis que la plûpart des anciens *impôts* sont devenus habituels.

IMPRIMERIE DE PEINTURE, s. f. Invention nouvelle, qui consiste à imprimer des Tableaux, avec trois couleurs, aussi facilement que des Estampes, & avec autant d'exactitude que si le pinceau y étoit employé. On doit cet Art à un Peintre nommé *le Blond*. *Ugo Carpi*, Italien, en avoit donné quelque idée au commencement du seizième siécle, en imitant, dans les Estampes, les Desseins lavés, ou l'espece de Peinture, d'une seule couleur, que nous nommons *Camaïeu*.

IMPROPERE, s. m. Mot purement latin, qui signifie, reproche affligeant, injurieux. Il ne s'emploie qu'en termes ecclésiastiques, pour les injures, que Notre-Seigneur essuïa dans sa Passion, & qui se chantent dans l'Office de la semaine Sainte. Il y a dans l'Eglise du saint Sépulchre, à Jérusalem, une Chapelle de l'*Impropere*.

IMPURETE' LEGALE, s. f. On donnoit ce nom, dans l'ancienne Loi, à une sorte de tache, qui se contractoit en faisant différentes choses *défendues*, ou nommées *impures*; ce qui demandoit des purifications.

INALIENABLE, adj. lat., ce qui ne peut être aliéné, c'est-à-dire, dont on ne peut perdre ni céder la propriété. Le Domaine roïal est *inaliénable*; mais cette *inaliénabilité* n'est que de droit positif.

INALLIABLE, adj. formé d'*allier*. Il ne se dit gueres que de certains métaux, qui ne peuvent s'allier l'un avec l'autre.

INANITE', s. f. lat. Terme de Chronologie, qui se dit de la durée du Monde, avant la Loi de Moïse.

INCISIF, adj. lat., qui se dit, en Médecine, pour divisant, attenuant. Les Eaux minérales sulphureuses sont *incisives*.

INCIVIL, adj. En termes de Jurisprudence, on appelle *Clause incivile*, une clause faite contre la disposition des Loix.

INCOMMUTABLE, adj. lat. Ce qui ne peut recevoir de changement. C'est un terme de Pratique. Propriété *incommutable*, c'est-à-dire, dont on ne peut être dépossedé légitimement. *Incommutabilité* est le substantif.

INCONCILIABLE, adj. lat. Incapable de conciliation, c'est-à-dire, de se lier, ou de s'accorder, avec quelqu'un, ou avec quelque chose.

INCONSEQUENT, adj. lat. Terme assez nouveau, pour signifier ce qui est sans suite, sans liaison. Il se dit surtout du raisonnement, & de tout ce qui en dépend, comme la conduite morale, &c. On en a fait le substantif *Inconséquence*, qui ne s'emploie que dans le même sens.

INCONSIDERATION, s. f. lat. Défaut d'attention, qui vient ordinairement d'un défaut de prudence. *Inconsideré* est l'adjectif, dont on a fait même *inconsiderément*.

INCONTINENCE D'URINE, s. f. Terme de Médecine, pour signifier un écoulement involontaire de l'urine, qui arrive lorsque le ressort du sphincter est relâché.

INCORRECTION, s. f. lat. Terme qui s'est introduit dans les Arts, pour signifier défaut d'exactitude, dans le dessein, ou l'exécution, d'un Ouvrage. L'*Incorrection* s'allie quelquefois avec les plus grandes qualités du génie & du savoir.

INCRASSER, v. act. lat. Terme de Médecine, qui signifie épaissir par quelque mêlange. Le sang s'*incrasse*, en se chargeant de diverses parties qui nuisent à sa circulation.

INCULPATION, s. f. lat. Attribution qu'on fait d'une faute à quelqu'un. C'est un terme de Palais, qui ne signifie pas tant que celui d'accusation; parce que celui-ci emporte l'idée des formes juridiques.

INCURIE, s. f. Mot purement latin, qui signifie exemption de soin, indolence. Il ne s'emploie gueres que dans le style familier.

INCUSE , adj. lat. Terme d: Médailliste , qui se dit de certaines Médailles frappées d'un seul côté , par la négligence & la précipitation des Ouvriers. Il se trouve des Médailles *incuses* , c'est-à-dire , non-frappées , dans les Antiques & dans les Modernes.

INDECIS , adj. lat. Qui n'est pas décidé. Il se dit des personnes & des choses. Un Homme *indecis* est un Homme irrésolu , qui a peine à se déterminer. Une affaire est *indécise* , lorsqu'elle n'est pas encore décidée. *Indécision* , s. f. , ne se dit gueres que dans le premier sens , pour , irrésolution , incertitude.

INDEFECTIBILITE' , s. f. lat. Terme ecclésiastique , qui signifie , qualité d'une chose *qui ne peut manquer*. Il ne se dit que de l'Eglise , à laquelle cette prérogative est assurée par la promesse de Jesus-Christ. *Indeffectible* est l'adjectif.

INDESTRUCTIBLE , adject. lat. , qui ne peut être détruit. Tels paroissent les genres d'Animal & de Plante , dont la forme reçoit bien quelque altération , par le mélange des especes , ou par l'accession de quelques parties Etrangeres , mais dont le fond semble incapable de changer.

INDIGESTION , s. f. lat. Embarras , ou douleur de l'estomac , causé par l'excès , ou la qualité , des alimens , qu'il ne peut digerer.

INDIGITAMENT , s. m. lat. Nom d'un Livre des anciens Pontifes Romains , qui contenoit le nom des Dieux , la forme de leur Culte , & les cérémonies qui étoient particulieres à chacun.

INDIRE , s. m. Terme de Fief. On appelle *droit d'indire aux quatre cas* , un droit par lequel quelques Seigneurs peuvent doubler leurs rentes & leurs revenus en quatre cas ; 1°. Pour le voïage d'Outre - Mer. 2°. Pour une nouvelle Chevalerie. 3°. Quand le Seigneur est Prisonnier de guerre. 4°. Pour le Mariage d'une Fille.

INDIRECT , adj. lat. En termes de Logique , on appelle Modes *indirects* de Syllogisme , ceux qui ne concluent pas directement. La conclusion n'en est pas aussi évidente que celle des autres.

INDISPONIBLE , adj. Terme de Palais , qui se dit des biens dont les loix ne permettent pas de *disposer*.

INDISSOLUBLE , adj. lat. Ce qui ne peut être rompu. Des liens *indissolubles*. Il ne s'emploie gueres que dans le sens Moral , aussi bien qu'*indissolublement* , qui est l'adverbe.

INDIVIS , adj. lat. Terme de Palais , qui signifie ce qui n'est pas divisé. *Par indivis* est un adverbe , qui se dit , dans le même langage , pour , *en commun , sans division*.

INDUCTION , s. f. lat. Dans le sens Moral , il signifie l'action d'engager quelqu'un à faire une chose , soit par adresse , ou par des motifs expliqués. Il se dit aussi des suites d'une chose, qui conduisent à une autre ; surtout en matiere de raisonnement , où quelquefois une preuve s'étend par *induction* à des points différens de celui qu'on avoit à prouver. En termes de Physique , c'est l'action d'étendre , ou d'appliquer , quelque chose sur la surface d'une autre , surtout quelque chose de ductile & de mou.

INDULGENCE , s. f. lat. Dans quelques anciennes médailles , l'*Indulgence* , prise pour *facilité à pardonner* , est representée , par une Femme assise, qui tend la main droite , & qui tient un sceptre de la main gauche.

INELIGIBLE , adj. lat. Terme de Conclave & de Chapitre , qui signifie *celui* qui ne peut être *élu*. L'élection est nulle , quand elle tombe sur un sujet *ineligible*.

INERTIE , s. f. lat. Terme dogmatique , qui signifie incapacité d'action. On appelle *Force d'inertie* , dans les corps , une résistance au mouvement , qui ne vient que de leur masse , & qui est proportionelle , comme la pesanteur , à la quantité de matiere qui leur est propre.

INFEODATION , s. f. Terme de Coutume , qui signifie l'action par laquelle on donne quelque chose en fief , ou on l'unit à son fief. *Infeoder* est le verbe.

INFILTRATION

INFILTRATION, f. f., formé de *filtrer*. C'est l'action d'une chose qui se glisse & s'insinue dans les pores des parties solides.

INFINITIF, f. m. lat. Terme de Grammaire, qui est le nom d'un mode, dans la conjugaison des verbes. C'est celui qui marque l'action, en général, sans désigner aucun tems précis. Il est quelquefois employé pour substantif, comme, le *manger* & le *boire*. La plûpart des substantifs Anglois ne sont que l'infinitif des verbes.

INFIRMATIF, adj. lat. Terme de Palais, qui signifie ce qui affoiblit la force d'une chose, ou ce qui l'ôte tout à-fait. Il se dit particuliérement des Jugemens supérieurs, qui révoquent, ou qui restraignent, ceux des inférieurs. Un *Arret infirmatif* de telle Sentence.

INFLATEUR, f. m. lat. Nom qu'on donne aux Philosophes, qui prétendent que le continu est composé de points enflés.

INFORMATEUR, f. m. Les Allemands donnent ce nom, pour celui de Précepteur, à ceux qui sont chargés de l'instruction des jeunes gens. Il vient du verbe latin, qui signifie former, instruire.

INFORME, adj. lat. Ce qui n'a point de forme réguliere, ou ce qui est encore éloigné de celle qu'il doit recevoir. Il se dit également des Ouvrages de l'art & de la nature. Les anciens Astronomes appelloient *informes*, les Etoiles qu'ils ne faisoient point entrer dans les *Constellations*, ou *Figures* du Ciel. Ils les nommoient aussi *Sporades*, c'est-à dire, semées sans ordre. Les Modernes ont formé de nouvelles Constellations, d'une partie de ces Etoiles.

INFORTIAT, f. m. Terme de Jurisconsulte. C'est le nom qu'on donne au second Volume *du Digeste*, compilé du tems de *Justinien*.

INFRACTION, f. f. lat. Action par laquelle on viole quelque devoir. L'*Infraction* d'un Traité, d'une Regle, &c.

INGENERABLE, adj. lat. Terme de Physique, qui se dit de la

Supplém,

nature essentielle des choses, qu'on suppose invariable, incapable d'altération, & qui s'est trouvée telle par la création divine, sans être jamais sortie d'une matiere premiere, différente d'elle-même.

INIGISTE, f. m. Nom que le Peuple donnoit aux Jésuites, dans leur origine, du nom Espagnol de Saint Ignace, qui est *Inigo*.

INPROMPTU, f. m. & adv. Ce mot, qui est purement latin, signifie, sur le champ, sans préparation. Un ouvrage d'esprit, un repas, & tout ce qui se fait à la hâte, prend le nom d'*Inpromptu*.

IN-SEIZE, f. m. Terme d'Imprimerie, qui désigne un format de Livre, au-dessous de l'*in-douze*. Chaque feuille, dans l'*in-seize*, à trente-deux pages, ou seize feuillets.

INSIPIDE, adj. lat., sans goût, sans saveur, en un mot sans aucune qualité qui excite les sens. Il se dit dans le Figuré, pour signifier, fade, plat, sans esprit, & sans élégance.

INSOCIABLE, adj. lat. Farouche, ennemi de la société, ou qui n'en est pas capable. Un esprit, une humeur, *insociable*.

INSOLITE, adj. Mot purement latin, introduit assez nouvellement pour signifier, ce qui n'est point en usage, ce qui est inusité.

INSOLUBLE, adj. Mot purement latin, qui se dit d'une difficulté qui ne peut être expliquée.

INSTABILITE', f. f. lat. Qualité qui porte à changer, qui fait qu'on se fixe difficilement, qu'on n'est pas stable, constant.

INSTANTANE'E, adjectif d'*instant*. Il n'est gueres en usage que dans les matieres de Physique, pour signifier ce qui ne dure qu'un moment, ce qui passe fort vite, ou ce qui répond à une durée très courte. Il doit s'écrire avec deux *e*, même au masculin, comme *Ptolomée*, *Pompée*, & comme tous les mots terminés en *é*, qui finissent, en latin, par *eus*.

INSTITUTION, f. f. lat. Outre l'acception commune, suivant laquelle ce mot signifie *établissement,* il fe dit, en termes de Droit Civil, des Teftamens, & des difpofitions qui fe font par d'autres Actes. Dans le Droit Canon, il fignifie toutes fortes de provifions, qui font le titre par lequel on acquert un Bénéfice, & l'on s'y maintient. On appelle *Inftituteur*, celui qui eft chargé de donner les premieres inftructions à un Prince du Sang.

INSURGENT, f. m. lat. Terme d'Hiftoire, qui ne fe dit néanmoins que de certaines Trouppes de Hongrie, *levées* extraordinairement pour le fervice de l'Etat.

INTACT, adj. lat. Terme du langage familier, qui fignifie ce qui eft demeuré pur, entier, & tel qu'il étoit, parce qu'on n'y a pas touché. Les Phyficiens ont tiré de la même fource, *intactile*, pour fignifier ce qui ne peut tomber fous le fens du *tact*.

INTEGRAL, adj. *Calcul integral. Voïez* CALCUL. *Integrer* & *Integration* font des termes de la même méthode.

INTEGRANTE. *Partie integrante.* Terme de Philofophie, qui fe dit des principales parties d'une chofe, de celles qui conftituent fon effence, & fans lefquelles elle changeroit de nature.

INTEGRE, adj. purement latin, qui fignifie *entier*, mais qui ne s'emploie que dans le Figuré, pour fignifier pur, fans corruption. Un Juge *integre*, c'eft-à-dire, fans reproche, d'une Juftice éprouvée. Une vertu *integre*, c'eft-à-dire, fans tache, fupérieure aux foupçons. *Integrité* eft le fubftantif.

INTERCURRENT, adj. lat. Fievre *intercurrente*. On donne ce nom à diverfes fortes de fievres qui ne font pas ftationaires, mais qui fe mêlent avec celles qui le font, & qui ont tantôt plus, ou tantôt moins, de violence. Le pouls, qu'on nomme *intercurrent*, n'eft pas différent de l'*intercédent*, qui fignifie à-peu-près la même chofe.

INTERCUTANE'E, adj. lat. Ce qui eft entre la peau & la chair.

INTERESTS LUNAIRES, f. m.

Au Levant, on donne ce nom aux *intéréts* ufuraires que les Juifs font païer aux Chrétiens; parce qu'ils fe paient par Lunes, au grand profit de l'Ufurier.

INTERLOCUTEUR, f. m. lat. Nom qu'on donne aux différens Perfonnages qu'on introduit dans un Dialogue, & qui le forment entre eux.

INTERPRETATIF, adj. l. Ce qui reçoit, ou ce qui peut recevoir, une interprétation, relative à des principes connus. Ainfi, l'on appelle *permiffion interpretative*, celle qu'on auroit pû obtenir, fi des obftacles imprévûes n'avoient empêché de la demander; moïennant quoi, l'on agit comme fi on l'avoit demandée & obtenue.

INTERVERSION, f. f. lat. Changement, trouble, entre plufieurs chofes. On dit fort bien l'*interverfion*, pour, *le dérangement de l'ordre*. Quelques bons Ecrivains ont emploïé auffi ce mot pour, *diverfion* de deniers, entre plufieurs perfonnes, qui s'entendent pour les *faire tourner* à leur profit. *Intervertir* eft le verbe, dans ces deux fens.

INTESTABLE, adj. Mot purement latin, qui fignifie celui qui ne peut être appellé en témoignage, par quelque défaut qui lui ôte ce droit.

INTHRONISATION, f. f., compofé de Thrône, pour fignifier la partie du couronnement d'un Roi, dans laquelle il prend poffeffion du Thrône. On dit auffi *Inthronifer*, pour, *placer fur le Thrône*.

INTITULER, v. act. lat. Donner un titre à quelque chofe. Il ne fe dit gueres que des Livres, des Mémoires, des Actes, &c. *Intitulé* s'emploie quelquefois comme fubftantif, au lieu de *titre*.

INTOLERANT, adj. lat. Terme de Religion, qui fignifie celui qui n'en admet point d'autre que la fienne, parce qu'il la croit feule bonne. On appelle *Intolerantifme*, la Doctrine, ou le fentiment, de ceux qui ne veulent fouffrir aucune autre Religion que la leur.

INTROCESSION, f. f. lat. Terme de Physique , qui signifie *retirement*. Il se dit des parties d'une chose molle , qui , étant pénétrées par celles d'une autre , cédent à cette action, & se retirent en se comprimant.

INTRODUCTIF , adject. , formé d'introduire , comme Introduction &.Introducteur. Il se dit de ce qui mene à quelque chose, de ce qui lui sert comme d'entrée. Une Requête , une Réflexion , *introductive*.

INTROMISSION , s. f. lat. Terme de Médecine, qui se dit pour, Introduction physique , ou action d'introduire une chose dans une autre..

INTSIA , s. m. Nom d'un grand arbre du Malabar , qui est une espece d'Acacia toujours verd. Son écorce & ses feuilles sont emploiées, dans la Médecine , pour les maux de ventre & les ulceres.

INTUS-SUSCEPTION , s. f. lat. Terme de Physique & de Médecine , qui signifie , tantôt l'attraction de quelque fluide , dans l'intérieur d'un corps , comme celle de la seve dans les canaux d'une Plante ; tantôt l'entrée, contre nature, d'une chose dans une autre , comme celle d'un intestin qui se rendouble , c'est-à-dire , dont une portion entre dans l'autre.

INVALIDER , v. act. , qui signifie , en termes de Pratique , rendre nul. Il se dit des actes & des engagemens.

INVARIABLE , adject. lat., qui se dit de ce qui n'est point sujet à changer. *Invariabilité* est le substantif.

INVESTIGATEUR , s. m. lat. , celui qui cherche quelque chose , qui s'applique à faire des découvertes , surtout en matieres d'Antiquités & de Physique, auxquelles ce mot paroît borné.

INVOLUTION , s. f. lat. Mot qui s'est introduit , pour signifier l'action d'entourer , surtout dans le sens Moral, où quelques bons Ecrivains n'ont pas fait difficulté de dire , une grande *involution* de circonstances.

INUSITE' , adj. lat. , ce qui n'est pas en usage ; ou ce qui n'arrive point, ce qu'on ne voit point , ce qu'on n'éprouve point ordinairement.

JONCHER , v. act. , qui signifie parsemer , couvrir. Il est formé de Jonc, apparemment parce que les Joncs sont en grand nombre sur leurs tiges , ou parce qu'étant coupés , ils se répandent aisément.

JONIEN , s. m. g. Terme de Prosodie. C'est le nom d'un pié des vers grecs & latins. Le grand *Jonien* est composé d'un Spondée & d'un Pyrrhique , c'est-à-dire , de deux longues & de deux breves. Le petit, d'un Pyrrhique & d'un Spondée.

JONTHLASPI , s. m. Plante sarmenteuse , qui est une espece de Thlaspi, couverte, suivant la signification du mot grec composé, d'un *poil blanc*, qui la fait résister au froid. On distingue le grand & le petit, tous deux détersifs & vulnéraires.

JOSEPH. Le *Coton-Joseph* est une sorte de Coton filé , de qualité médiocre. On donne le nom de *Josephfluant*, de *Joseph-collé*, de *Joseph-à-soie*, à différentes especes de Papier.

JOU , s. m. Nom que les Celtes donnoient à leur Dieu , que quelques-uns prennent pour Jupiter. On prétend que ce nom signifioit Jeunesse , & qu'ils vouloient marquer l'Eternité de Dieu, qui ne vieillit jamais. Quelques-uns y croient trouver le véritable nominatif de Jupiter , dont le genitif est Jovis. Le *Mont-Jou* , dans les Alpes , étoit nommé , par les Latins , *Mons Jovis* ; & dans nos Provinces Méridionales, on dit encore *Di-jou*, pour *Jeudi*.

JOUER. Terme commun , qui a différens régimes , dont il seroit difficile d'expliquer les raisons. On dit *jouer* quelqu'un, pour, s'en mocquer, ou le tromper ; *jouer* un rolle , pour, l'exercer ; *jouer* le Dévot , *jouer* l'Homme fin , &c. , pour , contrefaire ces qualités ; *jouer* un jeu, le *jouer* bien, ou mal. Dans toutes ces significations, *jouer* est actif. Mais on dit, *jouer* de la Flutte, *jouer* à la Paume , & *jouer* , sans aucun régime.

JOUFFLU , adj. , formé de *joue*. Vieux mot, qui se dit encore , dans le style familier , d'une personne qui a les joues grosses.

JOUI , s. m. Célebre liqueur du Japon , dont les Japonois savent , seuls , la composition , & que les autres Indiens achetent d'eux, à grand prix. Elle se garde dix ou douze ans sans se corrompre , & l'on vante beaucoup sa vertu, pour réparer les forces. On croit que la base du *joui* est du jus de Bœuf, exprimé lorsqu'il est à demi rôti.

JOVIAL , adj. , formé apparemment de *joie*, puisqu'il signifie ce qui en porte les apparences. Humeur, manieres, *joviales*. La Reine *Christine de Suede* avoit établi , à Stokolm, une assemblée , qui se nommoit *Joviale* ; mais ce nom lui venoit du mot latin , qui signifie Jeudi , parce qu'elle se tenoit ce jour-là.

JOURNE'E, s. f. En termes de Guerre, *Journée* se dit pour Bataille. La *journée* de Fontenoi. On appelloit autrefois *journée*, dans les pieces de Théâtre, ce qu'on nomme aujourd'hui une Scene.

JOUR DE PLANCHE. Nom qu'on donne, dans les Ports , à des jours reglés , pendant lesquels ceux qui y ont des marchandises sont obligés de les décharger, ou de païer une certaine somme , pour chaque jour qu'ils les y laissent de plus , lorsque les jours de Planche sont expirés.

JOURNAU , s. m. Mesure de terre qui peut être labourée en un jour , & qui revient au *Jugerum* des Anciens. Dans quelques Provinces, on compte, & on donne, les Terres par *journaux*, au lieu d'arpens.

JOUVENCE , s. f. lat. ou JUVENCE. Vieux mot qui signifie Jeunesse , & qui ne s'est conservé que dans cette expression *la Fontaine de jouvence*, pour signifier une Fontaine imaginaire, dont l'eau faisoit rajeunir. *Jouvenceau*, qui a signifié jeune Homme, se dit encore dans le style

badin , comme *Jouvancelle*.

IPSO FACTO. Expression latine , qui est devenue françoise , par le fréquent usage qu'on en fait. Elle se dit proprement des excommunications qui sont encourues *dès que l'action est commise*. Mais on l'étend , dans l'usage, à tout ce qui se fait , ou qui arrive , à l'occasion particuliere de quelque chose.

IRRADIATION , s. f. lat. Action d'un corps lumineux , qui jette des raïons. C'est par l'*irradiation* du Soleil sur les nuées, que se forme l'Iris, ou l'Arc-en-Ciel.

IRREDUCTIBLE , adj. lat. Terme de Physique , qui signifie ce qui ne peut plus être rétabli dans son premier état. Toutes les teintures métalliques ne sont pas *irreductibles*.

IRREGULARITE', s. f. lat. En termes Canoniques , on distingue deux sortes d'*irrégularité*, c'est-à-dire, de Censure : celle qu'on encourt, pour un défaut , & celle où l'on tombe, pour un crime. L'*irrégularité* rend incapable d'acquérir un Bénéfice , mais elle ne rend pas incapable de posséder celui qu'on a déja. On appelle *irrégulier*, celui qui , aïant encouru l'*irrégularité*, est devenu incapable de recevoir les Ordres , ou d'en faire les fonctions , s'il les a reçus, ou d'être pourvû d'un Bénéfice.

IRRESISTIBLE , adj. lat. A quoi l'on ne peut résister. Les Théologiens en ont fait *irresistibilité*, s. f. Ceux qui croient la grace *irresistible* s'écartent de la Doctrine de l'Eglise.

IRRESOLUBLE , adj. lat. , formé du verbe, qui signifie résoudre. Les Géometres ont introduit ce mot, pour les Problêmes qui ne peuvent être expliqués ; comme *insoluble* se dit d'une difficulté invincible de raisonnement.

IRRITANT, adj. lat. Terme de Droit, auquel on fait signifier, suivant le sens du mot latin, ce qui *annulle*, ce qui rend *vain*, inutile. Une clause *irritante*.

ISARD, s. f. Nom qu'on donne , dans les Pyrenées, à l'espece de

Chevre, qui se nomme ailleurs Chamois, & dont la peau est fort estimée dans le Commerce des cuirs. On
prétend qu'il se trouve, dans sa vessie, une sorte de *Besoard*, à laquelle
on attribue d'excellentes propriétés.

ISCHIO-CAVERNEUX, adject.
Terme d'Anatomie, qui se dit de
deux muscles attachés à l'Ischion, &
situés le long des racines des corps
caverneux.

ISIAQUE. *Table isiaque.* Nom
qu'on a donné à un célebre monu-
ment de l'Antiquité, qui contient la
figure & les mysteres d'Isis, avec un
grand nombre de cérémonies religieuses des Egyptiens. Il fut trouvé
au sac de Rome, en 1525. L'original s'est perdu depuis, mais il a été
gravé plusieurs fois, & plusieurs Savans ont tenté de l'expliquer.

ISLAM. *Voïez* ESLAM.

ISLOT, s. m. Diminutif d'Isle,
que les Voïageurs emploient souvent, pour signifier une petite Isle.

ISOLER, v. act. Ital. Rendre quelqu'un semblable à une Isle, c'est-à-
dire, rompre tous les liens qui l'attachent, le séparer de tout ; comme
une Isle est séparée de toutes les autres terres. Un Homme *isolé* est un
Homme libre, indépendant, qui ne
tient à rien.

ISOPSEPHE, adj. gr., qui signifie d'égal calcul. On donne ce nom
à des vers construits de maniere,
que les lettres numerales du premier
distique produisent le même nombre que celles du second. On a prétendu en trouver dans *Homere.* Il y
a quelques Epigrammes de cette nature dans l'Anthologie.

ISORAMUNE, s. m. Arbre du
Malabar, dont le suc de la racine
est fort vanté pour les maladies de
la poitrine.

ISTHMION, s. m. Espece de
coëffure des anciennes Grecques,
qui se trouve sur les médailles. C'est
un terme d'Antiquaire. La tête couronnée de l'*Isthmion.*

ITHOS, s. m. Mot grec, qui
signifie *moralité*, ou le moral d'une
chose. Dans les Sermons des Peres
grecs, la derniere partie, qui en

contient la Morale, se nomme *Ithos*,
ou *Ethos*, suivant les différentes pro-
nonciations de l'u grec. *Moliere* s'est
servi de ce mot.

ITYPHALLE, s. gr. Nom d'un
ancien Amulete, qu'on portoit pendu au cou. On lui attribuoit de
grandes vertus contre les maladies, &
même contre l'envie & la haine. Les
Empereurs même portoient l'*Ityphalle*; comme on porte aujourd'hui
le sachet Anti-apopletique de M.
Arnoult.

JUABEBA, s. m. Arbrisseau de
l'Amérique, dont on vante beaucoup la racine, pour les obstructions des reins. Elle est d'une amertume extraordinaire.

JUBIS, s. m. Raisins en grappes,
sechés au Soleil, que les Epiciers tirent ordinairement de Provence,
pour les provisions de Carême.

JUGERE, s. m. Mot purement
latin, qui signifie la mesure de terre qu'un joug, ou une couple de
Bœufs, peut labourer en un jour. On
s'en sert quelquefois pour *arpent*;
quoiqu'il n'en fasse gueres que la
moitié.

JULIEN. *Ordre de Saint Julien.*
Nom d'un Ordre Espagnol de Chevalerie, institué dans le douziéme
siécle, qui prit ensuite le nom d'Alcantara, & dont la Grand-Maîtrise
fut unie à la Couronne de Castille,
sous le Roi *Ferdinand* & la Reine
Isabelle.

JULIS, s. m. Petit Poisson de
la Mer Adriatique, long comme le
doigt, & couvert de petites écailles
tendres, qui representent toutes les
couleurs de l'arc-en-ciel. Il nâge en
trouppe. On le mange ; mais avec
la précaution d'en ôter la tête, qui
passe pour un poison.

JULUS, s. m. Petit Insecte terrestre, composé de plusieurs Anneaux, qui marche sur plusieurs pat-
tes, & qui se roule lorsqu'on le
touche. On prétend que pris dans du
vin, il est bon pour la jaunisse &
pour la difficulté d'uriner.

JUMELLE, s. f. Nom qu'on a
donné à une fameuse sorte de double
canon, inventée par un Fondeur de
Lyon.

JUNCAGUE , f. f. Plante des Marais, qui tient beaucoup du Gramen , mais dont les feuilles reſſemblent au Jonc le plus menu. Ses ſommités ſe terminent par des épis, qui portent des fleurs à pluſieurs feuilles, diſpoſées en roſe.

JUNCAIRE , f. f. Plante rameuſe , déterſive & vulnéraire , qui eſt une eſpece de *Rubie* , & dont les tiges reſſemblent au Jonc ; mais ſes feuilles approchent de celles du Lin , & ſes fleurs ſont blanches & pailleuſes. Elle croît dans les Vignobles ſabloneux.

JUNTE , f. f. Nom qu'on donne , en Eſpagne , à une eſpece de Conſeil , compoſé d'un certain nombre de Perſonnes que le Roi fait appeller , quand il lui plaît , pour les délibérations du Gouvernement , & qu'il révoque de même.

IVOIRE , f. m. Subſtance oſſeuſe , que les uns regardent comme une corne, d'autres comme une dent d'Eléphant , & qui ne porte le nom d'*ivoire* , que lorſqu'elle eſt détachée de la mâchoire de cet animal , pour être miſe en œuvre. Dans le Commerce en gros, les Marchands lui donnent le nom de *Morfil*. On appelle *noir d'ivoire* , ou *noir de velour* , des trochiſques d'ivoire brûlé , qui ſervent à la teinture.

IVRAIE ou IVROIE , f. f. Nom d'une mauvaiſe herbe qui croît parmi le froment , & qui porte une graine noire. On fait venir ſon nom, de ce qu'étant en trop grande quantité dans le pain, l'*ivraie* cauſe, dit-on, une ſorte d'*ivreſſe*. Quelques-uns croient qu'elle n'eſt qu'une corruption du froment, & prétendent même qu'elle en reprend, quelquefois, la nature & la forme. Il y a une *ivraie* ſauvage, dont les feuilles reſſembleroient à celles de l'Orge, ſi elles n'étoient plus droites, & qui s'appelle autrement l'*ivraie des Souris* ; parce que les Souris la rongent.

JURE' , f. m. Dans les Communautés d'Arts & de Profeſſions , les *Jurés* ſont des Officiers auxquels on fait prêter ſerment , pour les vérifications, les comptes, les viſites, &c.

JUREMENT , f. m. Atteſtation de Dieu, ou de quelque Etre créé, pour aſſurer, ou pour promettre, une choſe. Ainſi , le *Jurement* ſe diviſe en aſſertoire & en promiſſoire ; le premier, qui ſe fait pour aſſurer une choſe preſente, ou paſſée ; le ſecond, qui regarde l'avenir, pour garantir une promeſſe. Le *Jurement* eſt un acte de Religion , direct , ou implicite. On donne mal-à-propos le nom de *Jurement* à diverſes expreſſions, qui ne ſont qu'un abus du nom de Dieu , ou de quelque choſe de reſpectable, ou qui ne renferment qu'une ſimple imprécation, dont quantité de gens ſe font une coupable habitude, mais ſans aucune intention de jurer. Un Hiſtorien a remarqué que Louis XI diſoit, ſans ceſſe , *Paquer-Dieu*. Charles VIII, *Jour de Dieu*. Louis XII, *le Diable m'emporte*. François I , *Foi de Gentilhomme*. Charles-Quint, *Foi d'homme de bien*. Charles IX , *toutes ſortes d'imprécations*. Henri IV , *ventre ſaint gris*. La Trimouille , qui défendit Dijon en 1513, *la vraie Corps-Dieu*. Charles de Bourbon , *Sainte-Barbe*. Philibert , Prince d'Orange , *Saint-Nicolas*. La Roche-du-Maine , *tête Dieu pleine de Reliques*. Le Capitaine Bayard , *Fête-dieu Bayard* , &c. Quelques-uns adouciſſent le Blaſphême, ou l'Imprécation , par le changement de quelque ſyllabe , comme dans *Jerni-bleu* , *Mort-bleu* ; mais à qui en veulent-ils, ſi ce n'eſt à Dieu ? L'expreſſion eſt ou criminelle , ou ridicule.

JUSTICE DISTRIBUTIVE , f. f. Les Juriſconſultes la diviſent en remunerative , punitive & civile : La premiere , pour récompenſer les mérites. La ſeconde, pour impoſer des peines proportionnées aux crimes. La troiſiéme, pour diſtribuer les Impôts & les Charges de l'Etat , ſuivant les facultés de chaque Citoïen.

JUSTIFICATION , f. f. Terme d'Imprimerie , qui ſignifie meſure & ajuſtement des lettres , pour les trouver égales & les mettre bien en lignes.

IXEUTIQUE, f. f. gr. Art de prendre les Oiseaux à la glu.

JYNX, f. m. Nom d'un petit Oiseau, qui est un peu plus gros que le Pinçon, & qui a la langue si forte & si aiguë, qu'elle perce comme une aiguille. Il fait son nid dans les troncs des arbres & des édifices. On en fait manger pour l'épilepsie ; & sa chair est d'ailleurs fort bonne.

IZQUIATOLE, f. m. Nom d'une boisson, en usage aux Indes Occidentales, composée d'une décoction de féves, & de diverses sortes d'herbes chaudes & odoriférantes.

K

K est le caractere de la Monnoie, qui se frappe à Bourdeaux.

KABAK, f. m. Nom célebre dans les Relations de Moscovie, qui se donne à tous les lieux publics, où l'on vend du vin, de la biere, de l'eau-de-vie, du tabac, des Cartes à jouer, & d'autres marchandises de même nature, au profit du Souverain, qui s'en est reservé le débit, dans toute l'étendue de ses Etats, soit en gros ou en détail.

KAKA-TODDALI, Arbrisseau fort commun au Malabar, dont la racine & le fruit verd, frits dans l'huile, forment un onguent fort vanté pour la goutte.

KAMINE-MASLA, f. f. Drogue médecinale, qui se forme en Siberie, sur les plus hautes montagnes & les rochers les plus durs, comme une espece de chaux, ou de beurre de pierre, & qui se dissout dans l'eau, comme le sel. On lui attribue quantité de vertus, sur-tout pour la Dyssenterie & les maux Vénériens ; mais ses effets sont violens.

KANASTER, f. m. Terme étranger, qui signifie un grand Panier, une Mane, où l'on emballe des marchandises. On le croit emprunté des bords de la Mer Baltique.

KANESSI, f. m. Nom de deux arbres Orientaux, dont les feuilles sechées se vendent au nombre des drogues. On les réduit en poudre,

pour les prendre dans du lait, contre la diarrhée.

KANGIAR ou CANGIAR, f. m. Poignard de l'Indoustan, & d'autres Païs des Indes, célebre dans les Relations. Il se nomme *Kandger* en Turquie, où les femmes, dit-on, en portent un, à leur ceinture.

KANTERKAS, f. m. Sorte de Fromages, qui se font en Hollande, & dont le commerce est considérable. Il y en a de verds & de blancs.

KARA-ANGOLAM, f. m. Excellent onguent vulneraire, qui se fait des feuilles d'un arbre de même nom, bouillies dans l'huile. La racine du même arbre est purgative. Il croît au Malabar.

KARMESSE, f. f. Nom qu'on donne, en Flandre & en Hollande, à une Foire annuelle de chaque lieu, où l'on fait des Processions & des Mascarades, avec mille extravagances, qui font un spectacle curieux pour les Etrangers. C'est ordinairement le jour du Saint titulaire de la principale Eglise.

KATATIPTI-POU, f. m. Plante du Malabar, dont les vertus sont fort vantées, & qui se prend en infusion, comme le Thé. L'*Hortus Malabaricus* contient quantité d'autres plantes, dont les noms commencent par *Kata*, *Katou*, *Kalia*, &c.

KAVIAR, *Voïez* CAVIAR.

KAUKI, f. m. Arbre de l'Isle de Java, dont les fleurs distillées produisent une eau, qui a les mêmes vertus que l'eau rose, & presque la même odeur.

KERATOPHYTE, f. m. gr. Nom d'une plante visqueuse & transparente, qui croît dans la Mer, & qui se couvre d'une espece de croute, sur laquelle on trouve quelquefois de fort belles couleurs. On en distingue plusieurs especes.

KETSERI, f. m. Nom de diverses sortes de petits pois des Indes Orientales ; comme *Ketvaron* est celui d'un petit grain du même Païs, qui est un aliment commun, & semblable à la navette.

KIASTRE, ou plutôt CHIASTRE, f. m. Espece de bandage, dont le nom lui vient de sa forme, qui repréfente la lettre grecque λ. Il fert pour la rotule fracturée en travers.

KONIGSDALLER, f. m. Monnoie d'argent, qui a couru en plufieurs lieux d'Allemagne, particuliérement fur les Frontieres de France, & qui revient à trois livres fix fols huit deniers de notre Monnoie.

KONISMARK, f. f. Nom d'une efpece de lame d'épée, qui eft large de trois ou quatre doigts, proche de la poignée, dans l'efpace d'un demi pied, & dont le refte n'a que la largeur ordinaire. Elle eft bonne pour la parade : ce nom lui vient de fon Inventeur, le Comte de *Konifmark*, Général Suédois, qui pilla Prague, en 1648.

KORBAN, f. m. Nom d'un facrifice, que les Chrétiens Orientaux faifoient d'un mouton, dans l'Eglife, avec l'ufage d'en diftribuer les pieces aux Affiftans, pour repréfenter les anciennes Agapes. Nos Miffionnaires font parvenus à le faire abolir.

KYRIELLE, f. m. Mot formé de *Kyrie eleifon*, qui eft le commencement ordinaire des Litanies, pour fignifier une longue énumération de chofe, qui fe fuivent à-peu-près dans la même forme.

L

L A lettre *L* eft le caractere de la Monnoie qui fe frappe à Baïonne.

LABOURAGE, f. m. On appelle *décharge* & *labourage des vins, cidres*, &c., la fortie de ces liqueurs, hors des bateaux arrivés à Paris. Ce *labourage*, ou ce travail, appartient aux Maîtres Tonneliers.

LAC, f. m. lat. Grand efpace d'eau, qui fe trouve enclavé dans les terres. Il y a des Lacs d'eau falée, comme d'eau douce. Les Gaulois avoient un refpect religieux pour les lacs, parce qu'ils les regardoient comme le féjour de quelques divinités.

LACER, v. act. Terme de chaffe ou de meute, qui fe dit pour *accoupler*. Une Chienne *lacée* par un Mâtin.

LACK ou LECK, f. m. Monnoie de compte, en Perfe, & dans l'Indouftan. Un lack vaut cent mille roupies ; une roupie d'or vaut treize roupies d'argent ; & une roupie d'argent, environ 38 fols de notre Monnoie. Un *carol* vaut cent *laks*. Comme les 100000 roupies, qui font le *lack*, font des roupies d'argent, un lack vaut environ deux cens mille francs ; & un carol, environ vingt millions.

LACTE'E, adj. l. qui fignifie ce qui eft de nature, ou de couleur, de lait. *Voïez* VEINE, VOIE, & GALAXIE.

LACUNE, f. f. lat. Terme de Littérature, qui fe dit des lignes, qui manquent dans quelque Ouvrage, imprimé ou manufcrit, & qui interrompent la fuite du texte. *V.* LAGUNE.

LAGA, f. f. Nom de certaines féves, rouges ou noires, qui croiffent dans quelques endroits des Indes Orientales, & qui fervent de poids, pour pefer l'or & l'argent. Elles fe nomment *Conduri*, au Malabar.

LAGETTO, f. m. Nom d'une efpece de laurier, de la Jamaïque, auquel on attribue une propriété fort finguliere. Sa feconde écorce eft compofée de douze ou treize couches, qui, féparées les unes des autres, font autant de pieces de drap ou de toile. La premiere forme un drap, affez épais pour faire des habits. Les couches intérieures font une forte de linge, dont on fait des chemifes. Les dernieres, & celles des petites branches, fourniffent autant de toiles de gaze, ou de dentelles très fines, qui s'étendent & fe refferrent comme un refeau de foie. On ne nous apprend pas fi cet arbre eft commun ; mais il croît dans les montagnes.

LAGUNE ou LACUNE, f. f. Terme de Relation, qui fignifie des marais remplis d'eau, ou des efpeces de lac. On donne particuliérement ce nom aux canaux, qui partagent la Ville de Venife.

LAIE, f. f. Nom de la femelle du Sanglier.

LAIETIER, f. m. Artifan qui fait des

des *Laïettes* & d'autres petits ouvrages de simple bois.

LAINAGE ou LANAGE, f. m. Façon qu'on donne aux draps & aux étoffes de laine, en les tirant avec des chardons, pour y faire venir le poil ; ce qui s'appelle *lainer* une étoffe. Dans la fabrique des Tapisseries, *lainer*, c'est couvrir de laine hachée & réduite en poussiere l'ouvrage du Peintre, avant que les couleurs en soient séches ; ce qui se fait avec un petit tamis. On appelle *Barques lainieres*, de petits bâtimens, qui servent au commerce de contrebande des laines d'Angleterre.

LAITEUX, adj., qui signifie ce qui a les qualités du lait. On appelle *soupe de lait*, certains chevaux blancs tirant sur l'Isabelle. La *pierre de lait*, ou *laiteuse*, s'emploie pour provoquer le lait aux femmes. On appelle *fiévre de lait*, ou fiévre laiteuse, une fiévre qui vient aux femmes, les premiers jours de leurs couches. L'*Arbre laiteux*, qui croît en Amerique, jette un lait excellent pour les plaies, & pour d'autres maux.

LAIZE, f. f. Terme de Manufacture, qui signifie la largeur qu'une étoffe, ou une toile, doit avoir entre les deux lisieres. C'est ce qu'on nomme *Lé*, dans l'usage commun.

LAME, f. f. En termes de Trictrac, On appelle *lames*, ou fleches, les figures coniques, sur lesquelles on case, ou l'on place les Dames, dans un Trictrac.

LAMIS, draps *lamis*, f. m. Sorte de draps d'or, fabriqués à Venise, dont il se fait un grand commerce à Smyrne.

LAMON, f. m. Nom d'un bois de Brésil, qui s'appelle aussi *Brésil de la Baie*, parce qu'on l'apporte de la Baie de tous les Saints.

LAMPARILLAS ou NON - PAREILLES, f. f. Sortes de petits camelots fort legers, qui se fabriquent à Lille ; & dans d'autres Villes de Flandres.

LAMPASSE', adj. Terme de Blason, qui se dit de la langue des Animaux, lorsqu'elle sort de leur gueule, & que l'émail en est différent de celui du corps.

Supplém.

LAMPASSES, f. f. Nom des toiles peintes Indiennes, qui nous viennent particulierement de la Côte de Coromandel.

LAMPE, f. f. Etamine de laine d'Espagne, qui se fabrique dans quelques Manufactures de la Généralité d'Orléans.

LANCE A FEU PUANT, f. f. Terme de Mineur. On donne ce nom à une espece de lance, dont la tête contient une composition de matieres combustibles. Lorsqu'on entend un bruit sourd, qui menace d'une contre-mine, on fait un trou, du même côté, avec la sonde, & l'on y enfonce la *lance à feu puant*. On bouche soigneusement l'ouverture. La fumée, qui s'enferme dans les terres, empoisonne l'air de la contremine, jusqu'à faire périr ceux qui y travaillent, ou du moins jusqu'à les forcer de quitter leur entreprise. Différentes sortes d'instrumens sont nommées *lances*, de leur forme. La *lance de Mauriceau* sert aux Accoucheurs, pour ouvrir la tête d'un fœtus mort, & faciliter son passage. *La lance de bombe* est une verge de fer, qui se place au travers du noïau de terre, lorsqu'on coule une bombe. *La lance du canon* est l'instrument qui reçoit la charge, & qui la conduit au fond de l'ame, &c. *La lance brisée*, dans les joutes, est une lance à demi sciée, qui peut se briser facilement, pour rendre le choc moins dangereux.

LANCELE'E ou LONCHILE, f. f. Nom d'une plante.

LANCER, f. m. Terme de chasse, qui se dit du tems & de l'action de lancer une bête, c'est-à-dire, de la faire sortir de son Fort.

LANCETTE, f. f. Diminutif de lance. Les Chirurgiens ont quatre sortes de lancettes ; la premiere, *à grains d'orge*, plus large vers la pointe que les autres, pour les gros vaisseaux ; la seconde, *à grains d'avoine*, dont la pointe est plus allongée, pour les vaisseaux plus profonds ; la troisiéme, *à langue de serpent*, très fine & très aiguë, pour les plus petits & les plus profonds vaisseaux ;

la quatriéme , qu'on nomme *lancette à abscès* , & qui est plus forte , plus longue & plus large , que les autres.

LANGUEIEUR , s. m. Titre d'office , qui consiste à visiter les Cochons , surtout à la *langue* , pour voir s'ils ne sont pas ladres.

LANIFERE , adj. lat. , qui signifie *qui porte de la laine.* On donne cette épithete aux animaux qui ont cette propriété , & à certains arbres qui portent une substance laineuse, ou cotonneuse , telle qu'on en trouve dans les chatons du Saule.

LANSON , s. m. Petit poisson de Mer , dont les Morues sont friandes, & qui sert d'appas aux Pêcheurs, pour les prendre.

LANSQUENET , s. m. Mot Allemand , qui signifie simple Soldat. Nous donnions autrefois ce nom à l'Infanterie Allemande,que la France prenoit à sa solde.

LANTE'ES , s. f. Grandes Barques Chinoises , que les Portugais de Macao emploient pour leur commerce à Canton.

LANTERNE D'HORLOGERIE , s. f. Nom d'une petite roue , placée au centre d'une grande , qui tient lieu de pignon dans les grosses horloges.

LANTERNISTES , s. m. Nom des Membres d'une Académie établie à Toulouse , qui leur vient , dit on , de l'usage qu'ils avoient , dans leur origine , de s'assembler la nuit , & de s'éclairer par de petites *lanternes.*

LANUGINEUX , adj. latin , qui signifie , couvert ou rempli de poil , comme d'une espece de laine. Il y a quantité de plantes lanugineuses , telles que la Guimauve , le Bouillon blanc , la Molaine , le Tussillage , &c.

LAPMUDE , s. f. Robbe de peaux de Rennes , dont l'usage est commun dans les Parties Septentrionales de l'Europe.

LAPTOTS , s. m. Nom que les Européens donnent , en Afrique , à des Valets ou des Matelots du Païs , qu'ils prennent à leurs gages. On

les nomme aussi *Gromettes* , & par corruption *Gourmets.*

LARDON , s. m. Nom qu'on a donné longtems à une petite Gazette de Hollande , soit à cause de sa forme , qui étoit longue & étroite , soit parce qu'elle contenoit quelquefois des vérités offensantes , ou des satyres , qu'on appelle vulgairement *lardons.*

LARENIER , s. m. Piece de bois , qui avance au bas d'un chassis dormant d'une croisée , ou du quadre des vitres , pour empêcher que l'eau ne coule dans l'intérieur d'une chambre.

LARIX , s. m. Nom d'un arbre , dont on prétend que le bois est incombustible. Jules César en trouva une tour entiere , au Château de Larignum , proche des Alpes , & s'efforça inutilement de le brûler.

LARME DE JOB , s. f. Espece de roseau , qui pousse de grosses tiges nouées , de deux ou trois pieds de hauteur , & dont les fleurs naissent en forme d'épi. Ses fruits , qu'elle ne porte que dans les Païs chauds , sont des coques , dont chacune renferme une semence dure & lisse , jaune d'abord , & rouge dans sa maturité , en forme de larme , de la grosseur d'un petit pois , d'où vient le nom de la plante.

LAS-D'AMOUR , s. m. Chiffres , ou lettres entremêlées , qui s'emploient , en galanterie , pour les cachets, ou pour d'autres usages. Quelques-uns écrivent *laqs - d'amour* , parce qu'il vient du mot latin qui signifie *laq* , ou lien.

LASSIS , s. m. Espece de Capiton , ou de Bourre de soie. On donne le même nom à des étoffes légeres de capiton.

LASTRE , s. m. Nom qui se donne , dans les Echelles du Levant , aux carreaux de verre blanc qu'on emploie pour les vitrages. Il païe , à Smyrne , jusqu'à trente piastres d'entrée pour chaque caisse.

LATICLAVE , s. m. Nom célebre d'une robbe des Magistrats & des Senateurs de l'ancienne Rome. Recevoir le *laticlave* , c'étoit recevoir la qualité de Senateur. Mais le laticlave n'étoit proprement qu'un ornement de cette robe, consistant dans une large bande de pourpre, qui la bordoit des deux côtés, en diminuant de haut en bas ; ce qui pouvoit donner à cette bordure quelque ressemblance avec la figure d'un *clou*, suivant la signification du mot latin.

LATRIE, s. f. gr. Culte de Latrie. Terme de Religion, qui ne se dit que du culte, ou de l'*adoration*, qu'on rend à Dieu, comme à l'Etre Suprême, principe de tous les autres Etres. On appelle sacrifice *latreutique*, celui qui s'offre à Dieu, pour reconnoître son souverain domaine sur toutes les créatures.

LATRINES, s. f. lat. Lieux d'aisance, pour les nécessités naturelles. Il ne s'emploie gueres qu'en parlant des anciens usages, ou dans un style au-dessus du familier.

LAVAGNE, Pierre de Lavagne. Espece d'ardoise, qui se tire d'un lieu nommé *Lavagne*, sur la Côte de Genes, & qui s'emploie également pour couvrir les maisons, & pour faire du pavé. Sa grandeur & son épaisseur la rendent bonne aussi à peindre de grands Tableaux.

LAVANDER, s. m. Nom d'une sorte de linge ouvré, qui se manufacture en divers endroits de Flandre.

LAVEGE, s. f. Pierre, qui ne se tire que de trois carrieres connues ; l'une dans le Comté de Chiavènne, une autre dans la Valteline, & la troisiéme dans le Païs des Grisons. Elle sert à faire des marmites, & d'autres vaisseaux de cuisine, qui résistent au feu.

LAVIGNON, s. m. Petit coquillage marin, de la grandeur de la Moule, mais plus plat, plus large & plus court. Le poisson est de fort bon goût. Sa coquille paroît noire, dans la boue, où il se tient au bord de la Mer ; mais en la lavant, on est surpris de la trouver blanche.

LAUREATS, POETES LAUREATS. En Italie, en Espagne, &c. l'usage a subsisté long-tems de couronner de laurier les Poëtes célebres, avec d'autres honneurs publics. Ils prenoient alors le titre de *Laureats*. Le Tasse mourut, la veille du jour marqué pour son couronnement.

LAURES, s. f. Nom qu'on donnoit anciennement, dans l'Eglise grecque, à un certain nombre de maisons, qui formoient ce qu'on a nommé depuis une *Paroisse*. On le donnoit particuliérement aux Paroisses de Campagne, dont l'Eglise occupoit ordinairement le centre, autour duquel les maisons étoient rangées en bon ordre. Le Desert même de la Thebaïde avoit des Laures de Solitaires. On appelle *Histoire Lausiaque*, une Histoire des Laures monastiques, commencée, au commencement du cinquiéme siécle, par *Palladius*.

LAXATIF, adj. lat. Terme de Médecine, qui se dit de ce qui lâche le ventre. Une Tisanne laxative.

LAZZI, s. masc. Terme du Théâtre Italien. On donne ce nom à quantité de gestes & de mouvemens divers, qui forment une action muette, dans la représentation des Comédies Italiennes.

LE, Pronom. On est quelquefois embarrassé sur le genre dont il doit être, lorsqu'il est separé du mot auquel il se rapporte. La regle suivante paroît assez juste. *Le* est indéclinable, s'il se rapporte à un adjectif. Au contraire, il suit le genre & le nombre du mot, si c'est un substantif. Par exemple, si l'on demande à une femme, *êtes vous jalouse* ? elle doit répondre, *je ne le suis pas*, quoique jalouse soit féminin ; *êtes-vous jalouses, Mesdames* ? *nous ne le sommes pas* ; quoique jalouses soit au pluriel. Mais, si l'on vous demande, *est-ce-là votre pensée* ? il faut répondre, *ne doutez pas que ce ne la soit* : *sont-ce-là vos sentimens* ? *ne doutez pas que ce ne les soit.* L'application de ce principe est aisée à tous les cas.

LEGILE, s. m. lat. Terme d'Eglise, & nom de l'Echarpe, ou piece d'Etoffe, dont on couvre le

Pupitre, sur lequel l'Evangile se chante, aux Messes solemnelles.

LEGIS. *Soies Legis.* Belle espece de soies, qui viennent de Perse, tant par les retours des Vaisseaux, qu'on envoie directément à Bander-Abassi, que par ceux qui trafiquent dans les Echelles du Levant, surtout à Smyrne.

LEGITIME, s. f., formé de l'adjectif, pour signifier une partie de l'Héritage Paternel, qui passe aux Enfans, suivant les Loix; indépendamment de la volonté du Pere.

LEMMA, s. m. Plante, dont les Anciens ont parlé, & qu'on a reconnue dans ces derniers tems, auprès de Nantes, en Bretagne, & dans quelques autres lieux. M. *de Jussieu* en a donné l'Histoire, dans les Mémoires de l'Académie des Sciences, 1740.

LEONESSES. *Segovies Leonesses.* Nom des plus belles laines d'Espagne, qui se tirent du Roïaume de Leon.

LE'PAS, s. m. gr. Nom d'un coquillage univalve, qu'on trouve toujours attaché à quelque corps dur, & qui est vivement racheté. Il se nomme vulgairement, *Patelle*, ou *œil de Bouc*; *Arapede*, en Provence; *Eerlin*, en Normandie; *Jambe*, en Poitou; & *Bernicle*, en d'autres lieux. Sa coquille est un peu platte, quoiqu'élevée en cône, au milieu.

LESION, s. f. lat. Action d'offenser, ou de blesser. En termes de Palais, *Lesion* signifie *tort, dommage*, & quelquefois même *fracture*.

LESSE, s. f. Terme de Chasse, qui signifie le cordon avec lequel on mene un chien.

LETCHI, s. m. Nom d'un des plus délicieux fruits du monde, suivant toutes les Relations de la Chine, où il est fort commun. Sa grosseur est celle d'une Noix de Galle. Il est couvert d'une écorce chagrinée, d'un rouge éclatant, qui renferme une espece de Pruneau, dans lequel on trouve un petit noïau pierreux, de la figure d'un *girofle*. Les Chinois font sécher des *letchis*, pour en manger toute l'année. Ils en mê-

lent même dans le thé, pour en augmenter l'agrément.

LETIFERE, adj. lat., qui signifie ce qui donne la mort, *mortel*.

LETTRES, s. f. Caractères de l'Ecriture, qui composent l'alphabet, & dont on attribue la premiere invention à *Cadmus*. Il y a des Lettres majuscules, ou initiales, des lettres rondes, italiennes, batardes, &c. Quantité de Langues ont des lettres tout-à-fait différentes. Les Romains n'en avoient pas d'autres que ce qu'on nomme aujourd'hui les *Capitales*. Quelques-uns attribuent l'invention des lettres Hébraïques à Moïse, celle des lettres grecques aux Pheniciens, les lettres latines à Nicostrate, les Syriaques & les Chaldéennes à Abraham, les Egyptiennes à Isis, les Gothiques à Gulfila. Le mot de *lettre* a pris différentes significations dans notre langue, qui sont toutes imitées de la langue latine. *Lettre*, pour *Epître*. *Lettres*, par excellence, pour signifier les Sciences & tout ce qui fait l'objet des connoissances humaines. De-là *Lettré*, pour, *instruit des Lettres*, dans quelque degré. *Belles lettres* se dit particulierement de l'Eloquence, de la Poësie, de l'Histoire, des Langues, &c. *Lettres* se dit aussi pour toutes sortes d'actes, par écrit : *lettres Patentes*, *lettres de Change*, *lettres de Créance*, *lettres de Naturalité*, *lettres de Grace*, &c. Ce mot est toujours emploïé au feminin, excepté dans *Lettres roïaux*, qui se dit de certaines Ordonnances de nos Rois. *Lettre dominicale* est un terme de Calendrier : c'est une lettre qui marque le Dimanche, & qui est ordinairement en rouge, dans les Almanacs. *Litterature* signifie proprement les *Belles-Lettres*; *Litteraire*, adj., se dit de tout ce qui leur appartient, & *Litterateur*, s. m., de celui qui les cultive. *Litteral*, voi. son art. On appelle *Poëme lettrisé*, ou *Vers lettrisés*, ceux dont les mots commencent par une même lettre. *Voi.* TAUTOGRAMMES.

Lettrine, s. f., se dit des petites lettres qu'on met quelque fois au-dessus, ou à côté, d'un mot qui est en plus gros caractères.

LEVANTIS, f. m. Nom qu'on donne aux Soldats des Galeres Turques.

LEUCOGRAPHITE, f. f. gr. Espece de craie, ou Pierre blanche, facile à diffoudre, dont les Blanchiffeurs fe fervent pour donner de l'éclat au linge. Elle entre auffi dans plufieurs médicamens, furtout pour les pertes & les crachemens de fang.

LEVRIER. *Ordre du Levrier.* Ancien Ordre militaire du Duché de Bar, en Lorraine, inftitué en 1416, par plufieurs Seigneurs, & dont la marque étoit la figure d'un *Levrier*, avec un collier au cou, fur lequel étoient ces deux mots; *Tous un.*

LEZ ou LE', f. m. *Voïez* LAIZE, qu'on prononce *Lé*, dans l'ufage commun.

LEZE, adj. lat., qui ne s'emploie que joint avec un autre mot. Il fignifie, bleffé, offencé. Ainfi, *Lexe-Majefté* fignifie proprement Majefté offenfée, & fe prend pour, *crime qui offenfe la Majefté roïale.* On a fait, à cet exemple, *Lexe-faculté, Lexe-antiquité,* &c.

LIASSE, f. f. Plufieurs chofes, furtout plufieurs papiers, attachés, ou *liés*, enfemble avec une corde. Les gens d'affaires mettent leurs papiers en *liaffe.*

LIBANOTIS, f. m. gr. Plante dont la racine a l'odeur de l'Encens, fuivant la fignification de fon nom. Sa femence abbat les vapeurs. Elle croît fur les Montagnes chaudes & pierreufes. Ses feuilles font larges, dentelées, affez femblables à celles de l'Ache. Ses fleurs font petites, blanches, avec l'odeur & le goût de la femence d'Angelique.

LIBELLES, au plurier, f. m. Terme d'antiquité eccléfiaftique, qui fe difoit, & de certains billets, ou certificats, que plufieurs Chretiens prenoient des Magiftrats, pour fe mettre à couvert de la perfécution ; & d'autres Billets par lefquels les Martyrs fupplioient les Evêques, de remettre, au Porteur, une partie de la Pénitence qu'il devoit fubir, pour quelque péché. De-là *Libellatiques,* pour fignifier ceux qui étoient attachés à cet ufage.

LIBERAL, adj. lat. Outre fa fignification commune, il fe prend quelquefois pour noble, honnête, & pour tout ce qui eft oppofé à vil, bas, ignoble. Une naiffance, une éducation *liberale.* On dit les Arts *libéraux,* par oppofition aux Arts méchaniques. Mais, dans ce fens, il n'a point de fubftantif ni d'adverbe.

LIBERTINAGE, f. m. Excès de liberté, qui en eft un abus, & qui eft, par conféquent, un defordre. Il fe dit particuliérement du dérèglement des mœurs, & ne fe dit gueres que des jeunes gens; comme *Libertin.* Mais il y a auffi un libertinage d'efprit, d'idées, de principes, de Religion, qui eft de toutes fortes d'âges.

LIBIDINEUX, adj. lat. Diffolu, lafcif, livré aux plaifirs des fens. Il fe dit plutôt des chofes que des Perfonnes. Une *Avanture libidineufe. Defirs libidineux.*

LICE. HAUTE-LICE, & BASSE-LICE. Fabrique de Tapifferie. Elle porte le premier de ces deux noms, quand le fond, fur lequel les Ouvriers travaillent, eft tendu de haut en bas; & le fecond, quand il eft couché tout plat.

LICENTIER, v. act. l. Se *licentier,* c'eft s'accorder trop de liberté, s'oublier, paffer les bornes du devoir. On dit, dans le même fens, *licentieux ;* une conduite, des manieres, des expreffions, *licentieufes.* Licentier des Trouppes, c'eft les congédier. Des Soldats *licentiés* deviennent quelquefois fort *licentieux.*

LICHEN, f. m. lat. Plante qui fert à la teinture en rouge, & qui vient de diverfes Ifles de l'Archipel. Elle croît par bouquets grifâtres, longs de deux ou trois pouces, & partagés en plufieurs cornichons folides, qui font courbés en faucille. C'eft auffi le nom d'une efpece de Plante parafite, qui vient fur l'écorce des Arbres, & qu'on prendroit pour une croute, mêlée de jaune & d'un blanc fale. On s'en fert contre les dartres, d'où elle tire fon nom.

LIENNE, f. f. Terme de Manufacture, qui fe dit des fils de la chafne, dans lesquels la treme n'a point passé, parce qu'ils n'ont point été haussés, ou baissés, à propos.

LILVRETEAU, s. m. Nom qu'on donne aux petits du Lievre, tandis qu'ils sont encore nourris par le pere & la mere ; différens des *Levrauts*, qui sont de jeunes Lievres bons à manger, depuis deux mois jusqu'à six ou sept.

LIEUX, s. m. pluriel. On donne simplement ce nom aux lieux d'aisance, que les Anciens nommoient *Latrines* : sur quoi l'on remarque que les Anciens n'avoient que des Latrines publiques, en divers lieux des Villes, & que les personnes riches, ou de distinction, se servoient de bassins, que leurs Esclaves alloient vuider dans les égouts. On appelle *Lieux à l'Angloise*, ceux dans lesquels on fait venir de l'eau par divers conduits ; ce qui sert autant à la santé qu'à la propreté.

LIGNE DE LOKE, s. f. Nom qu'on donne à une petite corde attachée au loke, par le moïen de laquelle on estime le chemin d'un Vaisseau, en mesurant la longueur de la partie de cette corde, qu'on a dévidée pendant un certain tems, qui est ordinairement une demie minute, pendant lequel le Vaisseau, poussé par le vent, s'est écarté du *loke*, qui est demeuré comme immobile dans l'endroit où on l'a jetté. *Voïez* LOKE.

LIGNE, ou LIGNE EQUINOXIALE. *Voïez* EQUINOXIAL.

LIGNE. *Vaisseau de ligne.* On donne ce nom aux grands Vaisseaux de Guerre, qui ont au moins cinquante canons, & qui peuvent se placer en ligne, avec les autres.

LIGNOPERDA, s. m. Petit Insecte, qui croît dans l'eau, mais qui ne nâge point, & qui est une sorte de Ver, ou de Chenille, dont le Poisson est fort friand. On s'en sert pour amorce. Quelques uns le croient bon pour la fievre quarte, pendu au cou.

LILIUM, s. m. lat. Nom d'une liqueur forte de Pharmacie, qui s'appelle aussi *Camphorata*, autre nom latin.

LIMESTRE, s. f. Nom d'une espece de Serge, drappée & croisée, qui se fabrique à Rouen.

LIMODORE, s. m. Plante aperitive, qui croit dans les lieux humides, & qui est de couleur violette. Ses feuilles ont l'apparence d'autant de petites gaines, & sa fleur ressemble à celle de l'Orchis. Sa tige est haute d'un pié.

LIMON, s. m. Nom que les Architectes donnent à la pierre, ou à la piece de bois, qui termine & soutient les marches d'une rampe d'escalier, sur laquelle on pose une balustrade pour servir d'appui. *Limoneux*, adjectif de *limon*, pris pour boue, se dit de ce qui a l'apparence, ou les qualités, du *limon*. *Limonier*, s. m. formé de *limon*, partie d'une Charette, se dit du Cheval qui s'y attele, & qui le soutient.

LION. *Ordre du Lion.* Nom d'un Ordre militaire, institué en 1080, par *Enguerrand de Coucy*, à l'occasion d'un Lion qu'il avoit tué dans sa Forêt, & qui y faisoit beaucoup de ravages. La marque étoit une Médaille, avec la figure d'un Lion.

On nomme *Lion* une sorte de linge ouvré, qui se fabrique en Beaujollois, & qui est tout de lin. Il y a le grand & le petit *Lion*.

LIPKI, s. m. Terme d'Histoire. On appelle *Lipkis*, d'après les Polonois, des Deserteurs qui passent de Turquie & de Tartarie en Pologne, ou de Pologne en Turquie, ou en Tartarie, pendant la guerre, ou pendant la paix.

LIPOGRAMMATIQUE, adj. gr., qui se dit d'un Ouvrage dans lequel on affecte de ne pas faire entrer une lettre particuliere de l'alphabet. On a divers Ouvrages de cette espece, anciens & modernes. L'Odyssée de Tryphiodore n'avoit pas d'*a* dans le premier chant, point de *b* dans le second, & ainsi des autres. Le Pere *Homen*, Augustin, publia, en 1696, un petit Ouvrage de *Gradianus Fulgentius*, où la même méthode est observée. Le Recueil des *Variétés ingénieuses* en contient aussi quelques exemples, en François.

LIPOME, f. m. gr. Nom d'une tumeur, ou loupe graiffeufe, formée par une graiffe épaiffie dans la membrane adipeufe. Il s'en forme quelquefois de fort groffes entre les épaules.

LIQUET, f. m. Petite Poire, nommée auffi *la Vallée*, qui eft colorée du plus beau rouge, mais que fon âcreté ne rend bonne qu'à cuire.

LIQUOREUX, adj. formé de *liqueur*. Il ne fe dit que du vin, pour fignifier une douceur exceffive, qu'il ne doit point avoir pour être bon.

LIS. *Chevaliers du Lis.* Il y a, parmi les Officiers de la Chancellerie de Rome, trois cens foixante Chevaliers *du Lis*, dont on attribue l'inftitution à *Paul III*, pour la défenfe du patrimoine de Saint Pierre. Leur marque devoit être une Médaille d'or, avec l'image de la Vierge d'un côté, & un *lis* de l'autre.

LISERAGE, f. m., fignifie, en termes de Brodeur, l'ouvrage qui fe fait fur une étoffe, en contournant les fleurs & le deffein avec un feul fil, d'or, d'argent, de foie, ou de laine.

LISERE', f. m., formé de Lifiere, & nom d'une forte de petit galon, ou ruban, qui fert ordinairement à border. On dit d'une fleur, qu'elle eft *liferée*, c'eft-à-dire, bordée d'une couleur différente de celle du fond.

LISME, f. f. Droit que les François du Baftion de France paient aux Algériens & aux Maures du Païs, fuivant d'anciennes Capitulations, pour la liberté de la Pêche du Corail, & du Commerce, au Baftio. même, à la Calle, au Cap de Rofe, à Bonne & à Colle.

LISSE, HAUTE-LISSE, *Voï.* LICE.

LISSER, v. act. Unir, applanir quelque chofe, lui donner une apparence unie & luftrée, en la frottant. On appelle *fucre à liffé*, du fucre au premier degré de fa cuiffon. *Liffer* la laine, c'eft l'ouvrir dans la teinture, en la remuant avec une perche, qui fe nomme *Liffoir*, pour lui faire prendre également la couleur. On appelle *Lifferons*, des fils tendus en grand nombre, pour en faire du ruban; & *Liffettes*, des ficelles tendues de même, pour d'autres ouvrages.

LIT, f. m. En termes d'Accoucheur, l'arriere-faix fe nomme *lit*, parce que l'Enfant eft couché deffus. *Liter* fe dit, dans les Arts, pour, arranger les chofes par *lits*.

LITAUX, f. m. Toiles raïées de blanc & de bleu, qui fe fabriquent en divers lieux d'Allemagne, pour le Commerce des Indes Occidentales.

LITHIASE ou LITHIASIE, f. f. gr. Nom que les Médecins donnent au calcul, ou à la maladie calculeufe. Les Oculiftes le donnent auffi à une maladie des Paupieres, qui confifte dans de petites tumeurs dures & comme *pétrifiées* fur leurs bords. Ils les nomment autrement *Gravelle*.

LITHOCOLLE, f. f. gr. Ciment de refine & de vieille brique, avec lequel on attache les pierres, pour les tailler fous la meule.

LITHOLABE, f. m. gr. Pincette qu'on emploie pour faifir le calcul, dans la Lithotomie.

LITHONTRIPTIQUE, f. m. gr. Remede diffolvant, qui brife & diffout la pierre dans la veffie. Tel eft celui qu'une Dame Angloife, nommée *Stephens*, publia en 1735, & pour lequel le Parlement d'Angleterre lui donna une groffe récompenfe. En général, on appelle *Lithontriptiques*, tous les médicamens qui s'emploient pour la pierre.

LITHOPHYTE, f. m. gr. Nom qu'on donne à certaines productions de la nature, qui tiennent de la *pierre* & de la *plante*. Elles font rangées, par les uns, dans la claffe des végétaux, & par d'autres dans celle des minéraux. La plûpart font des Plantes maritimes.

LITORNE, f. f. Nom d'un Oifeau, dont on diftingue plufieurs efpeces. Celui que les Italiens nomment *Caftriga Palumbica*, eft un manger très délicat. Il fe prend avec la *Rejittoire*, comme les Grives, ou avec le trebuchet. On le nourrit en cage, où il chante deux mois de l'année, en Juillet & Août. Il a le bec crochu, & les ongles fort aigus, quoiqu'il ne vive que de graines.

LITRON, f. m. Mefure creufe de chofes folides, qui eft la feixiéme partie du Boiffeau.

LIVECHE, f. f. Plante dont la tige
eſt de la hauteur d'un homme, & qui
porte de petites fleurs blanches, à cinq
petales. Sa racine excite l'urine, &
réſiſte au venin.

LIXIVIATION ou LEXIVIA-
TION, f. f. Terme de Chymie, qui
ſignifie l'action de tirer des ſels par
la leſſive.

LIXIVIEL, adj. ou LEXIVIAL,
ou LEXIVIEUX. On trouve tous ces
mots comme indifféremment emploiés dans les traités de Chymie,
pour ſignifier des ſels tirés par la *leſ-*
ſive, ou *lotion*.

LOCOMOTRICE, adj. lat. Terme de Philoſophie, qui ne ſe dit
que de l'Ame, à qui les Anciens attribuoient la faculté de tranſporter
le corps, d'un lieu à un autre; ce que
ce mot exprime.

LOGOTHETE, f. m. Nom d'un des
grands Officiers de l'Empire Grec,
dont la principale fonction conſiſtoit
à répondre, pour l'Empereur, aux
Ambaſſadeurs étrangers, & même
aux Placets & aux demandes des Sujets. Quelques uns ont crû que c'étoit
un ſimple *Interprète.*

LOK ou LOKE, du nom de ſon
Inventeur, f. m. C'eſt un morceau
de bois, de huit à neuf pouces de
long, fait quelquefois comme le
fond d'un vaiſſeau, qu'on charge
d'un peu de plomb, afin qu'il demeure ſur l'eau dans l'endroit où on
le jette. *Voïez* LIGNE DE LOKE &
TABLE DE LOKE.

LONDRINS, f. m. Draps de laine, qui ſe fabriquent en Provence,
en Languedoc, & en Dauphiné,
pour les Echelles du Levant, à l'i-
mitation de ceux de Londres, dont
ils tirent leur nom.

LONGITUDINALEMENT, adv.,
formé de Longitude, qui ſignifie, en
longueur, en forme longitudinale.

LONGUE, f. f. Terme de Grammaire & de Proſodie, oppoſé à *bre-*
ve. Les *longues*, c'eſt-à-dire, les
voïelles dont la prononciation eſt
longue, ſe marquent par une petite
ligne horiſontale qu'on tire deſſus.
On dit proverbialement qu'un Homme obſerve les longues & les breves,

pour dire qu'il agit & qu'il parle
avec circonſpection.

LOQUIS, f. m. Nom d'une petite eſpece de Verroterie, en forme
de cylindre, que les Européens emploient, en Afrique, dans le Commerce avec les Negres.

LORETAN, f. m. Chevalier, ou
Aſſocié, de l'Ordre de Notre-Dame
de Lorette.

LORGNER, v. act. & n. Regarder de côté, ou comme à la dérob-
bée. On appelle *Lorgnettes*, ou *Lu-*
nettes d'Opera, de petites lunettes
d'approche, qui ſervent à diſtinguer
les Aſſiſtans; mais particuliérement
celles dont la forme eſt telle, qu'on
peut voir d'un côté différent de celui vers lequel on preſente le viſage. Il y a même des Eventails de
Dames, qui ont une petite ouverture garnie d'un verre, par le moïen
duquel elles peuvent voir ſans être
vûes, & qui ſe nomme auſſi *Lor-*
gnette.

LORMERIE, f. f. Ouvrage de
Lormerie. On comprend, ſous ce
nom, tous les menus Ouvrages de
fer, tels que des mords de bride,
des gourmettes, des éperons, des
gonds, des crampons, &c., qu'il eſt
permis aux Maîtres Cloutiers *Lor-*
miers de forger & de vendre.

LOT, f. m. Vieux mot, qui ſignifie *portion*, *partage. Lottir*, qui
en eſt le verbe, eſt encore plus hors
d'uſage, excepté dans le ſtyle familier, où l'on dit encore, Je ſuis *bien*
ou *mal* lotti, pour, *bien* ou *mal* partagé. *Lotterie* vient de cette ſource.
Dans les Païs-bas, *lot* eſt le nom
d'une meſure de choſes liquides,
qui revient à un Pot, ou deux Pintes de Paris. On appelle *lotiſſage*,
ou *lotiſſement*, la diviſion que l'on
fait d'une choſe en diverſes parts,
pour être tirées au ſort, entre pluſieurs perſonnes. Un *lot* de Lotterie
eſt ce que le haſard donne par un
Billet heureux.

LOUNIQUIN, f. m. Terme de
Relation, qui ſignifie le Portage
d'un Canot, d'une Riviere à une autre, ou d'un endroit de quelque Riviere, par lequel un Canot ne peut
paſſer,

paſſer, juſqu'à d'autres endroits où elle eſt navigable. Les *Louniquins* ſont fréquens dans la Nouvelle France.

LOUP-CERVE, ſ. f. Femelle du Loup cervier.

LOUPE, ſ. f. En termes de Monnoie, on donne ce nom aux briques & aux carreaux des vieux fourneaux, qui ont ſervi à la fonte de l'or & de l'argent, & qu'on ne manque point de caſſer, pour en tirer, avec le moulin aux lavures, les particules de métal, qui peuvent s'y être attachées.

LOUTARI, ſ. m. Poiſſon de Lac, dans l'Iſle Madagaſcar. Il reſſemble à la Truite, avec cette différence ſinguliere, que bouilli, frit, ou rôti, il n'eſt pas plutôt ouvert, qu'il rend un ſuc délicieux, qui lui ſert d'aſſaiſonnement.

LUBERNE, ſ. f. Nom qu'on donne à la femelle du Leopard. Quelques Naturaliſtes prétendent que c'eſt la *Panthere.*

LUBRICITE', ſ. f. lat. C'eſt proprement la qualité d'une choſe *gliſſante*; & les Phyſiciens l'emploient dans ce ſens. Ils diſent même *lubrifier*, pour, rendre une choſe gliſſante, par quelque onction. Mais dans le ſens moral & figuré, *lubricité* ſe prend pour *deſirs & goûts* ſenſuels. *Lubrique* eſt l'adjectif.

LUCIDE, ſ. f. lat. Nom de pluſieurs Etoiles de différentes Conſtellations, qui paroiſſent plus brillantes que les Etoiles voiſines. La *Lucide* d'Arles.

LUCINE, ſ. f. Nom que les Anciens donnoient à Diane, conſidérée comme la Déeſſe qui préſidoit aux accouchemens. C'eſt auſſi le nom d'une eſpece de Poire, qui s'appelle autrement *Citron*, ou *Citron verd.*

LUCRE, ſ. m. Mot purement latin, qui ſignifie *gain.* De-là *lucratif*, adj., pour ſignifier ce qui rapporte du profit. Un métier *lucratif*, c'eſt-à-dire, qui fait beaucoup gagner. *Lucre ceſſant* eſt un terme de Théologie morale, qui demande de l'explication. Il y a des cas où l'on peut, ſans uſure, exiger au-delà du prin-

cipal qu'on a prêté. Tels ſont le *dommage émergent*, c'eſt-à-dire, *naiſſant*, & le *lucre ceſſant*, dans leſquels on ſuppoſe qu'on ſe fait païer, non des uſures, mais des dommages & intérêts; parcequ'on n'eſt point obligé de procurer le bien d'autrui, à ſon deſavantage.

LUNEL, ſ. m. Terme de Blaſon, qui ſe dit de quatre croiſſans appointés, comme s'ils formoient une roſe de quatre feuilles.

LUNULE, ſ. f. Terme de Géométrie. C'eſt un Plan terminé par les circonférences de deux cercles, qui ſe trouvent au-dedans. On donne le même nom aux Satellites de Jupiter & de Saturne, qui font l'office d'autant de petites lunes.

LUSTRAL, adj. lat., qui ſignifie ce qui ſert aux purifications. On appelloit *Eau luſtrale*, celle dont on arroſoit le Peuple, pour le purifier; & de-là nous vient apparemment l'uſage de l'Eau-benite.

LUTRIN, ſ. Pupitre ſur lequel on met les Livres qui ſervent au chant de l'Egliſe. On le nommoit autrefois *Letri.*

M.

M, dans les ordonnances de Médecine, eſt l'abbréviation de *Miſcé*; qui ſignifie *Mélez.*

MABOUJA, ſ. f. Nom d'une racine de l'Amérique, dont les Sauvages font leurs maſſues. Elle eſt extrêmement compacte, noire, garnie de nœuds; & plus peſante que le bois de fer. *Mabouja* ſignifie proprement *Diable*; & les Amériquains donnent ce nom à tout ce qui leur paroît terrible.

MABY, ſ. m. Breuvage des Iſles de l'Amérique, compoſé de Syrop de Cannes, de Patates, & d'Oranges aigres, qu'on laiſſe fermenter dans l'eau. C'eſt une eſpece de vin clairet, plus agréable que l'Ouicou, mais dont l'excès eſt plus dangereux.

MACAE, ſ. m. Terme d'Imprimerie; & nom d'un petit trait, par lequel deux mots ſont joints enſemble, comme dans *viendront-ils ?*

MACANDON, f. m. Arbre du Malabar, qui y porte le nom de *Cada-Calva*, & dont le fruit reſſemble à la Pomme de Pin ; comme ſes fleurs, à celles du Melilot. Son fruit, cuit ſous la cendre, guérit la dyſenterie, & s'emploie contre l'aſthme, la phthiſie, la pleureſie, & d'autres maladies de la poitrine.

MACAXOCOIL, f. m. Fruit des Indes Occidentales, dont les Européens font beaucoup de cas. Sa forme eſt oblongue, ſa couleur rouge, ſa poulpe molle & jaune, & ſa groſſeur à peu-près celle d'une Noix. Il lâche le ventre. La décoction de l'écorce de l'arbre guérit les enflures & fait cicatriſer les ulceres. Les Femmes du Païs en emploient la cendre, pour donner une couleur jaune à leurs cheveux.

MACHA-MONA, f. f. Eſpece de Calebaſſe d'Afrique & d'Amérique, dont la chair, bien mûre, eſt extrêmement rafraîchiſſante, dans les grandes chaleurs. De ſon écorce, qui eſt ligneuſe & dure, on fabrique divers uſtenciles.

MACHO, f. m. On nomme *Quintal Macho*, d'après les Eſpagnols, un poids de cent cinquante livres, c'eſt-à-dire, plus fort de cinquante livres, que le *quintal* commun.

MACROBIE, f. m. gr. Nom qu'on donne à ceux qui ont vécu un nombre extraodinaire d'années, tels que les anciens Patriarches. Il ſignifie *longue vie*.

MACQUER, v. act. Terme d'Art. *Macquer* le chanvre, c'eſt le rompre, avec un inſtrument qui ſe nomme *macque*, ou *bragoire*.

MADAMS, f. m. Terme de quelques Païs des Indes Orientales, tels que le Maduré, pour ſignifier ce que les Turcs nomment *caravanſeras*, c'eſt-à-dire, des Edifices publics, dreſſés ſur les grands chemins, pour ſuppléer aux Hôtelleries.

MADREPORE, f. m. Nom qu'on donne à certaines Plantes de Mer, qui ſe trouvent pétrifiées, dans le ſein de la Terre. On en diſtingue pluſieurs eſpeces. Ce nom leur

vient ſimplement de la multitude de leurs pores. Leur couleur eſt ordinairement blanche, quelquefois griſe, & quelquefois rouge, marquetée de blanc. *Voïez* LITHOPHYTE.

MAINA, f. m. Petite eſpece de Hareng, qui eſt marqué, à chaque côté, d'une tache ronde, noire, azurée, ou jaune, & quelquefois varié partout le corps de beaucoup de couleurs différentes. Il naît, dans l'océan, comme l'autre eſpece. Les plus grands ne paſſent pas la longueur de la main. On les ſale comme les autres, auxquels ils ne cedent rien pour le goût.

MAERGETE, adject. gr. Surnom qu'on donnoit à Jupiter, & qui ſignifie conducteur des Parques ; parce qu'on ſuppoſoit que ces Divinités ne faiſoient rien que par ſon ordre.

MAFORTE, f. f. Nom d'un Manteau que les anciens Moines d'Egypte portoient par-deſſus leur Tunique.

MAGALAÏSE, f. f. C'eſt la même choſe que la *Magneſtre*, qu'on trouve encore nommée *Magae*, *Magneſe*, *Magneſie*, & *Meganaiſe*.

MAGISTRAL, adject. Terme de Médecine, qui ſignifie ce qui ſe fait ſur le champ. On donne ce nom aux médicamens compoſés, qui ſont préparés, ſur le champ, par les Médecins ; à la différence de ceux qu'on tient dans les Boutiques, & qui ſe nomment *Compoſitions officinales*. En termes d'Ingénieurs, on appelle *Ligne magiſtrale*, le principal trait qu'on trace ſur le terrein, ou ſur le papier, pour repreſenter le plan d'une Ville, d'une Fortification. Dans quelques Egliſes Cathédrales, on nomme *Prebende magiſtrale*, celle qui, dans d'autres, porte le nom de *Preceptoriale*.

MAGNOLIE, f. f. Plante, dont la fleur eſt en roſe, compoſée de pluſieurs Petales, en cercle. Le calice contient un piſtil qui dégénere enſuite en un fruit dur & conique, garni d'un grand nombre de tubercules, qui contiennent chacun une ſorte de Noix dure.

MAHEUTRE, f. m. Nom que

les Ligueurs donnoient aux Soldats roïalistes. On n'en connoît pas l'origine, mais il paroît certain que c'étoit un terme injurieux.

MAHON, f. m. Nom qu'on donne, dans quelques Provinces, à un gros fou de cuivre, ou Piece de de douze deniers. La grandeur des *Mahons* est celle des Médailles de grand bronze; & les demis ressemblent aux moïennes. Si l'on y joint les liards fabriqués en même-tems, & qui ont la même marque, on aura les trois grandeurs.

MAHOUTS, f. m. Draps de laine, destinés pour les Echelles du Levant. On en fait beaucoup en Languedoc & en Provence; mais leur origine & leur nom viennent d'Angleterre.

MAIEUR, f. m. lat. Titre de Dignité, qu'on donne, dans quelques Provinces, au premier Officier de l'Hôtel de Ville; au lieu de celui de *Maire*, qu'on lui donne ailleurs. Il signifie le plus grand, ou le Chef, des Echevins.

MAJEUR, adj. Mot tiré du latin, qui signifie *plus grand*, mais qui prend différentes acceptions en François. Entre les sept Ordres ecclésiastiques, il y en a trois qu'on appelle *Ordres majeurs*, ou, absolument, les *Majeurs*, comme on nomme les quatre autres, les *Mineurs*, ou les *Moindres*. Les *Majeurs* sont le Soudiaconat, le Diaconat & la Prêtrise. Dans les Echelles du Levant, on appelle *Majeurs*, les Marchands qui font le commerce pour eux-mêmes; pour les distinguer des Commissionaires, *Courages* & *Courtiers*. Dans les Tribunaux de Justice, prendre les voix *à la majeure*, c'est se déterminer par la pluralité des suffrages.

MAIL-ANSCHI, MAIL-ELON, T. mm. Deux Arbres du Malabar, au premier desquels, qui n'est qu'une espece de Rhamnus, on attribue des vertus contre la goutte. Le second, qui est un grand arbre toujours verd, a dans l'écorce & les feuilles un suc qui remédie aux mauvaises suites de l'accouchement.

MAILLER, f. m. ou CHAINETIER. Nom de l'Artisan qui compose de petites Chainettes, ou mailles, de fer. Le *Maillon* est une petite piece de forme ovale, percée de deux trois, pour faire des chaînes de Montre.

MAINADE, f. f. Mot formé apparemment de *Mener*, que M. Fleury emploie pour signifier des trouppes de Vagabonds, qui suivent un Chef. *Megnie* signifioit autrefois, Compagnie, Cortege.

MAIN DE GLOIRE, f. f. Nom d'un prétendu Charme, qui se fait avec la main d'un Pendu, enveloppée dans un drap mortuaire, &c., & qui a, dit-on, la vertu d'endormir ou de rendre immobile, lorsqu'on s'en sert, comme d'un chandelier, pour soutenir une chandelle préparée avec d'autres pratiques superstitieuses.

MAIN DE MER, f. f. Nom d'une Plante marine, qui a la figure d'une main avec son poignet. Elle est épaisse, charnue, blanchâtre, membraneuse. On lui attribue des vertus atténuantes & résolutives. En termes de Botaniste, on appelle *Mains des Plantes*, les filets, ou grapins, par lesquels elles s'attachent aux plantes voisines.

MAISONS DU CIEL, f. f. On donne Poétiquement ce nom aux douze Signes du Zodiaque, que le Soleil habite successivement. Les Astrologues divisent aussi le Ciel en douze portions, qu'ils nomment les douze Maisons du Ciel, & auxquelles ils attribuent diverses propriétés.

MAJUSCULE, f. & adj. Diminutif du mot latin, qui signifie plus grand. Il n'est en usage que pour les lettres en grands caractères, qu'on appelle *Majuscules*, ou *grandes lettres Romaines*. Voïez ONCIALE.

MAL DE SIAM, f. m. Maladie contagieuse des Isles de l'Amérique, qui se nomme ainsi, parcequ'elle est venue de Siam, par un Vaisseau François, nommé l'Oriflamme. Les symptomes en sont terribles. On vomit du sang. Quelquefois on en rend par toutes les ouvertures du corps & même par les pores. On rend des vers par le haut & par le bas. Le corps ſe couvre de bubons noirs, pleins de ſang caillé & de vers. On meurt en ſept ou huit jours, ſouvent plutôt, & quelquefois même aux premiers ſymptomes, qui ſont de grands maux de tête & de reins. On appelle *Mal-mort*, une eſpece de Lepre, ou de Galle, très maligne, qui rend le corps noir, livide, & crouteux, quoique ſans douleur & ſans pus.

MALACODERME, ſ. m. & adj. gr. Terme d'Hiſtoire naturelle. C'eſt le nom qu'on donne aux animaux, qui, ſuivant la ſignification du mot, ont la *peau molle*; pour les diſtinguer des *Oſtracodermes*, ou *Teſtacés*.

MALACOIDE, ſ. f. gr. Plante qui a la fleur & la forme de la *Mauve*, d'où lui vient ſon nom; mais dont le fruit eſt compoſé d'une multitude de capſules qui forment un amas de grappes, & qui ſont pleines de ſemences ſemblables à des reins.

MALAGME, ſ. m. gr. Terme de Pharmacie, qui ſignifie cataplaſme émollient.

MALAIS ou MALAI, ſ. m. & adj. Langue la plus pure de toutes celles de l'Inde Orientale, & qui n'étoit autrefois que la langue des Savans, mais qui eſt devenue celle du Commerce. Nous avons un Dictionnaire *Malai* latin, imprimé à Rome, en 1631.

MALE-BETE, ſ. f. Nom qu'on donne, en langage populaire, à une Bête cruelle, que la faim, ou la rage, fait ſortir des Bois, & qui dévore ce qu'elle rencontre.

MALEBRANCHISTE, ſ. m. Sectateur des opinions philoſophiques du Pere *Malebranche*, Prêtre de l'Oratoire de France, & génie du premier ordre.

MALLEAMOTHE, ſ. m. Célebre arbriſſeau du Malabar, dont les racines ſervent à faire des manches de couteaux, & les feuilles, à fumer la terre. Frites dans de l'huile de Palmier, elles font un bon liniment pour les puſtules de la petite vérole.

MALLE-MOLLE, ſ. f. Mouſſeline, ou toile de coton, blanche, claire & fine, qui nous vient des Indes Orientales.

MAL-SONNANT, adj. lat. Terme Théologique, & qualification qu'on emploie dans la condamnation d'un Livre. Une propoſition peut n'être pas fauſſe, erronée, &c., mais être *mal-ſonnante*, c'eſt-à-dire, repugner aux ſaines idées, choquer par ſa hardieſſe, ſa dureté, ſa ſingularité, &c.

MALVOISIE, ſ. f. Nom qu'on donne proprement au vin de l'Iſle de Candie. Les Canaries ont auſſi une eſpece de vin, & la Provence un vin muſcat cuit, auxquels on donne le même nom.

MAMANT, ſ. m. Production de la nature, qui ne ſe trouve qu'en Siberie, & ſur laquelle on s'accorde peu. Elle ſe trouve dans la terre, ſurtout dans les terreins ſabloneux. Elle reſſemble parfaitement à l'Ivoire, par la couleur & par le grain. L'opinion la plus commune eſt que ce ſont de vraies dents d'Eléphant, de quelque maniere qu'elles y ſoient venues. D'autres croient que c'eſt une ſorte d'Ivoire foſſile, & une vraie production de la terre. Enfin; d'autres ont crû que c'étoit là corne d'un aſſez grand animal, qu'ils font vivre ſous terre, dans les lieux fangeux. Le *Mamant* eſt apparemment ce que d'autres nomment *Mamut*, & dont ils font à-peu-près la même deſcription.

MANACA, ſ. m. Arbriſſeau du Breſil, dont le bois eſt dur & les feuilles ſemblables à celles du Poirier. Ses fleurs ſont dans de longs calices, découpées comme en cinq feuilles. On en trouve, ſur le même arbriſſeau, de bleues, de purpurines, de blanches, & toutes d'une odeur de violette ſi forte, qu'elles embaument les Bois. La racine, mondée de ſon écorce, eſt un purgatif très violent, par le haut & par le bas.

MANCHE DE COUTEAU, ſ. m. Nom d'un coquillage bivalve, qui eſt en étui de cette forme, & qui ſe prend dans des trous qu'il fait fur le fable, où il refpire l'air, en allongeant la tête. Ses deux valves font à-peu-près égales. Sa charniere prend toute fa longueur, & fa fuperficie eft ondoïée d'un bout à l'autre. Il a deux tuïaux au bout d'en-haut, & une jambe qu'il allonge par le bout d'en-bas. Quoique cette coquille foit fort mince, il s'en voit de foffiles dans leur état naturel ; mais plus ordinairement on n'en trouve que le noïau.

MANDARU, f. m. Arbre du Malabar, qui porte des filiques, & dont les feuilles font divifées en deux. Quelques-uns l'appellent *Arbre de Saint Thomas* ; parce qu'ils regardent quelques taches rouges qui paroiffent fur fes feuilles, comme des taches du fang de Saint Thomas, qui fouffrit, dit-on, le martyre dans ces Contrées.

MANDIER, v. act. En termes de Pratique, *Mandier* une faifie, *Mandier* un intervention, c'eft faire faire une faifie, ou une intervention, par quelqu'un, qui n'eft pas encore Partie dans un Procès, pour faire traîner l'affaire en longueur.

MANDRENEQUE, f. f. Toiles des Indes, dont la trame eft de coton, & la chaîne, de fil de Palmier.

MANDRERIE, f. f. Partie du métier des Maîtres Vanniers, où l'on travaille aux gros Ouvrages.

MANEQUE, f. f. Nom que les Hollandois donnent à une efpece de Mufcade, une fois auffi longue & un peu plus groffe que la Mufcade ordinaire. C'eft ce que nous nommons *Mufcade mâle*.

MANGALIS, f. m. Petit poids, d'environ cinq grains, qui ne fert, dans les Indes Orientales, que pour pefer les Diamans. Il eft différent du *Mangelin*, qui fert au même ufage, & qui pefe un carat & trois quarts, c'eft-à-dire, fept grains.

MANGOSTAN, f. m. Fruit excellent des Indes, dont on trouve de longues defcriptions dans les Voïageurs. Il donne le flux de ventre à ceux qui en mangent beaucoup ; & l'efpece de coque, dans laquelle il croît, le guérit ; lorfqu'elle eft cuite au feu.

MANGOUSTE, f. m. Animal des Indes, qui reffemble beaucoup à notre Belette.

MANIERE', adject., formé de *Maniere*. On dit de quelqu'un qu'il eft *manieré*, pour dire qu'il a des manieres affectées, trop étudiées.

MANILLE ou MENILLE, f. f. Nom d'une Marchandife que les Européens portent fur les Côtes d'Afrique, pour commercer avec les Negres. C'eft un grand anneau de cuivre jaune, en forme de carcan, qui fert d'ornement pour les bras & les jambes.

MANIPULATION, f. f. lat. Terme qui s'emploie particulierement dans les Minieres, pour expliquer le méchanifme par lequel on tire l'or & l'argent, du minerai, c'eft-à-dire, de la terre & des pierres qu'on tire des Mines, & qui renferment ces métaux.

MANOUSE, f. m. Sorte de Lin, qui nous vient du Levant, par la voie de Marfeille.

MANTEAU. *Rolles à manteau.* On donne ce nom à certains Perfonnages de Comédie, auxquels ce vêtement eft convenable, à caufe de leur âge, de leur condition, & de leur caractere. M. *Bonneval* fait à-prefent les Rolles à *manteau*, à la Comédie françoife. Le *manteau* étoit un vêtement particulier aux anciens Grecs, furtout aux Philofophes, qui font toujours reprefentés avec un *manteau* & une longue barbe. Dans le troifiéme fiécle, on fit un crime aux Chrétiens d'avoir quitté la Toge romaine, pour prendre le *manteau* des Grecs, & *Tertullien* les juftifia par un difcours qui eft venu jufqu'à nous. On appelle *Droit de manteau*, une fomme de dix livres annuelles, qui doivent être païées, pour gages, fuivant l'Edit de 1554, à chaque Secrétaire de la Maifon & Couronne de France. Les Confeillers eccléfiaftiques du Parlement ont auffi le droit de *manteau*. En termes de Fauconnerie, la couleur des Oifeaux de proie fe nomme *Manteau*. De-là vient le nom de *Corneille emmantelée*.

MANTELET, s. m. Diminutif de *marteau*. Nom d'un petit manteau, que les Evêques portent pardessus leur rochet; & d'un habillement dont les Femmes se couvrent les épaules. Celui-ci est ordinairement de soie, & differe de la *mantille*, en ce qu'il est rond & sans pointe. On donne aussi le nom de *mantelet*, sur les Vaisseaux, aux fenêtres qui ferment les sabords. On fait quelquefois de *faux mantelets*, ou de faux sabords, aux Vaisseaux Marchands, pour les faire paroître plus capables de défense.

MANTELURE, s. f. Nom qu'on donne au poil du dos d'un Chien, lorsqu'il est d'une couleur différente de celle du poil des autres parties.

MANUS DEI. Sorte d'Emplâtre utile, dont on trouve la composition & l'usage dans le Dictionnaire Œconomique.

MANUTENTION, s. f. lat. Terme de Palais, qui signifie proprement l'action de tenir la main; mais qui ne se prend qu'au figuré, pour, soin qu'on prend de faire exécuter quelque chose.

MAQUETTE, s. f. Ital. Terme de Peinture, formé du mot Italien, qui signifie *tache*, & par lequel on exprime, dans cette langue, comme dans la nôtre, la premiere ébauche d'un ouvrage de Peinture. C'est une esquisse mal digerée, & tout-à-fait informe, du moins en apparence, où ceux qui ne connoissent point cet art croient ne voir que des *taches*.

MARABOUT, s. m. Corruption de *Marbout*, ou *Marbut*, qui est le nom que les Mahométans d'Afrique donnent aux Prêtres de leur Religion.

MARAISCHER. *V.* MARE'CHAIS.

MARANDA, s. m. Nom d'une sorte de Myrte des Indes orientales, surtout de Ceylan, dont les feuilles, en décoction, passent pour un remede excellent contre les maladies vénériennes.

MARBRE D'OXFORD, s. m. Nom que portent à présent les *Marbres d'Arondel*, parce qu'ils sont dans cette célebre Université. *Voïez* MARBRES D'ARONDEL.

MARBRE, TABLE DE MARBRE. On nomme *Table de marbre*, la Jurisdiction des Eaux & Forêts, celle de la Connétablie, & celle de l'Amirauté; parce qu'autrefois ces Jurisdictions se tenoient près d'une grande Table de Marbre, qui occupoit la largeur de la Salle du Palais, & qui servoit aussi pour les Festins roïaux.

MARC DE MOUCHES, s. m. On donne ce nom aux ordures qui restent dans un sac, d'où l'on a tiré la cire, avec la presse. Elles servent dans les foulures des nerfs, pour les Hommes & pour les Chevaux.

MARCHE AVANTAGERE. Nom qu'on donne, en Bretagne, en Poitou, & en Anjou, aux limites qui séparent ces trois Provinces, à cause de plusieurs privileges dont jouissent les Habitans des lieux voisins. On ne fait cette remarque que pour confirmer l'ancienne signification de *marche*, qui se disoit pour Frontiere. *Voïez* MARCHE.

MARCHER, v. n. Il n'y a que les Chapeliers qui *marchent des mains*, c'est-à-dire, qui se servent du verbe *marcher*, pour dire, *manier*, *préparer*, *avec les mains*, l'étoffe d'un chapeau.

MARECHAIS ou MARAISCHER, s. m. Mot vulgaire formé de Marais, & annobli par l'usage qu'en a fait la Quintinie, pour signifier les Jardiniers qui cultivent des légumes & des herbages, dans les Marais dont Paris est environné.

MARE'CHAL DE LA FOI. Titre d'honneur attaché aux Aînés de la Maison de Levi; en conséquence duquel ils ont droit de porter, derriere l'Ecu de leurs armes, deux bâtons en sautoir, semés de fleurs-de-lis & de croix d'or. C'est M. le Duc *de Mirepoix* qui jouit actuellement de cette distinction.

MARE'CHAL DE MALTE. C'est la seconde dignité de l'Ordre. Elle n'a que le grand Commandeur devant elle, & se trouve attachée à la Langue d'Auvergne. Lorsque le Maréchal, ou le grand Maréchal, est en Mer, il commande le Général des galéres, & même le grand Amiral.

MARGRAVE & MARGRAVIAT.
Voïez MARCHE.

MARGRIETTE , f. f. Groſſe Verroterie , d'un bleu foncé , tirant ſur le noir , avec des raies jaunes , ou blanches. Elle ſert au Commerce des Européens avec les Peuples de la Côte d'Afrique. Le *Margritin* eſt une eſpece de raſſade , ou de rocaille fine , qui ſe fait à Veniſe , à Rouen , & en Allemagne. Il s'en fait de diverſes couleurs.

MARIAGE DE LA MAIN GAUCHE. Terme en uſage pour ſignifier un Mariage de conſcience , qui eſt légitime devant Dieu , mais qui n'a aucun effet civil. La France en a eu des exemples fort étranges. En Allemagne , où les Princes ſont en poſſeſſion de croire que s'ils n'épouſent des Femmes d'une naiſſance proportionnée , les Enfans qu'ils en ont ne peuvent ſuccéder à leur principauté , ces Mariages portent le nom de *Mariages de la main*, ou du côté , *gauche*.

MARIE. *Ordre de Sainte Marie de Merude.* C'eſt le nom d'un Ordre de Chevalerie , inſtitué , au treiſiéme ſiécle , par *Jacques* , Roi d'Arragon , pour le rachat des Eſclaves. Ils portoient un habit blanc avec une croix noire.

MARIE'ES. *Rimes mariées.* On donne ce nom , en Poéſie françoiſe , aux rimes qui ne ſont pas ſéparées l'une de l'autre , c'eſt-à-dire , dont les deux maſculines ſe ſuivent immédiatement , & les deux feminines de même , comme elles ſont toujours dans le Poëme épique.

MARIGOT , f. m. Terme de Relation. C'eſt le nom qu'on donne géneralement , dans nos Iſles , aux lieux bas , ou les eaux de pluie s'aſſemblent & ſe conſervent.

MARINE , f. f. Tableau qui repreſente des Mers , des Vaiſſeaux , des Ports de Mer , des Tempêtes & d'autres ſujets Marins.

MARITAL , adj. Terme de Pratique , pour ſignifier ce qui convient , ce qui appartient, à la qualité de Mari. *Maritalement* eſt l'adverbe. Vivre *maritalement* avec ſa Femme , c'eſt-à-dire , en bon Mari.

MARNE , f. m. Eſpece de terre blanche dont on ſe ſert dans pluſieurs païs pour engraiſſer les terres labourables. Quelques Naturaliſtes la croient formée de la décompoſition des coquilles de mer.

MARON ; f. m. Piece de cuivre , de la grandeur d'un Ecu , & numerotée , qui ſert , dans les Garniſons , à marquer les heures auxquelles les Officiers doivent commencer leurs rondes. Ces Pieces ſont tirées au ſort , par les Sergens , dans un ſac que tient le Major. Il y en a autant qu'il y a de Corps-de-garde dans le circuit que l'Officier doit faire. Chacune eſt laiſſée , ſuivant ſon numero , au Caporal de garde , qui la reçoit , l'épée nûe à la main , & qui la met dans ce qu'on nomme la Boîte aux rondes. Cette Boîte , dont le Major a la clé , lui eſt portée le lendemain , pour connoître ſi les rondes ont été faites fidellement. *Maron* , en termes d'Artificier , eſt une eſpece de Petard , de carton fort , à pluſieurs doubles , & de figure cubique. *Marroner* s'eſt dit , dans ces derniers tems , pour friſer en groſſes boucles , qui reſſemblent à des Marons.

MAROTTI , f. m. Grand arbre du Malabar , dont les feuilles reſſemblent à celles du Laurier , & dont le fruit contient , dans un large noïau , dix ou onze amandes , deſquelles on tire une huile excellente pour appaiſer toutes ſortes de douleurs.

MAROUCHIN , f. m. Sorte de Paſtel , qui ſe fait des dernieres récoltes des feuilles de la Plante nommée *Gueſde*. C'eſt le moindre de tous les Paſtels , pour la teinture en bleu.

MAROUFLER , v. act. Terme de Peinture , qui ſignifie , coller un Tableau peint ſur toile , avec de la colle forte , ou des couleurs graſſes , en l'appliquant ſur du bois , ou ſur un enduit de plâtre , ou ſur une muraille.

MARQUE. *Lettres de marque*, f. f. , On donne ce nom au pouvoir , que les Rois & d'autres Puiſſances accordent à leurs Sujets , d'enlever , par repreſailles , les Navires d'une Nation , dont les Armateurs leur ont fait le même tort , en tems de paix ,

& refufent , ou négligent , de leur en faire raifon. Ces Lettres fe nomment auffi *Lettres de reprefail'es.*

MARQUINIER. Nom, c'origine incertaine , qu'on donne aux Tifferans qui travaillent en Batifte.

MARQUISE , f. f. Efpece de furtout , qui fe met par-deffus les tentes des Officiers, pour les garantir mieux de la pluie. Tendre *la Marquife.* C'eft auffi le nom d'une fufée volante , d'environ un pouce de diametre.

MARRUBIASTRE , f. m. Plante , à laquelle on a donné ce nom , parce que fes feuilles reffemblent à celles du Marrube. Elle croît dans les champs , & fes qualités font déterfives & vulneraires.

MARSILE'E , f. f. Nom qu'on donne , en Turquie , à l'Ecu , ou Piaftre , d'Efpagne ; parce que ce font les Marchands de Marfeille qui ont porté , les premiers , de grandes fommes de Piaftres , à Smyrne & dans les autres Echelles du Levant.

MARTEAU , f. m. Nom d'un des plus curieux coquillages de Mer , qui eft une efpece d'Huitre , de la forme d'un Marteau.

MARTELE'E. *Médaille martelée.* Terme d'Antiquaire , qui fe dit d'une Médaille antique , dont on a limé le revers , pour en frapper un plus curieux & plus rare , avec un coin neuf & dans le goût de l'antiquité. C'eft une impofture , que les habiles gens démêlent , en comparant le revers avec la tête , dont ils reconnoiffent la différente fabrique. *Martelée,* f. f. eft le nom que les Veneurs donnent aux fientes , ou fumées , des bêtes fauves , dont le bout eft fans aiguillon.

MARTIAL , adj. *Voïez* MARS.

MAS , f. m. Nom d'un petit poids des Indes , pour l'or & l'argent. Il fe divife en dix condorins. Dix *Mas* font le tael.

MASANDIBA , f. m. Efpece de Cerifier du Brefil , mais dont le fruit n'eft pas rond , & contient , dans fon noïau , un fuc laiteux fort agréable.

MASQUE , f. m. Nom d'un petit cifeau dont les Arquebuffers , les Armuriers , & d'autres Artiftes , fe fervent pour leurs cifeluzes.

MASSE - D'ARMES , f. f. Nom d'une ancienne armure , qui avoit la forme d'une forte de maffue. *Maffer* eft un terme de jeu , qui fignifie mettre au jeu une certaine fomme. *Maffe* tant , c'eft-à-dire , je mets telle fomme.

MASSOI , f. m. Drogue médecinale , qui eft une efpece d'écorce , qu'on réduit en bouillie , avec de l'eau , pour s'en frotter le corps , dans les tranchées & les maux de ventre. Elle vient de Guinée.

MASULIPATAN , f. m. Nom de certaines toiles fines des Indes , qui fe vendent à l'aunage , ou qui ont une mefure déterminée dans leur forme , pour fervir de mouchoir. Elles viennent d'une Ville du même nom , dans le Golfe de Bengale.

MATADOR , f. m. Mot Efpagnol , qui fignifie , *Affaffin , Meurtrier ,* & qui eft devenu François , pour fignifier les trois premieres cartes du jeu de l'Hombre & de celui du Quadrille. Leur nom particulier eft Spadille , Manille , & Bafte. Les Efpagnols de l'Ifle Saint Domingue nomment *Matadores* , les Chaffeurs de Taureaux , que les François appellent *Boucaniers.*

MATAMORE , f. m. Mot emprunté de l'Efpagnol , pour fignifier *Capitan ; Faux·brave ,* ou *Brave avec affectation.* Il fignifie proprement *Tueur de Mores.* C'eft un Perfonnage des Comédies efpagnoles.

MATATUM , f. m. Table célebre dans les Relations , qui eft celle des Infulaires de l'Amérique. C'eft un tiffu de Rofeau & de queues de Latanier , dont le travail eft fi ferré , que l'eau même n'y peut paffer ; avec quatre bâtons aux quatre coins , terminés en boules , pour lui fervir de piés. Sa forme eft celle d'une grande corbeille , dont le fond eft plat & uni. Les bords ont trois ou quatre pouces de hauteur.

MATAVANES , f. f. , corrompu de *Martavanes* , ou *Martabanes.* Ce font de grands vaiffeaux de terre ,

verni

vernis dedans & dehors, qui se font particuliérement à *Martavan*, ou *Martavan*, dans le Pegu, & dont les Anglois & les Hollandois se servent sur leurs Navires. Les *Matavanes* ont la propriété de purifier, dans l'espace de vingt-quatre heures, l'eau la plus mauvaise & la plus puante, dont on les remplit.

MATE, s. f. Nom d'une fameuse herbe, qui s'appelle vulgairement *Herbe du Paraguai*, parce qu'il en croît beaucoup dans ce Païs. Elle se prend en infusion, comme le Thé, dans toute l'Amérique méridionale ; & ses vertus sont fort vantées par les Espagnols. On donnoit autrefois, à Paris, le nom d'*Enfáns de la mate*, aux Voleurs ; parce qu'ils s'assembloient, pour tenir conseil entr'eux, dans un lieu nommé *la Mate*.

MATE'RAUX ou MATÉRIAUX, s. m. L'un & l'autre se dit également, & signifie les parties qui doivent servir, ou qui ont servi, à la composition de quelque chose. Les *materiaux* d'un Edifice sont la pierre, le bois, le fer, & tout ce qui en doit faire la matiere. On appelle *matieres* d'or & d'argent, les especes fondues, les lingots, les barres, qui sont emploïées à la fabrication des monnoies ; *Matiere médecinale*, ou *medicale*, les drogues qui se tirent des végétaux, des minéraux, des animaux, & qui entrent dans la composition des médicamens.

MATINES, s. f. Nom qu'on donne à la premiere partie de l'office ecclésiastique. Il vient simplement du tems où elle se dit, qui est le matin, entendu de l'espace qui commence après minuit. On appelle aussi *Matines* une sorte de tripes qui est par feuillets. C'est proprement le troisiéme ventricule du Bœuf, qu'on nomme autrement *Mellier*.

MATRICULAIRES, adj. Ce qui appartient à quelque Matricule. On a nommé *Procureurs matriculaires*, des Procureurs qui étoient reçus sans provisions du Roi, & qui n'avoient point d'autre titre, que d'être inscrits dans le Registre, ou la *Matricule*, après avoir subi l'examen.

Supplém.

MATROLOGUE, s. m. gr. Nom qu'on donne, dans quelques Provinces, à un Registre, sur lequel on a soin d'écrire tout ce qui concerne une Ville, une Compagnie, une Communauté.

MATURATIFS, adj. lat. On appelle *Maturatifs*, les remedes qui hâtent la formation de la matiere purulente. *Maturité*, s. f., qui signifie l'état de ce qui est *mûr*, se dit aussi pour *prudence*, *circonspection*.

MAURE, s. m. Ancien Habitant de la Mauritanie. Il ne se dit gueres qu'en parlant des Anciens. Les *Maures* & les *Numides*. *More* a prévalu, pour signifier tous les Habitans non-seulement de l'Afrique, mais de l'Asie & des Indes occidentales, qui font profession du Mahométisme. *Voïez* MORE. Moresque en est le feminin. Une Moresque. A la Moresque, c'est-à-dire, à la maniere des Mores. Il est adjectif & substantif. *Voïez* MORESQUE.

MAURELLE, s. f. Nom vulgaire du *Tournesol*, que les Botanistes nomment *Héliotrope*, ou *Ricionoïdes*.

MAUSSADE, adj. Mot d'origine obscure, qui se dit de ce qui a mauvaise grace, & de tout ce qui déplaît par sa forme, ou ses qualités. *Maussaderie* est le substantif.

MAUVAIS, adj., dont la signification differe de celle de *méchant* ; 1°. En ce qu'il se dit particuliérement des choses physiques. On dit, ce pain, ce vin, est mauvais, & non pas est méchant. 2°. En ce que, dans le sens Moral même, il signifie plutôt méchant, par emportement, par violence, que par nature.

MAUVE, Oiseau. *Voïez* MOUETTE.

MEANDRE, s. m. Fleuve de l'ancienne Phrygie, nommé aujourd'hui *Madre*, ou *Mindre* ; qui roule ses eaux en serpentant beaucoup ; ce qui fait donner son nom aux détours & aux sinuosités des autres Rivieres, & par extension, à tout ce qui est obscur, tortueux, détourné.

MECAXOCHITLE, s. m. Petit Poivre long, du Mexique, que sa qualité chaude & séche fait emploïer dans la composition du Chocolat,

X

auquel il donne d'ailleurs un goût agréable. On lui attribue quantité d'autres vertus.

MECHANT, adj. *Voïez* MAUVAIS.

MECHE, f. f. On appelle la *meche* d'une corde, ou d'un fil, une partie intérieure, qui n'est presque pas tortillée. *Mecher* du vin, c'est le soufrer, avec une *meche* soufrée, dont on lui fait recevoir la vapeur.

MECONITE, f. f. gr. Nom d'une pierre formée de sable marin, qui imite les graines du Pavot.

MECREANT, f. m. Vieux mot, qui signifie Homme sans religion, ou celui qui ne croit rien. Il ne se dit plus qu'en badinant, de ceux qui rejettent le joug de la Foi, ou qui affectent l'incrédulité.

MEDIANE, adj. *Planete mediane.* Les Astronomes donnent ce nom à celle des sept Planetes, qui est comme au milieu des autres, parce qu'elle a le même nombre au-dessus d'elle qu'au dessous. C'est le Soleil. Il a trois Planetes supérieures, *Saturne*, *Jupiter* & *Mars* ; & trois inférieures, *Venus*, *Mercure*, & la *Lune*.

MEDIANOCHE, f. m. Mot emprunté des Espagnols, pour signifier une partie de plaisir, un festin, ou quelque autre divertissement, qui se fait au milieu de la nuit.

MEDIANTE, f. f. lat. Nom qu'on donne, en Musique, à un son élevé d'une tierce au-dessus de la finale ; parce qu'il tient le milieu, entre la finale & la dominante.

MEDICAL ou MEDECINAL, adj. La seule différence de ces deux mots est que l'un est formé du latin, & l'autre du françois. Ils signifient tous deux ce qui appartient à la Médecine, ce qui en dépend, ce qui la concerne. *Médicament*, f. m., se dit de toute sorte de remédes, & *Médicamentaire*, adj., de ce qui regarde la préparation des médicamens. On a donné le nom général de *Pierres médicamenteufes*, à plusieurs fortes de pierres auxquelles on attribue des vertus Médecinales, ou Médicales.

MEDIETE', f. f. lat. Terme d'Arithmétique, qui se dit de trois nombres proportionels.

MEDIMME, f. m. Ancienne mesure grecque, qui valoit environ quatre de nos boisseaux.

MEDIN, f. m. Petite monnoie d'argent de Turquie, qui vaut dix-huit deniers de notre monnoie.

MEDOC. *Pierres de Medoc.* On donne ce nom à de petits cailloux brillans, qui se trouvent, en France, dans le Païs de Medoc, petite partie du Bourdelois, & qui peuvent passer pour une espece de Diamans.

MEDRASTHIM, f. m. Mot hebreu, qui signifie *Allegorie*, & nom que les Juifs donnent aux Commentaires allegoriques fur l'Ecriture-Sainte.

MEDULLAIRE, adj. lat. Ce qui appartient à la moelle, ou ce qui est de nature de moelle. Il se dit particuliérement de certaines fibres du cerveau.

ME'FIER. *Se méfier*, pour *se défier*, est encore en usage, comme *méfiance*, pour *défiance* ; & quelques-uns prétendent y trouver cette différence, que *se méfier* ne se prend jamais qu'en mauvaise part, dans les occasions où la défiance suppose quelque mal à craindre ; au lieu que *se défier*, peut recevoir un sens plus doux. *Se défier* de l'adresse de quelqu'un, *se défier* du succès d'une chose, c'est en *douter* simplement.

MEGERE, f. f. Nom d'une des trois *Furies* poétiques. On l'emploie quelquefois pour signifier une méchante Femme.

MEGISSERIE, f. f. Trafic qui consiste à vendre des laines & des peaux de Moutons. On appelle *Megiffier* celui qui l'exerce ; & *Megie*, l'art de passer les peaux en alun, qui est le métier des Megissiers.

MEHON. *Voïez* MEON.

MEIGLE, f. f. Espece de Pioche, compofée d'un fer large du côté du manche, terminée en pointe & courbée, qui sert à labourer la vigne.

MELAMPYGE, adject. gr. Nom qu'on donnoit anciennement à ceux qui, suivant la signification du mot, avoient les *fesses noires* & velues. *Hercule* même fut furnommé *Melampyge*.

MELANGE DES COULEURS, f. m. Terme de Peinture, qui signifie l'Art de diſtribuer les couleurs, non-ſeulement en les prenant avec le pinceau, mais encore en les emploïant avec juſteſſe & diſcernement. C'eſt une des plus difficiles parties de l'Art. Une ſeule couleur eſt ſouvent un compoſé de pluſieurs mêlanges.

MELAON, f. m. On prononce *Melon*. Nom d'une eſpece de Vers noirs qui ſortent de terre au mois de Mai, & qui rendent une odeur agréable, lorſqu'ils ſont broiés. C'eſt auſſi le nom d'une certaine ſorte d'Eſcarbot.

MELETE, f. f. Nom d'un petit Poiſſon, qui eſt une eſpece d'Anchois, mais d'un goût moins délicat.

MELIANTHE, f. f. gr. Plante d'Afrique, qu'on a tranſplantée heureuſement en Europe. Elle ſe trouve dans le Jardin de l'Univerſité de Leide. Chacune de ſes fleurs eſt compoſée de quatre feuilles, diſpoſées en main ouverte. Son nom, qui ſignifie *fleur de miel*, lui vient de ce que le calice de chaque fleur contient une liqueur mielleuſe, rouge, & d'un goût fort agréable, qui diſtille goutte à goutte ſur la feuille inférieure. On prétend que cette liqueur eſt ſtomachale & nourriſſante.

MELIORAT, f. m. Eſpece d'Organſin, de Boulogne, en Italie, dont il ſe fait un commerce conſidérable à Amſterdam.

MELOCACTE, f. m. gr. Plante, qui, ſuivant la ſignification de ſon nom, eſt *hériſſée d'épines* & reſſemble à une *Pomme*. Rien n'eſt ſi biſarre que ſa figure. Elle forme une eſpece de Polygone, rempli de ſuc. Sa fleur eſt en cloche, tubuleuſe, nûe; & ſon ovaire dégénere en un fruit mou, & plein d'une multitude de ſemences.

MELOCHITE, adj. Pierre *melochite*, ou *Arménienne*. C'eſt ce qu'on nomme vulgairement la Pierre d'azur bleue & verte, à l'uſage des Peintres. Sa groſſeur eſt celle d'une Noiſette. Elle differe du Lapis Lazuli, & n'a aucune veine d'or.

MELOTE, f. f. gr. Peau de Brebis avec ſa laine. C'étoit une ſorte d'habillement que les anciens Moines portoient ſur leurs épaules, en forme de manteau, & qui n'étoit effectivement qu'une peau de Mouton. La verſion des Septante donne le même nom au manteau d'Elie.

MELUSINE, f. f. En termes de Blaſon, on nomme *Meluſine* une figure nue, échevelée, demi-Femme & demi-Serpent, qui ſe baigne dans une cuve, où elle ſe mire & ſe coëffe. Les Maiſons de Luſignan & de S. Gelais portent une *Meluſine*, pour Cimier, par alluſion à des origines fabuleuſes, mais qui marquent l'ancienneté de ces deux Maiſons.

MEMARCHURE, f. f. Terme de Manége, qui ſignifie l'effort que fait un Cheval, lorſqu'il ne met pas le pié, dans une aſſiete ferme.

MEMORIAL, f. m. Ce qui ſert à conſerver la mémoire de quelque choſe. Dans l'Ordre de Malte, on donne ce nom à l'extrait des preuves de Nobleſſe, qu'on preſente à l'Ordre, pour être reçu Chevalier. A la Chambre des Comptes, on appelle *Mémoriaux* les Regiſtres, où les Lettres Patentes de nos Rois ſont inſcrites. Quelques-uns donnent le nom de *Mémorialiſtes* à ceux qui écrivent des Mémoires.

MENAGERIE, f. f. Un des ſubſtantifs du verbe *Menager*, par lequel on entend particuliérement un lieu qui renferme tout ce qui appartient à la vie & aux commodités champêtres, c'eſt-à-dire, des Beſtiaux, une Laiterie, une Voliere, &c. Les Maiſons de Campagne ont ordinairement leur *Menagerie*. *Menage*, f. m., ſignifie l'ordre & la dépenſe d'une Maiſon. C'eſt ce qu'on appelle plus noblement l'œconomie *domeſtique*. *Menagement*, troiſiéme ſubſtantif du même verbe, ſe dit pour circonſpection, meſures, qu'on doit garder dans les actions, dans les diſcours, dans une entrepriſe &c. *Menager*, v. act., ſe prend dans le ſecond de ces trois ſens, pour épargner, ou faire un bon uſage des choses ; & dans le dernier, pour, observer , mesurer. *Menage* , s. m. , se dit de celui qui menage, ou qui épargne. Un bon *menager* du tems.

MENAGYRTHES , s. m. gr. Surnom des Galles, ou Prêtres de Cybele , ainsi appellés , parce que suivant la signification de ce mot, ils alloient ramasser , *chaque mois*, des aumônes pour la grande Mere , en faisant divers *tours de souplesse*.

MENDE'S , s. m. Nom du Bouc que les Egyptiens admettoient parmi leurs Dieux , & qu'ils regardoient comme un des sept principaux. Il étoit consacré au Dieu Pan , ou plutôt , c'étoit le Dieu Pan même qu'on honoroit en Egypte , sous cette forme ; au lieu que chez les Grecs & les Romains, on le peignoit avec la face & le corps d'Homme, aïant seulement les cornes, les oreilles & les jambes d'un Bouc.

MENDIER. *Voïez* MANDIER.

MENE'E, s. f. Nom d'une ancienne Déesse qui présidoit aux mois des Femmes ; ce mot est grec , & signifie *lune*. Dans l'Eglise grecque , on donnoit le nom de *Menées* à douze parties de l'office ecclésiastique , qui répondoient aux douze mois de l'année ; & de-là vient aussi *Menologe* , pour signifier un Calendrier ; & *Menologue* , qui se dit d'un Traité sur les mois des Femmes.

MENESTRE , s. f. Mot emprunté de l'Italien , qui signifie *potage* , & qui s'emploie quelquefois dans la même signification.

MENILLE. *Voïez* MANILLE.

MENIANE , s. f Nom qu'on donne, en Italie, à de petites terrasses , ou à des lieux découverts, en saillie , qu'on pratique dans les Maisons , & qui reviennent à nos galeries & nos balcons. Ce mot paroît venir du substantif latin , qui signifie *mur* : mais quelques-uns attribuent son origine à *Menius* , ancien Consul Romain , qui fut , disent-ils , l'inventeur de cet usage.

MENIANTHE , s f. Plante des lieux aquatiques , dont les feuilles sont attachées trois à trois sur une longue queue , & ressemblent en fi-

gure & en grandeur à celles des Féves. Ses fleurs sont en cloche, découpées en cinq parties , & d'un blanc purpurin. C'est un Anti-scorbutique, que la Médecine emploie aussi pour la jaunisse , la pierre , l'hydropisie , la rétention d'urine , les maux de poitrine, &c. On le prend en décoction , ou en poudre , trois fois par jour, au poids d'une dragme.

MENOLOGE , MENOLOGUE , s. f. *Voïez* MENE'E.

MENON , s. m. Animal terrestre , à quatre piés , semblable au Bouc , ou à la Chevre , & de la peau duquel on fait le Maroquin.

MENTOR , s. m. Nom qu'on donne à tout Homme sage & fidele , surtout à celui qui est chargé de la conduite d'un jeune Homme , pendant un long voïage ; par allusion à *Mentor*, ami d'*Ulisse* , ou plutôt à *Minerve* , Déesse de la Sagesse , que l'Auteur des Avantures de *Telemaque* introduit, sous la forme de *Mentor* , pour conduire ce jeune Prince dans ses voïages. On prétend qu'*Homere* n'a placé *Mentor* , dans son Poëme , que par reconnoissance , après avoir reçu de lui les meilleurs offices de l'amitié , à son retour d'Espagne, lorsqu'une fluxion, qui lui tomba sur les yeux , lui eut fait prendre le parti d'aborder à l'Isle d'Ithaque.

MENTULAGRE , s. f. gr. & lat. Maladie de la partie virile , causée par une contraction des muscles érecteurs , qui cause l'impuissance.

MENTULE MARINE , s. f. Espece de Sangsue de Mer , qui ressemble à la racine du Nenuphar , & qui se trouve ordinairement sur le rivage. Cet Insecte est fort dur , & sa couleur est rougeâtre. Il ne nâge point , & sa marche est même fort lente.

MENU , s. m. On appelle le *menu* d'un repas, un mémoire qui contient les mets qui doivent y entrer , & l'ordre dans lequel ils doivent être servis.

MENUES PENSE'ES , s. f. Nom d'une petite fleur, trop commune pour demander une description , qui, bouillie & prife en breuvage, appaife les convulfions des Enfans. Ses feuilles, emploiées de même, nettoient les poulmons & la poitrine.

MENUISE, ou CENDRE'E, f. f. Nom qu'on donne à la plus petite des efpeces de plomb à tirer. On nomme auffi *Menuife*, dans le commerce du bois à brûler, celui qui eft trop menu pour être mis avec les bois de compte, ou de corde.

MENUI-IERES, f. f. ou PERCE-BOIS. Efpece d'Abeilles, auxquelles on donne ce nom, parce qu'elles font leurs nids dans des troncs d'arbres. Mais jamais elles n'attaquent les arbres vivans, ni le bois verd.

MENUS-DROITS, f. m. Terme de bonne chere. On donne ce nom à un mets compofé d'oreilles hachées & d'autres parties legeres de certains animaux, avec un affaifonnement de haut goût. L'origine du mot eft un droit roïal fur les oreilles d'un Cerf, les bouts de fa tête, quand elle eft molle, le mufle, les dintiers, le franc boïau & les nœuds, qui fe levent feulement au Printems & dans l'Eté. *Menu-vair* eft un terme de Blafon, qui fe dit de l'Ecu chargé de vair, lorfqu'il eft compofé de fix rangées ; au lieu que le *vair* ordinaire n'en a que quatre. *Menus marchés* eft un terme d'Eaux & Forêts, & du commerce des Bois, pour fignifier la vente des Chablis, des Arbres de délit, & autres qui ne font pas en coupes reglées. On y comprend les glandées, les pacages, & les paiffons.

MEQUINE, f. f. Vieux mot, qui a fignifié *Servante*, & qui s'eft confervé dans quelques Provinces, pour le même ufage. En Artois, le Peuple prononce *Mequaine*. On a dit auffi, *Mefchine*. Voïez MESCHIN.

MER DES HUMEURS, MER DES PLUIES, MER DE NECTAR, &c. Noms que les Aftronomes ont donnés aux différentes taches de la Lune, qu'on fuppofe des efpaces d'eau, qui ne refléchiffent point la lumiere.

MERCANTIL, adj. lat. Ce qui appartient à la Marchandife, ou ce qui eft de même nature. On en a fait l'adverbe *mercantilement*, pour fignifier, *d'une maniere qui fent le Marchand*, mais en mauvaife part. On fe fert quelquefois auffi du mot *Mercantifte*, pour fignifier un *Marchand*.

MERCAVA, f. m. Nom que les Rabbins donnent aux Spéculations fur la nature de Dieu & de fes Ouvrages ; comme ils appellent *Berefchith*, tout ce qui regarde la Création réelle. Ce font deux termes myfterieux.

MERCI, f. m. Vieux mot, qui fignifie pardon, bonté qui fait pardonner. On appelle, en ftyle badin, *Don d'amoureufe merci*, les dernieres faveurs de l'Amour. L'Ordre de la *Merci*, ou de la rédemption des Captifs, fut inftitué en 1223, par Saint Pierre *Nolafque*, fous la regle de Saint Auguftin.

MERCURE DE FRANCE. Livre périodique, qui fe donne, à Paris, tous les mois, & qui contient divers ouvrages d'efprit, avec une courte expofition de tout ce qui regarde les Sciences, les Arts, l'érat civil, politique, &c., de la France. Il fut commencé, fous le nom de *Mercure galant*, en 1672, par M. *de Vifé*, qui l'interrompit, en 1674, jufqu'au mois de Mars, 1677. M. *de Frefny* en fut chargé depuis Juin 1710, jufqu'au mois d'Avril 1714. Enfuite, il fut continué jufqu'au mois d'Oétobre 1716, par M. *le Fevre*, fous le nom de *Nouveau Mercure*, en faveur des Communautés religieufes, qui étoient offenfées du nom de *Galant*. M. *Buchet* fuccéda, jufqu'au mois de Mai 1721. M. *de la Roque* fuivit M. *Buchet*, & prit le titre de *Mercure de France*. En 1745, après la mort de M. *de la Roque*, le privilege de l'Ouvrage fut donné à MM. *de la Bruere* & *Fufelier*, qui y travaillerent quelque-tems enfemble. M. *Remond de Sainte Albine* leur prêta fa plume, en 1748 ; & M. *l'Abbé Raynal* lui a fuccédé, en 1750.

MERE DE DIEU. Nom d'un Ordre de Chevalerie, inftitué en 1233, & confirmé en 1262, par *Urbain*

VI, fous la regle de Saint Dominique , pour foutenir les intérêts des
Veuves & des Orphelins. La marque
étoit une croix pattée de rouge , avec
deux étoiles en chef , de même couleur , fur une foutane blanche. Il
dégénera bientôt en libertinage ; ce
qui fit donner aux Chevaliers le nom
de *Freres de la joie* ; & comme ils
n'étoient point en Communauté ,
l'Ordre ne fe foutint pas long-tems.

MERLUT , f. m. Terme d'Arr.
On nomme *Peaux en merlut* , les
peaux de Bouc , de Chevre , & de
Mouton , en poil & en laine , qu'on a
fait fécher fur une corde , pour les
garantir de corruption , jufqu'à ce
qu'elles foient paffées en Chamois ,
en Megie , ou en Maroquin.

MEROPS , f. m. Oifeau de la
grandeur d'un Etourneau , & fort
femblable au Merle , mais dont les
plumes font bleues fur le dos & pâles fous le ventre. Il eft fort commun en Italie , où il porte auffi le
nom de *Mufcipula* , parce qu'il vit
d'Abeilles & d'autres Mouches. Sa
voix approche affez de celle de
l'Homme ; & dans fon cri , ou fon
chant , il prononce *grul* , *gruru* , *ure-
bul*. On mêle fon fiel avec de l'huile
& de la noix-de-galle , pour donner aux cheveux une couleur fort
noire.

MERVEILLE DU PEROU. C'eft
une autre Plante de cette Région ,
dont la *merveille* confifte en ce
qu'elle porte cinq petites fleurs , en
forme de cloche , dont chacune eft
tout-à-fait différente des autres. Elle
fert d'ornement dans les Parterres.

MESCHIN , f. m. Vieux mot ,
qui a fignifié *Jeune garçon* ; comme
Mefchine fignifioit *Jeune fille* : & de-
là fans doute , *Mefquine* , ou *Méqui-
ne* , qui fe dit , dans quelques Provinces , pour *Servante* : *Mefquin* , pour ,
vil , bas , avare , & *Mefquinerie* , qui
en eft le fubftantif.

MESIRE , f. f. Maladie du foie ,
qui eft accompagnée d'inflammation , de douleur & d'enflure , &
quelquefois d'une étrange noirceur
de la langue.

MESQUITE , f. m. Arbre de l'A-

mérique , de la groffeur d'un Chêne ,
& dont le fruit , qui croît dans une
gouffe comme de petites féves , tient
lieu de la Noix-de-galle , pour la
compofition de l'Encre. Les Indiens
ne laiffent pas d'en faire auffi une
forte de pain. Le fruit fe nomme
Huitzaze.

MESSE ROUGE , f. f. Terme vulgaire , qui fe dit de la Meffe que les
Parlemens font célébrer après les Va-
cances , pour recommencer leurs
fonctions ; parce qu'ils y affiftent en
robbe rouge.

MESSETERIE ou MESSETENE ,
f. f. Droit d'Entrée qui fe paie , à
Conftantinople , pour les Marchandifes , particuliérement pour les Pel-
leteries & le Caffé. Il fut établi pour
l'entretien de la Sultane Mere , qu'on
nomme *Sultane Validé*.

MESSIEURS. Terme de Verrerie.
On donne ce nom , comme par excellence , aux Gentilshommes de race
verriere , qui ont feuls le privilege
de travailler au verre , fans déroger.
Il y en a quatre familles , en Normandie , fous les nom de Broffart , Ca-
queray , Vaillant & Bongard ; &
de-là fortent les *Meffieurs*. Ils vont
s'établir & travailler dans les autres
Provinces ; & lorfqu'on y a voulu
former de groffes Verreries , les Entre-
preneurs ont été obligés de faire
venir des *Meffieurs* de Normandie.
Il eft certain que ces Familles font
anciennes. L'opinion commune eft
qu'elles defcendent de quatre Bâtards
d'un Duc de Normandie , qui leur
fit prendre le nom de quatre de fes
Chiens de Chaffe , & qui leur donna
le privilege de la Verrerie.

On a donné auffi , en ftyle badin ,
le nom de ces *Meffieurs* , ou de *Meffieurs* du Recueil , aux Auteurs de
diverfes petites Pieces d'efprit , dont
on a formé des Collections.

MESSIRE. Titre d'honneur , qu'on
ajoûte , dans les Actes , aux titres
particuliers des Perfonnes de qualité.
Mais on abufe de cet ufage , pour des
conditions fort inférieures. Les Prêtres , les Médecins , les Avocats , &
d'autres Profeffions , qui s'appellent
Nobles , prennent , fans façon , la

qualité de *Messires*. Ce mot est composé de *Mon* & de *Sire* ; si l'on n'aime mieux le croire emprunté des Italiens, qui disent *Messer*. Voïez *Sire*.

MESSOTIER, s. m. Terme de mépris que les Protestans donnoient autrefois aux Prêtres de l'Eglise Romaine, & qui signifie *diseur de Messe* ; comme nos petits Maîtres donnent le nom de *Robins* aux Gens de robbe, & ceux-ci celui d'*Epétiers* aux Gens d'épée, qui les méprisent.

MESTRE, ARBRE DE MESTRE, s. m. Les Marins du Levant appellent le grand mât *Arbre de Mestre* ; & sa voile, *voile de Mestre*.

METALLURGIE, s. f. gr. Partie de la Chymie, qui traite des métaux. C'est la science, ou l'art, de fondre les métaux, de les préparer, ouvrer & dépurer, pour l'usage de la Médecine. On appelle *Metallurgiste*, celui qui *travaille aux métaux*.

METASTASE, s. f. gr. Terme de Médecine, qui signifie changement d'une maladie en une autre qui lui succede immédiatement. C'est une espece de crise, toujours salutaire, ou dangereuse.

METATHESE, s. f. gr. Figure Grammaticale, qui consiste dans la transposition d'une lettre ; d'où naît quelque différence de prononciation. C'est ainsi que quelques-uns disent *Eprevier*, pour, *Epervier*.

METEIL, s. m. Blé qui est moitié froment, & moitié seigle. On appelle *Passe-meteil* celui dans lequel il y a deux tiers de froment contr'un tiers de seigle.

METEROLOGIQUE, adj. qui se dit de ce qui concerne les *météores*. *Observations météorologiques*.

METIER BATTANT, ou **METIER OUVRANT**, s. m. Terme d'Art, qui se dit d'un métier qui travaille actuellement.

METIF, s. m. Celui qui est né d'un Européen & d'une Indienne. Il se dit aussi des Chiens qui sont engendrés de deux especes. On ne s'accorde point sur son origine ; & quantité de Voïageurs écrivent *Mestif*, *Metice* & *Metis*.

METONOMASIE, s. f. gr., qui signifie *changement de nom*. C'étoit une fantaisie fort commune, parmi les Savans des derniers siécles, & dont on connoît aussi des exemples dans le nôtre. M. l'Abbé *Desfontaines* a pris, dans un de ses Ouvrages, le nom de *Creny* ; mot grec, qui signifie *Fontaine*, &c.

METROMANIE, s. f. Mot grec composé, qui signifie *passion*, ou *manie de métrifier*, c'est-à-dire, de faire des vers.

METROMETRE, s. m. Mot composé du grec, & nom d'une machine de nouvelle invention, pour *régler la mesure* d'un air de Musique. Elle se fait avec un pendule d'horloge.

METRETE, s. f. gr. Nom d'une *mesure* attique, qui contenoit environ quarante Pintes, c'est-à dire, soixante & douze setiers.

METRICOLE, s. m. Petit poids, dont les Portugais se servent, aux Indes orientales, pour peser les Drogues de Médecine. Il pese la huitiéme partie d'une once.

METROPOLE, s. f. Nom que Grecs donnoient à une *Ville Mere*, c'est-à-dire, d'où sortoient des Colonies, qui alloient habiter d'autres terres.

MEUBLE, adj. Terme de Jardinage, pour signifier, dans la terre, une sorte de secheresse & de legereté, qui la rend facile à remuer.

MEULES, s. f. Nom de certains fromages ronds & plats comme une meule, qui viennent de Suisse.

MEUM, ou plutôt **MEION**, s. m. gr. Nom d'une Plante, dont les feuilles sont plus fines que celles du Fenouil. Elle est emploïée, dans la Thériaque & le Mithridate, & dans les usages communs de la Médecine. Son nom vient du mot grec, qui signifie *moins*. Elle est commune dans quelques parties du Nord de l'Angleterre, où elle fleurit au mois de Juin.

MEUTE, s. f. Nom qu'on donne à une trouppe de Chiens dressés pour la grande Chasse, qui se nomme *Venerie*. Un Chien de *meute*. Valet de *meute*. On appelle aussi *meute*, en termes de chasse d'Oiseaux, un

Oifeau attaché à une corde, qui fert pour faire approcher les autres des filets.

MEZARAIQUE, adject. *Voïex* **MESARAIQUE**.

MEZZO-TINTO, f. m. Terme emprunté de l'Italien, pour fignifier cette efpece d'Eftampes, qu'on appelle autrement *Pieces noires*. Le *Mezzo-tinto* eft fort en ufage en Angleterre. Il demande moins de travail que la gravure ordinaire, mais il n'a pas tant de relief.

MIBI, f. m. Plante farmenteufe de l'Amérique, qui eft une efpece de Liane, de la groffeur d'une plume à écrire. On s'en fert pour diverfes fortes de petits ouvrages, & pour attacher des chofes legeres. Le *Mibipi* eft une autre liane de la même Région, mais plus groffe & plus forte que le *mibi*.

MICHEL. *Ordre de Saint Michel*. Nom d'un Ordre militaire, inftitué, en France, par *Louis XI*, en 1469. Le ruban eft noir, & le collier de coquilles lacées l'une avec l'autre, fur une chaînette d'or, d'où pend une médaille de *Saint Michel*. On en fait aujourd'hui la récompenfe de ceux qui fe diftinguent dans les Arts libéraux. Cependant, il conferve toujours la nobleffe de fon origine, en ce qu'on ne peut être reçu dans l'Ordre du *Saint Efprit*, fans être entré auparavant dans celui de *Saint Michel*; & de-là vient que les Chevaliers du *Saint Efprit* font nommés *Chevaliers des Ordres du Roi*. Auffi leurs armes font-elles entourées des deux colliers de ces deux Ordres.

MI-DOUAIRE, f. m. Terme de Jurifprudence. C'eft une penfion qui eft quelquefois adjugée à la Femme, pour lui tenir lieu de Douaire, avant la mort de fon Mari; ce qui arrive dans les cas de féparation, de longue abfence, de mort civile du Mari, &c.

MIGNONE, f. f. Nom d'un des plus petits caractères d'Imprimerie, qui eft entre le petit Texte & la Nonpareille. *Mignonette* eft le nom d'une petite efpece de Poire, d'une forte de Dentelle, ou de Refeau fin, & du

plus beau Poivre blanc en grains.

MIGNOTIE, f. f., ou **ŒIL DE CHRIST**. Belle fleur, qui fe marcotte & fe replante, tous les ans; comme les Œillets.

MIGRAINE, f. f. Nom que quelques-uns donnent au fruit du Grenadier, qui fe nomme ordinairement *Grenade*.

MIGRATION, f. f. lat. Terme hiftorique, qui fignifie, paffage, voïage, ou tranfport d'un lieu dans un autre. Il fe dit de la fortie d'une Nation, ou de quelque partie d'une Nation, qui quitte fon Païs, pour aller s'établir dans un autre.

MILAN D'ETE'. f. m. Poire précoce, qui eft une forte de Beurré, nommée auffi *Hariveau blanc*.

MILIORATI ou **MILIORATES**. Soies d'Italie, qui fe tirent de Bologne & de Milan, & dont on fait un affez grand commerce à Amfterdam.

MILLE-CANTON, f. m. Nom qu'on donne à un flux de petits Poiffons, qui paroiffent en prodigieux nombre, & qui ne font pas plus longs qu'une épingle. C'eft ce qu'on nomme de *la mentie*, à Caen, *la fotteville*, à Rouen, &c. : c'eft le premier développement du frai des différentes efpeces. On publie quelquefois défenfe de pêcher le *Mille-canton*, pour empêcher que les rivieres ne fe dépeuplent.

MILLE FLEURS. *Eau de mille-fleurs*. On donne ce beau nom à l'urine de Vache, qu'on prend, en remede, pour diverfes maladies. L'eau & l'huile, diftillées de la boufe de Vache, fe nomment auffi *Eau & Huile de mille-fleurs*. Il y a un *Roffolis de mille-fleurs*, compofé de la diftillation de différentes fleurs.

MILLE-PIE'S A DARD, f. m. Infecte de l'Amérique, ainfi nommé, parcequ'il eft armé, par derriere, d'une pointe affez longue. Il fe trouve fur les Plantes aquatiques.

MILLIASSE, f. f. Nombre compofé de dix fois cent milliards; comme un milliard l'eft de dix fois cent-millions; & le million de dix fois cent mille.

MILONIENNE,

MILONIENNE, f. f. Nom qu'on donne à une des Oraisons de *Ciceron*, composée pour la défense de *Milon*, & qui passe pour le chef-d'œuvre du plus grand des Orateurs. Il en portoit lui-même ce jugement.

MILRE'E, f. m. Nom d'une monnoie de compte, en Portugal, qui est d'environ 6 livres 10 sous de France.

MILTRAIN, f. m. Nom de la Mi-moéda, ou demie-Pistole, de Portugal.

MINAUDER, v. n. Faire des mires, c'est-à-dire, mettre de l'affectation dans les manieres, l'air, les gestes, &c. La *minauderie* est un attribut des Précieuses & des Coquettes. On dit d'un Homme & d'une Femme, qu'il est un *minaudier*, qu'elle est une *minaudiere*.

MINERAI, f. m. Nom qu'on donne à la terre, dans laquelle des parties de minéral se trouvent mêlées.

MINERALOGIE, f. f. Nom d'une partie de la Chymie, qui traite des Mineraux.

MINISTERIEL, adj. *Chef ministeriel*. Terme qu'on emploie pour distinguer le Pape, en qualité de Chef de l'Eglise de Jesus-Christ, qui en est le *Chef essentiel*.

MINORATIF, f. m. lat. Remede pour purger doucement, c'est-à-dire, où l'on n'emploie que des ingrédiens de force médiocre.

MIRE', adj. Les Chasseurs appellent *Sanglier miré*, un vieux Sanglier, dont les défenses ne font plus dangereuses.

MIROBOLAN, f. m. Nom d'une sorte de Datte des Indes, froide au premier degré, & séche au second. *Voïez* MYROBOLAN.

MIROIR. *Guedasse de miroir*. Nom qu'on donne, dans le Commerce, à la gravelée qu'on tire de Riga, & qui se vend au last. On distingue l'excellente, la moïenne & la simple, qui ont des prix différens.

ORDRE DU MIROIR; c'est le nom d'un Ordre militaire, institué, en 1410, par *Ferdinand de Castille*, après une Victoire remportée sur les Mores. La chaîne étoit de fleurs-de-lis, entremêlées de griffons.

Supplém.

MIROTON, f. m. Nom d'un mes, composé de tranches de Veau minces, avec du lard & divers assaisonnemens.

MISSI DOMINICI, ou MIS, f. m. Terme latin, adopté en françois, qui signifie proprement *Envoïés*, ou *Commissaires*, *du Roi*. C'est le nom qu'on donnoit, avant l'institution des Parlemens, à des Commissaires que le Roi envoïoit dans les Provinces, pour prendre connoissance des abus & de tout ce qui appartenoit au bon ordre & à la justice. On trouve que *Charles le Chauve* envoïa douze *Mis*, dans les douze *Missies* de son Roïaume. C'est à-peu-près ce qu'on nomme aujourd'hui Intendans.

MISSISSIPIEN, f. m. & adject. Nom qu'on a donné, pendant le fameux systême de Jean Law, aux Agioteurs & à ceux qui avoient des Actions sur la Compagnie du *Mississipi*.

MISSITAVIE, f. f. Droit de Douane, que paient les Marchandises qui viennent des Païs Chrétiens, en passant à Constantinople, pour aller à la Mer noire. Elles n'en paient pas d'autre.

MITELLE, f. f. Plante, qui tire ce nom de son fruit, dont la forme ressemble à celle d'une Mitre Episcopale. Il contient un nombre infini de semences. Ses feuilles approchent de celles de la Cortuse, & sa fleur est en Rose, à-cinq petales.

MITRE, f. f. Les Couteliers donnent ce nom au petit rebord qui sépare la lame des couteaux de table, d'avec la soie, ou la queue, qui sert à les emmancher.

MITRON, f. m. Nom qu'on donne aux Boulangers, ou plutôt à leurs Ouvriers, & qu'on fait venir de l'usage qu'ils avoient autrefois de porter des bonnets en forme de *Mitre*.

MIXTE, adjectif tiré du latin, qui signifie *mêlé*. On appelle un Pendule, *mixte*, lorsqu'il est adapté à un mouvement; & *simple*, lorsqu'il est seul.

MNEMOSYNE, f. f. Déesse de la
Y

mémoire ; du verbe grec, qui signifie *se souvenir*.

MOCADE, ou MOQUADE, ou MOQUETTE. Etoffe Flamande, de laine sur fil, raïée, ou à fleurs, qui se travaille comme le velours, & qui sert à faire des ameublemens.

MOCHE, s. f. Nom qu'on donne à des paquets d'écheveaux de fil de Bretagne, de dix livres chacun. On donne le même nom à des soies qui n'ont point encore reçu de teinture, ni d'apprêt ; mais il ne leur vient que de la forme de leurs paquets.

MODENATURE, s. f. Mot Italien, qui signifie les membres, ou moulures de l'Architecture, & que nous emploïons quelquefois dans le même sens.

MODIFICATION, s. f. Terme de Philosophie, qui se dit de la maniere d'être des choses, des changemens qui leur arrivent, des diverses formes, ou des diverses impressions, qu'elles peuvent recevoir, & qui les rendent différentes de ce qu'elles étoient. La matiere est capable d'une infinité de *modifications*. On dit aussi, dans le même sens, *modifier*, v. act., *modificatif*, adject.

MOHATRA, s. m. Nom d'un Contrat illicite, par lequel un Usurier vend une marchandise au plus haut prix de l'année, & la fait acheter ensuite au plus bas prix, par des personnes interposées. L'origine du mot n'est pas connue. *V.* CONTRAT.

MOIEDOR, s. m. Nom d'une Monnoie d'or de Portugal, qui vaut quatre *milrées* dans le Païs, & qui revient à vingt-six, ou vingt-sept, livres de France.

MOIEN - BRONZE, s. m. On donne ce nom à des Médailles de Bronze, d'une médiocre grandeur. *Moïen âge* se dit du tems qui a suivi la décadence de l'Empire Romain, jusqu'environ la fin du dixiéme siécle ; & *moïenne latinité*, de tout ce qui s'est écrit, en latin, depuis environ le tems de *Severe*, jusques vers la décadence de l'Empire. On appelle *tems moïen*, le tems calculé dans la supposition qu'au bout de toutes

les vingt-quatre heures, le Soleil se retrouve exactement au Méridien, où il étoit le jour précédent ; par opposition à *tems vrai*, qui est le tems calculé suivant l'heure où le Soleil doit se trouver véritablement au Méridien, un peu plus de vingt-quatre heures avant, ou après, l'instant qu'il y étoit la veille. Il y a peu de jours, dans l'année, où le *tems moïen* s'accorde avec le tems vrai. Tel est le premier jour de Novembre.

MOKISSE ou MOKISSO. Nom que les Peuples idolâtres, de diverses parties de l'Afrique, donnent à tout ce qu'ils croient rempli de quelque puissance, pour leur faire du bien, ou du mal ; & que cette raison leur fait adorer.

MOLINE & MOLIENNE, s. f. Nom de différentes sortes de laines que nos Marchands tirent d'Espagne.

MOLLETON, s. m. Nom d'un Oiseau de mer, de la forme d'un petit Canard, dont le plumage tire sur le noir, & qui se mange les jours maigres, comme les Macreuses.

MOLUQUE, ou MELISSE DES MOLUQUES, s. f. Plante venue des Isles Moluques, qui a beaucoup de rapport à la Melisse, & qui se cultive aujourd'hui dans nos Jardins, pour la vertu qu'on lui attribue de fortifier le cœur & de résister au venin. On en distingue deux especes, dont l'une est d'une odeur moins agréable que l'autre.

MOLYBDITE, s. f. gr. Nom qu'on donne à la Marcassite de *plomb*, & à toutes les pierres dans lesquelles il se trouve des parties de ce métal. La *Molybdoïde* est une espece de mine de plomb, moins pesante, mais beaucoup plus dure que la commune. Elle croît dans les mines d'argent, & dans quelques mines particulieres. On prétend qu'étant fort difficile à mettre en fusion, elle nuit aux ouvrages de plomb, lorsqu'il s'y en trouve.

MOM. *Voïez* MUM.

MOMON, s. m. Nom qu'on donne à une partie de Jeu, dans laquelle plusieurs Joueurs , risquant une somme égale , prennent chacun la même quantité de jettons , à condition que celui qui gagnera tous les jettons des autres , gagnera aussi la somme totale de l'argent.

MONNOIERE , ou HERBE A CENT MALADIES. Plante rampante , dont les tiges ressemblent à des Joncs , d'où sortent des feuilles , depuis la racine jusqu'à la cime. Elles sont rondes & épaisses comme des pieces de monnoie , d'où est venu le nom. On vante ses vertus pour toutes sortes d'hemorrhagies & de dyssenteries , pour les poulmons , les intestins & les ruptures. La *monnoïere* croît sur le bord des fossés & dans les lieux humides.

MONOCHROMATE , s. m. Mot grec composé , qui signifie ce qui est d'un seul ton. Les Peintres donnent ce nom à un Tableau d'une seule couleur. C'est ce qu'on appelle ordinairement Camaïeu. On en attribue l'origine à *Cleophante de Corinthe* , premier Auteur de la Peinture , car on ne dessinoit , avant lui , qu'avec du charbon ; mais il n'emploïa d'abord qu'une seule couleur.

MONOCULE , s. m. Mot composé du grec & du latin , & nom d'un Bandage , pour la fistule lacrymale.

MONOPHYSISME , s. m. gr. Opinion de ceux qui n'admettent qu'une *seule nature* en Jesus-Christ , suivant la signification du mot.

MONOTONIE , s. f. gr. Uniformité de ton. C'est un défaut dans tous ceux qui parlent en Public , surtout dans les Prédicateurs , & les Acteurs du Théâtre. *Monotone* , adj. , se dit , dans le Figuré , de ce qui est ennuïeux , par une trop grande uniformité. On dit aussi d'une fievre , qui n'augmente & ne diminue point , qu'elle est *monotone*.

MONS. pour MONSIEUR. C'est aujourd'hui une maniere de parler libre & cavaliere , quelquefois méprisante. Autrefois , il s'emploïoit , dans les Actes publics , pour , *Monsieur* , ou *Monseigneur* , à moins que dans les actes où il se trouve , il ne soit peut être une abréviation de l'un ou de l'autre.

MONTANS , s. m. En termes d'Académistes , on donne ce nom à ceux qui apprennent à monter à Cheval. Il y a cinquante *Montans* , chez M. *Dugnat*.

MONTASINS , s. m. Sorte de coton filé , qui nous vient du Levant , par la voie de Marseille.

MONTER , v. act. & n. Ce verbe reçoit tant de sens différens dans l'usage , qu'il suffit d'en observer quelques-uns , sans autre explication , pour faire remarquer la variété de ses acceptions & de ses régimes. *Monter* & descendre. *Monter* un Escalier. *Monter* à Cheval , & *monter* un Cheval. *Monter* sur un Vaisseau. *Monter* dans une Chambre. *Monter* à quelque Grade. *Monter* la Cavalerie. *Monter* un Instrument , &c.

MONTESIA. *Ordre de Notre-Dame de Montesia.* Nom d'un Ordre militaire , institué , en 1317 , par *Jacques II d'Arragon* , à Montesia , ville d'Espagne , sur les ruines des Templiers. La marque étoit une croix de gueules sur l'estomac , & les statuts à-peu près les mêmes que ceux de l'Ordre de Calatrava.

MONTICULE , s. m. Diminutif de Mont , qui se dit quelquefois d'une élévation de terre , moindre qu'une montagne , & plus grande qu'une colline.

MONTIER & MOUTIER , ss. mm. Vieux mots qui signifient *Monastere* , & qui en paroissent une corruption. Ils se trouvent souvent dans nos anciens Auteurs , & plusieurs Abbaïes portent encore ce nom. *Forêt-moutier , Saint Pierre le Moutier* , &c.

MONT-JOIE. Ordre de Chevalerie , institué dans le douzième siécle , par le Pape *Alexandre III* , pour combattre les Infideles , dans la Terre-Sainte. Ils furent introduits en Espagne , par *Alfonse le Sage* , sous le nom de Chevaliers de *Motrac* , & unis ensuite à l'Ordre de Calatrava , par le Roi *Ferdinand*.

MOOSE , s. m. Nom d'un gros animal de la nouvelle Jersey , dont on nous apprend que le cuir est emploïé à faire d'excellens mufles , ſans nous donner ſa deſcription.

MOQUETTE, ſ. f. *Voï.* MOCADE.

MOQUEUR, ſ. m. Oiſeau de la Virginie, qui tire ſon nom de l'erreur qui le fait prendre pour un Homme, parcequ'il imite parfaitement la voix humaine.

MORAINE, ſ. f. ou MORTAIN. Laine qu'on fait tomber, avec de la chaux, de la peau des Moutons & des Brebis, qui meurent de maladie.

MORDACHE, ſ. f., formé du verbe *mordre.* C'eſt le nom d'une tenaille propre à tirer le gros bois du feu. Les Capucins nomment *Mordache* un petit bâton, ou un petit mors, que leurs Novices ſe mettent dans la bouche, pour avoir rompu le ſilence.

MORDACITE', ſ. f. Qualité corroſive. On l'emploie quelquefois dans un ſens figuré, pour, humeur ſatyrique & mordicante ; penchant à médire, à relever les défauts d'autrui.

MORGANE, ſ. f. Nom qu'on donne, dans le Roïaume de Naples, à l'apparition prétendue de quantité de Fantômes, qui repreſentent, dans l'air, des Palais, des Hommes, des Animaux, des Forêts, &c., & dont *Kirker* fait une longue deſcription. Cet admirable Phénomene eſt ordinaire, dit-il, à Reggio, vers le milieu de l'Eté.

MORGOULES, ſ. f. Eſpece d'Inſectes, qui nâgent ſur la Mer, & dont on rencontre quelquefois un prodigieux nombre entre l'Europe & l'Amerique. On les prendroit, ſur l'eau, pour des moitiés d'oranges moiſies, d'où pendent comme des floccons de coton d'un violet clair. Lorſqu'on les tire de l'eau, ce n'eſt qu'une ſubſtance glaireuſe, qui fait la même impreſſion ſur la peau, que les Orties.

MORINE, ſ. f. Plante du Levant, qui ſe cultive au Jardin du Roi, & qu'on prétend cordiale, cephalique, & ſtomachale, en conſerve ou en infuſion. Ses feuilles ſont beaucoup plus longues que larges, pointues, épineuſes par les bords, & d'un verd luiſant. Ses fleurs, qui ſont blanches d'abord,

rougiſſent en vieilliſſant. Toute la Plante eſt d'un bel aſpect, & haute de deux piés & demi.

MORINGA, ſ. m. Arbre du Malabar, aſſez ſemblable au Lentiſque, dont le fruit, qui eſt long d'un pié, & de la groſſeur d'une rave, avec huit angles de couleur claire, ſe mange cuit, & ſe vend dans les marchés. Sa fleur eſt d'un verd brun ; & ſa racine paſſe pour un excellent antidote.

MORION, ſ. m. Pierre précieuſe, qui eſt une eſpece d'Onyx, d'un noir rougeâtre, tranſparente & brillante. Elle vient des Indes & de divers endroits du Levant. On prétend que pendue au cou, elle chaſſe l'épilepſie & la mélancolie.

MORISQUES, ſ. m. Nom qu'on donnoit aux Mores reſtés en Eſpagne, après la ruine de leur Empire, par *Ferdinand V,* en 1492. Ils y étoient encore au nombre d'environ neuf cens mille, qui furent chaſſés, en 1610, par le Roi *Philippe III.*

MORNE, ſ. f. Nom que les François donnent, dans les Iſles de l'Amerique, aux petites Montagnes.

MORPHE'E, ſ. m. gr. Dieu poétique du ſommeil & de la nuit, le premier des ſonges, & le ſeul qui annonce la vérité. Ses deux Freres, ſuivant *Ovide,* étoient *Phobetor,* & *Phantaſe.* On le repreſente avec un faiſceau de pavots. Son nom ſignifie, *figure, apparence.*

MORTAIN. *Voïez* MORAINE.

MORT AUX CHIENS, ou COLCHIQUE, ſ. f. Plante de Sicile & du Levant, dont les feuilles reſſemblent à celles du Lis. Elle pouſſe, de ſa racine, trois ou quatre tuïaux longs, qui, s'élevant en pluſieurs parties, forment une eſpece de Lis, purpurin, & quelquefois blanc. La racine en eſt dangereuſe, parce qu'elle s'enfle dans l'eſtomac, comme une éponge ; mais le goût en eſt fort bon. On l'emploie extérieurement pour la goutte & les rhumatiſmes.

MORTE-CHARGE, ſ. f. En termes de Mer, un Vaiſſeau à *Morte-charge* eſt celui qui n'a point ſa charge entiere. Le droit de fret, qui eſt de cinquante ſous, par tonneau, pour les Navires étrangers, dans les Ports de France, ſe paie, à *Morte-charge*, comme ſi le Navire étoit plein. *Morte-ſaiſon* ſe dit vulgairement du tems où le commerce eſt languiſſant, & les Artiſans, peu occupés.

MORTE-EAU, ſ. f. Terme de Mer, qui ſe dit du tems où la Mer monte peu; ce qui arrive entre la nouvelle & la pleine Lune, & entre la pleine Lune & la nouvelle, c'eſt-à-dire, le ſept & le vingt-deux de la Lune. On donne le même nom au plus bas de l'eau, entre la fin du reflux & le commencement du flux.

MORTE-PAIE, ſ. f. Soldat qui ne fait pas de ſervice, & que le Roi ne laiſſe pas de païer. Les Invalides de l'Hôtel ſont des *Morte-paies*.

MORTIER, ſ. m. Nom d'une couverture de tête, que le Chancelier de France & les grands Préſidens, qu'on appelle *Préſidens à mortier*, portent pour marque de leur dignité. On prétend que la couronne de nos Rois de la premiere race étoit une eſpece de *mortier*, & que celui du Chancelier & des Préſidens, avec les accompagnemens, n'eſt que la repréſentation des ornemens roïaux, que nos Rois leur ont communiqués, en leur abandonnant leur Palais pour ſiége de la Juſtice.

MORTIER DE VEILLE, ſ. m. Terme de la Maiſon du Roi. On donne ce nom à un petit vaiſſeau d'argent, qui a quelque reſſemblance avec le mortier à piler, & qu'on remplit d'eau, ſur laquelle ſurnage un morceau de cire jaune, d'une demi-livre, avec un petit lumignon au milieu, qu'on allume auſſi-tôt que le Roi eſt couché, & qui brûle toute la nuit dans ſa Chambre. Il eſt accompagné d'une bougie, qu'on allume auſſi dans un flambeau d'argent, au milieu d'un baſſin du même métal.

MORT-NE', & par corruption MORNE', adject., qui ſe dit de

tout ce qui eſt venu mort au monde, Enfans, & petits des Animaux.

MORTODES, ſ. f. Perles fauſſes, qu'on nomme auſſi *Perles godronées*, & qu'on emploie dans le commerce d'Afrique, avec les Negres du Senegal & de Guinée.

MORTUAIRE, ſ. m. Nom qu'on donne, dans l'Ordre de Malte, à tout le revenu d'une Commanderie, depuis la mort du Commandeur juſqu'au mois de Mai ſuivant. Il appartient au Grand-Maître.

MOSARABE. *Voïez* MOZARABE.

MOSCHATELINE, ſ. f. Plante déterſive & vulneraire, qui croît dans les prés & les haies épaiſſes. Ses fleurs, qui ſont de couleur herbeuſe, & ſes feuilles, qui ſont découpées & diviſées, d'un verd de Mer, ont une odeur de muſc, d'où elle tire ſon nom.

MOSCOSQUE, ſ. f. Monnoie de compte de Moſcovie. Les Livres s'y tiennent en Roubles, Grives & Moſcoſques. C'eſt auſſi le nom d'une petite monnoie courante du même Païs.

MOSCOUADA, ſ. f. Nom qu'on donne au *ſucre brut*, c'eſt-à-dire, avant qu'il ait été rafiné.

MOTACILLE, ſ. f. Petit Oiſeau, qui porte quantité d'autres noms, tels que Hochequeue, Bergeronnette, Battemare, &c. On en diſtingue deux eſpeces, l'une blanche & l'autre jaune, & c'eſt proprement le jaune qui ſe nomme *Motacille*. On prétend que ſa cendre excite l'urine.

MOUCHACHE, ſ. f. Eſpece d'Amidon, qui ſe fait aux Iſles de l'Amérique, avec du ſuc de Manioc deſſeché au Soleil.

MOUCHEROLE, ſ. m. Petit oiſeau, de la groſſeur à-peu-près d'un Moineau, qui habite ordinairement près des Bois, & qui ſe nourrit de Mouches. Il vole ſouvent autour des Bœufs, pour faire la chaſſe aux Mouches, dont ils ſont couverts.

MOUE'E, ſ. f. Soupe de Chiens courans, compoſée de pain & de potage, ou de lait, dans laquelle on mêle du fang de la bête qu'ils ont forcée.

MOULLAVA, f. f. Plante filiqueufe des Indes, dont la fleur eft jaune. La fumée de fes feuilles, prife par le nez, guérit du vertige & du mal de tête.

MOUSQUETS, f. m. Nom des tapis de Turquie & de Perfe, que les Marchands achetent à Smyrne, & qui entrent, en France, par Marfeille.

MOUSSEMBEI, f. m. Herbe potagere d'Amerique, dont on n'emploie que les feuilles. Sa femence a la forme d'un rognon applati.

MOUSTILLE, f. f. Sorte de Belette très fauvage, qui ne vit qu'à la Campagne, & dont la peau, revêtue du poil, entre dans le négoce de la Pelleterie.

MOUTONNER, v. n., formé de Mouton, pour exprimer une apparence de laine, que l'eau forme par fon écume, lorfqu'un grand mouvement la fait bouillonner. La Mer *moutonne*, c'eft-à-dire, que l'agitation des flots y produit des taches d'écume, qu'on prendroit quelquefois pour un troupeau de Moutons.

MOUVANT, TABLEAU MOUVANT. On appelle *Tableau mouvant* un tableau à reffort, qui prefente fucceffivement diverfes figures, & quelquefois même des figures mobiles.

MOXA, f. f. Plante de la Chine & du Japon, qui reffemble affez à l'Armoife, mais dont les feuilles font plus grandes. Elle eft célebre par l'ufage qu'on en fait dans ces contrées, en l'appliquant, avec le feu, comme une efpece de cautere, pour guérir la goutte & d'autres maladies.

MOZARABE, f. m. ou MUSARABE. Nom qu'on a donné aux Chrétiens d'Efpagne, venus des Mores & des Sarrafins. Quelques-uns le prennent pour une corruption de *Mixt' Arabes*, ou *Arabes mêlés*. D'autres le font venir de *Moza*, ou *Mufa*, Gouverneur de la Mauritanie Tingitane, du tems du Comte *Julien*, qui introduifit les Mores en Efpagne. D'autres, avec plus de vrai-

femblance, de *Mufa*, qui fignifie *Chrétien*, en Arabe. L'Office divin fe fait encore, dans plufieurs Paroiffes de Tolede, avec les anciennes cérémonies des *Mozarabes*.

MUGE, f. m. Poiffon, qui eft également de Mer, de Riviere, & d'Etang. Il a la tête groffe & grande, & la chair d'une bonté médiocre.

MULET. *Guêpe Mulet*. On donne ce nom à une efpece de Guêpes, qui ne font pas faites pour la multiplication de l'efpece, & qui fe nomment auffi *Ouvrieres*, parce qu'elles font laborieufes. Leur aiguillon eft plus piquant que celui des Abeilles.

MULTIVALVE, f. m. & adj. lat. ou POLYVALVE, gr. & l. Coquille compofée de *plufieurs pieces* ; comme on appelle *Bivalve*, les Coquilles qui n'ont que *deux* pieces ; & *Univalves*, celles qui font d'*une* feule.

MUNASICHITES, f. m. Nom d'une forte de Mahométans, qui croient la *Metempfychofe* ; ce que fignifie ce mot arabe.

MUNGO, f. m. Graine d'Amérique, de la groffeur de la Coriandre, qui fe mange cuite, comme du riz, & qui paffe pour un fébrifuge, en décoction.

MUREX, f. m. lat. Poiffon de mer à coquille univalve, qui eft une efpece de Pourpre, de la groffeur de deux Huitres jointes enfemble. Sa coquille eft jaunâtre & raboteufe en dehors, blanche & polie en dedans. Il a la bouche oblongue & garnie de dents, une tête élevée & une bafe allongée. Son fang teint en pourpre. Celles qui fe trouvent dans la terre fe nomment *Murinites*. V. POURPRE.

MURRHINE, f. f. Ancienne boiffon, compofée de Vin doux, & d'Aromates qui lui faifoient toujours conferver fa douceur ; & fort différente, par conféquent, du Vin de Myrrhe, qui étoit une boiffon fort amere, que les Juifs donnoient aux Criminels, en les menant au fupplice.

MUSÆUM, f. m. *Voiez* MUSEUM.

MUSAGETE, adject. gr. Surnom qu'on donnoit au Dieu *Apollon*, & qui fignifie *Conducteur des Mufes*. Il y avoit au Circle *de Flaminius* , un Temple dédié à *Hercule Mufagete* , parce qu'il y étoit accompagné des neuf Sœurs.

MUSARABE , f. m. *Voïez* MOZARABE.

MUSCARI , f. m. Plante , dont la racine eft vomitive , & dont les feuilles font réfolutives , étant appliquées extérieurement. Elle tire fon nom de fon odeur de mufc. Ses fleurs font formées en grelots , d'abord purpurines , ou vertes , puis blanchâtres , ou bleuâtres ; enfuite pâles , ou jaunâtres , & enfin noirâtres. Toute la plante a beaucoup de rapport à la Hyacinthe , mais fa fleur eft plus évafée , par l'ouverture.

MUSCAT. *Poire.* On en diftingue plufieurs ; tels que le *Mufcat fleuri* , excellente Poire d'Automne , ronde & rouſlâtre , qui fe nomme auffi *Mufcat à longue queue* , & *Roufſeline* ; le *Mufcat d'Aout* , nommée autrement *Robine* ; le *Mufcat Robert* , Poire d'Eté très bien faite , & fort fucrée , &c.

MUSCIPULE. *Voïez* MEROPS & MOUCHEROLE.

MUSCOSITE' , f. f. lat. Efpece de mouffe , ou de velouté , qui fe trouve dans les ventricules des Animaux qui ruminent. Il vient du mot latin , qui fignifie *mouffe*. Ainfi ne le confondez pas avec *mucofité* , qui vient de celui qui fignifie *morve*.

MUSEON , f. m. gr. Nom d'un ancien édifice d'Alexandrie , proche du Palais , autour duquel regnoient des galeries qui fervoient de promenades aux Philofophes. C'étoit une efpece d'Académie , fondée par *Ptolemée Soter* , fils *de Lagus* , où les Savans perfonnages étoient entretenus aux dépens du Public.

MUSER , v. n. Terme de Venerie. Les Cerfs *mufent* , avant que d'entrer en rut ; c'eft-à-dire , que pendant quelques jours , ils vont la tête baffe , le long des chemins & dans les campagnes.

MUSEUM , f. m. , ou MUSÆUM. Nom purement latin. Les Romains nommoient *Mufæum* , tout lieu deftiné à l'étude des Sciences ; parce que fon ufage étoit une efpece de confécration aux Mufes. Ce mot eft comme adopté en François , pour fignifier un *Cabinet d'étude.*

MUSQUINIER , f. m. Tifferand qui fait de la Batifte , de la demi-Hollande , du Cambrai raïé & moucheté , & quelques autres toiles de même efpece.

MUSSOF , f. m. Mot hebreu , qui fignifie *ajoûté* , & dont les Juifs ont fait le nom de la Priere qu'ils font , le jour du Sabbat , dans leurs Synagogues , à la fin de leurs autres cérémonies. Elle contient les paroles de l'ancien facrifice , qui fe faifoit le même jour au Temple de Jérufalem.

MUTÁTION , f. f. lat. Mot purement latin , qui fignifie *changement.*

MUTISME , f. m. , formé d'un mot latin , qui fignifie *muet* , pour fignifier l'état d'une perfonne muette , le malheur d'être muet.

MYOGLOSSES , f. m. gr. Nom de deux des *mufcles* de la *langue* , qui naiffent des racines des dents molaires.

MYOTOMIE , f. f. gr. Partie de l'Anatomie , qui traite de la *diffection des mufcles.*

MYRABOLTS , f. m. Efpece de Myrrhe , qui vient d'Arabie , mais que les Européens tirent de Surate , avec les drogues des Indes orientales.

MYRIONYME , adj. gr. , qui a *mille noms.* On a donné cette Epithete à quelques anciennes Divinités , qui étoient adorées fous *quantité de noms* différens.

MYRMECIE , f. f. Nom d'une efpece de Verrue , formé du mot grec , qui fignifie *Fourmi* , parce que ceux qui fe la font couper fentent une douleur qui reffemble à celle que caufe la morfure des Fourmis. On appelle *Myrmecite* , une pierre figurée , qui porte naturellement l'empreinte d'une *Fourmi.*

MYRMICOLEON , f. m. gr. *Voï.* FORMICALEO , qui eft le même Ani mal. L'un des deux noms eſt latin, l'autre grec. On ne dit gueres *Fourmilion*, qui devroit être le nom françois.

MYRTILLITE, ſ. f. Pierre figurée, cendrée, de forme ronde, & très dure, ſur laquelle on reconnoît la figure des feuilles de Myrte.

MYTHOLOGISTE, ou MYTHOLOGUE, ſ. m. & adj. gr. Celui qui fait l'Hiſtoire des Dieux, des Myſteres, & des Heros, du Paganiſme, qui en écrit, ou qui en donne des leçons.

MYTILE, ſ. m. Nom d'un petit coquillage de Mer & de Riviere, qui reſſemble à de la mouſſe. On prétend que ſa chair, qui eſt bonne à manger, s'emploie utilement pour la morſure des Chiens enragés.

N

LA lettre N, ſeule, tient lieu d'un nom propre, qu'on ignore, ou qu'on ne veut pas nommer. Elle ſignifie alors *Nom*, ou place du *Nom*. Dans une ordonnance de Médecin, elle ſignifie *Nombre*. C'eſt le caractere de la Monnoie qui ſe fabrique à Montpellier.

NABIT, ſ. m. Nom du Sucre candi, réduit en poudre, qui eſt un fort bon remede pour les yeux.

NAGAM, ſ. m. Grand arbre, fort commun aux Indes orientales, qui porte des ſiliques, & dont les feuilles rendent un ſuc, qu'on mêle avec de l'huile de Noix d'inde, pour en faire un très bon onguent contre les enflures.

NAHER, ſ. m. *Voïez* NAIRE.

NAIN-LONDRINS, ſ. m. Nom qu'on donne, dans le Commerce, à des draps fins d'Angleterre, fabriqués de laine d'Eſpagne, & deſtinés pour le négoce du Levant.

NAISSANCE, ſ. f. Nom qu'on donne à la partie naturelle des Vaches & des Jumens.

NALUGN, ſ. m. Arbriſſeau baccifere, du Malabar, qui fleurit deux fois l'an. On emploie ſa racine, en décoction, contre les douleurs d'eſ-

tomac & de ventre, & le ſuc de ſes feuilles, contre l'indigeſtion.

NANDI-ERVATAN, ſ. m. Arbriſſeau des Indes orientales, dont toutes les parties ſont laiteuſes. La Médecine emploie ſon ſuc, mêlé avec de l'huile, pour diverſes maladies, ſurtout pour celles des yeux.

NAOS, ſ. m. Nom qu'on donne, comme celui de Galions, aux plus grands vaiſſeaux Portugais, & qu'on fait venir de *nau*, qui ſignifioit anciennement un gros Navire.

NAPOLITAIN, ſ. m. & adj., qui ſignifie qui eſt de Naples, ou ce qui appartient à cette Ville. Ce mot eſt plus en uſage que *Néapolitain*; quoique l'un & l'autre ſe diſent.

NAQUE-MOUCHE, ſ. m. Nom d'un petit Animal de quelques Iſles de l'Amerique, qui prend, comme le Caméléon, la couleur des lieux où il repoſe, & des objets qui l'environnent. Il eſt fort petit, & ſi familier, qu'il s'approche des Hommes, pour prendre, ſur leurs habits & ſur leurs mains, des Mouches, dont il fait ſa nourriture. Il a quatre jambes, dont il ſe ſert ſi legerement qu'il paroît voler. On en voit beaucoup dans l'Iſle de Nevis.

NARTHEX, ſ. m. gr. Terme d'Hiſtoire eccléſiaſtique, qui ſignifie le lieu des anciennes Egliſes Grecques, où l'on mettoit les Cathécumenes & les Pénitens. Il étoit en dehors du Temple, proche de la porte.

NATAGNI, ſ. m. Nom d'une célebre Idole des Tartares, qu'ils ont dans toutes leurs Habitations, & qu'ils adorent comme Dieu de la Terre. Ils lui frottent la bouche avec de la graiſſe, pour la nourrir & s'attirer ſes faveurs.

NATIONAL, adj., qui ſe dit de tout ce qui appartient à une Nation, & de ce qui lui eſt particulier. On appelle *Cardinaux nationaux*, ceux qui ſont attachés à une Couronne, non-ſeulement par la naiſſance, mais par quelque autre engagement.

NATRIX, ſ. m. Eſpece de Serpent aquatique, dont la morſure eſt venimeuſe; quoique ſa chair purifie

le

le fang, & réfifte au venin, comme celle de Vipere.

NATURALISME, f. m. Nom de la Doctrine des Athées, ● donne tout à la Nature. *Naturalifte*, adj., fe dit de ceux qui étudient la Nature ou l'Hiftoire naturelle. On difoit autrefois *Naturien*.

NAUFRAGE', adject., formé de *naufrage*, qui fe dit, en termes de Mer, des Marchandifes qui ont été gâtées par l'eau, dans un *naufrage*.

NAULIGE, NAULAGE. *Voïez* NOLISER.

NAUTILE, f. m. Coquillage univalve de Mer, dont la figure approche un peu de celle du Limaçon. Son nom lui vient de ce qu'il *nâge* dans fa coquille, comme dans une Gondole. Ses couleurs font fort brillantes. On en diftingue plufieurs efpeces, dont quelques-unes font cloifonées dans l'intérieur. Elles font toutes minces & légeres. Celles, qui font foffiles, fe nomment *Nautilites*.

NEALENIE, f. f. Divinité, dont on a trouvé plufieurs Statues, en 1646, dans l'Ifle de Valcheren, avec des infcriptions qui ont appris fon nom. Elle a toujours l'air jeune; elle eft vêtue, des piés jufqu'à la tête. Une corne d'abondance, des fruits, un panier & un chien, font les fymboles qui l'environnent. On ne s'accorde pas fur l'explication de cette Déeffe; quoique, depuis, on en ait trouvé des monumens en d'autres lieux.

NEOANE'ES, f. f. Toiles raiées de bleu & de blanc, qui nous viennent des Indes orientales. Il y en a de larges & d'étroites.

NEGATIF, adj. lat. Ce qui nie, ou ce qui emporte *négation*. Non eft l'adverbe *négatif*. *Voix négative*, dans une affemblée, fignifie droit de s'oppofer à une réfolution, & d'empêcher qu'elle ne paffe.

NEGRILLO, f. m. Pierre metallique, ou minérale, qui fe tire des mines d'argent du Chili. Elle a quelque reffemblance avec le machefer. Lorfqu'il s'y trouve du plomb, elle fe nomme *Plomoronco*.

Supplém.

NEGUEIL, f. m. Poiffon de Mer, un peu plus grand que la main, & d'environ la pefanteur d'une livre, couvert de larges écailles, d'un bleu noir fur le dos, & blanchâtre au ventre. Sa queue eft large & marquée de taches noires; ce qui le fait nommer auffi *Melanure*, qui fignifie, en grec, *queue noire*.

NEGUNDO, f. m. Arbre des Indes, dont les feuilles ont l'odeur & le goût de la Sauge, & dont les fleurs ont l'odeur du Romarin. Son fruit eft une efpece de Poivre noir. On en fait divers ufages, dans la Médecine, furtout pour les tumeurs, les contufions, & les ulceres. Les Femmes du Païs fe lavent le corps de la décoction de fes feuilles, pour aider à la conception.

NEGUS. *Le grand Negus*. Titre de l'Empereur des Abyffins, qu'on a nommé auffi *Prete-Jean*.

NELLE, f. f. Petite piece de Monnoie, qui valoit autrefois fix blancs; ainfi nommée, dit-on, parce qu'elle fe fabriquoit à la Tour *de Nefle*.

NE'OCORE, f. m. gr. Terme d'ancienne Religion, qui fignifie *Sacriftain*, ou plutôt Valet d'un Temple, pour y entretenir la propreté. Quelques Villes, qui avoient des Temples fameux, fe glorifioient de prendre le titre de *Néocoras*.

NE'OGRAPHISME, f. m. gr. Maniere nouvelle d'écrire, ou Nouvelle orthographe. Les *Néographes*, c'eft-à-dire, ceux qui inventent ces nouvelles méthodes, ou qui les fuivent, nuifent à la langue, en lui faifant perdre fes étymologies & par conféquent fa généalogie & fa nobleffe; fans compter qu'ils y introduifent une variété ridicule.

NERINDES, f. f. Toiles blanches de coton, tirant fur le taffetas, qui viennent des Indes orientales.

NERITE, f. f. Coquillage de Mer, dont on diftingue plufieurs efpeces; les unes grandes, rondes & de la figure d'un cornet. D'autres, qui approchent de la figure des Limaçons de terre. Il y a des *Nerites* d'eau douce, ou fluviatiles. Celles de la Seine forment un beau réfeau.

Z

On en trouve de rouges & de verdâ-
tres ; & les Médecins s'en servent
pour exciter l'appétit.

NEROLI , f. m. On appelle *Essence de Neroli* , celle qui se trouve
sur l'eau de fleur d'orange. Elle est
précieuse , parce qu'il faut beaucoup
de cette eau pour en produire une
certaine quantité. On fait venir son
nom d'une Princesse *Nerola* , Italienne , à laquelle on en attribue l'invention.

NERVEUX , adj. lat. , formé du
mot , qui signifie *nerf*. Il se dit des
corps robustes , & même des esprits
qui ont de la force & de la fermeté.
On dit aussi que le style d'un ouvrage est *nerveux* , pour dire qu'il est
serré , & fort de sens. Les Médecins
appellent *Genre nerveux* , toute la
distribution des *nerfs* du corps humain. *Nerval* , adj. , signifie ce qui
est bon pour les *nerfs*.

NERVEZE , f. m. Nom qu'on a
donné à l'obscurité du langage &
du style , & qui revient à celui de
Phœbus & de *Galimathias*. *Nerveze*
étoit un Ecrivain du siécle passé ,
Sécretaire de la Chambre de *Louis
XIII* , qui se rendoit fort obscur à
force de vouloir être sublime.

NERVIN , f. m. Terme de Médecine , pour signifier des médicamens
qui servent à fortifier les nerfs , ou
à donner du ressort aux fibres nerveuses. Tels sont la graisse humaine , la moelle de cerf , les baumes
naturels & artificiels, les plantes & les
vins aromatiques , &c. *Voïez* NERF.

NERVURE , f. f. , qui signifie
proprement l'Art d'appliquer des
nerfs. En termes de Relieurs , on appelle la *nervure* d'un Livre , ces petites parties élevées qui divisent le dos
des Livres , & qui sont formées par
les nerfs , ou les cordes , qu'on emploie pour les relier.

NEUTONIANISME ou NEUTO-
NISME , f. m. Doctrine de *Newton* ,
célebre Philosophe Anglois. On appelle *Newtoniens* , les Sectateurs de
Newton.

NEZ , f. m. Partie du corps à laquelle est attaché le sens de l'odo-
rat , & qui est en partie osseuse , en

partie cartilagineuse. On a prétendu
que quelques Aveugles distinguoient
les couleurs par le *nez*. Dans le Journal des Savans du mois d'Août 1731 ,
on trouve l'Histoire d'un bout de *nez*
coupé , qui , en quatre jours , fut
remis & parfaitement cicatrisé.

NHAMDUI , f. m. Célebre Araignée du Bresil , dont les Voïageurs
ont fait d'étranges descriptions. Une
de ses plus admirables singularités
est de representer , dans sa partie
postérieure , un visage d'Homme ,
comme s'il y avoit été peint. La longueur du *Nhamdui* est de la moitié
du doigt.

NID - D'OISEAU , f. m. Plante
détersive & vulneraire , qui tire ce
nom de sa ressemblance , avec un
nid d'Oiseau , par l'entrelacement
de ses racines. Ses feuilles sont creu-
sées , luisantes & canelées , presque
de la forme d'un cœur. Ses fleurs
sont pâles. Elle croît dans les bois
& les lieux montagneux , surtout au
pié des Sapins. *V.* NIDS D'OISEAUX.

NIGANICHE , f. f. Quartier de
l'Isle Roïale , en Amérique , qui a
donné son nom à une Compagnie
de Commerce , établie au Havre de
Grace , pour la pêche des Morues
vertes.

NIIR - NOTSJIL , f. m. Arbrisseau du Malabar , dont les feuilles
prises en poudre , avec du sucre ,
dans une infusion de riz , guérissent ,
dit-on , la vérole.

NILICA-MARAM , f. m. Espece
de Prunier Indien , dont le fruit &
les premieres feuilles , pris en poudre , passent pour un remede excellent contre la dyssenterie , & la fievre chaude.

NIMBO , f. m. Arbre de l'Amérique , & des Indes orientales , où
il porte le nom de *Bepole*. Ses feuilles , mêlées avec du suc de limon ,
sont un admirable vulneraire ; &
leur suc , pris par la bouche , tue
infailliblement les vers. On tire de
son fruit , qui est une petite Olive
jaunâtre , une huile qu'on emploie
pour les piqûres & les contractions
de nerfs.

NIRUALA , f. m. Arbre de plufieurs Païs des Indes, furtout du Malabar, dont les feuilles rendent un fuc, qui, reçu dans un linge qu'on applique fur les aines, provoque fort promptement l'urine.

NISANE, f. f. Racine médecinale de la Chine, fi eftimée des Chinois ; qu'ils l'achetent près de cent écus la livre. Sa principale vertu eft contre les évanouiffemens. Le *Nifi* eft une autre plante admirable, qu'on croit la même que le Gingfeng.

NOAILLES, f. m. Nom qu'on a donné à une efpece de Louis d'or, de vingt au marc, frappé en 1716, pendant que M. le Duc de *Noailles*, aujourd'hui Maréchal de France, étoit Préfident du Confeil des Finances. Outre qu'ils font d'une très belle fabrication, ils n'ont point été refrappés, ni contrefaits, comme les Chevaliers & les Mirlitons.

NOBILIAIRE, f. m. lat. Regiftre qui contient les noms de toutes les Races nobles d'une Province.

NOCHER, f. m. Vieux mot, qui fignifie Batelier, ou celui qui conduit tout autre Bâtiment fur l'eau. Il ne s'eft confervé qu'en Poéfie, pour *Caron*, qu'on appelle *Nocher des Enfers* ; parce qu'on fuppofe qu'il leur fait paffer le Styx, dans fa Barque.

NOCLA-TALI, f. m. Arbre des Indes, fort eftimé, qui eft une forte d'Epine-vinette à feuilles d'Oranger. Il eft de groffeur moïenne. On fait des cordes de fon écorce, & fon fruit eft d'une fraîcheur délicieufe.

NOIAU, f. m. Nom que les Naturaliftes donnent à des pétrifications qui ont pris forme dans la cavité des coquilles, & qui font compofées d'un mêlange de petits corps marins, lefquels s'étant décompofés & fondus, fe font convertis en une feule maffe de pierre, qui repréfente la ftructure intérieure de la coquille, dans laquelle ces petits corps font entrés. On en trouve, dans les couches & ailleurs, dans des états de pétrification très différens.

NOMBRIL, f. m. On dit qu'un Cheval eft bleffé fur le *nombril*, quand il l'eft fur le dos, à l'endroit qui répond au *Nombril*.

NOMOCANON, f. m. gr. Mot compofé, qui fignifie, *Recueil des Canons*, ou des Loix impériales, qui s'y rapportent. Nous avons, fous ce nom, un recueil des anciens Canons des Apôtres, des Conciles, & des Peres.

NON-AGE. Terme dont on s'eft fervi long-tems, pour fignifier l'*impuberté*. On le trouve en ufage du tems de Saint *Louis*.

NONCE, f. m. Nom qu'on donne en Pologne, aux Députés de la Nobleffe des petites Dietes à la grande Diete, pour compofer la Chambre de la Nobleffe.

NON-ETRE, f. m. Terme de Philofophie, qui fe dit des chofes dont on ne fauroit fuppofer l'exiftence, parce qu'on les croit impoffibles.

NONPAREILLES. *Voiez* LAMPARILLAS.

NON *PLUS ULTRA*, f. m. Mots latins, dont on a fait un feul mot en françois, qui fignifie, terme au-delà duquel on n'eft pas capable de pénétrer. Il s'emploie dans le fens figuré comme dans le propre. On fait que c'étoit l'infcription des fameufes colomnes d'*Hercule*.

NOPER, v. act. Terme de Manufacture. *Noper* une piece de drap, c'eft en arracher, avec de petites pinces, les nœuds qui s'y trouvent lorfqu'on les a levées de deffus le métier ; ce qui s'appelle auffi *énouer*. Le *Nopage* eft la façon qu'on donne aux draps, en arrachant ces nœuds.

NOSOLOGIE, f. f. gr. Difcours, ou Traité, fur les Maladies.

NOSSIS, ou NOUES, f. f. Nom qu'on donne, dans le Commerce, aux tripes de Morues falées, qu'on apporte dans des Bariques.

NOSTOCH, f. m. Nom que les Naturaliftes donnent à une efpece de Champignons, qui paroiffent quelquefois fubitement dans les allées de Jardins & dans d'autres terres, furtout après les jours de pluie. Quelques-uns les mettent au rang des Plantes. Leur figure eft irréguliere, d'un verd brun, un peu tranfparent, fans fibres & fans nervures. Ils fe deffèchent, s'ils ne font cueillis avant le lever du Soleil. On leur attribue de grandes vertus, furtout pour les cancers, les fiftules & les bleffures. On s'en fert, en Allemagne, pour faire croître les cheveux.

NOTA, ou NOTA BENE. Expreffion latine adoptée, qui fignifie *Remarquez*, ou *remarquez-bien*, & qui s'écrit ordinairement en abregé par les deux lettres initiales N. B.

NOTE', adj. formé de *Note*, qui fe prend en mauvaife part, pour, fouillé d'une tache *remarquable*, furtout par quelque Sentence de Juftice.

NOUASSE, f. f. Efpece de Noix mufcades fauvages, qui croiffent dans quelques Ifles de la Mer des Indes, mais qui font fort inférieures à celles des Moluques.

NOUE'ES, f. f. Fiente des Cerfs, qu'ils jettent depuis le milieu de Mai jufqu'à la fin d'Août.

NOVELLES, f. f. lat. Titre d'un Livre ancien de Jurifprudence, qui contient les Loix & les Conftitutions de quelques Empereurs. Les *Novelles de Juftinien* font reçues de tous les Jurifconfultes.

NTOUPI, f. m. ou TOUPI. Nom que les Chrétiens Grecs donnent aux Corps des Excommuniés, après leur mort. L'opinion vulgaire eft qu'ils demeurent noirs, enflés, & incorruptibles. On prétend que *Mahomet II* eut la curiofité de vérifier le recit qu'on lui en avoit fait. Quoiqu'il en foit, les *Ntoupis* font des efpeces de Vanpires & de Brucolaques, avec cette différence qu'ils demeurent immobiles dans leur fépulture.

NUANCE, f. f., formé de nue, pour fignifier la différence; ou le changement des couleurs, furtout dans leur paffage d'un ton à un autre. *Nuancer*, v. act., c'eft obferver les jours, paffer habilement du clair à l'obfcur, de l'obfcur au clair, &c. Il fe dit, au Figuré, dans la Poéfie & l'Eloquence, comme dans la Peinture; car il y a une forte d'optique pour les yeux de l'efprit, comme pour ceux du corps.

NUBILITE', f. f. lat. C'eft l'état d'un Garçon, ou d'une Fille, qui a l'âge & les autres qualités requifes pour le Mariage. Les Jurifconfultes l'appellent *Puberté*. *Nubile* eft l'adject. Une Fille eft *Nubile* à douze ans, fuivant les Loix, pour lefquelles on a confulté l'ordre de la nature. Un Garçon ne l'eft qu'à quatorze ans.

NUIT, f. f. Terme de Peinture, qui fe dit de ces Tableaux où l'on ne voit point d'autres clairs ni d'autres reflets, que ceux qui paroiffent venir de la lueur d'une bougie, d'une lampe, ou d'une lanterne. Une *Nuit* de Baffan.

NUMERAL, *Vers numeraux*. Nom qu'en donne aux Vers chronologiques, dont les lettres numerales marquent le millefime, c'eft-à-dire, l'année d'un événement.

NUMISMATIQUE, adj. *Science Numifmatique*. On donne ce nom à la fcience des Médailles, du mot grec & latin, qui fignifie *Médaille*.

NUNCUPATIF, adj. lat. Terme de Palais, qui ne fe dit que d'un Teftament fait verbalement & de vive voix, c'eft-à-dire, où les chofes font fimplement prononcées, ou *nommées*; fuivant la fignification du mot.

NYABEL, f. m. Arbre du Malabar, dont le fruit eft fort eftimé, & contient une forte d'amandes purgatives. Avant fa maturité, on en fait un fyrop vanté pour l'afthme & la toux.

O

O, dans les ordonnances de Médecine, défigne l'alun; & O O l'huile. On appelle *O de Noel*, certaines Antiennes, au nombre de neuf, qui fe chantent depuis le 14 de Décembre jufqu'au 23; parce qu'elles commencent par *O*. Cette lettre eft le caractere de la Monnoie qui fe fabrique à Riom.

OBANG. *Voïez* OUBANG.

OBE'DIENCE. PAIS D'OBEDIENCE, f. m. Nom qu'on donne, en France, aux Provinces qui ne font pas comprifes dans le Concordat; telles que la Bretagne, la Lorraine, &c., où, pendant huit mois de l'année, le Pape confère, de plein droit, les Bénéfices vacans. *V.* CONCORDAT.

OBERON. *Voïez* AUBERON, qui est la maniere commune d'écrire ce mot.

OBJECTIF, adj. lat. En termes de Theologie, on dit que Dieu est notre béatitude *objective*, c'est-à-dire, le seul objet qui puisse faire notre bonheur.

OBOLISCOTHECA, f. m. Petit Tournesol d'Amérique, dont les fleurs sont radiées. On en compte deux especes.

OBSEDER. *Voïez* OBSESSION.

OBSERVATION. *Armée d'observation*. C'est le nom qu'on donne à la partie d'une Armée qui couvre un siége, pour s'opposer à l'approche des Ennemis, tandis que l'autre partie assiége la Place.

OBSIDIANE, f. f. Nom d'une pierre de couleur noire, transparente, & semblable à la Sardoine.

OBSIDIONAL, adj. Mot formé du verbe latin, qui signifie *assiéger*. On appelle *Monnoie obsidionale*, celle qu'on frappe quelquefois dans une Place assiégée, où elle a cours pendant le siege.

OBSTANCE, f. f. lat. Terme de Droit Canonique. On emploie ce mot, au lieu d'obstacle, pour les difficultés qui peuvent empêcher le Saint Siége d'accorder une grace.

OBTEMPERER, v. n. Mot purement latin, qui signifie *obéir*, & qui est en usage au Palais dans ce sens.

OBVENTION, f. f. Terme d'Histoire, qui signifie *Impôt ecclésiastique*.

OCCIPITO-FRONTAL, f. m. Nom d'un muscle de la tête, qui naît de la ligne transverse de l'os occipital, & qui couvre toute la partie superieure du crâne, en forme de calote. Lorsqu'il agit, il tire, en arriere, la peau de la tête, en même-tems qu'il tire & qu'il ride celle du front. Ainsi, il est opposé au Corrugateur.

OCCULTATION, f. f. lat. Terme d'Astronomie, qui exprime le tems pendant lequel un astre est caché dans son éclipse. *L'occultation* d'un Satellite.

OCHRUS, f. m. Plante détersive & astringente, qui croît dans les blés, & qui tire son nom de la ressemblance de sa semence avec celle de l'Ochre. Ses tiges sont anguleuses, ses feuilles oblongues, & ses fleurs blanches. Sa semence, qui est renfermée dans des gousses de deux cosses, est une sorte de petits pois, d'un jaune obscur.

OCOLOXOCHITL, ou FLEUR DE TIGRE. Plante du Mexique, dont les feuilles ressemblent au Glaïeul, la racine au Poreau, & dont la fleur est d'un rouge fort vif, mais tacheté; d'où lui vient son nom. On vante extrêmement la vertu de sa racine, prise dans l'eau, pour éteindre la plus ardente fievre.

ODEUM, f. m. gr., ou ODE'E. Nom d'un Edifice qui servoit aux spectacles des Grecs. On ne convient pas sur sa construction & son usage; mais c'étoit une espece de Théâtre, qui étoit environné de colomnes & de siéges. Quelques-uns croient qu'il ne servoit qu'à la Musique, parce que son nom est formé du mot grec, qui signifie *chant*.

ODOMETRE, f. m. gr. *Mesure de chemin*. C'est le nom d'un instrument de Méchanique, fort utile aux Géographes & aux Arpenteurs, qui sert à mesurer les chemins, sans compter les toises ou les pas. Il est composé de six roues, quatre pignons, & un ressort, & placé sur l'essieu d'une voiture, il marque jusqu'au nombre de cent mille tours de roue. Si l'on suppose la circonférence de cette roue, de quinze piés de Roi, elle sera, dans mille tours, quinze mille piés, c'est-à-dire, une lieue; ce qui continuera jusqu'à cent lieues, après quoi tous les index, ou aiguilles, de l'*Odometre* recommencent d'eux-mêmes. Si la voiture recule, il recule aussi; & par conséquent il ne marque que le chemin qui se fait en avançant.

ODONTECHNIE, f. f. gr. comp. Nom qu'on donne à la partie de la Chirurgie, qui a pour objet la conservation des dents.

ŒCONOMIE ANIMALE. Les

Médecins donnent ce nom à l'ordre, à la bonne disposition, de toutes les parties du corps humain, qui doit produire de la régularité dans leurs fonctions.

ŒDEMOSARQUE, f. f. gr. Espece de tumeur, qui tient le milieu entre l'Œdeme & le Sarcome.

ŒIL DE BOUC, f. m. Coquillage, du genre des Limaçons.

ŒIL DE PERDRIX ET YEUX DE PERDRIX. C'est le nom d'une étoffe, moitié laine & moitié soie, diversement ouvragée & façonnée. *Œil de Perdrix* se dit aussi d'une couleur du vin, qui est une espece de *gris.*

ŒIL ET BATTE, f. m. Terme de Poissonnerie, qui signifie tout ce qui est contenu depuis l'ouie, ou l'œil du Poisson, jusqu'à la queue, qu'on nomme *batte*, apparemment parce qu'elle lui sert à battre l'eau, en nageant.

ŒILLETON, f. m. Terme de Jardinage, qui signifie des rejettons qui croissent à côté des Artichaux & d'autres plantes.

ŒNAS, f. m. gr. Espece de Pigeon sauvage, qui aime fort le raisin, d'où il a tiré son nom. Son bec est long & pointu ; sa queue grise & noire ; la tête, les ailes & le ventre, cendrés. Sa chair est dure : mais on la prétend bonne pour l'Epilepsie.

ŒNOMANTIE, f. f. gr. *Divination par le vin*, dont on observoit anciennement la couleur & le mouvement, pour en tirer divers présages.

ŒNOPE, adject. gr. Terme de Médecine, qui signifie proprement *couleur de vin*. On donne cet Epithete à tout ce qui ressemble au vin.

ŒPATA, f. m. Grand arbre des Indes orientales, qui croît sur le bord de la Mer, parmi le sable. Son fruit, mêlé avec des ingrédiens onctueux, quand il est verd, compose un cataplasme excellent pour amollir les tumeurs, surtout pour meurir & dissiper la rougeole & la petite verole.

ŒSTROMANIE, f. f. gr., qui

a la même signification que *fureur uterine*. Voïez UTERINE.

ŒUF DE VACHE. ŒUF DE CHAMOIS, ff. mm. On donne ces noms à une espece de Bezoard, qui se trouve assez souvent dans le ventre de ces animaux.

ŒUF DE SERPENT. Espece d'amulete des Druides, auquel ils attribuoient de grandes vertus, & qu'ils vendoient fort cher à ceux qui avoient la crédulité d'en acheter. On croïoit que cet œuf étoit formé de la bave des Serpens, lorsqu'ils étoient entortillés ensemble ; qu'il s'élevoit aussi-tôt en l'air, par la force de leurs sifflemens, & que pour lui conserver toutes ses vertus, les Druides le recevoient dans leur robbe avant qu'il retombât à terre, avec de grandes précautions, pour éviter d'être mordus des Serpens, par lesquels ils étoient poursuivis jusqu'au passage de quelque riviere.

ŒUF D'ORPHE'E. Symbole mystérieux des anciens Philosophes d'Egypte & de Phenicie, pour désigner le principe intérieur de fécondité, qui produit, hors du sein de la terre, tout ce qui est compris sous le nom de végetaux.

ŒUVRE, f. m. On appelle l'*œuvre* d'un Graveur d'Estampes, le Recueil de toutes les pieces qu'il a gravées.

OFFE, f. f. Espece de Jonc, qui vient d'Alicante en Espagne, & qu'on emploie beaucoup dans nos Provinces méridionales, surtout à faire des filets pour la pêche.

OFFENSIVE, f. f. lat. Attaque, action par laquelle on entreprend de nuire à quelqu'un. *Deffensive* est le substantif opposé.

OFFICE. LE S. OFFICE, f. m. Nom qu'on donne au Tribunal de l'Inquisition, dans les Païs où elle est établie.

OFFICIAL, f. m. Titre de dignité, dans les Cours ecclésiastiques. L'*Officialité* est la Jurisdiction de l'*Official*, qui consiste à juger privativement de toutes les actions Civiles & Personnelles des Ecclésiastiques, en défendant seulement. L'*Official* ne punit que par les peines Canoniques, & doit recourir au Juge roïal, pour les peines afflictives. Il y a trois fortes d'*Officiaux*, l'Ordinaire, le Métropolitain, & le Primatial.

OGRE, f. m. Monstre imaginaire, auquel on donne, pour nourriture ordinaire, de la chair humaine. Il joue un grand rolle dans les Contes de Fées.

OIGNON. *Rang d'oignon*. On fait venir l'expression proverbiale, *être assis en rang d'oignon*, d'Artus *de la Fontaine Solaro*, Baron *d'oignon*, qui faisoit l'office de Grand-Maître des cérémonies aux Etats de Blois; parce qu'il assignoit les places & les rangs des Seigneurs & des Députés. A l'égard de regreter les *oignons* d'Egypte, qui est une autre espece de Proverbe, pris de l'Histoire Sainte; *Spon* a remarqué que les regrets des Israélites étoient assez justes, parce que les *oignons* d'Egypte sont d'une bonté surprenante.

OILLE, f. f. lat. Mets favori des Espagnols, qui consiste dans un mélange d'excellentes viandes, qu'on fait cuire avec toutes sortes d'assaisonnemens, & qu'on appelle ainsi, du nom latin d'un pot dans lequel on le fait cuire. On nomme *Pot à Oille* un vaisseau de forme particuliere dans lequel l'*Oille* se sert. En France, où cet usage est passé d'Espagne, sous *Philippe V*, par un Cuisinier nommé *Asmac*, l'*Oille* a pris le nom de *Terrine*.

OISELEURS, f. m. Nom de certains vents réguliers & périodiques, qui soufflent tous les ans dans la même saison, & qui s'appellent autrement *Etésiens*, ou *Ornithies*. On les nomme *Oiseleurs*, parce qu'ils regnent dans le tems où les Oiseaux travaillent à faire leurs nids, & qu'ils sont d'ailleurs fort doux.

OLAMPI, f. m. Gomme très rare, qui nous vient de l'Amerique. Elle est dure, transparente, d'un jaune qui tire sur le blanc, assez douce au goût; & ses qualités sont détersives, dessicatives & résolutives.

OLEB, f. m. Sorte de Lin, qu'on

apporte d'Egypte, aussi bon que celui qu'on nomme Forsette, mais de moindre qualité que le Squinanti. Son prix est de sept piastres & un quart, le quintal de cent dix rotols.

OLIVAIRE, adject. Terme d'Anatomie. On nomme Corps *olivaires*, deux protuberances de la moelle allongée.

OLONE. PETITE OLONE, f. f. ou LOCRENAN. C'est le nom d'une sorte de toile, dont on fait des voiles de Vaisseaux, & qui se fabrique en abondance dans plusieurs parties de la Bretagne.

OLUSE, f. f. Mot d'origine incertaine, qui se dit vulgairement de la vente du vin en fraude & sans païer les droits des Aides. Vendre à l'*Oluse*, c'est vendre en cachette, en fraude.

OLY, f. m. Espece de Divinité des Insulaires de Madagascar, qui n'est, suivant les Relations des Voïageurs, qu'un grillon du Païs, qu'ils nourrissent au fond d'un grand panier, dans lequel ils mettent ce qu'ils ont de plus précieux. Ils donnent aussi le nom d'*Oly* à des caracteres magiques qu'ils reçoivent de la main de leurs Prêtres.

OMAGRE, f. f. gr. Nom d'une espece de goutte, qui attaque l'articulation de l'humerus avec l'omoplate.

OMBELLE D'IMPRIMERIE. C'est un petit caractere dont les Imprimeurs se servent quelquefois pour marquer & distinguer les articles. Il est composé, en forme d'Etoile, de huit ou dix raïons qui partent d'un même centre; different de l'*Obele*, qui est un autre caractere de la forme d'une aiguille; & different aussi de l'Asterisque, qui n'est qu'une Etoile de cinq raïons.

OMBLE, f. f. Poisson vorace de Riviere, qui ressemble beaucoup à la Truite. Il a le dos & les côtes couleur de rose, & le ventre fort blanc. Sa tête contient de petites pierres.

OMBRE, Poisson. *Voïez* THYMALLE.

OMBRES, f. f. Dans le système

de la Théologie païenne, ce qu'on appelloit *Ombre* n'étoit, ni le Corps, ni l'Ame, mais quelque chose qui tenoit le milieu entre l'un & l'autre, qui avoit la figure & les qualités du corps de l'Homme, & qui servoient comme d'enveloppe à l'Ame.

OMELETTE, f. f. Coquillage, de l'espece des Rouleaux, qui tire ce nom de sa couleur aurore, mêlée de blanc, comme celle des œufs en omelette.

OMOCOTYLE, f. f. gr. Nom qu'on donne à la cavité qui est située à l'extrêmité du cou de l'omoplate, & qui reçoit la tête de l'humerus.

OMPHALODES, f. m. gr. Plante basse & rampante, qui ressemble au Symphite, & qui en est une espece. Ses feuilles ressemblent à celles de la Pulmonaire, & ses fleurs sont bleues, en forme de rosette. Son nom lui vient de la figure de ses capsules, dont le creux approche de la forme du *nombril*. On lui attribue la vertu d'arrêter le sang, & d'adoucir les humeurs âcres.

OMPHALOMANCIE, f. f. gr. Espece de divination des Sages-femmes, ou connoissance qu'elles prétendent tirer, par le nombre des nœuds du cordon ombilical d'un Enfant naissant, du nombre d'Enfans qu'une Femme doit encore avoir.

ONCRE, f. f. Nom d'une sorte de Bâtiment de mer : sur quoi l'on remarque que l'Angleterre a toujours, dans ses Ports, un *Hoy*, un *Smaque*, & cinq *Oncres*, qui sont des Bâtimens mâtés & appareillés, comme les *Heu* de Hollande. Tous ces mots sont écrits ici, suivant la prononciation françoise.

ONDES, f. f. On donne ce nom à des lignes de différentes couleurs, qui vont en serpentant sur la robbe d'un coquillage, & à de petites étoffes de soie, de laine & de fil, dont les façons sont *ondées*.

ONDOIEMENT, f. m. Terme de Religion, qui signifie proprement *arrosement d'eau*, mais dont la signification est bornée, par l'usage, au Baptême simple, où l'on observe seulement ce qui y est essentiel ; tel qu'il est donné par une Sage-femme, dans un cas dangereux, où elle craint pour la vie de l'Enfant. Les cérémonies ecclésiastiques sont ensuite suppléées. On dit de même, *ondoïer un Enfant*.

ONEIROGONE, f. m. gr. Nom que les Anciens donnoient à une disposition du corps, qui produit des songes lascifs. C'est quelquefois une maladie, qui prend alors le nom d'*Oneiropolese*. *Oneirogone* signifie proprement *Songe vénérien*.

ONERAIRE, adj. lat., qui se dit de celui qui a le soin réel d'une chose dont un autre a l'honneur. Ainsi, l'on distingue Tuteur *oneraire*, & Tuteur *honoraire*.

ONIROCRITIE, f. f. gr. Art d'*interpréter les Songes*, qui faisoit une importante partie de l'ancien Paganisme. L'Ecriture-Sainte nous apprend que cet Art étoit connu dès le tems de *Joseph*, Fils de *Jacob*. On l'appelle aussi *Oniromancie*, ou *Oniromance*, *Oniroscopie*, *Onirocratie* ; tous mots qui reviennent à la même signification.

ONQUES & ONC, adv. Vieux mot, qui a signifié *jamais*, & qui s'emploie encore dans le marotique. On disoit aussi *Onques-mais*, & *Onques-puis*, qui signifioient la même chose avec plus de force.

ONNAVA, f. f. Divinité des anciens Gaulois, qu'on prend pour la *Venus* céleste. Sa figure portoit une tête de Femme, avec deux aîles déploiées au-dessus, & deux larges écailles, qui sortoient au lieu des oreilles. Cette tête étoit environnée de deux Serpens, dont les queues alloient se perdre dans les deux aîles.

OOSCOPIE, f. f. gr. *Divination par des œufs*. *Livie*, femme d'*Auguste*, voulant savoir si elle deviendroit mere d'un mâle, ou d'une femelle, échauffa elle-même un œuf, jusqu'à ce qu'elle eut fait éclore un Poulet, qui avoit une fort belle crête.

OPAQUE. *Voïez* OPACITÉ'.

OPERATION, f. f. lat. En termes de Chirurgie, on distingue quatre sortes d'*operations* ; la *Synthese*, la *Dierese*, l'*Exerese*, & la *Prosthese*.

OPERCULE, f. m. lat. *Petit couvercle*. Nom qu'on donne à une espece de petite Soupape, dont le poisson à coquille se sert pour en défendre l'entrée, dans l'endroit qu'on nomme la bouche, & pour se renfermer en dedans.

OPHTALMOXISTRE, f. m. gr. Brosse chirurgicale, faite avec des épis d'orge, pour la scarification des paupieres.

OPIME, adj. Mot purement latin, qui signifie *riche*, *abondant*, & qu'on emploie dans l'Histoire Romaine, pour exprimer le *Spolia opima*, nom qu'on donnoit aux dépouilles qu'un Général Romain remportoit sur le Général Ennemi, lorsqu'il l'avoit tué de sa main.

OPISTHOGRAPHE, adj. gr., qui signifie un Ouvrage *écrit sur les deux côtés*. Cette distinction vient de l'usage commun des Anciens, qui étoit de ne pas écrire sur le revers du papier.

OPLOMACHIE, f. f. gr. Escrime, combat de Gladiateurs. Il se dit des jeux des Anciens, où les Gladiateurs combattoient armés d'épées, ou de poignards.

OPPIA. LOI OPPIA, ou OPPIENNE. Fameuse Loi Romaine, contre le luxe & l'excessive dépense des Femmes, dans leurs habits, portée par *Cn. Oppius*, Tribun du Peuple, sous les Consuls, *Q. Fab. Maximus & Sempron. Gracchus*. Elle résista pendant vingt ans aux sollicitations des Femmes pour la faire abolir.

OPRA ET OYA, ff. mm. Titre des premiers Ordres de l'Etat, dans le Roïaume de Siam.

OPSIGONE, adj. gr., qui signifie, *produit dans un tems posterieur*. On donne cette Epithete aux dents molaires ; parce qu'elles font les dernieres qui sortent, & qu'elles ne viennent que dans l'adolescence.

OPTIMISTES, f. m. Nom qu'on a donné aux Philosophes qui enseignent que Dieu a fait les choses suivant la perfection de ses idées, c'est-à-dire, le mieux qu'il a pu, & que

Supplém.

s'il avoit pu faire mieux dans la création du Monde, il l'auroit fait. Tels font *Malebranche*, *Leibnitz*, &c.

OR EN PATE, f. m. Nom qu'on donne à l'*or* prêt à fondre dans le creuset. L'*or verd* est de l'or en feuille, appliqué sur ce que les Doreurs nomment l'assiete, après l'avoir brunie.

OR-SOL, f. m. Les Banquiers emploient ce terme, pour évaluer & calculer les monnoies de France, dans les remises qu'on en fait pour les Païs étrangers ; ce qui triple la somme qu'on remet. Ainsi, quand on dit 450 livres quinze sous six deniers d'*Or-sol*, on entend 1352 livres six sous six deniers tournois ; la livre d'or valant trois livres simples, le sol d'or trois sous, & le denier d'or trois deniers.

ORAISON, f. f. lat. Ce mot n'a pas aujourd'hui d'autre signification que celle de *Priere* ; mais lorsqu'on parle des Anciens, il ne signifie que *Harangue*. On dit les *Oraisons de Demosthene*, d'*Isocrate*, de *Ciceron* ; c'est-à-dire, leurs harangues. Dans le sens d'aujourd'hui, on appelle *Homme d'oraison*, un Homme fort livré à la méditation des vérités du Christianisme, à la retraite, à la priere.

ORBE. MUR ORBE. Terme de Maçonnerie, pour signifier un mur où l'on n'a percé aucune porte, ni fenêtre.

ORBIS, f. m. Gros poisson de Mer sans écailles, dont la forme est spherique, ou orbiculaire. Sa peau est dure & piquante, de couleur cendrée & marquetée. Sa tête ne paroît point séparée de son corps. Il ne se trouve gueres que dans la Mer d'Egypte, ou à l'entrée du Nil. On nous en apporte les dents broïées, comme un remede pour la dyssenterie & l'hemorrhagie.

ORBITE. *Voïez* ORBE, f. m.

ORBITE', f. f. lat. Privation d'Enfans, c'est-à-dire, état d'un Pere qui n'en a point, soit qu'ils soient morts, ou qu'il n'en ait jamais eu. Les Romains avoient une Déesse qu'ils nommoient *Orbone*, invoquée par les Peres & les Meres sans En-

fans , & Protectrice des Orphelins.
Elle avoit un Autel près du Temple
des Lares.

ORDINAIRE , f. m. la:. On nomme l'*Ordinaire* , le dépar: reglé des
poftes. Un Gentilhomme ordinaire
du Roi fe nomme quelquefois fimplement , un *Ordinaire.*

ORDO , f. m. Mot purement la-
tin , qui fignifie *Ordre.* Il eft adopté ,
dans l'Eglife , pour fignifier un petit
Livre qu'on fait chaque année , à
l'ufage des Eccléfiaftiques , & qui les
inftruit de tout ce qui regarde l'office de chaque jour. Il porte auffi le
nom de *Directoire.*

ORDONNATEUR. *Commiffaire ordonnateur.* C'eft le plus ancien Com-
.miffaire , qui fait , dans un Port , la
fonction d'Intendant de Marine.

OREILLE DE JUDAS. Nom d'un
Champignon fans queue , qui eft
une efpece d'Agaric , qu'on trouve
attaché au tronc du Sureau. Sa figure eft fouvent celle de l'oreille humaine , d'où lui vient fon nom. Il
eft membraneux & de couleur gris-
noirâtre. C'eft un poifon , dont on
ne laiffe pas de fe fervir extérieurement pour les tumeurs.

OREILLE DE MER , f. f. Nom
d'une coquille univalve , qui a quelque reffemblance avec l'oreille humaine. Quelques - uns la nomment
Ormeau ; d'autres , *grand Bourdon.*
On diftingue plufieurs efpeces ,
la plûpart percées de trous , les uns à
côté des autres. Elles font généralement affez applaties , avec une bordure relevée d'un côté. On n'en a point
encore trouvé de foffiles. En termes
de Conchyliologie , on appelle généralement *Oreilles* , une ou deux
parties plates & faillantes des deux
côtés de la charniere d'une coquille.
Elles font fort différentes des aîles.

OREILLONS , f. m. Nom qu'on
donne aux rognures des cuirs de
Bœufs , de Vaches & d'autres animaux , deftinées à faire de la colle
forte ; apparemment parce qu'il s'y
trouve quantité d'oreilles.

ORELLANE , f. f. Plante de l'A-
mérique , furtout des environs de la
Riviere de Surinam , qui fe cultive

comme l'Indigo , & qui donne une
teinture , nommée auffi *Orellane* ,
qu'on n'eftime gueres moins que
l'Indigo.

ORFROI , f. m. Nom qu'on donnoit autrefois aux étoffes tiffues d'or.
Il ne s'eft confervé qu'en termes de
Sacrifice , pour fignifier les paremens
d'une Chape.

ORGANISME , f. m. Mot formé
d'organe , pour exprimer tout ce qui
appartient à l'organifation des corps ,
ou l'état d'un corps organifé. Tout
eft organique dans la nature , fans
excepter le genre mineral , qui ne
l'eft pas moins que l'animal & le
végétal , mais dans un autre ordre.

ORGASME , f. m. gr. Terme de
Médecine , qui fignifie , gonflement ,
agitation , & mouvement impé-
tueux des humeurs fuperflues dans le
corps humain , qui cherchent à s'é-
vacuer.

ORGE. PETIT ORGE. Graine de
la Nouvelle Efpagne , qui a la figure
de l'Orge , fans être plus groffe que
la femence de Lin , & dont l'épi eft
femblable à celui de l'Orge commun.
Elle eft fi cauftique , qu'on ne s'en
fert point intérieurement : mais on
l'applique en poudre fur les ulceres
putrides , pour manger les chairs ba-
veufes , & fur les parties gangrenées ,
un peu temperée en la mêlant dans
de l'eau de Plantain.

ORGE. GRAIN D'ORGE. Nom
qu'on donne quelquefois à la grandeur d'une ligne , qui eft la douziéme partie d'un pouce. Les Imprimeurs nomment *Grain d'orge* les notes de Plein chant qui font en lozan-
ge , & qui valent la moitié d'une
mefure. On appelle Futaine & toile
à *grain d'orge,* une forte de Futaine &
de toile pour le fervice de table , figurées en *grains d'orge. Lancette à
grain d'orge.* Voïez LANCETTE.

ORGEAT , f. m. On a dit autrefois *Orgeade* & *Orgade.* C'eft une liqueur rafraîchiffante , compofée
d'eau d'orge , où il entre de la femence de Melon , du fucre & quelque eau de fenteur.

ORGEOLET , f. m. Maladie des
paupieres , qui attaque leurs cartila-

ges ; differente par conféquent de la *grêle* , ou *chalazion* , qui eft une maladie du corps même des paupieres.

ORGUE DE MER , f. f. Plante pierreufe , compofée de quantité de petits tuïaux , rangés l'un fur l'autre par étages comme des tuïaux d'*orgue*. Elle naît dans la Mer , fur les Rochers , & fa couleur eft rouge , ou purpurine. On en prend en poudre , pour le cours de ventre & les hemorrhagies.

ORIENT , f. m. Mot tiré du latin , qui fignifie , en Aftronomie , le point de l'horifon où le Soleil fe leve. Il fe dit auffi , en général , de la partie du Monde qui eft oppofée à l'occident , & fes Habitans s'appellent *Orientaux*. On appelle *Commerce d'orient* , celui qui fe fait dans l'Afie orientale , par l'Ocean ; & Commerce du Levant , celui qui fe fait dans l'Afie occidentale , par la Méditerranée. L'*Orient* , dans nos Cartes , eft toujours le côté qui eft à main droite. *Oriental* , adj. , fe dit de tout ce qui appartient à l'*Orient*.

ORIENT D'ETÉ , ORIENT D'HIVER. On donne le premier de ces deux noms à l'endroit de l'horifon où le Soleil fe leve , lorfqu'il entre au figne de l'Ecreviffe , qui eft le tems des plus grands jours ; & le fecond , à l'endroit de l'horifon où le Soleil fe leve , lorfqu'il entre dans le Capricorne , qui eft le tems où les jours font les plus courts. Ces *Orients d'Eté & d'Hiver* ne font pas également éloignés , dans tous les Païs , de l'Orient des Equinoxes. Mais cet éloignement eft d'autant plus grand que la Sphere eft plus oblique , c'eft-à-dire , que le Pôle eft plus élevé fur l'horifon , ou que les Païs font plus éloignés de la Ligne équinoxiale.

ORIGINAIRE , adj. d'origine , qui fignifie , ce qui , ou celui qui tire fon origine de quelque lieu , ou de quelque chofe. Un Homme *originaire* de France. Un mot *originaire* du grec. En terme de Palais , *demandeur originaire* fe dit de celui qui a fait la premiere demande , ou qui a commencé le Procès. *Originel* , autre adjectif d'origine , ne fe dit gueres que du pé-

ché d'Adam , qui s'eft communiqué à fa pofterité , ou , par allufion , de quelque faute dont les fuites y ont une forte de rapport.

ORIGINAL , f. m. , qui fignifie ce qui eft le premier dans fon genre , & qui peut être imité , ou copié. Un Ouvrage d'efprit , un Tableau *original*. On dit favoir une chofe d'*original* , c'eft-à-dire , la favoir de fource. *Original* fe dit auffi des perfonnes , en bonne part , pour dire de quelqu'un qu'il a excellé le premier dans quelque genre ; la *Fontaine* eft le véritable *original* du tour fin & naïf : en mauvaife part , pour fignifier un extravagant , un Homme fingulier ; c'eft un *Original* achevé. Plaifant *Original*. Enfin , *Original* devient quelquefois adjectif , & l'on dit fort bien , une penfée *originale* , pour dire une penfée nouvelle ; un trait *original* , c'eft-à-dire , un trait fans exemple.

ORIGNAL , f. m. Quelques-uns écrivent *Orignac*. C'eft le nom d'un animal de l'Amérique feptentrionale , de la grandeur d'un Mulet. On le prend pour l'Elan. Le mâle porte fur la tête un grand bois fourchu. Il a le cou long & déchargé , les jambes hautes & féches , le poil fourchu , & le poil gris blanc , ou roux & noir. Sa chair eft beaucoup meilleure que celle du Cerf. On fait de fa peau de bons Bufles , des Tapis de table , & d'autres Ouvrages.

ORILLON , f. m. Diminutif d'*oreille*. On nomme *les Orillons* , une maladie des oreilles , caufée par quelque fluxion d'humeurs fur les glandes parotides.

ORIPEAU , f. m. Leton battu en feuilles , dont on fait divers ornemens , qui ont plus d'éclat que de richeffe ; ce qui fait donner ce nom , dans le figuré , aux chofes qui ont de l'apparence & peu de valeur réelle.

ORLEANE , f. f. Nom qu'on donne au *Rocou*. Voïez ce mot.

ORNITHIES , f. m. gr. *Voïez* OISELEURS & ETE'SIENS.

OROBE , f. f. Plante aperitive & déterfive , qui croît dans les lieux incultes. Ses feuilles font oblongues comme celles de la Parietaire, & rangées paire à paire sur plusieurs tiges. Ses fleurs naissent en forme d'épi, & sont de couleur purpurine, ou bleue. Elle est ennemie de l'Oro-banche, qui la fait mourir.

ORPHIQUE, adject. Mot formé d'*Orphée*. On appelle *Vie orphique*, une vie sage, & reglée par l'amour de la vertu ; telle qu'on l'attribue au célebre *Orphée*. Nous avons une dis-sertation sur la vie *Orphique*, dans les Mémoires de l'Académie des Ins-criptions, Tome III.

ORPIN, s. m. Couleur jaune, metallique & naturelle, dont on se sert pour peindre en miniature, & qui est composée d'Orpiment. *Orpin* est aussi le nom d'une Plante vulné-raire, dont les racines sont formées de plusieurs tubercules blancs.

ORQUESTRE. *Voï*. ORCHESTRE.

OR SOL, *Voïez ce mot*, *après* OR.

ORTEIL, s. m. Terme de Fortifi-cation, qui se dit, comme *Berme* & *Retraite*, d'une largeur de terrein qu'on laisse en dehors, entre le pié d'un Rempart & l'escarpe du Fossé, pour retenir la terre du Parapet.

ORTHOPEDIE, s. f. gr. Art de prevenir & de corriger, dans les En-fans, les difformités du corps. M. Andry en a publié un Traité.

ORTIE DE MER, s. f. Petit pois-son fort mou & fort aqueux, dont on distingue plusieurs especes, parti-culierement celle qui se nomme *Pu-dende marin*, à cause de sa ressem-blance avec la partie naturelle d'une Femme. Elles ont toutes la bouche placée au milieu du corps, & gar-nie, tout autour, de dents menues, qui ressemblent à de petites cornes.

OSCINES, s. m. lat. Oiseaux des Anciens, qui apprenoient l'avenir par leur chant. Ils appartenoient à la science des Augures.

OSEILLE, s. m. Arbrisseau de Guinée, d'un bois tendre, dont l'é-corce est mince & verte, & les bran-ches en grand nombre. Ses feuilles, qui sont dentelées, ont le goût de l'*Oseille* des jardins ; & ses fleurs res-semblent à des Tulipes qui ne se-roient pas bien ouvertes. On fait,

des fleurs & des feuilles, une sorte de gelée rafraichissante, qui a la cou-leur & le goût de la gelée de Gro-seille.

OSMONDE, s. f. Plante vulné-raire, & qui a quantité d'autres usa-ges dans la Médecine, surtout pour la colique nephretique & les pâles couleurs. On l'emploie, soit en dé-coction, soit en onguent. Elle ne porte point de fleurs ; mais on la re-connoit facilement à ses feuilles, qui sont longues, étroites, rangées par paires, plusieurs sur une côte termi-née par une seule feuille ; & par son fruit, qui est d'une petitesse extrê-me, sur des especes de grappes, ou de bouquets. Ses racines sont lon-gues & noires. Elle croît dans les lieux aquatiques & marécageux.

OSSEUX & OSSU. Deux adjec-tifs d'*Os*, qui ont une signification différente. *Osseux* se dit de ce qui a la nature, la dureté, de l'os. Les par-ties *osseuses*. *Ossu* signifie, ce qui a beaucoup d'os, ou de gros os. Un Homme *ossu*. Un visage *ossu*. *Osse-mens*, s. m., se dit d'un tas d'os. Il est toujours pluriel.

OSSIFIER, verbe act. Changer en os, en prendre la nature. On a des exemples de l'Ossification des carti-lages, & de celle même des mem-branes & des chairs, dans les Vieil-lards.

OSTENSIBLE, adj. lat., qui si-gnifie ce qui peut être montré. Une lettre *ostensible*, c'est-à-dire, qui ne contient rien de secret.

OSTRACÉE, adject. gr. Terme d'Histoire naturelle, qui signifie, couvert d'une écaille, ou d'une *co-quille*. On distingue, entre les co-quillages, les *ostracées*, qui sont entre deux écailles, comme les hui-tres ; les *testacées*, qui n'ont qu'une seule écaille, comme les *nautiles*, les *cul-de-lampes*, *&c.*; & les *crusta-cées*, qui ont des articulations dans leurs coques, comme les *Houmars*, les *Ecrevisses*, les *Crabes*, *&c.* Ces trois mots s'emploient aussi comme substantifs.

OSTROGOT, s. m. Got de la partie australe. On donne ce nom à un Homme ignorant, ou grossier, parce qu'anciennement les *Ostrogots* qui étoient les Habitans de l'Ostrogothie, Province de Suede, passoient pour des Peuples barbares.

OSYRIS, s. m. Plante qui se trouve, en France, aux environs de Montpellier, & que les Droguistes substituent quelquefois au Cassia, quoiqu'il n'ait pas les mêmes vertus. L'écorce de sa racine est fort astringente.

OÙ, adv. de lieu, qui s'emploie quelquefois pour le pronom relatif *lequel*, *laquelle*, mais jamais lorsqu'il s'agit des personnes. Ainsi, le peril *où* vous vous exposez, pour auquel vous vous exposez; mais on ne dit pas, c'est un Homme *où* j'ai trouvé de la vertu, pour dire, *dans lequel*, &c.

OUAILLES, s. f. lat. toujours pluriel, qui signifie *Brebis*, & qui ne se dit qu'au figuré, pour signifier des personnes commises à la garde spirituelle des Evêques, des Curés, &c., auxquels on donne aussi, figurément, le nom de *Pasteurs*.

OVAIRE, s. m. Mot formé du substantif latin, qui signifie *œuf*. Les Plantes ont leur *ovaire*, qui est la capsule, où sont contenues les semences; & les Anatomistes modernes trouvent aussi des *ovaires* dans le corps des Femmes.

OUATE, s. f. Bourre de soie bien préparée, qui sert à fourrer des robes de chambre & d'autres choses. Quelques-uns prononcent *Ouette* & *Ouetté*.

OUATERGAN. *Voïez* WATERGAN.

OUBANG, ou OBANG, s. m. Nom d'une monnoie de compte du Japon. Mille *Obangs* font 45000 Taels d'argent; & le Tael, suivant *Kæmpfer*, est de cinquante-sept sous de France : ne confondez pas l'*Obang* avec le *Cobang*, qui est une monnoie d'or du même Païs, de figure platte, mais oblongue, avec différentes marques. Les plus grandes de ces pieces pesent une once six gros; ce qui revenoit, du tems de *Tavernier*, à quatre-vingt-sept livres dix sols; &

du tems de *Kæmpfer*, au poids de six Réaux, qui faisoient quarante Siuy momes, ou Taels, de cinquante-sept sous.

OUDENARDE, s. f. Belle Tapisserie de haute-lisse, qui se fabrique, en Flandres, dans la Ville du même nom.

OUETE. *Voïez* OUATE.

OUICOU, s. m. Breuvage commun des Isles de l'Amérique, dont les Européens se servent comme les Sauvages, lorsqu'ils manquent de vin. Il est composé de grosses Cassaves, faites des parties grossieres du Manioc, & coupées en morceaux, avec des Patates, coupées aussi en quartiers, des Bananes bien mûres & bien écrasées, & du syrop de cannes de sucre. Les Caraïbes offrent, à leurs Dieux, de la Cassave & de l'Ouicou.

OULANS. *Voïez* WLLANS.

OUPELOTE, s. f. Racine d'une plante des Indes orientales, qui nous vient de Surate, au nombre des Drogues médecinales.

OURDON, s. m. Espece de Plante, qu'on nomme aussi *Petit senné*, & dont les feuilles se trouvent dans les couffes, ou les balles de senné. Ce n'est souvent que du Plantain seché & brisé.

OURSIN, s. m. Coquille de mer, multivalve, dont on distingue plusieurs especes & de diverses formes, mais presque toutes arrondies. La plus commune est en bouton, avec deux trous opposés; l'un dans le milieu du dessus, l'autre dans le milieu du dessous. Cette coquille est revêtue de pointes, qui tombent après la mort de l'Animal. Il est commun sur les Côtes de Provence, & passe pour excellent dans sa fraîcheur. Quelques-uns lui contestent la qualité de Poisson, & le regardent comme une simple excrescence de mer. Les *Oursins* fossiles se nomment *Echinites*.

OUTIL CROCHU, OUTIL PLAT, ss. mm. Le premier est le nom d'un ciseau tranchant, à l'usage des Sculpteurs & des Marbriers. Il est d'acier fin, par un bout, qui est à demicourbé en crochet. Les Lapidaires nomment *Outil plat*, un petit cylinâre, d'acier ou de cuivre, attaché au bout d'un long fer, dont ils se servent pour graver les pierres précieuses. Du côté de la pierre, la section du cylindre est platte & unie.

OUTRE, PLUS OUTRE. *Voïez* NON PLUS ULTRA.

OUVARI, *à terme, à haut.* Cri de Piqueurs, pour obliger les Chiens a retourner & trouver les bouts de la ruse d'une Bête, lorsqu'elle a fait un retour.

OUVERTES, TÊTES OUVERTES. *Voïez* TÊTE.

OUVRAGES, s. m. En termes de Maçonnerie, on distingue les gros Ouvrages, qui sont les murs de fondation, les murs de face & de refend, les voutes & les contre murs; & les menus Ouvrages, qui sont les cheminées, les plafonds, les enduits, les carrelages, &c. Les Maréchaux appellent *Ouvrages noirs*, les gros Ouvrages de fer qu'ils peuvent forger, en vertu de leurs Statuts, comme les socs de charrue, les houes, les fourches, &c.

OUVRER, v. act. lat. Vieux mot, qui signifie mettre en *œuvre.* Il s'est conservé dans la monnoie, pour, *fabriquer*, & dans plusieurs autres Arts. On appelle toiles *ouvrées*, les toiles de fabrique figurée, qu'on emploie particulierement pour le service de table. Dans les Manufactures de draps d'or, d'argent & de soie, on apelle *Ouvriers à façon*, les Maîtres ouvriers qui travaillent, ou font travailler, pour les Maîtres Marchands, sans fournir rien de plus que la façon, qui leur est paiée.

OUVRIR, v. act. En termes de Marine, *ouvrir* deux pointes, *ouvrir* deux côtes, c'est être situé de maniere que les aïant devant soi, on les voit séparément.

OUYCOU. *Voïez* OUICOU.

OXYGLUCU, s. m. gr. Boisson très rafraîchissante, préparée avec des raïons de miel, macerés & bouillis.

OXYPETRE, s. f. gr. & lat. Espece de pierre, ou de terre, d'une couleur blanche, jaunâtre, un peu acide, qui se trouve dans le territoi-

re de Rome. L'eau de son infusion est emploïée en boisson, pour modérer la chaleur de la fievre.

OYA. *Voïez* OPRA.

OYE. *Voïez* OIE.

P.

LA lettre P, simple, signifie *pincée.* Les Banquiers & les Négocians se servent de P, dans les abbréviations suivantes. P, signifie *Protesté*, ou *Païé.* A. P. à protester. A. S P. accepté sous protêt. A. S. P. C. accepté sous protêt, pour mettre à compte. P. $\frac{o}{o}$ pour cent. P est le caractere de la Monnoie de Dijon.

PACAL, s. m. Arbre de l'Amérique méridionale, dont la cendre, mêlée avec du savon, guérit toutes sortes de dartres & de feux volages. Elle efface même les plus vieilles cicatrices. Le *Pacal* est assez commun sur les bords d'une riviere du Perou, à vingt cinq lieues de Lima.

PACO, s. m. Nom d'une pierre métallique & molle, d'un rouge jaunâtre & roux, & naturellement brisée en morceaux, qui se tire des mines du Perou & du Chily.

PACOSEROCA, s. f. Plante de l'Amerique, dont le fruit donne une belle teinture rouge, que l'eau n'efface point, & dont la racine rend une belle teinture jaune. Elle ressemble à la Canne d'Inde. Ses fleurs sont rouges; & le fruit, qui leur succede, est une sorte de Prune triangulaire, succulente, d'une odeur vineuse, dont les semences sont triangulaires aussi.

PACOTILLE, s. f. Terme de Commerce, qui se dit d'une certaine quantité de Marchandise, que les Officiers, les Matelots & tous les Particuliers d'un Navire ont la permission d'embarquer, pour leur propre compte, & sans païer aucun frais.

PADRI, s. m. Arbre du Malabar, qui porte des siliques étroites, longues & recourbées, & dont les feuilles sont emploïées, dans la Médecine, pour la tension excessive des viſceres. Leur ſuc , mêlé avec celui du Limon , eſt auſſi un remede contre la manie.

PÆNOË , ſ. m. Autre arbre du Malabar , dont l'écorce , la racine & le fruit donnent une réſine , qui , bouillie avec de l'huile , forme une poix odoriferante , qu'on brûle , au lieu d'encens.

PAGAIE , ſ. m. Célebre eſpece de Rame dont on ſe ſert aux Indes orientales , & dont la forme eſt celle d'une Pelle , longue de cinq ou ſix piés , avec une petite traverſe , de quatre ou cinq pouces, en forme de bequille, au bout du manche. Les Rameurs, qu'on nomme *Pagaïeurs* , s'en ſervent debout , ſans l'appuïer ſur les bords du Navire ; & la tenant des deux mains , l'une au ſommet , l'autre vers le milieu du manche, ils pouſſent l'eau derriere eux. Les Flibuſtiers avoient adopté cette méthode.

PAGALI , ſ. m. & f. Nom qu'on donne , dans l'Iſle de Mindanao , aux Inſulaires de l'un ou de l'autre ſexe, qui , à l'arrivée d'un vaiſſeau Etranger, offrent leurs ſervices aux gens de l'Equipage , pour leur rendre tous les devoirs de l'amitié , pendant le ſéjour qu'ils doivent faire dans l'Iſle. Si c'eſt une Femme , elle leur ſert auſſi de Concubine. Il en coûte peu à la reconnoiſſance de ceux qui les emploient. Chaque Matelot, comme les Officiers, a ſon *Pagali* , ou ſa *Pagali*.

PAGALOS , ſ. m. Nom d'un oiſeau étranger , de la groſſeur d'une Poule, dont le plumage eſt de différentes couleurs fort vives, avec une queue d'environ deux piés de longueur. On en a vu dans la Ménagerie de Chantilly.

PAGANINE , ſ. f. Ital. Terme de Médecine , pour exprimer les premiers excrémens des Enfans, ou le *Meconium,* qu'on réduit en poudre très fine & qu'on fait prendre comme un excellent remede contre l'épilepſie.

PAGAÏEUR , ſ. m. PAGAÏER , v. n. *Voïez* PAGAIE.

PAGNE , ſubſt., tantôt maſculin, tantôt feminin, dans les Relations de Voïage. C'eſt le nom d'un morceau de toile de coton , ou d'autre étoffe , dont tous les Negres d'Afrique qui ne vont pas tout-a-fait nus , & même une partie des Indiens, s'enveloppent le corps , depuis la ceinture juſqu'aux genoux, & quelquefois juſqu'au milieu des jambes. Ce mot vient des Portugais , mais originairement du latin.

PAGNOTERIE , ſ. f. Mot d'origine obſcure, qui ſe dit pour lâcheté , poltronerie. On dit auſſi d'un Homme ſans cœur , que c'eſt un franc *Pagnote.* A la guerre, on appelle *Mont-pagnote*, un lieu élevé , hors de la portée de l'artillerie, où ſe placent ceux qui veulent voir un ſiége ou un combat ſans danger.

PAGRE. *Voïez* PHAGRE.

PAGURE , ſ. m. Eſpece d'Ecreviſſe de mer , longue d'un pié , & plus large que longue, qui peſe quelquefois juſqu'à dix livres. Quelques-uns la confondent avec le Poupart.

PAILLETTES , ſ. f. Nom que les Botaniſtes donnent à ces petites parties qui ſont autour du piſtile d'une fleur, ſuſpendues ſur des filets , & qui ſe nomment auſſi *Etamines*.

PAIN AUX CHAMPIGNONS. Mets aſſez délicat , compoſé de la croute d'un pain , avec des Champignons , des Mouſſerons , de la Crême , &c.

PAIN D'ACIER. Sorte d'acier qui vient d'Allemagne, différent de celui qu'on nomme *Acier en bille*.

PAIN DE POURCEAU , ſ. m. Plante qui ſe cultive dans les Jardins , & qui vient naturellement dans les Alpes. Ses feuilles ſont preſque rondes , larges , brunes , marbrées , blanchâtres en deſſus , purpurines en deſſous. Ses fleurs ſont purpurines , & d'une odeur agréable. La racine eſt groſſe , large , ronde, garnie de fibres noirâtres , & plaît beaucoup aux Pourceaux. On lui attribue des vertus inciſives , attenuantes , aperitives & déterſives.

PAIN DE ROSES, ou CHAPEAU DE ROSES , ſ. m. Nom qu'on donne au marc des roſes , qui reſte dans l'alembic , après qu'on en a tiré l'eau, l'huile ou d'autres extraits. On s'en sert pour la diarrhée, la dyssenterie, le vomissement, & pour les dissipations des parties qui servent à la nourriture de tout le corps.

PAIPOIRCA, s. m. Arbrisseau du Malabar, toujours verd, dont les baies sont velues, & contiennent quatre noiaux. On fait de sés feuilles, de ses racines & de son fruit, un apozème fort vanté pour la goutte.

PAÏSAGE, s. m., formé de *Païs*. Nom qu'on donne à un Tableau qui représente des vues champêtres, c'est-à dire, des Champs, des Bois, des Prairies & tous les agrémens naturels, dont elles peuvent être accompagnées. On appelle *Païsagiste*, un Peintre qui travaille à faire des *Païsages*.

PAÏSSELURE, s. f. Menu Chanvre que les Vignerons emploient pour lier, aux échalas, les bourgeons de vignes après les avoir taillées. On dit, dans quelques Provinces, *paisseler*, pour, mettre les échallas aux vignes.

PAIX, s. f. Quelques-uns prétendent que ce mot n'a point de pluriel. Cependant, qui empêche de dire? nous eûmes, sous ce regne, deux longues Paix.

PAKLANEAS, s. m. Espece de draps d'Angleterre, dont les pieces sont de trente-sept à trente-huit aunes, & s'envoient ordinairement en blanc, c'est-à-dire, sans être teintes.

PALA, s. m. Grand arbre du Malabar, dont l'écorce broïée est une drogue purgative. On l'emploie aussi, avec du sel & du poivre, pour fortifier l'estomac & calmer les chaleurs du foie.

PALABRE, s. f. Nom que nos Marchands donnent, sur les Côtes d'Afrique, aux presens qu'ils sont obligés de faire aux Chefs des Negres, surtout lorsqu'ils leur ont donné quelque sujet de plainte. C'est ce qui se nomme *Avanie*, au Levant.

PALACHE, s. f. Espece d'Epée, longue & large, qui se nomme aussi *Pansereteché*.

PALAIS D'EOLE. Nom qu'on donne, en Italie, à des lieux souterrains, d'où l'on fait passer, par des canaux, une agréable fraicheur dans les appartemens d'Eté.

PALANCHE, s. f. Nom que les Porteurs d'eau donnent à l'instrument de bois, un peu concave dans le milieu, qu'ils se mettent sur l'épaule, pour porter deux seaux, accrochés aux deux bouts.

PALATAL, adject., formé du mot latin, qui signifie *le palais de la bouche*. On nomme *Palatales*, certaines consonnes qui ne peuvent se prononcer sans frapper le palais, de la langue; telles que le *c* dur, le *g*, & le *j* consonne, le *k* & le *q*. Les Grammairiens distinguent cinq sortes de consonnes; les Labiales, les Dentales, les Gutturales, les Palatales, & celles de la langue.

PALATINE, s. f. Nom d'une sorte de fourrure que les Femmes mettent sur leur cou, en Hiver, pour se couvrir la gorge. L'usage en vient, comme le nom, d'une Princesse de la Maison *Palatine*.

PALÉAGE, s. m. Terme de Marine, qui signifie l'obligation où sont les Matelots de décharger, d'un vaisseau, les grains, les sels & les autres marchandises qui se remuent avec la pelle.

PALES-COULEURS. Jaunisse des jeunes Filles, qui est causée par un épanchement d'humeur bilieuse. *Roses pâles*. On appelle ainsi les Roses communes, pour les distinguer des Roses de provin, qui sont d'un rouge plus vif & plus foncé.

PALESTRE, s. f. Mot d'origine grecque, & nom qu'on donnoit, en général, à tous les lieux où l'on faisoit quelque exercice, & quelquefois à l'exercice même. Les exercices compris sous le genre *Palestrique* étoient le Pugilat, la Lutte, le Pancrace, la Course, le Saut, le Disque, l'Oplomachie, &c.

PALETTE D'ABEILLE, s. f. Cavité qui se trouve à chacune des jambes postérieures de l'Abeille, où elle empile la cire qu'elle ramasse à la campagne.

PALINDROMIE,

PALINDROMIE, f. f. gr. Terme de Médecine, qui se dit du retour contre nature, ou du *reflux* des humeurs peccantes, vers les parties intérieures & nobles du corps humain.

PALIXANDRE, f. m. Espece de bois violet, propre au Tour & à la Marqueterie, que nos Marchands tirent des Hollandois, en très grosses buches. Le plus beau est celui qui a le plus de veines. On l'appelle, par corruption, *Palissand*.

PALMAIRE. MUSCLE PALMAIRE, f. m. Nom d'un muscle qui part de l'apophyse intérieure de l'os du bras, & qui va s'inserer à la peau de la paume de la main.

PALME MARINE, f. f. Plante à demi pétrifiée, qui est une espece de *Litophyte*, nommée aussi *Panache de Mer*.

PALMER, v. act. Terme d'Art. *Palmer* les aiguilles, c'est les applatir avec un marteau, sur l'enclume, par le bout opposé à la pointe, pour en former le chas ou le cû.

PALO DE CASENTURAS, f. m. Nom que les Espagnols donnent à l'arbre dont se tire l'écorce médecinale & febrifuge, qui se nomme Quinquina. *Palo* signifie arbre.

PALOMBE, f. f. lat. *Pigeon ramier*, ou *sauvage*, qui porte encore ce nom dans nos Provinces voisines des Pyrenées, où l'on en prend beaucoup dans certaines saisons.

PALPLANCHE, f. f. Pilot de bordage, dont la face a l'air d'une planche, & qui sert à garnir le devant des fondemens de pilotis, ou les côtés d'une digue ou d'une jettée.

PAMPELIMOUSE ou PAMPLEMOUSE, f. f. Fruit des Indes, que nos Relations vantent, sans en donner la description.

PANADER, SE PANADER. *Voï.* PAON.

PANCALIERS, f. m. Espece de Choux, qui tirent ce nom, de *Pancaliers*, ville de Savoie, d'où ils nous sont venus.

PANCARTE, f. f. gr. Suivant la signification du mot composé, c'est

Supplém.

un Papier qui peut contenir tout, ou toutes sortes de choses. Il se dit particulierement des vieux Papiers écrits, qui contiennent les titres des Maisons nobles, & des grands Papiers qu'on affiche, pour publier des Ordonnances, des droits de Péage, &c.

PANCERNE, f. m. Soldat d'un des Corps de la Gendarmerie Polonoise. Les Gendarmes Polonois, qu'on distingue en Houssarts & Pancernes, marchent avec un équipage magnifique.

PANCHYMAGOGUE, f. m. gr. Nom qu'on donne à des Extraits Cathartiques, auxquels on attribue la vertu de *purger toutes les humeurs;* tels que l'Extrait d'Aloes, de Rhubarbe, de Senné, de Scamonée, de Jalap, de Coloquinte, & d'Ellebore noir.

PANCRACE, f. m. gr. Nom d'un des exercices de l'ancienne *Palestrique*. Il étoit composé de la Lutte & du Pugilat, & l'on s'y battoit à coups de poings & de piés. Quelques-uns prétendent que c'étoit un exercice ou combat géneral, qui comprenoit tous les genres d'Exercices Athlétiques. Cependant, on trouve que la nudité n'étoit en usage, parmi les Athlétes, que dans quatre exercices, la Lutte, le Pugilat, le Pancrace, & la Course à pié. *Voïez* PALESTRE & GYMNASTIQUE. On nommoit *Pancratiastes*, ceux qui remportoient le prix dans le *Pancrace*.

PANDALEON, f. m. gr. Nom d'un remede bienfaisant pour les maladies de la poitrine & du poumon, inventé par les Arabes, & fort vanté par les Médecins des derniers siécles. On en fait des Trochisques ou des Tablettes, en incorporant le suc de divers Simples dans du sucre dissout, & en versant la masse dans des moules, où elle prend l'une ou l'autre forme, en durcissant. Quelques-uns le conservent entier dans une boète, dont il prend la forme, & dans laquelle il durcit.

PANDEMIE, f. f. gr. Maladie

qui se répand sur *tout un Peuple*. Ce mot est synonyme d'*Epidemie*.

PANDOUR, s. m. Soldat Hongrois.

PANE, s. f. Graisse de Porc, qui n'est ni battue ni fondue. On appelle *Pane*, la partie la plus mince d'un Marteau. Frapper de *pane*.

PANSE D'A. Terme badin, pris de la figure de l'*a*, qui s'arrondit en forme de *panse*. On dit, je n'ai pas écrit une *panse d'a*, pour dire, je n'ai pas écrit du tout, je n'ai pas écrit une seule lettre. *Pansu*, adjectif, se dit vulgairement de celui qui a la *panse* grosse.

PANTALON, s. m. Nom d'un Personnage bouffon du Théâtre Italien, d'où s'est formé le mot de *Pantalonade*, pour signifier Bouffonerie. On prétend que les Vénitiens sont regardés en Italie, comme les Gascons en France, parce qu'ils ont beaucoup de vivacité; & que cette raison les a fait nommer *Pantalons*. *Pantalon* est aussi le nom d'une sorte de caleçon, ou de haut-de-chausse, qui tient avec les bas, & celui d'une des moïennes sortes de Papier qui se fabriquent aux environs d'Angoulême, marquée ordinairement aux armes d'Amsterdam, parce qu'elle est presque toute destinée pour les Marchands Hollandois.

PANTE, s. f. Nom qu'on donne à une espece de Chapelet, composé de ces petites coquilles blanches qu'on nomme *Koris*, ou *Porcelaine*, & qui servent de monnoie dans plusieurs Païs de l'Asie & de l'Afrique.

PANTELER, v. n. Respirer difficilement, palpiter. Il se dit de ceux à qui le cœur bat trop fort, pour avoir couru, ou pour avoir eu quelque émotion extraordinaire. Peut être vient-il du verbe *Pant*, Anglois, qui se dit du mouvement alternatif de la poitrine, causé par la respiration, & qui se fait remarquer particuliérement au sein des Femmes. On disoit autrefois *Pantoiser*, pour, avoir la courte haleine; & l'on nommoit *Pantois*, un Homme qui respiroit difficilement.

PANTHERE, s. f. Nom d'une

pierre précieuse, de couleurs fort variées, que les uns mettent entre les Onyx, & d'autres entre les Jaspes.

PANTOQUIERES, s. f. Terme de Marine. Cordes de grosseur moïenne, qui traversent les haubans d'un bord à l'autre, & qui font un entrelacement entre ceux de stribord & de bas-bord, pour les tenir plus fermes.

PANUS, s. m. Corruption de *Panis*, dont on faisoit autrefois le nom d'une tumeur érésipelateuse, garnie de petites pustules qui la font ressembler à du pain. On la nomme aujourd'hui *Panus* ou *Phygethlon*.

PAPABLE, adj., formé de Pape, & depuis long-tems en usage, pour signifier, capable d'être élu Pape, ou, propre à cette grande dignité. *Papal*, adj., se dit de tout ce qui appartient au Pape. Terre papale. Bénédiction papale. Il n'est pas besoin d'ajouter que Pape, dans son origine, signifie *Ayeul*, ou Pere des Peres.

PAPIER A LA COLBERT. PAPIER A LA TELLIER. Deux sortes de Papier, fabriquées pendant l'administration de ces deux Ministres, avec leurs armes à chaque feuille.

PAPULES, s. f. Terme de Médecine, qui s'emploie souvent pour Pustules. On appelle particuliérement *Papules*, un vice de la peau, de nature rongeante & maligne, différent de l'érésipelle.

PAPYRACEE, s. m. Nom que les Naturalistes donnent au seul *Nautile* qui se trouve dans nos Mers. Sa coquille est si mince qu'on le prendroit pour du papier. *Voïez* NAUTILE. *Papiracée* est aussi le nom d'une espece de palmier de l'Amérique, dont les Amériquains se servent pour leur papier. Il est fort différent de l'ancien *Papyrus*. Sa feuille est grande, & son fruit, de la forme d'un gros navet. Il se mange. La nouvelle Espagne produit un autre *Papyracée*, que les Habitans nomment *Guaïacraby*. Sa tige est rougeâtre; sa feuille très grande, d'un verd rougeâtre, épaisse & ronde. Les Espagnols s'en servent pour écrire dessus, avec un

filet. Son fruit, qui eſt de la groſſeur d'une Aveline, eſt une eſpece
d'aſſez bon raiſin, qui contient un
noïau fort dur.

PAQUEBOT, ſ. m. Petit vaiſſeau
de paſſage, qui ſert particuliérement
pour les Meſſagers, & pour toutes
les Commiſſions d'affaires qui demandent de la diligence. Il vient
des Anglois, qui écrivent *Paquebat*.

PAQUER, v. act. Terme de Pê-
cheur, qui ſignifie preſſer & fouler
le poiſſon ſalé, à meſure qu'on le
tire du ſel, & qu'on l'arrange dans
des futailles. Du *Harenc paqué*, c'eſt
du harenc arrangé par lits, dans un
baril.

PAQUERETTE, ſ. f. Plante vulneraire, ainſi nommée parce qu'elle
fleurit vers Pâque.

PAQUEFIC. *Voïez* PACFIC.

PARACHRONISME, ſ. m. gr.
Erreur de Chronologie, qui conſiſte
à placer un événement plus tard qu'il
ne doit l'être. Le *Parachroniſme* eſt
oppoſé à l'Anachroniſme, qui place l'événement plutôt qu'il n'eſt arrivé.

PARACLETIQUE, ſ. m. gr. Titre
d'un Livre eccléſiaſtique des Grecs,
qui contenoit des Prieres pour toute l'année & pour tous les tems ; au
lieu que d'autres Livres de même
nature, comme le *Triodion*, le *Pen-
tacoſtaire*, & le *Mencé*, ne contenoient que les offices propres des
tems ou des Fêtes particulieres.

PARADIGME, ſ. m. gr. Terme
de Grammaire, qui ſignifie *exemple*,
modele. Les verbes & les noms dont
on trouve la conjugaiſon & la décli-
naiſon, dans le Rudiment, ſont des
Paradigmes, pour décliner les autres
noms, & pour conjuguer les autres
verbes.

PARADOXAL, adjectif de *Paradoxe*, qui s'emploie quelquefois auſſi
pour ſubſtantif. On dit le *Paradoxal* ; comme on dit le vrai, le
beau, &c. *Paradoxophile*, *Parado-
xologue*, ſont des mots compoſés,
qui ſignifient celui qui aime & celui qui avance le *Paradoxe*.

PARAISONNIER, ſ. m. Nom
au Titre d'un Ouvrier de Verrerie,
dont l'office eſt de ſouffler les glaces
à miroir.

PARALLELE, ſ. f., ſe dit, en
termes Militaires, des lignes qu'on
tire d'une tranchée à l'autre, lorſqu'une ville eſt aſſiégée dans les formes, pour ſervir de contrevallation,
pour reſſerrer par degrés les Aſſie-
gés, & pour communiquer les attaques de la gauche à la droite. On
établit auſſi des *paralleles* dans les
Places d'armes, & elles ſont munies
d'un bon Parapet, flanqué de Re-
doutes.

PARALLELISME, ſ. m. Terme
d'Aſtronomie. Il ſe dit de la direction de l'axe de la terre, qui demeure toujours parallele à lui-même,
ſuppoſé que la Terre parcoure ſon
orbite ſans autre mouvement propre
que celui de rotation autour de ſon
axe.

PARANGORIES, ſ. f. gr. Anciennes corvées, qui conſiſtoient à
fournir les Chevaux & les Voitures
publiques, & dont les Clercs furent
exemptés, en 353, par l'Empereur
Conſtantius.

PARANOMASIE, ſ. f gr. Terme
de Littérature, qui ſignifie la reſſemblance que les mots de différentes Langues ont entr'eux, & qui
marque qu'ils ont une même origine.

PARASCHE, ſ. m. heb., qui ſignifie *diviſion*. Les Juifs ne divi-
ſoient pas, comme nous, les cinq
Livres de la Loi en Chapitres. Ils en
faiſoient cinquante-quatre parties,
qu'ils nommoient *paraſches*, dont
ils liſoient une chaque Sabbat.

PARASITE, adj. *Plante paraſite*,
nom qu'on donne à celles qui croiſ-
ſent ſur d'autres Plantes & qui ſe
nourriſſent de leur ſuc ; telles que le
Gui, l'*Agaric*, les *petits Capillaires*,
&c.

PARASITIQUE, ſ. f. On donne
ce nom, après *Lucien*, à l'art, ou
l'adreſſe, de vivre aux dépens d'autrui.

PARASQUINANCIE, ſ. f. gr.
Sorte d'Eſquinancie, qui conſiſte
dans l'inflammation des muſcles externes de la gorge.

PARAT , f. m. Petite monnoie des Etats du Grand-Seigneur , qui vaut environ six liards de France. Le *Parat* est d'argent, mais d'un très bas aloi.

PARATHENAR , f. m. gr. Nom d'un muscle assez long , qui forme le bord extérieur du pié , & qui se nomme aussi *Hypothenar*. Il sert particulierement à séparer le petit orteil des autres.

PARATRE , f. m. Mot formé de Pere , qui se dit dans le même sens que Marâtre ; c'est-à-dire , que comme Marâtre se prend pour la Femme en secondes nôces du Pere , & pour une mauvaise Mere , *Paratre* signifie le Mari d'une Femme qui a des Enfans d'un premier Mariage , & un mauvais Pere.

PARDAOS ou PARDOS DE REA-LES , f. m. Nom qu'on donne , dans les Indes orientales , aux piastres , ou pieces de huit , seules monnoies d'Espagne qui aient cours dans ces Regions. On y nomme simplement *Pardaos* , ou *Cerafins* , des pieces d'argent de mauvais aloi , que les Portugais y fabriquent , & dont chacune vaut vingt fanons du même argent.

PAREAS , f. m. Nom d'un Serpent de Syrie , qui est tantôt couleur de cuivre & tantôt noirâtre , mais dont la morsure n'est par mortelle , quoiqu'elle cause une douloureuse inflammation.

PAREAUX , f. m. Nom que les Pêcheurs donnent à des cailloux pesans , qu'ils attachent le long de la Senne , pour en arrêter le bas au fond de l'eau.

PAREIRA BRAVA , f. f. Racine du Bresil , qui est un excellent diuretique , & qui passe même pour un antidote contre toutes les plantes venimeuses. Elle est ordinairement de la grosseur du petit doigt , ligneuse , tortueuse , sillonée dans sa longueur , brune au-dehos , sans odeur , & d'une saveur douce , mêlée d'amertume. Son nom signifie , en portugais , *vigne sauvage & bâtarde*. Elle pousse des tiges longues , rameuses & semblables à celles de la Vigne , qui s'at-

tachent aux murailles & aux arbres. On attribue , à la poudre de cette racine , prise dans du vin , une merveilleuse vertu pour la pierre.

PARENESE , f. f. gr. Discours moral , tel que les Sermons , les Homelies , &c. , pour exciter à la pratique du bien & à la haine du mal. De-là le nom de *Parenetiques* , qu'on donne à tous les Ouvrages d'exhortation. On divise les discours de Religion en *Dogmatiques* , *Parenetiques* , *Ascetiques* & *Mystiques*.

PARENTALES , f. f. lat. Devoirs funebres que les Romains rendoient aux personnes de leur Famille. Il n'est en usage qu'en parlant de l'ancienne Rome.

PARERE , f. m. Ital. Terme de Commerce , emprunté des Italiens , qui signifie , avis , ou conseil d'un Négociant ; & proprement , ce qu'il lui semble d'une chose. Nous avons un Ouvrage de *Savary* , intitulé *Parere* , ou conseils sur le Commerce.

PARFOURNIR , v. act. Terme de Palais , qui signifie *contribuer subsidiairement* , ou donner sa part , pour achever un paiement.

PARILI , f. m. Nom d'un arbre du Malabar , dont la racine & les feuilles ont la vertu de corriger la disposition mélancolique du sang , & d'adoucir les humeurs âcres & salées.

PARNASSE FRANÇOIS , f. m. Ouvrage mémorable de M. *Titon du Tillet*. C'est un groupe composé de Figures en pié , & de Médaillons de bronze , representant les meilleurs Poëtes de France , & *Louis XIV* , Protecteur des beaux Arts. On nomme *Parnasse* , un Dictionnaire Poétique , à l'usage des Colleges ; parce qu'il sert aux Ecoliers à faire des Vers , comme la fameuse Montagne du *Parnasse* , qui est l'habitation des Muses , passe pour la source de toute Poésie.

PARNASSIE , f. f. Plante rafraîchissante , dont le nom vient de sa ressemblance avec une Plante décrite par les Anciens , qui croissoit sur le mont-Parnasse. Ses feuilles ressemblent à celles de la Violette, mais font plus petites & d'un verd plus blanchâtre. Ses petites tiges, qui s'élevent de la longueur de la main, portent au fommet une feule fleur, compofée de dix feuilles blanches. Elle croît en terre graffe, dans les Prés & les lieux humides.

PARNASSIM, f. m. Nom des Directeurs d'une Synagogue Juive. L'affemblée des *Parnaffims*.

PAROLI, f. m. Terme de Jeu, qui fignifie le double de ce qu'on a joué la premiere fois. Il prend d'autres fens, dans le figuré; comme *faire paroli à quelqu'un*, pour, *lui être égal*, ou pour, *faire une réponfe convenable* à quelque difcours qu'il a tenu, &c.

PARPIROLLE, f. f. Petite monnoie de Savoie, fabriquée à Chamberi & dans d'autres lieux. C'eft un mêlange de cuivre & d'argent, de la valeur d'un fou.

PARSIMONIE, f. f. lat. Epargne, dans l'emploi de l'argent, & de tous les biens qui peuvent diminuer par la dépenfe.

PARTÉ, A PARTÉ, f. m. Terme de Théâtre, purement latin, qui fignifie tout ce qu'un Acteur fait ou dit *à l'écart*, & qu'on fuppofe que les autres n'apperçoivent ou n'entendent point, quoiqu'ils forment enfemble une même Scene. Un *a parté* demande beaucoup d'art. La *Fontaine* foutenoit que les *a parté* bleffent le bon fens.

PARTERRE, f. m. Nom qu'on donne à des efpeces de Satins, ou de Damas, femés de fleurs naturelles, qui repréfentent l'émail d'un Jardin.

PARTHENIE, f. f. gr., qui fignifie *Vierge*. On donnoit ce furnom à *Minerve*, parce qu'on fuppofoit qu'elle avoit toujours confervé fa Virginité.

PARTIBUS, IN PARTIBUS. Terme latin, adopté en françois. On appelle *Evêque in Partibus*, en fousentendant *Infidelium*, celui qui poffede un titre d'Evêché dans un Païs occupé par les Infideles. Cet ufage commença dans l'Eglife, lorfque les Chrétiens furent chaffés de Jerufalem & de l'Orient, par les Sarafins. On efperoit de faire rentrer, par cette voie, la foi & le gouvernement eccléfiaftique dans les mêmes Païs.

PARTICIPATION, f. f. lat. En termes de Commerce, on appelle *Société en participation*, une des quatre Sociétés anonymes des Marchands. Parmi les Religieux, des Lettres de *participation* font un efpece de Certificat, par lequel ils rendent témoignage qu'ils ont part à une perfonne féculiere des mérites de leurs prieres & de leurs bonnes œuvres.

PARTICULARISER, v. act. Terme de Juftice criminelle. *Particularifer* une affaire, c'eft la pourfuivre contr'un feul de ceux qui s'y trouvent impliqués.

PARTIL, adj. Terme d'Aftrologie, qui fe dit d'un afpect, lorfqu'il eft précifément dans le degré qui le forme, comme *Platique* fe dit de l'afpect imparfait. Le *Trine partil* eft ce'ui de cent vingt degrés. Par exemple, le Soleil eft en *trine parti* de la Lune, lorfqu'il eft au douziéme degré du Lion & que la Lune eft au douziéme degré du Sagittaire, parce qu'alors ils font éloignés l'un de l'autre de cent vingt degrés, qui font juftement le tiers du Zodiaque.

PARTITIF, adj. On appelle, en Grammaire, articles *partitifs*, ou indéterminés, les genitifs des articles, lorfqu'ils deviennent nominatifs ou accufatifs, foit avant les noms des chofes, foit avant ceux des perfonnes. Leur ufage eft de reftreindre l'étendue de la fignification des noms. Auffi peut-on prefque toujours y fubftituer le pronom *quelque*. Par exemple, lorfque je dis, *des gens favans* penfent comme moi, je ne parle pas de tous les gens favans, mais de *quelques* gens favans. J'ai acheté des Livres, c'eft-à dire, *quelques* Livres. On voit que ces articles s'appellent *Partitifs*, parce qu'ils ne défignent qu'une *partie* des fujets.

PARVIS, f. m. On donne ordinairement ce nom à la Place qui eft devant une Eglise ; mais on ne s'accorde pas sur son origine , que les uns lui font tirer de Paradis , & d'autres plus vraisemblablement de *Parvisum*, qui étoit un lieu au bas de la Nef, où l'on tenoit autrefois les Ecoles des petits Enfans.

PASCALINE, f. f. Machine ainsi nommée du célebre *Pascal*, son Auteur, pour faire toutes les opérations d'Arithmétique, avec une parfaite justesse, sans le secours du raisonnement. Elle est à la Bibliotheque du Roi. On la nomme autrement *Roulette*, ou *Roue Pascaline*. Le Chevalier *Morland* en a publié deux à Londres, en 1673.

PAS D'HORLOGERIE , f. m. Nom qu'on donne à chaque tour que fait la fusée, ou à chaque tour que fait la chaîne, ou la corde, autour de la fusée. Les fusées ont ordinairement sept pas ou sept pas & demi.

PASQUE , f. f. *Voïez* PAQUE.

PASQUERETTE , f. f. *Voïez* PAQUERETTE.

PASSAGE , f. m. Terme d'Ouvriers en cuir, qui se dit de la préparation qu'on donne aux peaux, en les passant dans diverses drogues.

PASSAGE DE SERVITUDE. PASSAGE DE SOUFFRANCE. Termes de Coutume. Le premier est une liberté de passage, dont on jouit sur l'heritage d'autrui, par convention ou prescription. Le *passage* de souffrance est celui qu'on est obligé de souffrir sur son fond, en vertu d'un titre.

PASSANDEAU , f. m. Nom d'une ancienne piece de canon, de huit livres de balle, & qui pesoit trois mille cinq cens livres.

PASSATION , f. f. Terme de Pratique, qui se dit de l'action de passer un Acte, un Contrat, &c.

PASSE , f. f. , qui signifie, en termes de Marine, *passage*, *débouquement*.

PASSE-DEBOUT , f. m. On donne ce nom à l'acquit que les Commis des Douannes accordent, pour les Marchandises qui doivent traverser quelque Païs sans y être déchargées.

PASSEMENT , f. m. Vieux mot, qui s'est conservé en usage , pour signifier *dentelle* & tous les ouvrages qui se font avec des fuseaux, pour servir d'ornement sur les habits.

PASSE-PERLE , f. m. Nom d'un fil de fer très fin, qui sert à faire des Cardes, & qui nous vient de Ligourne.

PASSERIE , f. f. Nom d'une espece de traité, ou de convention pour le Commerce, qui s'observe, même en tems de guerre, entre les Habitans des frontieres de France & d'Espagne, auxquels il est permis en tout tems de commercer ensemble, par les portes ou les passages des Pyrenées, qui sont exprimés dans la convention.

PASSERILLE , ou PASSULE , f. f. Raisin sec de Frontignan, qui fait, avec ses vins muscats, un objet considérable de Commerce. Les Médecins étendent ces noms à toutes sortes de raisins sechés au Soleil. On trouve, chez les Apotiquaires, de ces raisins apportés de Damas, de Smyrne, de Candie, &c., qu'ils appellent *Zibibum*.

PASSIBLE , adj. lat., qui signifie ce qui est capable de souffrir. Il est opposé à impassible. L'Humanité, dans la personne de Jesus-Christ, étoit *passible*, & la Divinité impassible. En termes de Coutume, *passible* se dit pour celui qui doit supporter quelque chose. Accepter une succession, c'est se rendre *passible* de toutes les dettes de celui dont on devient l'héritier.

PASSION , f. f. lat. Mouvement intérieur qui nous porte à quelque chose. Les *passions* ne sont pas des vices en elles-mêmes. C'est leur objet qui leur fait prendre la qualité de vices ou de vertus. On peut nommer les vertus, des *passions* louables. *Passion*, en Peinture, se dit d'un mouvement du corps, accompagné de certains traits sur le visage, qui marquent une agitation de l'Ame. *Passion*, qui signifie *souffrance*, ne se dit que des tourmens, des insultes & de la mort auxquels Notre-

Seigneur s'est assujetti pour la rédemption du genre humain, & des Peintures ou des Estampes qui les representent. *Passionné*, adj., se dit de tout ce qui porte le caractere d'une *passion* violente. *Se passionner*, v. act., c'est marquer, par des apparences extérieures, qu'on est animé de quelque *passion*.

PASSULE, s. f. *Voïez* PASSERILLE. On appelle *Passulat*, du miel préparé avec des raisins cuits dans l'eau.

PASTEQUE, s. f. Nom d'une sorte de Melon, qui s'appelle aussi *Melon d'eau*. Sa figure est ronde, sa couleur d'un verd brun, & tachetée de quelques marques blanchâtres. Il n'est excellent que dans les Païs chauds. Sa plante a quelque ressemblance avec celle de la Citrouille ; mais ses feuilles sont plus petites & plus découpées. Il a la chair un peu rougeâtre. On le regarde comme le plus rafraichissant de tous les fruits.

PASTEUR, s. m. Nom qu'on donne aux Princes Arabes qui regnerent en Egypte, & qui composent la seconde dynastie des Egyptiens. Elle dura 20 ans.

PASTICHE, s. m. Ital. On donne le nom de *Pastiches* à des tableaux d'imitation, dans lesquels l'Auteur a contrefait la maniere de quelque Peintre, ses touches, son goût de dessein, son coloris, &c. *Lucas Jordans*, & *David Teniers*, ont excellé dans ce genre.

PATACA. *Voïez* PATAQUE.

PATACH. *Cendre de Patach*. Nom d'une cendre, qui se fait d'une herbe commune aux environs de la Mer noire. Elle sert pour faire du Savon & pour dégraisser les Draps. Mais elle est moins estimée que celle de Tripoli.

PATAGONS, s. m. Nom qu'on donne aux Habitans de la Côte occidentale du Détroit de Magellan.

PATA LEONIS. *Voïez* PIÉ DE LION.

PATAQUE ou PATACA, s. f. Nom que les Portugais donnent à la Piastre d'Espagne, ou Piece de huit.

PATAVINITÉ. *Voïez* PATOIS.

PATELET, s. m. ou VALIDE. Espece de Morue verte, qui tient le cinquiéme rang dans le triage qui se fait de diverses sortes de Morues.

PATELLE. *Voïez* LE PAS.

PATHOGNOMIQUE, adject. gr. On appelle signes *Pathognomiques*, ceux qui sont particuliers à chaque disposition du corps, c'est-à-dire, à la santé comme aux maladies. On juge quelquefois mal sur un seul de cés signes ; mais ils donnent une sorte de certitude, lorsqu'il s'en trouve plusieurs de réunis.

PATIENCE, s. f. Terme de Blason, par lequel on designe une Salamandre dans un feu ardent : comme on appelle *immortalité*, un Phenix sur son bucher ; *Vigilance*, une Grue avec une pierre dans son pié levé ; & *Piété*, un Pelican qui s'ouvre le sein sur ses Petits.

PATOIS, s. m. Nom qu'on donne à un langage grossier & corrompu, qui est en usage dans un canton particulier, & qui tire son origine de quelque langue plus exacte. On fait venir ce mot de celui de *Patavinité*, célebre par le reproche qu'on en fait à *Tite-Live*. Il étoit de Padoue ; & l'on prétend que son style se ressent quelquefois du Païs de sa naissance.

PATRAT. PERE PATRAT, subst. m. Nom d'un Officier de l'ancienne Rome, Chef du College des *Ficiaux*, qui composoient un Conseil de guerre, pour examiner la Justice ou l'Injustice des Entreprises militaires. Leurs autres fonctions répondoient à peu-près à celles de nos Hérauts-d'armes.

PATRE, s. m. Mot formé de *Pasteur*, qui se dit de ceux qui menent paitre les Bestiaux ; comme *Berger*, de celui qui conduit les Moutons. Au Levant, on appelle *Patremens*, des peaux de Bœufs & de Vaches, qui se levent en Hiver.

PATRES. Voïez *AD PATRES*, qui est une expression prise de l'Ecriture Sainte.

PATTE DE LION, s. f. Plante vulneraire, & bonne, dans les lavemens , pour la sciatique. Elle croît , en Italie , dans les Champs & parmi les Blés. Ses fleurs ressemblent à celles de l'Anemone , & ses feuilles à celles des Choux , quoique déchiquetées comme celles des Pavots.

PATTE-D'OIE , s. f. Plante , dont la feuille a la figure du pié d'une Oie. Ses feuilles ressemblent à celles de l'Arroche sauvage , mais sont plus amples & d'une odeur forte. Ses fleurs naissent en épis. Elle croît le long des vieux murs & dans les terres incultes. On prétend qu'elle fait mourir les Pourceaux , & que prise intérieurement , elle seroit un poison pour les Hommes.

PATTER , v. n Terme de Chasse , qui se dit d'un Animal qui emporte la terre avec ses piés , dans les lieux humides. Un Lievre qui a , *atté* , c'est à-dire , qui a laissé des traces de ses piés.

PATURE DE CHAMEAU , s. f. ou JONC ODORANT. Nom d'une Plante médecinale.

PAVATE , s. m. Arbrisseau des Indes dont les feuilles , qui ressemblent aux petites de l'Oranger , & la fleur , qui a l'odeur & la figure de celle du Chevrefeuille , sont d'un grand usage dans la Médecine du Païs.

PAVESADE , s. f. Mot formé de Pavois , qui signifie une sorte de toît , ou de couverture , qu'on faisoit autrefois de plusieurs *Pavois* , ou Boucliers. Depuis , on a donné le même nom , dans nos Trouppes , à de grandes claies portatives , derriere lesquelles les Archers étoient placés , pour tirer.

PAVÉS ANCIENS. On avoit anciennement deux manieres différentes de paver les grands chemins. Les uns se pavoient de pierre , & les autres étoient cimentés de sable & de terre glaise. Les premiers étoient à trois rangs. Celui du milieu , qui servoit aux gens de pié , étoit un peu plus élevé que les deux autres , pour empêcher les eaux de s'y arrêter. Il étoit pavé à la rustique , c'est-à-dire , de gros pavés de pierre à joints incertains , sans aucun équarrissement.

Les deux autres rangs étoient couverts de sable , lié avec des terres grasses ; & les Chevaux y marchoient fort à l'aise. On trouvoit par intervalles , sur les bordures , de grosses pierres dressées à une hauteur commode pour monter à Cheval , parce que les Anciens n'avoient pas l'usage des étriers. On trouvoit encore les colomnes milliaires , avec des inscriptions qui marquoient les distances des lieux , & le côté du chemin qui menoit d'un lieu à l'autre. Les chemins de la seconde manière , c'est-à-dire , seulement de sable & de terre glaise , étoient en dos-d'âne ; de sorte que l'eau ne pouvant s'y arrêter , ils étoient toujours sans boue & sans poussiere.

PAVIE , s. f. Espece de linge ouvré , qui se manufacture en Flandres & en basse Normandie.

PAULETTE , s. f. Nom d'un droit que le Roi fait lever sur les Charges de Magistrature. C'est la soixantieme partie du prix d'un Office. Lorsqu'un Officier meurt sans avoir païé *la Paulette* , son Office va aux parties casuelles , & est perdu pour ses Héritiers. L'origine de ce droit est en 1604. L'Inventeur se nommoit *Paulet*.

PAULO - POST - FUTUR , s. m. Terme de Grammaire , composé de deux mots latins & un françois , qui signifie un tems dont les Grecs se servent dans les verbes *passifs* , outre les futurs ordinaires. La particule *ecce* , jointe à un present , marque fort bien ce que les Grecs nomment un *Paulo-post-futur*.

PAYSAGE. *Voïez* PAÏSAGE.

PEAN. *Voïez* PEON.

PECCABLE , adj. lat. , qui signifie capable de pécher. Il est opposé à *impeccable* , qui se dit de certaines Ames privilegiées , telles que la Sainte Vierge & les Apôtres après la descente du Saint Esprit , qui étoient confirmées en grace , & par conséquent impeccables.

PÉCHÉ ORIGINEL , s. m. *Voïez* ORIGINEL , dans l'article ORIGINAIRE.

PÉCHÉ PHILOSOPHIQUE , s. m.
On

On donne ce nom à une action humaine, contraire à la nature & à la raison, qui étant commife par celui qui n'a aucune connoiffance de Dieu, ou qui n'y penfe point actuellement, n'eft pas, fuivant quelques Théologiens, une offenfe qui mérite la peine éternelle. Cette Doctrine a trouvé tant d'oppofition, que fes Partifans l'ont abandonnée.

PECHYAGRE, f. f. gr. Efpece de goutte, qui attaque particuliérement le *coude*.

PECOULS, f. m. ou PETITS BASINS. Nom qu'on donne à des bordures de bois unies, qui fervent à encadrer des Eftampes.

- PECTEN, f. m. *Voiez* PEIGNE.

PECTINAL, adj., formé du mot latin qui fignifie *Peigne*, & nom qu'on donne aux Poiffons dont l'arrête imite les peignes ; tels que la Sole, la Plie, la Limande, le Carrelet, &c. On en fait une claffe particuliere, qui fe nomme *les Pectinaux*.

PEDERASTIE, f. f. gr. Amour pour les jeunes Garçons. Ce mot étoit autrefois honnête, pour exprimer une paffion que la Religion & l'honnêteté défendent aujourd'hui de nommer.

PEDICULAIRE, f. f. Plante vantée pour les hemorrhagies. On la nomme ordinairement *Pediculaire des Prés*, parce qu'elle croît dans les Prés, dans les Marais & les autres lieux humides. Ses tiges font à-peuprès de la hauteur d'un demi-pié, creufes, foibles, les unes rampantes, d'autres droites ; fes feuilles reffemblent à celles du *Fili-pendula*, mais font plus petites & découpées plus menu ; fes fleurs, qui forment comme un mufle, font de couleur purpurine, ou rouge, ou incarnate, ou blanche.

PEDILUVE, fubft. mafc. lat. comp. Nom que les Médecins donnent à un Bain qui n'eft que pour les piés.

PEDOTROPHIE, f. f. gr. Maniere de nourrir les Enfans à la mammelle. C'eft le titre d'un fameux Poëme de Scevole de Sainte Marthe, où

Supplém.

ce fujet eft fort bien traité. Nous en avons une traduction en Profe, de l'année 1698.

PEGÉES, f. f. Nom qu'on donnoit anciennement aux Nymphes des Fontaines, comme celui de Naïades. Il eft formé d'un mot grec, qui fignifie *Fontaine*. On appelloit *Pegomancie*, une forte de divination, qui fe faifoit par les Fontaines, en y jettant des forts, qu'on croïoit heureux lorfqu'ils alloient au fond, & malheureux s'ils furnageoient.

PEIGNE ou PECTEN, f. m. Nom d'une Coquille bivalve, de la forme des Cames; mais extrêmement applatie. Ses deux valves font prefque égales ; avec des canelures, plus ou moins relevées, depuis la charniere jufqu'à l'extrêmité oppofée, dont les différences lui font donner plufieurs noms. C'eft une efpece de *Petoncle* qu'on appelle auffi *Pelerine*. La plûpart ont deux oreilles aux côtés de la charniere ; d'autres n'en ont qu'une, & d'autres n'en ont point. Leurs Analogues foffiles fe nomment *Pectinites*.

PEINTURER, v. act., formé de Peinture, comme Peinture l'eft de Peindre. Il fignifie revêtir quelque chofe d'une fimple couleur, ou de plufieurs fi l'on veut, mais fans art & fans autre deffein que de leur ôter leur couleur naturelle ; au lieu que *Peindre* fignifie exercer l'art de la Peinture. La différence, entre ces deux mots, eft la même qu'entre les deux verbes latins, *Pingere* & *Picturare*.

PELADE, f. f. Nom qu'on donne à la laine qu'on fait tomber, avec la chaux, des peaux de Moutons & de Brebis.

PELAINS, f. m. Satins de la Chine, que la Compagnie des Indes achete de divers Indiens, par les mains defquels le Commerce les fait paffer.

PELECIN, f. m. gr. Plante qui fe cultive dans les Jardins, & qui a beaucoup de rapport avec la *Securidique*. Ses tiges font anguleufes, & divifées en plufieurs rameaux. Ses feuilles font rangées par paires. Elle

C c

porte de petites fleurs rouges , plufieurs jointes enfemble fur des calices dentelés , auxquelles fuccédent
des fruits longs , applattis , & den-
tés par les bords , qui contiennent
quantité de femences de la forme d'un
petit rein.

PELERINE , f. f. Nom d'une fameufe Perle , qui fut apportée , en
1574 , à *Philippe II* , Roi d'Efpagne.
Elle eft en forme de Poire , & de la
groffeur d'un œuf de Pigeon.

PELIN ou PLIN , f. m. Nom d'une
Eau , préparée avec de la chaux ,
que les Tanneurs emploient dans
leurs opérations.

PELISSE , f. f. Robbe fourrée de
peau , dont on fe fert beaucoup
dans les Païs du Nord & au Levant.
On donne , en France , le nom de
Peliffe à la peau même dont on four-
re les habits ; & les Femmes nomment *Peliffe* , un Mantelet doublé
de peau.

PELLETÉE , ou PELLERÉE , ou
PELLEE , f. f. Ce qu'on peut lever
ou remuer de terre , ou de toute autre chofe , avec une Pelle. L'ufage
le plus commun eft pour *Pellerée*.

PELLICULE , f. f. lat. Diminutif,
pour *petite peau*. On emploie fouvent ce mot au lieu d'Epiderme.

PELOTAGE , f. m. Nom qu'on
donne à la troifiéme forte des laines
de Vigogne , par la feule raifon
qu'elles viennent d'Efpagne en pe-
lotes.

PEMPHIGODES , adj. gr. Terme
de Médecine , qui fe dit des fievres
diftinguées par des flatuofités & des
enflures , dans lefquelles il s'exhale ,
par les pores , une forte d'air épais ,
ou de fueur fort déliée.

PENAILLON , PENARD , ET
PENAILLE. Noms que la *Fontaine*
a donnés fouvent aux Moines , &
dont l'origine latine ne fait pas naître une idée fort honnête.

PENAL , f. m. Mefure de grains
en ufage dans quelques Provinces de
France , qui revient à deux Boiffeaux
de Paris. *Penal* , adjectif de *Peine* , fe
dit d'une Loi qui inflige quelque
peine ou quelque amende.

PENDANT , f. m. On dit figuré-

ment qu'une chofe eft le *pendant*
d'une autre , pour dire qu'elle lui
reffemble , ou qu'elle peut aller de
pair avec elle. Cette figure eft prife ,
fuivant les uns , de deux Tableaux
d'égale grandeur ; & fuivant d'autres , de deux *pendans* d'oreille. Les
pendans d'un ceinturon font la partie où l'on paffe l'épée.

PENDAR , f. m. Poire qui meurit à la fin de Septembre , & qui reffemble beaucoup à la Caffolete par
fa chair , fon eau & fon goût.

PENDILLON , f. m. Verge d'horlogerie , qui eft rivée avec la tige de
l'échappement , pour communiquer
le mouvement au Pendule , & le
maintenir en vibration. Elle fe nomme auffi *Fourchette*.

PENDULE SIMPLE. PENDULE
MIXTE. PENDULE INFLEXIBLE.
Le premier eft celui qui étant fufpendu , continue fes vibrations fans
aucun fecours étranger ; le fecond ,
celui qui eft maintenu en vibration
par un rouage ; & le troifiéme , celui qui eft fixé fur la verge de la
palette de l'échappement.

PENIDES , f. m. Nom d'un médicament pour la toux & pour les maux
de la poitrine & des poumons , qui
eft fait de fucre cuit dans une décoction d'orge , & qui fe tire ou fe file
ordinairement en forme de corde.
C'eft ce qu'on appelle vulgairement
du *fucre d'orge*.

PENOABSON , f. m. Arbre de
l'Amerique , dont les feuilles reffemblent à celles du Pourpier , & font
toujours vertes. Il a l'écorce odoriférante ; & fon fruit , qui eft de la
groffeur d'une Orange , contient dix
ou douze amandes , dont on exprime une huile qui guérit les plaies ,
quoique ce fruit foit un poifon.

PENSUM , f. m. Mot purement
latin , qui eft devenu françois , par
l'ufage des Ecoles , où l'on donne ce
nom à une forte de pénitence , qui
confifte à faire quelque ouvrage au-
delà du devoir ordinaire , en punition de quelque faute.

PENTACRINOS , f. m. gr. Nom
d'une pierre rouffe & argilleufe , figurée en angles , qui , dans leur fé-

paration , repreſentent *cinq feuilles de Lis*.

PENTHESE , ſ. f. Nom qu'on donnoit , dans l'ancienne Egliſe d'Orient , à la Fête de la Purification , qui ſe célebre le 2 de Février.

PEON ou PEAN , ſubſt. maſc. Terme de Poëſie , qui ſe dit de pluſieurs ſortes de piés qu'on emploïoit particuliérement dans les Hymnes , à l'honneur d'Apollon , ſurnommé *Pean*. On en diſtingue quatre ; le premier , compoſé d'une longue & trois breves ; le ſecond , d'une breve , une longue & deux breves ; le troiſieme , de deux longues , une breve & une longue ; le quatrieme , de trois breves & une longue.

PEPLE ou PEPLUS , ſ. m. lat. Nom d'une robbe blanche , ſans manches , toute brochée d'or , qu'on mettoit à la Statue de Minerve dans les Proceſſions des grandes Panathenées , & ſur laquelle étoient repreſentés les Combats & les grandes Actions des Dieux & des Heros.

PERAGRATION , ſ. f. lat. Terme d'Aſtronomie , qui ſignifie *courſe* , ou *action de parcourir*. On appelle mois de *Peragration* , le tems que la Lune emploie pour faire la révolution d'un Point du Zodiaque juſqu'à ſon retour au même Point.

PERAGRE , ſ. m. Arbriſſeau du Malabar , dont la racine infuſée dans du petit lait , ou du vin , eſt emploiée contre les maladies du ventre. Sa poudre deſſeche les puſtules ; & le ſuc de ſes feuilles eſt un excellent vermifuge.

PERCALLES-MAURIS , ſ. f. Toiles blanches de coton , plus fines que groſſes , qui nous viennent de Pondichery.

PERCE-BOIS. *Voïez* MENUISIERES.

PERCE CHAUSSÉE , ſ. m. Inſecte , de la couleur & de la groſſeur d'un Hanneton , qui perce ſi facilement la terre , qu'on lui voit quelquefois traverſer une chauſſée , d'où il tire ſon nom.

PERCEPTIBLE , adjeēt. , tiré du latin , qui ne ſe dit gueres que des choſes qui peuvent être apperçues

par les yeux du corps. Il eſt oppoſé à *imperceptible*. En termes de Palais , *Percevoir* des fruits , ou des revenus , c'eſt les recevoir , les recueillir.

PEREGRINE , adj. lat. *Communion peregrine*. Nom qu'on donnoit autrefois , dans l'Egliſe , à une dégradation des Clercs , par laquelle ils étoient réduits à un ordre inférieur. On ne s'accorde pas ſur la ſignification de ce mot , qui ſuivant quelques-uns marque ſimplement un état étranger à l'ordre de celui qui y étoit réduit.

PEREGRINOMANIE , ſ. f. lat. & gr. Paſſion de voïager. C'eſt le ſens le plus naturel de ce mot ; quoiqu'il ait été quelquefois emploié pour ſignifier , *paſſion* pour la lecture des Relations de Voïages.

PERES. PETITS PERES. Religieux de l'Ordre de Saint Auguſtin , qui furent établis à Paris , en 1608 , par la Reine *Marguerite* , d'abord au Faubourg Saint Germain , d'où ils furent tranſportés , ſept ans après , au quartier de Montmartre. Ce fut leur pauvreté & la petiteſſe de leur établiſſement , qui leur fit donner le nom qu'ils portent encore , quoique leur fortune ſoit avantageuſement changée.

PERFECTIONNEMENT , ſ. m. Mot aſſez moderne , mais qui manquoit à la langue pour ſignifier l'action de perfectionner une choſe. *Perfection* eſt l'état d'une choſe perfectionnée.

PERFORANT , adj. Terme d'Anatomie. Le *Muſcle perforant* eſt un muſcle des doigts , qu'on nomme auſſi *le profond*. Le *Perforé* en eſt un autre , nommé plus communément *le Sublime*. Celui-ci eſt ſitué le long de la partie interne de l'avant bras , & ſe termine , vers le poignet , par quatre extrêmités ſéparées. L'autre eſt placé plus profondément & couvert du premier.

PERIAPTES , ſ. m. gr. Figures magiques qu'on portoit anciennement ſuſpendues au cou , pour ſe garantir de diverſes maladies. Comme ce mot ne ſignifie qu'une *choſe ſuſpendue* , on en faiſoit auſſi le nom de plufieurs remedes qu'on portoit au cou. Le fachet anti-apopleƈtique de *M. Arnoults* eſt un *Periapte*.

PERIBOLE , ſ. f. gr. Les Médecins donnent ce nom à un tranſport d'humeurs , de l'interieur du corps à ſa ſurface , qui ſert à la guériſon , ou du moins au ſoulagement du Malade ; comme il arrive lorſqu'une Maladie eſt appaiſée par une abondante eruption de puſtules. On fait le même mot maſculin , pour ſignifier un eſpace planté d'arbres , que les Anciens laiſſoient autour des Temples, ordinairement fermé d'un mur , & conſacré aux Divinités du lieu. Les premiers Chrétiens avoient auſſi des *Peribo'es* , autour de leurs Egliſes. On y voïoit des Cellules , de petits Jardins , des Bains , des Cours & des Portiques , qui , ſous les Empereurs Chrétiens, devinrent des aſyles inviolables pour ceux qui s'y étoient refugiés. Le nom de *Peribole* convient à tout ce qui environne quelque choſe ; tel qu'un Gardefou , un Parapet , les bords d'un Navire , &c.

PERICHORES , ſ. m. & adj. gr. Les Grecs donnoient ce nom aux Jeux qui n'étoient, ni ſacrés, ni périodiques , & dans leſquels les Vainqueurs recevoient pour prix , non une ſimple couronne, mais de l'argent , ou quelque choſe d'équivalent.

PERICLYMENE , ſ. f. Nom d'une Plante , qui reſſemble au Chevrefeuille. Sa fleur, qui eſt monopetale , a l'apparence d'un tuïau, dont le ſommet eſt diviſé en pluſieurs ſegmens preſqu'égaux.

PERIMER , v. aƈt. Terme de Pratique , qui ne ſe dit que d'une inſtance , lorſqu'elle vient à tomber , faute d'avoir été pourſuivie. C'eſt alors une inſtance *perimée* , ou qu'on a laiſſé *perimer*. Voïez PEREMPTOIRE.

PERIODE , ſ. f. Mot grec qui ſe dit, dans une Maladie , du tems compris entre deux accès , ou Paroxiſmes. Le *période* du ſang, c'eſt ſa circulation.

PERIPETIE , ſ. f. gr. Terme de Poéſie dramatique , qui ſignifie proprement *circonſtances* , mais qui ſe dit d'un changement inopiné d'action, d'un événement imprévu, qui change l'état des choſes , & qu'on appelle auſſi *Cataſtrophe*.

PERIPLOQUE , ſ. f. Plante ſarmenteuſe , qui s'entortille autour des arbres , dans les Bois , & qui eſt un poiſon pour tous les animaux à quatre piés. Ses feuilles ſont oblongues , pointues & veineuſes. Ses fleurs , qui viennent aux ſommités des branches , ſont diſpoſées en Etoile, velues & purpurines en haut , mais ſans poil & d'un jaune verdâtre en bas. Cette plante rend du lait lorſqu'elle eſt rompue.

PERIR , v. n. On le fait quelquefois aƈtif, dans le ſtyle burleſque. Mais il n'y a que le Peuple , & le plus groſſier , qui ait jamais emploié ſérieuſement ce verbe, dans une ſignification aƈtive , & qui ait dit , par exemple, *perir* quelqu'un , pour , perdre quelqu'un. Cependant le nouveau ſupplément au Diƈtionnaire univerſel lui donne ce ſens , & veut l'établir par des exemples nobles & ſérieux.

PERISCYPHISME , ſ. m. gr. Opération chirurgicale , qui , ſuivant l'étymologie du mot , conſiſte dans une inciſion autour du crâne , & qui ſe fait pour remédier à de copieuſes fluxions ſur les yeux , lorſqu'elles viennent de vaiſſeaux fort profonds.

PERLE, POUPES DE PERLES , ſ. f. Nom qu'on donne à des excreſcences , en forme de *demi-perles* , qui s'élevent dans l'interieur des Nacres , & que les Jouailliers ſcient adroitement pour les mettre en œuvre.

PERLOIR , ſ. m. Nom d'un petit inſtrument de divers Artiſtes , avec lequel ils forment de petits ornemens en forme de *Perle*.

PERMEZ , ſ. f. Nom d'une petite Nacelle , à peu-près de la forme des Gondoles de Veniſe , qui ſert , à Conſtantinople, pour aller d'un bord du Port à l'autre.

PER OBITUM. Terme latin ,

qui fignifie, *par Mort*. Il eft adopté, en ftyle eccléfiaftique. Un Bénéfice vacant *per Obitum*.

PERPÉTUITÉ. PERPÉTUATION. Deux fubftantifs feminins de *perpétuer* & *perpétuel*. Le premier fignifie *durée perpétuelle*, ou qui ne finit point. Le fecond ne fe prend que pour l'action par laquelle une chofe fe perpétue, ou par laquelle on la continue de maniere qu'elle devient perpétuelle. La *perpétuation* des efpeces eft un point fort obfcur.

PERQUISITION, f. f. lat. Recherche, foin qu'on prend pour trouver ou découvrir quelque chofe. Ce mot eft paffé, du Palais, dans l'ufage commun.

PERRAU, f. m. Grand chauderon de cuivre, qui fert particuliérement aux Epiciers, pour y faire amollir, dans l'eau chaude, la cire qu'ils emploient à la fabrique des Cierges.

PERRELLE, f. f. Terre féche, en petites écailles grifes, qui vient de Saint Flour, en Auvergne, où elle fe prend fur les Rochers, & qui fe vend chez les Droguiftes, pour la compofition du Tournefol en patte, qu'on appelle autrement *Orfeille*.

PERRUCHE, f. f. Nom qu'on donne à la femelle du Perroquet.

PERS, adject. Ancien mot, qui fignifie bleu. Yeux *pers*. Couleur *perfe*.

PER SALTUM. Terme latin, qui fignifie *Par faut*. On appelle l'Ordination *per faltum*, lorfqu'on reçoit un Ordre fupérieur, fans avoir paffé par les inférieurs ; comme fi l'on étoit ordonné Prêtre, fans avoir reçu le Diaconat. Ces Ordinations font défendues par les Canons.

PERSAN, f. m. & adj. Habitant de la Perfe, ou ce qui appartient à cet Empire. On difoit autrefois *les Perfes* ; mais l'ufage eft aujourd'hui pour *Perfans*. On ne laiffe pas de dire, un habit à la *Perfienne* ; & une étoffe de *Perfe* fe nomme une *Perfienne*. On dit même, depuis peu, une *Perfe*.

PERSÉCUTION, f. f. Ce mot, lorfqu'il n'eft accompagné de rien, fignifie les anciennes perfécutions contre le Chriftianifme. On en compte ordinairement vingt-quatre.

PERSES, f. f. Nom qu'on donne à ces belles Toiles, peintes au pinceau, qui viennent de Perfe ; comme on nomme *Indiennes*, celles qui viennent des Indes.

PERSICAIRE, f. f. Nom d'une fleur affez agréable, dont les tiges s'élevent fort haut, & qui nous vient de Perfe.

PERSICITE, f. f. Pierre argilleufe, qui tire fon nom de fa reffemblance avec la *Pêche*. *Voïez* PECHE & l'origine de fon nom.

PERSICOT, f. m. Liqueur agréable & fpiritueufe, dont la bafe eft de l'efprit de vin, des noïaux de Pêches, & du fucre, avec un extrait de Perfil & d'autres ingrédiens.

PERSIENNES, f. f. Nom qu'on donne à des Jaloufies, ou des Chaffis de bois, qui s'ouvrent en dehors, comme des Contrevents, & fur lefquelles font affemblées, à diftance égale, des tringles de bois, en abatjours, qui garantiffent une Chambre du Soleil. Cet ufage nous vient de Perfe.

PERSIFLAGE, f. m. Terme nouveau, qui s'eft accredité tout d'un coup, à Paris. Je l'ai défini, dans un autre endroit, l'*Art*, ou l'action, de railler agréablement un Sot, par des raifonnemens & des figures qu'il n'entend pas, ou qu'il prend dans un autre fens : ainfi, *perfifler* quelqu'un, c'eft le railler, fans qu'il s'en apperçoive. Cependant, il femble que fous ce mot on comprend auffi tout badinage d'idées & d'expreffions, qui laiffe du doute ou de l'embarras fur leur véritable fens. *Perfifleur* fignifie celui qui perfifle. C'eft un *Perfifleur* éternel, un agréable, un ennuïeux *Perfifleur*.

PERSONNALITÉS, f. f. Chofes perfonnelles, qui appartiennent à la perfonne, ou aux qualités perfonnelles. On donne ce nom aux recits, aux reproches, aux injures, qui attaquent perfonnellement quelqu'un ; car il ne fe prend guere qu'en mauvaife *part*. La fatyre s'attache aux *perfonnalités* ; la critique ne doit tomber que fur les Ouvrages.

PERSPIRATION, f. f. lat. Efpece de tranfpiration infenfible , qui
fe fait continuellement par les pores
du corps , & qu'on diftingue , par ce
mot , de la tranfpiration vifible ,
telle que la fueur. Lorfque la *perfpi-
ration* manque , la refpiration devient languiffante.

PERTE, f. f. Nom d'une forte
de Toile de chanvre , qui fe fabrique en divers endroits de Bretagne ,
furtout dans un village nommé *Perte.*

PESANT, f. m. Efpece de Verroterie , qui fert à la Traite , fur les
Côtes d'Afrique , & dont on diftingue deux efpeces, la jaune & la verte.

PISCESE, f. m. Nom d'un Droit
ou d'un Tribut, qu'on paie au Grand-
Seigneur, pour devenir Patriarche
de Conftantinople. Il n'étoit autrefois que de mille ducats ; mais l'am-
bition des Concurrens l'a fait monter jufqu'à foixante mille écus.

PESCHE. *Voïez* PECHE.

PESNE. *Voïez* PENE.

PETALE, f. m. gr. Terme de Bo-
tanifte , qui fignifie la *feuille* d'une
fleur. Une fleur *monopetale* eft celle qui eft compofée d'une feule
feuille.

PETALISME, f. m. gr. Sentence
populaire, par laquelle les Syracu-
fains condamnoient à l'exil,pour cinq
ans , ceux d'entre leurs Concitoïens
dont la puiffance paroiffoit dange-
reufe pour la liberté publique. Le
Petalifme étoit à Syracufe, ce que
l'*Oftracifme* étoit dans Athenes.

PETAURE, f. m. gr. Efpece de
Branloire ancienne , qui étoit compofée d'une roue , portée en l'air fur
un effieu, par le moïen de laquelle
deux perfonnes fe balançoient , en
fe fervant de contrepoids mutuel.

PETITION, f. f. lat. En termes
de Logique, on appelle *Petition de
principe* , un fophifme qui confifte à
fuppofer, comme certain, ce qui ne
l'eft pas & qui a befoin de preuve.

PHAGRE ou PAGRE , f. m. Poiffon de mer, fort femblable au Rouget , mais plus grand & plus gros ,
couvert d'écailles rondes & tendres ,

& de fort bonne chair. Il a , dans
la tête , des pierres dont la poudre
eft aperitive , & bonne pour la gravelle & le cours de ventre. On fait
venir fon nom du mot latin qui fignifie *fraile* ; parce que fa rougeur
lui donne la couleur de ce fruit.

PHALARIQUE, f. f. Ancienne
machine de Guerre, qui étoit une
efpece de lance armée , entortillée
d'étouppe pleine de fouffre & d'autres matieres inflammables , pour
percer des toits , & mettre ainfi le
feu aux Maifons, en les y laiffant attachées. Son nom venoit de *Phala-
ris* , célebre Tyran d'Agrigente , en
Sicile.

PHALENE, f. m. gr. Nom que
les Naturaliftes donnent au Papillon nocturne, pour le diftinguer du
Papillon de jour.

PHANTASIASTES, f. m. Nom
qu'on a donné à des Hérétiques qui
foutenoient que le corps de Notre-
Seigneur étoit aérien , & que par
conféquent il n'avoit pas fouffert.

PHARMACEUTIQUE, f. f. gr.
Partie de la Médecine, qui donne la
defcription des remedes , & qui enfeigne la maniere de les emploïer
utilement. Le *Pharmacien* eft celui
qui exerce la Pharmacie ; comme le
Pharmacopole , celui qui vend les remedes préparés.

PHARYNGOTOME, f. m. gr.
Inftrument de Chirurgie , qui fert à
fcarifier les amygdales enflées , &
à diverfes opérations dans le fond de
la *gorge.*

PHARYNGIEN, SEL PHARYN-
GIEN, f. m. Nom d'un fel artificiel
en ufage dans l'Efquinancie & les autres maladies du *Pharynx.*

PHELANDRE, f. m. Nom d'une
Plante, qui fe nomme auffi *Cigüe
aquatique* , & dont on diftingue deux
efpeces, qui loin d'être un poifon,
comme la véritable Cigüe , font emploiées pour purifier le fang, pour
exciter l'urine , & contre la pierre &
le fcorbut.

PHELLODRYS, f. m. Arbre qui
porte du gland, & dont la feuille
reffemble à celle du *Liege* , d'où il
tire fon nom, qui eft grec. Par fon

bois & son écorce, il reſſemble au Hêtre ; ce qui le fait nommer, en Italie, où il eſt fort commun, *Cerco-ſugato*, c'eſt-à dire, *Hêtre-liege.*

PHENOMENE, ſ. m. gr. Accident extraordinaire, qui ſurprend par ſa nouveauté. Il ſe dit proprement des effets naturels, ou phyſiques.

PHERECRATE, ſ. m. Terme de Poéſie, qui eſt le nom d'une eſpece de vers, grec ou latin, compoſé d'un dactyle entre deux ſpondées.

PHILAUTIE, ſ. f. gr. Amour de ſoi-même, qu'on nomme communément *Amour propre.*

PHILIPPE, ſ. m. Monnoie d'or de Flandres, frappée ſous pluſieurs Rois d'Eſpagne, qui ſe ſont nommés *Philippe.* Elle ſe nomme *Ride* en Allemand. Il y a auſſi des *Philippes* d'argent, qui peſent près de ſix deniers plus que les Ecus de France de neuf au marc, mais qui ne prennent de fin que neuf deniers vingt grains.

PHILODOXE, ſ. m. gr. Ce mot, qui ſignifie proprement, *Amateur de Doctrine*, a été employé par quelques bons Ecrivains, pour ſignifier celui qui aime ſes propres opinions, & qui s'y attache avec trop d'opiniâtreté.

PHILOTESIE, ſ. f. gr., qui ſignifie, témoignage d'amitié. C'étoit le nom que les Anciens grecs donnoient à l'uſage de boire à la ſanté l'un de l'autre ; ce qui ſe pratiquoit en Grece, non-ſeulement dans les feſtins, mais plus particulierement à l'arrivée des Hôtes. Pour cette cérémonie, ils buvoient ſucceſſivement dans la même coupe. Mais il n'étoit permis qu'aux Etrangers de boire à la ſanté des Femmes.

PHLOGOSE, ſ. f. gr. *Inflammation* contre nature, ſans apparence de tumeur.

PHLYCTENES, ſ. f. gr. *Puſtules*, ou petites veſſies, qui s'élevent ſur la ſuperficie de la peau.

PHOCENE, ſ. f. Nom d'un grand Poiſſon, qui a beaucoup de reſſemblance avec le Dauphin, & dont la graiſſe eſt norvale & réſolutive. C'eſt une eſpece de Marſouin.

PHŒBUS, ſ. m. Un des noms que les Poètes Grecs & Latins ont donné au Soleil, ou à Apollon. Il ſe dit auſſi d'une fauſſe élévation, dans les idées & les termes, qui eſt rarement accompagnée de juſteſſe & de clareté.

PHŒNICOPTERE, ſ. m. Oiſeau aquatique, de couleur cendrée & de la groſſeur d'un Heron. Il a le bec recourbé & le cou fort long. On vante l'uſage de ſa chair pour l'épilepſie.

PHŒNICURE, ſ. m. gr. Autre oiſeau, de la groſſeur du Coucou. Son nom lui vient de la couleur de ſa *queue*, qui eſt *rouge.* Il vole ordinairement ſeul. Il vit de Mouches & d'Araignées. On prétend qu'il change de couleur en Hiver. Sa retraite eſt ſur les arbres élevés, & dans les fentes des hautes murailles.

PHOLADE, ſ. f. gr. Coquille de Mer, qui n'eſt pas rare ſur les Côtes de Provence. Il s'en trouve de bivalves & de multivales. Les premieres ſont de la forme d'une Moule, les deux valves plus renflées, mais égales. Les Multivalves ont les deux valves principales plus applaties, avec une charniere au côté. Dans l'un des bouts de la coquille, eſt jointe une queue en tuïau, quatre fois longue comme la coquille même. Celles-ci n'ont que trois valves : d'autres en ont cinq. Une ſingularité caractériſe le poiſſon des Bivalves. Il entre, très petit, dans des pierres, ou dans le ſolide du corps d'autres coquilles. Il s'y loge. Il y croît, y vit, & y creuſe ſon tombeau. De-là vient le nom de *Pholade*, qui ſignifie *caché*, renfermé. Ce n'eſt que depuis peu d'années qu'on connoît des *Pholades foſſiles.* M. Muſſart, qui les a découvertes, en a des deux premieres eſpeces, tant en coquilles dans leur état naturel, qu'en noïaux. On y voit des *Pholades* en coquille bivalves, dans leurs loges ; & la coquille eſt ſix fois plus grande que le trou, par lequel l'Animal a pu entrer. Séparé de ſa coquille, il ſe nomme *Pholas.*

PHRYGIENNE, adject. *Pierre*

phrygienne. Nom d'une pierre dont les Teinturiers se servent. Elle est blanche, avec de petits cercles de la même couleur.

PHTHISIE OCULAIRE, s. f. Maladie de la prunelle, lorsque se rétrecissant elle fait voir les objets plus gros qu'ils ne sont.

PHYCIS, s. m. Poisson de mer, qui ressemble à la Perche marine. Il se trouve vers le rivage, entre l'algue, la mousse & la boue. Sa chair est estimée.

PHYSOCELE, s. f. gr. Hernie venteuse du scrotum, qui s'appelle aussi *Pneumatocele.*

PHYTOLAQUE, s. f. Plante de la Virginie, que les Botanistes cultivent en Europe. Son nom, qui signifie *Plante de Laque*, lui vient de ce que ses baies rendent un suc purpurin, approchant de la couleur de la Laque. Sa tige est grosse, ronde, rougeâtre, & divisée en plusieurs rameaux. Ses feuilles sont d'un verd pâle, quelquefois rougeâtre, & dispersées sans ordre. Sa fleur est en rose, d'un rouge pâle ; & le pistile se convertit en baie presque ronde, d'un rouge brun.

PI, s. m. Terme de Justice, qui paroît une corruption de *Pei*, pris pour *poitrine.* Quand un Laïc prête serment, en Justice, on lui fait lever la main ; mais lorsque c'est un Prêtre, on la lui fait porter au *pi*, c'est-à-dire, à la poitrine. Dans quelques Provinces, on appelle *Pis*, les mammelons de la Vache, par lesquels on tire le lait.

PIACULAIRE, adj. lat. On appelle Sacrifice *piaculaire*, ou *expiatoire*, celui qui se fait pour expier quelque péché.

PIAN ou EPIAN. Nom de la Verole, en Amerique. Les symptômes n'y sont pas toujours les mêmes qu'en Europe ; mais le seul climat y peut mettre cette différence ; comme il est à présumer que la même raison, jointe à la longueur du tems, en a mis entre les anciens maux vénériens & ceux d'aujourd'hui, tels qu'on les connoît à present. Ainsi, lorsqu'on demande si les

Anciens ont eu cette maladie, quelque nom qu'ils lui aient donné, la question n'est pas juste, & suppose une constance de causes, qui paroît impossible.

PIASTE, s. m. Terme de Relation. *Piaste*, en Pologne, est opposé à Etranger. On y appelle un Roi *Piaste*, un Roi de la Nation. Il paroît que les *Piastes* Polonois sont proprement les Descendans des grandes & anciennes Maisons.

PIC, s. m. Poids de la Chine, célèbre dans le commerce, & qui revient à cent vingt-cinq livres, poids de marc. On nomme aussi *Pic*, une mesure de longueur, en usage dans toutes les Echelles du Levant, qui contient deux piés, deux pouces, deux lignes, c'est-à-dire, $\frac{2}{5}$ de l'aune de Paris.

PICHOLINES, s. f. Ital. Nom qu'on donne aux petites Olives.

PICOT, s. m. Nom d'une espece de Limande, qui se prend à l'entrée des Rivieres, & qui a peu de goût.

PIC-VERD, s. m. Nom d'un Oiseau qui est proprement le *Pic*. On ajoûte *Verd*, pour ceux qui sont de cette couleur, & l'on prononce *Pivert.* Voïez PIC.

PIÉ-BOT, s. m. Terme de plaisanterie, qui se dit pour *Boiteux.* Quelques-uns prétendent que *Pié-bot* signifie proprement celui à qui la partie antérieure du pié manque, & à qui il ne reste presque que le talon pour s'appuïer.

PIECE DE SAINTE HELENE. Espece de Monnoie ancienne, ou de médailles creuses, en forme de petite tasse, auxquelles les Antiquaires ont donné ce nom.

PIÉ D'ALEXANDRIE, s. m. Racine médecinale, qui est une espece de Pyrethre.

PIÉ-FOURCHÉ, s. m. Impôt du *Pié-fourché.* C'est un droit qui se leve sur les ventes, le transport & les entrées du Betail, gros & menu.

PIE-MARINE, s. f. Oiseau de mer, dont tout le plumage est verd, à l'exception du derriere de la tête, des piés & d'une partie des aîles. Il a la forme de la Pie ; mais le bec un peu plus long & très aigu.

PIERRAILLE , f. f. Mélange informe de diverses sortes de pierres.

PIERRE CRYSTALLISÉE , f. f. Espece de pierre précieuse , dont les plus belles sont les plus diaphanes & les plus nettes.

PIERRE DE LYNX. *Voïez* BELEMNITE.

PIERRE DE MEDOC. *Voï.* MEDOC.

PIERRE DE SARSENAGE. Petite pierre de la grosseur d'une Lentille , dure , polie , de différentes couleurs , qu'on trouve , en Dauphiné , sur la montagne de Sarsenage , & qu'on se met dans les yeux , pour les nettoïer. On prétend qu'étant alcaline & facile à pénétrer , elle s'abreuve de la serosité de l'œil, avec laquelle elle entraîne tout ce qui s'y trouve d'impur.

PIERRE - FILTRE , f. f. Pierre qui vient du Mexique , & qui a reçu ce nom parce qu'elle est si poreuse , qu'elle laisse passer toutes les liqueurs. On en fait des vases , où l'eau se dépouille de toutes ses impuretés.

PIERRE HYSTERIQUE. Nom d'une pierre longue & ronde , pesante , noire & polie , qui s'applique sur le nombril des Femmes , pour les guérir des vapeurs. On prétend qu'elle s'y attache assez fort. Elle vient de la Nouvelle Espagne.

PIERRE JUDAIQUE , c'est-à-dire , qui vient de Judée. Elle est ordinairement de la forme d'une petite Olive , raïée tout autour de lignes , à distance égale ; quelquefois aussi sans raies , & de forme cylindrique. Sa couleur est grise. Elle se réduit facilement en poudre. Les Médecins l'emploient contre la pierre , & le cours de ventre.

PIERRE PLANTE , f. f. ou LITOPHYTE. On donne ce nom à certaines productions de la nature , qui tiennent du minéral & du vegetal , telles que le corail , & qu'on distingue des *Dendrites*.

PIERRE PLOMBIERE. *Voïez* PLOMBIERE.

Voïez un grand nombre d'autres pierres , dont les noms se trouvent *Supplém.*

rassemblés dans le supplément au Dictionnaire Universel. On s'est borné ici aux plus curieuses.

PIETE , f. f. Nom d'un Oiseau , plus grand que la Cercelle , & moindre que le Morillon. Il y a des *Pietes* entierement blanches : mais leur couleur commune est d'avoir le dessous de la gorge & du ventre , tout bleu ; le dessus du corps , noir , & les aîles comme celles d'une Pie. Leur bec est rond , & dentelé par les bords. Cet oiseau est commun dans le Beauvoisis & le Soissonnois.

PIETÉ , f. f. Terme de Blason , qui signifie un Pelican s'ouvrant le sein sur ses Petits , pour les nourrir de son sang. *Mont-de-pieté.* Voïez LOMBARD.

PIETOT , f. m. Petite monnoie , qui se fabrique & qui a cours dans l'Isle de Malte. Elle vaut un grain & demi , ou trois deniers de France.

PIEVES , f. f. Nom qu'on donne , dans l'Isle de Corse , à un certain nombre de Villages , liés , dans la même Canton , par des usages & par des interêts communs , & qui sont à-peu-près ce que les Tribus étoient à Rome.

PIGACHE , f. f. Terme de Chasse , qui se dit de la connoissance qu'on tire du pié d'un Sanglier , lorsqu'il a une pince , à la trace plus longue que l'autre.

PIGEON. CŒUR DE PIGEON. Nom d'une espece de Prune , qui a la figure ronde , & presque plate. Il y a une espece de Pomme , qui se nomme aussi *Pigeon* , ou Pomme de *Pigeon*. L'Ordre militaire du *Pigeon* , qui dura peu , fut institué en 1379 , par *Jean I* , Roi de Castille. Sa marque étoit un *pigeon* d'or , émaillé de blanc , qui pendoit d'une chaîne ornée de raïons solaires. On donne le nom de *Pigeonier* à un lieu secret , où les Chirurgiens reçoivent & pansent ceux qui sont attaqués du mal immonde.

PIGNOCHER , v. n. Quelquesuns prononcent *Pinocher.* C'est manger à la maniere des oiseaux ; c'est-à-dire , à petits morceaux , avec peu de marques d'appétit.

PILAKENS. *Voïez* PYLAKENS.

PILAU, f. m. Nom qu'on donne, après les Levantins, à du riz préparé & cuit avec du beurre ou de la graisse, & du jus de viande. Les grains de riz, dans le Pilau, ne font pas écrasés ni fondus à notre maniere. Ils font enflés, mais entiers.

PILES, f. f. Grands vaisseaux de pierre dure, dans lesquels les Italiens & les Provençaux mettent les huiles qu'ils veulent garder. On appelle *Pile des Chartreux*, *pile des Jésuites*, les laines primes d'Espagne, qui passent pour les meilleures laines Espagnoles.

PILET, f. m. Oiseau de mer, de la nature des Macreuses, mais plus en chair. Le *Pilet* se mange les jours maigres, comme une sorte de Poisson. La *Pilette* est un petit Oiseau de passage, de très bon goût, qui aime le bord des Rivieres, & qui suit la saison de cette petite espece de Becassines qu'on nomme *Cul-blancs*.

PILIER, f. m. Nom de tout massif qui sert à soutenir quelque partie d'un édifice. On appelle *Pilier butant*, un corps de maçonnerie, élevé pour contretenir la poussée d'une voute ou d'*un arc*, & *Pilier de bitte*, deux grosses pieces de bois, posées debout, & entretenues par un traversin.

PILON. Terme de Librairie. Mettre, ou envoïer, des Livres au Pilon, c'est les déchirer par morceaux, de sorte qu'ils ne puissent plus servir qu'aux Moulins à Papiers & aux Cartonniers, pour être *pilonnés*, c'est à-dire, réduits en cette espece de bouillir dont on fait le Papier & diverses sortes de Carton.

PILOTAGE, f. m. Art du Pilote, qui consiste à bien conduire un vaisseau par les regles de la navigation. *Pilotage*, ou *Lamanage*, est aussi le nom des droits qui sont dûs aux Pilotes Lamaneurs, pour aider aux Navires, dans l'entrée & la sortie des Ports.

PILOT-BOUFFI, f. m. Terme de plaisanterie, qui a figuré long-tems sur le Théâtre & dans les Chan-

sons, & qu'on trouvoit écrit sur les murs de tous les Cabarets, à-peu-près comme celui de *Bequille*, qui a eu quelque-tems le même sort. S'il en faut croire un couplet du Théâtre Italien (Comédie de *Pasquin & Marphorio*, au troisieme Tome) c'étoit le nom d'un grand Usurier de Mante.

PIMPANT, adj. Mot d'origine Angloise, qui signifie brillant de parure, leste, & quelquefois même, fanfaron. Les Anglois appellent *Pimp*, ce que nous nommons un *Petit-maître*.

PINACE ou PINASSE, f. f. Nom qu'on donne à des étoffes d'écorce d'arbres, qui se font aux Indes orientales.

PINCÉ, adject. L'air *pincé* se dit pour affecté, peu naturel.

PINCHINA, f. m. Etoffe de laine non-croisée, qui s'est fabriquée d'abord à Toulon, & qu'on a dans la suite imitée dans d'autres Villes de France. C'est une espece de gros drap, d'une aune de largeur, & dont les pieces ont vingt-un à vingt-deux aunes de long, mesure de Paris.

PINÇON. *Voïez* PINSON.

PINDAIRA, f. m. Arbre du Bresil, célebre dans les Relations, qui ressemble beaucoup au Poivrier par sa figure & par les qualités de son fruit.

PINDARIQUE, adj. Odes *pindariques*, c'est-à-dire, dans le goût de *Pindare*. Quelques-uns de nos meilleurs Poètes ont fait des Odes, à l'imitation de ce Poète grec, fameux par l'élévation de ses idées, & par un excès d'enthousiasme qui le rend quelquefois obscur. On remarque qu'il a toujours loué la Religion & la Vertu. *Pindariser*, v. n., se dit figurément pour, parler d'une maniere affectée, trop recherchée, peu naturelle.

PINEAU, f. m. Raisin fort noir & fort doux. Le vin qu'on en fait se nomme *Pineau*, en Auvergne, d'où l'on croit qu'il vient originairement; *Auvernas*, dans l'Orleannois, & *Morillon* en d'autres endroits.

PINÉE, f. f. Nom qu'on donne à toutes sortes de Morues seche.

PINGUIN, f. m. *Voïez* PIN-

GOUIN, qui est le nom le plus commun de cette espece d'oiseau.

PINIPINICHI, s. m. Arbre des Indes, de la figure d'un Pommier, dont on tire, par diverses incisions, un suc blanc & laiteux qui est un violent purgatif.

PIOLLER. v. n., qui exprime le cri des Poulets. *Les Poules piaillent*, & les Poulets *piollent*.

PION, s. m. Terme du Jeu d'échecs, qui paroît corrompu de *Piéson*, pour signifier les plus petites pieces du Jeu, qui en composent la premiere ligne, & qui en sont comme l'Infanterie. A Pondichery, on appelle *Pions*, les Gardes du Gouverneur.

PIOTTE, s. f. Nom d'une espece de petites Gondoles, qui sont fort en usage à Venise.

PIPER, v. act. Mot assez bas, qui signifie tromper. En termes de Joueurs, on nomme *Dés pipés*, des Dés falsifiés qui servent à tromper.

PIQUE, TRAITER A LA PIQUE. En Afrique & en Canada, *traiter à la pique* avec une Nation sauvage, c'est faire le commerce avec elle, en se tenant sur ses gardes, & comme la *pique* à la main.

PIQUENIQUE, s. m. Terme de Société, d'origine obscure, qui signifie *à frais égaux*. Un *piquenique*, est un repas entre plusieurs personnes, dont chacun partage également la dépense.

PIQUEPUCES. *Voïez* PÉNITENS.

PIQUEUR, s. masc. En termes de Jeu, les *Piqueurs* ou les *Capons*, sont ceux qui se tiennent près des Joueurs, pour leur prêter de l'argent à gros intérêt.

PIRAMBU, s. m. Poisson de la mer du Bresil, dont le nom signifie *Ronfleur*. Il fait entendre, en effet, une sorte de ronflement. Sa grandeur est de huit ou neuf palmes. Il a dans la gueule, deux pierres larges de cinq ou six doigts, qui lui servent à briser le coquillage dont il fait sa nourriture. Les Sauvages portent de ces pierres au cou.

PIRATE, s. m. *Voïez* CORSAIRE & FORBAN.

PISSITE, s. m. gr. Liqueur composée de moût de vin & de goudron, à laquelle on attribue des qualités détersives & pectorales. Elle facilite la digestion. On pourroit donner le même nom à tous les vins grecs, qui sentent toujours le *goudron*.

PISTER. *Voïez* PISTON.

PITHO, s. f. gr. Nom de l'ancienne Déesse de la *persuasion*, qui étoit invoquée par les Orateurs. Elle avoit des Temples dans la Grece, & l'on voïoit, à Megare, une Statue de cette Déesse, de la main de Praxitele.

PITREPITE, s. m. Liqueur très forte, mais agréable, qu'on cite en exemple pour ce qu'il y a de plus vif & de plus piquant dans ce genre.

PITTORESQUE, adj. Ital., qui se dit de ce qui se sent de l'invention, de l'imagination, par laquelle on distingue les grands Peintres. On appelle *Pittoresques*, non-seulement les expressions singulieres d'un ouvrage de Peinture, mais encore tous les ornemens de l'Art ou de la Nature, toutes les Perspectives, dont il semble qu'on pourroit faire un beau Tableau. On dit fort bien une description *pittoresque*.

PIVERD. *Voïez* PIC-VERD.

PIVOINE, s. m. Nom d'un bel Oiseau, qui est une espece de Becfigue. Sa grandeur est celle d'un Moineau. Il a le bec très court, large & noir; toute la tête noire; la queue noire & fort longue; le dos d'un bleu cendré; le dessous du ventre, de la gorge & de l'estomac, d'un beau rouge; les jambes & les piés rousfâtres. Il se retire, en Eté, dans les Forêts. En Hiver, il paroît dans les Plaines, il s'approche des Maisons, & sa chair est alors excellente. On distingue plusieurs sortes de *pivoines*.

PIVOTER, v. n. Boire, sans que les levres touchent au verre ou à la bouteille, en se versant d'enhaut la liqueur dans la bouche. C'est ce qui se nomme aussi, *Boire à la regalade*.

PLACITÉ, adj. lat. Terme de Palais, qui se dit pour statué, approuvé, agréé.

PLAFOND, f. m. Deſſous d'un plancher, ſoit qu'il ſoit de pierre, de bois, de plâtre, &c., ſimple, ou à compartimens. Les *plafonds* des anciens Palais étoient de bois précieux & d'ouvrages de marqueterie, ornés d'ivoire, de nacres de perle, de lames de bronze &c., ou même entiérement de bronze. Les Peintres appellent *plafond* un ouvrage de peinture fait pour être vu de bas en haut, & dont les figures par conféquent doivent être raccourcies & vues en deſſous.

PLAIN ou PLEIN, adv. Terme de Marine, qui eſt un commandement d'Officier, lorſqu'il s'apperçoit qu'on ſerre le vent de trop près, & qu'on fait barbeïer ou friſer la voile du côté du Lof. Ainſi, *Plain* & *au Lof* ſont des commandemens qui ordonnent des manœuvres oppoſées.

PLAMÉE, f. f. Eſpece de Chaux, dont les Tanneurs ſe ſervent, pour faire tomber le poil de leurs cuirs. On s'en ſert auſſi pour bâtir en moilon, ſurtout dans les lieux où le Plâtre eſt rare. *Plamer* un cuir, c'eſt en faire tomber le poil ou la bourre.

PLAN, f. m. lat., qui ſe dit, en général, de toutes les repreſentations de la poſition des corps ſolides. Les Peintres nomment *dégradation d'un plan*, la différente diminution des objets, à meſure qu'ils ſont repreſentés plus éloignés.

PLANETAIRE, f. m., qui ſignifie la repreſentation, en plan ou en relief, du cours des *Planetes*.

PLANETOLABE, f. m. gr. Inſtrument aſtronomique, pour meſurer les Planetes. On vante celui qui fut inventé, en 1685, par *Lothaire Zumbac*.

PLAUTAIN, Arbre. *Voyez* PLATANE.

PLANTE ANIMALE. *Voïez* ZOOPHYTE.

PLANTEUR, f. m. Nom qu'on donne, dans les Relations des Colonies Angloiſes, aux nouveaux Habitans qui s'y établiſſent; pour les diſtinguer des *Avanturiers*, c'eſt-à-dire de ceux qui prennent des actions dans les Compagnies de Commerce formées à l'occaſion de ces Colonies. Les *Planteurs* ſe nomment en France, *Colons* ou *Conceſſionaires*; & les Avanturiers portent le nom d'Actionnaires.

PLANTUREUX, adject., formé apparemment de Plante. Il ſignifie fertile, abondant en choſes bonnes & agréables, &c., & ne convient proprement qu'aux terres; mais il ſe dit, dans le figuré, de tout ce qui eſt remarquable par ſon abondance & ſa richeſſe. Une table *plantureuſe*. Un *plantureux* établiſſement. *Plantureuſement* eſt l'adverbe.

PLASME, f. f. gr. Nom qu'on donne aux Emeraudes brutes, qu'on broie pour les faire entrer dans quelque médicament. Les meilleures ſont celles qui ſont d'un verd un peu gai.

PLASTRE. *Voïez* PLATRE.

PLATE, f. f. Nom que les Anglois donnent à toutes ſortes de vaiſſelle d'argent. Nos tarifs de Douanne donnent le même nom au cuivre qui s'appelle Roſette, apparemment parce qu'il vient en plaques fort minces.

PLATEAU, f. m. Nom qu'on donne, en termes de Guerre, à un terrein élevé, mais plat & uni, où l'on place une batterie de canon.

PLAT-FOND. *Voïez* PLAFOND.

PLATILLE, f. f. Eſpece de toile de Lin, très blanche, qui ſe fabrique particuliérement en Anjou & dans le Beauvoiſis.

PLATRE, f. m. Nom qu'on donne à une figure tirée en plâtre. *Tirer un plâtre* ſur quelqu'un, c'eſt prendre la figure de ſon viſage avec du plâtre préparé.

PLEIN. Terme de Marine. *Voïez* PLAIN.

PLEIN-SUCRE, f. m. Terme de Confiſeur, qui ſignifie une livre de ſucre pour une livre de fruit.

PLENIPOTENTIAIRE, f. m. & adject. Mot compoſé, qui ſignifie proprement celui qui eſt revêtu d'une pleine puiſſance. C'eſt le nom qu'on donne aux Ambaſſadeurs & autres Miniſtres, auxquels la Cour donne un plein pouvoir pour terminer quelque affaire importante avec une Cour étrangere.

PLEVENE. Terme des Coutumes de Bretagne & de Normandie , qui signifie Caution , Plege. *Pleuir*, c'est donner caution.

PLEURES , f. f. On donne ce nom à des laines qui se coupent sur une Bête, après qu'elle est morte.

PLEUREUSES , f. f. Bandes de toile blanche, qui se portent, retroussées de la largeur de trois ou quatre pouces sur le bord des manches de l'habit, dans le grand deuil. Nous avons vu naître cet usage, & nos Voisins l'ont adopté.

PLICA ou PLIQUE , f. f. Maladie des Cheveux, qui se nomme plus ordinairement *Plique Polonoise*, parce qu'elle est assez commune en Pologne. Les cheveux, qui sont autant de tuïaux, se remplissent de sang, & deviennent fort roides , avec une sensibilité très douloureuse. La *Plique* se nommoit anciennement *Trichome*, d'un mot grec qui signifie *Cheveu*.

PLISSON , f. m. Excellent mets de Poitou, qui mérite d'être plus connu. Il est composé de lait & de crême. On prend une pinte de crême nouvelle, qu'on mêle avec une terrinée de lait fraîchement tiré, & on les remue bien ensemble. On laisse reposer ce mêlange dans un lieu frais, l'espace d'un demi-jour ; puis on le met sur le feu pendant une demi-heure, sans le faire bouillir, & on le remet encore au frais pendant six heures. Ensuite, on le remet une demi-heure au feu, & on le fait refroidir une seconde fois pendant six heures. On le met pour la troisieme fois au feu, pendant une demi-heure ; après quoi, il ne lui faut simplement que le tems de refroidir. Il se forme dessus, une espece de croute, épaisse d'environ trois doigts, qui se nomme *Plisson*. On la leve, avec la précaution de ne pas la rompre, & on la sert saupoudrée de sucre.

PLOMB LAMINÉ & PLOMB MINERAL. On nomme *Plomb laminé*, du *plomb* pressé entre deux cylindres, qui prend ainsi la forme de la-me, avec une épaisseur uniforme que le *plomb* commun n'a pas. On doit cette invention aux Anglois. On distingue trois sortes de *plomb mineral* ; l'un, qu'on nomme *Alquifou*, & qui ne sert qu'aux Potiers de terre ; l'autre, qui est sans nom, parce qu'il est sans usage ; & le troisieme, qui est proprement cequ'on appelle *Mine de plomb noire* , *Plomb de mine* , ou *Craïon*.

PLOMO-RONCO , f. m. Minerai d'argent, le plus riche de ceux qui se tirent des mines du Chili & du Perou. Il est noir & mêlé de plomb.

PLOQUER , v. act. , qui signifie l'action d'emploïer le *ploc*. Voïez PLOC.

PLUCHE , f. f. *Voïez* PELUCHE , qui est la maniere d'écrire, quoiqu'on prononce *pluche*.

PLUIE , f. f. Étoffe de soie , ou de laine, mêlée avec du fil d'or ou d'argent, trait en larme. Elle tire ce nom des nuances de l'or & de l'argent qui brillent, comme s'il y étoit tombé une *pluie fine*, sur laquelle le Soleil fit tomber ses raïons.

PLUME DE PAON , f. f. Pierre fine, de couleur verdâtre, raïée comme les Barbes d'une plume, & qui paroît pourpre à la lumiere. C'est une agathe tendre.

PLUME - MARINE , f. f. Plante qui croît sur les rochers, & qui a quelque ressemblance avec l'aile d'un oiseau. On la nomme aussi *Verge ailée*. Elle est quelquefois entourée d'une matiere visqueuse, qui luit, dans les ténebres, comme un Phosphore.

PLUMITIF , f. m. Terme de Palais , qui se dit d'une Minute que le Greffier écrit à la hâte & en abregé, lorsque le Juge prononce à l'Audience.

PNEUMATOCELE , f. f. gr. Fausse *Hernie* du scrotum , causée par un amas d'*air* qui le gonfle. On la nomme aussi *Physocele*. La *Pneumatomphale* est une fausse hernie du *nombril*, causée par des *vents*. La *Pneumatose* est une enflure de l'estomac, causée par des vents ou des flatuosités.

POCATSJETTI , f. m. Nom d'un

petit arbrisseau du Malabar, dont les feuilles, en poudre, sechent les ulceres & dissipent les excrescences fongueuses. Prises interieurement, elles excitent la sueur.

POCONE, f. f. Plante célebre de la Virgine, qui croît sur les Montagnes. Elle rend un suc rouge, qui amollit les humeurs. Les Sauvages le mêlent avec de l'huile, & s'en frottent le corps.

POIDS DE TABLE, f. m. Poids différent de celui de marc, dont on se sert dans quelques Provinces. La livre de *poids de table* est composée de seize onces, comme celle du *poids de marc*; mais les onces n'en sont pas si fortes.

POINTES NAÏVES, f. f. Nom que les Lapidaires donnent à des diamans bruts, d'une forme extraordinaire, qui viennent particuliérement de la mine de Soumelpour, au Bengale.

POINTILLADE, f. f. Arbrisseau des Antilles, ainsi nommé de *M. de Pointis*, Gouverneur de ces Isles. On le cultive dans les Jardins de l'Europe. Sa hauteur est de six ou sept piés. Ses feuilles sont oblongues, chacune armée d'une épine crochue. Son écorce est de couleur purpurine. Ses fleurs, qui sont d'un rouge purpurin & d'une grande beauté, sont rangées, jusqu'au nombre de cinquante, en un long épi qui naît aux sommités des branches.

POIRIER. *Ordre du Poirier*, ou de *Saint Julien du Poirier*. C'est le nom d'un Ordre Espagnol de Chevalerie, institué, en 1176, par *Gomez Ferrand*, Roi de Leon, & qui a porté depuis le nom d'*Alcantara*.

POIS DE MERVEILLE, f. m. Plante, dont le fruit, qui est d'une singuliere beauté, est une sorte de petit *pois*, en partie noirs, en partie blancs, & marqués d'un cœur; ce qui lui fait donner aussi le nom de *Cœur des Indes*. Les fleurs sont d'un beau verd, & découpées comme l'Ache.

POITRINAIRE. POITRINAL. Deux adjectifs de *Poitrine*, dont le premier devient substantif, pour signifier celui qui a la poitrine mauvaise, ou qui est malade de la poitrine. *Poitrinal* se dit quelquefois des choses qui appartiennent à la poitrine, ou qui s'attachent dessus.

POLACRE, f. f. D'autres disent *Polaque*. On appelle *habit à la Polacre*, un habit dont les deux devants se croisent, & s'attachent vers les épaules par deux rangs de boutons; ce qui vient apparemment des *Polaques*, ou *Polacres*, dont nous en avons pris l'usage.

POLEMOSCOPE, f. m. gr. Lunette à longue vue, destinée au service de la guerre.

POLICE, f. f. En terme d'Imprimerie, c'est un état qui sert à régler le nombre des caracteres, dans une fonte complete; c'est-à-dire, combien il doit se trouver de chaque sorte de caracteres, ou de lettres, à proportion du corps entier.

POLLICITATION, f. f. lat. Terme de droit civil, qui signifie l'obligation, par simple *promesse*, de faire, ou donner, quelque chose. Il y a cette différence, entre le pacte & la *pollicitation*, que le pacte est un consentement de deux ou de plusieurs personnes, & que la *pollicitation* est la promesse du seul *Pollicitant*.

POLOSE, f. m. Espece de cuivre rouge, qu'on allie avec l'étaim, pour en faire ce metal composé qui se nomme *Fonte verte*.

POLYANTHÉE, adj. gr. Terme de Fleuriste, qui signifie, *à plusieurs fleurs*. Ainsi, une oreille d'Ours polianthée est celle qui forme un gros bouquet de fleurs au haut de sa tige. On a nommé *Polyanthées* certains Recueils de passages, tirés des Anciens ou des Modernes, & réduits en ordre Alphabetique, surtout pour l'usage des Prédicateurs.

POLYGLOTTE, f. f. Nom d'un Oiseau des Indes, de la grandeur de l'Etourneau, blanc & rougeâtre, avec des figures, à la tête & à la queue, qui representent des couronnes argentées. Son chant est si agréable, & si *varié*, qu'il en a reçu le nom de *Polyglotte*.

POLYPE, f. m. On a donné nouvel-lement le nom de *Polype*, à une pro-duction de la nature, qui avoit paflé jufqu'alors pour une Plante, & qu'on a reconnue pour un animal. Il eft aquatique. Sa forme eft celle d'un Cylindre ; & dans quelque dimen-fion qu'on le coupe, fes parties fé-parées & mifes dans des vafes à part, pourvu qu'ils foient remplis de la même eau qui les a formées, repren-nent en moins de vingt-quatre heu-res la portion qui leur manque ; c'eft-à dire, qu'il revient une tête à la partie qui n'en avoit plus, & qu'il en eft de même de toutes les autres. On ne connoît, entre les *Polypes*, aucune différence de fexe. Ils engen-drent à la maniere des Plantes. Leurs Petits fortent, tout formés, de toute la furface de leur corps. Ils reftent, quelque-tems après leur naiffance, comme implantés fur cette furfa-ce par leur partie inférieure ; & pen-dant que ces premiers Enfans ache-vent de naître, ils en font d'autres par les mêmes voies ; de forte que le Pere eft Grand-pere avant que d'a-voir enfanté tout-à-fait fon premier né. Ils ne nâgent point. Ils s'atta-chent fortement par la queue & avec leur glu, contre les corps fur lefquels ils s'arrêtent. Ils vivent de la plûpart des petits Infectes qui nâgent dans les eaux. Quoiqu'on ne leur décou-vre pas d'yeux, on a des preuves qu'ils aiment la lumiere. Ils font tués par un petit Infecte plat, qui multiplie prodigieufement fur eux, qui les fuce, & qui les détruit. Ce qui leur fait donner le nom de *Poly-pes*, c'eft qu'ils ont deux cornes, qui reffemblent aux bras de l'animal de Mer qui porte ce nom. Ils font d'ailleurs, informes ; & leur corps, d'un bout à l'autre, n'eft qu'un ca-nal, vuide lorfqu'il n'y a point d'ali-ment. Leur chair, confiderée avec le microfcope, paroît toute couver-te de petits grains ; mais ces grains ne font point adhérens à leur fubf-tance & s'en détachent facilement. En un mot, c'eft une des plus fingu-lieres productions de la nature.

POLYSYNODIE, f. f. gr. com-pofé, qui fignifie *multiplicité de con-feils*. L'adminiftration de France, dans fa forme prefente, peut être regardée comme une efpece de *Poly-fynodie*. Feu M. l'Abbé *de Saint Pierre* a publié un plan de *Polyfynodie*, pour la tranquillité de toute l'Europe.

POLYTRICHION, f. m. Mot grec, qui fignifie *beaucoup de che-veux*, & nom d'une plante dont les tiges reffemblent en effet à une épaif-fe chevelure. Ses feuilles font fem-blables à celles de la Lentille. On lui attribue les propriétés du *Capillus Veneris*.

POLYVALVE, f. m. & adj. Mot compofé du grec & du latin. *Voïez* MULTIVALVE.

POMME-FIGUE, f. f. Nom d'une efpece de *pomme* qui eft verte, & qui fort de l'arbre comme les Figues fortent du Figuier. La *pomme-rofe* eft une forte de *pomme d'Apis*.

POMPON, f. m. Nom que les Femmes donnent à divers petits or-nemens, furtout à de petits rubans, longs de la moitié du doigt, qu'el-les doublent, en rapprochant les deux bouts, pour en former une petite boucle ronde qu'elles placent en di-vers endroits de leur coeffure. *Pom-pon* eft devenu fynonyme avec Coli-fichet.

PONANT, f. m. ou PONENT, de *Ponente*, Italien. Nom qu'on don-ne, en Italie & dans le Levant, à la partie du Monde que nous nommons *Occident*, ou *Couchant*, ou *Oueft*. Vice-Amiral du *Ponant*. Efcadre du *Ponant*. Quelques Relations appellent *Officier ponantin*, *Matelot ponantin*, un Officier, un Matelot de la Mer océane ; par oppofition à *Levantin*, qui fe dit de ceux des Mers du Le-vant.

PONCHE. *Voïez* PUNCH.

PONCIS, f. m. En termes de Def-finateur & de Graveur, c'eft un def-fein piqué & frotté avec du charbon en poudre. En termes de Maître à écrire, c'eft une demi-feuille de pa-r , coupée fort droit, qu'on met fur le papier où l'on écrit, pour fer-vir à rendre les lignes droites.

PONCTUATION, f. f. Art, ou

foin, de féparer les phrafes les unes des autres, & de les divifei en elles mêmes, par des *points*, des *virgules* & d'autres marques, qui fervent à regler le fens, dans les Manufcrits & les Livres imprimés. *Ponctuer* eft le verbe. De-là, *Ponctuel*, adject., pour, exact, regulier, qui ne manque en aucun *point* ; & *Ponctualité*, fubftantif feminin, qui fe dit dans le dernier fens.

PONDAGE, f. m. Terme d'Hiftoire & nom d'un Droit qui fe leve en Angleterre, par tonneau, fur les Marchandifes. *Tonnage & pondage*. Il eft formé du mot Anglois qui fignifie *poids*.

PONDERATION, f. f. lat. Terme de Peinture, par lequel on entend un *jufte équilibre des corps*, néceffaire pour le mouvement ; en conféquence du principe, que les Peintres ne peuvent donner à leurs figures l'attitude & le mouvement qu'elles demandent, fans obferver les vraies regles de la Nature.

PONGA, f. m. Arbre du Malabar, que les Portugais nomment *Gaca*, parce que fon fruit eft attaché aux rameaux, comme celui de cette plante. Cet arbre eft toujours verd. Le fruit, qui eft armé de piquans, s'emploie dans la Médecine, pour les cataplafmes maturatifs. Le *Pongelion* eft un autre arbre du même Païs, dont le fuc, avallé avec du lait, chaffe les vents du corps. Son écorce, broïée dans de l'huile, fait une onction admirable pour fortifier le corps. Le *Ponna*, autre arbre du Malabar, donne des amandes dont on tire une huile qui appaife les douleurs des membres.

PONTS ET CHAUSSÉES, f. m. On comprend fous ce nom, en France, ce qui regarde les grands chemins & les voieries. Ce font les Treforiers de France qui ont l'infpection des Ponts & Chauffées de leur département.

POPULAGUE, f. f. lat. Plante, qui fe nomme auffi Souci des marais, parce que fes fleurs font difpofées en rofe, d'un jaune doré refplendiffant. Ses feuilles reffemblent

à celles de la petite Chelydoine. Le nom de *Populague* lui vient de ce qu'elle croit ordinairement entre les *Peupliers*, dans les cantons aquatiques.

PORCELAINE, f. f. Nom d'un coquillage univalve, qui s'appelle autrement *Conque*, ou Coquille, *de Venus*. Les Koris, qui fervent de monnoie dans plufieurs Païs, font une petite efpece de coquillage, & portent quelquefois, dans nos Relations, le nom de *Porcelaines*.

PORPHYRION, f. m. Oifeau aquatique, de la grandeur d'un Coq, & de couleur bleue ou diverfifiée. Son bec eft gros & pointu. Il porte une crête fur fa tête. Ses jambes font longues. Ses piés ont cinq doigts. Sa queue eft forte. Il vit de Poiffons.

PORPHYRISER, v. act., formé de *Porphyre*, pour fignifier, battre & réduire en poudre ; parceque les bonnes pierres à broïer font de porphyre, qui eft plus dur qu'aucune autre forte de marbre.

PORRECTION, f. f. lat., qui fignifie, *action de préfenter en étendant les bras*. Ce terme n'eft en ufage que pour les Ordres qui fe nomment *Mineurs*, & qui fe conferent par la *porrection* des chofes qui en defignent les fonctions.

PORTAGE, f. m. Terme de Relation, qui fe dit, en Amérique, de la néceffité où l'on eft de porter les Canots par terre, aux chûtes d'eau qui interrompent le cours des Rivieres.

PORTATIF, adj., qui fignifie ce qui peut être porté, ou ce qui eft facile à porter. On donnoit autrefois, en France, cette qualité à un *Evêque in partibus*, & à ceux qui, prêtant leur nom à d'autres, portoient le titre d'un Evêché ou d'une Abbaïe, dont ils ne touchoient pas le revenu.

PORTE-FLAMANDE, f. f. On nomme ainfi une grande Porte compofée de deux jambages de pierre, avec un couronnement & une fermeture de grilles de fer.

PORTE-PLEIN, ou feulement PLEIN. Commandement de Mer. *Voïez* PLAIN.

PORTES,

PORTES, s. f. Nom qu'on donne à divers passages des Pyrenées, où le privilege des *Payeries* est établi. *Voï.* PASSERIE. Les principaux de ces Passages sont les *Portes* d'Aula, de Salan & de Mortelat.

PORTION CONGRUE. Terme ecclésiastique, qui se dit d'un certain revenu fixe, en forme de pension, pour les Curés dont le bénéfice n'a pas d'autre fond que le Casuel & l'Obituaire. La *portion congrue* n'est que de cent écus. *Voïez* CONGRU.

PORTIQUE, s. m. Terme d'ancienne Philosophie, qui se dit de l'Ecole de Zénon & de la Doctrine des Stoïciens.

PORTOR, s. m. Nom d'une sorte de marbre noir, mêlée de grandes veines jaunes, qui imitent l'or.

PORTRAIT, s. m. Nom qu'on donne à un Marteau dont les Paveurs se servent pour fendre & tailler le grès.

PORTULAN, s. m. Ital. Nom qu'on donne à un Livre qui contient la description de chaque Port de Mer, du fond qui s'y trouve, de ses marées, de la maniere d'y entrer & d'en sortir, de ses inconvéniens & de ses avantages. Nous avons plusieurs *Portulans* de la Méditerranée.

POSE, s. f. Terme militaire. On appelle *Poses*, dans une Ville de guerre, les Sentinelles d'augmentation, que les Caporaux doivent aller *poser*, pour la nuit, dans certains postes désignés, après que la retraite bat tue.

POSPOLITE, s. f. Nom qu'on donne à l'armée de Pologne, composée de la Noblesse du Païs. Elle peut former un corps d'environ cent cinquante mille Hommes. On la nomme *Pospolite russienne*, qui ne signifie pas *de Russie*, mais *Pospolite marchante*. Russienne, en ce sens, est une corruption de *Rusch*, mot Polonois, qui signifie *mouvement*.

POST-DATER, v. act., moitié latin & moitié françois. *Post-dater* une Lettre, un Acte, c'est en reculer la date.

POSTICHE, adj. lat., qui signifie ce qui est mis à la place de quelque

chose qui n'y est pas & qui y devroit être naturellement. Ainsi, les cheveux d'une perruque sont des cheveux postiches.

POST-LIMINIE, s. f. lat., qui signifie *par-delà les limites*. C'est un terme de Droit, qui se dit de l'action par laquelle on est rétabli dans un état d'où l'on avoit été tiré par violence. Les Habitans des Frontieres sont souvent dans le cas de réclamer le droit de *Post-liminie*, parceque la guerre les rend tantôt Sujets d'un Etat & tantôt d'un autre.

POSTULATUM, s. m. Terme de Géométrie, purement latin, qui signifie *demande*. Dans la Méthode geométrique, on commence par des propositions évidentes, qui se nomment *Axiomes*, & par des propositions qui ne répugnent à rien, qu'on appelle *Postulata*, ou *Demandes*. C'est de ce point qu'on part pour démontrer. *Postuler*, v. act., qui vient de la même source, signifie *demander, solliciter*; & *Postulant*, s. m., celui qui demande.

POT, s. f. Nom d'une petite sorte de papier, qui sert, dans les Cartes à jouer, pour mettre du côté de la figure.

POTÉ, s. f. Titre d'honneur de certaines Terres. On fait venir ce mot, du substantif latin qui signifie *puissance*. Sully, sur Loire; *Asnois*, en Nivernois; *la Magdeleine de Vezelay*, &c., sont des *Potés*.

POUCE-PIÉ, s. m. Coquillage multivalve, qui a la forme d'un gland de Chêne, ce qui le fait nommer aussi *Balanus*, & dont les piés ressemblent à des pouces, d'où lui vient le nom de *Pouce-pié*. Sa chair devient rouge en cuisant, & passe pour plus délicate que celle de l'Ecrevisse. On le trouve attaché aux Rochers, sur les Côtes de Bretagne & de Normandie.

POUCHOC, s. m. Drogue du Roïaume de Siam, qui sert également pour la Médecine & pour la teinture en jaune.

POU DE SOIE, s. m. Etoffe de soie, à grains, qui est une sorte de Ferrandine.

POUDING, f. m. Angl. Pâte composée de divers ingrédiens, tels que de la mie de pain, de la moelle de Bœuf, des raisins de Corinthe, & cuite à l'eau. Elle est fort en usage, en Angleterre, où elle tient lieu de potage. On y fait quantité d'autres espèces de *Pouding*. Les Anglois écrivent *Puding*. Ils se sont corrigés d'y mettre de l'eau distillée des feuilles de Laurier-cerise, depuis qu'ils l'ont reconnue pour un poison.

POUDRE IMPERIALE, f. f. Célèbre poudre qui se fait dans la grande Chartreuse, & dont les vertus sont merveilleuses pour toutes sortes de plaies.

POUDRES. *Fête des Poudres*. Fameuse Fête que les Anglois célèbrent tous les ans, en mémoire de l'heureuse délivrance du Roi *Jaques I*, & de tout le Parlement d'Angleterre, qu'on avoit entrepris de faire sauter avec le Palais, par le moïen d'une grosse quantité de poudre dont on avoit rempli les caves. Les Catholiques furent injustement accusés de cet attentat.

POUILLÉ, f. m. Ancien terme d'Eglise, qui signifie un Catalogue de Bénéfices, où leurs Collateurs, leurs Patrons & leurs revenus sont marqués.

POULANGIS, f. m. Espèce d'Etoffe grossière, qui est une *Tiretaine*, laine & fil, fabriquée aux environs d'Auxerre.

POULIAT, f. m. Nom des Indiens de la plus basse Tribu, ou Caste, du Malabar. Elle passe pour souillée ; cequi lui attire un souverain mépris de toutes les autres.

POUNDAGE. *Voïez* PONDAGE, qui s'écrit POUNDAGE en Anglois.

POUPART, f. m. Coquillage de mer, dont le Poisson est fort délicat. C'est une espèce de Crabe, dans laquelle on trouve une matiere grasse & jaunâtre, qui se nomme *Taumalin*, & dont on fait, avec quelques assaisonnemens, une sauce admirable pour manger la chair.

POUPES DE PERLES. *Voï.* PERLE.

POUSET, f. m. Nom du pastel, ou de la couleur rouge, qui se trouve dans la graine d'écarlatte, & qui sert pour la teinture.

POUSSE, f. f. On donne ce nom à la poussière ou au grabeau du Poivre & de quelques autres Drogues & Epiceries. La *Pousse*, en termes vulgaires, se dit pour le Corps des Archers.

POUZZOLANE. *Voï.* POUSSOLANE.

PRAME, f. f. Nom d'une sorte de Navire Moscovite, qui n'est propre que pour les Canaux, & qui emploie des rames & des voiles.

PRASIN, f. m. gr. ou PRASE. C'est le nom d'une pierre précieuse, couleur de *Porreau*, comme ce mot le signifie, & qu'on nomme aussi Mere d'Emeraude, parcequ'elle en renferme presque toujours. On en distingue plusieurs espèces, toutes luisantes, mais peu estimées des Lapidaires, qui la regardent comme une Emeraude imparfaite. Elle vient ordinairement des deux Indes ; mais il s'en trouve aussi en Bohême, & dans d'autres Païs de l'Europe.

PREAMBULE, f. m. Cequi se fait, ou cequi se dit, avant que de commencer quelque chose, & qui en est comme l'introduction, pour préparer le Lecteur, ou l'Auditeur, à cequi doit suivre.

PRÊCHEURS. *Freres Prêcheurs*. Nom qu'on donne aux Religieux de l'Ordre de Saint Dominique, depuis qu'ils furent emploïés à la conversion des Albigeois. On rapporte que ce titre plut tant à Saint Dominique, qu'il voulut le retenir, le fit mettre dans son sceau, & obtint du Pape *Honoré III*, qu'il fut conservé à son Ordre.

PRÉCIPUT, f. m. lat. Terme de Palais, qui signifie cequ'un Mari, ou une Femme, à droit de prendre sur la Communauté, avant tout partage ; & cequ'un Aîné a, pour son droit d'Aînesse, dans une Terre Seigneuriale. En un mot, c'est cequi se prélève sur un tout, par préférence à d'autres Interessés.

PRÉCURSEUR, f. m. Celui qui en annonce un autre dont il est suivi. Il se dit des choses comme des personnes. On dit fort bien de certains fignes, qu'ils font les *précurfeurs* , ou les avant-coureurs d'un événement.

PRÉDESTINATIANISME , f. m. lat. Nom qu'on donne à une hérélie concernant la *Prédeflination*.

PRÉDÉTERMINATION , f. f. lat. Réfolution , décret , qui a précedé quelque chofe. On appelle *Prédetermination phyfique* , une Doctrine qui enfeigne que Dieu détermine toutes les actions des Créatures fpirituelles & libres , par une impulfion phyfique , qui precede toute détermination de la caufe feconde. Les *Prédéterminans* font ceux qui foutiennent cette Doctrine. Comme ils en nient les conféquences , on a dit d'eux qu'ils font bons Catholiques , & mauvais Philofophes.

PRÉDIAL , adj. lat. Terme de Droit , qui fe dit de *cequi appartient aux fonds* & aux héritages. Une rente *prédiale* ou *fonciere*.

PRÉJUDICIÉ , adject. Lettre de change *préjudiciée*. C'eft , en langage de Commerce , une Lettre de change qui n'arrive dans le lieu , où elle doit être païée , qu'après l'expiration des jours de grace , lorfque le mal vient de cequ'elle eft partie trop tard.

PRÉJUDICIEL , adj. En termes de Palais , on appelle une queftion *préjudicielle* , celle qui dépend d'une autre & qui doit être jugée auparavant. Ainfi , ce mot n'eft pas formé de Préjudice , qui fignifie tort , dommage ; non plus que dans *fraix préjudiciaux*.

PREMIERES COULEURS , f. f. Sorte d'Emeraudes qui fe vendent au marc. C'eft cequ'on nomme plus ordinairement Negres-cartes.

PREMIER-PRIS , f. m. Terme de Jeu. Au Lanfquenet , c'eft le Coupeur , lorfque fa carte eft amenée la premiere par celui qui tient la main. De-là l'ufage figurée de ce terme , pour fignifier un Homme de contenance trifte & embarraffée. Il a l'air d'un *Premier-pris*.

PRÉNOTION , f. f. lat. Connoiffance imparfaite qu'on a d'une chofe , avant que de la bien comprendre.

PRÉOLIERS , f. m. Nom qui eft donné aux Maîtres Jardiniers , dans leurs Statuts , pour la Ville , Fauxbourg & Banlieue de Paris.

PRÉPATOUE , f. m. Terme de Vignoble. C'eft le nom qu'on donne à certains Plants de vigne , choifis en divers endroits , & qui eft apparemment une corruption de *pris par tout*.

PRÉPONDERANT , adject. lat. , qui fignifie cequi *pefe plus* , cequi fait pancher la balancer. On appelle *voix préponderante* , dans une élection , celle , qui dans le cas d'égalité , détermine les fuffrages pour ou contre , en fe joignant à l'un ou l'autre Parti. C'eft ordinairement le privilege du Chef d'une Compagnie.

PRESBYTERE, f. m. gr. Habitation d'un Prêtre. On donne vulgairement ce nom à la Maifon établie pour le Curé d'une Paroiffe. E!le fait partie de fon Bénéfice. *Presbytere* eft auffi le nom d'une libéralité que le Pape fait , à l'Office du Jeudi-Saint.

PRESCRIPTION LÉGALE & **PRESCRIPTION STATUAIRE** , fl. ff. La *prefcription légale* eft celle qui defcend de la Loi , comme la *prefcription* de dix ans , entre Préfens , & vingt ans , entre Abfens ; la *prefcription ftatuaire* , celle qui provient de la Coutume , comme la *prefcription* d'an & jour , pour le retrait lignager.

PRÈS & PLEIN , adv. Commandement de mer , qui ordonne au Pilote d'aller au plus près du vent , mais de maniere que les voiles foient toujours pleines. *Voïez* PLAIN.

PRÉSOMPTIF , adj. lat. Terme de Palais. On appelle *Héritier préfomptif* , celui qui doit naturellement heriter de quelqu'un , à moins que le Teftament ne s'y oppofe ; celui qui heriteroit d'une Perfonne , fi elle mouroit *ab inteftat*. *Préfomption* , f. f. , fe dit auffi , dans le même langage , pour *conjectures* qui fe tirent naturellement des chofes. Il vient de *préfumer* , comme *préfomption* , quâ fignifie orgueil. *Voïez* PRÉSUMER.

PRESSER , v. n. Terme de Mer , qui ne fe dit qu'en parlant de l'Angleterre , d'où il eft pris. *Preffer* ,

c'eft obliger les Equipages des vaiffeaux Marchands , & les Bateliers de
la Thamife, à fervir fur les Vaiffeaux
de guerre. *Voïez* EMBARGO.

PRESSURER , v. act. Terme de
Vigneron, qui fe dit pour *preffer fortement*. On preffure les grappes , le
marc , &c. , fur la mai du Preffoir.

PREST , f. m. Terme du fervice
de la Maifon du Roi. On y appelle
Preft, l'effai que le Gentilhomme fervant de jour fait faire , au Chef du
Gobelet , de tout cequi doit fervir
au Roi pour la table , comme Pain ,
Sel , Serviettes , Cuilliere , Fourchette , Couteau & Cure - dent ; cequ'il
fait avec un petit morceau de pain ,
dont il touche toutes ces chofes , &
qu'il fait manger enfuite au Chef du
Gobelet. La table , où fe fait cet effai , & qui fe nomme Table du *preft* ,
eft gardée par le Gentilhomme fervant.

PRETE-NOM , f. m. Celui qui ,
fans entrer dans le fond d'une affaire , en paroît le principal Acteur , &
figne un Acte où le véritable Con-
tractant ne veut pas paroître. Les
Fermes générales du Roi s'adjugent
à des *Prete noms* , & chaque Bail eft
ainfi diftingué par le nom d'un Con-
tractant imaginaire.

PRÉTÉRIT , f. m. lat. Terme de
Grammaire, & nom qu'on donne aux
tems d'un verbe, qui marquent le paffé.

PRETINTAILLES , f. f. Mot d'o-
rigine incertaine. Il fignifie un affemblage d'étoffes, de différentes formes & de différentes couleurs, & d'autres ornemens , dont les Femmes dé-
corent leurs habits. Il s'emploie ,
dans le figuré , pour quantité de petites chofes qui vont ordinairement
à la fuite des grandes.

PRÉVENTION , f. f. lat. En matiere Bénéficiale , c'eft le droit que le
Pape a de pourvoir à un Bénéfice ,
dans les fix mois accordés à l'Ordinaire pour le conférer. En termes de
Palais , c'eft l'avantage d'un Juge fupérieur fur un inférieur , lorfque le
premier eft faifi d'un Criminel ; lu-
tôt que l'autre. En termes de Rhétorique , c'eft une figure par laquelle
l'Orateur prévient cequ'on pourroit

lui oppofer. Dans l'acception fimple , *Prévention* fe dit de tout cequi
difpofe le Jugement , ou la Volonté ,
à fe déterminer , indépendament des
motifs de la vérité & de la juftice.
Il fe dit auffi de la difpofition de
celui qui fe laiffe ainfi prévenir l'efprit ou le cœur.

PRIAPEES , f. f. On donne ce nom
aux Poëfies libres & obfcenes ; parceque les anciennes Statues de Priape
étoient fort immodeftes. *Priapifme* ,
f. m. , eft le nom d'une maladie de la
verge , lorfqu'elle s'étend avec douleur.

PRIERES , f. f. Les Anciens per-
fonnifioient les *Prieres* , & les faifoient Filles de Jupiter. *Homere* les
reprefente boiteufes , ridées , aïant
toujours les yeux baiffés , l'air ram-
pant & humilié , marchant fans
ceffe après l'*Injure* , pour guérir les
maux qu'elle a faits.

PRIÉS , f. m. Le confeil des *Priés* ,
ou *Pregadi* , eft un des plus célebres
Confeils de la République de Venife , où l'on décide toutes les affaires
qui concernent la Paix , la Guerre ,
les Alliances & les Ligues.

PRIEUR DU PEUPLE ROMAIN,
f. m. Nom d'un Officier de Rome ,
qui répond à nos Maires , & que le
Pape nomme tous les trois mois.

PRIEURÉ - CURE , f. f. Nom
qu'on donne à une Cure deffervie
par un Religieux & dépendante d'un
Monaftere. La plûpart ont été de
petites Communautés , dans leur origine , comme les Prieurés fimples.

PRIME , f. m. Nom qu'on
donne à la premiere forte de laine
d'Efpagne , qui eft la plus fine &
la plus eftimée. Dans la divifion
du marc d'argent , *prime* fe dit de
la vingt-quatrieme partie d'un grain.
Il fe dit auffi , dans le Commerce de
la Morue , de celle qui arrive de la
premiere Pêche. *Prime* d'Emeraude.
Voïe. PRESME.

PRIORITE , f. f. lat. Etat d'une
chofe qui eft la premiere de plufieurs
autres , ou qui eft avant une autre.
Il n'eft guere d'ufage qu'en matiere
de fciences. Les Théologiens diftinguent la *priorité* d'ordre , la *priorité*

de tems, la *priorité* de nature.

PRITANÉE. *Voïez* PRYTANÉE.

PROBATOIRE, adj. lat., qui fignifie cequi fert à mettre une chofe
à l'épreuve. On donne ce nom, en
Sorbonne, aux Actes dans lefquels on
examine la capacité d'un Afpirant.

PROCATARCTIQUE, adj. gr.
Terme de Médecine, qui fignifie *primitif*. On donne ce nom aux caufes des maladies, qui agiffent les premieres, & qui mettent les autres en
mouvement. Elles font ou *internes*,
telles que les paffions de l'Ame ; ou
externes, & c'eft tout cequi eft capable de nous offenfer.

PROCELEUSMATIQUE, f. m.
gr. Terme de Profodie, qui fignifie
un pié de vers, compofé de quatre
breves.

PROCLAMATION, f. f. lat. Ce
mot, qui fignifie *Publication folem-
nelle*, eft fynonyme avec *Ban*, *dénon-
ciation*. Il eft en ufage dans la plûpart des Coutumes du Roïaume. Les
Seigneurs de Fiefs font obligés de
faire les proclamations ordinaires,
pour avertir leurs Vaffaux de leur
rendre foi & hommage dans le tems
prefcrit par la Coutume.

PRODROME, f. m. gr. *Avant
coureur*, ou chofe qui en précede
une autre. Quelques horloges ont un
Prodrome, c'eft-à dire, un petit battement fur la cloche, qui fe fait entendre quelques minutes avant que
l'heure fonne. Les Auteurs donnent
quelquefois le nom de *Prodrome* à un
Écrit, par lequel ils en annoncent
d'autres qui doivent le fuivre.

PROEMPTOSE, f. f. gr. Terme
d'Aftronomie. C'eft cequi fait que
les nouvelles Lunes, par l'Equation
lunaire, arrivent un jour plus tard
qu'elles ne feroient arrivées fans cette équation.

PROFECTIF, adj. lat. Terme de
Palais. On appelle Biens *profectifs*,
ceux qui viennent de la fucceffion
directe du Pere, de la Mere, & des
autres Afcendans. Les Aftrologues
judiciaires appellent *profection*, un
certain calcul, par lequel ils font
faire tous les ans un figne imaginaire, à chaque Planete & à chaque lieu
du Ciel.

PROJET, f. m. lat. Deffein,
Plan, qu'on a conçu de quelque chofe, pour l'exécuter. On appelle *Projet*, fur la Côte de Barbarie, & furtout au Baftion de France où fe
fait la Pêche du Corail, le Pê-
cheur qui jette l'efpece de filet avec
lequel on tire le Corail, du fond de
la Mer.

PROLONGE, f. f. Terme d'Artillerie, & nom d'un cordage qui fert à
tirer le canon en retraite, lorfqu'une
Piece eft embourbée. En termes de
mer, *Prolonger* un cap, une côte,
c'eft continuer de les fuivre.

PROMINENCE, f. f. lat. Avan-
cement. Il ne fe dit gueres qu'en
termes d'Art. La *prominence* d'un
Baftion. La *prominence* du nez & des
levres, fur le vifage.

PROMOTEUR, f. m. lat. Nom
d'un Officier des Tribunaux eccléfiaftiques, qui répond au Procureur du
Roi dans les Jurifdictions féculieres.
Dans les Conciles, il y a des Officiers de ce nom, qui font chargés
de veiller à l'obfervation de la difcipline prefcrite, & qui pourfuivent
les Tranfgreffeurs. *Promoteur* fe dit
auffi, dans le langage commun, de
celui qui fert au progrès de quelque
chofe. Le grand *Colbert* fut un puiffant *Promoteur* du Commerce.

PROMPTUAIRE, f. m. lat. Terme de Droit, qui fignifie proprement un lieu d'où l'on tire, ou qui
fournit quelque chofe, mais qui ne
fe dit que pour fignifier, un Extrait,
un Texte, un Abregé du Droit.

PRONONCÉ, f. m. En termes de
Palais, on appelle le *Prononcé* d'un
Arrêt, ou d'une Sentence, fon ex-
plication ou fon difpofitif.

PRONOSTIQUE. *Voïez* PRO-
GNOSTIQUE.

PROODIQUE, f. m. gr. Terme
de Poéfie, qui fignifie un grand Vers
par rapport à un petit. Ainfi, dans
les Diftiques compofés d'un Hexametre & d'un Pentametre, le premier eft un *Proodique*, & le fecond
eft cequ'on nomme l'*Epode*.

PROPAGANDE, f. f. lat. ou
Congrégation de la Propagande. C'eft
le nom d'un célebre Tribunal, éta-

bli à Rome pour les affaires qui regardent la *propagation* de la Foi.

PROPAGATEUR, adjectif tiré du latin, qui se dit de celui qui sert à la propagation de quelque chose. *Propager*, v. act., se dit aussi, en termes de Physique, pour, répandre, étendre, multiplier. *Propagation*, s. f., signifie l'augmentation de toutes sortes d'Êtres.

PROPETIDES, s. f. Femmes de l'Isle de Chypre, qui se prostituoient dans le Temple de *Venus*. Elles furent métamorphosées en rochers. *Ovide* dit ingénieusement qu'après avoir foulé aux piés les Loix de la pudeur, elles étoient devenues si insensibles à tout, qu'il ne fallut qu'un leger changement, pour cette métamorphose.

PROPHYLACTIQUE, s. & adj. gr., qui se dit de ce qui sert, ou qui tend à *conserver*. On appelle *prophylactiques*, ou préservatifs, les remedes qui entretiennent la santé, & qui préviennent les maladies.

PROPOSANT, adj. *cardinal proposant*. Nom qu'on donne à un Cardinal, établi à Rome, pour recevoir la Profession de foi de ceux qui sont nommés à des Evêchés en Païs d'Obédience, & pour les proposer aux autres Cardinaux.

PROSEUQUE, s. f. gr. Lieu destiné *à la Priere*. C'est le nom que les Juifs donnoient à des édifices, différens de la Synagogue, qu'ils élevoient dans les Campagnes, pour y faire leurs Prieres. C'étoient des especes de Halles ouvertes.

PROSPECTUS, s. m. Mot purement latin, qui est adopté, dans la Librairie, pour signifier une sorte de *vue anticipée* qu'on donne d'un Ouvrage qui n'est point encore publié, & qui doit l'être, soit par souscription, ou par la voie commune. C'est ce qu'on nomme aussi *Projet*, & *Programme*. Un *Prospectus* contient quelquefois, non-seulement l'idée générale de l'Ouvrage, mais encore un fragment, pour servir comme de montre, le format & la quantité des Volumes, le caractere, le papier, les conditions, & les promesses.

PROSTAPHERESE, s. f. Terme grec d'Astronomie, qui signifie, en soi-même, *retranchement*, mais qui est plutôt pris pour *équation*. Il se dit de la maniere de trouver le mouvement moïen des Astres, en compensant leur irrégularité apparente, qui nous les represente tantôt marchant avec lenteur, tantôt avec vitesse. L'arc du Zodiaque, compris entre la ligne du vrai mouvement d'une Planete & celle du mouvement moïen, se nomme *Prostapherese*.

PROSTHESE, s. f gr., qui signifie *addition*. On donne ce nom à l'opération de Chirurgie par laquelle on ajoute au corps humain quelque partie artificielle, à la place de celle qui manque; telle, par exemple, qu'une jambe de bois, un nez d'argent, &c.

PROTE, s. m. Mot grec, qui signifie *premier*. De-là le titre de *Protomartyr*, pour Saint Etienne. Dans les Imprimeries, on nomme *Prote*, celui qui est chargé de la direction de l'Ouvrage. & qui voit, le premier, toutes les Epreuves.

PROTOCANONIQUE, adj. gr. Nom qu'on donne aux Livres sacrés, qui étoient reconnus pour tels, avant même qu'on eut fait des Canons. On divise les Livres de la Bible, en trois Classes ; les *Protocanoniques*, les *Deuterocanoniques*, & les *Apocryphes*.

PROVENDE, s. f. Mélange de Pois, d'Avoine & de Vesce, qu'on donne aux Brebis & aux Moutons.

PROVISOIRE, adj., qui se dit, en termes de Pratique, de ce qui se fait par provision. *Provisoirement* est l'adverbe.

PRUNELAIE, s. f. Nom qu'on donne à un lieu planté de Pruniers.

PSALMODIE, s. f. gr. Chant simple & uni, ou plutôt récitation soutenue, des *pseaumes*. On ne fait remonter l'institution de la Psalmodie alternative, qu'à l'an 350. La *Psalmodie* continuelle, en latin *Laus perennis*, fut établie, en Orient, par Saint Alexandre, Fondateur des Accœmetes, & fut embrassée dans plusieurs Monasteres d'Occident.

PSEAUTIER, f. m. Nom du voile dont les Religieufes fe couvrent la tête & les épaules.

PSEUDAMANTES, f. f. gr. Nom des pierres factices ou fauffes, qui ont l'apparence de pierres précieufes ; telles que les Pierres du Temple, les *Stras*, &c. Avec du fable blanc & gravelleux, on fait toutes fortes de fauffes pierres, en y ajoutant des couleurs. Par exemple, un peu de vermillon, joint au verre en poudre, qu'on fait fondre, donne une belle Emeraude.

PSYCHAGOGIQUES, f. m. & adj. gr. Remedes puiffans, qui *rappellent à la vie*, dans un état defefpéré, ou lorfqu'on paroît mort ; comme dans la lethargie, l'apoplexie, &c.

PTERYGION, f. m. gr., qui fignifie *petite aîle*, & dont on a fait le nom des petites excrefcences charnues, qui couvrent quelquefois diverfes parties du corps, furtout les ongles des piés & des mains.

PTILOSE, f. f. gr., qui fignifie *chûte des cils*. C'eft une maladie du bord des Paupieres, accompagnée de callofité & de dureté.

PTYALAGOGUES, f. m. Mot grec compofé, & terme de Médecine, qui fignifie Remedes qui *excitent le Ptyalifme* ou *crachement*.

PTYAS, f. m. ou PTYADE, gr. Nom d'une forte d'Afpic, qui jette fon venin *en crachant*, & fans morfure. Quelques Anciens ont cru que c'étoit d'un *Ptyas* que *Cleopatre* s'étoit fervie pour s'empoifonner.

PUBLICATION. PUBLICITÉ, ff. ff. de *Publier*. Le premier fignifie l'action de *publier* quelque chofe ; & le fecond, l'état d'une chofe qui a été *publiée*, ou qui eft *publique*.

PUCERON, f. m. Infecte qui nâge dans les eaux & qui multiplie beaucoup. Il eft rougeâtre & fautille dans l'eau comme les Puces, dont fon nom eft un diminutif.

PUCHAMIAS, f. m. Nom d'un Arbre de la Virginie, qui porte un fruit délicieux dans fa parfaite maturité, & fort femblable à la Nefle.

PUGILAT, f. m. lat. Nom d'un combat des anciens Athletes. C'étoit celui dans lequel deux Athletes fe battoient *à coups de poings*, les bras armés de *ceftes*, c'eft-à-dire, de braffarts de cuir. Le *Pugilat* eft encore en ufage parmi les Perfans.

PUI, f. m. Nom d'une Fête Poétique, qui fe célebre dans quelques Villes de France, telles que Rouen, Caen, &c., à l'honneur de l'Immaculée Conception de la Sainte Vierge. Elle confifte dans la diftribution de quelques prix, qu'on donne à ceux qui ont fait les meilleures pieces de Vers fur ce fujet. On fait venir *Pui*, du *Podium* Romain, qui étoit un lieu élevé devant l'Orcheftre du Théâtre, où fe plaçoient les Confuls & les Empereurs ; parceque les prix du *Pui* fe diftribuent fur un Théâtre. *Voïez* PALINOD, qui eft un autre nom de la même Fête.

PUINÉ, f. m., qu'on croit compofé de deux mots, *né*, & de *puis*. Il a la même fignification que *cadet*, mais il eft moins en ufage.

PUITS, f. m. Nom d'une machine de Venife, en forme de Puits, qui fert à porter dedans, & fur un Brancard, le Doge autour de la Place de Saint Marc, le jour de fon élection.

PULO, f. m. On prononce *Poulo*. Mot Indien, qui fignifie *Ifle* : deforte que tous les noms Géographiques auxquels il eft joint font des noms d'Ifles de la Mer des Indes.

PULSATIF, adj. lat., qui fe dit, en termes de Médecine, de tout ce qui caufe une fenfation de *battemens*, comme il arrive dans certaines inflammations. Ces battemens répondent aux pulfations des arteres.

PULSILOGE ou PULSIMÉTRE, ff. mm. gr. & lat. Inftrument qui fert à mefurer la vîteffe du pouls. On en attribue l'invention à *Sanctorius* ; & *Floyer* en a fait un Traité.

PUMICIN, f. m. Nom qu'on donne à l'huile de Palme, telle qu'on l'apporte du Sénégal & d'autres lieux de l'Afrique. Quelques-uns la nomment *Huile du Sénégal*.

PUPUE, f. f. Nom vulgaire qu'on donne à la *Huppe*, parceque son chant en exprime le son. Aussi *Pupuler* se dit-il, pour exprimer la maniere de crier de cet oiseau.

PURETTE, s. f. Poudre magnerique qui se trouve près de Gènes, dans un lieu sec, nommé *Mortuo*. Elle est plus pesante que le sable, noire, brillante. Elle s'attache au fer aimanté; & proche d'une pierre d'Aimant, elle se remue comme de la limaille de fer. Les Génois ne s'en servent que pour sécher l'Ecriture, comme de poudre dorée ou de buis.

PURIM, PUR, ou PHUR, s. m. Mot hebreu, qui signifie *Lots* ou *Sorts*. C'est le nom d'une Fête célebre des Juifs, instituée en mémoire des sorts qui furent jettés par *Aman*, leur Ennemi à la Cour d'Assuerus, pour régler le mois auquel il vouloit que toute leur Nation fut détruite. Cette Fête dure deux jours, mais il n'y a que le premier qui soit solemnel. On y lit publiquement le Livre d'Esther. Les Juifs frappent des piés, avec un bruit effroïable, chaque fois que le nom d'*Aman* est répété. Leurs transports de joie vont si loin pendant ces deux jours, que les bonnes mœurs en sont quelquefois blessées.

PURISME, s. m. Mot formé de *pur*, pour signifier le caractere des Ecrivains, qui ne s'attachent qu'à la pureté du langage, & qui croient avoir atteint à la perfection du style lorsqu'il ne leur est point échappé de faute contre la langue. On a fait aussi *Puriste*, s. pour signifier ceux qui affectent cette grande exactitude.

PUSILLANIMITÉ, s. f. lat. *Foiblesse* ou bassesse d'*Ame*. C'est un vice opposé à la grandeur d'ame ou la magnanimité. *Pusillanime* est l'adjectif.

PUTREDINAIRES, s. m. lat. Nom qu'on donne aux Philosophes qui prétendent qu'un grand nombre d'animaux se forment de *pourriture* & de *corruption*; sentiment fort rare aujourd'hui.

PY. *Voïez* PI.

PYLAKENS, s. m. Nom d'un drap d'Angleterre, dont la Piece est de vingt-quatre à vingt-six aunes.

PYOSE, s. f. gr. Maladie de l'œil, qui consiste dans une espece de *suppuration* continuelle.

PYRAMIDALE, s. f. Nom d'une Plante qui s'éleve fort haut, & qui porte des fleurs bleues, depuis la base jusqu'à sa pointe.

PYRAMISTE, s. m. Espece de Papillon, que la vue du feu semble attirer, même en plein jour, & qui est fort sujet à se précipiter dans la flamme des chandelles.

PYRETOLOGIE, s. f. Mot grec composé, qui signifie, *discours* ou Traité *sur les fievres*.

PYROMETRE, s. m. gr. Instrument de Physique, de l'invention de *Mussembrock*, qui sert à *mesurer* les divers degrés du *feu*, & de ses effets. On appelle *Pyronomie* la science qui enseigne à *regler le feu*, dans les opérations de Chymie.

PYRRHONISME, s. m. Doctrine des Pirrhoniens. *Voïez* PIRRHONIENS.

Q.

Q, Dans les ordonnances de Médecine, signifie *quantité*. C'est le caractere de la monnoie fabriquée à Perpignan.

QUADRATURE, s. f. lat. Nom que les Horlogers donnent à la différente maniere de construction des Horloges, des Pendules, & des Montres.

QUADRIFOLIUM, s. m. lat. Plante qui a quelque ressemblance avec le Trefle, mais qui porte, sur une même queue, *quatre feuilles* d'un purpurin noirâtre. Ses fleurs sont blanches. On la cultive dans les Jardins, moins pour sa beauté que pour ses vertus, qui la rendent excellente en décoction pour les fievres malignes & pourpreuses.

QUADRIGE, s. f. lat. Char des Anciens, tiré par *quatre Chevaux*, de front. On a conservé ce nom pour la figure de ces Chars, qui se trouve sur quantité de Médailles.

QUADRILLE, s. m. Nom qu'on donnoit, dans les Tournois, aux divisions de quatre, dans le nombre

des

des Chevaliers. C'eſt à-préſent celui d'un Jeu de cartes entre quatre perſonnes, imité de l'Ombre, dont la plûpart des regles y ſont obſervées.

QUADRIN, ſ. m. Petite monnoie de Rome, qui eſt proprement le denier Romain. Cinquante *quadrins* ſont le Jule.

QUAMOTCH, ſ. m. Plante d'Amérique, qui ſe cultive aujourd'hui en Europe. Elle monte & ſe ſoutient, comme le Liſeron, autour des Perches & des Plantes voiſines. Ses rameaux ſont d'un rouge noirâtre ; ſes feuilles oblongues, découpées, & diſpoſées en aîle ; ſes fleurs, d'un très beau rouge, en forme d'entonnoir ; & ſon fruit, qui eſt oblong, d'un goût tirant ſur le Poivre.

QUANDROS, ſ. m. Nom d'une pierre de couleur blanche, qui ſe trouve dans la tête du Vautour, & qui eſt quelquefois fort belle. On lui attribue la vertu d'augmenter le lait des Femmes.

QUANQUAM. Mot purement latin, qui ſignifie *quoique*. On donne ce nom aux Harangues & autres diſcours latins de College, par la ſeule raiſon qu'ils commencent ſouvent par *Quanquam*.

QUARANTAIN, ſ. m. Drap de laine qui ſe fabrique dans nos Provinces méridionales, dont la chaîne eſt compoſée de quarante fois cent fils, c'eſt-à-dire quatre mille.

QUARANTE-HEURES. *Prieres de quarante-heures.* On donne ce nom à des Prieres extraordinaires, qui ſe font pour invoquer le Ciel dans des beſoins preſſans. On ne s'accorde pas ſur la date de leur inſtitution : mais, ſuivant leur premiere forme, qui eſt aujourd'hui fort changée, elles commençoient à quatre heures du matin, & continuoient, ſans interruption, juſqu'au lendemain à huit heures du ſoir.

QUARENTIE, ſ. f. Cour de quarante Juges, qui porte ce nom, à Veniſe.

QUARRE. BÉQUARRE. Terme de Muſique, qui ſignifie jouer ou chanter d'un demi-ton plus haut que le *Bémol*.

Supplém.

QUARRÉ. *Proſe quarrée.* Nom qu'on donne au ſtyle des Inſcriptions, qui, par ſa nobleſſe & par l'arrangement de ſes lignes, tient comme le milieu entre la Proſe commune & les Vers. On a ſubſtitué ce nom à celui de *Style lapidaire*, parceque les Inſcriptions & les Epitaphes ſe gravant auſſi ſouvent aujourd'hui ſur le cuivre que ſur *la pierre*, il en falloit un qui convînt à toutes ſortes de matieres.

QUART, ſ. m. Nom qu'on donne à des caiſſes de Sapin, plus longues que larges, dans leſquelles les raiſins en grappes, qui ſe nomment *Raiſins aux Jubis*, viennent de Provence.

QUARTE. Fievre *quarte*. *Voïez* FIEVRE.

QUARTERON, ſ. m. Nom que les Batteurs d'or donnent à un petit Livre de papier quarré, qui contient vingt-cinq feuilles d'or ou d'argent battu.

QUATERNITÉ, ſ. f. Terme dogmatique, qui ſe dit de *quatre* perſonnes, comme *Trinité* ſe dit de *trois*. Quelques Théologiens, & même le fameux *Pierre Lombard*, ont été accuſés d'avoir donné, par leurs explications, l'idée d'une *Quaternité* en Dieu.

QUATRE-QUINT, ſ. m. Terme de Coutume. Le *Quatre-quint* eſt une eſpece de *légitime coutumiere* des biens propres, dont il n'eſt pas permis, en Païs coutumier, de diſpoſer au préjudice de ſes Héritiers.

QUATRIEMEUR, ſ. m. Nom qu'on donne aux Commis des Aides, dans les Provinces où l'on paie au Roi le quatrieme du vin & des autres liqueurs : ce qui ne regarde guere que la Normandie, car on ne paie ailleurs que le huitieme.

QUENOUILLE. *Tombé en quenouille.* Expreſſion figurée, pour dire d'une choſe, qu'elle eſt devenue le partage des Femmes ; parceque la *quenouille* eſt un inſtrument propre à leur ſexe.

QUERAIBA, ſ. m. Arbre du Breſil, dont l'écorce, pilée & appliquée ſur les plaies & les ulceres, paſſe pour un excellent vulneraire.

F f

QUERIMONIE, f. f. lat. Terme d'Officialité, qui fe dit d'une plainte faite aux Juges d'Eglife, pour obtenir permiffion de publier des Monitoires.

QUEUE DE RAT, f. f. Nom qu'on donne à une efpece de lime ronde, qui fert à arrondir les trous percés dans les métaux. On appelle *Cheval queue de rat*, celui qui à la queue dégarnie de poil. En termes de Mer, certaines manœuvres, dont le cordage eft plus gros par le haut que par le bas, fe nomment *queues de rat*, ou *à queue de rat*.

QUEUE DE SOURIS, f. f. Petite plante baffe, aftringente & deffic-cative, dont on prétend que les Grenouilles font fort friandes. Ses feuilles font étroites; & d'entr'elles il s'éleve de petites tiges, qui portent à leurs fommités de petites fleurs à cinq feuilles, de couleur herbeufe. Elle croît dans les Champs, les Prés & les Jardins.

QUIETISME, f. m. Doctrine qui a fait beaucoup de bruit à la fin du fiécle précédent, & qui a été condamnée, en 687, par le Saint Siege. C'eft ce qu'on nomme autrement le *Molinofifme*, parcequ'un Prêtre Efpagnol, nommé *Molinos*, paffe pour fon premier Auteur. Elle regarde la vie fpirituelle. Ses Sectateurs ont été nommés *Quiétiftes*. *Quiétude*, f. f., qui fignifie *repos*, ne fe dit qu'en termes afcetiques, pour *tranquillité de l'Ame*.

QUILLAGE, f. m. *Droit de quillage*. C'eft un droit que les Vaiffeaux Marchands paient dans les Ports de France, la premiere fois qu'ils y entrent.

QUINCAJOU, f. m. Animal fauvage d'Amerique qui approche du Chat. Il a le poil rouge-brun, & la queue extrêmement longue. Il fait la guerre à d'autres animaux, furtout à l'Orignal, fur lequel il fe jette de deffus les branches d'arbre. On prétend que l'Orignal va fe jetter auffi-tôt dans l'eau, pour s'en défaire.

QUINETTE ou **QUIGNETTE**, f. f. Nom d'un Camelot, tout de laine, & quelquefois mêlé de poil de Chevre, qui fe fabrique en Flandres, à Lille & aux environs.

QUINQUENOVE, f. m. Nom d'un Jeu, qui fe joue à deux dés, formé de deux mots latins, qui fignifient *cinq* & *neuf*.

QUINTAINE, f. f. Ancien Jeu d'exercice, qui confiftoit à jetter, en courant, des dards contre une groffe piece de bois fichée en terre, à laquelle on attachoit un bouclier. A cet exercice ont fuccedé la *Courfe au Faquin* & les *Têtes*.

QUINTAL, *charger au quint. l.* Terme de Marine, qui fe dit, fur la Méditerranée, pour fignifier cequ'on entend fur l'Océan par *charger à cueillette*, c'eft-à-dire, raffembler des Marchandifes de différentes mains, pour faire tout-d'un-coup la charge d'un Navire.

QUINTE. *Lingot d'or quinté*. C'eft de l'or effaïé, pefé & marqué par les Effaïeurs & les Commis roïaux. *Quinter* l'or & l'argent, c'eft le marquer, après l'avoir effaïé & pefé, & en avoir fait païer le droit de *quint* pour le Roi.

QUINTILLE, f. m. Nom d'une efpece de Jeu d'Hombre à *cinq*, qui s'eft joué de nos jours, en France; mais la mode en a paffé plutôt que celle du *Quadrille*, qui eft un jeu d'Hombre à *quatre*.

QUINTINISTES, f. m. Ridicules Hérétiques, qui tirerent leur nom d'un Tailleur d'habits, Picard, nommé *Quintin*, au commencement du feizieme fiecle. Ils admettoient toutes fortes de Religions.

QUINZE, f. m. Nom d'un Jeu de hafard très ruineux, qui confifte à prendre fucceffivement des cartes entre les Joueurs; & celui qui a, le premier, quinze par les points de fes cartes, ou qui en approche le plus, eft le Vainqueur.

QUIOSSER, v. act. Terme de Tanneurs & de Megiffiers, qui fignifie frotter le cuir fur une forte de pierre à aiguifer, qu'on nomme *Quioffe*. *Quioffage*, f. m., eft l'action de faire paffer les cuirs fous la *Quioffe*.

QUIRAPANGA, f. m. Nom d'un célebre Oiseau de l'Amérique méridionale, petit & blanc, dont la voix ressemble au son d'une sonnette, & se fait entendre d'une demi-lieue.

QUITTE. Mot assez bisarre, qui vient sans doute du verbe *quitter*, mais qui prend des régimes sans nombre & des significations fort différentes. *Etre quitte*, c'est ne rien devoir. *Quitte* à bon marché. *Quitte*, pour mourir. *Quitte* ou double. *Quitte* d'un engagement. *Quitte* avec une révérence, &c.

QUI-VIVE, f. m. Terme de Guerre, dont on fait un seul mot. C'est le cri d'une Sentinelle, lorsqu'elle entend du bruit. D'où vient, dans le sens figuré, Être sur *le qui-vive*, pour, être sans cesse en allarme, ou pour *être d'humeur délicate*, facile à s'offenser, ou pour, *être toujours prêt* à répondre à faire face, à se mettre en mouvement, &c.

QUOCOLOS, f. m. Vulgairement *Pierre à verre*. C'est le nom d'une Pierre qui ressemble au Marbre, mais un peu transparente, rendant du feu comme la pierre à fusil, d'un blanc verdâtre, avec des veines comme le talc de Venise. Elle perd sa transparence au feu ; & s'il est bien fort, elle se convertit en verre. Le *Quocolos* est commun en Italie.

QUOTE, adj. lat. *Voïez* QUOTIENT. *Quote* n'a d'usage que dans cette expression. *Quote-part*, qui se dit de la part que chacun doit fournir ou recevoir dans la répartition d'une somme totale. Ma *quote-part* monte à telle somme. *Quotité*, substantif de *Quote*, signifie une portion d'un tout. Il ne se dit guere qu'en termes de Coutume & de Pratique.

R.

LA lettre *R* étoit autrefois le caractere de la Monnoie fabriquée à Villeneuve lez-Avignon. A present, c'est la marque de celle d'Orleans.

RABAT, f. m. Dans quelques Provinces, on donne le nom de *Ra-*

bats, aux Lutins & aux Esprits ; comme *vieille Rabache* est un nom injurieux qu'on y donne aux vieilles Femmes. De-là apparemment, *Rabacher*, pour, parler beaucoup, repeter souvent les mêmes choses ; foible ordinaire des vieilles Femmes.

RABATTRE, v. n. En termes de Teinture, il se dit pour corriger une couleur trop vive, par une legere teinture qui se nomme *Rabat*.

RABES, f. f. ou RAVES. On appelle *Rabes* de Morue, les œufs de ce poisson, salés & mis en barique Dans quelques endroits on dit *Raves* de Morue.

RABETE, f. f. Graine d'une espece de Choux, dont on fait une sorte d'huile.

RACINAGE, f. m. Terme de Teinture. C'est le nom qu'on donne à la décoction de la racine, de l'écorce & des feuilles du Noier, & de la coque de Noix.

RACINE DE RHODE, vulgairement RHODIA. C'est la racine d'une Plante qui est une sorte d'Orpin. Son nom lui vient du mot grec qui signifie *Rose*, parcequ'elle a l'odeur & le goût de cette fleur. Cette Plante croît sur les Alpes, dans les lieux ombrageux. Elle pousse plusieurs tiges. Ses feuilles sont oblongues, pointues, & dentelées. Ses petites fleurs, qui croissent en bouquets, sont d'un jaune pâle, ou rougeâtre, tirant sur le purpurin. La racine, qui est grosse, tubereuse & cassante, d'un brun foncé, en dehors, & blanchâtre, en dedans, s'applique en poudre sur les temples, pour la migraine & les autres maux de tête.

RACINE SAINT CHARLES, f. f. Racine de l'Amérique, fort vantée pour le scorbut, la vérole, & d'autres maladies. Elle se prend en poudre ou en décoction. Son écorce est un excellent sudorifique, qui a le goût amer, & l'odeur aromatique. Ses tiges & ses feuilles ressemblent à celles du Houblon, & s'attachent de même à cequ'elles rencontrent.

RACINE VIERGE, f. f. Nom d'une racine purgative, qui évacue

furtout les humeurs groffieres , &
bonne particulierement en décoction pour exciter les menftrues &
les urines. Elle fe trouve chez les
Apotiquaires fous le nom de *Sceau
de Notre-Dame.* Sa Plante croît dans
les Bois. Ses feuilles reffemblent à
celles du *Cyclamen*, mais font deux
ou trois fois plus grandes & plus
pointues. Les fleurs fortent des aif-
felles des feuilles , font difpofées en
grappes , chacune avec la forme d'un
petit baffin , de couleur jaune &
verdâtre , ou pâles.

RADIER , f. m. Terme d'art. C'eſt
le nom d'une efpece de grille , propre à porter les Planchers fur lefquels on commence , dans l'eau , les
fondations des Eclufes , les Batar-
deaux , &c.

RADIALE , *Couronne radiale.* Nom
qu'on donne à une Couronne à
raïons , qui fe trouve , dans les médailles , fur la tête des Princes qui ont
été mis au rang des Dieux.

RAFFES , f. f. Rognures de peaux ,
de cuir , & d'autres chofes de cette
nature qui ont été travaillées & de-
bitées.

RAISIN DE MER. Arbriffeau ,
de la hauteur d'un Homme , dont
le tronc , qui eſt quelquefois gros
comme le bras , jette plufieurs rameaux grêles & fans feuilles. Les
fleurs fortent des nœuds , & font
difpofées en petites grappes de couleur blanchâtre. Le fruit , qui reffemble aux Mûres de Renard , eſt
auffi en grappes , comme le Raifin ,
& prend une couleur rouge , d'un
goût acide , mais agréable. Cette
Plante eſt commune dans nos Provinces méridionales. On appelle auffi
Raifin de mer, un Infecte marin , qui
eſt une efpece de Limaçon , de figure oblongue , couvert de glandes
rouges & bleues qu'on prendroit pour
des Raifins. Il a deux cornes à la tête , comme le Limaçon. Les œufs de
la *Seche*, agglutinés enfemble , ont
la forme & la couleur d'une grappe
de Raifin ; cequi leur fait donner
auffi le nom de *Raifin de mer.*

RAISIN DE RENARD , f. m.
Plante des Bois épais , dont la Baie

eſt fort eſtimée contre la pefte & les
autres maladies contagieufe. On applique fa feuille fur les Bubons pef-
tilentiels. Elle croît de la hauteur
d'un demi-pié , d'une feule tige. Ses
feuilles font larges , oblongues , un
peu pointues , noirâtres , & croiffent
au nombre de quatre , en forme de
croix. Sa fommité foutient une petite fleur herbeufe , de quatre feuilles
vertes , rangées auffi en croix. La Baie
ou le fruit eſt mou comme un Raifin , de la même groffeur , de couleur obfcure , & d'une odeur peu
agréable.

RAISIN D'OURS , f. m. Nom
d'une Plante fort aftringente , qui
croît dans les parties chaudes de l'Europe. Elle tire fon nom de la reffemblance de fes Baies avec les Raifins ,
& de cequ'on prétend que les Ours
en font fort friands. Ses fleurs , qui
ont la forme de grelots , de couleur
rouge , croiffent en grappes. Ses feuilles approchent de celles du Bouis , &
font raïées des deux côtés.

RAISINS AUX JUBIS On don-
ne ce nom , dans le Commerce , aux
Raifins qui nous viennent , en caiffe ,
de Provence & d'autres lieux ; comme on appelle *Picardans* une plus
petite efpece , qui vient de Provence
& de Languedoc en grappes.

RAISINS DE CALABRE. Efpece
de Raifins d'un très bon goût , quoiqu'un peu gras , qui nous viennent
fecs , par petits barils.

RAMALLER , v. act. Terme d'art.
Ramaller une peau de Bouc , ou de
Chevre , c'eſt lui donner la façon
néceffaire , pour la paffer en Chamois ; cequi ne fe fait qu'après l'a-
voir paffée à l'huile.

RAMBERGE , f. f. Nom d'une
forte d'anciens Navires Anglois ,
dont on trouve la defcription dans
les Mémoires de *du Bellai* , *l.* 10.
En termes de Jardinage , *Rame* &
Ramberge fe dit des *Melons* , lorfqu'au lieu d'être vineux & fucrés ,
ils ont un goût defagréable qui leur
vient du voifinage de la *Ramberge* ,
herbe puante , affez commune fur
les couches & dans les vignobles ,
où elle eſt nuifible. Cette Plante fe

nomme auffi *Mercuriale*. Elle s'emploie pour les clyfteres.

RAMBOUR, f. m. Nom d'une fort belle efpece de Pommes, vertes d'un côté, & fouettées de rouge de l'autre, qui fe mangent au mois d'Août & qui durent peu. On fait venir leur nom de *Rambures*, Village de Picardie, où l'on prérend qu'elles ont commencé à être connues.

RAMES, f. f. Nom que les Rubanniers donnent à des ficelles, qui traverfent les lifferons, & dont le jeu eft le principal artifice de tout le travail de la Rubannerie. On appelle *Coton de rames*, des cotons filés qui viennent du Levant, & qu'on emploie pour la trame des toiles cotonines, dont on fait les grandes & les petites voiles des Bâtimens de mer.

RAMISTE, adj. Epithete qu'on donne à l'*J* & l'*V* confonnes. Ce n'eft qu'au milieu du feizieme fiécle qu'on a commencé à diftinguer les *J* & les *V* des *I* & *U* voïelles. *Pierre Ramus*, ou *la Ramée*, Philofophe célebre, fut l'inventeur de cette diftinction; & c'eft de lui que ces deux lettres ont pris le nom de confonnes *Ramiftes*. Enfuite un Libraire, nommé *Gilles Beys*, emploïa, pour la premiere fois, cette méthode dans le Commentaire de *Mignault* fur les Epîtres d'*Horace*, publié, à Paris, en 1584.

RAMPE, f. f. En termes de Fortifications, la *rampe* eft une pente douce, qui fe fait le long du Talus d'un Rempart & qu'on place fuivant l'occafion & le befoin.

RAMPIN, adj. Terme de Manége. On appelle *Cheval rampin*, celui qui marche feulement fur la pince des piés de derriere, & qui n'appuie point le talon à terre.

RANCIDITÉ, f. f. lat. Efpece de corruption, que la chaleur, ou la vieilleffe, fait contracter aux fubftances huileufes & aux graiffes, & qui leur donne un goût defagréable. *Rance* eft l'adjectif.

RANCIO, f. m. Mot emprunté de l'Efpagnol, qui fignifie *vieux*, & dont on a fait le nom d'un Vin & d'un Tabac d'Efpagne fort vieux.

RANCOUR, f. m. Drogue qui fert aux Teinturiers.

RANDIA, f. m. Arbriffeau de l'Amérique, commun dans le Canton de Vera Cruz, dont la fleur n'eft compofée que d'une feuille. Elle fait place à un fruit ovale, qui n'a qu'une cellule, remplie de femences plates qui fe mangent.

RANGUE, f. m. Terme de Mer, & commandement pour faire ranger les Matelots le long d'une manœuvre.

RAPHANISTRE, f. m. ou RAPISTRE BLANC. Nom d'une Plante, vulneraire, & qui excite les mois aux Femmes. Elle croît dans les Champs, de la hauteur d'un pié, rameufe dès fa racine, & garnie de petites épines. Ses feuilles font larges & velues, fes fleurs, difpofées en croix, blanches & raïées de bleu, foutenues d'un calice rougeâtre.

RAPONTIQUE. *Voyez* RHAPONTIQUE.

RAPPELLER, v. n. Terme militaire, qui fignifie Battre le tambour d'une maniere particuliere, pour faire revenir les Soldats au Drapeau. Elle s'emploie auffi comme une marque d'honneur. A la Cour, on *bat aux Champs* pour le Roi; on ne fait que rappeller pour les Enfans de France. *Rappel* eft le fubftantif.

RAPPORTÉES. *Pieces rapportées*. On appelle Ouvrages de Pieces rapportées, les Ouvrages de Marqueterie, & tout ce qui eft compofé de parties d'une matiere différente, que l'art ajufte enfemble pour le deffein qu'on fe propofe.

RAQUE, f. m. Mot corrompu d'Arrack, & nom Indien de toutes fortes d'Eau-de-vies, ou de liqueurs fortes. On en fait de riz, & du fuc diftillé de différens arbres.

RAQUETTE, f. f. Plante d'Amérique, dont le fruit, qui eft une efpece de figue, rend l'urine rouge, quand on en a mangé. Le P. Labat y a découvert de petits animaux, qu'il nomme *cochenilles*.

RASE DE MAROC, f. f. Nom d'une petite Serge, partie de laines françoifes & partie de laines communes d'Espagne , qui se fabrique en Champagne.

RASPHUYS, s. m. Maisons de force Hollandoises, où l'on renferme les Débauchés , & les gens sans aveu, pour les occuper à scier du bois de Bresil ; comme on les occupe , au Château de Bissetre , à battre du Ciment.

RASSADE, s. f. Nom qu'on donne à des especes de petites Perles de verre , ou d'émail, dont on fait diverses sortes d'ornemens. La Compagnie des Indes en emploie beaucoup dans le Commerce avec les Indiens & les Negres, qui les prennent en échange pour des choses plus précieuses. C'est cequ'on nomme aussi de la Verroterie . & l'on en distingue différentes sortes.

RATAN ou ROTIN, s. m. Sorte de roseaux des Indes, dont les uns servent à faire des cannes à marcher , & d'autres se fendent par morceaux , pour faire des meubles de cannes.

RATÉE. *Canne ratée.* Nom qu'on donne aux Cannes à sucre , qui , aïant été entamées par les Rats , s'aigrissent , deviennent noirâtres , & ne peuvent plus servir qu'à faire de l'Eau-de-vie.

RAVALEMENT. *Clavessin à ravalement.* On donne ce nom à un Clavessin qui a plus de touches, que les Clavessins ordinaires.

RAVESTAN, s. m. Nom d'une sorte de grands Paniers , qui sont surtout en usage dans les Verreries, pour y conserver les pieces de verre jusqu'à cequ'on les empaille.

RAUQUE , adj. lat. , qui se dit du son, surtout de celui de la voix, pour signifier qu'elle est alterée. Une *voix rauque,* c'est-à-dire dure , desagréable , comme celle d'une personne enrouée. *Raucité* est le substantif.

RÉ. Particule qui est souvent *réduplicative* , c'est-à-dire, qu'elle signifie le renouvellement de l'action.

RÉ. *Voïez* REU.

REBARBATIF , adj. Comme on disoit autrefois *Rébarbaratif*, il ne paroît pas douteux que ce mot ne soit

formé de *Barbare.* Aussi signifie-t'il dur , *révoltant.* Un air , un ton , *rébarbatif.*

REBARDER , v. act. Terme de Jardinage. *Rebarder une planche* , c'est en tirer un peu de terre, pour retenir, dans le milieu , l'eau des arrosemens & de la pluie.

REBEC, s. m. Ancien instrument de Musique pastorale, qui n'avoit que trois cordes, & que les Espagnols nomment *Rabel.*

REBLE, s. f. Nom d'une Plante commune , qui est une espece de *Grateron* , ou le *Grateron* même.

REBOURS, s. m. Le contraire d'une chose. Son ordre , ou son sens, renversé. Avec *a* & *au* , il devient adverbe. *A rebours* signifie , dans le sens , ou l'ordre , opposé au vrai. *Au rebours* se dit simplement , pour , *au contraire. Rebours* est aussi adjectif, & signifie, dans ce sens , *Revêche,* difficile à persuader ou à gouverner.

REBUFE, s. f. Nom d'un instrument pueril , composé d'une petite branche de fer, pliée en deux, avec une languette d'acier , qui lui fait faire ressort. Il se tient entre les dents, & l'on fait remuer la languette, en y passant la main , avec une sorte de mesure. On le nomme aussi , *Guimbarde , Epinette , Trompe* , &c.

RECALCITRANT , adject. lat. Terme du langage familier , qui signifie proprement *regimbant* , mais qui se dit de l'humeur , pour *revêche, difficile , contrariant.*

RECENSEMENT , s. m. lat. Terme de Commerce & de Douanes , qui se dit pour *nouvel examen* , vérification de comptes , de poids , sur lesquels on craint de s'être trompé. En termes d'Officialité , *Recensement* signifie audition des Témoins qui viennent déposer en conséquence de la publication d'un Monitoire.

RECEPER. *Voïez* RESEPER.

RÉCHAUD , s. m. Terme de Teinture, qui se dit de chaque fois qu'on met une étoffe dans la teinture chaude. Ainsi , donner le premier , le second , *réchaud,* c'est mettre une premiere , une seconde fois , l'étoffe dant la chaudiere qui est sur le feu.

RECIF. *Voïez* RESSIF.

RECIPIENDAIRE, s. m. lat. Celui qui doit être reçu dans quelque Charge, ou dans quelque Société.

RECISION, s. f. lat. Terme de Palais. On nomme *Lettres de recision*, des Lettres obtenues du Prince, pour casser quelque Acte.

RÉCLINAISON, s. f. Terme de Gnomonique, pour exprimer la situation d'un Plan, qui s'incline & panche sur l'horison. On distingue la *déclinaison*, l'*inclinaison*, & la *Réclinaison* des Plans.

RECOCHER, v. act. Terme de Patisserie. *Recocher la pâte*, c'est la battre une seconde fois du plat de la main.

RÉCOLTER, v. act., formé de *Récolte*. Le grain *récolté*, c'est-à-dire, recueilli par la Moisson.

RECOUVÉ. *Toiles recouvées*, ou *crues recouvées*. Nom d'une sorte de toile, du nombre de celles qu'on nomme *Crès*, & qui s'emploient pour le Commerce des Antilles.

RECRÉANCE. *Lettres de Recréance*. Nom qu'on donne, en Hollande, aux Lettres que les Etats généraux donnent à un Ambassadeur étranger, lorsqu'il retourne à sa Cour.

RÉCREMENT, s. m. Nom qu'on donne aux humeurs qui se séparent de la masse du sang & qui y rentrent, ou qui sont retenues dans d'autres endroits pour quelque usage. C'est comme l'opposé d'*excrement*. *Recrementiel*, adj., se dit des humeurs qu'on nomme *Recremens*.

RECRUE, s. f. RECRUTER, v. act. & n. Termes militaires. *Recruter*, ou faire *Recrue*, c'est lever de nouveaux Soldats, pour completer les Compagnies & les Régimens.

RECTA, adv. Mot purement latin, qui suppose celui de *via*, pour signifier *directement*, par le *chemin droit*. Il n'est adopté que dans le style familier.

RECTO, s. m. Terme de Palais & de Librairie, emprunté du latin, & qui suppose *folio*, pour signifier la *page droite* d'un Livre ouvert. C'est l'opposé de *verso*, qui signifie le re-

vers de cette page. Ces expressions viennent de ce qu'anciennement chaque feuillet n'aïant qu'un chiffre au premier côté de la page, il falloit un nom pour désigner le second côté.

RÉCUPERER, v. act. lat. Mot qui n'est gueres en usage que dans le style familier, où l'on dit, *se recuperer*, pour, se dédommager d'une perte. *Récuperation*, s. f., qui signifie *recouvrement*, se dit en termes d'Astronomie, pour ce recouvrement de lumiere que fait un Astre après avoir été éclipsé. Encore est-il fait place à celui d'*Emersion*, qui signifie la même chose.

REDACTION, s. f. lat. Assemblage, compilation, de plusieurs choses, morales ou physiques, dans un ordre qu'on leur donne entre elles. *Rédacteur*, s. m., qui signifie celui qui a rédigé quelque chose par écrit, ne se dit guere qu'en style de Littérature, de ceux qui nous ont laissé des compilations & des abregés d'Ouvrages d'autrui. Ces deux mots sont formés de *Rédiger*, verbe actif qui s'emploie dans le même sens. Les *Rédacteurs* des Canons. La *Rédaction* de la Coutume de Paris. *Rédiger* les Ordonnances de nos Rois.

REDRESSER LES TORTS. Terme de Chevalerie errante, qui signifie réparer les dommages & les injures, soulager l'innocence & la vertu opprimées. Il ne s'emploie plus que dans le langage badin. On appelle, à Paris, *Redresseurs*, les Filoux & tous ceux qui emploient leur industrie à tromper, pour vivre & faire figure aux dépens d'autrui.

RÉDUCTION, s. f. Nom qu'on donne, dans les Indes occidentales, à des Peuplades Indiennes gouvernées par les Jesuites. Telles sont les *Réductions* du Paraguai.

REDUIRE, v. act. Terme de Peinture, qui signifie copier un Sujet, en grand ou en petit. C'est la même chose que *graticuler*, verbe formé du mot Italien, qui signifie *gril*, parceque, pour réduire ou graticuler un dessein, on le divise en petits carreaux égaux, tracés avec un craïon, sur un autre papier, & sous une échelle différente, mais dans une égale proportion.

RÉDUPLICATION, f. f., formé du verbe latin, qui signifie *redoubler*, comme redoublement l'est de ce verbe françois. Leur différence presqu'unique est que réduplication ne s'emploie gueres que dans les Arts. C'est aussi le nom d'une figure de Rhétorique, qui consiste à répéter un mot dans le cours d'une phrase; comme celle, qu'on nomme *Répétition*, consiste à répéter un ou plusieurs mots, au commencement de la phrase. *Réduplicatif* est l'adjectif.

RÉÉDITION, f. f. Terme de Librairie, qui s'est mis en usage pour nouvelle Edition. *Rééditeur* se dit aussi de celui qui la donne.

RÉFACTION, f. f. Terme de Douanne & de Commerce, qui signifie la remise que les Commis des Bureaux d'entrée & de sortie doivent faire, aux Marchands, de l'excedent de poids que certaines marchandises doivent avoir, lorsqu'elles ont été mouillées, au-dessus de celui qu'elles auroient naturellement si elles étoient séches. Telles sont les laines, les cotons, les chanvres, les lins, &c.

RÉFÉRER, v. act. Terme de Palais. C'est faire le rapport d'une chose à quelqu'un, ou le rapport d'une chose à une autre. On réfere une affaire au Parlement. Tout doit être référé à la derniere fin.

REFIN, f. m. Terme de Manufacture & de Commerce, qui se dit d'une sorte de laine très fine; comme on appelle *Refleuret*, une seconde laine d'Espagne, qui est la meilleure après la prime.

RÉFLEXIBLE, adj., qui signifie cequi peut être réfléchi. *Réflexibilité*, f. f., est la qualité de cequi se réfléchit, ou la faculté de se réfléchir.

REFONTE, f. f. Nouvelle fonte des Monnoies; ou action de les refondre, pour en faire de nouvelles especes. Quelquefois sans faire de refonte, on les change par de nouvelles empreintes; cequi se nomme simplement *Réformation*.

REFRACTEUR, f. m. lat. Esprit réfracteur, se dit pour Rebelle à quelque vérité, à quelque raisonnement, à quelque offre, ou quelque loi.

REFRINGENT, adj. lat., qui se dit de cequi cause une *réfraction*. Une lentille, spheriquement convexe, ou concave, est refringente.

REFUGE. *Ordre du Refuge*. C'est un Ordre de Religieuses, établi pour la retraite des Femmes & des Filles débauchées. Il a pris son origine à Nanci, d'où il s'est répandu dans plusieurs Villes du Roïaume.

RÉGALADE. *Boire à la régalade*. *Voïez* PIVOTER.

REGENCE, f. f. Mot formé du latin, qui signifie gouvernement, & qui se dit, dans quelques Etats, du corps des Officiers ou Magistrats qui en ont l'administration. Les trois *Regences* de Barbarie sont Alger, Tunis & Tripoli.

RÉGIME, f. m. formé de *régir*, qui s'emploie, en termes de Gens d'affaires, pour Administration. *Régime* est aussi le nom qu'on donne aux grappes de certains fruits; tels que les Bananiers, les Plantains, les Cocos, &c.

REGLES, f. f., toujours pluriel, signifie les purgations naturelles des Femmes, qui se nomment aussi leurs *Mois* & leurs *Ordinaires*.

REGNE, f. m. En termes d'Histoire naturelle, & de Chymie, *Regne* se dit des différentes Classes dans lesquelles on range les mixtes. Les Plantes, les Gommes, les Sucs, les Fruits, &c., forment le *regne* végétal. Le *regne* animal comprend tous les Animaux. Le *regne* minéral s'étend sur les Métaux, les Marcassites, les Pyrites, &c.

REGONFLEMENT, f. m. Pression, contre Nature, d'un liquide, dont le cours est arrêté par quelque obstacle.

REGRADILLER, v. act. Terme de Perruquier & de Coëffeuse, qui signifie friser les cheveux avec un fer chaud.

RÉINSTALLER, v. act. Installer une

une seconde fois , rétablir quelqu'un, dans un emploi dont il a été dépossedé.

REINTÉ , adj. Terme de Chasse , qui se dit d'un Chien dont les reins sont élevés en arc , & larges ; signe de force , qui le fait préferer à ceux qui ont les reins étroits.

REIS , s. m. Nom d'une Monnoie de Portugal , qui ne vaut gueres plus d'un denier de France , & qui ne laisse pas d'être Monnoie de compte. Une pistole d'Espagne vaut deux mille Reis.

REKIET , s. m. Terme de relation. C'est le nom de la fameuse salutation que les Turcs font en s'inclinant dans leurs Mosquées. Les deux premiers *Rekiets* sont pour l'honneur & la louange de Dieu ; les deux suivans sont pour celui qui les fait ; & le reste , pour ses Amis & ses Affaires.

RELATIONAIRE , s. m. Nom que les Auteurs des Journaux Litteraires ont introduit , pour signifier ceux qui composent ou qui publient des Relations de Voïages.

RELEGUÉ , s. m. On donne ce nom à la Pension qu'obtient un Gendarme de la Garde , ou un Chevauleger , lorsqu'il a servi un certain nombre d'années. Elle est ordinairement de cinq cens quarante livres. C'est cequ'on appelle *retraite* dans les Gardes-du-corps.

RELEVÉ , s. m. On appelle *relevé de compte* , l'extrait de tous les articles d'un compte , qui regardent le même objet. En termes de Philosophie , *relevé* est l'opposé d'*abbaissement*. Le clin d'œil renferme trois points successifs ; l'acte de la volonté qui le commande , l'abbaissement de la paupiere & son *relevé*.

RELEVER , v. act. En termes de Marine , *relever la Galere* , se dit des Forçats , qui se soulevent & qui s'en rendent maîtres.

RELIEF , s. m. , qui se dit d'un ordre , que l'Officier obtient du Ministre , pour se faire païer ses appointemens échus pendant son absence.

RELIEN , s. m. Nom que les Artificiers donnent à de la Poudre écra-

Supplém.

sée grossierement , sans être tamisée , dont l'action n'est pas aussi vive que celle de la Poudre grenée.

RELOCATION , s. f. lat. Nom qu'on donne à un Contrat , par lequel un Débiteur , qui a vendu à son Créancier un héritage , pour l'argent qu'il lui doit , avec faculté de rachat perpétuel , s'en rend le Fermier pour une somme à laquelle cequ'il doit peut monter.

RELOUAGE , s. m. On donne ce nom au tems où le Hareng fraie ; cequi arrive vers la fin de Décembre.

RÉMÉMORATIF , adj. , qui se dit de cequi sert à faire ressouvenir , à rappeller la mémoire. La plûpart des Fêtes Juives étoient *rémémoratives*.

REMISSIBLE , adj. lat. , qui signifie cequi peut être *remis* , c'est-à-dire, pardonné ; cequi est digne de grace , de *remission*.

REMISSION , s. f. lat. Terme de Médecine , pour signifier relâchement , modération , surtout dans les fiévres. La *Rémission* est différente de l'*Intermission*. Dans la premiere , la fiévre subsiste ; dans celle-ci , elle cesse tout-à-fait , jusqu'à un nouveau paroxisme.

REMOTIS. A REMOTIS. Expression purement latine , adoptée dès le tems de *Rabelais* , pour signifier , dans l'éloignement , à l'écart.

REMOULIN , s. m. Nom qu'on donnoit autrefois à l'Etoile , ou marque blanche , qui se voit souvent au front du Cheval , & qu'on nomme aujourd'hui la Pelotte.

REMOUX. *Voïez* REMOLE.

REMPLIR , v. act. En termes d'Ouvrieres en points , c'est travailler à faire du fond. Entre les Velineuses , il y en a qui font de la trace , d'autres du fond , d'autres des dentelons & du reseau , d'autres de la broderie , qu'elles nomment *de la Brode* , &c. Celles qui travaillent en fond s'appellent *Remplisseules* , parcequ'elles remplissent les feuilles & les fleurs qui ne sont que tracées.

REMUAGE. BILLET DE REMUAGE , s. m. A Paris , on donne

G g

ce nom à un Billet que les Marchands & les Bourgeois font obligés d'aller prendre au Bureau des Aides, lorfqu'ils veulent tranfporter leur vin d'une cave à une autre.

REMUER, v. act. En termes de Teneurs de livres, c'est renvoïer un compte, d'une feuille à une autre.

RENAL, adj. formé de *rein*. On appelle Calcul *renal*, Pierre *renale*, le Calcul, ou la Pierre, qui fe forme dans les reins.

RENCONTRÉE VALEUR DE MOI-MÊME. Terme de Lettres de change, qui s'emploie dans celles qu'un Banquier, ou Négociant, tire de fon Débiteur, afin qu'elles paroiffent toujours être de fes propres deniers. C'est la troifieme efpece de Lettres de change.

RENGORGEURS, f. m. Nom de deux mufcles, qui fervent à différens mouvemens de la tête, fur la premiere & la feconde vertebre du cou. Ils ont été découverts par un Chirurgien de Paris, nommé *du Pré*.

RENIÉ, adjectif paffif, que l'ufage fait prendre dans une fignification active, pour certaines expreffions, telles que Chrétien *renié*, Moine *renié*, &c. Il fignifie, dans ces exemples, *qui a renié*, ou *renégat*.

RENTRANT, adject. *Angle rentrant*, par oppofition à *faillant*. C'est un angle dont l'ouverture est en dehors & la pointe en dedans, au lieu que l'angle faillant prefente fa pointe en dehors. On prétend trouver, dans les angles faillans & les angles rentrans qui font fur les Côtes de France & d'Angleterre, le long du Canal qui les fépare, une preuve qu'elles étoient anciennement jointes, & qu'elles ont été féparées par la violence des flots. Les Ouvrages de Fortification, tracés en Étoile, font tous compofés d'angles faillans & rentrans.

RÉORDINATION, f. f. Terme eccléfiaftique, qui fignifie l'action de conférer une feconde fois les Ordres facrés, à celui dont la premiere ordination est jugée nulle, pour quelque défaut effentiel.

RÉPARATION CIVILE, f. f. Somme qu'un Criminel est condamné à païer à quelqu'un, pour le dédommager du tort qu'il lui a caufé par fon crime. Les réparations civiles emportent la contrainte par corps, & doivent être païées préférablement à l'amende adjugée au Roi fur les biens du même Coupable.

RÉPARITION, f. f. Terme d'Aftronomie, qui fe dit de la vue d'un Aftre, lorfqu'il recommence à fe montrer après une Eclipfe. Ce mot est oppofé à *Occultation*.

REPIC, f. m. Terme du Jeu de piquet. Lorfqu'on fait trente points en main, avant que l'Adverfaire ait joué, on compte quatre-vingt-dix; ce qui entraine ordinairement le gain de la partie. C'est ce qui s'appelle *repic*; & de-là l'expreffion figurée, *faire quelqu'un repic*, pour, emporter fur lui quelque avantage confidérable.

RÉPLÉTION, f. f. lat. Terme de Médecine, qui fe dit d'un excès d'embonpoint. En termes de Bénéfices, on appelle *réplétion* l'état d'un Gradué qui est *rempli*, c'est-à-dire, qui obtient un Bénéfice de fix cens livres en vertu de fes grades. Elle forme une exclufion plus grande que l'incompatibilité de deux Bénéfices. Mais les Bénéfices fitués hors du Roïaume ne font pas comptés pour la *réplétion*.

REPOLON, f. m. Terme de Manége, qui fignifie une demi-volte, la croupe en-dedans, formée en cinq tems. Quelques uns donnent le même nom au Galop, l'efpace d'un demi-mille.

REPOUSSÉ, adj. Laines *repouffées*, ou *tappées*. On donne ce nom aux jeunes laines maigres & élancées, qui croiffent avant que la vieille foit tondue.

REPRISE DE FIEF, f. f. Terme féodal, qui fignifie l'action de relever un fief par la foi & hommage. Le Succeffeur d'un Vaffal *reprend un fief*, lorfqu'il en reçoit la poffeffion des mains du Seigneur, en lui faifant la foi & hommage, & lui païant fes droits.

RÉPULSION, f. f. lat. Terme de Phyfique, qui fignifie l'action de repouffer.

REQUERABLE, adj. lat. Terme de Coutume, qui fignifie cequi doit être demandé. Le cens n'eft point *requerable*, mais *portable* & *amendable* : c'eft-à-dire, qu'un Tenancier eft obligé de le porter à terme, fans fe le faire demander ; faute dequoi il doit l'*amende*, de cinq fous parifis, qui eft encourue par la feule expiration du jour auquel il devoit païer.

REQUÊTE, f. f. l. Acte par lequel on fait quelque demande. *Requête civile*, *Requête d'ampliation*, *Requête d'emploi*, *Requête d'intervention*, &c., font différens termes de Palais, dont la fignification eft déterminée par l'objet & la forme de la *Requête*.

RESEDA, f. m. Plante qui croît dans les Champs, & dont on fait venir le nom, du verbe latin qui fignifie appaifer, parcequ'elle appaife les douleurs. Elle pouffe plufieurs tiges, d'un pié & demi de hauteur. Ses feuilles font rangées alternativement, découpées, de couleur verte obfcure, & d'un goût d'herbe po tagere. Les fleurs naiffent aux fommités des tiges & des rameaux, & leur couleur eft jaune. On diftingue un autre *refeda*, qui vient du Levant, & dont l'odeur eft fort agréable.

RESERVES COUTUMIERES, f. f. On donne ce nom à toutes les parts & portions, que les Coutumes affignent aux *Héritiers ab inteftat*, dans les propres ou les autres biens.

RESIDU, f. m. lat., qui fignifie *refte*. Il n'eft gueres en ufage qu'en termes d'Art, & dans les Actes, furtout dans les Teftamens.

RÉSILIER, v. act. lat. Terme de Contrat, qui fignifie caffer, annuller. On refille un Bail, un Contrat, c'eft-à-dire, qu'on le rompt, qu'on s'en dégage. *Refiliation*, f. f., fe dit dans le même fens.

RESINGLE, f. m. Nom d'un Outil d'Horlogerie, qui fert à redreffer les Boëtes de montre boffelées.

RESNES. *Voïez* RÊNES.

RÉSOLUTION, f. f. lat. Dans le fens Phyfique, ce mot s'emploïe diverfement. Les Médecins le prennent pour un relâchement de nerfs & de mufcles, qui répond à la Paralyfie ; les Chymiftes, pour la diffolution des mixtes & leur réduction en principes, cequi revient à l'Analyfe, qui eft totale ou partielle. Il fignifie auffi, en Médecine, l'atténuation & la diffipation d'une humeur, qui difparoît & fe trouve guérie, quand fa caufe s'eft fondue, ou qu'elle s'eft diffipée par la tranfpiration, ou qu'elle eft rentrée dans les veines.

RESPECTIF, adj. lat. Terme de Philofophie, qui a la même fignification que Relatif, & qui eft paffé dans l'ufage commun. *Refpectivement* fe dit auffi pour Relativement.

RESPECTUEUX. *Silence refpectueux.* Expreffion moderne, pour fignifier la difpofition de ceux qui croient qu'on n'eft pas obligé de s'expliquer fur certaines Conftitutions eccléfiaftiques, & que, quelque Jugement qu'on en porte, il fuffit de fe taire, pour rendre cequi eft dû à l'autorité d'où elles émanent. *Clément IX* a paru tolérer cette diftinction. *Clément XI* l'a condamnée, par fa Bulle du 15 Juillet 1705.

RESSORT, f. m. En termes de Palais, *Reffort* fe dit pour *étendue de Jurifdiction*. *Reffortir* à un Tribunal, c'eft en dépendre pour tout cequi concerne fon autorité. Les Pairies reffortiffent ou font reffortiffantes à la Grand'Chambre du Parlement de Paris.

RESTAUPER, v. act. Terme des Païs-bas, qui fignifie raccommoder à l'aiguille les trous d'une toile, par des entrelacemens de fil, qui imitent l'ouvrage des Tifferans fur le mé ier. Les jeunes Filles fe font tant d'honneur de cet Art, qu'au linge neuf qu'elles portent, elles affectent quelquefois de couper une piece, pour faire voir leur adreffe dans la perfection avec laquelle elles ont fu la raccommoder.

RESTORNER, v. act. Terme de Teneur de livres, qui fe dit pour, contrepofer un article mal porté, dans le grand Livre, au *debet* ou au crédit d'un compte. *Reftorne*, f. f., fe dit pour contrepofition. On appelle auffi *reftorne*, une prime d'affurance, que celui qui s'eft fait affurer fe fait rendre par les Affureurs, lorfqu'il a fait affurer trop, ou lorfqu'il ne charge pas les marchandifes pour le lieu auquel il les avoit deftinées. *Reftorner* fe dit auffi dans ce fens, & fignifie *reftituer*.

RESTRINGENT, adj. lat., qui fe dit de cequi a la vertu de reftraindre ou de refferrer. *Reftrainte*, un des fubftantifs de *reftraindre*, eft un terme de Chiromance. Il fe dit de la ligne, qui fe forme, en pliant un peu le poignet, à la jonction de la main avec le bras. Elle fe nomme auffi Rafette. On en tire des préfages pour la longueur de la vie.

RESUMPTE, f. f. lat. Terme de la Faculté de Théologie, & nom d'un Acte qui doit être foutenu par les nouveaux Docteurs, pour avoir part aux fuffrages. On appelle, dans le même langage, Docteur *refumpté*, un Docteur qui a fait fa *refumpte*.

RETENTION, f. f. lat. Action de retenir. On en a formé, en termes de Palais, *Retentionaire*, pour fignifier celui qui retient entre les mains cequi appartient à d'autres.

RETENUE. *Brevet de retenue*, f. m. C'eft un Brevet accordé, par la Cour, à un Officier qui poffede une Charge, en vertu duquel fes Héritiers ont droit de fe la faire païer après fa mort, par fon Succeffeur. Les Charges, fur lefquelles ces Brevets font accordés, ne different des autres qu'en cequ'elles font à vie.

RETICENCE, f. f. lat. Figure de rhetorique, par laquelle on feint de ne pas vouloir dire une chofe, dont on ne laiffe pas de parler en paffant.

RETICULAIRE, adj. lat. *Corps réticulaire*. On donne ce nom à la premiere des deux membranes dont la peau humaine eft compofée, parcequ'elle eft faite en forme de *ret*, qui laiffe paffer, au travers de fes trous, les mammelons de celle qui eft deffous.

RETIPORE, f. f. Nom d'une Plante pierreufe, dont les pores font en forme de ret, & lui donnent quelque reffemblance avec les Rofeaux.

RET-MARIN, f. m. Nom qu'on donne à une matiere feche, affez femblable à du parchemin, formée ordinairement en bourfe, de la groffeur d'une petite pomme, & percée comme un ret de pêche, de couleur cendrée, d'une odeur & d'un goût marin, qui fe trouve fur le rivage de la mer, & qui étant calcinée au feu eft bonne pour les goitres & le fcorbut.

RETRAIT DEMI-DENIER, f. m. Terme de Coutume. Cette efpece de retrait a lieu lorfqu'un héritage aïant été acheté pendant la communauté d'un mariage, dont l'un des Conjoints eft Parent lignager du Vendeur, il eft partagé, après la diffolution de la communauté par la mort, comme un acquet de la communauté qui étoit entre le Survivant & les Héritiers du Mort. En ce cas, la moitié de cet Héritage eft fujette au Retrait, contre le Survivant, qui n'eft pas Parent lignager du Vendeur, ou contre les Héritiers du Mort, qui n'étoit pas Parent du Vendeur.

RÉTROCESSION, f. f. lat. Terme de Pratique, qui fignifie l'action de céder, par un nouvel acte, quelque droit qu'on avoit acquis par tranfport, & qu'on rend à celui de qui on l'avoit reçu.

RETRUDER, v. act. lat. Terme de Palais, qui fe dit pour *remettre* quelqu'un en Prifon. Il n'eft en ufage qu'à l'égard des perfonnes emprifonnées pour dettes civiles.

REU ou RÉ, adj. Terme de diverfes Provinces, qui paroît venir du mot latin qui fignifie *coupable*. En Normandie, on dit vulgairement, je fuis *Reu*, pour, je fuis fans réponfe, je n'ai pas de replique. En Artois, on dit je fuis *Ré*.

RÉVERBERE, f. m. Nom d'une machine, ordinairement de métal, qu'on ajoûte à une lampe, ou un flambeau, pour en augmenter la lumiere.

REVERSAUX, f. m. Nom qu'on donne, en Allemagne, à certains decrets par lesquels on déclare que ce qui s'eft fait, dans un cas particulier, ne pourra nuire au Privilege d'un lieu. Les Empereurs, qui fe font facrer hors d'Aix-la-Chapelle, donnent des *reverfaux* à cette Ville.

RÉVOLUTION, f. f. lat. Changement extraordinaire, bouleverfement qui change entiérement l'état d'une chofe. Il y a des révolutions phyfiques & des révolutions morales.

REVULSIF, adj. formé du latin, qui fignifie, en termes de Médecine, ce qui détourne les humeurs vers les parties oppofées. La faignée du pié eft révulfive à l'égard de la tête.

RHACHITIS, f. f. gr. Maladie, qui confifte dans des obftructions, ou des nœuds, qui, arrêtant le cours des liquides dans le corps humain, y caufent deux grands maux, la douleur & la difformité. On appelle Rhachitique, une perfonne nouée & contrefaite.

RHACOSE, f. f. gr. Relachement de la peau du fcrotum, qui ne vient que de la foibleffe des petits vaiffeaux.

RHAGADIOLE, f. m. Plante, dont le nom eft formé apparemment de *Rhagades*, puifqu'on lui attribue la vertu de guérir cette maladie. Elle croît dans les lieux chauds, en plufieurs tiges rameufes & lanugineufes. Ses feuilles font longues & velues. Sa fleur forme un bouquet, à-demi fleurons jaunes, foutenus d'un calice compofé de quelques feuilles étroites & pliées en goutiere.

RHASUT, f. m. Efpece d'Ariftoloche étrangere, qui contient beaucoup d'huile & de fel, & qui, appliquée extérieurement, paffe pour un bon vulnéraire. On l'apporte d'Alep.

RHETRA, f. f. gr. Nom que les Lacédémoniens donnoient aux Loix de Lycurgue, comme les Athéniens nommoient *Cyrbes* & *Axones* celles de *Solon*. La plûpart des Loix romaines étoient tirées de ces deux fources.

RHODIA. *Voïez* RACINE DE RHODE.

RHOGMÉE, f. f. gr. Fracture du crâne, qui confifte dans une *fente* droite, étroite & longue, par laquelle les os ne font pas déplacés.

RHUS ou RHOE, f. m. Arbriffeau, dont le fruit s'emploïoit autrefois dans les cuifines, au lieu de fel. Ce fruit reffemble un peu à la Lentille. Il eft d'un goût acide & aftringent. Les feuilles font oblongues, dentelées & rougeâtres; les fleurs, difpofées en grappes, & de couleur blanche. Les Arabes ont nommé cet arbriffeau *Sumach*. *Voi.* ROURE.

RIBLETTE, f. f. Tranche de viande, qu'on fait rôtir fur le gril, & qu'on affaifonne de fel & de poivre. On donne auffi ce nom à une Omelette au lard.

RICH, f. m. Efpece de Loup cervier, dont la fourrure eft très fine. Il n'eft pas rare en Suede & en Pologne. C'eft apparemment par allufion aux vrais *richs*, qu'on a donné le nom de *riches* à une efpece de Lapins, qui ont le poil tirant fur le bleu, & qu'on éleve en grand nombre, dans plufieurs endroits, pour le profit qu'on tire de leur peau.

RICIN, f. m. *Voïez* RICINUS.

RICINOÏDE, f. f. Efpece de Noix des Barbades, auxquelles on a donné ce nom, parcequ'elles ont les mêmes vertus que le *ricin*. Il s'en trouve auffi dans d'autres endroits de l'Amérique.

RICOCHET, f. m. *Batterie à ricochet*. C'eft un terme d'artillerie, comme charger *à ricochet*, tirer à *ricochet*, &c. Pour tirer à *ricochet*, on charge la piece à-demi : elle ne porte alors le boulet qu'à une certaine diftance, où il tombe, faute, roule, & fait des *ricochets*, comme les pierres plates qu'on jette fur l'eau en l'effleurant. On tire à *ricochet* pour nettoïer un chemin couvert, un rempart, &c. C'eft à M. *de Vauban* qu'on attribue l'invention de cette méthode.

RIDELLE, f. f. Morceau de bois,

rond & plané, qui regne sur le haut & tout le long du chariot & de la charette, au travers duquel passent les Epars & les Rollons.

RIGIDE, adj. lat., qui signifie proprement roide, mais qui ne s'emploie que dans le figuré, pour severe, exact, rigoureux. Une morale, une vertu, rigide. Un attachement rigide à la vertu.

RIGORISME, f. m., formé du mot latin, qui signifie rigueur. Il se dit de la vertu outrée, de la Morale trop severe, & de tout cequi paroît d'une sévérité excessive. Le rigoriste est celui qui porte la sévérité à l'excès. Dans les Païs-bas, on en a fait comme un nom de Secte, par opposition à ceux qu'on accuse de relâchement dans la Morale.

RINAIRE ou RHINAIRE, adject. gr. Nom que les Médecins donnent au ver qui s'engendre quelquefois dans la racine du nez.

RINGRAVE, f. f. Ancienne espece de culotte fort ample, à la ceinture de laquelle il y avoit des aiguilletes, & qui étoit ornée de rubans.

RISBERME, f. m. Terme de Fortification, qui signifie un composé de fascinage & de grillage, tel qu'on le fait quelquefois au pié du mur d'une Ville.

RISDALE. Voïez RICHEDALE.

RITOURNELLE, f. f. Terme de Musique, qui signifie une reprise de certains airs, que jouent les violons.

RIZE, f. m. Terme de compte, dans les Etats du Grand-Seigneur; comme le Leck dans l'Indoustan, la tonne d'or en Hollande, le million en France, &c. Le Rize est un sac de quinze mille ducats.

ROBBE D'UNE COQUILLE. C'est la couverture, ou la supperficie, de la coquille, après qu'on en a levé l'épiderme. Robbe, en termes de Venerie, se dit de la couleur des Chiens. Une meute toute d'une robbe, c'est-à-dire, de la même couleur. On appelle Garance robiée, celle dont l'écorce n'a pas été levée.

ROBERTINE, f. f. & adj Nom qu'on donne, dans la Faculté de Théologie de Paris, à une Thèse qu'il faut soutenir pour être de la Maison de Sorbonne. Ce nom lui vient de celui de Robert Sorbon, Instituteur de la Sorbonne.

ROBRE. Voïez ROUVRE.

ROCHE D'ÉMERAUDES, f. f. On donne ce nom à de petits amas d'Émeraudes unies par une petite pierre, où elles sont comme enchassées.

ROCHER ou MUREX. Nom d'un coquillage, dont les pointes & les tubercules servent à garantir son ouverture, de l'approche des Rochers. Le caractere générique des Murex, ou Rochers, est d'avoir la bouche oblongue, garnie de dents, & tout le corps couvert de pointes, ou de boutons, avec une tête élevée & une base allongée. Les Anciens se servoient du suc d'un coquillage de cette espece, pour teindre en pourpre. Voïez POURPRE.

ROHANDRIAN, f. m. Titre d'honneur des Grands de l'Isle de Madagascar.

ROLLES GASCONS, Normands, & François. On donne ce nom, en Angleterre, à des volumes d'anciennes Chartres, deposés à la Tour de Londres.

ROI DES ROMAINS, f. m. Titre qu'on donne, dans l'Empire d'Allemagne, à celui qui est designé par les Electeurs pour succéder à la Couronne impériale.

ROME. Voïez RUM.

ROMESTEC, f. m. Nom d'un jeu de cartes assez difficile, d'où est venu le Proverbe, il entend le romestec, pour dire de quelqu'un qu'il est habile & entendu.

ROMPT-PIERRE. Voïez SAXIFRAGE.

RONAS, f. m. Racine dont il se fait un grand commerce en Perse & aux Indes, où l'on s'en sert pour les couleurs rouges des toiles peintes.

RONDE. Ecriture ronde. Nom d'une des trois sortes d'Ecriture à la main. Les deux autres sont l'Italienne & sa Batarde. On n'emploïoit autrefois que l'Ecriture ronde dans les Finances ; mais elle y a fait place à la Batarde. *Ronde*, f. f., fe dit de la vifite des Poftes, qui fe fait régulierement toutes les nuits dans les Villes de guerre.

RONDON, f. m. Terme de Fauconnerie. *Fondre en rondon* fe dit de l'Oifeau qui tombe avec impétuofité fur fa proie.

ROND-POINT, f. m. Partie d'une Eglife, qui fait l'extrêmité oppofée au grand Portail. On lui donne ce nom, parcequ'elle eft ordinairement terminée en demi-cercle.

RONVILLE, f. f. Nom d'une Poire fort tardive, qui s'appelle autrement *Martin-fire*, & *Hocrenaille*. Elle n'eft bonne qu'aux mois de Janvier & de Fevrier.

ROQUELAURE, f. f. Sorte de Manteau qui fe boutonne par-devant, & qui tiroit ce nom de M le *Duc de Roquelaure* fon inventeur. Elle a fait place aux Redingotes.

ROQUETTE, f. f. Au Levant, faire *la roquette*, c'eft jetter des fufées pendant la nuit, pour donner quelque fignal.

ROQUILLE, f. f. Mefure des chofes liquides, qui contient la moitié du demi-feptier, c'eft-à-dire, la huitieme partie d'une Pinte.

ROSAT, adj. Mot formé de *rofe*, ufité feulement au mafculin, pour fignifier cequi a l'odeur de rofe, ou cequi eft en partie compofé de rofe.

ROSE-D'OR, f. f. Figure d'une rofe en or, que le Pape benit à la Meffe du quatrieme Dimanche de Carême, qu'il porte à la proceffion, & qu'il envoie fouvent à quelque Souverain.

ROSEREAUX, f. m. Peaux communes, qui viennent de Mofcovie, & qui fervent à fourrer des Bonnets.

ROSETTE, f. f. Nom qu'on donne à diverfes figures, tournées en forme de petite Rofe épanouie. Un diamant à *rofette* eft un diamant taillé en facettes par-deffus, & plat par deffous. La toile, qui fe nomme *rofette*, eft un linge ouvré, qu'on fait en Flandre & en Baffe-Normandie.

ROSIERE ou ROSSE. f. f. Petit poiffon d'eau douce, dont la chair eft bonne, quoiqu'un peu amere. Il eft long d'un demi pié, large, couvert d'écailles jaunes & bleues, & fa queue a la rougeur d'une Rofe, d'où lui vient fon nom.

ROSSANE, f. f. Nom d'une efpece de Pêche, qui eft une Pavie de couleur jaune.

ROSSICLER, f. m. Minéral noir, qu'on tire des mines du Chili & du Perou. Il eft très riche, & l'argent qu'on en tire eft très eftimé. Son nom lui vient de cequ'étant mouillé, & frotté contre le fer, il rougit.

ROSSINANTE, f. m. Mauvais Cheval, Roffe ; par allufion au Cheval de Dom *Quichotte*, qu'on reprefente maigre & efflanqué.

ROS-SOLIS, f. m. Plante, dont le nom latin fignifie *rofée du Soleil*. On en compte deux efpeces, auxquelles on attribue des vertus contre la pefte. Leurs feuilles font épaiffes, velues, & répandent quelques gouttes d'une forte de *rofée*, ou de liqueur.

ROTATEUR, f. m. On nomme le *Rotateur* un excellent morceau de Sculpture antique, déterré à Rome & porté à Florence, qui reprefente un Efclave, aiguifant un couteau. Les Médecins nomment *rotateurs*, deux mufcles de l'œil, qu'on appelle autrement obliques.

ROTATION, f. f. lat. Terme d'Aftronomie, qui fignifie l'action de tourner, comme une roue. On appelle *mouvement de rotation*, celui des corps céleftes qui tournent fur leur centre.

ROT-DE-BIF. Mot corrompu de l'Anglois, dont on a fait le nom de la partie de derriere de certains animaux, tels que le Mouton, l'Agneau, le Chevreuil, &c., qu'on fert rôtie. Le mot Anglois eft *rofted-beef*, qui fignifie *Bœuf rôti*.

ROTIN. *Voïez* RATAN.

ROUBLE, f. m. Belle monnoie d'argent, de Mofcovie, dont la valeur eft aujourd'hui d'environ fept livres de France. Le *rouble* eft auffi une monnoie de compte , pour les évaluations des paiemens du commerce ; & dans ce sens , il est équivalent à deux Richedales.

ROUCK, s. m. Oiseau d'une force & d'une grandeur prodigieuses, qui se trouve , dit-on , dans l'Arabie , & qui est apparemment le même que celui qu'on nomme *Condur* ou *Contur* au Pérou.

ROUHAN. *Voïez* ROUAN.

ROULEAU, s. m. ou CYLINDRE. Coquillage, dont le caractere générique est d'avoir les deux extrêmités à peu près de la même largeur, & celle d'enbas toujours un peu moindre.

ROULETTE. *Jeu de la roulette.* Ce Jeu, qui a causé bien des maux en France, se joue sur une table de forme bisarre, avec une petite boule , poussée par une rigole ; d'où sortant , entre diverses petites buttes , contre lesquelles son mouvement la fait heurter , elle va se rendre dans un des portiques noirs ou blancs, qui font gagner s'ils sont de la couleur de la boule , & perdre s'ils n'en sont pas.

ROUPIE, s. f. Nom d'une monnoie de Perse , d'argent, qui pese deux cens dix huit de nos grains. Elle est au titre d'onze deniers quinze grains & demi. Elle vaut par conséquent cinquante & un de nos sous.

ROURE, s. f. ou ROUX. Drogue qui sert à teindre en verd, & qui s'emploie aussi dans la préparation de certaines peaux, particuliérement du Maroquin noir. Elle se nomme aussi *Sumach*, qui paroît son nom d'origine.

ROUSSELINE, s. f. Nom d'une Poire qui se nomme autrement *Muscat fleuri.*

ROUVEZEAU, s. m. Nom d'une espece de Pomme, qui est blanchâtre & colorée , mais de bonté médiocre.

ROUVIEUX, adj. Terme de Cavalerie. Un Cheval *rouvieux* est un Cheval malade d'une espece de gale , qui lui vient à la criniere , d'où il sort des eaux rousses , puantes &

corrosives, qui font tomber le poil.

ROUVRE ou ROBRE , s. m. Nom d'une espece de Chêne , qui croît dans les lieux montagneux , & dont le bois est plus dur , que celui des autres especes. Il est aussi plus bas, mais fort gros & souvent tortu. Ses glands sont plus petits que ceux des Chênes ordinaires.

RU, s. m. Vieux mot, qui a signifié canal d'un petit ruisseau, & qui se dit encore dans cette expression ; *il n'y a que le ru* entre ces deux Maisons.

RUBANNERIE, s. f. Nom de la Profession & de la Marchandise des Rubaniers , c'est-à-dire , de ceux qui font & vendent du ruban.

RUBARBE. *Voïez* RHEUBARBE.

RUBASSE, s. f. Nom d'une espece de crystal, artificiellement coloré.

RUBEOLE, s. f. Plante, dont on vante la vertu pour l'Esquinancie. Elle croît aux lieux montagneux, & ressemble beaucoup à la Garance. Ses feuilles sont étroites & luisantes, & ses fleurs ordinairement rouges , mais quelquefois blanches. Leur odeur approche de celle du Jasmin.

RUBETE, s. f. Nom d'une Grenouille venimeuse , dont on tire un suc qui passe pour un poison fort subtil.

RUBLE. *Voïez* ROUBLE.

RUCHE, s. f. Dans les Salines de Normandie, la *ruche* est une mesure, qui contient le poids d'environ cinquante livres de Sel.

RUCK. *Voïez* ROUCK.

RUE DE CHEVRE ou GALEGUE , s. f. Plante cordiale & sudorifique, dont les Italiens se servent utilement dans toutes sortes de fievres, dans la petite verole, la rougeole , & contre le poison & les vers. Elle croît sans culture en Italie. On ne la connoît , en France , que dans les Jardins. Ses feuilles viennent par paires ; & ses fleurs, qui ressemblent à celles des Pois, sont d'une couleur pâle, blanchâtre, ou bleue.

RUFFIEN, s. m. Vieux mot, qui ne s'emploie plus qu'en badinant

lant, pour signifier, livré à la débauche des Femmes. On le fait venir du mot Allemand *Ruef*, qui signifie *voute*, comme *Fornication* vient du mot latin, qui signifie la même chose ; parcequ'anciennement les Femmes débauchées avoient des logemens particuliers qui étoient *voutés*.

RUGISSEMENT, f. m. lat. Mot qui exprime le cri naturel du Lion, & qui s'emploie, dans le figuré, pour toutes sortes de cris, ou de bruits, capables de causer de l'épouvante. *Rugir* est le verbe. On dit fort bien, que les flots, que les vents, rugissent.

RUINES. PIERRE DE RUINES, f. f. On donne ce nom à certaines pierres figurées, sur lesquelles on voit des représentations de vieilles ruines, aussi naturelles que si elles étoient l'ouvrage du Pinceau.

RUMINER, v. act. Action propre à certains Animaux, qui signifie, remâcher à vuide. La Loi de Moïse défendoit de manger des Animaux quadrupedes, à l'exception de ceux qui étoient *rumineurs*. *Ruminer* se dit, dans le figuré, pour méditer, rouler quelque chose dans son esprit.

RUMPHAL, f. m. Plante des Indes, qui est une espece d'*Arum*, dont la racine est un spécifique contre la morsure des Serpens, & pour les maladies vénériennes, quoique le suc des tiges & des feuilles soit un poison.

RUSME, f. m. Minéral qui ressemble en figure & en couleur à du Machefer, & qui se trouve dans plusieurs Païs du Levant. Les Turcs s'en servent pour dépilatoire.

RUSTIQUE. *Voïez* RURAL. On donnoit autrefois le nom de *Langue romaine rustique* à la langue latine, telle qu'on la parloit après l'invasion des Barbares. C'étoit un composé du Latin & du Tudesque ou Celtique, qu'on nommoit aussi *Roman*, & d'où s'est formée la langue françoise.

RUYSCHIANE, f. f. Plante dont la feuille ressemble à celle du Romarin, avec moins d'épaisseur.

Supplém.

Ses fleurs, qui sont d'abord disposées de six en six, se rassemblent ensuite en forme d'épi.

RYTHME, f. m. gr. Mesure des vers ; ou nombre, cadence, proportion, que les parties d'un mouvement ont les unes avec les autres. On a donné le nom de *Rythmique* à l'ancienne danse des Grecs.

S

S Est le caractere de la monnoie fabriquée à Reims. Doublée, dans cette forme *ſſ*, elle signifie, dans les ordonnances des Médecins, moitié ou *semis*.

SAAMOUNA, f. m. Arbre des Indes, d'une figure extraordinaire. Le haut & le bas de son tronc sont de la même grosseur ; mais dans son milieu, il est relevé de plus du double. Son bois est épineux, moelleux, & poreux comme le Liege. De ses épines, coupées lorsqu'elles sont vertes, on tire un suc excellent pour les inflammations des yeux & pour fortifier la vue.

SABLE, f. m. lat. Espece de terre, dont on distingue différentes sortes. Il y a du sable blanc, du jaune, du rouge & du noir. On appelle *sablon*, un sable fort délié. Le *Sablon d'Etampes* est renommé pour écurer la vaisselle. En termes de Chymie, *Fin de sable*, ou *Bain de sable*, se dit d'une maniere d'échauffer, qui se fait en mettant du sable entre le feu & le vaisseau. *Sabler* un verre de vin, c'est l'avaller tout-d'un-coup, le jetter dans le gosier, comme la matiere fondue se jette dans le moule de sable.

SABOT, f. m. Nom d'une sorte de *Toupie* sans fer, que les Enfans font tourner avec un fouet de cuir. Ce jeu étoit en usage dans l'ancienne Rome. *Sabot* est aussi le nom d'un coquillage univalve d'eau douce, qui excite, dit-on, l'appétit ; & celui d'une Plante, qui se nomme aussi *Soulier de Notre-Dame*, parceque les deux feuilles intérieures de sa fleur, qui est unique & d'un purpurin noir , forment une forte de *fabot* ou de foulier. Ses feuilles font larges & reffemblent à celles du Plantain , dont elles ont les vertus. Elle croît fur les Montagnes & dans les Bois.

SAC , f. m. Mot qui eft de toutes les langues , fans en excepter l'hebreu & le grec. Les Dames Angloifes en ont fait un ufage fort galant , en donnant particulierement ce nom à ceque les nôtres nomment aujourd'hui Robbe.

SACHET D'ARNOULT. Remede contre l'apoplexie , fameux par une infinité d'heureufes expériences. Il fe porte au cou , comme une efpece de Periapte ; & l'ufage en eft aujourd'hui fort commun parmi ceux qui aiment la vie.

SACRAMARON , f. m. Herbe potagere de l'Amerique , dont les fleurs font agréablement mêlées de verd , de rouge , de violet & de pourpre. Ses feuilles font faines & nourriffantes.

SAGAMITÉ , f. f. Nourriture ordinaire des Peuples du Canada , compofée de blé d'Inde , de graiffe d'Animaux , de Poiffon & d'autres ingrédiens.

SALAMALEC , f. m. Salut à la Turque. Ce mot , qui fignifie , Dieu vous garde , eft en ufage chez la plûpart des Peuples Mahométans.

SALAMANDRE , f. f. Nom d'une forte d'herbe de Tartarie , qu'on prétend incombuftible. Elle eft femblable à de la laine. Elle croît fur le métal. On l'arrache , pour la faire fécher au Soleil ; on la file , & l'on en fait du drap & du linge , qui n'a befoin , comme la toile d'afoefte , que d'être jetté au feu pour être netoïé.

SALAMPOURIS , f. m Fameufes toiles de coton , qui nous viennent de plufieurs endroits de la Côte de Coromandel.

SALICAIRE , f. f. lat. Plante , ainfi nommée de cequ'elle croît dans les fauffaies , parmi les *faules*. Ses tiges font roides , rameufes & rougeâtres ; fes feuilles , oblongues & pointues ; & fes fleurs , qui reprefentent des épis , de couleur purpurine.

SALICOT , f. m. Plante , ou petit arbriffeau , dont le nom eft formé de *fel* , parcequ'elle eft remplie d'un fuc falé & mordant. Sa cendre fert à faire du verre , du favon , & des pierres à cautere. Elle eft bonne auffi pour les démangeaifons & les autres maladies de la peau. Le *falicot* croît fans culture , au bord de la Méditerranée. Il ne faut pas le confondre avec le *faligot* , qui eft une Plante aquatique , dont la racine fert de pain aux Pauvres , dans les tems de cherté. L'herbe , cuite dans du vin miellé , eft excellente pour les ulceres.

SALMERO , f. m. Excellent poiffon d'eau douce , qui tient un peu de la Truite , & qui eft commun dans quelques endroits d'Italie , furtout près de la ville de Trente. C'eft une efpece de petit Saumon de riviere , ou de lac.

SALPA , f. f. Nom d'un poiffon de mer, qui reffemble à la Merluche , & qu'on appelle vulgairement *Stokefiche* , du nom que lui donnent les Anglois & les Hollandois. Sa chair étant fort dure , on le fait fécher , pour l'attendrir alors à force de le battre. Le mot de *Stoke-fifh* fignifie poiffon de provifion.

SALSUGINEUX , adj. l., qui fignifie ceci a rapport au *fel*. Les Chymiftes divifent le fel , en volatil & en fixe. Le volatil eft la partie *falfugineufe* des corps mixtes , qui s'évapore ; & le fixe eft celui , qui réfiftant au feu & à la diftillation , demeure dans la partie terreftre.

SALTIMBANQUE , f. m. ital. Danfeur de corde , Bouffon , Charlatan , qui amufe le Peuple par des fauts & des tours publics.

SALUBRE , adj. lat. Terme de Médecine , qui fe dit de ceci contribue à la fanté , & qui revient à *falutaire*. *Salubrité* , f. f. , fignifie qualité d'une chofe qui la rend favorable à la fanté.

SAMARE , f. f. Efpece de Scapulaire , ou de Dalmatique , que l'Inquifition fait porter à ceux qu'elle condamne à mort. Le fond de la *famare* eft gris ; & le portrait du Criminel y eſt repreſenté au naturel , devant & derriere , poſé ſur des tiſons allumés , avec des flammes qui s'élevent & des Démons à l'entour.

SAMBOUC , ſ. m. Bois odoriférant , que les Marchands Européens portent ſur les Côtes de Guinée , pour faciliter leur commerce, par les preſens qu'ils en font aux Rois du Païs , qui font grand cas de tout cequi jette une odeur agréable. On y joint de l'Iris de Florence , & d'autres parfums.

SAMESTRE , ſ. m. Nom d'une ſorte de corail qu'on envoie d'Europe à Smyrne , & qui fait un bon commerce , ſoit qu'elle ſoit brute ou travaillée.

SAMOLE , ſ. f. Plante qui reſſemble à la Véronique , avec cette différence que ſa fleur eſt compoſée de cinq petales , & celle de la Véronique de quatre. On lui attribue une qualité nitreuſe & antiſcorbutique. Elle croît dans les lieux humides. Les anciens Gaulois la croïoient toute puiſſante contre les maladies des Beſtiaux , mais aveç des précautions ſuperſtitieuſes , qui conſiſtoient à la cueillir ſans la regarder , à jeun , & de la main gauche , à ne la pas dépoſer dans un autre lieu que celui où ces Animaux alloient boire , & à la broïer en l'y mettant.

SAMOLOÏDE , ſ. f. Autre Plante , qui ſervoit autrefois de Thé aux Anglois de la Jamaïque , où elle eſt fort commune. C'eſt auſſi une eſpece de Véronique.

SAMORIN. *Voïez* ZAMORIN.

SAMOUL-BACHA , ſ. m. Nom qu'on donne , dans les Echelles du Levant, au cou de la Martre zibeline, qui eſt l'endroit de cette fourrure le moins eſtimé. *Samour* eſt le nom qu'on y donne à l'Animal même, que nous nommons *Martre zibeline*.

SANCTIFICATEUR , ſ. m. & adj. lat. , qui ſignifie , capable de ſanctifier , de rendre les Hommes ſaints. Ce mot n'eſt françois qu'en langage de Religion.

SANDASTRE , ſ. m. Pierre précieuſe , tachetée de jaune , que ſa vertu alkaline & abſorbante rend un excellent contre-poiſon. On la prend en poudre , juſqu'à la doſe d'un ſcrupule. Elle eſt connue auſſi ſous le nom de *Garamatites*.

SANG. *Pureté de ſang*. En Eſpagne , on fait preuve de pureté de ſang , comme on fait preuve de Nobleſſe pour l'Ordre de Malte. Tous les Officiers de l'Inquiſition , & les Chanoines de pluſieurs Chapitres , ſont obligés de faire preuve. Les Chevaliers des Ordres militaires doivent la joindre aux autres. Elle conſiſte à faire voir qu'ils n'ont jamais eu , dans leur Famille , ni Juifs , ni Mores , ni Hérétiques , ni perſonne qui ait été condamné par le Tribunal de l'Inquiſition.

SANG-GRIS , ſ. m. Liqueur très forte, & très agréable, dont on fait un grand uſage , en Amérique , dans les Iſles françoiſes & Angloiſes. C'eſt une ſorte de *Pounch* , qui ſe fait avec du vin de Madere , du ſucre , du jus de Citron , de la Canelle , du Girofle & de la muſcade , & une croute de pain rôtie.

SANGLE - BLANC , ſ. m. Nom d'une ſorte de fil , qui vient de Hollande.

SANGUINOLENT , adj. latin , dont les Médecins ſe ſervent pour ſignifier cequi eſt mêlé de ſang.

SANSONNET , ſ. m. Nom d'un Poiſſon de mer , qui eſt une eſpece de petit Maquereau.

SANTOLINE. *Voïez* XANTOLINE.

SAPAN , ſ. m. Nom d'un bois de teinture , ſemblable au bois de Breſil , que les Hollandois apportent du Japon. On diſtingue le gros & le petit *ſapan*.

SAPHIQUE , adj. Terme de Poéſie , qui ſe dit d'une eſpece de Vers grecs , inventée par la fameuſe *Sapho* , & imitée par les Latins.

SAPIN , ſ. m. Arbre montagneux , fort droit & fort haut , dont le bois eſt leger , & qui jette une excellente réſine. Son fruit eſt une ſorte de pomme , qui n'eſt d'aucun uſage. La Nouvelle France a des *ſapins* de trois eſpeces, dont celui qui ſe nomme *Pruſſe* eſt le plus eſtimé pour la mâture.

SAPONAIRE, f. f. Plante, dont le nom vient du mot latin qui signifie *savon* , parcequ'elle nettoie la peau , & qu'elle en emperte même les taches. Elle croît dans les lieux fabloneux , proche des rivieres & des étangs. Ses tiges font d'environ deux piés , grêles , foibles & rougeâtres. Ses feuilles font larges , affez femblables à celles du Plantain ; & fes fleurs , qui font difpofées en œillet , font ordinairement d'un beau pourpré , quelquefois rofées , quelquefois blanches , & d'une odeur affez agréable. Le goût de la plante eft nitreux.

SAQUETTER , v. act. ital. Supplice Vénitien , qui confifte à battre un Criminel à coups de fachets pleins de fable. *Saquetter* fe dit auffi d'une maniere d'affaffiner , connue dans la même ville , en donnant quelques coups fur le vifage , avec de petits facs remplis d'une poudre empoifonnée qui caufe la mort.

SAR , f. m. Nom qu'on donne , fur les Côtes du Païs d'Aunis , à l'efpece d'herbe marine , qui fe nomme ailleurs *Varec*, ou *Gouefmon*. *Voïez* GOÉMON , & SARGASSE.

SARANCOLIN. *Voïez* SERANCOLIN.

SARBACANE , f. f. ital. Nom d'un long tuïau creux , dont on fe fert ordinairement pour jetter des pois , ou de petites boules de terre , en les pouffant fortement avec l'haleine. On s'en fert auffi comme de porte-voix , pour fe faire entendre de loin.

SARCELLE , f. f. Oifeau de riviere , femblable au Canard , mais beaucoup plus petit. La différence du mâle & de la femelle confifte en ceque le mâle a la tête rouge & verte , & de petites marques noires fous l'eftomac & fous le ventre , au lieu que la femelle a ces parties de couleur grife.

SARCITE , f. f. gr. Nom d'une pierre figurée , qui imite la *chair* du Bœuf , & dont la couleur tire fur le noir.

SARCO-EPIPLOCELE, SARCO-EPIPLOMPHALE , SARCO-HY-

DROCELE , ff. mm. gr. Le premier fignifie une hernie complete , caufée par la chûte de l'Epiploon dans le fcrotum. Le fecond , une hernie femblable, au nombril ; & le troifieme , un Sarcocele accompagné de l'Hydrocele.

SARCOPHAGE , f. m. & adj. gr. , qui fignifie cequi *mange*, cequi confume, *les chairs*. On donnoit anciennement ce nom aux Tombeaux, où l'on mettoit les Morts qu'on ne vouloit pas brûler. On prétend qu'ils étoient faits d'une pierre cauftique , qui produifoit le même effet que la chaux vive , & que c'étoit celle qu'on nomme aujourd'hui Pierre d'*Affo*. Quelquesuns font venir *Cercueil* de *farcophage*. Il eft certain qu'on difoit autrefois *Sarcueil*.

SARGUE , f. m. Gros poiffon de la mer d'Egypte , dont le corps eft couvert d'écailles minces , tirant fur le violet , & fouvent orné de lignes dorées & argentées , qui s'effacent lorfqu'il meurt. Sa chair eft dure , mais de bon goût. On prétend qu'il aime les Chevres , jufqu'à s'avancer pour fe jetter deffus , lorfqu'il les fent , ou qu'il voit leur ombre.

SART. *Voïez* SAR.

SASSENAGE. *Voïez* PIERRE.

SATURATION , f. f. lat. Terme de Chymie , qui fignifie proprement l'état d'un eftomac raffafié , mais qui fe dit de l'imprégnation parfaite d'un alkali avec un acide , ou d'un acide avec un alkali ; de forte que le mêlange foit tout-à-fait neutre.

SATYRIASE , f. m. gr. , qui fignifie une ardeur continuelle des fens , pour les plaifirs de l'amour.

SAVANNE , f. f. Nom qu'on donne , dans les Colonies de l'Amérique , aux Prairies , & à toutes les Plaines qui produifent de l'herbe pour la nourriture des Beftiaux.

SAUCISSONS , ou TURBANS , f. m. Nom que les Droguiftes & les Epiciers donnent à la gomme gutte en rouleaux.

SAUNAGE , f. m. lat. Vente , ou Commerce du fel. On appelle *Fauxfaunage* un trafic de fel, qui fe fait en fraude des droits du Roi. *Sauner* ,

en termes de Gabelle, c'est faire du sel. Une *saunerie* est un lieu où le sel se fait ; & *saunier* se dit aussi de celui qui fait ou qui vend du sel.

SAVONNIERE, s. f. Plante qui se nomme autrement *Saponaire*. *Voïez ce mot*.

SAUSSAIE, s. f. lat. Lieu où l'on plante & où croissent des saules & des osiers.

SAUVE-VIE, s. f. Plante, qui est une des cinq sortes de Capillaires, ainsi nommée de son excellence pour les maux de poitrine. Elle croît dans les murailles, & ses feuilles ressemblent à celles de la Rue ; d'où lui vient aussi le nom de *Rue des murailles*.

SAYE. *Voïez* SAIE.

SBIRRE, s. m. ital. Nom qu'on donne, en Italie, aux Sergens & aux Archers, principalement à Rome, où ils forment un corps assez considérable.

SCABELLON, s. m. Terme d'Architecture, qui signifie *Piédestal*. La gaine de *scabellon* est la partie rallongée, qui est entre la base & le chapiteau du *scabellon*, qui va en diminuant, du haut en bas, & qui a la forme d'une gaîne. Les Statues n'ont souvent qu'une gaîne pour tout Piédestal.

SCANDER, v. act. Terme de Poésie, qui signifie, compter la mesure, ou les piés, des Vers. Quelques-uns en ont fait le substantif *scansion*, pour signifier l'art ou la maniere de *scander*.

SCAPE, s. f. l. Nom que les Marins donnent à la tige de l'ancre. Elle se nomme aussi *stangue*. Les grapins sont au bout d'en-bas ; & celui d'en-haut est traversé par une piece de bois qui s'appelle *Trabe*. Toutes ces parties ensemble composent l'ancre.

SCARLATINE, adj. *Fievre scarlatine*. On donne ce nom à une Fievre continue, accompagnée de taches rouges, comme l'*écarlate*, & plus fréquente en Été qu'en Hiver, surtout parmi les Enfans.

SCAVISSON, s. m. ou ESCAVISSON. Nom d'une drogue des Indes orientales, que nos Droguis-

tes, qui la vendent, prennent pour le menu de la canelle fine, ou pour de la canelle matte.

SCEAU DAUPHIN, s. m. Grand sceau particulier pour les expéditions de la Province du Dauphiné. Il represente l'image du Roi à Cheval, avec un Ecu pendu au cou, dans lequel sont les armes écartelées de France & de Dauphiné.

SCEAU DE SALOMON, ou POLYGONATE, s. m. Plante des haies, des bois, & d'autres lieux ombrageux, dont la racine pilée rend un jus qui efface toutes les taches & même les meurtrissures du visage. On en distille une eau, pour le teint des Femmes. Ses feuilles sont larges & oblongues, les tiges hautes d'environ trois piés, & les fleurs en cloches allongées, de couleur blanche.

SCECACHUL, s. m. Plante dont les fleurs ressemblent à la Violette & sont seulement plus grandes. Il leur succede des grains noirs, nommés *Kulkul* ou *Kilkil*, dont le suc est doux. Cette Plante, qui est fort rare, croît dans les lieux ombrageux. On prétend que ses grains & sa racine ont des vertus prolifiques.

SCHAGRI-COTTAM, s. m. Cornouiller du Malabar, dont le fruit, en décoction, resserre la luette. On attribue, au suc de ses feuilles, la vertu de guérir le flux hépatique.

SCHENANTE, s. f. Herbe aromatique, qui est une espece de Chien-dent, assez commune dans l'Isle de Bourbon, & dont on vante l'infusion pour le rhume.

SCHERAPH. *Voïez* SERAPH.

SCHNAPAN ou CHENAPAN, s. m. Mot Allemand, qui signifie Fusilier, & nom qu'on donne, du côté de la Lorraine Allemande, à des Païsans retirés dans les Bois, où ils volent les Passans. Pendant la Guerre, ils s'attachent au Parti qui les autorise à faire des courses & à piller. *Schnapan* est aussi le nom d'une monnoie qui vaut environ quarante sous, dans quelques endroits d'Allemagne.

SCHULLI, s. m. Arbrisseau du

Malabar, dont les feuilles, en poudre & mêlées avec l'huile du *Figuier
infernal*, diffipent toutes fortes de tumeurs, furtout celles qui viennent
aux parties génitales.

SCIADE, f. m. Nom qu'on donnoit au Bonnet des Empereurs grecs.

SCIAÏTE, ou SCHIAIS, f. m.
Nom d'une Secte de Mahométans,
oppofés aux *Sunnis*. *Voïez ce dernier
mot.*

SCIAMACHIE, f. f. gr. *Combat
avec fon ombre.* C'étoit le nom d'un
exercice en ufage chez les Anciens,
qui confiftoit dans des agitations de
bras, pour fe rendre les jointures
plus fouples.

SCIE-ESCOURE, & SCIE-VO-
GUE, ff. mm. Termes de commandement, dont on fe fert dans
les Batimens à rames; le premier
pour faire ramer à rebours, c'eft-à-
dire, en pouffant la rame en avant,
au lieu de la tirer à foi par le mouvement ordinaire; le fecond, pour
faire revirer le Batiment, cequi demande que les Rameurs d'un côté
rament en avant, & ceux de l'autre,
en arriere.

SCILLES, ff. Efpece de gros Oignons amers, qui viennent d'Efpagne, & dont le cœur eft un poifon.
On les emploie pour quelques em-
plâtres & quelques onguens. Il en
vient auffi de Normandie, furtout
des environs de Quillebœuf.

SCIŒNE, f. f. Grand poiffon de
mer, qui reffemble beaucoup au
Durdo. Sa tête eft grande & groffe,
fon corps revêtu d'écailles, qui font
rangées obliquement, fes dents longues & aigües, & fon dos armé de
deux aiguillons. La *fciœne* de l'O-
cean eft de couleur de fer, & celle
de la Méditerranée de couleur argen-
tine & dorée. Ce poiffon eft fort bon.
Sa longueur ordinaire eft d'environ
fix piés, & fon poids de cinquante ou
foixante livres.

SCISSION, f. f. lat. Action de
couper. Quelques Hiftoriens emploient ce mot au lieu de Schifme,
pour fignifier les divifions de l'E-
glife.

SCLEROME, f. m. gr. Tumeur

qui fe forme dans quelque partie de
l'*Uterus*, & qui eft une efpece
de fquirre.

SCOPELISME, f. m. lat. Nom
d'un crime ancien, qui confiftoit à
jetter des pierres, ou du gravier,
dans le champ de fon Voifin, pour
l'empêcher de produire. Ce mot
vient du fubftantif latin, qui fignifie
pierre, ou *rocher.*

SCORIE, f. f. lat. Craffe, Ecu-
me, de métal, qui en fort lorfqu'on
le met au feu. Les *fcories* font po-
reufes comme des Eponges. La Li-
tharge eft du plomb réduit en fcorie
par la calcination.

SCORPIOJELLE, f. f. Nom
qu'on donne à l'huile de Scorpion,
qui eft un remede fouverain pour la
piquûre de ce dangereux Infecte.

SCORPIS ou SCORPENE, f. m.
Poiffon de mer, différent du Scorpion marin, & dont la piquûre n'eft
pas fi venimeufe. Il eft bon à manger. Sa couleur eft cendrée, ou brune.

SCOTOMIE, f. f. gr. Nom d'une
maladie des yeux, qui caufe des
éblouiffemens. On la nomme auffi
vertige ténébreux, parceque c'eft une
forte de vertige, qui procede de
l'obfcurité de la vue.

SCROL, f. m. Poiffon de riviere, commun dans le Danube, & de
fort bonne chair. C'eft une efpece
de Perche, rougeâtre fur le dos,
verdâtre aux côtés, avec plufieurs
points rouges, & blanche fous le
ventre.

SCRUTATEUR, f. m. lat. Terme de Religion, qui ne fe dit, en
ce fens, que de ceux qui veulent *ap-
profondir les myfteres.* Dans les Conciles, on nomme *Scrutateurs*, ceux
qui font chargés de recueillir les
fuffrages, de les mettre par écrit, &
de les porter au Bureau des Conful-
teurs, pour y être comptés.

SCRUTIN, f. m. lat. Nom qu'on
donnoit anciennement à l'Affemblée
où l'on examinoit les difpofitions
des Cathécumenes.

SCURRILITÉ, f. f. Mot emprun-
té du latin, qui fignifie *plaifanterie
boufonne, plaifanterie baffe.*

SEBASTE. Mot grec, qui signifie *Augufte*, & dont les Peuples fujets de l'ancienne Rome firent le nom de plufieurs Villes, à l'honneur d'*Augufte*, fecond des Céfars.

SECONDAIRE, adj., formé de fecond, pour fignifier cequi n'eft qu'acceffoire, cequi vient en fecond. En termes d'Aftronomie, on appelle *cercles fecondaires*, des cercles qu'on fait paffer par les Pôles de l'Ecliptique, & qui le coupent perpendiculairement, par le moïen defquels on détermine la fituation de chaque Etoile, ou de chaque point du Ciel, par rapport à l'Ecliptique.

SECQUES, f. f. Terme de Marine, qui fe dit des Terres baffes, plates, & de peu de cale, où il y a des fyrtes.

SECRET, f. m., qui fignifie, en termes d'Organifte, la caiffe où l'on réferve le vent, pour le diftribuer fuivant les befoins. Le *fcel fecret* eft un petit fceau du Roi, dont on fe fert pour les Expéditions fecretes.

SECRETON, f. m. Toile blanche de coton, d'une moïenne fineffe, qui vient des Indes orientales, particulierement de Pondichery.

SECTILE, adj. lat., qui fignifie cequi peut être fendu ou fcié. On fe fert plus ordinairement de *fciffile*, qui a la même fignification : mais, en parlant des Oignons qui fe plantent par quartiers, on les appelle Oignons *fectiles*.

SECUS, adv. Mot purement latin, qui fignifie, *au contraire, autrement, dans un fens oppofé*. On le trouve fouvent emploïé dans les Ouvrages françois de Jurifprudence & d'Aftronomie.

SÉDATIF, adj. lat., qui fignifie cequi calme, ou cequi appaife. Il fe dit des remedes qui calment la douleur. On appelle *Sel fédatif*, le fel volatil du vitriol. Les racines de Pivoine, de Valeriane & d'Armoife ; les feuilles d'Hormin, de Bafilic, de Morelle, de Raifin de Renard ; les fleurs de Sauge, de Fraxinelle, d'Acacia, de la Reine des Prés ; la femence de Jufquiame blanc, d'A-

net, de Pivoine, &c., ont une vertu *fédative*, qui leur fait donner le nom de *Calmans*.

SEGEVEUSE, f. f. Laine qui vient d'Efpagne. On en diftingue plufieurs efpeces, dont les plus célebres font la *Segoviane* & la *Moline*.

SEICHES, f. f. Nom qu'on donne au flux & reflux qui s'obferve à la partie fupérieure & inférieure du Lac de Geneve ; c'eft-à-dire, à l'entrée du Rhône, qui le traverfe dans fa longueur, & à l'iffue de ce Fleuve, où la Ville de Geneve eft fituée.

SEIZE. *In-feize*. Terme de Librairie. Livre, dont chaque feuille eft pliée en feize feuillets, qui forment trente-deux pages.

SEL - BOUILLON, f. m. Nom qu'on donne au fel blanc, qui fe fait dans quelques Elections de Normandie.

SÉLINUSIE, f. f. ou TERRE SÉLINUSIENNE. Terre médecinale, eftimée des Anciens, qui a les mêmes propriétés que celle de Chio. La meilleure eft luifante, blanche, friable, & fe diffout d'elle-même dans un fluide. Elle eft aftringente & réfolutive. Les Droguiftes, qui la vendent, prononcent *Senilufienne*.

SELLE, f. f. On ne donne place à ce mot, que pour remarquer qu'il y a différentes fortes de *felles*. La *felle à piquer*, pour le Manége, dont les battes de devant & de derriere font plus élevées au-deffus des arçons, pour tenir le Cavalier plus ferme ; la *felle roïale*, dont les battes font moins élevées, & qui eft la plus en ufage pour la guerre & le voïage ; la *felle rafe*, qui n'a des battes que devant, & peu élevées ; la *felle angloife*, qui n'a point de battes, ni devant ni derriere, & qui eft par conféquent la plus legere.

SEMALE, f. m. Nom d'un Batiment étroit, dont on fe fert en Hollande, pour charger les Vaiffeaux.

SEMÉIOLOGIE. *Voïez le mot fuivant*.

SEMÉIOTIQUE, f. f. gr. ou SEMÉIOLOGIE. Partie de la Médecine, qui, fuivant la fignification de ce mot compofé, *traite des fignes & des indications*, foit de la fanté ou des maladies. La *Pathologie*, la *Semiotique* & la *Therapeutique*, font les principales parties de la Médecine.

SEMEN CONTRA, f. m. Mots latins, qui fuppofent celui de *Vermes*, & qui fignifient femence contre les vers. C'eft une expreffion adoptée par les Médecins, pour ce qu'on appelle vulgairement Poudre à vers. Cette forte de femence, ou de graine, porte d'ailleurs divers autres noms, tels que ceux de Santoline, Semencine, Barbotine, &c.

SEMESTRE, f. m. lat. Efpace de fix mois. Les Officiers de plufieurs Cours fervent par *femeftre*. On diftingue le *femeftre* d'Hiver & le *femeftre* d'Eté.

SEMNÉE, f. m. Terme d'Hiftoire eccléfiaftique, qui fignifie Monaftere. Il étoit en ufage, parmi les premiers Chrétiens, pour fignifier une habitation de Moines; d'où l'on a cru pouvoir conclure que les Therapeutes étoient Chrétiens, parceque Philon parle & donne la defcription de leurs *femnées*.

SEMONCE, f. f. lat Vieux mot, qui fignifie *avertiffement*, & qui s'eft confervé pour certains ufages, tels que faire la femonce d'un enterrement, c'eft-à-dire, inviter les Parens & les Amis d'y affifter. Celui qui eft chargé de cette commiffion fe nomme *Semoneur*.

SEMPECTE, f. m. Nom qu'on donnoit, dans les anciens Monafteres, à ceux qui aïant paffé cinquante ans dans la profeffion monaftique, étoient diftingués par ce titre & par divers priviléges.

SEMPER VIVUM, f. m. Mot emprunté du latin, qui fignifie *toujours vivant*, & dont on a fait le nom des Plantes, qui confervent leur verdeur pendant l'Hiver. On le donne particuliérement aux Joubarbes.

SENEMBI, f. m. Nom d'un Léfard de l'Amérique, long d'environ quatre piés, & large de fix ou fept pouces. Il eft couvert d'écailles d'un beau verd, vergeté de taches blan-

ches & noirâtres. On trouve, dans fa tête, de petites pierres, qu'on vante beaucoup, pour inciter la pierre du rein & de la veffie.

SENIEUR, f. m. lat. Titre de Communauté, qui fignifie *plus vieux, plus ancien, vétéran. Senieur* de la Maifon de Sorbonne.

SENILUSIE. *Voïez* SELINUSIE.

SENSIBLE. *Note fenfible.* Terme de mufique. On donne ce nom à la Note qui eft immédiatement au-deffous de celle du ton, c'eft-à-dire, qui ne fait qu'un demi-ton. Ainfi, dans le ton de *G*, *re*, *fol*, la note fenfible eft fa dieze; & dans *F*, *ut*, *fa*, c'eft *mi*.

SENSILES, f. f. Nom qu'on donne, en France, aux Galeres ordinaires; à la différence des plus groffes, qui fe nomment *Extraordinaires*.

SENSORIUM, f. m. Mot latin, adopté pour fignifier le fiége du fentiment. C'eft une partie du corps, qui reçoit les impreffions des objets fenfibles, que lui apportent les nerfs de chaque organe des fens, & qui eft par conféquent la caufe immédiate de la perception. *Villis* attribue cette fonction aux corps cannelés du cerveau, & *Defcartes* à la glande pinéale.

SENTENCE PRÉSIDIALE, f. m. Nom d'une Sentence rendue en dernier reffort, c'eft-à-dire, fans appel & au premier chef de l'Edit des Préfidiaux.

SENTENE, f. f. Nom que les Ouvriers, en fil, donnent à l'endroit par lequel on commence à devider un Echevau. Ce font proprement les deux bouts de fil liés enfemble & tortillés fur l'Echevau.

SÉPARATOIRE, f. m. Vaiffeau chymique, de figure oblongue, & prefqu'uniforme, inventé pour féparer les liqueurs. Son orifice eft de la groffeur du petit doigt; & par le bas il a un petit trou, de la groffeur d'une aiguille.

SEPTENNAIRE, f. m. Efpace de fept ans. Quelques-uns divifent le cours de la vie de l'Homme en plufieurs parties, chacune de fept ans, à compter du jour de la naiſſance, & prétendent que le tempéramment des Hommes change à chaque *ſepte-naire*. *Septennaire*, adjectif, ſe dit d'un Profeſſeur qui a ſervi pendant ſept ans continuels dans l'Univerſité de Paris. Les *Se, tennaires* ſont préferés aux Gradués, pour la réquiſition des Bénéfices.

SEPTIQUE, adj. gr. Putrefiant, qui a la vertu de diſſoudre, de corrompre. Il ſe dit des remedes topiques, qui corrodent les chairs, en les fondant, & les faiſant pourrir ſans cauſer beaucoup de douleur.

SEPTUPLE, ſ. m. & adj. l., qui ſignifie ſept fois autant. Une meſure *ſeptuple* d'une autre, c'eſt-à-dire, ſept fois plus grande. Une terre, qui rapporte au *ſeptuple*.

SEQUELLE. *Dîme de ſequelle.* Nom qu'on donne dans quelques Provinces à une Dîme que le Curé perçoit, hors des terres de ſa Dimerie, par le droit qu'il a de ſuivre le Laboureur qui va cultiver des terres étrangeres. Elle approche beaucoup de la Dîme perſonnelle, quoique celle-ci ne ſoit pas reçue en France.

SERAPH ou CHERAPH, originairement XERAPH, ſ. m. Monnoie d'or de Turquie, qui vaut environ ſix francs de la nôtre. On appelle auſſi Cheraphes, à Goa & dans toute la Preſqu'Iſle de l'Inde, une eſpece d'Agens de change, qui ſe tiennent au coin des rues, pour viſiter les pieces d'or & d'argent qu'on leur preſente, & pour les garantir dans le commerce.

SERF, ſ. m. lat. Vieux mot, qui ſignifioit autrefois *Eſclave*. Sous les premieres races de nos Rois, il y avoit des *ſerfs*, en France, & l'Egliſe même avoit ſes *ſerfs*. Tout le monde y eſt ſi libre aujourd'hui, qu'un Eſclave même y aquert la liberté, en ſe faiſant baptiſer. Mais à la ſervitude perſonnelle ont ſuccédé des devoirs aſſez durs, tels que ceux qui regardent les perſonnes *mainmortables*, *taillables*, *couveables*, *conditionnées*, &c. On appelloit, en Nivernois, *ſerfs piſſenés*, les Batards de *ſerfs*.

SERINGAT, ſ. m. Arbriſſeau de Jardin, qui produit des fleurs blanches d'une odeur très forte.

SEROSITÉ, ſ. f. *Voïez* SEREUX & SERUM.

SERPENT D'ESCULAPE. Nom d'une eſpece de Serpent, la ſeule qu'on connoiſſe capable d'être apprivoiſée. On aſſure qu'il s'en trouve en Italie, en Allemagne, en Pologne, en Eſpagne, en Aſie, en Afrique & en Amérique, où l'on ſe défie ſi peu de ces Animaux, qu'on les laiſſe, dit-on, dans les lits, ſans craindre d'en être mordu. Leur chair étant remplie de ſel volatil & d'huile, elle peut être préparée comme celle des Viperes, & priſe pour les mêmes beſoins.

SERRATULE, ſ. f. Plante à laquelle on attribue la vertu de réſoudre le caillé. Elle croît dans les Bois, & ceux de Bohême en ſont remplis. Ses feuilles reſſemblent à celles de la grande Valeriane. La tige eſt cannelée, rougeâtre, & croît à la hauteur de deux ou trois piés. Les fleurs naiſſent au ſommet des branches, chacune en bouquet de fleurons purpurins. On la vante, en général, comme un excellent vulnéraire. Les Teinturiers s'en ſervent auſſi, pour donner de la couleur aux draps.

SERRON, ſ. m. Nom des petites caiſſes, dans leſquelles on apporte différentes ſortes de Drogues & de Marchandiſes, des Régions étrangeres. Un *ſerron* de Baume. Un *ſerron* d'Ambre.

SERVANTOIS, ſ. m. Nom que les Picards donnoient anciennement à des pieces amoureuſes, & quelquefois ſatyriques, en Proſe & en Vers. C'eſt M. *Huet* qui nous l'apprend, en obſervant que preſque toutes les Provinces de France ont eu leurs Romanciers.

SESTERCE, ſ. m. lat. Monnoie des anciens Romains, dont la valeur eſt fort incertaine parmi les Savans. Il y avoit le grand & le petit *ſeſterce*. La plûpart croient que le petit ne valoit que dix-huit deniers de notre monnoie. Le grand *ſeſterce* valoit mille fois plus que le petit; & quand la quantité des *sesterces* est exprimée par un adverbe, la somme est centuple de cequ'elle feroit, si elle étoit exprimée par le simple rom numéral.

SÉTIOLER, v. n. Terme de jardinage, qui se dit des Plantes, lorsqu'étant trop serrées & pressées dans leur planche elles montent plus haut qu'elles ne devroient ; cequi les affoiblit. Il se dit aussi des branches qui sont dans le milieu des arbres trop touffus & trop serrés.

SÉVIR, v. n. lat. Terme de Palais, qui signifie, *punir, châtier*, & qui est passé dans l'usage commun.

SÉVIR, s. m. Titre d'office dans l'ancienne Rome. Il y avoit deux sortes de *Sévirs*. Les premiers étoient des Décurions des six décuries des Chevaliers ; & les seconds étoient les principaux Officiers des Colonies.

SEXTANT, s. m. Instrument de mathématique, dont on se sert pour mesurer les angles. Il consiste en un arc de soixante degrés, c'est-à dire, en une portion de cercle, divisée.

SHERIF, s. m. ang. Prononcez *scherif*. C'est le nom de certains Officiers, commis en Angleterre pour faire l'exécution des Loix, pour nommer les Jurés, & faire expédier les affaires civiles & criminelles.

SIALAGOGUE, s. m. & adj. gr. Remede, qui, suivant la signification du mot composé, provoque l'évacuation de la salive.

SIAMOISE, s. f. Etoffe mêlée de soie & de coton, imitée, en France, de celles que portoient les Ambassadeurs de Siam, qui furent envoïés à *Louis XIV*. On en fait aujourd'hui de fil de lin & de coton, qui portent le même nom.

SICCITÉ, s. f. lat. Terme de Philosophie, qui revient à sécheresse. C'est la qualité de cequi est sec. La *siccité* du feu. On attribue aussi la *siccité* à la terre pure.

SIDÉRAL, adj. lat. qui signifie cequi concerne les Astres, les Étoiles, ou cequi se ressent de leurs prétendues influences.

SIESTE, s. f. Mot emprunté des Espagnols, pour signifier cequ'on nomme vulgairement la méridienne. C'est un certain tems qu'on donne au sommeil, pendant la plus chaude partie du jour.

SIGMA, s. m. Nom d'une lettre grecque, dont les Romains firent celui d'une Table qui en avoit la forme, c'est à-dire, qui étoit faite en fer à cheval, & qu'ils firent succéder à cequ'ils nommoient *Triclinium*. Au lieu d'y être à-demi couchés, comme au Triclinium, ils y étoient assis sur des coussins, dans l'attitude des Tailleurs ; & les places les plus honorables étoient celles des deux extrêmités.

SIGNALEMENT, s. m. Description qu'on donne de la figure d'un Criminel, pour le faire connoître & le faire arrêter. Dans les Trouppes, on envoie le *signalement* des Déserteurs à tous les Prévôts du Roïaume.

SIGNATURE, s. f. Les Botanistes donnent ce nom à de certaines conformités qu'on apperçoit entre les Plantes & une partie du corps humain ; cequi fait croire à quelques-uns que ces Plantes sont des spécifiques pour les maux dont ces Parties peuvent être attaquées. C'est dans cette idée qu'on définit la *signature* des Plantes, un rapport entre leur figure & leurs effets.

SILIGINOSITÉ, s. f. lat., qui signifie qualité farineuse.

SILIQUE, s. f. Nom qu'on donnoit anciennement à une petite monnoie, de la valeur d'environ huit sous.

SILPHIUM, s. m. Racine fort estimée, dans l'Afrique orientale, par ses propriétés médecinales & par l'usage qu'on en fait dans les ragoûts. Quelques-uns croient que c'étoit celle dont on tiroit anciennement un suc, si précieux pour les Romains, qu'ils déposoient dans le trefor public tout cequ'ils en pouvoient acquérir. Ils l'appelloient gomme de Cyrene. Ceux, qui s'imaginent la reconnoître dans notre *Assa fœtida*, ne font pas attention que les Anciens donnent à cette gomme une odeur très agréable.

SILVESTRE, f. f. Graine rouge, qui fert à teindre en écarlate, & fruit d'un arbre qui ne croît qu'aux Indes occidentales, furtout dans la Nouvelle Efpagne.

SILURE, f. m. Poiffon du Danube, dont la chair eft nourriffante, mais lâche le ventre, lorfqu'on en mange fouvent. On lui attribue auffi la vertu d'éclaircir la voix.

SIMARUBA, f. f. Racine fameufe par fes vertus, en décoction, dans toutes fortes de dévoiemens, furtout dans la dyffenterie. C'eft la racine d'une Plante des Indes occidentales, qui produit le bois de Caïan, fameux auffi par fon extrême legereté, & dont l'écorce, qui eft d'un gris jaunâtre, eft un aftringent fort vanté. Quelques-uns le prennent pour le *Macer* des Anciens.

SIMBOR, f. m. ou CORNE D'ÉLAN. Plante indienne, qui repréfente les cornes d'un Elan. Elle conferve toujours fa verdure, cequi la fait mettre au rang des Sempervives ; & n'aïant point d'autre racine qu'une fubftance fongueufe, il fuffit, pour la faire croître, de la placer fur un lieu humide, tel qu'une pierre, ou le creux d'un arbre. On lui attribue des vertus émollientes & réfolutives.

SIMILOR, f. m. Nom qu'on donne, en France, au *Zink*, fondu avec du cuivre rouge ; d'où réfulte une couleur jaune, plus ou moins foncée, fuivant les proportions du mélange.

SIMPLIFIER, v. act. Rendre une chofe plus fimple, la réduire à fon état naturel, en la déchargeant de cequ'elle avoit de fuperflu.

SIMULACRE, f. m. lat. Simple apparence des chofes, vaine repréfentation, qui fe nomme auffi *fantôme*. On dit du gouvernement de Rome, après *Jules Céfar*, que ce n'étoit qu'un fimulacre, ou un fantôme, de République.

SIMULTANÉE, adj. lat., qui fignifie cequi fe fait, ou cequi paroît, dans le même-tems.

SINCIPUT, f. m. lat. Terme d'Anatomie, qui fignifie le devant de la tête.

SINDON, f. m. gr. Linceul. Ce mot ne s'emploie que pour exprimer le drap, ou linceul, dans lequel Notre Seigneur fut enféveli. On le diftingue du fuaire, qui n'étoit qu'un mouchoir dont fon vifage étoit couvert.

SINGE DE MER, f. m. Poiffon de la Mer rouge, ainfi nommé de fa reffemblance avec le *finge* terreftre.

SINGERIE, f. f. La *fingerie de Teters* fe dit de tous les *finges*, que ce Peintre a repréfentés en divers habits.

SINUEUX, adj. lat., qui fe dit de cequi a beaucoup de détours, de cequi forme beaucoup d'angles. *Sinuofité* eft le fubftantif.

SIPHILIS. *Voïez* SYPHILIS.

SIRIASE, f. f. gr. Nom d'une maladie à laquelle les Enfans font fujets, & qui confifte dans l'inflammation du cerveau & de fes membranes, avec une fievre ardente.

SISTER, v. n. lat. Terme de Palais. *Sifter* en Jugement, c'eft ajourner, affigner quelqu'un, pour comparoître en Juftice ; droit que les Femmes n'ont pas dans plufieurs Provinces, lorfqu'elles ne font pas autorifées par leurs Maris.

SISYRINCHIUM, f. m. Plante qui reffemble à l'Iris par fes feuilles & fes fleurs. Sa racine, mangée, ou en décoction, chaffe les vents & appaife les tranchées.

SITE, f. m. ital. Terme de Peinture, qui fe dit pour fituation. On admire les *fites* du Titien.

SIUM, f. m. Nom d'une Plante aquatique, qui eft une efpece de Panais, fibreux & ligneux. Ses feuilles font en ailes, & croiffent par paires fur la même côte. On leur attribue la vertu de brifer & de chaffer la pierre, & celle de provoquer les urines.

SLOOP, f. m. angl. Prononcez *Sloup*. Ce mot fignifie proprement Chaloupe. Mais les Anglois en ont fait le nom des petits Batimens que nous nommons *Corvettes*. Tout cequi eft au-deffous de vingt canons eft *floop*, en Angleterre ; comme tout cequi eft au-deffous du même nombre eft *Corvette* en France.

SMARAGDIN, *Phosphore Smaragdin*. Nom qu'on donne au Phofphore brûlant de Kunkel, parceque fa couleur eft d'un verd bleuâtre.

SOBREVESTE. *Voïez* SOUBREVESTE.

SOCIAL, adj. lat. Cequi appartient à la Société ; comme *fociable* fignifie, *capable de fociété*. Un Homme *fociable*. Les vertus *fociales*. On appelle *Guerre fociale*, ou des Alliés, dans l'Hiftoire Romaine, une fameufe guerre qui commença l'an de Rome 661, & qui eut, pour fource, la paffion que les Alliés de Rome avoient de devenir Citoïens Romains.

SOCINIANISME, f. m. Doctrine de Faufte Socin. Quantité de grands Hommes ont été foupçonnés d'être Sociniens, c'eft-à-dire, de rejetter particuliérement le Dogme de la fainte Trinité, de la Divinité de Jefus-Chrift, &c.

SOCRATIQUE, adj. Amour *focratique*. Nom honnête par lequel on adoucit l'odieufe idée du vice le plus oppofé à l'amour des Femmes. *Socrate* fut foupçonné d'une paffion indigne de lui, pour Alcibiade.

SOLACIER, v. act. Vieux mot, qui fignifie confoler, & qui n'eft plus en ufage que dans le langage badin, ou en vers, dans le ftyle marotique.

SOLAIRE, adj. Phyfionomie *folaire* fe dit pour phyfionomie ouverte, heureufe.

SOLANDRE, f. f. Nom d'une efpece d'ulcere, ou de crevaffe, qui vient au pli du jarret des chevaux, & qui rend des humeurs fort âcres.

SOLDATESQUE, f. f. Terme collectif, qui fe dit d'une Troupe de fimples Soldats.

SOLDER, v. act. Terme de compte & de Finance, qui fignifie regler un compte, en païer le *reliquat*, ou prendre des arrangemens pour païer, en vertu de l'*arrêté*.

SOLE. *Terre à la fole*. Terme d'Agriculture. C'eft une certaine étendue de champ, fur laquelle on feme fucceffivement, par années, des blés, puis des menus grains, & qu'on laif-fe er jachere la troifieme année. On divife ainfi une terre en trois *foles*.

SOLEN. Inftrument de Chirurgie, qui eft une efpece de Boête ronde, dans laquelle on place un membre fracturé, tel qu'une jambe, une cuiffe, pour y être maintenu, après la réduction, dans la fituation naturelle.

SOLETARD. *Voïez* SMECTIN.

SOLIDAIRE, adj. formé de *folide*. Un engagement *folidaire*, eft celui où l'on répond pour le tout.

SOLUBLE, adj. lat. qui fignifie cequi eft facile à réfoudre, ou à diffoudre. Dans le premier fens, il fe dit des queftions & des propofitions qui font l'objet de l'efprit & du raifonnement ; & *infoluble* lui eft oppofé. En termes de Pharmacie, il fe dit de cequi peut fe diffoudre, ou fe fondre, foit dans l'eau, comme tous les fels alkali, foit par quelque menftrue, ou diffolvant, comme la plûpart des corps mixtes.

SOMNIALES, adj. lat. *Dieux fomniales*, qui préfidoient au fommeil, & qui rendoient leurs oracles par des fonges. *Hercule* en étoit un. On envoïoit les Malades dormir dans fon Temple, pour y recevoir, en fonge, le préfage de leur rétabliffement.

SOMNIFERE, adject. lat., qui fe dit de cequi porte à dormir, & qui a par conféquent la même fignification que *narcotique* & *foporatif*.

SONAT, f. m. Nom qu'on donne aux peaux de Mouton, paffées en Mégie, c'eft-à-dire, préparées & blanchies.

SONICA, adv. Terme de Jeu, qui fignifie *auffi-tôt*, *fur le champ*, *à point-nommé*, & qui fe dit d'une carte qui vient en perte, ou en gain, immédiatement après celle où l'on a mis. Il eft paffé en ufage dans le difcours familier.

SONNANT, adject. Terme eccléfiaftique. On appelle propofition *mal-fonnante*, celle qui peut être prife dans un fens hérétique. On y joint ordinairement, *offenfive pour les oreilles pieufes*, apparemment pour foutenir la figure, qui eft prife du fon.

SONNEZ, f. m. Terme de Tric-trac, qui se dit d'une chance de deux six. Son origine est aussi obscure que celle de la plupart des autres termes du même Jeu.

SONIO. *Thé sonto*, f. m. Nom d'une sorte de Thé, qui est fort estimée, surtout des Hollandois, qui en transportent beaucoup de Canton à Batavia.

SOPHIE, f. f. Plante dessiccative & astringente, qu'on prend pour une espece de *Sissymbrium*. Ses tiges ont environ un pié & demi de hauteur. Ses feuilles sont blanchâtres, larges, & découpées fort menu. Ses fleurs, qui naissent aux sommités des branches, sont disposées en croix & de couleur jaune pâle. Elle croît dans les lieux rudes & pierreux. On prend sa semence, depuis un scrupule jusqu'à une dragme, pour la dyssenterie, les pertes de sang, les fleurs blanches, &c.

SOPHISTIQUER, v. act. En style familier, *sophistiquer* se dit pour, alterer quelque chose par de faux raisonnemens, ou par d'autres voies; & *sophistiquerie*, f. f., pour fausse subtilité, altération.

SOPOREUX, adj. qui a, en langage de Médecine, la même signification que *soporatif*, avec cette différence, qu'il emporte l'idée d'un assoupissement dangereux. *Soporifere* & *Soporifique* sont synonymes avec *soporatif*.

SORIE, f. f. Laine d'Espagne, dont on distingue deux sortes; la *sorie* Segoviane, ou *de Los-rios*, & la *sorie* commune.

SORNE, subst. fem. Terme de Forge, qui signifie ceque les Physiciens entendent par *scorie*. *Voïez* ce mot.

SORNETTE, f. f. Terme vulgaire, qui signifie conte fabuleux, discours, ou récit, badin. On le fait venir du vieux mot *sorne*, qui a signifié *soir*, commencement de la nuit, parceque c'est un tems où l'on ne fait rien de fort sérieux.

SORORAL, adj. l., qui signifie ceque concerne une Sœur. En terme de Jurisprudence, on distingue les droits paternels, maternels & *sororaux*.

SORTABLE, adj. Mot assez nouveau, formé de Sort, pour signifier ceque convient, ceque est propre, au *sort*, c'est-à-dire, à l'état des personnes, ou même à la qualité des choses. Un Mariage *sortable* est celui qui se fait entre deux personnes de la même sorte, c'est-à-dire, qui se conviennent par l'âge, le bien, la naissance, &c. Alors les Partis sont *sortables*.

SORTES, f. f. Terme de Librairie, qui signifie les Livres que chaque Libraire a imprimés, & qu'il a seul droit de vendre. *Voïez* ASSORTIMENT.

SOTER, f. m. gr. Titre que les Anciens donnoient à ceux auxquels ils se croïoient redevables de leur conservation, c'est-à-dire, aux Hommes comme aux Dieux. Il signifie simplement *conservateur*. On appelloit *soteries*, des Fêtes, & des pieces de Vers, qui se faisoient en remerciment de quelque faveur.

SOTIE, f. f. Vieux mot, qui étoit autrefois, parmi nous, le nom des farces, que les Latins ont nommées *Mimes* & *Priapées*. Tous ceux qui ont traité du Théatre parlent des *soties*.

SOU, f. m. Nom d'une petite monnoie de compte, qui vaut quatre liards, ou douze deniers. Vingt sous faisoient anciennement la livre d'argent. *Voïez* LIVRE. Ce n'est pas ici le lieu d'expliquer la diversité qu'il y a eu dans les sous & les livres: mais remarquons que sous la premiere race de nos Rois, le *sou* étoit une espece de monnoie d'or, qui avoit, d'un côté, la tête du Prince, ceinte d'un diademe simple, ou perlé, & qui, pour légende, avoit le nom du Roi, ou celui du Monetaire, & de l'autre côté quelque figure historique. Les François étant devenus Chretiens, le *sou* eut une croix, & pour légende le lieu de la fabrication. La taille de ces *sous* d'or étoit de soixante & douze à la livre. *Sou en dedans, sou en dehors*, sont deux termes de Finances. Avoir un *sou en dehors*, c'est avoir le droit de lever, outre la somme principale, un *sou* par livre, pour les frais du recouvrement. On a *un sou en dedans*, lorsqu'on a, pour profit, un *sou* par livre de la somme principale.

SOUBREVESTE ou SOBREVESTE, s. f. Partie de l'habillement des Mousquetaires de la garde, qui est une espece de juste-au-corps sans manches, bleu, & galonné comme les casaques, avec une croix, devant & derriere, de velours blanc, bordée d'un galon d'argent, & des fleurs-de-lis aux angles de la croix. Le Roi fournit la casaque & la *soubreveste*, & l'on rend l'une & l'autre en quittant la Compagnie. Il n'y a que les Officiers supérieurs qui ne portent point la *sobreveste*.

SOUCIS, s. m. Mousselines de soie, raiées de diverses couleurs, qui viennent des Indes orientales. De-là *soucis de Hanneton*, pour certains petits ornemens des robbes de Femmes.

SOUFFLER LE VERRE. SOUFFLER L'EMAIL. Termes d'Art. C'est former du verre, ou de l'émail, en soufflant, avec la bouche, dans un tuïau, (de fer pour la Verrerie, & de verre pour l'Email) dont on trempe le bout dans la matiere liquide. On appelle de même, *sucre soufflé*, ou cuit à *soufflé*, du sucre qui s'envole en l'air par feuilles séches, lorsqu'on souffle au travers d'une écumoire qu'on y a trempée. Les Massepains & la plûpart des Conserves se font avec du sucre cuit *à soufflé*. C'est le troisieme degré de cuisson qu'on donne au sucre.

SOUFFRANCE, s. f. En termes de fiefs, c'est le terme que le Seigneur donne à son Vassal, pour lui rendre la foi & l'hommage. En matiere de compte, c'est un délai qu'on donne aux comptables, pour rapporter leurs quittances.

SOUILLE, subst. fem. En termes de Chasse, *souille* se dit de la bourbe, où la Bête noire se met sur le ventre.

SOULIER DE NOTRE-DAME. *Voïez* SABOT.

SOURD, adj. Les Corroïeurs appellent *Couteau sourd*, une espece de Plane, peu tranchante, qui leur sert à préparer les cuirs.

SOURDINE, s. f. Nom qu'on donne, dans une Montre à répétion, à un petit ressort, qui, retenant le marteau, l'empêche de frapper sur le timbre.

SOURDON, s. m. Nom d'un coquillage, qui a beaucoup de rapport au Lavignon ; mais qui se tient moins enfoncé dans le sable, parceque les tuïaux, qui lui servent à tirer & à jetter l'eau, sont plus courts. Il la pousse à plus de deux piés de distance ; ce qui le fait découvrir.

SOURIS, s. f. Les Femmes donnent le nom de *souris* à une fausse coeffe, qu'elles mettent sous les deux autres, lorsqu'elles se coeffent à trois rangs. On nomme *souris* un muscle charnu, qui tient à l'os du manche d'une éclanche, près de la jointure. En termes de Commerce, la Martre zibeline s'appelle *souris de Moscovie*.

SOURSOMMEAU, s. m. Espece de Panier, monté sur des piés, qui sert à contenir des fruits. On appelle aussi *soursommeau*, ce qui se met dans l'entre-bas d'une Bête de charge, c'est-à-dire, entre les deux ballots, ou les deux paniers.

SOUS-COSTAUX, s. m. & adj. Nom qu'on donne à des plans charnus, de différentes largeurs, & très minces, situés plus ou moins obliquement en-dedans des Côtes, près de leurs angles osseux, & régnant dans la même direction que les *intercostaux* internes.

SOUSCRIPTION, s. f. lat. Terme qui signifie simplement l'action d'écrire une chose au-dessous d'une autre, & qui ne se disoit gueres que du nom dont on signe ordinairement les lettres, comme *suscription* se dit de l'adresse qu'on met sur une lettre pliée. Mais, depuis la fin du dernier siecle, on donne aussi le nom de *souscription* à toute entreprise, qui, étant formée entre plusieurs personnes, demande que chacun de ceux qui la forment souscrive son nom au Plan, ou à l'engagement, pour garantir la part qu'il y prend; & particuliérement à une méthode nouvelle de publier les Livres, en s'assurant, d'avance, d'un certain nombre d'Acheteurs, qu'on invite par un Programme, & qui se font inscrire, à des conditions approuvées, chez le Libraire, ou chez l'Auteur. Ceux, qui achetent un Livre par *souscription*, se nomment *Souscripteurs*, ou *Souscrivans*.

SOUTE, s. f. Nom d'un composé de certaines herbes marines, dont on fait une maniere de sel, propre à blanchir le linge. *Voïez* SOUDE.

SOUTERRAINES, s. f. Nom d'une espece de Guêpes, qui sont les plus communes & les plus incommodes. Elles habitent la terre, dans de petites cavernes qu'elles se creusent, ou qu'elles trouvent ouvertes par des Taupes & des Insectes. On les nomme aussi *Guêpes* domestiques. *Voïez* GUEPE.

SPADASSIN, s. m. Vieux mot, tiré de l'Italien, qui signifie celui qui porte une Epée. Il se dit encore dans le burlesque.

SPALMER, v. act. Terme de marine, qui signifie, enduire un navire de Brai ou de Goudron. C'est la même chose que *Poisser*, *Goudronner*, *donner le suif*, &c. On prononce vulgairement *Espalmer*.

SPARGELLE, s. f. Plante des Bois & des lieux montagneux, qui ressemble à un petit Genet. Ses feuilles sont oblongues, velues, & semblent naître les unes des autres. Ses fleurs sont petites & jaunes. Les gousses, qui leur succedent, sont plates, comme celles du Genet.

SPARSILE, adj. lat. Terme d'Astronomie, pour *épars*. On appelle *Etoiles sparsiles*, celles qui sont comme éparses au hasard, & qui ne forment point de constellation.

SPATAGUE, s. m. Espece de Coquillage, du genre des Oursins, fait en forme de cœur arrondi, & garni de spatules. Il se nomme aussi *Pas de Poulain*. Les *Spatagues* fossiles sont sans spatules & sans pointes.

SPEAUTRE. Terme vulgaire pour Epeautre. *Voïez ce mot.*

SPÉCULATION, s. f. En termes de Commerce, on nomme *spéculation* une étoffe raïée, dont le fond est de coton, & les raïures de fleuret; comme une autre étoffe, dont la chaîne est de soie teinte, & la traîne de fil ou de coton blanc.

SPERGULE, s. f. Plante des champs, qu'on croit propre à augmenter le lait des Vaches, & qu'on donne aussi pour nourriture aux Poules & aux Pigeons. Elle pousse plusieurs tiges, de la hauteur d'un pié. Ses feuilles sont petites & jaunâtres, disposées en raïons autour des nœuds des branches. Ses fleurs, qui naissent au sommet des tiges, sont disposées en rose, & de couleur blanche. Il leur succede un petit fruit membraneux, presque rond, qui renferme de petites semences rondes & noires.

SPICILÉGE, s. m. lat. Ce mot composé, qui signifie proprement recueil, ou glane-d'épis, est le titre de quelques Collections de Pieces, d'Actes & autres monumens qui n'avoient jamais été imprimés. Le *spicilége* de Dom *Luc d'Acheri*. Le *spicilége* de *Fabricius*.

SPINA VENTOSA, s. m. Termes latins, qui signifient *Epine venteuse*, & dont les Médecins ont fait le nom d'une maladie qui consiste dans une Carie intérieure des os, surtout vers les jointures, où elle a coutume de commencer sans douleur. Elle s'accroît ensuite par des progrès si douloureux, qu'on se croit percé d'épines, d'où lui vient une partie de son nom; comme l'autre vient de ceque la tumeur semble remplie d'une humeur flatueuse, & qu'elle imite l'œdeme.

SPINHUYS, s. m. Maisons de force, des Villes de Hollande, où l'on enferme les Filles de mauvaise vie, pour les occuper à divers travaux convenables à leur sexe. Ce mot Hollandois signifie *Maison où l'on file.*

SPINUS, s. m. Petite oiseau, de la grosseur du Chardonneret, & de couleur jaune & noire. Il est commun dans les Païs chauds, surtout en Italie. Son nom lui vient de son bec, qui est pointu comme une *Epine*. Son chant est fort agréable.

SPIRÉE , s. f. Arbrisseau de Jardin , qui ne croît pas à plus de trois piés de hauteur. Ses rameaux sont grêles , & l'écorce en est rouge. Ses feuilles sont longues & étroites, dentelées , vertes en dessus , & rougeâtres en-dessous. Ses fleurs sont petites , & disposées aux sommets des branches en forme de grappes , ou d'épis, de la longueur du doigt. Elles sont composées de cinq feuilles, en rose , & de couleur incarnate.

SPIRITUALITÉ , s. f. En termes de vie dévote , on entend , par ce mot , tout cequi a rapport aux exercices intérieurs d'une Ame dégagée des sens,qui ne cherche qu'à se perfectionner aux yeux de Dieu. La véritable *spiritualité* peut se trouver au milieu du bruit & des affaires du Monde.

SPLÉNITE , s. f. Nom d'une veine de la main gauche , elle ressemble à la *Jecoraire* , qui est celle de la main droite , & qu'on nomme vulgairement *Salvatelle*.

SPONGIEUX , adjectif d'Éponge. Il se dit de tout cequi a les qualités de l'Eponge. Il y a des pierres, des os , & des bois *spongieux*. •

SPUMOSITÉ , s. f. lat. Terme de Physique, qui se dit des différentes écumes que produisent les corps.

SPUTATION , s. f. lat. Action de cracher , crachement. Ce mot n'est gueres en usage qu'en langage de Médecine.

SQUADRONISTE , s. m. Nom qu'on donne , dans les Conclaves, aux Cardinaux de l'*Escadron volant* , c'est-à-dire, qui ne sont d'aucune faction , & qui se jettent dans le Parti qui leur plaît le plus.

SQUELETTE , s. m. Mot grec , qui signifie proprement *cequi est desséché*. On donne ce nom aux ossemens d'un corps animal mort & décharné , tels qu'ils sont dans leur situation naturelle.

SQUINANTI , s. m. Lin d'Egypte , qui est le meilleur de tous ceux du même Païs , & dont il se fait un très grand commerce.

SQUINE , s. f. vulgairement ESQUINE. Racine médecinale , qui vient des Indes orientales & occidentales, à laquelle on attribue de grandes vertus, en décoction , pour purifier le sang.

STAGNATION , s. f. lat. Terme de Médecine , qui se dit d'un amas de sang , ou d'humeurs , dont la circulation est trop lente , & qui semblent croupir dans leurs vaisseaux , comme l'eau dans *un Etang*. C'est cequi se nomme aussi *stase*.

STALACTITE , s. f. gr. Nom de certaines Pierres , qui se trouvent dans plusieurs cavernes de la Basse-Saxe , & qui sont produites par des gouttes d'eau qui , tombant des voutes , se gelent & se pétrifient sur le champ. Les unes sont transparentes, & de forme cylindrique. L'on y trouve quelquefois des figures fort curieuses , d'où leur vient le nom de *stalactites* ; à la différence de celles qui se nomment *stalagmites* , & qui sont opaques & de figure ronde.

STALLE , s. f. lat. Siege de bois , qu'on nomme aussi *Forme* , & qui sert , dans les Eglises , à ceux qui chantent l'office. On distingue les hautes & les basses *stalles*. Elles se haussent & se baissent par le moïen de deux fiches ; & lors même qu'elles sont levées , on peut encore y être assis , sur une espece de cul-de-lampe , qui porte le nom de *patience*.

STAMPE , s. f. ital. Instrument qui sert à marquer les Negres , dans l'Isle Saint Domingue , pour les reconnoître. C'est ordinairement une lame d'argent très mince , terminée de maniere qu'elle forme le chiffre du Propriétaire. On disoit autrefois *stampe*, au lieu d'Estampe, pour signifier des Images , en papier , gravées en bois , ou en taille-douce. L'usage a prévalu pour *Estampe*.

STANGUE , s. f. Terme de Blason , qui se dit de la tige droite d'une ancre.

STANTÉ. *Voïez* STENTÉ.

STAPHYLOME , s. m. gr. Maladie des yeux, qui consiste dans une tumeur sur la cornée, eu forme de
grappe

grappe de raisin, suivant la signification du mot, & dont on distingue deux sortes ; l'une, qui est un gonflement de la cornée transparente ; l'autre, formée par l'uvée, qui, à l'occasion de quelque cause, interne ou externe, passe au travers de la cornée, & défigure l'œil, par une humeur qui détruit ordinairement la vue.

STARIE, s. f. Terme latin, & de terminaison françoise. Les Hollandois nomment ainsi le tems que les Commandans de leurs Escortes, pour le Levant, passent à Smyrne, au-delà de celui qui leur est accordé par leur Commission.

STASE, s. f. gr. *Voïez* STAGNATION.

STATEUR. *Jupiter stateur.* Nom célebre de Jupiter, que les Romains lui donnerent, en lui bâtissant un Temple au pié du Mont Palatin, parcequ'à la priere de *Romulus*, il les avoit arrêtés, lorsqu'ils fuïoient devant les Samnites.

STATHOUDER, s. m. Terme Hollandois, qui signifie Chef de l'État, & qui est, en effet, le titre du Chef de la République de Hollande. Cette dignité, qui est héréditaire aujourd'hui dans la branche Hollandoise de Nassau, se nomme *Stathouderat.*

STATIONAIRE. *Fievre stationaire.* Nom qu'on donne à certaines fievres continues, qui dépendent d'une disposition particuliere des saisons & des alimens, & qui regnent pendant un tems. Elles sont opposées aux fievres *intercurrentes.*

STATIONAL, adject. On appelle Eglises *stationales*, celles qui, dans les tems de Jubilé, ou d'autres Fêtes ecclésiastiques, sont marquées par les Evêques pour les *stations*, c'est-à-dire, pour recevoir les visites des Fideles.

STATMEISTRE, s. m. Mot allemand, devenu françois. A Strasbourg, on donne ce nom à des Gentilshommes d'ancienne Famille, qui gouvernent la ville avec les Ammeistres, qui sont les Echevins.

STÉATITE, s. f. gr. Pierre de

Supplém.

couleur brune & roussâtre, de substance molle, assez semblable au *suif*, d'où vient son nom ; comme celui de *steatocele*, qui est une fausse hernie, ou une *tumeur* du scrotum, causée par une matiere semblable à du *suif*.

STELECHTITE, s. f. gr. Pierre qui vient d'Allemagne, & qui se vend chez nos Droguistes. On en fait un Opiat pour nettoïer les dents. Sa couleur est grise ; & sa figure, celle d'un petit *tronc d'arbre*, dont on auroit rompu les branches.

STERLET, s. m. ou STRELET. Nom d'un Poisson commun dans les Rivieres de Moscovie, & dont la chair est meilleure que celle même de l'Esturgeon, avec lequel il a quelque rapport. Sa plus grande longueur n'est que d'une aune.

STERNO-COSTAUX, s. m. & adj. lat. Nom de certains muscles, qu'on appelle autrement le triangulaire du *sternum*. Ils sont disposés obliquement à chaque côté du sternum, sur la surface interne des cartilages de la deuxieme, troisieme, quatrieme, cinquieme & sixieme des vraies côtes.

STICADE ou STECAS, s. f. Nom d'une Plante qui entre dans la composition de la Thériaque.

STICHOMANTIE, s. f. gr. Art de *deviner par les vers.* Les Anciens écrivoient, sur plusieurs petits billets, des vers dont le sens regardoit l'avenir, & qu'ils appelloient fatidiques. Ils jettoient ces billets dans une Urne, & celui, qu'ils tiroient le premier, étoit pris pour la réponse à leur question. Les vers des Sybilles, & les Poésies d'Homere, servoient ordinairement à cet usage. Les Chrétiens des premiers siecles avoient aussi leur *stichomantie*, qu'ils exerçoient avec la Bible & le Pseautier, en prenant, pour la volonté de Dieu, le premier passage sur lequel ils tomboient, à l'ouverture du Livre.

STIGMATE, s. m. Les Botanistes nomment *stigmate*, dans les Pistilles, une petite mousse qui forme, sur l'embrion, une pellicule membraneuse & transparente.

STILE. *Voïez* STYLE.

STIMULANT, adj. lat. Terme de Médecine, qui se dit de cequi a la vertu d'*exciter* & de *réveiller* ; par opposition à *calmant* & *assoupissant*.

STINKERKE, s. f. Grand mouchoir de toile, de coton, ou de soie, que les Femmes nouent autour du cou, & dont les deux bouts pendent, ou sont entrelacés, par-devant. Elles lui donnerent ce nom, en France, après la bataille de Stinkerke, en 1692.

STIPULES, s. f. lat. Nom que les Botanistes donnent à deux petites feuilles pointues, qui se trouvent au pié des feuilles de plusieurs especes de Plantes.

STRABISME, s. m. gr. Mauvaise disposition de l'œil, qui le rend louche, & qui fait regarder de travers. *Strabon*, ancien nom propre grec, signifioit *louche*.

STRANGULATION, s. f. lat. Étranglement, action d'étrangler. Il ne se dit qu'en termes dogmatiques.

STRAPASSER, v. act. & n. ital. Terme de peinture, qui signifie travailler à la hâte. Un dessein *strapassé*, c'est-à-dire, auquel on n'a pas emploïé beaucoup de tems. On dit quelquefois d'un Peintre, qui travaille promptement, que c'est un grand *Strapasson*.

STRELETSES, s. m. Nom d'un grand corps d'Infanterie Moscovite, qui sont à-peu-près ceque les Janissaires sont en Turquie.

STRICT, adj. lat. Étroit, resserré. Ce mot ne s'emploie que dans le sens moral. Obligation *stricte*, c'est-à-dire, étroite & rigoureuse.

STRIE, s. f. lat. Terme de Conchyliologie, qui se dit des raïures qui sont sur les coquillages ; différentes des cannelures, qui sont plus grandes & plus régulieres. *Strié*, adject., signifie *canelé*.

STRIGIL, s. m. lat. Espece de petite ratissoire, dont les Anciens se servoient, dans leurs Bains, pour se décrasser le corps.

STROECKS, s. m. Petits vaisseaux plats, dont on se sert sur le Volga, pour le commerce d'Astracan & de la Mer Caspienne.

STROMATES, s. m. gr. Titre de plusieurs anciens Ouvrages, qui signifie proprement *Tapisseries*, & qui se prend pour *mélange* de différens sujets, tel que l'ouvrage de Saint Clément d'Alexandrie.

STRONGLE, s. m. gr. Nom qu'on donne aux vers des intestins, parceque, suivant la signification du mot, ils sont ordinairement longs & ronds.

STROPHE, s. f. gr. Terme de Poésie, qui, en parlant des Odes grecques ou latines, signifie cequ'on nomme Stance, en françois.

STRYGES, s. m. Nom qu'on donne aux *Vampires* de Russie, c'est-à-dire, à des corps qu'on trouve entiers dans leurs cercueils, quoiqu'il y ait longtems qu'ils soient morts. *Voïez* VAMPIRE.

STYGIEN, adj. Cequi appartient au fleuve Styx. En Chymie, on appelle Eaux *stygiennes* toutes les Eaux fortes, parceque, semblables à celles du Styx, elles rongent les métaux.

STYLE, substantif masc. grec. On appelle *vieux style* & *nouveau style*, la différente maniere de compter, avant & depuis la réformation du Calendrier. Quelques États Protestans s'étoient obstinés à rejetter le nouveau *style*, par la seule raison qu'il vient de Rome ; mais la confusion de leur Chronologie les a forcés de l'adopter en 1753. *Voïez* GRÉGORIEN.

STYLITE, s. m. gr. On a donné ce nom à quelques Saints, qui ont passé, dit-on, plusieurs années debout sur une colomne ; mortification assurément fort pénible.

STYRAX, s. m. Arbre des Indes, qui produit une résine, dont la Médecine fait usage. Elle se vend, chez les Droguistes, sous les noms de *styrax sec* ou *styrax calamite*, & de *styrax liquide*. La premiere est une substance résineuse, en grains, de couleur rouge ; & la seconde, une liqueur grasse, de consistence mielleuse, & de couleur brune. Toutes deux ont l'odeur très forte.

SUAIRE, f. m. lat. Mot confa-
cré pour fignifier un drap, où l'on
prétend que la figure de Notre-Seigneur eft imprimée, & qu'on garde
à Befançon.

SUAVE, adj. SUAVITÉ, f. f.,
tous deux empruntés du latin, pour
fignifier, l'un *doux*, l'autre *douceur*.
Ils ne fe difent gueres que de cequi
eft agréable, ou doux, pour les fens.
Une odeur *fuave*. La *fuavité* de certains fons.

SUBINTRANT, adj. lat. *Fievre
fubintrante*. Les Médecins nomment
ainfi des fievres intermittentes, dans
lefquelles l'accès recommence avant
que le précédent foit fini; cequi les
rend continues.

SUBJONCTIF, f. m. lat. Terme
de Grammaire. C'eft le quatrieme
mode, dans la conjugaifon des verbes, auquel on donne ce nom, parcequ'il eft gouverné ordinairement
par quelque autre verbe, ou par
quelque particule.

SUBRÉCOT, f. m. Terme vul-
gaire, qui fignifie cequi eft *au-deffus*
de l'écot, & qui, pour fuivre l'o-
rigine latine, devroit s'écrire *fupré-
cot*.

SUBSÉQUENT, adj. l., qui fignifie cequi fuit immédiatement quelque
chofe. *Subféquemment* eft l'adverbe.
Mais l'un & l'autre ne s'emploient
gueres qu'en ftyle de Pratique.

SUBSTITUTION, f. f. lat. En
termes de Droit, on appelle *fubftitution* un acte revêtu de l'autorité, par
lequel des biens héréditaires font af-
furés aux Defcendans, foit à perpétuité, foit jufqu'à certains degrés.
On diftingue plufieurs fortes de *fubf-
titutions* : la *graduelle*, qui fe fait par
Contrat de mariage, ou par d'autres
difpofitions entre Vifs; la *directe*,
par laquelle les biens de la fucceffion fe transferent directement de la
perfonne que l'on veut; l'*Exemplaire*, qui fe fait par les Parens, à leurs
Enfans, lorfque la foibleffe de leur
efprit, ou quelque autre raifon d'im-
puiffance, leur ôte le pouvoir de régler leur derniere volonté; la *Fidei-
commiffaire*, qui eft celle par laquelle on charge fon Héritier, teftamen-

taire, ou *ab inteftat*, de rendre toute la fucceffion, ou partie, à quelqu'un, après la mort de cet Héritier;
la *graduelle & perpétuelle*, qui eft
une efpece de *fubftitution fidei-com-
miffaire*, par laquelle on fait des degrés de *fubftitution* jufqu'à l'infini;
la *Pupillaire*, qui fe fait à un Pu-
pille, par celui en la puiffance duquel il eft, au cas qu'il décede avant
l'âge de puberté; la *Réciproque*, par
laquelle plufieurs Héritiers font fubf-
titués les uns aux autres; la *Vulgaire*, par laquelle on fubftitue à l'Héritier, au cas qu'il ne fe porte pas
pour Héritier.

SUBURBICAIRE, adj. lat. Nom
qu'on donnoit aux Provinces d'Italie, qui compofoient le Diocèfe de
Rome. On en comptoit dix.

SUBUTKO, f. m. Oifeau de
proie, de la groffeur du Corbeau,
& fort femblable à la Bufe. Il vit
de Serpens, de Crapaux & de Grenouilles. En Egypte, où il eft commun, on prend fes tefticules en poudre, pour s'exciter aux plaifirs de
l'amour; cequi lui a fait donner le
nom grec d'*Hippotriorchis*.

SUC NOURRISSIER, f. m.
Terme de Médecine, qui fe dit
d'une humeur lymphatique un peu
vifqueufe, douce, balfamique, four-
nie par les arteres lymphatiques à
toutes les parties du corps, pour les
nourrir & réparer la perte continuelle qui fe fait par la tranfpiration
& par les autres fécrétions.

SUCCESSION, f. f. lat. Action,
ou droit, de fuccéder. Il fe dit auffi
des chofes auxquelles on fuccede,
où l'on a droit de fuccéder. Les Loix
qui regardent la fucceffion, prife
pour héritage, font d'une extrême
variété, dans les différentes Provinces
du Roïaume. *Succeffion unde vir &
uxor* fe dit d'une fucceffion particuliere, en vertu de laquelle le Survivant de deux perfonnes mariées
fuccede au Mort, à l'exclufion du
Fifc, lorfque le Mort ne laiffe, ni
Defcendant, ni Afcendant, ni Colla-
téraux. On appelle *fucceffion du Fifc*,
celle qui eft vacante, & pour laquelle il ne fe prefente point d'Héritiers,

ni Mari, ni Femme ; parceque dans ce cas, les biens du Mort appartiennent au Fisc, qui est représenté par les Seigneurs Hauts - Justiciers, en vertu du *Droit de desherence*, suivant lequel ils prennent chacun cequi est situé dans l'étendue de leurs Justices.

SUCCISE, f. f. Plante, qui est une espece de *scabieuse*. On la distingue, elle même, en deux especes ; la première, qui n'est point velue, la seconde qui l'est ; toutes deux d'ailleurs avec des feuilles semblables à celles de la Scabieuse, mais sans découpures, & seulement un peu crenelées sur les bords. Leurs fleurs sont de couleur bleue, quelquefois purpurine ou blanche. La *succise* est sudorifique, cordiaque & vulnéraire. Quelques-uns la nomment *Morsure du Diable*, parceque sa racine paroît mordue & rongée.

SUCET, f. m. *Voïez* REMORE.

SUCRE, f. m. Liqueur qui se tire d'une sorte de cannes, & qui, s'étant épaissie & blanchie par le feu, devient assez semblable au sel congelé & durci. On en distingue jusqu'à six différens degrés de cuisson, qui sont, le *lissé*, le *perlé*, le *soufflé*, à la *plume*, le *cassé*, & le *caramel*. Sucre - tapé se dit du sucre mis en petits pains, depuis trois livres jusqu'à sept. *Sucre-verd* est le nom d'une assez bonne espece de Poire, dont on distingue deux sortes, la grosse & la petite.

SUGGRONDE. *Voïez* SUBGRONDE.

SUGILLATION, f. f. Espece de meurtrissure, qui se nomme vulgairement *suçon*, parcequ'elle se fait en suçant la peau de quelque partie du corps.

SULFUREUX, adj. lat. Cequi est rempli, impregné, de soufre ou de parties *sulfureuses*.

SUIE D'ENCENS, f. f. Petites parties d'Encens mâle, qu'on fait bruler, pour en faire du noir de fumée.

SUITES, f. f. Terme de Venerie, qui signifie les testicules d'un Sanglier ; comme celles du Cerf se nomment *Daintiers*.

SULÉVES, f. m. Divinités champêtres, qu'on trouve représentées assises, tenant des fruits & des épis. On ignore l'origine de leur nom.

SUPERPOSITION, f. f. lat. Terme ecclésiastique On appelloit Jeûnes de *superposition*, ou *Jeunes doubles*, des jeûnes autrefois en usage, qui consistoient à passer plusieurs jours de suite sans manger.

SUPERPURGATION, f. f. lat. Terme de Médecine, qui se dit de l'effet postérieur d'une médecine, lorsqu'en étant resté quelques parties mal délaïées, dans l'estomac, elle recommence, le jour suivant, à causer des tranchées & des évacuations.

SUPPRESSION, subst. fem. En termes de Chymie, le *Feu de suppression*, se fait en couvrant un vaisseau & cequ'il renferme, de sable, sur lequel on met des charbons allumés, afin que la matiere reçoive de la chaleur par - dessus & par-dessous.

SUPRALAPSAIRE, f. m. lat. Terme de Théologie, qui se dit de ceux qui croient, ou qui enseignent, que Dieu, sans avoir égard aux bonnes & aux mauvaises œuvres des Hommes, a résolu, par un décret éternel, de sauver les uns & de damner les autres.

SUPRÊME, adj. lat., qui signifie cequi est au dessus de tout, supérieur à tout. Il se dit des qualités comme de l'ordre & du rang. *Suprême*, f. f., est le nom d'une fort bonne Poire, qui vient à la fin de l'Été, & qui se nomme autrement *Poire de figue*.

SURATE, f. f. Nom qu'on donne à chaque division de l'Alcoran, & qui signifie *leçon*. L'Alcoran est divisé en cent quatorze Chapitres ou *surates*.

SURCOSTAUX, f. m. & adj. lat. Nom de quelques muscles, qui s'appellent aussi *Releveurs de côtes*, & qui sont placés obliquement sur les parties postérieures des côtes, attenant les vertebres. Ils sont inégalement triangulaires.

SURDORÉ, f. m. Galon d'or,

qui a été doré une seconde fois. On donne ce nom au galon de Paris, qui se conserve toujours beau ; tandis que celui de Lyon perd en peu de tems son éclat.

SURÉMINENT, adj. lat. Élevé au suprême degré, distingué par son élévation. Il ne se dit, que dans le sens moral, d'une dignité, d'une vertu, &c.

SURGE, adject. *Laines surges*. On donne ce nom aux laines grasses, ou en suint, qui se vendent sans être lavées ni dégraissées, telles qu'il en vient beaucoup du Levant.

SUR-INTENDANT, s. m. Titre de plusieurs grandes charges. Il y avoit autrefois un *Sur-intendant* des Finances, mais cette charge fut supprimée en 1661, après M. *Fouquet*, pour faire place à celle de Controleur général, qui a la même autorité & les mêmes fonctions. En 1626, le titre de la charge de Grand-Amiral fut changé en celui de Grand-Maître, chef & *sur-intendant* de la Navigation ; mais, en 1683, il fut rétabli en faveur du Comte de Toulouse. Ainsi le titre de *sur-intendant* ne resta que pour les Bâtimens, les Postes, & la Musique du Roi. Les Luthériens appellent *Sur-intendans* les Chefs des Diocèses de leur Secte ; comme les nôtres se nomment Evêques.

SURON ou CERON, s. m. Ballot couvert de peau de bœuf, fraîche & sans apprêt, le poil en dedans, cousu avec des filets & des lanieres de la même peau.

SURSIS, s. m. Terme de Palais, qui signifie délai, retardement. C'est le substantif du verbe *surseoir*.

SURTOUT, s. m. Grande piece de vaisselle, ordinairement d'argent ou de cuivre doré, qu'on sert sur la table des Grands, & sur laquelle on place les salieres, les sucriers, les poivriers, & tout cequi est d'usage dans le cours d'un repas, avec des bobeches pour y mettre des bougies, &c. On nomme aussi *surtout* une petite charette fort legere, à deux roues, faite en forme de manne, qui sert à transporter des provisions ou du bagage.

SUSPENSION, s. f. lat. Terme de Grammaire, qui signifie un repos marqué, dans une phrase où le sens est interrompu & n'est point achevé. C'est une espece de figure, qui a quelquefois beaucoup de force.

SUSPICION, s. f. lat. Terme de Palais, qui s'emploie pour *soupçon*, & dans le même sens ; comme *suspecter*, pour *soupçonner*.

SYCOPHANTE, s. m. Mot grec, qui est passé dans notre langue, pour signifier imposteur, trompeur, calomniateur, fripon. Dans son origine, il signifioit *Délateur*.

SYCOSE, s. f. gr. Tumeur à l'anus, dont on distingue deux especes, la *sycose* dure & ronde, & la *sycose* humide & inégale.

SYLVE, s. f. Mot purement latin, emprunté pour conserver l'idée & le nom d'un Jeu public des anciens Romains, qui étoit une espece de chasse. On faisoit exprès une *Sylve*, c'est-à-dire, un Bois, composé de grands arbres transplantés, où l'on lâchoit quantité de Bêtes, que le Peuple y prenoit à la course. Ces Animaux n'étoient pas féroces, comme dans un autre Jeu de même nature, qui se nommoit *le Pancarpe*. L'usage des *Sylves* dura jusqu'à *Constantin*.

SYMBOLOGIQUE, s. f. gr. Nom qu'on donne à la partie de la Pathologie, qui traite des signes & des symptômes des maladies.

SYMPTOSE, s. f. Affaissement, ou contraction, des membres ou des vaisseaux du corps, par épuisement après des évacuations, ou par simple lassitude.

SYNAXARION, s. m. gr. Livre de l'Eglise grecque, qui contient un Recueil abregé de la vie des *Saints*.

SYNCHRONISME, s. m. Mot grec composé, & nom qu'on donne à un tableau qui represente, sous un coup d'œil, l'ordre de tous les tems. *Synchroniste* se dit pour *contemporain*, qui a vécu dans le même tems.

SYNCRETISME, s. m. gr. Terme dogmatique, qui signifie conciliation de sentimens opposés, rapprochement de diverſes Communions pour ſe réunir. On a propoſé des *ſyncretiſmes*, qui ne pouvoient conſiſter que dans une tolérance mutuelle.

SYNODON , ſ. m. Poiſſon de mer , qui tire ſon nom de la grande quantité de ſes dents , qui lui ont fait donner auſſi celui de Denter. Il eſt commun dans la Mer Adriatique. Son poids eſt depuis trois livres juſqu'à dix. Sa chair eſt fort bonne. Il a la gueule grande , le muſeau pointu, les dents faites en ſcie, les yeux grands, le dos relevé , de couleur rougeàtre , tirant ſur le blanc , le ventre argentin , & la queue courbée. Il a , dans la tête , des pierres, qu'on nomme *ſynodontides*, & qu'on prend, broïées, pour la pierre & la gravelle.

SYPHILIS, ſ. f. Mot d'origine incertaine, dont *Fra Caſtor* a fait, en latin, le nom de la Verole , & ſur lequel il a compoſé un fort beau Poëme.

SYRIAQUE , ſ. m. & adj. Nom d'une ancienne langue , qui n'eſt pourtant qu'une dialecte de l'Hebreu, & qui ne peut paſſer, par conſéquent , pour une Langue-mere.

SYRINGA , ſubſt. maſc. gr. *Voïez* SERINGA , qui eſt le nom vulgaire : mais ſon vrai nom eſt *ſyringa*, formé du mot grec qui ſignifie *fiſtule* , ou *flûte* , parceque ſon bois , vuidé de ſa moelle , peut ſervir à faire des flûtes & d'autres inſtrumens creux.

SYRO - MACÉDONIEN , adjectif compoſé. L'Époque *Syro-macédonienne* eſt fort célèbre parmi les Chronologiſtes.

SYRVENTES , ſ. m. Vieux mot, & nom de certains Poëmes en vieux Langage françois , mêlés de louanges & de ſatyres , ſur les expéditions d'outre-mer. On les nommoit *Serventois* , en Picardie.

SYSTALTIQUE , adj. gr. , formé de *ſyſtole*, & qui ſe dit de cequi a la vertu de reſſerrer ; comme le mouvement du cœur , qui ſe nomme *ſyſtole* : celui des arteres , des nerfs & de toutes les fibres nerveuſes , qui , par leur force élaſtique , ſe contrac-

tent alternativement , broie les liquides & en accélere le mouvement progreſſif. *Syſtaltique* & *Periſtaltique* ont à-peu-près la même ſignification.

SYSTÊME , ſ. m. Nom qu'on a donné au projet, conçu & exécuté par le fameux *Law*, de tirer tout l'argent du Roïaume , en y ſubſtituant des Billets de Banque , des Souſcriptions , des Actions , des Primes , & d'autres malheureux Papiers qui ont comme inondé la France.

T.

T Eſt le caractere de la monnoie qui ſe fabrique à Nantes.

TABAGIE , ſ. f. Nom des lieux publics, où l'on va fumer en compagnie , & boire ordinairement de la biere en fumant. C'eſt cequ'on nomme, en Flandres, *Eſtaminets*. Les Boëtes , où l'on met du Tabac en poudre , ſe nomment *Tabatieres* , quoiqu'en s'attachant à l'origine, il fallut écrire & prononcer *Tabaquiere*.

TABARINAGE , ſ. m. Mot paſſé en uſage pour ſignifier Bouffonnerie, & formé de *Tabarin*, nom d'un Valet du fameux *Mondor* , Charlatan de la Place Dauphine , vers le commencement du dix - ſeptieme ſiecle. Nous avons un Recueil des groſſieres plaiſanteries de *Tabarin* , ſous le titre de *Queſtions & Fantaiſies Tabariniques*.

TABERNACLE , ſ. m. Mot tiré du latin , qui ſignifie proprement *Tente*, ou *Pavillon*. Dans une Galere , le *Tabernacle* , eſt un petit eſpace un peu exhauſſé , vers la pouppe , d'où le Capitaine donne ſes ordres.

TABIFIQUE , adject. lat. , formé du mot qui ſignifie maladie de langueur , phtiſie, conſomption , maraſme. Une qualité, un poiſon *tabifique*, c'eſt cequi cauſe cette maladie.

TABLATURE , ſ. f. Piece de Muſique , écrite ſuivant toutes les régles, pour ſervir à apprendre la muſique vocale ou inſtrumentale.

Comme cette maniere d'apprendre est exacte & pénible, de-là vient l'expreſſion figurée, *donner de la tablature* à quelqu'un, pour, lui donner de la peine & de l'embarras.

TABLE DE LOKE, ſ. f. Morceau de planche, diviſé en quatre ou cinq colomnes, pour écrire avec de la craie l'eſtime de chaque jour. La premiere marque les heures, de deux en deux; la ſeconde, le Rhumb du vent, ou la direction du vaiſſeau par rapport aux principaux points indiqués par la Bouſſole; la troiſieme, la quantité de nœuds qu'on a filés en jettant le Loke; la quatrieme, le vent qui ſouffle, & la cinquieme, les obſervations ſur les variations de l'aiman. Les nœuds de la ligne, ou de la corde, ſont ordinairement éloignés les uns des autres, d'environ quarante-&-un piés huit pouces pour le tiers d'une lieue. Ainſi, l'intervalle de trois nœuds, filés dans une demie minute, fait une lieue de chemin par heure. *Voïez* LOKE.

TABLE. *Poids de table.* Nom d'une ſorte de poids, en uſage dans les Provinces de Languedoc & de Provence. *Voïez* POIDS. On appelle *Tables*, ou Rouelles d'Eſſai, deux plaques d'étaim, dont l'une eſt dans la Chambre du Procureur du Roi du Châtelet, & l'autre dans celle de la Communauté des Potiers d'Etaim, ſur leſquelles les Maîtres Potiers ſont obligés d'empreindre les marques des poinçons dont ils doivent ſe ſervir pour marquer leurs Ouvrages.

TABLETTERIE, ſ. f. Art de faire des Ouvrages de pieces de rapport & d'autres Ouvrages délicats de menuiſerie, qui eſt exercé par les Tabletiers.

TACHES HÉPATIQUES, ſ. f. Nom qu'on donne aux chaleurs de de foie. On appelle *taches* du Soleil & de la Lune, certaines obſcurités qui paroiſſent en différentes parties de la ſurface de ces Aſtres, & qu'on explique diverſement. Les *taches*, qui ont paru ſur la ſurface du Soleil, ont fait connoître qu'il tourne ſur ſon axe.

TACTILE, adj. formé de *tail*, qui ſignifie, en termes de Philoſophie, cequi eſt l'objet du *toucher*. La chaleur, la dureté, &c., ſont des qualités *tactiles*.

TADORNE, ſ. m. Oiſeau aquatique, qui reſſemble au Canard, mais qui eſt plus gros, & qu'on voit rarement en France.

TAFFETAS D'HERBE, ou AREDAS. Nom d'une eſpece de Taffetas des Indes, fabriqué d'un fil doux & luſtré qu'on tire de diverſes herbes.

TAFTOLOGIE. *Voïez* TAUTOLOGIE.

TAFFIA, ſ. m. Nom que les Naturels des Antilles donnent à l'Eau-de-vie de cannes, c'eſt-à-dire, à celle qui ſe fait avec les écumes & les gros ſirops de ſucre. Les François l'appellent *Guildive*, & les Anglois *Rum*.

TAGERA, ſ. f. Plante orientale, dont les feuilles broïées & appliquées ſur la piquûre des Abeilles, en calment les douleurs. On emploie ſes ſemences, broïées avec du ſaffran, pour les puſtules & les ulceres.

TAILLEVENTS, ſ. m. Oiſeaux maritimes, de la groſſeur d'un Pigeon, qui ont le vol de l'Hirondelle, & qui paroiſſent voler ſans interruption. Comme on les trouve à plus de ſix cens lieues de terre, on croit qu'ils ſe repoſent ſur la mer même, lorſqu'ils ſe laſſent du mouvement; cequi eſt d'autant plus vraiſemblable qu'ils ont les jambes courtes & les piés d'une Oie.

TAILLEUR D'ARMES SUR ÉTAIM. TAILLEUR D'IMAGE SUR IVOIRE. Les Maîtres Potiers d'étaim de Paris prennent la premiere de ces deux qualités dans leurs Lettres de Maîtriſe; & les Maîtres Peigniers-Tabletiers prennent la ſeconde.

TAILLIS, ſ. m. Terme de l'Échiquier d'Angleterre, c'eſt le nom d'un bâton fendu par la moitié & marqué de quelques entailles, où l'on marque l'argent qu'on prête ſur les Actes du Parlement.

TAIN, ſ. m. Quelques-uns donnent ce nom à une lame d'étaim fort

mince, qui fe met derriere les glaces de miroir : mais voïez *Teint*.

TAISSON, f. m. Ancien nom de
l'Animal qui s'appelle aujourd'hui
Blaireau.

TALAIRES, f. m. lat. On nom-
me *Talaires*, ou *Talonieres*, les aîles qu'un Mercure po te aux ta-
lons, pour faire fes courfes plus
vîte, en qualité de Meffager des
Dieux.

TALIR KARA, f. m. Racine d'un
arbre de Malabar du même nom,
dont on fait une boiffon qui pouffe
puiffamment par les fueurs. On
ne connoît, à l'arbre, ni fleurs ni
fruit.

TALLEVANE, f. f. Nom d'une
forte de grands Pots de grès, longs
& ronds, dans lefquels on met du
beurre.

TALLIPOT, f. m. Arbre célebre
de l'Ifle de Ceylan, dont les feuilles
font fi grandes, qu'une feule eft capable de mettre plufieurs Hommes à
couvert de la pluie. Elles fe confervent fi fouples, en féchant, qu'elles fe plient comme des éventails.
Auffi les Infulaires ne fortent-ils jamais fans une feuille de *Tallipot*,
qui leur fert de Parafol, & même
de Tente, dans leurs voïages. Ces
feuilles font d'ailleurs fort legeres.

TALONIERES, f. f. *Voïez* TA-
LAIRES.

TALUTER, v. act., formé de
talus, pour lignifier donner du *talus*,
de la pente, ou élever un *talus*.

TAMACOSIO, f. m. Animal du
Paraguai, dont on trouve une defcription curieufe, au vingt-cinquie-
me Tome des Lettres édifiantes.

TAMBACK. *Voïez* TOMBACK.

TAMOATA, f. m. Poiffon d'eau
douce de l'Amérique, dont la tête
eft couverte d'une écaille en forme
de bouclier, & le corps revêtu d'une
forte de cuiraffe, compofée de longues écailles. Sa chair eft fort bonne.
Il eft long d'environ un pié & demi,
& de couleur obfcure. Les Portugais
l'ont nommé *Soldido*, qui fignifie
armé.

TANESIE, f. f. Plante commu-
ne, à laquelle on attribue des vertus
carminatives, vulnéraires, hyfteri-
ques & apéritives. On la vante furtout pour les vapeurs. L'odeur en
eft defagréable, & le goût amer. Ses
feuilles font grandes, en forme d'aîles, découpées & dentelées, de couleur verd-jaunâtre. Ses fleurs, qui
naiffent en bouquets, au fommet des
tiges, font d'un affez beau jaune
doré. La hauteur des tiges eft de deux
ou trois piés.

TANG, f. m. Nom de différentes
efpeces de Mouffelines, unies, &
brodées à fleurs, que les Anglois
apportent des Indes orientales. D'autres fe nomment *Tanjebs*.

TANI, f. m. Arbre des Indes
orientales, qui porte un fruit en forme de Poire, de la groffeur d'une
Prune. La poulpe, qui eft verte &
fucculente, mais infipide, contient
une amande très agréable & très
faine.

TANTE ou CALEMARE, f. f.
Nom d'une efpece de poiffon de
mer, qui reffemble beaucoup à *la
Séche*.

TANTIEME, adj. formé de *tant*,
pour marquer le nombre indéterminé du rang d'une chofe. Il répond
à quantiéme, qui fuppofe ordinairement une interrogation.

TAPÉ. *Poires tapées*. Nom qu'on
donne à des Poires, applaties & fé-
chées au four, qui fe vendent chez
les Epiciers. On appelle Sucre *tapé*,
du fucre terré, en petits pains, &
fait de caffonade blanche.

TAPIN, f. m. Efpece d'Oranger
des Indes, dont le fruit a la forme
& la couleur de l'orange, avec un
affez bon goût, mais une odeur dé-
goûtante. Ses feuilles écrafées font
excellentes, en cataplafme, pour les
inflammations.

TAPITI, f. m. Animal fauvage
du Brefil, qui aboie comme les
Chiens. On en diftingue plufieurs
efpeces, les uns fans queue, d'autres avec une queue fort longue.

TAPSEL, f. m. Groffe toile de
coton raïée, ordinairement de couleur bleue, qui vient, en quantité,
du Bengale & d'autres lieux.

TARI, f. m. Liqueur agréable,
qu'on

qu'on tire des Palmiers & des Coco-
tiers. Elle tient lieu de vin, dans la
plus grande partie des Indes orientales. Elle fortifie, elle enivre
même. Mais elle n'eſt bonne que
dans ſa fraîcheur; & dans l'eſpace
de vingt-quatre heures elle devient
aigre. On la nomme auſſi *Soury*.

TARLATANE, ſ. f. Eſpece de
Toile fine, qui a beaucoup de rapport à la Mouſſeline, & dont les
Femmes ſe font des coeffes, des man-
chettes, & des mouchoirs de cou.
Il y a une Mouſſeline orientale, très
blanche & très claire, qui ſe nomme *Tarlatane-Chavonis*.

TAROT, ſ. m. Nom d'un inſtrument à anche & à vent, qui a onze
trous, & qui ſert de baſſe aux con-
certs de muſette. On le nomme communément *baſſon*. *Tarot* eſt auſſi le
nom d'un petit inſtrument d'acier
bien trempé, en forme de vis, qui
ſert à faire des écrous.

TARSO, ſ. m. Eſpece de marbre, très dur & très blanc, qui ſe
trouve en divers endroits de Toſca-
ne, & qu'on emploie dans la compoſition du verre.

TARTARE, ſ. m. Nom qu'on
donne, dans les Trouppes de la Maiſon du Roi, aux Valets qui ſervent
en campagne.

TARTUFE, ſ. m. ital. Nom d'un
perſonnage de Comédie, qui eſt
paſſé en uſage pour ſignifier *Hypocrite*. On prétend qu'il eſt formé du
mot italien qui ſignifie *Truffe*. *Voïez
ce mot*. *Tartufiſme* & *Tartuſerie* ſe
diſent auſſi pour *Hypocriſie*.

TARY. *Voïez* TARI.

TATAUBA, ſ. m. Arbre du Breſil, dont le fruit, qui porte le même nom, ſe mange au ſucre & au
vin, & fait les délices du Païs. Il
contient une infinité de petits grains
blanchâtres.

TATI, ſ. m. Nom indien du petit oiſeau que nos Voïageurs ont
nommé *Oiſeau-mouche*. *V.* OISEAU.

TAUMALIN, ſ. m. Eſpece de
matiere graſſe, qui ſe trouve dans le
corps des Crabes & autres coquillages. Elle eſt rougeâtre, jaunâtre,
ou verdâtre, ſuivant leur eſpece. On

Supplém.

en fait une bonne ſauce pour le poiſſon même, en la délaïant avec du
jus de citron, du ſel & du poivre.

TAUPE-GRILLON, ſ. m. ou
GRILLON-TAUPE. Nom d'un inſecte d'environ deux pouces de long,
qui a deux antennes devant lui &
deux autres derriere, deux aîles fort
cour es & deux fort longues, avec
une large cuiraſſe ſur le dos, & deux
bras armés chacun d'une eſpece de
ſcie. Il habite ſous terre, comme la
Taupe, & ſon cri reſſemble à celui
du Grillon. *Taupe*, en langage de
Chirurgie, ou le mot latin *Talpa*,
eſt le nom d'une tumeur molle &
de figure irréguliere, qui ſe forme
ſous les tegumens de la tête. Elle
contient un pus blanc & épais,
quelquefois ſi âcre, qu'il carie le
crâne. C'eſt une eſpece d'Atherome,
qui ſe nomme auſſi *Tortue*.

TAUPKANE, ſ. m. Nom de l'Ar-
ſenal, ou plutôt de la Fonderie de
Conſtantinople, qui eſt hors des
murs du Galata, à la pointe qui regarde le Serail.

TAURICIDER, v. n. Terme de
Relation, qui ſignifie, faire des ré-
jouiſſances à la maniere d'Eſpagne,
par des combats de Taureaux.

TAUROBOLE, ſ. m. Nom que
les Anciens donnoient au ſacrifice
d'un Taureau. On a beaucoup parlé du *Taurobole* de Lectoure, & de
celui de la Montagne de Fourviere,
à Lyon, c'eſt-à-dire, de deux Monumens, trouvés dans ces lieux, qui
repreſentent un de ces ſacrifices.

TAUTOGRAMME, adj. gr. On
appelle vers *tautogrammes*, ou *let-
triſés*, ceux dont tous les mots commencent par une même lettre, tels
que le célebre Poëme latin du combat des Cochons, contenant trois
cens cinquante vers dont tous les
mots commencent par un *P*. On
l'attribue à Pierre *Placentz*, Allemand, qui s'y eſt déguiſé ſous le
nom de *Publius Porcius*. Un autre
Allemand, *Chriſtianus Pierius*, en a
compoſé un, de mille deux cens vers,
ſur la mort de Jeſus-Chriſt, dont
les mots commencent tous par C. ;
& un autre ſur l'Empereur Maximi-

L l

lien , dans lequel ils commencent par M. & C.

TEFFILIN , f. m. Nom que les Juifs donnent à des morceaux de parchemin , taillés d'une certaine forme , fur lefquels ils écrivent , avec une encre faite exprès , divers paſſages de la Loi de Moïſe , & qu'ils portent au bras & au front.

TELA , f. m. Efpece de monnoie , ou plutôt de Médaille d'or , du poids des ducats d'or d'Allemagne , qui ſe frappe & ſe diſtribue au Peuple , à l'avénement de chaque Roi de Perſe à la couronne.

TEMPÉRANS , f. m. & adj. lat. Ce mot , qui porte ſa ſignification par lui-même , eſt un terme de médecine. Il ſe dit des remedes qui ſervent à éteindre une chaleur contre nature , telle que celle des fievres , des inflammations , des mouvemens ſpaſmodiques , &c.

TENAILLON , f. m. En termes de Fortifications , le *tenaillon* eſt un ouvrage , placé dans le foſſé pour en défendre le paſſage , & fait en forme de *tenaille* renforcée , c'eſt à-dire , une *tenaille* à flancs. On nomme auſſi *tenaillon* une piece faite d'un baſtion détaché , avec double contregarde , formant un angle à *tenaille* dont l'angle rentrant regarde l'angle ſaillant du Baſtion ou Ravelin ; ce qui forme une eſpece de lunettes.

TENDANCE , f. f. Action de tendre , de ſe porter , vers quelque choſe. C'eſt un terme de Phyſique. Tous les corps ont une *tendance* naturelle vers leur centre.

TENDRE A CAILLOU , f. m. Nom d'un arbre de l'Amérique , qui le tire de ſon extrême dureté. Il eſt haut de vingt-cinq à trente piés ; mais il n'a pas plus de douze à quatorze pouces de diametre. Son écorce eſt blanchâtre & peu adhérente. Il a peu de branches & de feuilles , & ſa fève ſe ſeche bientôt lorſqu'il eſt abbattu.

TÉNONTAGRE , f. f. gr. Efpece de goutte , dont le ſiege eſt dans les tendons larges ; par exemple , dans les ligamens tendineux de la nuque du cou.

TENSON , f. m. Terme d'ancienne Poéſie Provençale , qui ſignifioit une difpute de galanterie , dans laquelle deux ou pluſieurs Poëtes ſoutenoient des partis différens. On donne auſſi le nom de *tenſons* à des Pieces galantes , qu'on appelloit autrement *jeux-partis*.

TENUE , adject. lat. , qui ſe dit quelquefois pour mince , délicat , compoſé de petites parties qui ont peu de liaiſon entre elles. *Tenuité* eſt le ſubſtantif. La *tenue* d'une aſſemblée ſignifie le tems pendant lequel elle ſe tient.

TENURE , f. f. & TENEMENT , f. m. Termes du droit féodal , qui ſignifient mouvance , dépendance , & étendue , d'un fief. Une terre dans la *tenure*, ou le *tenement*, d'un Duché.

TÉRATOSCOPIE , f. f. gr. Science qui s'attache , ſuivant la ſignification du mot compoſé , à l'examen des prodiges , tels que les accouchemens monſtrueux , les pluies de pierres , de ſang , &c. , les combats d'armées aériennes , &c.

TERCERE , f. m. Mot emprunté de l'Eſpagnol , qui ſignifie cequ'on appelle plus ordinairement un *Mercure*, un Entremetteur d'amour.

TERFEZ , f. m. Nom d'une eſpece de Truffe , qui croît dans les ſables d'Afrique , ſans pouſſer aucune tige , & qui parvient à la groſſeur de l'orange. Elle eſt ſaine & nourriſſante , cuite ſous la cendre ou bouillie à l'eau. Son écorce eſt blanchâtre.

TERMINTHE , f. m. gr. Efpece de Tubercule inflammatoire , noir ou verdâtre , dont les jambes ſont ordinairement le ſiege , & ſur lequel ſe forme une puſtule noire & ronde , qui , en ſe deſſéchant , prend la forme du *terminthe*, fruit du Terebinthe.

TERNEUVIER. *Voïez* TERRE-NEUVIERS.

TERRE-A-SUCRE , f. f. Nom d'une eſpece de terre graſſe , avec laquelle on blanchit le ſucre , pour en faire de la caſſonade blanche. De-là *ſucre terré*, qui eſt du ſucre mis en pain , après avoir été blanchi par cette méthode. Il y a quantité d'eſpeces de terre , qu'on diſtingue par l'addition de quelque autre mot qui exprime leur nature, ou leur origine, ou leur usage. On nomme *Terre de Bellievre*, dans les Manufactures des Glaces, la terre dont on construit le dedans & les glacis des Fours ; *Terre cimolée*, ou *Cimolienne*, une terre savoneuse qu'on tire de l'Isle Argentiere, & qui sert à décrasser le linge ; la Médecine l'emploie aussi pour résoudre les humeurs : *Terre du Japon*, ou *Cachou*, une espece de terre, ou de suc épaissi, qui tient de la nature du vitriol, & qu'on croit bonne pour fortifier la poitrine : *Terre moulard*, la terre qui se trouve au fond de l'auge des Rémouleurs, & dont on fait usage dans la teinture, particulierement pour le noir : *Terre de Patna*, une espece de terre sigillée, qui se vend chez les Droguistes, pour adoucir les humeurs acides du corps, & pour arrêter les cours de ventre & les hémorrhagies. Dans le Païs, on en fait des vases d'une extrême legereté, qui communiquent un goût & une odeur agréable à l'eau : *Terre de Perse*, ou qui porte aussi le nom de *Rouge-d'Inde*, parcequ'elle sert aux Dames Indiennes pour se rougir le visage, & même de *rouge d'Angleterre*, parceque les Anglois l'apportent des environs de Bander-Abassi : *Terre de pierre*, une espece de Minéral, qu'on nomme vulgairement *Castine*, & qui sert pour la fonte du Fer : *Terre verte de Verone*, ou *Chypre*, une terre séche, de cette couleur, qui vient d'Italie, & qu'on emploie pour la teinture, &c. On se garde de répéter les noms de plusieurs autres *terres*, dont on a parlé sous le mot distinctif.

TERRENEUVIER, s. m. Nom qu'on donne aux Marchands qui entreprennent la Pêche des Morues sur le Banc de Terre-neuve, & aux Navires qu'ils emploient pour cette entreprise.

TERRENOIX, s. f. Plante, dont la racine est bulbeuse, de la grosseur d'une *noix*, ou d'une châtaigne, dont elle a le goût, & qui se mange, cuite sous la cendre ou à l'eau. Elle est

commune en Angleterre & en Hollande. Sa feuille ressemble à celle du Persil & tient à une longue queue purpurine. Ses fleurs croissent à l'extrêmité des tiges, en ombelle à cinq feuilles blanches.

TERTIANAIRE, s. f. Plante des marais & autres lieux humides, dont on vante la vertu, non-seulement pour la fievre tierce, d'où lui vient son nom, mais pour les blessures & le venin. Ses feuilles sont longues & étroites, pointues, dentelées dans leurs bords, rudes & d'un goût amer. Ses fleurs, qui sont d'un violet tirant sur le bleu, & marquées de petits points d'un bleu foncé, sortent des aisselles, deux à deux, en forme de gueule, ou de tuïau découpé par le haut en deux levres. La hauteur ordinaire des tiges est environ d'un pié & demi. L'odeur de la Plante est assez agréable.

TESSEAUX, s. m. ou **BARRES DE HUNE**. Pieces de bois, mises de travers l'une sur l'autre, qui font saillie autour de chaque mât d'un Navire, au-dessous de la hune, pour la soutenir, & même pour en servir aux mâts qui n'en ont point.

TESSON, s. m. Nom d'un animal qui fait sa retraite sous terre, comme le Renard, dont il est ennemi. C'est une espece de Blereau.

TESTON, s. m. Ancienne monnoie d'argent, qui, sous *François I*, valoit dix sous quelques deniers, & dont l'usage a fini sous *Louis XIII*, lorsque leur valeur étoit montée par degrés à dix-neuf sous & demi. D'autres Païs, tels que la Lorraine, la Suisse, le Milanez, &c., avoient aussi leurs *testons* & leurs doubles *testons*, qui portoient, d'un côté, la tête du Prince & de l'autre ses armes. Dans *teston* l's se prononce.

TÊT, s. m., qui signifie la partie chevelue de la tête, qu'on appelle communément le crâne. Il est composé de plusieurs os, séparés par des sutures.

TÊTE, s. f. En termes de Chasse, on appelle *tête*, le bois du Cerf. *Têtes ouvertes* se dit des *têtes* de Cerf, de Daim & de Chevreuil, dont les

perches sont fort écartées ; cequi est
leur plus belle qualité.

TÈTE-CHEVRE, s. f. Oiseau nocturne, dont le nom vient de la singuliere propriété qu'on lui attribue
de *teter*, ou *sucer*, les mammelles
des Chevres, parcequ'il en aime
beaucoup le lait. Mais il les pique,
dit-on, si cruellement qu'elles en
meurent. Il étoit fort connu des Anciens, qui lui donnoient le même
nom en latin. C'est une espece de
Fresaie, plus grosse qu'un Merle. Sa
tête est longue, ses yeux grands &
noirs, son bec court, peu crochu,
& chargé de petites plumes fort menues, vers les narines. Son cri est
effroïable. Il est assez commun en
Candie, où l'on remarque qu'il cherche les étables des Chevres.

TÈTE DE CHIEN, s. m. Nom
d'une espece de Serpent, qui est sans
venin, & qui se trouve à la Dominique. Il ne laisse pas de mordre
comme un Chien, auquel il ressemble aussi par la tête. Sa graisse
est extrêmement vantée pour les
rhumatismes & même pour la goutte.

TÈTE DE COQ, s. f. On donne ce nom à une Caroncule de l'U-
retre, qui est près de l'endroit où
les vaisseaux séminaux se déchargent dans ce Canal.

TÈTE DE MORT, s. f. Nom
que les Marchands de Tableaux &
les Doreurs de Paris donnent aux
bordures de bois uni, qui ont six
pouces de hauteur sur quatre pouces
neuf lignes de largeur ; apparemment de ceque les premieres Estampes, pour lesquelles on en fit, representoient des têtes de Morts.

TÈTE DE NEGRES, s. f. C'est
ainsi qu'on nomme, sur les Côtes
d'Afrique où se fait la traite des Negres, & même aux Isles Antilles,
ceux dont l'âge est depuis seize ou
dix-sept ans jusqu'à trente.

TETHÉE, s. m. Petit coquillage
de mer, qui se trouve quelquefois
adhérent aux huitres, mais qui naît
ordinairement sur les rochers, ou
dans l'algue. Son écaille est de figure sphérique, raboteuse, & moins

dure que les autres coquilles. Sa chair
est fongueuse. On en distingue plusieurs especes.

TÉTRAGONE. *Voïez* TÉTRAÈ-
DRE.

TÉTRALOGIE, s. f. gr. Nom
d'un combat en usage parmi les anciens Poètes grecs, qui consistoit à
se disputer le prix par quatre pieces
dramatiques contre quatre autres.
Les trois premieres étoient des Tra-
gédies, & la quatrieme une espece
de Comédie, nommée *Satyre*. Ces
combats poétiques commencerent
vers la soixante-&-dixieme Olympi-
ade.

TÉTRASTYLE, s. m. gr. Terme
d'Architecture, qui signifie un Bâtiment soutenu par *quatre colomnes*.

TÊTU, s. m. Nom d'un Poisson
de mer & de riviere, qui a le corps
long, & couvert de petites écailles
argentines mêlées de bleu. Il pese
environ deux livres, & sa chair est
fort bonne.

TEUTONIQUE ou GERMANI-
QUE. La Langue *teutonique* est la
Langue des anciens Teutons. Elle
n'est pas la même que la Celtique,
mais elle a beaucoup influé sur celle
des Allemands, des Francs, des Sa-
xons, des Danois, des Normands,
des Anglois, &c, & elle se nomme aussi *Theotisque* & *Tudesque*. On
appelle *Hanse teutonique*, l'alliance
des Villes *Hanseatiques*, c'est-à-dire,
alliées pour le Commerce ; & *Ordre
teutonique*, un fameux Ordre militaire, établi d'abord sous le nom de
Chevaliers *de Notre-Dame du Mont-
Sion*, qui consiste à-présent en douze
Provinces, *Alsace*, *Bourgogne*, *Autriche*, *Coblentz*, *Etsch*, *Franconie*,
Hesse, *Viessen*, *Westphalie*, *Lorraine*, *Thuringe* & *Saxe*. Chaque Province a ses Commanderies & dépend
d'un Commandeur Provincial, qui
ressortit au grand Maître. Les armes de l'Ordre sont d'argent à une
croix pattée de sable, chargée d'u-
ne croix potencée d'or.

TEXTUEL & TEXTUAIRE, ad-
jectifs de *texte*. Le premier signifie
cequi est dans un *texte* ; & l'autre,
cequi lui appartient. Ce dernier est

aussi substantif. Alors il signifie un
Livre sans Commentaire, où l'on ne
trouve que le texte de l'Auteur. Un
Textuaire de Droit civil, de Droit
canon, de la Bible. *Petit-texte* est
le nom d'un caractere d'Imprimerie, qui est entre le Petit-romain &
la Mignone. C'est celui dont on s'est
servi pour ce Dictionnaire.

TEXTILE, adj. lat. , qui signifie
ce qui peut être tiré en filets propres à
faire un tissu. Il y a des pierres *textiles*, telles que l'Asbeste. *M. de Réaumur* prétend, après *Descartes*, que le
verre même a cette qualité, du moins
pendant qu'il est chaud. *Texture*, s.
f. , se dit quelquefois pour *tissu*, ou
plutôt pour *trame*.

THAÏM, s. m. Nom d'une espece de pension que la Porte-Ottomane fournit aux Princes qu'elle prend
sous sa protection, ou auxquels elle
accorde un asyle.

THALASSARQUIE, s. f. gr. Mot
composé, qui signifie l'*Empire des
Mers*. Quelques Nations y ont prétendu, & nous avons des traités sur
cette matiere.

THALICTRUM, s. m. Plante,
dont la racine & les feuilles sont
purgatives; du moins celles du *Thalictrum majus*, ou *Grand thalictrum*.

THAMALAPATRA, s. f. ou
FEUILLE INDIQUE. Nom de certaines feuilles des Indes, qu'on fait
entrer dans la composition de la Thériaque.

THAPSIE, s. f. Plante remplie
d'un suc laiteux, très âpre, & un
peu corrosif.

THAYON. *Voïez* THEÏON.

THÉATRE, s. m. lat. Lieu destiné aux Spectacles publics, dont le
nom se prend, dans le figuré, pour
tout lieu où se passe un grand événement. Le Théâtre des Anciens contenoit trois parties; la *Scene*, l'*Orchestre*, & les *degrés*, qui servoient
de sieges aux Spectateurs. La Scene,
en général, comprenoit tout l'espace
qu'occupoient les Acteurs; mais elle
avoit trois parties, dont la plus considérable étoit la *Proscene*, ou le devant. L'Orchestre, étoit un demi-cer-

cle, enfermé au milieu des degrés,
où l'on dansoit les Ballets chez les
Grecs, mais qui étoit occupé, chez
les Romains, par les personnes du
premier rang, telles que les Sénateurs. Les degrés étoient la place des
Spectateurs du commun. Ce fut *Pompée le grand* qui bâtit, à Rome, le
premier Théâtre permanent. On
les détruisoit, avant lui, lorsque les
Jeux étoient achevés.

THÉCA, s. m. Chêne des Indes,
dont on trouve des Forêts entieres
dans le Malabar, & dont les feuilles rendent une liqueur qui sert à
teindre en pourpre les soies & les
cotons. On fait aussi, de ses fleurs,
un sirop vanté pour l'hydropisie.

THÉÏON, s. m. gr. Mot en usage en Artois, & dans la langue Wallone, pour signifier *Aïeul*. Il vient
sans doute immédiatement des Espagnols, qui disent *Tio* & *Tia*, pour
Oncle & Tante; mais originairement du grec, ou *Théïos* a la même
signification.

THÉNAR, s. m. gr. Nom que les
Médecins donnent à l'espace de la
main qui est entre le pouce & l'index. C'est aussi le nom d'un muscle
de la main & du pié.

THÉOPTIE, s. f. gr. Terme de
Mythologie, qui signifie *apparition
des Dieux*.

THÉOTISQUE. *Voïez* TEUTONIQUE.

THÉRAPEUTES, s. m. gr. Moines
du Judaïsme, qui se livroient à la
vie comtemplative, & qui menoient
une vie fort mortifiée. Ils ont été
comme le modele sur lequel s'est
formé l'état monastique.

THIOIS, s. m. Vieux mot, qui
se disoit autrefois pour *Teuton*, ou
Langue teutonique. Il vient du latin, *Theodisca lingua*.

THISELIN, s. m. Plante laiteute, qui croît dans les lieux humides, & dont les racines sont apéritives. Elle ressemble, par la forme,
à l'*Orcoselinum*, ou Persil de Montagne.

THLASE, s. f. gr. Nom que les
Médecins donnent à une espece de
fracture des os plats, qui consiste

dans une contusion & un enfoncement des fibres osseuses.

THLASPIDE, f. m. Nom d'une plante, assez commune en Languedoc, dans les lieux montagneux, qui a quelque ressemblance avec le *Thlaspi*. Elle est détersive, & si apéritive, qu'on la fait prendre en décoction pour exciter les menstrues.

THOMAS, ORDRE, OU CONGRÉGATION, DE S. THOMAS DE VILLENEUVE. C'est le nom d'une association de Filles qui se sont consacrées au service des Hôpitaux, & qui reconnoissent le Curé de Saint Sulpice, de Paris, pour leur Supérieur né.

THROMBE, f. m. gr. Nom d'une tumeur formée par un sang épanché, qui se grumele quelquefois dans les tegumens, après une saignée, quand l'ouverture de la veine ne répond pas à celle de la peau, ou par d'autres accidens. C'est un grumeau, ou un *caillot*, *de sang*.

THYASES, f. f. Nom que les Anciens donnoient aux Danses des Bacchantes, qui se faisoient, avec une licence furieuse, à l'honneur de Bacchus.

THYMALLE, f. m. ou OMBRE. Poisson de riviere, qui est une espece de Truite, à laquelle on croit trouver une odeur de Thym. Sa chair est excellente. On prétend que sa graisse est bonne pour les taches & les cataractes des yeux, pour la surdité, & pour les taches de la petite verole.

THYMBRE, f. f. gr. Plante assez semblable au Thym, mais dont les feuilles naissent par étages, le long des branches & de la tige. Elle est céphalique & carminative. Sa racine est ligneuse. Son odeur participe de la Sarriette & du Thym. On en distingue plusieurs especes.

THYMIAME, f. f. Drogue qui nous vient des Indes, & qui est l'écorce de certains arbres qui portent de l'encens. Cette drogue, qui est rare & chere, s'emploie pour les maladies du poumon.

THYROÏDE, adj. gr. *Cartilage thyroïde*. C'est le nom de cequ'on appelle vulgairement le *nœud de la gorge*.

THYRSE, f. m. gr. Nom que la Fable donne à la lance de Bacchus, parcequ'il la cacha sous des *feuilles de lierre*, pour tromper les Indiens dans ses expéditions. De-là l'usage des Bacchantes, de porter une Baguette entourée de feuilles de vigne.

TIEBLE, ou RUCHET, f. m. Lieu où l'on met les ruches des Mouches à miel. On prétend que chaque ruche rapporte, par an, une pistole à son Maître.

TIENBORD, f. m. Terme de Marine, qui signifie, comme *stribord*, le côté droit d'un vaisseau, lorsqu'on a le dos tourné à la pouppe.

TIERCE-FEUILLE, f. m. Figure dont on charge les Ecus des armoiries, qui a une queue, & qui est distinguée par-là du Trefle, qui n'en a point.

TIERS, f. m. Oiseau de la nature du Canard, & un peu plus gros que la Sarcelle, qui vit dans les Marais & sur les Etangs. Il est presque tout gris. La femelle a la tête rougeâtre, & les ailes blanches & grises, avec quelques plumes vertes.

TIERS-DÉTENTEUR, f. m. Terme de Barreau, qui signifie celui qui possede un immeuble sujet à l'hypotheque du Créancier d'un Vendeur. On le nomme aussi *Tiers-acquereur*. Il ne prescrit, contre l'Eglise, que par quarante ans.

TILLE, f. f. Instrument qui est tout ensemble hache & marteau, à l'usage des Tonneliers, des Couvreurs & d'autres Artisans. Il se nomme aussi *Hachette* & *Assette*.

TILLET, f. m. Nom qu'on donne à un lieu planté de Tilleuls.

TIMORÉ, adj., formé du substantif latin, qui signifie *crainte*. On appelle *Conscience timorée*, celle que la crainte du mal allarme facilement, qui porte la délicatesse jusqu'au scrupule.

TIN, f. m. Nom de certaines pieces de bois. *Voïez* TAIN.

TINEL, f. m. Mot tiré de l'Italien, qui signifie une Salle basse où les Domestiques mangent, dans une grande Maison. On nommoit autrefois *tinel* le son d'une cloche du Palais des Rois, pour avertir de l'heure des repas. Notre Historien *Froiffart* donne le nom de *tinel* à la Cour même du Roi.

TINTENAQUE, s. m. Espece de cuivre, fort estimé, qu'on tire de la Chine. Il en passe peu en Europe, parceque les Hollandois, qui en font le plus grand Commerce, le réservent pour leur Commerce d'échange, en Orient : on croit qu'il entre dans la composition du véritable Tomback.

TIPULA, s. f. Nom d'une Mouche aquatique, qui ressemble à l'Araignée. Elle a six longues jambes, avec lesquelles elle marche sur l'eau, sans enfoncer. Son corps est de figure ovale & de couleur blanchâtre. Ses aîles sont argentées, ses yeux noirs, & sa queue pointue. Elle n'est pas nuisible, parcequ'elle n'a point de trompe ou d'aiguillon.

TIRANCE, s. f. *Pieux de tirance.* Terme de mer, & nom d'une sorte de pieux, inventés pour traîner des cordages sur le fond de la mer. Ils sont armés, à leur extrêmité, de deux pointes, entre lesquelles est un rouleau tournant sur son essieu; avec une poulie de retour à leur tête.

TIRE-TÊTE, s. m. Instrument célebre, de l'invention d'un Accoucheur de Paris, nommé *Duffé*, pour tirer l'Enfant par la tête, dans les accouchemens naturels, mais laborieux. Il est si mince, qu'il n'augmente pas d'une ligne la partie de la tête qu'il embrasse, quoiqu'il ait assez de force pour sa fonction.

TIRE-VEILLE, s. f. ou suivant quelques-uns TIRE-VIEILLE. C'est le nom des cordes qui pendent le long du bordage d'un vaisseau, à chaque côté de l'Echelle, pour aider à monter & descendre.

TIRONIEN, adject. Caracteres *tironiens*, Abbreviations *tironiennes*. Méthode d'abreger l'écriture, par des caracteres particuliers qui représentent un mot, ou plusieurs mots ensemble. On les nomme *Tironiens*, parcequ'il nous en reste un assez grand nombre qui sont attribués à *Tiron*, fameux Affranchi de Ciceron. On les trouve dans le Recueil de Gruter.

TITIRI, s. m. Petit Poisson de riviere, commun dans les Isles Antilles.

TITRE, subst. masc. En termes de Jurisprudence, *titre* se dit d'un article qui contient plusieurs loix, soit dans le Digeste, le Code ou les Institutes. Un long *titre*, un *titre* difficile. En termes d'Église, le *titre* est l'assignation d'une recette annuelle, qui est ordinairement de cinquante écus, pour la subsistance de celui qui veut embrasser l'état ecclésiastique. Il ne peut être saisi, ni aliéné.

TITRE-PLANCHE, s. m. Terme de Libraire & de Graveur, qui est le nom d'un titre de Livre, gravé en taille-douce avec des ornemens historiés qui ont rapport au sujet de l'ouvrage.

TITRIER, s. m. Nom odieux qu'on donne à ceux qu'on accuse d'avoir fabriqué de faux titres, sur lesquels ils établissent des droits & des prétentions. La Satyre a fait tomber ce reproche sur les anciens Ordres religieux.

TLEON, s. m. Espece de Serpent du Bresil, de la grandeur de la Vipère; couvert d'écailles blanches, noires & jaunes, qui habite sur les montagnes, & dont la morsure est mortelle.

TOAST, s. m. Mot anglois qui se prononce *Toste*, & qui se dit pour *santé qu'on boit à table*. On en a fait le mot françois *Toster*, qui signifie boire à la santé de quelqu'un. Ce mot, en lui-même, signifie *Rotie*, & vient de l'usage qu'ont les Anglois de mettre quelquefois du pain rôti dans leur vin, pour boire les santés.

TOMBACK, s. m. Espece de métal des Païs orientaux. On écrivoit & l'on prononçoit autrefois *Tamback*. C'est un composé d'or, d'argent & de cuivre, mêlés & affinés ensemble, d'une maniere inconnue en Europe; ce qui le rend très précieux. Nous donnons le même nom à une assez belle composition de Zinc &

de Cuivre, qui eſt devenue fort commune, & qui a la belle couleur de l'or. Auſſi ſe nomme-t'elle autrement *Similor*.

TOMINCIO, ſ. m. Petit oiſeau du Breſil, dont on admire également la petiteſſe & la beauté. Il vit de fleurs, de miel & de roſée. On obſerve qu'en volant, il bourdonne ſans ceſſe comme une Mouche.

TON, ſ. m. Eſpece de Gangrene, épidémique au Breſil, qui attaque particuliérement les doigts des piés, quelquefois ceux des mains, & les autres parties molles du corps, & qu'on prétend cauſée par une multitude d'Inſectes, qui naiſſent dans la pouſſiere, & qui ſe répandent de toutes parts. Nos Voïageurs les nomment *Chiques*, & les Braſiliens *Tonga*. Ils marchent & ſautent comme des Puces; mais ils ſont ſi petits, qu'on ne peut les remarquer, qu'à leur tête, qui eſt fort noire. Ils ſe logent le plus ſouvent ſous les ongles & dans les jointures du corps.

TONDIN, ſ. m. Nom que les Plombiers & les Facteurs d'orgue donnent à de gros cylindres de bois, ſur leſquels ils forment & arrondiſſent les tuïaux de plomb ou d'étaim.

TONGUE ou TONGA, ſ. m. Nom d'une ſorte de Puce, commune dans l'Amérique méridionale. Les Sauvages ſe frottent les mains & les piés de certaines huiles, pour s'en garantir. *Voïez* TON.

TONLIEU, ſ. m. Droit Seigneurial, qui ſe paie par les Vendeurs ou Acheteurs de Denrées, pour les places qu'ils occupent dans les Marchés.

TONNE, ſ. f. Coquille univalve, de forme ſphérique.

TONNELET, ſ. m. Nom qu'on donne à la partie baſſe d'un habit à la Romaine, qui contient les Lambrequins. Elle eſt ordinairement de toile d'or ou d'argent, avec de grandes bandes de broderie.

TONSURE, ſ. f. Premier degré de l'état eccléſiaſtique. Autrefois la *tonſure* ne ſe donnoit qu'avec les Ordres mineurs, & l'uſage n'en eſt

établi que depuis la fin du ſeptieme ſiecle. Il paroît qu'il s'introduiſit à l'exemple des Moines, qui, pour ſe rendre plus mépriſables aux yeux du monde, ſe raſoient la tête, à la maniere des Eſclaves.

TOPHES, ſ. f. Tumeurs, qui ſont l'effet de la goutte, & qu'on appelle auſſi *Nœuds arthritiques*, parcequ'elles ne demeurent qu'aux *jointures*.

TOQUE, ſ. f. Plante vulneraire, & vantée pour les cours de ventre, dont la fleur eſt découpée par le haut, en deux levres, qui forment une eſpece de caſque. Sa tige eſt haute d'environ un pié & demi, droite, quarrée, velue, parſemée de nœuds, d'où ſortent des feuilles oblongues, fort découpées, molles, velues, & d'un verd obſcur. La *toque* croît dans les lieux pierreux & humides, & dans les bois.

TORAILLE, ſ. f. Eſpece de corail brut, & peu eſtimé, qu'on porte de l'Europe au Caire & à Alexandrie.

TORDILE, ſ. m. Plante de nos Provinces méridionales, dont la racine eſt emploiée pour chaſſer les mauvaiſes humeurs, & tout cequ'il y a de nuiſible dans le corps, ſans en excepter la pierre. Sa tige eſt haute d'un pié. Ses feuilles ſont oblongues, arrondies, dentelées, velues, & rudes. Ses fleurs, qui ſont blanchâtres, naiſſent ſur des ombelles, au ſommet des branches, & ſont diſpoſées en fleurs de lis.

TOREUMATOGRAPHIE, ſ. f. gr. Art de connoître les bas reliefs antiques. Les Graveurs d'Italie en ont fait divers Recueils.

TORTELLE, ſ. f. Plante, qui ſe nomme autrement *Velar*, & qui jette des branches fort tortues.

TORTIONNAIRE, adj. lat. Terme de Palais, qui ſe dit pour violent, ſans cauſe, injuſte, capable de tourmenter beaucoup.

TORTUE, ſ. f. Poiſſon de mer, amphibie, dont le corps eſt couvert d'une grande écaille. Un Voïageur obſerve que les *tortues*, dans le tems de leur ponte, abandonnent pour deux ou trois mois les lieux où elles
ſe

fe nourriffent, & qu'elles vont ailleurs, pour y dépofer leurs œufs. On
croit qu'elles ne mangent rien dans
cet intervalle. Le dos des *tortues* fe
nomme *Carapace.*

TORTUE. Tumeur qui fe forme à
la tête. *Voïez* TALPA.

TOTAN, f. m. Oifeau aquatique, de groffeur médiocre, noir &
blanc, qui a les jambes hautes, les
piés rougeâtres, les ongles noirs,
le bec d'environ trois doigts, & le
cou de même longueur.

TOUANSE, f. f. Efpece de fatin
de la Chine, plus fort, mais moins
luftré que celui de France. Il y en a
d'unis, d'autres à fleurs, à figures
d'arbres, d'oifeaux, &c.

TOUC, f. m. Terme de Relation,
& nom d'un Etendart qu'on porte
devant le Grand Vizir, les Bachas &
les Sangiacs. C'eft une demie pique,
au bout de laquelle eft attachée une
queue de cheval, avec un bouton
d'or qui brille deffus.

TOUER *Voïez* TOUAGE.

TOUR DE L'ÉCHELLE, f. m.
Terme de Coutume, qui fe dit d'u-
ne fervitude par laquelle celui à qui
elle eft due a droit, lorfqu'il fait bâtir, de pofer une échelle fur l'héritage d'autrui, & d'occuper l'efpace
de terre qui eft néceffaire pour la
mettre en ufage; cequ'on évalue ordinairement à cinq ou fix piés. Ceux
qui n'ont pas ce droit font obligés
de païer des dédommagemens au Poffeffeur de l'héritage.

TOURBILLON, f. m. Nom que
les Cartéfiens donnent à la révolution d'une Planete, ou d'un Aftre,
autour de fon centre, & au mouvement de l'air environnant qui la
fuit.

TOURELÉE, adj. formé de *tour.*
On appelle *Couronnes tourelées,* ou
crenelées, celles que portent les figures de Femmes, ou de Genies, qui
repréfentent des Villes, fur les médailles.

TOURMENTIN, f. m. Terme
de marine. C'eft le nom du mât qui
eft enté fur le Beaupré.

TOURTOIRE, f. m. Terme de
chaffe, & nom des baguettes avec

Supplém.

lefquelles on fait les battues, en
frappant fur les buiffons.

TOUSELLE, f. f. Sorte de Froment, qui croît en Languedoc. Il a
la tige affez haute, un épi fans
barbe, & le grain plus gros que celui du Froment ordinaire.

TOUTEBONNE, f. f. Plante qui
reffemble à l'Horminum, dont elle
a les propriétés, mais qui a fes feuilles trois ou quatre fois plus larges.

TOXIQUE, f. m. lat. On donne
ce nom, en général, à toutes fortes
de poifons; & quelques-uns font
venir ce mot, du nom latin d'un *If,*
parceque cet arbre paffe pour venimeux. Les animaux, les végétaux,
& les minéraux, fourniffent des *to-
xiques.* Il fuffit de nommer, dans la
premiere claffe, le Scorpion & la
Vipere; dans la feconde, l'Aconit
& la Cigüe; dans la troifieme, l'Ar-
fenic & l'Orpiment.

TRABÉE, f. f. lat. Nom qu'on
donnoit, chez les Romains, à une
forte de robbe que portoient les Confuls, les Préteurs & les Généraux,
dans leurs triomphes.

TRACHÉE DES PLANTES. On
donne ce nom à certaines fibres, ou
filammens, qui fe trouvent dans les
Plantes, & qui ont quelque rapport,
dans la conformation, à la trachée
artere. Ce font des vaiffeaux, formés par les différens contours d'une
lame fort mince, plate & affez large, qui fe roulant fur elle-même en
ligne fpirale, forme un tuïau affez
long, droit dans certaines plantes,
tortueux en d'autres, étranglé, &
comme divifé, dans fa longueur, en
plufieurs cellules. En les déchirant,
on s'apperçoit qu'ils ont une efpece
de mouvement periftaltique. C'eft
une des plus fingulieres découvertes
de notre fiecle.

TRACHOME, f. m. gr. Nom
d'une maladie des paupieres, qui
confifte, fuivant la fignification du
mot, dans une *afperité* de la partie
inférieure des paupieres, accompagnée de rougeur. *Voïez* SYCOSE,
qui eft un autre nom du même
mal.

TRACIAS, f. m. ou TRACIUS.

Pierre qui reſſemble au Jaïet & au Soufre. On prétend qu'elle s'échauffe & ſe dilate en y jettant de l'eau, & qu'elle ſe reſſerre dans l'huile.

TRADITIONNAIRE, ſ. m. On appelle Juifs *traditionnaires*, ou *talmudiſtes*, ceux qui ſuivent les traditions marquées dans le Talmud. Ils ont, depuis près de deux mille ans, de vives diſputes avec les Caraïtes, qui ne ſuivent que les Ecritures.

TRAGUM, ſ. m. Eſpece de Kali, ou Plante, qu'on eſtime bonne pour la pierre, & la gravelle. Elle croît aux lieux chauds & maritimes, & pouſſe pluſieurs tiges d'environ un pié & demi, dont les feuilles ſont longues & étroites, finiſſent par un piquant, & ſont empreintes d'un ſuc ſalé. Les fleurs naiſſent dans les aiſſelles des feuilles, & ſont de couleur herbeuſe.

TRAJECTOIRE, ſub. fem. Terme d'Aſtronomie, qui ſe dit pour *trajet*. On trouve, par le calcul & l'approximation, la vraie *trajectoire* d'une Comete.

TRAILLE, ſ. f. Nom qu'on donne, ſur les grandes rivieres, à ces Bateaux qui ſervent à paſſer d'un bord à l'autre, & qu'on appelle auſſi Ponts volans. Les *Trailles* y rendent le même ſervice, que les Bacs ſur les petites. Elles ſont attachées à un lieu fixe, conſtruit exprès au milieu du fleuve, par une corde aſſez longue pour atteindre du moins de ce centre aux deux rives. On voit des *trailles* ſur le Rhin, ſur le Rhône, ſur la Meuſe, &c.

TRANCHE DES MONNOIES. On donne ce nom à la circonférence des eſpeces, autour de laquelle on imprime une légende, ou un cordonnet, pour empêcher qu'elles ne ſoient rognées. Cet uſage n'a commencé, en France, qu'à la fin du dernier ſiecle.

TRANSACTION PHILOSOPHIQUES, ſ. f. Nom qu'on donne à un Journal de la Société roïale de Londres, qui répond à nos Mémoires de l'Académie des Sciences.

TRANSALPIN, ſ. & adj. l., qui ſe dit de cequi eſt au-delà des Alpes. Nous ſommes Tranſalpins par rapport à l'Italie, comme les Italiens le ſont par rapport à la France. On dit auſſi *Ultramontain*, qui ſignifie, cequi eſt au-delà des Monts.

TRANSIT, ACQUIT DE TRANSIT, ſ. m. Nom d'un Acte des Commis de la Douane, pour certaines marchandiſes qui doivent paſſer ſans païer les droits.

TRANSJURANE, adject. On appelle Bourgogne *transjurane*, cette partie de la Bourgogne qui eſt au-delà du Mont-Jou, comme on nomme *Cisjurane* celle qui eſt en-deçà.

TRANSMARIN, adj. lat., qui ſignifie cequi eſt au-delà de quelque mer. Régions, Nations, *transmarines*.

TRANSMISSION, ſ. f. lat. Action par laquelle on tranſmet, on tranſporte, quelque choſe, ou quelque droit à une choſe. *Transmiſſible* ſe dit de cequi peut être tranſmis ou tranſporté.

TRANSSUDER, v. n. lat. Paſſer au travers des pores, comme par une eſpece de ſueur ou de filtration. L'eau *tranſſude* par divers bois, par le cuir & d'autres corps, où l'air commun ne peut paſſer. Quelques-uns prétendent que la manne, qui ſe trouve ſur certains arbres, ne tombe point du Ciel, mais *tranſſude* au travers des branches & des feuilles.

TRANSVASER, v. act. lat. C'eſt faire paſſer une liqueur, d'un vaiſſeau dans un autre; cequi ſe fait ordinairement pour la tirer au clair.

TRANSVERSAL, adj. lat. Cequi traverſe, cequi coupe de travers, ou d'angle en angle. Il ſe dit quelquefois pour *oblique*. C'eſt dans ce ſens qu'on dit; le Zodiaque coupe *tranſverſalement* l'Équateur.

TRAPAN, ſ. m. Terme d'Architecte. On donne ce nom au haut de l'eſcalier, où finit la charpente.

TRAQUER, v. a. Terme de chaſſe, qui ſignifie, entourer les Bêtes fauves dans un bois, les y envelopper de maniere qu'elles ne puiſſent ſe ſauver; méthode fort en uſage, en Allemagne. De-là *traquet*, pour piege, & même au figuré pour *artifice*.

On appelle aussi *traquet* une espece de petit oiseau, qui remue continuellement les aîles.

TRASTRAVAT, adj. Terme de Manége. Un cheval *trastravat* est celui qui a des balzanes à deux piés, lorsqu'elles se regardent diagonalement, c'est-à-dire, que l'une est, par exemple, au pié du montoir de devant & l'autre au pié hors du montoir de derriere, ou réciproquement. On appelle *Travat* celui qui a des balzanes aux deux piés du même côté. L'un & l'autre sont peu estimés.

TRAVÉE, s. f. On donne ce nom, aux arcades de la galerie haute de la Chapelle de Versailles. *Voïez* TRAVAISON.

TRAVESTIR, v. act. Déguiser, par un changement d'habit. Il se dit au figuré, mais en mauvaise part, de tout cequi fait paroître quelqu'un, ou quelque chose, dans un état différent de celui qui est naturel.

TRAUMATIQUE, adj. gr. Terme de Médecine, qui a la même signification que *vulneraire*.

TRAYON. *Voïez* TRAÏON.

TRÊCHEUR. *Voïez* TRESCHEUR.

TREFLIER, s. m. Qualité que prennent les Maîtres Chaînetiers de Paris, & qui vient apparemment de certaines agraffes, qui se faisoient autrefois en forme de *feuilles de trefle*.

TREIZIEME, s. m. Nom que la Coutume de Normandie donne à cequ'on appelle ailleurs *Lots & ventes* ou droits de *Quint & requint*. Le *Treizieme* du prix de la vente est de vingt deniers pour livre.

TRELINGUER, v. act. Terme de Mer. C'est se servir du *trelingage*, qui est une corde à plusieurs branches, qu'on emploie particuliérement pour affermir les branles, dans le gros tems. Ainsi, l'on dit *trelinguer les branles*.

TRÉMA, adject. Terme d'Imprimeur. On appelle *Tréma* les voïelles sur lesquelles on met deux points, pour marquer qu'elles ne forment point une diphtongue, & qu'elles doivent être prononcées séparément, *ë tréma*, *ü tréma*. L'*ï* tréma a sou-

vent la valeur d'un double *ii*, comme dans *raïon*, *païs*, *&c.*

TREME. *Voïez* TRAME.

TRÉMOUSSOIR, s. m. Nom d'une sorte de Fauteuil à ressort, inventé par le célebre Abbé de Saint Pierre, pour se tremousser, c'est-à-dire, pour s'y donner diverses sortes de mouvemens qu'il croïoit nécessaires à la santé. *Voïez* FAUTEUIL DE POSTE.

TREVOUX. Nom d'une petite ville de Bresse, en France, qui est devenue célebre par divers Livres, qui portent son nom, quoiqu'imprimés réellement à Paris. Tels sont, en particulier, les Mémoires pour servir à l'Histoire des Sciences & des Arts, qu'on appelle communément *Journal de Trevoux*, ouvrage périodique des Jésuites, & le fameux Dictionnaire Universel, qu'on appelle aussi Dictionnaire de Trevoux. Ceux, qui attribuent ce Dictionnaire aux Jésuites, ignorent qu'ils l'ont desavoué nettement, dans leur Journal, mois de Juillet 1724, pages 1288 & 1342.

TRIACLEUR, s. m. Mot corrompu de *Thériacleur*, qui étoit le nom qu'on a donné d'abord aux Vendeurs de *Thériaque*, & qui s'est dit ensuite pour *Operateur*, *Charlatan*, *Saltimbanque*, *&c.*, parceque les gens de cette Profession vendent ordinairement de la Thériaque, de l'Orvietan, &c.

TRIBADE, s. f. gr. Nom qu'on donne aux Femmes lascives, qui cherchent à se procurer, entr'elles, des plaisirs qu'elles ne peuvent recevoir que de l'autre sexe.

TRIBAR, s. m. Bâton qu'on met au cou de divers Animaux, pour les empêcher d'entrer dans certains lieux. Ce mot vient apparemment de la forme du *tribar* qu'on met aux pourceaux, qui est composé ordinairement de *trois barres* ou bâtons.

TRIBUT. ENFANS DE TRIBUT, s. m. On donne ce nom aux Enfans que le grand Seigneur leve en plusieurs Païs, comme une sorte de tribut sur ses Sujets chrétiens, pour en faire ordinairement des Janissaires.

TRICHIASE, f. m. gr. Maladie caufée par des *poils*. Elle arrive furtout aux paupieres, par des poils inutiles & dérangés, qui croiffent aux cils, avec des picotemens qui échauffent les yeux, & qui interrompent le fommeil. On appelle auffi *Trichiafe* une maladie des reins & de la veffie, qui fait rendre des urines épaiffes & chargées de filammens femblables à des poils. *Trichifme*, qui vient de la même fource, fignifie *fente capillaire*, ou fracture des os plats, fi fine qu'elle en eft prefqu'imperceptible.

TRICLINE, f. m. lat. Salle à manger des Anciens, ainfi nommée de *trois lits* qui y étoient dreffés. De là *Architriclin* & *Tricliniarque*, qui fignifient proprement Maître d'Hôtel. Chaque lit étoit ordinairement pour trois perfonnes, & l'on n'en mettoit un plus grand nombre, que dans les occafions extraordinaires.

TRICOLOR, f. m. lat. Nom d'une Plante de parterre, dont les feuilles font en effet de *trois couleurs*, vertes, rouges & jaunes. Les peaux de chats de trois couleurs portent le même nom dans la Pelleterie.

TRIE, f. f. Nom d'une forte de Morue verte, qui eft la troifieme efpece, dans la divifion qui s'en fait en Normandie.

TRIGEMEAU, f. m. Nom que quelques-uns donnent aux Enfans qui naiffent trois d'une feule couche; c'eft-à-dire, que chacun d'eux eft nommé *Trigemeau*.

TRILLION, f. m. Terme d'Arithmétique, qui fignifie trois millions.

TRINQUART, f. m. Nom d'un petit Batiment de mer, qui fert à la Pêche du Hareng, dans le canal de la Manche. Il eft depuis douze jufqu'à quinze tonneaux.

TRIOLET. Plante des Prés, des Collines & des Jardins, dont la graine entre dans la Thériaque, comme antidote, provoque l'urine, paffé pour un bon fébrifuge, & s'emploie furtout pour l'hydropifie & les fuffocations de matrice. Les feuilles du *triolet* reffemblent au trefle, &

font dentelées legerement; fes tiges s'élevent d'environ deux coudées, & fes fleurs, qui viennent en grappes, font blanches & jaunes.

TRIPETALE, adj. gr. Terme de Botanique. Comme on nomme *Petales* les feuilles des fleurs, pour les diftinguer de celles des Plantes, on appelle *Tripetales* les fleurs qui font compofées de *trois feuilles*.

TRIPIER, f. m. & adj. Cequ'on appelle *Tripiers*, ou *Oifeaux-tripiers*, ce font les Oifeaux de proie, qui ne peuvent être dreffés, & qui donnent fur les Poules & les Poulets. Le Milan & le Corbeau font des oifeaux *tripiers*.

TRIQUE MADAME, f. f. Nom vulgaire de la petite Joubarbe.

TRISECTION, f. f. lat. Terme de Géometrie, qui fignifie *Divifion en trois*. La *trifection* de l'angle eft un problême qui, dépendant de la folution d'une équation du troifieme degré, eft impoffible à trouver par les voies ordinaires de la Géométrie, c'eft-à-dire, par le cercle feul & la ligne droite. On le compte entre les Problêmes chimeriques, comme la quadrature du cercle, la duplication du cube & le mouvement perpétuel.

TRISSOTIN, f. m. Fameux perfonnage d'une Comédie de Moliere, qui eft devenu le nom de tous les *Sots*, qui ont des prétentions à l'efprit & au favoir. On prétend que Moliere voulut jouer, fous ce nom, l'Abbé Cotin, déja fort maltraité dans les Satyres de Boileau.

TRISSYLLABE, f. f. & adject. lat. Mot compofé de *trois fyllabes*. Quelques mots, dont les Poètes ne faifoient autrefois que deux fyllabes, font devenus *triffyllabes*, tels que *fanglier*, &c.

TRITICITE, f. f. lat. Pierre figurée, qui imite les épis de blé; du mot latin qui fignifie *blé*.

TRITOPATORIES ou TRITOPATOIRES, f. f. lat. Nom d'une ancienne folemnité, dans laquelle on invoquoit les Dieux, pour la confervation des Enfans. Les Dieux qui préfidoient à la génération fe nommoient *Tritopateurs*.

TRIVELIN, f. m. Synonyme de Farceur ou Baladin. C'étoit le nom d'un fameux Acteur de la Comédie italienne, qui se retira, & fut enterré aux Grands Augustins. On appelle *Trivelinade*, les pieces & les bouffonneries dans le goût de *Trivelin*.

TRIUMFETTE, f. f. Plante dont les fleurs ont plusieurs petales, en forme circulaire, qui leur donne l'apparence d'une rose.

TROCHITE, f. f. gr. Pyramide, ou colomne, de différens tronçons d'une pierre legere, qui représentent des roues, formées par des lignes & par des points. *Trochite* est aussi le nom d'une pierre, dont la figure est semblable à la toupie des Enfans.

TROCHOÏDE, adj. Terme d'Anatomie, de même origine que les précédens, qui se dit de l'articulation d'un os emboëté dans la cavité d'un autre os, comme l'essieu dans une *roue*.

TROGLODYTES, f. m. gr. Ancien Peuple d'Afrique, qui *habitoit dans des cavernes*; cequi fait donner aujourd'hui le même nom à ceux qui vivent sous terre, ou dans des creux de rochers. Les Ouvriers des mines de Suede & de Pologne sont de véritables *Troglodytes*. Nous en avons aussi dans les montages d'Auvergne, &c.

TROMBE. *Voïez* TROMPE.

TROMPETTER, v. n. Terme qui exprime le cri de l'Aigle. Les Corbeaux croassent. Les Aigles trompettent.

TRONE, f. m. ou PHYLLIRÉE, de son nom latin. C'est un arbrisseau de la grandeur du *Troêne*, dont les feuilles ressemblent aussi à celles de l'Olivier, mais sont plus noires & plus larges. Elles provoquent l'urine, & les mois des Femmes ; & mâchées, elles guérissent les ulceres de la bouche.

TROPHONIUS. Antre de *Trophonius*. Fameux oracle de la Grece, dans la Béotie, qui subsista long-tems après la cessation de tous les autres. Il se rendoit avec des cérémonies curieuses, qui se trouvent dans *Pausanias*.

TROPOLOGIQUE, adject. gr. Terme de Commentateur, qui signifie *figuré*. Le Serpent d'airain figuroit la croix, lans le sens *tropologique*.

TRUFFIERE, f. f. Nom qu'on donne à un lieu où il vient des Truffes.

TRULLE, f. m. Célebre endroit d'un Palais des anciens Empereurs de Constantinople, où se traitoient les affaires d'État. On y tint le sixieme Concile général. On appelle *Trullisation*, du mot de *truelle*, des couches de mortier, travaillées avec la truelle au-dedans des voutes.

TRUSION, f. f. lat. Action de pousser en avant. On appelle mouvement de *trusion*, c'est-à-dire, progressif & circulaire, le mouvement du sang, du cœur au corps, par les arteres ; & son retour, du corps au cœur, par les veines.

TSJAKELA, f. m. Espece de Figuier du Malabar, dont l'écorce sert à faire des cordes d'arc, & donne, d'ailleurs, une couleur rouge, qui sert à teindre le drap de Cambaie.

TUBÉRAIRE, f. f. Plante, qui est une espece d'Elianteme, dont les feuilles sont nerveuses, & semblables à celles du Plantain, mais couvertes d'une sorte de laine blanche. Ses fleurs sont jaunes, & sa tige d'environ la hauteur d'un pié. La *Tuberaire* croît dans les lieux chauds & montagneux, & passe pour astringente & détersive.

TUBERCULL, f. m. lat., formé du mot qui signifie *truffe*. On donne ce nom, par analogie, à toutes sortes de tumeurs contre nature, qui s'élevent sur le corps par une cause interne.

TUCUARA, f. f. Canne du Bresil, qui est de la grosseur de la cuisse, & qui croît quelquefois à la hauteur des plus grands arbres.

TUE-CHIEN ou TOLCHIQUE, f. m. Nom d'une Plante commune, qu'on prétend mortelle pour les Chiens à qui l'on trouve le moïen d'en faire manger.

TUÏAU DE MER, f. m. ou DENTALIUM. Nom d'une coquille

de mer , univalve , de la figure d'un
tuïau un peu courbé , qui se termine
par une pointe fermée & fort aigüe.
On distingue une seconde espece de
Tuïaux , qui sont droits , & qu'on
nomme *Arrosoirs* , dont le gros bout
est applati , & percé de petits trous.
Entre les fossiles on ne connoît que
la premiere , qui s'appelle *Turbulites*.
Le *Tuïau de mer* est ordinairement
seul ; cequi le distingue des *Vermisseaux de mer* , qui forment plusieurs
tuïaux joints ensemble. *Voïez* VER-
MISSEAU DE MER.

TULIPE , s. f. Nom d'un coquillage , qui est une des especes du
Rouleau.

TUMÉFACTION , s. f. lat. Terme de Médecine , pour tumeur , enflure.

TUNA , s. m. Arbre du Mexique,
qui se nomme autrement *Figuier Indique* , & qui porte un fruit assez
semblable à la figue. Il y en a de
plusieurs sortes , dont la plus célebre
est celle qui porte le précieux grain
qu'on nomme *Cochenille*. C'est une
sorte d'insecte , ou de punaise , qui
s'attache sur la plante , & qui se retire dans le fruit , dont il se nourrit , & où il prend cette belle couleur qui le fait rechercher pour la
Teinture. On le ramasse deux fois
chaque année , en le forçant de
quitter sa demeure. Les extrémités
de cet insecte sont si délicates , que
le soleil les aïant bien-tôt réduites
en poussiere , il perd sa figure d'A-
nimal ; cequi l'a fait prendre par
quelques - uns pour une véritable
graine. *Voïez* COCHENILLE.

TURBE ou TOURBE , s. f. lat.
Terme de Pratique , pour signifier
Trouppe , multitude de gens assem-
blés. On dit , ordonner une *Enquête
par 'urbe* ; & l'on nomme *Turbiers*
les Témoins qu'on entend dans ces
Enquêtes , où dix Témoins ne sont
comptés que pour un.

TURBINÉ , adj. lat. Terme d'Histoire naturelle , qui se dit particuliérement de la forme de certains coquillages , tournés en volute ou spirale , & terminés en pointe , à-peu-
près comme la Toupie des Enfans.

Aussi ce mot est-il formé du nom latin d'une *Toupie*.

TURCOPOLIER , s. m. Terme
de l'Ordre de Malte , qui étoit le Titre du Chef de la langue d'Angleterre , avant le Schisme. *Turcopole* signifioit anciennement , dans le Levant , un Cheveau-leger , ou une espece de *Dragon*. Le *Turcopolier* avoit ,
en cette qualité , le commandement
de la Cavalerie & des Gardes de la
Marine d'Angleterre.

TURDE , ou GRIVE DE MER.
Nom d'un Poisson de mer , dont la
couleur est verte ou rouge , en différentes saisons , & qui se trouve
ordinairement près des rochers. Il
est de moïenne grandeur , & sa chair
est assez estimée.

TURELUT , s. m. Nom d'une
sorte d'Alouette , dont le chant a
quelque ressemblance avec le son du
flageolet. De-là *Tureluter* , pour ,
contrefaire le flageolet.

TURGESCENCE , s. f. lat. Terme de Médecine , qui se dit d'une
sorte d'enflure , ou d'un gonflement
causé , dans le corps humain , par
des humeurs superflues , qui cherchent à s'évacuer. C'est cequi se nomme aussi *Orgasme*.

TURPOT , s. m. Terme de Marine , & nom d'un soliveau de six
ou sept piés de haut , qui sert au château d'avant.

TURQUIN , adj. , qui se dit du
bleu foncé.

TURRITE , s. f. lat. Plante carminative & sudorifique , qui tire
son nom de quelque ressemblance
de sa sommité , avec une *tour*. Elle
croît aux lieux rudes & montagneux.
Sa tige s'éleve d'environ deux piés.
Ses feuilles sont petites & pointues ,
sans aucune queue ; & ses fleurs ,
qui sont blanches , ont quatre feuilles , disposées en croix.

TUSCULANES , s. f. Ouvrages
philosophiques de Ciceron , ainsi
nommés de sa Maison de Campagne
de *Tusculum* , où il les avoit composés. On en compte cinq.

TUTELE DE NAVIRE , s. f. Nom
qu'on donne aux armes qu'on met ,
en Sculpture , au derriere d'un Navi-

re , & qui font ordinairement celles du Prince ou du Patron. Les Anciens y faifoient fculpter des Divinités , qu'ils nommoient *Pataïques.*

TUYAU. *Voïez* TUYAU.

TYPHODE, adject. gr. Terme de Médecine. On appelle Fievre *typhode* , une efpece de fievre continue & *ardente* , qui eſt accompagnée de fueurs colliquatives. Elle fe nomme auſſi *Hydrotique* , & *Helode.*

TYRONIEN. *Voïez* TIRONIEN.

V

V, dans les citations de l'Ecriture fainte, fignifie *Verfet.* En termes de Libraire & d'Imprimeur , *V°* fignifie *Folio verfo.* V fimple , ou double , barré par le haut, fignifie écus de foixante fous , ou trois livres tournois. V eſt le caractere de la monnoie d'Amiens.

VACANT, f. m. Le *Vacant* , dans l'Ordre de Malte , c'eſt le revenu entier d'une Commanderie , après la mort du Commandeur , pendant l'année qui fuit le Mortuaire. Il appartient au tréfor de l'Ordre.

VACHE DE ROUSSI , f. f. Cuir de Vache, paſſé en *redon,* c'eſt-à-dire, en herbe , auquel on donne enfuite une charge de Brefil bouilli & de Noix de galles, pour le rougir; après quoi , on le pare , on le foule , & on le travaille.

VACIET, f. m. Quelques-uns donnent ce nom au Myrtille & à une efpece d'Hyacinthe.

VACILLER, v. n. lat. , qui a la même fignification que chanceler, mais qui ne s'emploie qu'au figuré pour , *être incertain* , *n'être pas ferme* , ou *affuré.* Une mémoire , une vue, qui *vacille.* Des affections *vacillatoires.*

VADE. Voïez VA. On appelle *Vade* , en termes d'affaires & de commerce , la part , ou l'intérêt , que chaque perfonne d'une Compagnie a dans une entreprife. *Vade-manque* eſt un terme de Banquier, qui fe dit pour altération , ou diminution , du fond d'une caiffe.

Vade in pace , ou fimplement *in pace,* expreſſion purement latine , eſt le nom d'une prifon fort rigoureufe , où les Moines mettoient autrefois ceux , d'entr'eux , qui avoient commis quelque grande faute , & où l'on prétend qu'ils les laiſſoient mourir dans le defefpoir , avec une petite quantité de pain & d'eau. Quelques Evêques de France en firent des plaintes au Roi *Jean* , en 1351. Les mots latins fignifient *allez en paix.*

VAGANS , f. m. lat. Terme de Marine , qui fe dit , pour *Vagabonds* , de certains Mandians , qui courent les côtes , en tems d'orage , pour chercher dequoi butiner.

VAGIN , f. m. lat. Terme d'Anatomiſte , qui fignifie proprement fourreau , & qui s'emploie pour fignifier le col de l'Uterus.

VAGISSEMENT , f. m. Mot aſſez nouveau , mais qui mérite d'être confervé , pour exprimer le cri des Enfans. Il n'y a pas plus de raifon de le rejetter que ceux de *mugiſſemens* & de *rugiſſement.*

VALABLE. Participe du verbe valoir , qui s'eſt mis en ufage , pour fignifier , bon , recevable ; mais il ne fe dit que du raifonnement. Une raifon , une réponfe , une excufe , une explication , *valable.*

VALET A PATIN , f. m. Nom d'une Pincette de Chirurgie , inventée par *Gui Patin,* pour arrêter l'hemorrhagie , en pinçant les vaiſſeaux, &c.

VALHALLA , f. m. Nom que les anciens Idolâtres du Nord de l'Europe donnoient à leur Paradis. L'idée du bonheur qu'ils s'y promettoient , avec leur Dieu Odin , les rendoit fort courageux.

VALIDATION , f. f. Terme de Pratique, qui fe dit de cequi fert à rendre une chofe valide , à lui donner de la validité. On obtient des Lettres , à la Chambre des Comptes , pour *la validation* d'un compte. *Valider* , v. act. , s'emploie dans le même fens.

VALIDE, f. f. Morue verte , qui tient le cinquieme rang dans la divi-

fion qui fe fait des différentes efpeces , en Normandie. Elle fe nomme
auffi *Patelet*.

VALLI , f. m. Arbriffeau des Indes , qui s'attache à tous les arbres
voifins , & dont les feuilles , qui
reffemblent à celles du Frêne , s'emploient en cataplafme pour l'éréfi-
pelle. On file l'écorce pour en faire
des cordes.

VALVE , f. f. lat. Terme de Con-
chyliogie , qui fe dit pour écaille ,
ou piece , de coquille de mer , ou de
coquille foffile. On appelle coquille
univalve , celle qui n'eft compofée
que d'une feule piece , comme le
Limaçon ; bivalve , celle de deux
pieces , telle que l'Huître ; & *Multivalve* , celle qui eft de plufieurs pieces , comme l'Ourfin.

VANCOLE , f. m. Scorpion de
Madagafcar , dont le venin eft fi
fubtil , que celui qui en eft mordu
tombe fur le champ en défaillance.
Il a le ventre rond , gros & noir.

VARAIGNE , f. f. Nom de l'ouverture par laquelle on introduit
l'eau dans le Jas , ou premier réfervoir des Marais falans. Elle s'ouvre dans les grandes marées de Mars ,
& fe ferme à-peu-près comme un
Etang avec fa bonde.

VARANDER , v. act. Terme de
Marine. *Varander* le Hareng , c'eft
l'égouter & le fécher , pour le mettre en caque.

VARANGUAIS , f. m. Terme de
mer. Au Levant , on nomme *Varanguais* , les Marticles , qui font les
petites cordes qui aboutiffent aux
poulies , qu'on appelle *Araignées*.

VARENNE , f. f. Nom d'une mefure de grains , du poids d'environ
trente-deux livres , dont on fe fert
en différens lieux.

VARET , f. m. Terme de marine , qui eft le nom qu'on donne à un
vaiffeau fubmergé , coulé à fond.

VARIANTES , f. f. lat. Terme
de Littérature , qui fignifie les diverfes leçons d'un même texte. On
trouve beaucoup de *Variantes* dans
les anciens Manufcrits.

VARICE , f. f. Mot tiré du latin ,
& nom qu'on donne aux taches du
brûlure , qui fe font aux jambes ,
lorfqu'on approche trop du feu.

VARICOCELE , f. f. gr. Tumeur
du fcrotum , caufée par des varices
qui fe forment autour des tefticules
& des vaiffeaux fpermatiques. C'eft
une fauffe hernie , qui s'appelle auffi
Hernie variqueufe.

VARIETUR. NE VARIETUR
eft une expreffion purement latine ,
qui fignifie qu'une chofe ne doit pas
être changée. Elle eft en ufage , au
Palais , dans les Sentences où l'on
ordonne qu'une Piece , ou un Acte ,
foit paraphée , *ne varietur*.

VASCULEUX , adj. Terme formé du mot latin qui fignifie *petit
vaiffeau* , pour fignifier ceqni en eft
rempli. Telle eft la membrane de
l'œfophage , que cette raifon fait
nommer particulierement la membrane *vafculeufe*.

VATÉ , f. m. Nom qu'on donne ,
dans les Indes orientales , au riz qui
n'a pas été battu & qui eft encore
dans la coffe. *Vaté* eft auffi le nom
d'une liqueur fort chaude & fort
piquante , qui fe vend chez les Li-
monadiers.

VATICAN , f. m. Nom d'une des
collines de Rome , de laquelle un
magnifique Palais du Pape & l'Eglife
même de Saint Pierre , qui font bâ-
tis auprès , tirent leur nom. Le *Vatican* fe dit quelquefois figurément
pour le Saint Siege.

VATICINATION , f. f. lat. , formé du mot qui fignifie *Devin* , *Pro-
phète* , pour fignifier *Prédiction* ,
Prophétie.

VAUCOUR , f. m. Efpece de table , fur laquelle les Potiers de terre préparent & arrangent les morceaux de terre glaife , pour les tourner avec la roue.

VAUX , f. m. Pluriel de *Val* ,
vieux mot qui fignifioit autrefois
Vallée. Il ne s'eft confervé que dans
cette expreffion , *par monts & par
vaux*.

VAXEL , f. m. Mefure en ufage
dans les falines de Lorraine , pour
mefurer le fel. Elle pefe trente-qua-
tre à trente-cinq livres , & huit va-
xels font le muid.

VAYVODE ,

VAYVODE, f. m. Titre d'Office, à Constantinople, qui répond à celui de Prévôt des Maréchaux, parmi nous.

UCAUNE, f. f. Nom d'une espece d'Ecrevisse, de la grosseur d'un œuf, & de couleur jaunâtre.

VEAU D'OR, f. m., qui se dit d'un Homme qui n'a pas d'autre mérite que d'être riche ; par allusion à l'Idole de ce nom, que les Israëlites se firent après leur délivrance d'Egypte.

VÉGETER, v. n., qui signifie se nourrir & croître, comme les végétaux. La *Végétation* est l'action de végéter, & se dit aussi de certaines productions que la Chirurgie tire des minéraux, parcequ'elles ont quelques ressemblance avec les productions des Plantes. La *Végétation* du Mercure s'appelle Arbre de Diane ; celle du Fer, Arbre de Mars, &c.

VEGRES. Voïez VAIGRES.

VÉHICULE, f. m. lat. Terme de Médecine, qui signifie cequi pousse, cequi chasse, quelque remede, pour faciliter son opération.

VEILLAQUE, f. m. Terme vulgaire, qui signifie Scélérat, Homme sans probité & sans honneur. Quelques-uns le font venir de la Nation des Valaques, qui est fort décriée dans l'Histoire.

VEILLE, f. f. En termes de Marine, l'ancre à la *veille* est celle qui est prête à être mouillée. On appelle *Veille*, ou *Vigile*, le jour qui précede de la Fête de quelque Saint ; parcequ'autrefois on passoit une partie de la nuit à l'Eglise.

VEILLE D'ARMES, f. f. Terme d'ancienne Chevalerie, & cérémonie qui consistoit à passer la nuit dans une Chapelle, près des armes dont on devoit être armé le lendemain, en recevant la qualité de Chevalier.

VEINE, f. f. lat. *Barrer la veine* à un cheval, c'est la couper, ou la lier dessus & dessous, pour arrêter le cours de quelque humeur maligne.

VÉLIN, ou POINT DE FRANCE, ou POINT ROÏAL. Dans la Ville

Supplém.

d'Alençon & les lieux voisins, où ce Point a été inventé, on ne lui donne pas d'autre nom que *Vélin* ; & les Femmes, qui y travaillent, se nomment *Vélineuses*.

VELLÉITÉ, f. f. lat. Terme de Théologie, qui signifie une volonté foible, imparfaite, un desir qui n'a pas la force de conduire à l'exécution.

VELU, adj. En termes de Maçonnerie, on appelle *Pierre velue*, une pierre brute, qui sort de la carriere. On dit le *velu* d'une plante, pour dire la partie *velue* de sa surface. La *velue*, f. f., signifie, en termes de Chasse, la peau qui est sur la tête des Cerfs, des Daims & des Chevreuils, lorsqu'ils commencent à la pousser.

VENAISON, f. f. Nom qu'on donne à la chair des bêtes fauves.

VELVOTE, f. f. Nom d'une Plante qui est une espece de Linaire, & qui est fort velue.

VENDANGEURS. SAINTS VENDANGEURS. On donne ce nom, dans les Païs de Vignoble, aux Saints dont les Fêtes tombent à la fin du mois d'Avril, ou au commencement de Mai ; tems auxquels la gelée est à craindre pour les vignes.

VENDEUSE. VENDERESSE. Le Dictionnaire de l'Académie veut qu'on mette de la distinction entre ces deux mots. *Venderesse* signifie celle qui vend ou qui a vendu ; *Vendeuse*, celle dont la profession est de vendre.

VENELLE, f. f. Nom qu'on donnoit autrefois à cequ'on appelle aujourd'hui Allée, ou Corridor, dans une Maison. De-là l'expression proverbiale, *enfiler la venelle*.

VENEN, f. m. Fameux arbre de la Chine, dont le fruit, qui est de la grosseur de la tête, a le goût du raisin. De ses fleurs, qui sont blanches & odorantes, on extrait une excellente eau ; & du suc de son fruit, on fait une liqueur fort estimée dans le Païs.

VENIAT, f. m. Mot purement latin, qui signifie, qu'*il vienne*. On en a fait le nom d'un ordre par lequel la Cour, ou les Personnes en

N n

autorité, obligent quelqu'un de venir & de comparoître.

VÉNIEL, adj. lat. Terme de Religion, qui signifie proprement ce qui est digne de grace, de pardon, & qui se dit des péchés legers, qui ne méritent pas l'Enfer. *Véniellement* est l'adverbe.

VENTAIL. *Voïez* VANTAIL.

VENTILATEUR, s. m. Nom d'une machine, inventée en 1744, pour renouveller l'air dans les lieux fermés. C'est une espece de soufflet, ou de pompe d'air, qui, attirant tout l'air d'une chambre, ou d'un appartement, donne lieu à celui du dehors de le remplacer.

VENTRE, s. m. lat. Dans certains Païs, le *ventre annoblit*, c'est-à-dire, que les Femmes nobles communiquent la Noblesse à leurs Enfans.

VENTRILOQUE, s. m. lat. comp., qui signifie, *qui parle du ventre.* On donne ce nom à ceux qui, se serrant le gosier, avec une certaine contraction des muscles du bas-ventre, aquerent la facilité d'articuler un son de voix rauque & sourd, qui paroît venir d'un lieu fort éloigné.

VÊPRE, s. m., qui signifie le *soir*; du nom latin *vesper*, qu'on a donné à l'étoile du Berger, parceque cette étoile paroît le *soir*, quand elle est occidentale au Soleil. De-là le nom de *Vêpres*, pour une partie de l'Office divin, qui se disoit autrefois le soir. Ce mot n'a pas de singulier, dans ce sens.

VÊPRES SICILIENNES, s. f. Nom qu'on a donné au meurtre que les Siciliens firent des François, le jour de Pâque de l'année 1282, au premier coup de Vêpres, pendant que Charles d'Anjou, Frere de Saint Louis, étoit Roi de Naples & de Sicile.

VER A SOIE, s. m. Insecte qui tient de la Chenille, & qui file la Soie. Après différentes transmutations, il sort de son cocon, en Papillon blanc. On l'appelle *Chrysalide*, s. f. gr., lorsqu'aïant perdu son état de Chenille, il devient comme une espece de féve, de couleur dorée.

VER DE PALMIER, s. m. PALM WORM, en Anglois. Nom d'un Insecte de l'Isle de Nevis, qui a un nombre infini de piés, de la grosseur des soies de Porc, avec lesquels il court d'une vitesse incroïable, quoiqu'il rampe en apparence. Sa longueur est de dix ou douze pouces. Il est couvert d'écailles, dures & noirâtres, jointes comme les tuiles d'un toit. Sa tête & sa queue sont armées d'une pointe. Les plaies qu'il fait, sont fort douloureuses pendant l'espace de vingt-quatre heures.

VERDAGON, s. m. Nom qu'on donne au vin de mauvaise qualité, qui est excessivement *verd*, c'est-à-dire, dont le raisin n'avoit point assez de maturité.

VÉRÉCOND, adject. lat. Vieux mot, qui ne s'est conservé que dans le burlesque, pour signifier *niais*, simple, timide, qui s'embarrasse & qui rougit de rien.

VERGADELLE, s. f. Nom d'une petite espece de Morue, qui se nomme autrement Merluche & *Stockfiche*. *Voïez* ce dernier mot.

VERGE RHINLANDIQUE, s. f. Mesure qui répond à deux de nos toises, ou à douze de nos piés, & qui est en usage dans les Fortifications Hollandoises.

VERGERON, s. m. ou ALEBATTE, s. f. Espece de Fauvette, qui bat des aîles en Eté. On distingue trois especes de *Vergerons*, les gris, les blancs, & les noirâtres.

VERGETÉ, adj. formé de *Vergette*. On appelle peau *vergetée*, celle qui a de petites raies de différentes couleurs, & la plûpart de couleur rouge.

VERKER ou VERQUAIRE, s. m. Espece de Jeu de Trictrac, venu d'Allemagne, comme son nom, qui signifie tourner. Quelques-uns disent *Reverquaire*.

VÉRINE, s. f. Nom d'une des quatre sortes de Tabac, qu'on cultive en Amérique, & qui passe pour la meilleure.

VÉRITÉ, s. f. Nom que les anciens Egyptiens donnoient au Pectoral du Chef de leur Justice. Il étoit composé de pierres précieuses, & à-peu-près semblable au Rational du Souverain Pontife des Juifs.

VERMISSEAU DE MER, f. m. Coquillage multivalve, dont on distingue plusieurs espèces. Celui qu'on nomme l'*Orgue* est le plus curieux pour le travail, & pour la couleur, qui tire sur le plus beau rouge. Les *vermisseaux* sont ordinairement entrelacés l'un dans l'autre, & forment des monceaux assez élevés.

VERNE, f. f. Nom d'un Bois, qui se nomme plus ordinairement *Aune.*

VERNINBOCK, f. m. Bois de teinture du Bresil, qui se nomme *Bois rouge.* On croit que *Verninbock* n'est qu'une corruption de *Fernanbuc,* d'où l'on apporte ce Bois.

VERNISSER, v. act., qui signifie enduire de vernis. *Vernir* s'est aussi mis en usage, dans le même sens.

VÉROLE, f. f. Nom de la maladie, appellée autrement *Mal de Naples,* parcequ'elle fut apportée de Naples en France. Quelques Païs étrangers, qui prétendent l'avoir reçue de France, l'appellent *Mal françois.* La vérité est que les Espagnols l'apporterent d'Amérique à Naples, où les François la prirent, & la communiquerent, peut-être, aux Peuples du Nord.

VÉRONIQUE, f. f. Mot composé du grec & du latin, qui signifie *vraie image,* & dont on a fait le nom d'un Tableau qui represente la face de Notre-Seigneur, imprimée sur un mouchoir que Sainte Véronique lui presenta, dit-on sans preuve, pour s'essuïer le visage en allant à la croix.

VERREDORMANT, subst. masc. Nom qu'on donne à une petite fenêtre, scellée en plâtre, qui donne dans la cour d'autrui par un mur mitoïen. *Plat de verre* se dit d'une grande piece ronde de verre, qu'on taille pour en faire des panneaux de vitre.

VERRIN. *Voïez* VERIN.

VERROU, f. m. *Baiser le verrou.* Terme de quelques Coutumes, où le Vassal, qui ne trouve pas son Seigneur dans son Château, pour lui rendre l'hommage, en est quitte pour heurter trois fois, l'appeller trois fois par son nom, & *baiser la cliquette, ou verrou de la porte;* dequoi il doit prendre acte, & en laisser copie.

VERTICILLÉ, adj. Terme de Botanique, qui se dit des feuilles ou des fleurs d'une Plante, lorsqu'elles viennent par étage & en raïons, le long de la tige & des branches. Telles sont les fleurs de l'Ormin, du Marrube, de la Siderite, &c.

VERTICITÉ, f. f., formé du verbe latin, qui signifie *tourner.* Terme de Physique, qui exprime l'action par laquelle une chose tend vers un certain côté. Ainsi, la *verticité* de l'aiguille aimantée est de tendre vers le Pôle. On observe que si l'on fait rougir un morceau de fer, & qu'on le pose du Nord au Sud, pour le faire refroidir, il aquert par cette opération la même *verticité* que l'aimant; mais que si on le fait rougir une seconde fois, & qu'on le fasse refroidir dans une autre position, comme de l'Est à l'Ouest, il perd alors sa premiere *verticité,* & qu'il en aquert une nouvelle, de l'Orient à l'Occident.

VERTIQUEUX, adj., formé du substantif latin qui signifie *Tournant d'eau.* Les Physiciens appellent *vertiqueux* un mouvement qui se fait en spirale.

VERTU, f. f. lat. Habitude d'aimer & de faire le bien. Les Théologiens appellent la premiere de ces deux habitudes, *vertu affective;* & la seconde, *vertu effective.*

VERTUGADIN, f. m. Terme de Jardinage, qui signifie un glacis de gason, en amphithéâtre, dont les lignes circulaires, qui le renferment, ne sont point paralleles.

VERVE, f. f. Terme de Poësie, qui se dit pour enthousiasme, chaleur d'imagination, par laquelle un Poète est disposé à composer de bons vers.

VERVEILLE, f. f. Terme de Fauconnerie. On donne ce nom à une petite plaque, attachée au pié d'un oiſeau de proie, ſur laquelle ſont les armes du Maître.

VÉSICATION, ſ. f. lat. Terme de Médecine, qui ſe dit de la naiſſance des véſicules cauſées par la brulure. Il ſe dit auſſi de l'action ou de l'effet des remedes véſicatoires.

VESOUL, ſ. m. Nom du jus de canne de ſucre, à ſa ſeconde préparation, c'eſt-à-dire, lorſqu'il eſt dans la ſeconde chaudiere. C'eſt avec le *veſoul* qu'on fait de la *grappe*.

VESPRES. *Voïez* VÊPRE.

VESSIGON, ſ. m. Enflure molle, qui vient à droite & à gauche du jarret d'un cheval.

VESTIR. *Voïez* VÊTIR.

VÉTÉRINAIRE, adject. lat. Art *vétérinaire*, c'eſt-à-dire, qui traite des maladies des Chevaux. Nous avons un Livre ſous ce titre.

VETHCUNQUOI, ſ. m. Nom d'une eſpece de Chat ſauvage de la Virginie, dont les Anglois eſperent tirer du muſc.

VÉTIR, v. act. l. En termes de Pratique, *vêtir* quelqu'un d'un héritage, c'eſt en mettre l'Aquereur en poſſeſſion : de là *inveſtiture*.

VETTADAGOU, ſ. m. Arbriſſeau Indien, dont la fleur eſt blanchâtre & *Pentapetale*, c'eſt-à-dire, à cinq feuilles, & qui étant toujours d'une belle verdure, porte deux fois l'an ſes fruits, qui ſont une fort belle eſpece de baies.

VÊTURE, ſ. f. Terme eccléſiaſtire, qui ſe dit de la cérémonie qui ſe fait lorſqu'on donne l'*habit* religieux à quelqu'un.

VEULE, adj. Drap ou Serge *veule*. C'eſt le nom qu'on donne à des Etoffes, lorſqu'elles ſont mal fabriquées, & qu'elles ne ſont pas ſuffiſamment frappées, ou fournies de laine. On appelle auſſi Caſtors *veules*, les Caſtors ſecs & maigres.

VEZ-CABOULI, ſ. m. Racine médecinale des Indes, qui nous vient par Surate, & qui eſt emploïée auſſi pour la Teinture.

VHEBEASON, ſ. m. Arbre de l'Amérique, d'une prodigieuſe groſ-

ſeur, dont on tire une gomme rouge.

VICOGNE, ſ. f. *Voïez* VIGOGNE.

VICTORIAT, ſ. m. lat. Terme d'Antiquaire, qui ſe dit des Médailles, au revers deſquelles on voit une victoire aſſiſe, avec quelque légende qui y a rapport.

VIDOMNE, ſ. m. Titre d'une dignité qui ſe nomme *Vidomnat*. On ne la connoît qu'à Geneve, où elle répondoit, avant la Réformation, à celle de Vidame, en France. Les *Vidomnes* de Geneve avoient été inſtitués pour défendre les biens temporels de l'Egliſe & de l'Evêque.

VIDRECOME ou VIDERCOME, ſ. m. Grand verre que les Allemands emploient pour boire dans leurs Feſtins de cérémonie. On le preſente aux perſonnes qu'on veut honorer.

VIENNE, ſ. f. Nom d'une eſpece de lames d'épée, qui ſe font à Vienne, en Dauphiné, & qui ne ſont pas ſi eſtimées que les Olindes, parcequ'étant moins élaſtiques, elles reſtent dans le pli qu'on leur a donné : mais elles ne ſont pas ſi ſujettes à caſſer.

VIERG, ſ. m. Nom dont on qualifie le premier Magiſtrat de la ville d'Autun. Cette Magiſtrature répond à celle de *Maire*, qu'on appelle *Viguier*, en Languedoc. On ne s'accorde pas ſur l'origine de ces deux mots ; mais celui de *vierg* eſt d'une extrême ancienneté.

VIEUX CORPS, ſ. m. Nom qu'on donne à ſix Régimens d'Infanterie françoiſe, d'ancienne création, qui ſont ceux de Picardie, Piémont, Champagne, Navarre, Normandie, & la Marine. On appelle *Petits vieux* ſix autres anciens Régimens, qui prennent chacun le nom de leur Colonel.

VIEUX STYLE. Terme de Chronologie, qui ſe dit d'une maniere de compter les jours, en uſage chez les Proteſtans, les Grecs & d'autres Nations, qui ne reconnoiſſent point l'autorité de Rome, & qui ſuivent encore l'ancien Calendrier. On comptoit onze jours de différence, du vieux style au nouveau , lorsque plusieurs Cours protestantes l'abandonnerent en 1753. *Voïez* STYLE.

VIGIE , f. f. Terme de Marine. Être en *vigie* , dans ce langage , c'est être en sentinelle.

VIGOGNE , f. f. Nom d'une espece de Moutons , du Pérou , fort sauvages , que les Espagnols nomment *Vicuñas* , & dont la laine est très fine. Ils font plus hauts que la Chevre , de couleur fauve , très legers à la course , & se prennent , ou sont tués à la chasse , sur le sommet des montagnes où ils paissent en trouppes , & près des neges. *Vigogne* devient masculin , quand il signifie un chapeau fait de cette laine. C'est *un bon vigogne*.

VILAINE DE LA RÉALE , f. f. Nom d'une Poire , qu'on appelle vulgairement Poire de *Jasmin* , & qui se mange au commencement d'Août.

VILLÉGIATURE , substant. fem. Terme Italien , nouvellement adopté en François pour signifier le tems que les Personnes de distinction de Rome passent dans leurs maisons de campagne.

VILLES D'ARRÊT , f. f. Nom qu'on donne aux Villes , où par privilege spécial les Bourgeois & les Habitans peuvent saisir & arrêter les biens & les effets appartenans à leurs Débiteurs Forains , sans être fondés sur aucune obligation par écrit ; telle est particuliérement la ville de Paris.

VINAIGRETTE , f. f. ou ROULETTE. Petite voiture à deux roues , traînée par un Homme , dont on attribue l'invention au fameux Abbé de Saint Martin , surnommé la Calotte. Les *vinaigrettes* de Paris produisent un revenu considérable à celui qui en a le privilege.

VINGTAIN , f. m. Nom qu'on donne aux draps de laine , dont la chaîne est composée de vingt fois cent fils , c'est-à-dire , deux mille.

VINTANG , f. m. Arbre de Madagascar , qui produit une gomme célèbre pour la guérison des plaies. Son bois est à l'épreuve des vers.

VIOLAT , adject. , qui se dit des liqueurs & des pâtes où il entre de la violette. Miel , syrop , *violat*.

VIOLETTE AQUATIQUE , f. f. Autre fleur , en forme de rose , quoiqu'elle ne soit composée que d'une seule feuille , divisée en cinq segmens qui pénetrent jusqu'au fond. Quelques-uns nomment *violles* , les petites fleurs de trois couleurs , qu'on appelle autrement *Pensées*.

VIPÉRINE , f. f. Plante apportée de la Virginie , qui tire son nom de sa vertu contre la morsure des Viperes. On prétend que sa seule odeur fait fuir les Serpens à sonnettes. Elle se nomme aussi *Pouliot sauvage* , & *Dictame de Virginie*. C'est une espece de petite Aristoloche , dont les feuilles ressemblent à celles du Lierre. Ses fleurs sont d'un verd noirâtre , qui tourne à la fin sur le jaune ; & son fruit a la figure d'une petite Poire. *Voïez* CONTRAYERVE.

VIRGILIEN. Sorts *virgiliens*. *Voïez* HOMÉRIQUE.

VIRGINAL , adj. lat. , formé du mot qui signifie *vierge* , & qui se dit de cequiappartient aux Vierges. *Voi.* LAIT VIRGINAL.

VIRGOULÉE. *Voïez* VIRGOULEUSE

VIRTUALITÉ , f. f. Terme de l'École Thomiste , qui oppose ses *virtualités* aux formalités des Scotistes.

VIRTUOSE , f. m. Terme emprunté de l'Italien , pour signifier une personne , de l'un ou l'autre sexe , qui a des talens distingués , surtout pour les beaux Arts , c'est-à-dire la Musique , la Peinture , la Poésie , &c.

VIS-A-VIS , f. m. Voiture , en forme de Berline , qui n'a qu'une place dans chaque fond.

VISCACHA , f. m. Nom d'une espece de Lapin du Pérou , qui a la queue aussi longue que celle d'un Chat , & le poil si beau , que les anciens Yncas en faisoient de riches étoffes. Sa couleur est **gris blanc ou cendré**.

VISCOSITÉ , f. f. lat. Qualité de

cequi eſt gluant, c'eſt-à-dire, d'une humidité tenace, qui s'appelle auſſi humeur *viſqueuſe*.

VISNAGE. *Voïez* GINGIDIUM, qui eſt un autre nom de la même Plante.

VISUEL, adj. lat. Terme d'Optique, qui ſe dit du raïon de lumiere qui part de l'objet, ou de l'œil, & qui tombe ſur l'un ou l'autre.

VIVACE, adj. l., qui ſe dit de cequi promet une longue vie, parcequ'il en renferme les principes. L'air *vivace*. On appelle Plantes *vivaces*, celles qui portent des fleurs, pluſieurs années de ſuite, ſur les mêmes tiges & ſans être tranſplantées. En Botanique, on diſtingue les Plantes *vivaces*, de celles qui meurent après avoir donné de la ſemence; les unes qui ſont toujours vertes, comme le Giroflier; & les autres qui perdent leurs feuilles en Hiver, comme la Fougere.

VIVAT, ſ. m. Mot purement latin, qui ſignifie, qu'*il vive*; *puiſſe-t-il vivre!* C'eſt un ancien cri d'applaudiſſement & d'approbation.

VIVELLE, ſ. f. Petit reſeau qui ſe fait à l'aiguille, pour reprendre un trou dans la toile, au lieu d'y mettre une piece.

ULMARIA ou ULMAIRE, ſ. f. Nom d'une Plante qui reſſemble beaucoup à l'*Orme*, & qui paroît ainſi nommée du nom latin de cet arbre. Sa tige eſt haute d'environ trois piés; ſes feuilles ſont dentelées, & ſes fleurs, ramaſſées en grappe. Elle eſt ſudorifique, cordiale & vulhéraire, & l'on vante ſes propriétés pour le flux de ſang. Son excellence la fait nommer autrement *Reine des Prés*. Elle croît ſur le bord des eaux.

UMBU, ſ. m. Arbriſſeau du Breſil, qui reſſemble beaucoup au Citronier. Son fruit eſt d'une fraîcheur ſi ſaine, qu'on le fait prendre dans les fievres ardentes.

UNGUIS ODORATUS, ſ. m. lat. ou ONGLE ODORANT. Nom d'un coquillage qui ſert aux uſages de la Médecine, & qu'on appelle auſſi *Blata Bizantia*.

UNICORNE-MINÉRAL, ſ. m.

Pierre médecinale, qui a la couleur & le poli d'une corne, & quelquefois même la figure; cequi feroit juger que c'eſt une corne pétrifiée, ſi elle n'étoit trop grande & trop groſſe pour avoir appartenu à quelque animal. Elle eſt dure à l'extérieur, jaunâtre, ou cendrée, ou brune; mais tendre, moelleuſe, douce & blanchâtre en dedans. On croit qu'elle vient du *Murga*, ou moelle de rocher, diſſoute & amollie par les eaux. Ses qualités aſtringentes & alkalines la font emploïer pour le cours de ventre & les hémorrhagies. Il s'en trouve en Italie & dans pluſieurs endroits d'Allemagne.

UNIFEUILLE, ſ. f. Plante des Bois, vulnéraire, & vantée pour les bubons peſtilentiels. Sa tige n'eſt que de la longueur du doigt. Elle ne porte d'abord qu'une ſeule feuille, d'où elle tire ſon nom; mais il en naît enſuite deux autres, plus petites. La grande eſt auſſi large que celle du Lierre, pointue & nerveuſe. Les fleurs ſont blanches, petites & d'une odeur foible. Elle fleurit en Mai ou en Juin.

UNIFORME, adject., qui ſignifie cequi eſt d'une forme égale, d'une même forme. Dans le ſens figuré, il ſe dit pour *ſoutenu*, qui ne ſe dément point. Une conduite uniforme. En termes militaires, on appelle l'*uniforme* d'un Régiment, un habit fait ſur le même modele, pour la couleur & pour la forme. Ainſi, c'eſt un ſubſtantif, que l'uſage a fait maſculin. Par une Ordonnance de 1737, les Officiers mêmes ſont obligés de porter conſtamment l'*uniforme* pendant qu'ils ſont au corps, ſoit en marche ou dans les garniſons.

UNISSONE, adj. Terme de Poéſie, qui ſe dit des ſyllabes qui ont le *même ſon* & qui forment les rimes.

UNIVALVE, ſ. & adj. Nom que les Naturaliſtes donnent aux coquillages qui ne ſont compoſés que d'une écaille; pour les diſtinguer des *bivalves*, qui en ont deux, des multivalves, &c. Les *univalves* ſe diviſent en *ſimples*, tels que le *Heriſſon* de mer, l'*Oreille*, la *Patelle*, &c. ; & en *volutes*, qui font le Nautile, l'Efcalier, le Sabot, le Cul de-lampe, &c.

UNIVERSALISTES, f. m. Nom qu'on donne aux Théologiens qui reconnoiffent la grace *univerfelle*, c'eft-à-dire, accordée à tout le monde pour le falut.

UNNI, f. m. Arbre des Indes orientales, dont le fruit, qui eft une forte de pois en grappes, donne une liqueur affez femblable au vin, mais d'un goût fort aigre.

UNZAINE, f. f. Nom d'une efpece de Bateaux, qui fervent à transporter les fels, fur la riviere de Loire.

VOÏAGISTE, f. m. Terme employé, par quelques Écrivains, pour fignifier celui qui a décrit un *voïage*, qui en a fait l'Hiftoire & la Relation ; comme Voïageur fignifie celui qui fait, ou qui a fait, un voïage.

VOÏANT, adj. Dans les Communautés des Quinze-vingts, on appelle *Freres voïans*, ceux qui voient clair & qui font mariés à une Femme aveugle ; & *Sœurs voïantes*, les Femmes qui voient clair & qui font mariées à des aveugles.

VOIE, f. f. En termes de Médecine, on appelle *premieres voies*, l'œfophage, l'eftomac, les inteftins, &c., fur lefquels les purgatifs, les vomitifs & les autres remedes exercent d'abord leur vertu, avant que d'agir dans d'autres parties.

VOILE D'EAU, f. f. Nom d'une voile, qui n'eft gueres en ufage que parmi les Hollandois. Ils la mettent à l'arriere du vaiffeau, vers le bas, & jufqu'à l'eau, afin que la marée la pouffe, pour faciliter le fillage du vaiffeau, dans le calme. Elle eft amarrée de chaque côté, à fes écoutes. On appelle *voiles*, en Lorraine, ce qui fe nomme ailleurs *trains*, c'eft-à-dire, un amas de planches qui fe fcient dans les Montagnes de Vofge, & qu'on fait flotter fur la Mofelle. Ceux qui les conduifent fe nomment *Voileurs*.

VOL, f. m. Au Théâtre, on appelle *vol*, l'action d'une machine

par laquelle un ou plufieurs Acteurs montent ou defcendent en fendant l'air, comme s'ils voloient. *Vol qualifié*, dans le fens de larcin, fe dit de celui qui eft accompagné de circonftances aggravantes.

VOLANT, f. m. Habit, en forme de Surtout, dont la plus grande partie eft fans doublure, pour le rendre plus leger. C'eft auffi le nom d'un Jeu, qui confifte à fe renvoïer avec des Raquettes, ou des Timbales, un petit morceau de liege, couvert d'étoffe & garni de plumes, qui s'appelle *volant*.

VOLCAN, f. m. Nom qu'on donne à toutes les Montagnes qui vomiffent des flammes. Il y a auffi des *volcans d'eau*, c'eft-à-dire, des Montagnes qui vomiffent des ruiffeaux d'eau, telles que celle de Guatimala, en Amérique.

VOLÉE, f. f., à *toute volée*. On dit que le canon eft à toute volée, lorfqu'il eft tout-à-fait horifontalement fur la femelle, comme on l'y place pour tirer à ricochet. Sonner à *toute volée*, c'eft mettre les cloches en plein branle.

VOLET, f. m. Nom qu'on donne à des couvercles de vafe. Comme on s'en fert ordinairement pour trier les pois, de-là l'expreffion proverbiale, *trier fur le volet*

VOLICE, f. f. Latte à Ardoifes, qui eft plus large du double & auffi longue que la quarrée. Il n'y en a que vingt-cinq à la botte.

VOLTIGLOLE, f. f. Terme de marine. C'eft le cordon de la poupe, qui fépare le corps d'une Galere, de l'aiffade de pouppe.

VOLUBILITÉ, f. f. lat., qui fignifie proprement facilité d'un corps à être tourné ou roulé ; mais qui n'eft en ufage que pour fignifier une grande facilité de langue, dans le langage & la prononciation.

VOLUTE, ou CORNET, f. m. Coquillage univalve, fait en cône, dont une des extrémités eft de forme pyramidale, & l'autre coupée à vives-arrêtes, pour former une clavicule applatie, ou une couronne dentelée. Les *volutes* de mer tirent leur nom, du contour des spirales, comme les *volutes* d'Architecture. Quelques-uns les nomment auffi *Rhombes*.

VOMBARE , f. m. Admirable Papillon de Madagafcar , dont les couleurs font un mêlange d'or , d'argent, d'azur, de rouge, &c.

VONTACA, f. m. Fruit de l'Ifle de Madagafcar , qui fe mange confit au fucre, ou au vinaigre , & dont on vante la vertu contre la dyffenterie.

VOSSE , f. m. Animal de l'Ifle de Madagafcar , femblable au Blaireau, & qui donne la chaffe aux Poulets.

VOTATION , f. f. , qui fe dit , dans l'ordre de Malte , pour action de donner fa voix ou fon fuffrage.

VOUGE, f. f. Nom d'un épieu de Vénerie.

VOYELLE. *Voï*. VOÏELLE.

VOYER. *Voï*. VOÏER.

VRAC , f. m. Terme de Pêche du Hareng. On nomme Hareng *en vrac* , celui que les Pêcheurs apportent dans les Ports au même état qu'il a été mis dans les Barils, au moment de la Pêche.

URANOSCOPE , f. m. gr. Poiffon de mer dont le fiel eft propre à nettoïer la vue , & s'emploie même pour les cataractes des yeux. Quelques-uns le prennent pour le poiffon de Tobie. Son nom lui vient de cequ'il a les yeux naturellement tournés vers le Ciel. Il eft d'un goût & d'une odeur defagréable ; cequi vient de la bourbe où on le trouve toujours. Sa longueur eft de douze ou quinze pouces , & fa couleur gris-blanchâtre. Sa tête eft groffe , armée de deux aiguillons dont les pointes font tournées vers la queue , & fans mufeau ; de forte que fa bouche eft placée fur fon front, entre les deux yeux. Sa queue eft large : fes dents font petites , & fa langue fort courte.

UREBEC , f. m. Nom d'un petit Animal , qui ronge les bourgeons des arbres.

URETAN , f. m. Terme de marine. C'eft une manœuvre paffée dans une poulie , qui eft tenue dans l'éperon au-deffus de la liure du Beaupré.

USKUP , f. m. Terme de Relation. C'eft le nom de la fameufe corne du Bonnet des Janiffaires , qui eft droite par devant. Quelques-uns donnent le même nom au Bonnet même.

USNEE, f. f. Nom d'une petite Plante ftyptique , qui croît fur le Chêne.

USSUN , f. m. Nom d'une efpece de Cerife du Perou, douce & agréable , mais qui a la propriété finguliere de teindre l'urine, de couleur de fang.

USTRINE , f. f. Nom que les Écrivains de l'Hiftoire Romaine donnent au lieu où l'on brûloit , à Rome , les corps des Morts. Les perfonnes diftinguées étoient ordinairement brûlées au champs de Mars , & les perfonnes du commun fur le Mont Efquilin.

USUCAPION , f. m. Terme de Droit, qui a le même fens que prefcription. C'eft l'acquifition du Domaine & de la propriété d'une chofe par la poffeffion & la jouiffance pendant le tems prefcrit par les Loix.

USUEL , adj. lat. , qui fignifie cequi eft d'ufage actuel & ordinaire.

USUFRUCTUAIRE , adj. latin , qui fe dit de cequi donne le droit de jouir d'une chofe dont un autre a la propriété. On dit, dans ce fens , que le douaire des Femmes eft un droit ufufructuaire.

VUE , A VUE. Terme de Banque. *Païer à vue* , c'eft-à-dire , auffi-tôt qu'on a reçu la Lettre de change. A *trois jours de vue* fignifie trois jours après la reception de la Lettre & de l'ordre de païer.

VULCANISME , f. m. Nom que quelques-uns donnent au *Cocuage* ; parceque Vulcain fut trompé fouvent par fa Femme.

VULGAIRE , adj. On appelle *Langues vulgaires* , par oppofition à Langues favantes, les différentes langues que les Peuples parlent aujourd'hui.

VULVAIRE , f. f. Petite Plante , qui tire fon nom des vertus qu'on lui attribue pour les maux de l'Uterus

rus , & pour les vapeurs hystéri-
ques. Elle est fort puante. C'est une
espece de *Chenopodium*, dont les tiges sont d'environ un pié, rameuses,
& couchées à terre. Ses feuilles ressemblent à celles de l'Artiplex, mais
sont plus petites. Ses fleurs sont
blanchâtres. Elle croît dans les lieux
incultes , tels que les Cimetieres &
le pié des murailles.

W.

LE double W est le caractere de
la monnoie de Lille. Dans toutes les
Langues du Nord, il se prononce
ou ; & nous suivons cet usage dans
les mots qui en viennent : comme
dans *West*, *Watergan*, *Westminster*,
&c. Cependant, il y en a quelques-
uns où nous le changeons en simple
V consonne, comme dans *Wallon*,
Walcheren, &c.

WAGE ou CHARIOT , s. m.
Nom d'un poids en usage à Amiens,
qui, pese cent soixante livres de
cette Ville, revenant à cent quarante-cinq livres trois onces de Paris,
de Strasbourg, de Besançon & d'Amsterdam , quatre Villes où les poids
sont égaux. Le mot de *Wage* est apparemment le même que celui de
Wague, qui a la même signification
à Anvers.

WALLON , s. m. Langage qui se
parle dans le Païs des Wallons , c'est-
à-dire , dans la partie des Païs-bas ,
qui est entre l'Escaut & la Lis. Quelques-uns prétendent que c'est l'ancien
Gaulois.

WALLONES. GARDES WAL-
LONNES , qu'on prononce ordinairement VALONNES. C'est un Corps
de Trouppes des Armées d'Espagne,
qui fait partie de la Maison militaire de S. M. Catholique. Ce nom lui
vient de ceque, dans son origine,
il avoit été levé dans la partie de la
Flandre, qui se nomme *Wallonne*.

WAQUE , s. f. Mesure de la
Houille , ou Charbon de terre, dans
les Houillieres de Hainaut. La *waque* de houille revient à quinze sous.

WATERGAN , s. m. Mot Fla-

Supplém.

mand , adopté pour signifier un Canal, ou un Fossé plein d'eau, qui
donne communication d'un lieu à
un autre. On prononce *Ouatergan*.

WERST , s. m. Mesure itinéraire
de Moscovie. Le *werst* contient trois
mille cinq cens quatre piés d'Angleterre , c'est-à-dire , environ deux
tiers de mille Anglois. Une lieue de
France contient quatre *wersts*. Un
degré a quatre-vingt *wersts*, ou soixante milles d'Angleterre , ou vingt
lieues de France , ou quinze d'Allemagne.

WINTHERE , s. m. Écorce odoriférante , qui est une sorte de Canelle blanche.

WLLANS , s. m. Trouppe de Cavalerie legere , composée de Polonois & de Tartares , montés sur des
Chevaux de ces deux Nations. Leur
service est pareil à celui des Hussards.
Ce Corps , qui avoit été formé , en
France , par M. le Maréchal de Saxe, a été débandé après sa mort. On
prononce *Oulans*.

X.

X Est le caractere de la monnoie
qui se fabrique à Aix.

XALXOCOTL , s. f. Nom que
les Indiens de l'Amérique donnent
au Goïavier.

XANXUS , s. m. Nom d'un gros
coquillage, semblable à ceux avec
lesquels on peint les Tritons. Il se
pêche vers l'Isle de Ceylan , ou à la
Côte de la Pêcherie. Ceux de cette Côte ont , tous , leurs volutes de
droite à gauche ; & les Indiens en
cherchent un qui les ait de gauche à
droite , parcequ'ils croient qu'un
de leurs Dieux a choisi un *Xanxus* de
cette forme pour s'y cacher. Les
Hollandois vendent ces coquillages
fort cher au Bengale. On les scie ,
suivant leur largeur , pour en faire
des bracelets , qui ont un fort grand
lustre.

XÉRAF. *Voïez* SERAPH.

XIPHION , s. m. gr. Nom d'une
Plante , dont les feuilles ont à-peu-
près la forme d'un *glaive*. Ses fleurs

O o

font odorantes, purpurines, & quelquefois blanches. Elle croît dans les Païs chauds, surtout en Espagne. Sa racine est émolliente & résolutive.

XUTAS, s. m. Oiseau des Indes occidentales, qui ressemble assez à une Oie, & qui s'apprivoise de même.

XYLOSTEON, s. m. gr. Arbrisseau dont le *bois* est blanc & comme *osseux*, d'où il tire son nom. Il croît dans les Bois montagneux, surtout en Suisse & en Allemagne. Son écorce, qui est d'abord rouge, devient ensuite blanchâtre. Ses feuilles sont oblongues & un peu velues; & ses fleurs, qui sont blanches, en forme de tuïaux évasés, croissent deux à deux sur un même pédicule.

XYSTARQUE, s. m. gr. Nom d'un Officier des anciens Gymnases, que quelques-uns confondent avec le *Gymnasiarque* même, qui en étoit le Chef.

Y.

Y Est le caractere de la monnoie qui se fabrique à Bourges.

YCHITSÉE, s. f. Drogue médecinale de la Chine, qui n'est pas moins estimée au Japon, & dont il se fait un grand commerce entre ces deux Contrées.

YEUX DE CHAT, s. m. Nom d'une petite herbe sauvage, qui est de couleur violette.

YEUX D'ÉCREVISSE, s. m. Pierres qui naissent dans la tête des grosses Ecrevisses de riviere, aux Indes occidentales, & qu'on emploie pour purifier le sang, & pour arrêter le cours de ventre & le vomissement.

YNAÏA, s. m. Espece de Palmier de l'Isle de Maragnan, qui produit des fruits en grappe, de la grosseur des olives.

YOÏDE. *Voïez* HYOÏDE.

YOLATOLE, s. f. Boisson des Indes orientales, composée d'Épis de Maïs, brûlés & réduits en cendre.

YON. SAINT YON. Ordre de Freres *lais*, qui prennent le nom de Freres des Écoles Chrétiennes, & qui

se consacrent à l'instruction des Enfans du premier âge. Ils ont été aggregés, en 1725, à l'état Monastique. Leur principal établissement, qui se nomme Saint Yon, est à Rouen, dans le Faubourg de Saint Sever.

YSQUIEPATLI, s. m. Animal des Indes occidentales, qui ressemble au Renard par la finesse, & qui a, comme lui, la queue fort longue. Mais il n'est long que de dix-huit ou vingt pouces; il a la gueule & les oreilles petites, les ongles courbés & la peau noire & velue. La couleur de son poil est mêlée de noir & de blanc.

YUNE, s. f. Mesure du Wirtemberg, pour les liquides. Elle contient dix masses, & elle est contenue seize fois dans l'Ame.

YVOIRE. *Voïez* IVOIRE.

YVROIE. *Voïez* IVRAIE.

Z.

Z Est le caractere de la monnoie fabriquée à Grenoble.

ZACCON, s. m. Espece de Prunier, qui croît dans la Plaine de Jericho, & qui tire son nom des Eglises de *Zacchaus*, aux environs desquelles il croît. Sa grandeur est celle d'un Oranger. Ses feuilles ressemblent à celles de l'Olivier, mais sont plus petites, plus vertes & plus pointues. De ses fruits, qui sont une sorte de Prunes, rondes, d'abord vertes, & jaunes en meurissant, on tire une huile qui sert à résoudre les humeurs froides & visqueuses.

ZAGU, s. m. ou SAGU. Espece de Palmier, qui croît aux Isles Moluques, & dont non-seulement le fruit, mais l'écorce même, donne une espece de farine, qui tient lieu de riz & de blé aux Habitans, pour en faire du pain.

ZAHORIE, s. m. & adj. gr. Nom qu'on donne à ceux qui, suivant la signification du mot, ont la *vue extrmement perçante*, jusqu'à voir, dit-on, au travers des murailles & dans les entrailles de la terre. On raconte qu'ils ont les yeux rouges, & qu'ils ne font pas rares en Efpagne & en Portugal. Le Mercure du mois de Juin, 1718, rapporte là-deffus des chofes étranges.

ZAMOLXIS, f. m. Nom du Dieu des Thraces & des Getes, fameux dans l'Hiftoire ancienne, par la maniere cruelle dont fes Adorateurs le confultoient. Ils choififfoient un Interprête, qu'ils jettoient en l'air, pour le faire retomber fur les pointes de trois Javelines droites. S'il en étoit percé, jufqu'à mourir fur le champ, ils croïoient que le Dieu leur étoit favorable.

ZELATRICE, f. f. C'eft, parmi les Religieufes Urfulines, un titre d'Office, qui répond à celui de *Procureur*, dans les Communautés d'Hommes. Les Minimes donnent le nom de *Zeleur* à leur Procureur général, en Cour de Rome.

ZER, f. m. Terme de Relation. C'eft le nom que les Perfans donnent à toutes fortes de monnoies; comme on fe fert du mot d'*argent*, en France, & de celui de *monney*, en Angleterre, pour toutes les efpeces qui ont cours. *Zer* fignifie *or*, lorfqu'on parle du métal qui porte ce nom.

ZERO, f. m. Terme d'Arithmétique, qu'on emploie dans le langage commun, pour fignifier *rien*, parceque le *zero* feul n'a aucune valeur, quoique, placé après un autre chiffre, il le faffe valoir 10 fois autant, &c.

ZEUMICHIEN, adj. Surnom, qui fignifie le *Machinifte*, & qui fut donné à un Ancien, nommé *Chryfor*, pour avoir inventé, dit-on, l'hameçon, la ligne à pêcher, les barques pour la pêche, & d'autres inftrumens utiles.

ZEYBA, f. m. Arbre des Indes occidentales, dont le tronc eft quelquefois fi gros, qu'à peine quinze Hommes peuvent l'embraffer.

ZEYBO, f. m. Autre arbre de la nouvelle Galice, qui porte, pour fruit, des coffes pleines d'une laine déliée.

ZIAN, f. m. Nom de la plus for-

te monnoie de l'État d'Alger, qui porte d'un côté le nom du Dey, & de l'autre quelques lettres de l'Alcoran. Elle eft frappée à Tremizen, & fa valeur eft de cent afpres.

ZIM. *Voïez* ZAIM.

ZIMBI, f. m. Nom qu'on donne, fur la Côte d'Afrique, particuliérement dans les Roïaumes d'Angola & de Congo, aux petits coquillages, qui fervent de monnoie, & que la plûpart des Voïageurs nomment *Koris*. Deux mille *Limbis* font une *Macoute*.

ZINCK, f. m. Matiere métallique, dont la nature eft peu connue jufqu'à préfent, mais que les Potiers d'étaim ne laiffent pas d'emploïer dans leur foudure.

ZODIACAL, adj. de Zodiaque, qui fe dit de tout cequi lui appartient. Lumiere *Zodiacale*.

ZOGONES, f. m. gr. Nom que les Grecs donnoient aux Dieux qui préfidoient à la vie des Hommes, & qu'ils invoquoient pour la prolonger ou la conferver. Les Fleuves & les Eaux courantes étoient particulierement confacrés aux *Zogones*.

ZOÏLE, f. m. Ancien Critique d'Homere, que l'envie, plutôt que le favoir & le bon goût, avoit armé contre ce grand Poëte, & dont le nom fe donne aux mauvais Critiques & aux Envieux.

ZOLEDENIC, f. m Subdivifion de la livre Mofcovite, qui en eft la quatre vingt-feizieme partie, & qui n'a été inventée que pour la commodité du Négoce.

ZOROASTE, f. m. Célebre Légiflateur de l'ancienne Perfe, qui regla le culte qu'on devoit rendre au Soleil & aux autres Aftres. Il fe vantoit de recevoir fes Loix & fes lumieres, d'un génie familier.

ZOROCHE, f. m. Minérai d'argent, du Potofi, très brillant, mais le moins riche de toutes les pierres métalliques qui fe tirent des mines de cette montagne. Il reffemble au *Gypfe*, qu'on nomme autrement *Talc*.

ZOT. Au Diable Zot. Exprefsion proverbiale, qui est une espece d'ironie, par laquelle on paroît douter de quelque chose. Quelques-uns regardent *Zot* comme une corruption de *soit*. Ainsi, *au Diable Tot* seroit une sorte d'imprécation.

ZOUGET, s. m. Nom d'un oiseau aquatique, qui est une espece de Plongeon.

&, Caractere d'Imprimerie, qui signifie la conjonction *et*. Les Anglois s'en servent aussi, pour *and*, qui est, dans leur Langue, la même conjonction, qu'*et* en latin & en françois. *&c.* est une abbréviation, pour *& cetera*, qui signifie *& le reste*.

F I N.

De l'Imprimerie de **DIDOT**.

enfuite remis deux Exemplaires de chacun dans notre Bibliothéque publique , un dans celle de notre Château du Louvre , & un dans celle de notredit très cher & féal Chevalier , Chancelier de France , le Sieur De Lamoignon , & un dans celle de notre très cher & féal Chevalier , Garde des Sceaux de France , le Sieur de Machault , Commandeur de nos Ordres ; le tout à peine de nullité des Préfentes : du contenu defquelles vous mandons & enjoigrons de faire jouir ledit Expofant & fes Ayanscaufe , pleinement & paiiblement , fans fouffrir qu'il leur foit fait aucun trouble ou empèchement. VOULONS que la Copie des Préfentes , qui fera imprimée tout au long , au commencement ou à la fin defdits Livres , foit tenue pour duement fignifiée , & qu'aux Copies collationnées par l'un de nos amés & féaux Confeillers-Sécretaires , foi foit ajoutée comme à l'Original. COMMANDONS au premier notre Huiffier ou Sergent fur ce requis , de faire , pour l'exécution d'icelles , tous Actes requis & néceffaires , fans demander autre permiffion , & nonobftant Clameur de Haro , Charte Normande , & Letttes à ce contraires. Car tel eft notre plaifir. DONNÉ à Verfailles , le vingt-uniemc jour du mois de Décembre , l'an de grace mil fept cens cinquante-quatre , & de notre regne la quarantieme.

Par le Roi en fon Confeil.

PERRIN , avec Paraphe.

Regiftré fur le Regiftre XIII de la Chambre royale des Libraires & Imprimeurs de Paris , N°. 459 , Fol°. 353 , conformément aux anciens Réglemens , confirmés par celuj du 28 Février 1723. A Paris , ce 24 Décembre 1754.

DIDOT , *Syndic.*

CATALOGUE
DES LIVRES
Imprimés chez DIDOT, Quai des Augustins, à la Bible d'or. Paris, 1755.

THEOLOGIE.

Biblia sacra, cum notis Franc. Vatabli, nova editio auctior & emendatior, 2 vol. in-fol. 36 l.

Pseaumes de David, par la Roche, in-12. 2 l.

Les Conseils de la sagesse, ou Recueil des Maximes de Salomon, les plus necessaires pour se conduire sagement : sixieme édition, in-12. 2 l. 10 s.

Histoire Sainte des deux Alliances, &c. avec des Réflexions sur chaque Livre de l'Ancien & du Nouveau Testament, & un Supplément qui conduit l'Histoire des Machabées jusqu'à la naissance de Jesus-Christ, par feu M. de Saint-Aubin, Bibliothéquaire de Sorbonne, 7 vol. in-12. 15. l.

Breviaire Monastique, latin & françois, à l'usage des Religieuses Bénédictines, 4 vol. in 8°. 40 l.

Œuvres de piété de Saint Ephrem, Diacre d'Edesse, & Docteur de l'Eglise, in-12, 2 vol. 4 l. 10 s.

Les Confessions de Saint Augustin, traduction nouvelle, avec des Remarques historiques & critiques, 2 vol. in 8°. latines & françoises. 6 l.

—Les mêmes, 2 vol. in-12, toutes françoises. 4 l.

Sermons de Saint Augustin sur les Pseaumes, traduits en françois : nouvelle édition, augmentée de deux Tables ; la premiere, des Passages de l'Ecriture-Sainte, expliqués dans le texte ; la seconde, des matieres contenues dans tout l'Ouvrage, 14 vol. in-12. 30 l.

Sermons & Homélies sur les Mysteres de N. S. par M. l'Abbé Jérôme de Paris, in-12. 2 l.

—Du même. Les Mysteres de la Vierge, & les Panégyriques des Saints, 2 vol. in-12. 4 l.

—Du même. Le Carême, 3 vol. in-12. 6 l.

Sermons de M. Gaspard Terrasson, ci-devant Prêtre de l'Oratoire, contenant un Avent & un Carême, in-12, 4 vol. 10 l.

Homélies sur les Evangiles des Dimanches de l'année, sur la Passion & les Mysteres de N. S. & de la Ste Vierge, & sur les Evangiles du Carême, par Monmorel, nouvelle édition, 10 vol. in-12. 25 l.

Défense de la Grace efficace, par M. de la Broue, Evêque de Mirepoix, in-12. 2 l. 10 s.

Imitation de Jesus-Christ, traduite & paraphrasée en vers François, par Corneille, in-12. 2 l. 10 s.

Prieres à l'usage des personnes Religieuses, par un Prêtre de l'Oratoire, in-12. 30 s.

Vérité de la Religion Chrétienne, par Abadie, avec l'Art de se connoître soi-même, nouvelle édit., in-12, 4 vol. 8 l.

Dissertation sur l'existence de Dieu, où l'on démontre cette vérité, par l'Histoire Universelle de la premiere antiquité du Monde, par la réfutation du Système d'Epicu-

re & de Spinofa, par les caracteres de Divinité qui fe remarquent
dans la Religion des Juifs, & dans
l'établiffement du Chriftianifme :
nouv. édit., augmentée de quelques
Lettres & de la Vie de l'Auteur, par
M. Jaquelot, 3 vol. in-12. 7 l. 10 f.
Differtations fur le Meffie, où l'on
prouve aux Juifs que Jefus-Chrift
eft le Meffie promis & prédit dans
l'Ancien Teftament, par le mé-
me, in-12. 2 l. 10 f.
Traité de la Vérité & de l'Infpira-
tion des Livres de l'Ancien & du
Nouveau Teftament, par le même,
in 12, 2 vol. 4 l. 10 f.
Défenfe des Prophéties de la Religion Chétienne, contre Grotius,
Simon & ceux qui ont écrit fur
ces matieres, par le Pere Baltus, de
la Compagnie de Jefus, 3 volumes
in 12. 6 l.

JURISPRUDENCE.

Traité de l'Indult du Parlement
de Paris, ou du droit que le Chancelier de France, les Préfidens, Maîtres des Requêtes, Confeillers, &
autres Officiers du Parlement, ont
fur les Prélatures féculieres & régulieres du Roïaume : nouv. édit.
corrigée & augmentée par M. le
Préfident Cochet de Saint-Valier,
3 vol. in-4°. 24 l.
NouveauCoutumier général, ouCorps
des Coutumes générales & particulieres de France & des Provinces
connues fous le nom des Gaules :
nouvelle édition, par M. de Riche-
bourg, 4 volumes in fol. 100 l.
Coutume de la Prévôté & Vicomté
de Paris, rédigée dans l'ordre naturel, par M. le Maiftre, Avocat
au Parlement : nouv. édit., corrigée & augmentée, in fol. 15 l.
Journal du Palais, ou Recueil des
principales Décifions de tous les
Parlemens & Cours Souveraines
de France : quatrieme édition, 2
vol. in fol. 40 l.
Arrêts Notables du Parlement de
Paris, pris des Mémoires de Maître Georges Louet, Confeiller au
Parlement ; avec les Décifions de
Maître Julien Brodeau, Avocat :
nouv. édit., augmentée des Remarques de Maître Guy Rouffeau
de la Combe, 2 vol. in-fol. 40 l.
Traité des Donations, entre Vifs &
Teftamentaires, par Jean-Marie
Ricard, Avocat au Parlement, 2
vol. in fol. 40 l.

SCIENCES ET ARTS.

Principes de la Philofophie, par
René Defcartes, avec figures,
in-12. 2 l. 10 f.
Lettres de René Defcartes, 6 vol.
in 12. figures. 12 l.
Elémens de la Philofophie moderne, par Pierre Maffuet, 2 vol.
in-12. 5 l.
Le Spectateur ou le Socrate moderne, où l'on voit le Portrait naïf
des mœurs du fiécle, traduit de
l'anglois, 7 vol. in-12. 17 l. 10 f.
Maximes & Sentences fur les fources
de la corruption du cœur de l'Homme, in-16. 1 l.
Confeils de l'Amitié, feconde Edition, in-12. 1 l. 15 f.
Effai politique fur le Commerce, par
M. Melon, in-12. 3 l.
Traité hiftorique & dogmatique fur
les Apparitions, les Vifions & les
Révélations particulieres, par
l'Abbé Lenglet du Frefnoy, 2 vol.
in-12. 4 l. 10 f.
Recueil de Differtations anciennes &
nouvelles, fur les Apparitions &
les Songes, avec une Préface hiftorique, par le même, 4 vol. in-12.
8 l.
Le Comte de Gabalis, ou Entretiens
fur les Sciences fecretes : nouvelle édition, augmentée des nouveaux Entretiens, des Genies affiftans, & du Gnome irréconcilia-
ble, &c. par M. l'Abbé de Vil-
lars, in-12, 2 vol. 4 l.
Hiftoire des Plantes ufuelles, dans
laquelle on donne leur nom tant

François que Latin, la maniere de s'en servir, leur dose, & les principales compositions de Pharmacie dans lesquelles elles sont emploïées, *par M. Chomel, Docteur en Médecine* : derniere édition, 3 vol. *in-12*. 6 l.

Nouveau Traité d'Agriculture, contenant la Méthode de bien cultiver tous les Arbres à fruits, avec la maniere d'élever les Treilles, *par MM. de la Riviere & du Moulin, in-12*. 2 l.

Métallurgie, ou l'Art de tirer & de purifier les Métaux ; *avec les Dissertations les plus rares sur les Mines & les Opérations métalliques* : nouv. édit. 1751, 2 vol. *in-12*. *figures*. 5 l.

Nouveau Traité de Physique sur toute la Nature, ou Méditations sur tous les corps dont la Médecine tire les plus grands avantages pour guérir le Corps Humain, *in-12*, 2 volumes en un, *par M. Hunauld, Médecin*. 2 l. 10 s.

La Médecine & la Chirurgie des Pauvres, qui contiennent des remedes choisis, faciles à préparer, & sans dépense, &c. *in-12*. nouv. édition, 1748. 2 l. 10 s.

Dictionnaire Botanique & Pharmaceutique, contenant les propriétés des Minéraux & des Végétaux, avec les préparations de Pharmacie les plus usitées en Médecine & en Chirurgie, nouv. édit. *in-8°*. 5 l.

Traité des Causes, des Accidens & de la Cure de la Peste, avec un Recueil d'observations, & un détail circonstancié des précautions qu'on a prises pour subvenir aux besoins des Peuples affligés de cette maladie, ou pour la prévenir ; fait & imprimé par ordre du Roi, *par M. Senac*, vol. *in-4°*. figures. 10 l.

Traité des Maladies de la Peau, avec un Appendice concernant l'efficacité des Topiques & la maniere de leur opération, *par le Docteur Turner*, traduit de l'Anglois, *par M.*** 1 vol. *in-12*. 4 l. 10 s.

Exposition Anatomique de la structure du Corps humain, *par Jacq. Ben. Winslow, de l'Acad. Roïale des Sciences, in-4°*. 12. l.

Eclaircissement sur la maniere dont le sang agit sur les poumons, *par M. Helvetius*, in-4°. 1 l. 10 s. On joint cet Ouvrage à l'année 1727 des Mémoires de l'Académie des Sciences.

Essai des effets de l'Air sur le corps humain, par M. Jean Arbuthnot, traduit de l'Anglois, *par M. Boyer, in-12*. 2 l. 5 s.

Le Cuisinier Roïal & Bourgeois, ou Cuisinier moderne, qui apprend à ordonner les ragoûts les plus délicats & les plus à la mode, en gras & en maigre, & à faire aisément toutes sortes de Pâtisserie, avec de nouveaux Desseins de table : *Ouvrage utile à tout le monde, augmenté de la Cuisine nouvelle de Vincent de la Chapelle & des Auteurs les plus modernes*, par MAS-SIALOT, 3 vol. *in-12*. 6 l. 10 s.

Nouvelle Instruction pour les Confitures, les Liqueurs & les Fruits, où l'on apprend à confire toutes sortes de fruits, tant secs que liquides, divers ouvrages de sucre, & la maniere d'ordonner les fruits, *avec des figures pour les nouveaux Desseins de table* ; par le même, *in-12*. 2 l. 10 s.

Histoire de l'origine & des progrès de la Chirurgie en France, *in-4°*. figures. 9 l.

—la même, 2 vol. *in-12*. 4 l. 10 s.

Histoire de la Philosophie Hermétique, avec un Catalogue raisonné des Auteurs chymiques, *par Lenglet du Fresnoy*, 3 vol. *in-12*. 7 l. 10 s.

Œuvres de Mathématique & de Physique *de M. Mariotte, de l'Académie Roïale des Sciences*, comprenant les Traités de cet Auteur, tant ceux qui avoiént déja paru séparément, que ceux qui n'avoient pas encore été publiés : nouv. édit., 2 vol. *in-4°*. avec fig., 1740. 16 l.

Les Elémens des Mathématiques, ou Traité de la Grandeur en général, qui comprend l'Arithmétique, l'Algebre, l'Analyse & les Principes de toutes les Sciences qui ont la Grandeur pour objet, *par* le P. Lamy, Prêtre de l'Oratoire: cinquiéme édition, revue & augmentée, in 12. 3 l.

Les Elémens de Géométrie, qui comprennent les Elémens d'Euclide, les Propositions d'Archimede, avec une idée de l'Analyse, & une Introduction aux Sections Coniques. Par le même, in-12. 2 l. 15 f.

Recherches sur les Courbes à doubles courbures, par M. Clairault, Mathématicien, in-4°. avec figures. 5 l. 10 f.

Le Livre des Comptes faits, ou Tarif général de toutes les Monnoies, tant anciennes que nouvelles, avec lequel on peut faire toute sorte de Comptes & de Multiplications, par entier & par fraction, quelque difficiles qu'ils soient, pourvû qu'on sache l'Addition, par M. Barreme, in-12. 2 l. 10 f.

Le Livre facile pour apprendre l'Arithmétique sans Maître: nouvelle édition, augmentée de la Géométrie servant à l'Arpentage & au Toisé, par le même, in-12. 2 l. 10 f.

Le Livre nécessaire, ou Tarif général des Escomptes, des Changes & des Divisions toutes faites, par le même, in-12. 2 l. 10 f.

Les Changes Etrangers, pour la réduction des Monnoies de différens Païs, par le même, 2 vol. in-8°. grand papier. 24 l.

Le Traité des Parties doubles, ou Méthode aisée pour apprendre à tenir en Parties doubles les Livres du Commerce & des Finances, par le même, in-8°. grand pap. 4 l.

L'Architecture pratique, qui comprend le détail complet de tout ce qui a rapport aux Bâtimens: Ouvrage utile à tous ceux qui veulent bâtir. Par M. Bullet, Architecte du Roi & de l'Académie Roïale d'Architecture, in-8°. figures, nouvelle édition. 6 l.

Loix des Bâtimens, suivant la Coutume de Paris, par M. Desgodets, avec les Notes de M. Goupy, in-8°. 5 l.

Etude Militaire, contenant l'Exercice de l'Infanterie. Par M. Bottée, nouv. édit. augmentée, in 12. 3 l.

La même, 2 vol. 3 l. 10 f.

Le parfait Maréchal, qui enseigne à connoître la bonté & les défauts des Chevaux, les signes & les causes de leurs maladies, les moïens de les prévenir, leur guérison, le bon & le mauvais usage de la purgation & de la saignée, par M. Soleysel, nouv. édit. in-4°. 8 l.

BELLES-LETTRES.

QUintiliani Institutiones oratoriæ, cum notis & animadversionibus Capperonerii, in-fol. 15 l.

Rhéthorique, à l'usage des jeunes Demoiselles: nouv. édit. in 12. 2 l. 5 f.

La Rhétorique, ou l'Art de parler, Par le P. Lamy, sous presse.

La Connoissance des Poëtes, ou moïen facile de prendre une teinture des Humanités. 2 vol. in-12. 5 l.

Rhétorique de Gibert, in-12. 2 l. 10 f.

Manuel Lexique, ou Dictionnaire portatif des Mots François, dont la signification n'est pas familiere à tout le monde: ouvrage utile aux personnes qui veulent écrire & parler juste: par M. l'Abbé Prevost: nouv. édit., considérablem. augmentée, 2 vol. in-8°. 9 l.

Supplément à la premiere Edition du Manuel Lexique. vol. 8°. 4 l.

Dictionnaire des Arts & des Sciences, par M. Corneille, de l'Académie Françoise; nouvelle édition, corrigée & augmentée par M. de Fontenelle, de l'Académie Françoise, &c. 2 vol. in fol. 30 l.

Dictionnaire de Peinture & des termes qui y sont propres, &c; avec un Abregé de la Vie des Peintres, Sculpteurs & Graveurs, in-12. 2 vol. 4 l. 10 f.

Dictionnaire historique, portatif, contenant l'Histoire des grands Hommes & des Personnes illustres de tous les Siècles & de toutes les Nations, avec le catalogue des ouvrages des Auteurs. Par

M. l'Abbé Ladvocat, Docteur, Bibliothéquaire, & Professeur de la Chaire d'Orléans, en Sorbonne : nouvelle édition, 2 vol. *in-8°.* 9 l.

Nouvelle Grammaire Françoise & Espagnole, *par F. Sobrino, Maitre de la Langue Espagnole à la Cour de Bruxelles, in-12.* 2 l. 10 f.

Méthode contenant les Principes de la Langue Italienne, des Dialogues, & un Traité de la Poésie, *par M. Bertera, in-12.* 3 l.

Essai critique sur le Goût, *par M. Cartaud de la Vilate, in-12.* 2 l. 10 f.

Poétique Françoise à l'usage des Dames, avec des exemples : 2 vol. *in-12.* 4 l. 10 f.

Raisonnemens hasardés sur la Poésie Françoise, avec des Réflexions sur les Vers non - rimés : Ouvrage curieux & singulier, *in - 12.* 1 l. 15 f.

Eglogues de Virgile, traduites, avec des Remarques, *in-12.* 2 l.

Métamorphoses d'Ovide, traduites en François, avec des Remarques & des Explications historiques, *par M. l'Abbé Banier, de l'Académie des Inscriptions & Belles-Lettres,* avec des figures à chaque sujet, 2 vol. *in-4°.* 15 l.

—Les mêmes, avec des figures à chaque Livre, dessinées par Picard le Romain, derniere édition, 3 vol. *in-12. sous presse.* 7 l. 10 f.

Le Temple des Muses, orné de 60 Tableaux, où sont représentés les événemens les plus remarquables de l'Antiquité fabuleuse, dessinés & gravés, par Bernard Picart le Romain, & accompagnés d'Explications & de Remarques, qui découvrent le vrai sens des Fables, & le fondement qu'elles ont dans l'Histoire, *in-fol. grand papier. Hollande.* 36 l.

Petri Danielis Huetii, & Cl. Fr. Fraguerii Carmina, in-12. 2. l. 10 f.

Œdipe de Sophocle, & les Oiseaux d'Aristophane, *par M. Boivin, le jeune, in-12.* 2 l. 10 f.

Œuvres Poétiques de Mellin de S. Gelais : nouvelle édition, augmentée de Pieces latines & françoises, *in-12.* 3 l.

Œuvres de Pierre & de Thomas Corneille, 11 vol. *in-12.* 27 l. 10 f.

—On vend séparément les Œuvres de Pierre Corneille, en 6 vol. 15 l.

Œuvres de Moliere : nouv. édition, revue & corrigée, *in-4°.* 6 vol. *figures.* 140 l.

Œuvres de Rousseau : nouvelle édition corrigée & augmentée d'un grand nombre de Pieces, en tous genres, & de ses Lettres, qui n'ont point encore paru, proposée par souscription après sa mort, 3 vol. *in-4°. papier Roïal.* 90 l.

—Les mêmes, faites sur la grande édition, page pour page, 4 vol. *in-12.* 10 l.

Mariane, Tragédie du Sieur Tristan Lhermite, remise au Théâtre *par Rousseau,* Broch. 1 l. 4 f.

Fables de Richer, *in-12.* 2 l. 10 f.

Recueil de Chansons & Vaudevilles, notés, 8 vol. *in-12.* 20 l.

Le Théâtre de Boursault, nouvelle édition, 3 vol. *in-12.* 7 l. 10 f.

Théâtre de le Sage, 2 vol *in - 12.* 4 l. 10 f.

Le Théâtre Italien de Gherardi, ou Recueil de toutes les Comédies jouées par les Comédiens Italiens du Roi, pendant le tems qu'ils ont été au service, avec les airs notés, 6 vol. *in 12. figures.* 18 l.

Recueil des Operas representés à l'Académie Roïale de Musique, 16 vol. *in-12.* 32 l.

Lettres à Madame la Marquise de P. sur l'Opéra, *in 12.* 1 l. 15 f.

Roland furieux : Poème héroïque de l'Ariofte, traduit *par M. Mirabaud,* 4 vol. *in-12.* 10 l.

—Le même en grand papier. 20 l.

Jerusalem delivrée : Poème héroïque du Tasse, traduit *par M. Mirabaud,* seconde édition, 2 vol. *in-12.* 4 l. 10 f.

Les Journées amusantes de Madame de Gomez, 8 vol. *in-12.* 16 l.

Anecdotes Persannes, *par Madame de Gomez,* 2 vol. *in - 12. sous presse.*

Les Romans de Boursault, contenant, le Prince de Condé, ne pas croire ce qu'on voit, le Marquis de Chavigni, Artemife & Polliante, 2 vol. *in* 12.   5 l.

Aftrée de M. Durfé ; Paftorale allégorique, avec la clé : nouvelle édition, où fans toucher au fond ni aux épifodes, on s'eft contenté de corriger le langage, & d'abreger les converfations, *par M.... de l'Academie des Infcriptions & Belles - Lettres*, 10 volumes *in* 12. figures.   10 l.

Le Songe d'Alcibiade, traduit du Grec, *brochure in*-12.   15 l.

Crémentine, Reine de Sanga : Hiftoire Indienne, *par Madame de Gomez*, 2 vol. *in* 12.   4 l.

Hiftoire de Lidéric, premier Comte de Flandre, ou Hiftoire anecdote de la Cour de Dagobert, Roi de France, *par M. le Commandeur de Vignacourt*, 2 vol. *in*-12.   4 l.

Œuvres mêlées *du Chevalier de Saint-Jorry*, contenant des Lettres galantes & fingulieres, des Anecdotes, Romans, Factums, & Pieces du Théâtre Italien, 2 vol. *in*-12. 4 l.

Les Femmes Militaires, par le même Auteur, *in*-12. avec figures.   2 l.

Le Chevalier des Effars, & la Comteffe de Berci, ou anecdotes de la Cour d'Henry IV, Roi de France : Hiftoire remplie d'événemens, 2 vol. *in*-12.   4 l.

Pamela, ou la Vertu récompenfée, traduit de l'Anglois : troifiéme édition, 4 vol. *in* 12.   8 l.

Voïages & Avantures du Comte de*** & de fon Fils, 2 vol. *in* 12.   4 l.

Le Soldat parvenu, ou les Avantures de M. Verval, dit Belle rofe, 2 vol. *in*-12, figures Drefde, 1753.   5 l.

Mémoires d'un Honnête-Homme, augmentés d'un fecond volume, & de plufieurs faits dans tout le cours de l'Ouvrage *par l'Auteur du Soldat parvenu*, Drefde, 1753, 2 vol.   5 l.

Contes des Fées, *par Madame Daulnoy*, 4 vol *in* 12. *fous preffe.* 10 l.

Les trois nouveaux Contes des Fées, *par M. de....* avec une Préface qui n'eft pas moins férieufe, *par l'Auteur des Mémoires d'un Homme de qualité*, *in*-12.   2 l.

Nouveaux Contes des Fées, allégoriques ; contenant le Phœnix, Lifandre & Carline, Boca, &c. *in* 12.   2 l.

Recueil de divers Ouvrages Philofophiques, Théologiques, Apologétiques & Critiques *du Pere Daniel, de la Compagnie de Jefus*, *in* 4°. 3 vol.   24 l.

Œuvres diverfes de *M. Pelliffon, de l'Académie Françoife*, contenant fes Ouvrages d'Eloquence, de Poéfie, &c. dont la plus grande partie n'avoit pas encore paru ; avec une Préface inftructive fur tous les Ouvrages de l'Auteur, 3 volumes *in*-12.   7 l. 10 f.

Les Ornemens de la mémoire, ou les traits brillans des Poètes François les plus célebres, *in*-12. 2 l. 10 f.

Singularités Hiftoriques & Littéraires, contenant plufieurs recherches & éclairciffemens fur l'Hiftoire, *par Dom Liron, de la Congrégation de St Maur*, 4 vol. *in*-12.   14 l.

Remarques Critiques fur le Dictionnaire de Bayle. *in-fol.*   20 l.

Œuvres mêlées, en Profe & en Vers, *par M. l'Abbé de B****.* 1 l. 16 f.

On vend féparément les Réflexions fur les Paffions & fur les Goûts, avec l'Epitre aux Dieux Pénates, & autres Poéfies, *in*-8°.   15 f.

Apologie des Dames, appuyée fur l'Hiftoire, *par M. D****. in*-12. 2 l.

Les Lettres de Bourfault : cinquiéme édition, 3 vol. *in*-12. 7 l. 10 f.

Lettres de l'Abbé le Blanc : nouvelle édition de celles qui ont paru fous le titre de *Lettres d'un François*, 3 vol. *in*-12.   7 l. 10 f.

HISTOIRE.

MEthode pour apprendre facilement la Géographie ; contenant un nouvel Abregé de la Sphere, la divifion de la Terre en fes Continens, Empires, Roïaumes, Etats, Républiques, Provinces, &c. avec la

Table des principales Villes de chaque Province : nouvelle édition augmentée des noms latins des Villes, & de la nouvelle Géographie, *par M. Robbe*, 2 vol. *in-12*, avec des Cartes Géographiques. 1747. 6 l.

Méthode abregée & facile, pour apprendre la Géographie, dédiée à Mademoiselle de Crozat, *par M. le François :* nouvelle édition, revue, corrigée & augmentée, avec des Cartes Géogr., *in-12.* 2 l. 10 f.

Dictionnaire Géographique, portatif, des quatre parties du Monde, traduit de l'Anglois de Laurent Echard, *par M. l'Abbé Vosgien*, *in-8°.* nouvelle édition, 4 l. 10 f.

Voïage de Pietro della Vallée, en Perse & autres lieux : nouvelle édition, augmentée, 8 vol. *in-12.* 18 l.

Voïage de la Mer du Sud aux Côtes du Chily & du Pérou, fait pendant les années 1712, 1713 & 1714, avec une Réponse à la Préface critique des Observations Physiques du R. P. Feuillée, *par M. Frezier, Ingénieur du Roi*, *in 4°.* figures. 7 l. 10 f.

Voïage de la Baie de Hudson, fait en 1746 & 1747, pour la découverte du passage du Nord-Ouest, *traduit de l'Anglois par M Henri Elles, Agent pour cette expédition*, 2 vol. *in-12.* figures, 4 l.

Introduction à l'Histoire Générale & Politique de l'Univers, où l'on voit l'origine, les révolutions, l'état present & les intérêts des Souverains, *par M. le Baron de Pusendorff*, *continuée par Bruzen de la Martiniere :* derniere édition augmentée considérablement, 11 vol. *in-12.* Holl. 33 l.

Histoire de la Religion & de l'Eglise, depuis la Création du Monde jusqu'à l'Empire de Jovien, avec des Réflexions, 5. vol. *in-12.* 12 l.

Vie de Saint Irenée, Evêque de Lyon, *par Dom Gervaise*, 2 vol. *in-12.* 4 l. 10 f.

Vie de Rufin, Prêtre d'Aquilée, *par le même*, 2 vol. *in 12.* 4 l. 10 f.

Vie d'Abeillard & d'Eloïse, *par le même*, 2 vol. *in-12.* 4 l. 10 f.

Vie du Pape Alexandre VI, & de son fils César Borgia, 2 vol. *in-12.* 5. l.

Dictionnaire Chronologique, Historique, Critique, *sur l'origine de l'Idolatrie, des Sectes des Samaritains, des Hérésies, des Schismes, des Antipapes, & de tous les Hérétiques & Fanatiques qui ont troublé l'Eglise*, par le R. P. Pinchinat, Cordelier, Prédicateur du Roi, *in-4°.* 7 l. 10 f.

Histoire du Socinianisme, *in-4°.* 6. l.

Pausanias, ou Voïage historique de la Grece, avec des Remarques & des Notes, *par M. l'Abbé Gédoyn, de l'Académie Françoise*, 2 vol. *in-4°.* figures. 20 l.

—Le même, *grand papier*, 30 l.

La Cyropædie, ou l'Histoire de Cyrus, traduite du Grec de Xenophon, *par M. Charpentier :* nouv. édit. *in-12.* 2 vol. 4 l.

Histoire de Cyrus, le jeune, & de la retraite des dix mille de Xenophon, avec un Discours sur l'Histoire Grecque, *par M. l'Abbé Pagi*, *in-12.* 2 l.

Histoire de Scipion l'Africain, & d'Epaminondas ; pour servir de suite aux Hommes Illustres de Plutarque, avec les Remarques de M. le Chevalier Follart, & un Discours sur le grand Homme, & l'Homme illustre de M. l'Abbé Sant-Pierre, vol. *in-12.* 3 l.

Histoire de Théodose le Grand, *par M. Fléchier, in-12.* 2 liv. 10 f.

Histoire des Révolutions arrivées dans le Gouvernement de la République Romaine, *par M. l'Abbé de Vertot :* nouvelle édit., 3 vol. *in-12.* 7 l. 10 f.

Histoire critique de l'Etablissement de la Monarchie Françoise dans les Gaules, *par M. l'Abbé Dubos, de l'Académie Françoise :* seconde édition, augmentée considérablement. 2 vol. *in-4°.* 18 l.

—la même, *in-12.* 4 vol. 10 l.

Plan de l'Histoire générale & particuliere de la Monarchie Françoise, *par M. l'Abbé Lenglet Dufresnoy*, 3 vol. *in-12.* 7 l. 10 f.

Abregé de l'Histoire de France,

par M. de Mezeray : nouv. édition, avec les Remarques & les
Notes de feu M. Amelot de la
Houssaye, in-12, 14 vol. 35 l.
—la même, 4 vol. in-4°. 40 l.
L'on vend séparément l'Histoire de
Louis XIII & de Louis XIV, 3
vol. in-12. 7 l. 10 s.
—la même édition commune, 2
volumes. 4 l. 10 s.
Mémoires Historiques & Critiques
sur divers points de l'Histoire de
France, & sur plusieurs autres sujets curieux, par le même, in-12,
2 l. 10 s.
Abregé de l'Histoire de France, par
M. Bossuet, in-4°. 10 l.
—la même, 4 vol. in-12. 10 l.
Recueil de divers Ecrits, pour ser-
vir d'éclaircissemens à l'Histoire
de France, & de supplément à la
Notice des Gaules, par M. l'Abbé
Lebeuf, 2 vol. in-12. 5 l.
Parallele des Romains & des François, par rapport au Gouvernement, par M. l'Abbé de Mably,
2 vol. in-12. 1740. 5 l.
Vie de Suger, Abbé de St Denis,
par Dom Gervaise, 3 vol. in-12. 6 l.
Histoire de France sous les Regnes
de S. Louis, de Philippe de Valois,
du Roi Jean, de Charles V, & de
Charles VI, par M. l'Abbé de
Choisy, 4 vol. in-12. 10 l.
Histoire de Charles VII, par Bau-
dot de Juilly, 2 vol. in-12. 5 l.
Mémoires de Blaise de Mont-Luc,
4 vol. in-12. 9 l.
Lettres du Cardinal d'Ossat, avec
des Notes historiques & politiques
de M. Amelot de la Houssaye :
nouvelle édition, plus belle &
plus correcte que les précédentes,
5 vol. in-12. 12 l. 10 s.
Histoire de France sous le Regne
d'Henri le Grand, par M. de Pere-
fixe, in-12. 2 l. 10 s.
Histoire de Henri de la Tour d'Auvergne, Duc de Bouillon ; dans
laquelle ou trouve ce qui s'est passé
de plus remarquable sous les Regnes de François II, de Charles IX, Henri III, Henri IV, &
la Minorité de Louis XIII. Par M.
de Marsolier, 3 vol. in-12. 7 l. 10 s.

Mémoires de Madame de Motteville,
nouv. édit., 6 vol. in-12. 12 l.
La Vie du véritable Pere Joseph,
Capucin, contenant l'Histoire
anecdote du Cardinal de Riche-
lieu : nouvelle édition, 2 vol.
in-12. 4 l.
Histoire Militaire du Regne de Louis
XIV, où l'on trouve un détail des
Batailles, Siéges & Combats qui
se sont passés sur mer & sur terre,
pendant le cours de ce Regne,
avec un Traité des Pratiques de
l'Art Militaire, enrichie de Plans
& de Figures, par M. le Marquis
de Quincy, 7 vol. in-4°. grand
papier. 150 l.
Mémoires & Réflexions sur les principaux événemens du Regne de
Louis XIV, par M. le Marquis de
la Fare. 2 l.
Histoire du Cardinal Mazarin, par
Aubery, 4 vol. in-12. 9 l.
Histoire du Traité de Westphalie,
qui comprend celle des Guerres
& des Négociations qui précéde-
rent ce Traité, & l'Histoire des
Négociations qui se firent à Mun-
ster & à Osnabrug, pour établir
la paix entre les Puissances de
l'Europe, composée sur les Mémoires de la Cour & des Plénipo-
tentiaires de France, par le Pere
Bougeant, de la Compagnie de Jesus,
3 vol. in-4°. 24 l.
—la même, 6 vol. in-12. 15 l.
Vie du Vicomte de Turenne, par
M. l'Abbé Raguenet, avec les Médailles frappées à l'occasion de ses
victoires, in-12. 2 l. 10 s.
Histoire de Madame Henriette d'Angleterre, premiere Femme de Philippe de France, Duc d'Orléans,
avec les Mémoires de la Cour de
France, pour les années 1688 &
1689, in-12. 2 l. 10 s.
Mémoires de M. de la Colonie, contenant les Evénemens de la Guerre
de Baviere, depuis le siége de Na-
mur, en 1691, jusqu'à la Bataille de
Belgrade en 1717, avec les avantures & les combats particuliers de
l'Auteur, 2 vol. in-12. 4 l. 10 s.
Mémoires de la Régence, &c. nouv.
édit. considérablement augmen-

tée, 5 vol. *in-12. petit format, figures.* 9 l.

Mémoires du Comte de Forbin, 2 vol. *in-12.* 4 l.

Histoire de l'Abbaïe Roïale de Saint Germain des Prez, depuis sa fondation; contenant la vie de ses Abbés, les Hommes Illustres qu'elle a produits, les Priviléges qui lui ont été accordés, avec la Description de ce qu'elle a de plus remarquable, enrichie de plans & de figures, *par Dom Jacques Bouillard, in-fol.* 12 l.

Description Géographique, Historique, Ecclésiastique, Civile & Militaire de la haute Normandie, 2 vol. *in-4°. avec des Cartes*, 1740. 15 l.

Dissertation sur la fondation de la Ville de Marseille, *in-12.* 2 l.

Histoire Généalogique & Chronologique de la Maison Roïale de France, & des Grands Officiers de la Couronne, *par les RR. PP. Ange & Simplicien*, 9 vol. *in-fol.* 110 l.

Mémoires de Melvil : nouvelle traduction de l'Anglois, augmentée de Lettres importantes, *par M. l'Abbé de Marsy*, 3 vol. *in-12.* 6 l.

Histoire des Révolutions de Portugal, *par M. l'Abbé Vertot, in-12.* 2 l. 10 s.

Histoire des Révolutions de Suede, où l'on voit les changemens arrivés dans ce Roïaume, au sujet de la Religion & du Gouvernement, *par le même*, 2 vol. *in-12.* 5 l.

Histoire de l'Empire Ottoman, par Sagredo, continuée jusqu'à present, avec une Table des Matieres, à chaque Tome : nouvelle édition, 7 vol. *in-12*, 1730. 14 l.

Histoire des Turcs, par S. A. S. Demetrius de Cantimir, traduite en françois, par M. de Joncquieres, *in-12.* 4 vol. 12 l.

Description des Isles de l'Archipel, traduite du Flamand de O Dapper, enrichie de Cartes Géographiques & de Figures, *in-fol.* 15 l.

Histoire du Japon, *par le P. de Charlevoix, de la Compagnie de Jesus :* nouv. édit., 6 vol. *in-12.* 15 l.

Histoire de l'Isle Espagnole, ou de St Domingue, *par le même*, 4 vol. *in-12.* 12 l.

Histoire & Description de la Nouvelle France, connue sous le nom de Canada, avec des Figures & des Cartes Géographiques, 3. vol. *in-4°. par le même.* 30 l.

—la même, *in-12.* 6 vol. 15 l.

Histoire du Paraguay, *par le même*, 3 vol. *in-4°. sous presse.*

—la même, 6 vol. *in-12. sous presse.*

Histoire de la Conquête du Mexique & de la Nouvelle Espagne, par Fernand Cortez, traduite de l'Espagnol, de Dom Antoine de Solis, *par l'Auteur du Triumvirat*, 2 vol. *in-12. sous presse.*

Histoire de la Découverte & de la Conquête du Pérou, traduite de l'Espagnol, d'Augustin de ZARATE, *par S. C. D.* 2 vol. *in-12.* 5 l.

Ouvrages de M. l'Abbé PREVOST.

MEmoires & Avantures d'un Homme de qualité, qui s'est retiré du monde, 8 vol. *in-12*, en 5 tomes. 12 l. 10 s.

Histoire de M. Cleveland, fils de Cromwel, nouvelle édition, 6 vol. *in-12.* 15 l.

Le Pour & Contre : Ouvrage Périodique, d'un goût nouveau, dans lequel on s'explique librement sur tout ce qui peut intéresser la curiosité du Public en matiere de Sciences, d'Arts, de Livres, &c. sans prendre parti, & sans offenser personne, 20 vol. *in-12.* 70 l.

Le Doïen de Killerine : Histoire Morale, composée sur les Mémoires d'une illustre Famille d'Irlande, & ornée de tout ce qui peut rendre une lecture utile & agréable, 6 vol. *in-12.* 12 l.

Histoire de Marguerite d'Anjou, Reine d'Angleterre ; contenant les Guerres de la Maison de Lancastre contre la Maison d'Yorck, 2 vol. *in-12.* 5 l.

Histoire d'une Grecque moderne, 2 vol. *in-12.* 4 l.

Mémoire pour servir à l'Histoire de Malte, ou Histoire de la jeunesse du Commandeur de * * * 2 vol. *in*-12.　4 l.

Campagnes Philosophiques, ou Mémoires de M. de Moncal, Aide de Camp de M. le Maréchal de Schomberg, contenant l'Histoire de la Guerre d'Irlande, 2 vol. *in*-12.　5 l.

Tout pour l'Amour, ou le Monde bien perdu, ou la mort d'Antoine & de Cléopatre, Tragédie traduite de l'Anglois.　1 l. 4 f.

Histoire de la Vie de Ciceron, tirée de ses Ecrits & des Monumens de son siécle, avec les Preuves, & des Eclaircissemens, composée sur l'Ouvrage Anglois de M. Midleton : seconde Edition, 5 vol. *in*-12.　12 l. 10 f.

Voïage du Capitaine Robert Lade, eu différentes parties de l'Afrique, de l'Asie & de l'Amérique, contenant l'Histoire de sa fortune, & ses Observations sur les Colonies & le Commerce des Espagnols, des Anglois, des Hollandois, &c. Ouvrage traduit de l'Anglois, 2 vol. *in*-12.　5 l.

Lettres de Ciceron, *qu'on nomme* vulgairement FAMILIERES, traduites en François sur les Editions de GRÆVIUS & de M. l'Abbé D'OLIVET, avec des Notes continuelles, 5 volumes *in*-12.　12. l. 10 f.

Histoire générale des Voïages, depuis le commencement du XVe. siécle, contenant ce qu'il y a de plus curieux, de plus utile & de mieux vérifié dans toutes les Relations des différentes Nations du Monde : Ouvrage traduit d'abord de l'Anglois, & continué depuis l'interruption des premiers Auteurs ; par ordre de Monseigneur le Chancelier de France, 12 vol. *in* 4°.　140 l.

—La même, 12 vol. *grand papier*.　360 l.

—La même, *in*-12, 48 vol.　144 l.

L'Ouvrage entier sera de 15 vol. *in*-4°., dont le dernier contiendra les Index, les Tables, & des Supplémens de Relations postérieures, de Cartes Géographiques & de Figures. L'*in*-12 sera par conséquent de 60 vol.

Chaque vol *in* 4°. se vend　20 l.

————————En grand papier,　30 l.

————————*in*-12.　3 l.